Volker Rittberger · Bernhard Zangl

Mitarbeit von Matthias Staisch

Internationale Organisationen

Politik und Geschichte

3., überarbeitete Auflage

Leske + Budrich, Opladen 2003

Die Autoren:

Dr. **Volker Rittberger**, Professor für Politikwissenschaft und Internationale Beziehungen an der Univeristät Tübingen und Leiter der Abteilung Internationale Beziehungen/Friedens- und Konfliktforschung.

Dr. **Bernhard Zangl**, Wissenschaftlicher Assistent am Institut für Interkulturelle und Internationale Studien (InIIS) der Universität Bremen

Matthias Staisch, Wissenschaftliche Hilfskraft in der Abteilung Internationale Beziehungen/Friedens- und Konfliktforschung der Universität Tübingen.

Gedruckt auf säurefreiem und altersbeständigem Papier.

Ein Titeldatensatz für diese Publikation ist bei
Der Deutschen Bibliothek erhältlich

ISBN 3-8100-3582-3

© 2003 Leske + Budrich, Opladen

Satz: Leske + Budrich
Einbandgestaltung: disegno, Wuppertal
Druck: DruckPartner Rübelmann, Hemsbach
Printed in Germany

Inhalt

Vorwort des Herausgebers zur ersten Auflage

In einer Welt, die, wie man häufig bildhaft sagt, immer kleiner wird und gleichwohl keine weltstaatliche Organisation kennt, spielt die Politik in und durch internationale Organisationen eine immer größere Rolle. Um so wichtiger ist auch die politikwissenschaftliche Analyse dieser Ebene internationaler politischer Steuerung, und um so erfreulicher ist es für das Lehrgebiet Internationale Politik/Vergleichende Politikwissenschaft, mit diesem Band der Reihe „Grundwissen Politik" eine kompetente Einführung in dieses politikwissenschaftliche Forschungsgebiet vorlegen zu können. Wie bei dieser Buchreihe üblich, stellt der vorliegende Text die überarbeitete Fassung eines Kurses dar, der vom Verfasser für die FernUniversität Hagen angefertigt wurde und im Wintersemester 1993/94 dort erstmals zum Einsatz kam. Für die fruchtbare und reibungslose Kooperation bei der Erstellung des Kurses sei dem Verfasser und seinem Mitarbeiter an dieser Stelle gedankt, im Lehrgebiet dem Kursbetreuer Martin List. Ihrem gemeinsamen Einsatz ist es zu danken, daß eine ebenso wichtige wie spannende politikwissenschaftliche Thematik auf ansprechende Weise behandelt werden konnte und nunmehr auch einer breiteren Leserschaft vorgelegt werden kann, die daraus hoffentlich ebenso viel Nutzen zieht wie zuvor die Studierenden der FernUniversität.

Hagen, April 1994   *Georg Simonis*

9

Vorwort der Autoren zur dritten, völlig neu bearbeiteten Auflage

Die anhaltend große Nachfrage nach ‚Internationale Organisationen – Politik und Geschichte' hat dazu geführt, dass sowohl die Erstauflage als auch die durchgesehene Zweitauflage bald vergriffen waren. Die Autoren und der Verlag hatten sich bereits 1999 entschieden, mit einer dritten Auflage dieser Nachfrage zu entsprechen. Allerdings ließ es der Wandel in vielen der behandelten internationalen Organisationen geraten erscheinen, das Buch nicht nur leicht angepasst wieder aufzulegen, sondern es grundlegend zu überarbeiten. Die Grundstruktur ist zwar erhalten geblieben, gleichwohl haben wir in der dritten Auflage einige Passagen ganz gestrichen, andere Passagen dafür hinzugefügt. Darüber hinaus haben wir versucht, das Buch nicht nur an empirische, sondern auch an theoretische Entwicklungen anzupassen, so dass – gewissermaßen durch die Hintertür – fast ein neues Buch entstanden ist. Für die außerordentlich arbeitsintensive Neuauflage hat sich ein neues Autorenteam gebildet: Bernhard Zangl ist nunmehr neben Volker Rittberger Autor von ‚Internationale Organisationen – Politik und Geschichte'.

Dank schulden beide Autoren insbesondere Matthias Staisch für seine stets kompetente Unterstützung bei der jetzt vorliegenden Neuauflage. Ohne seinen unermüdlichen Einsatz wäre eine derart weit reichende Überarbeitung des Buches wohl kaum möglich gewesen. Bedanken möchten wir uns auch bei Klaus Stodick, der die technische Bearbeitung des neuen Manuskripts mit großer Zuverlässigkeit erledigt hat, sowie bei Miriam Prys für die Endkorrektur der Druckfahnen. Für die bewährt reibungslose Kooperation sind wir zudem erneut Martin List von der FernUniversität Hagen zu Dank verpflichtet. Sie wird auch die Neuauflage von ‚Internationale Organisationen – Politik und Geschichte' als Studienbegleitbrief einsetzen.

Tübingen/Bremen, August 2002 *Volker Rittberger* und *Bernhard Zangl*

Vorwort des Autors zur ersten Auflage

Die wachsende Bedeutung internationaler Organisationen für die internationale Politik am Ende des 20. Jahrhundert ist kaum mehr zu leugnen. Insbesondere die Vereinten Nationen und ihre Sonderorganisationen sowie die Europäische Union sind zu zentralen Foren und Akteuren der internationalen Politik geworden. Nach dem Ende des Gegensatzes zwischen den liberal-demokratischen Staaten des Westens und den sozialistischen Staaten des Ostens hat sich der Bedeutungszuwachs, den internationale Organisationen insbesondere in der zweiten Hälfte dieses Jahrhunderts erfahren haben, noch beschleunigt. Mit dem vorliegenden Buch

‚Internationale Organisationen – Politik und Geschichte' wird der Versuch unternommen, internationale Organisationen mit Hilfe sozialwissenschaftlicher Methoden zu analysieren und in ihrem historisch epochemachenden Bedeutungszuwachs zu erfassen. Dabei werden internationale Organisationen als eine bestimmte Gattung beobachtbarer Phänomene der internationalen Politik behandelt: im Mittelpunkt der Analyse stehen weniger einzelne Organisationen oder deren Geschichte; vielmehr ist es das Ziel dieses Buches, eine systematische Einführung in den Stand der theoriegeleiteten Forschung zu geben, die sich auf die Gattung ‚internationale Organisationen' bezieht.

Das vorliegende Buch nimmt einen Faden auf, dem im deutschen Sprachraum zuletzt Fritz Münch und Gert von Eynern 1962 mit ihrem Buch ‚Internationale Organisationen und Regionalpakte' gefolgt waren. Seither hat sich die deutschsprachige Lehre von den internationalen Beziehungen nahezu ausschließlich mit der Analyse einzelner internationaler Organisationen bzw. des einen oder anderen Tätigkeitsbereiches einer einzelnen Organisation befaßt. Die Analyse internationaler Organisationen als Gattung wurde dabei weitgehend ignoriert, zumindest aber vernachlässigt. Das Buch will dazu beitragen, dieses Desiderat der deutschsprachigen wissenschaftlichen Literatur zu beheben. Es knüpft dabei an die weitaus umfangreichere angelsächsische Literatur über internationale Organisationen an, insbesondere an das beispielgebende Lehrbuch „Networks of Interdependence. International Organizations and the Global Political System" von Harold K. Jacobson (2. Auflage 1984). Es unternimmt zudem den Versuch, Ergebnisse der jüngeren Forschung über internationale Kooperation und Institutionen (v. a. internationale Regime) für die Analyse der Politikfeldaktivitäten internationaler Organisationen fruchtbar zu machen.

Dank schulde ich zunächst Martin List von der FernUniversität Hagen für die gute Zusammenarbeit bei der Anfertigung einer früheren Fassung dieses Manuskripts, das bereits im Herbst 1993 als Studienbegleitbrief der FernUniversität Hagen zum Einsatz kam. Georg Simonis von der FernUniversität Hagen hat sich freundlicherweise bereit erklärt, dieses Buch in die von ihm herausgegebene, beim Verlag Leske + Budrich erscheinende Reihe ‚Grundwissen Politik' aufzunehmen. Ingeborg Schäfer sowie Petra Nickisch haben mit viel Mühe und großer Sorgfalt die Textverarbeitung übernommen. Sehr intensiv gelesen und kommentiert wurde das Manuskript in der Fassung des Studienbegleitbriefes von meinen Kollegen Klaus Dicke, Dieter Senghaas, Klaus Dieter Wolf und Michael Zürn. Ihnen bin ich zu großem Dank verpflichtet. Sie haben dazu beigetragen, daß die Analyse und Argumentation sowie deren Präsentation an mehreren Stellen des Textes erheblich verbessert werden konnte. Für verbleibende Mängel hat freilich der Verfasser einzustehen. Sehr hilfreich bei der Konzipierung und Abfassung dieses Buches waren zudem die praktischen Erfahrungen, die ich als Mitglied des VN-politischen Beirats des Auswärtigen Amtes sowie aufgrund meiner langjährigen Tätigkeit beim Ausbildungs- und Forschungsinstitut der Vereinten Nationen (UNITAR) sammeln konnte. Schließlich und vor allem wäre dieses Buch nicht geschrieben worden, hätte ich nicht auf die nie erlahmende und tatkräftige Hilfe von Bernhard Zangl zählen dürfen. Ihm verdanke ich, daß die Mühen des universitären Alltags das Entstehen und die Fertigstellung dieses Buches nicht vereitelten.

Volker Rittberger   Tübingen, April 1994

Teil I:
Theorie und Geschichte der internationalen Organisationen

1 Einführung: Internationale Organisationen als Gegenstand öffentlichen Interesses und politikwissenschaftlicher Forschung

Internationale Organisationen gab es keineswegs schon immer; sie traten erstmalig im Laufe des 19. Jahrhunderts in Erscheinung. Trotz der gleichzeitig sich vollziehenden Durchstaatlichung der Erde kommt den internationalen Organisationen eine eigene, neuartige Qualität in den internationalen Beziehungen zu: Staaten (und ihre Gesellschaften) gehen dauerhafte, normativ verankerte Verbindungen ein, die ihre Handlungsautonomie wenn nicht formell, so doch faktisch beschränken. Diese neue Qualität in den internationalen Beziehungen schlägt sich auch im Alltagsbewusstsein der Menschen quer zu den Staats- oder Gesellschaftsgrenzen nieder: internationale Organisationen genießen eine besondere Aufmerksamkeit und sind Gegenstand spezifischer Bewertungen. Nur aufgrund der Annahme, dass die Existenz und das Wachstum internationaler Organisationen die Prozesse, Inhalte und Resultate der internationalen Politik verändert haben, ist es zu verstehen, dass Diskussionen über die Wünschbarkeit, Aufgabenstellung, Ausgestaltung und Wirksamkeit internationaler Organisationen wie der Vereinten Nationen oder der Europäischen Union zuweilen hohe Wellen schlagen. Solche Auseinandersetzungen stellen mithin ein Indiz dafür dar, dass Politik, verstanden als autoritative Zuteilung von Werten innerhalb und zwischen Gesellschaften, auch in und durch internationale Organisationen stattfindet, Politik also nicht die exklusive Domäne von normativ-institutionell ungebunden handelnden Staaten ist. Vor diesem Hintergrund sollen daher internationale Organisationen zunächst weder nur als Fortsetzung herkömmlicher zwischenstaatlicher Diplomatie mit neuen Mitteln noch als Ausdruck eines evolutionär determinierten Prozesses der Herausbildung eines regionalen oder globalen Überstaates verstanden werden. Man begreift sie besser als von und zwischen Staaten geschaffene Entscheidungsverflechtungen, die mehreren Staaten gemeinsame, teils sie einigende, teils sie entzweiende Probleme einer kollektiven Bearbeitung zugänglich machen sollen. Internationale Organisationen finden sich somit in zahllosen Problemfeldern der internationalen Beziehungen. Ohne sie sind große Teile der zeitgenössischen internationalen Politik – die Praxis der kollektiven Entscheidung in Bezug auf grenzüberschreitende Probleme – nicht mehr vorstellbar.

Internationale Organisationen sind – mit unterschiedlicher Intensität und mit unterschiedlichem Blickwinkel – Gegenstand der Analyse in mehreren wissenschaftlichen Disziplinen, so u.a. der Internationalen Beziehungen in der Politikwissenschaft, des Völkerrechts in der Rechtswissenschaft und der Internationalen Wirtschaftsbeziehungen in der Wirtschaftswissenschaft. Darüber hinaus beschäftigen sich in der Geschichtswissenschaft die Neuere Geschichte und Zeitgeschichte zunehmend mit der Entstehung und Entwicklung einzelner internationaler Organisationen im 19. und 20. Jahrhundert. Angesichts der angedeuteten praktischen Bedeutung internationaler Organisationen kommt der wissenschaftlichen Forschung und Lehre über diese neuen Strukturelemente der internationalen Beziehungen zusehends Gewicht und vermehrte Aufmerksamkeit zu.

1.1 Annäherung an den Untersuchungsgegenstand

1.1.1 Alltagswissen über internationale Organisationen

Alltagswissen

Zur vorläufigen Gegenstandsbestimmung können wir zunächst vom politischen Alltagswissen des (der) durchschnittlich informierten Bürgers(in) ausgehen, der (die) in den verschiedenen Medien häufig, wenn nicht tagtäglich auf Meldungen stößt, in denen die eine oder andere internationale Organisation eine besonders hervorgehobene Rolle spielt. Bei den Organisationen globalen Zuschnitts stehen zweifellos die Organisation der Vereinten Nationen (VN) sowie einige ihrer Sonderorganisationen und Nebenorgane in der Bekanntheitsskala weit oben. Waren die – nach dem Ort ihrer Gründung – teilweise als ‚Bretton-Woods-Institutionen' bezeichneten internationalen Finanzorganisationen – dazu zählen der Internationale Währungsfonds (IWF) und die Weltbank (IBRD) samt ihrer Tochterorganisationen – bis vor kurzer Zeit nur wenigen Menschen ein Begriff, so haben die seit einigen Jahren öffentlichkeitswirksam inszenierten Proteste ihrer Gegner anlässlich ihrer Jahrestagungen zu einer deutlich höheren Publizität geführt. Diese scheint, wie auch bei der Welthandelsorganisation (WTO), aufgrund des großen politischen Einflusses dieser Organisationen auch angemessen. Mit großer Konstanz stehen hingegen die in zentralen internationalen Politikfeldern aktiven Regionalorganisationen wie die Europäische Union (EU) und die Nordatlantische Vertragsorganisation (NATO) im Mittelpunkt eines breit gestreuten politischen Interesses. Als weniger bekannt müssen demgegenüber die großen außereuropäischen Regionalorganisationen wie die Liga der Arabischen Staaten, die Organisation amerikanischer Staaten (OAS) und die Organisation der afrikanischen Einheit (OAU) bzw. seit 2002 die Afrikanische Union gelten.

Bekanntheitsgrad

Am Beispiel der Vereinten Nationen, einiger ihrer Sonderorganisationen und Nebenorgane lassen sich der Bekanntheitsgrad internationaler Organisationen, populäre Vorstellungen über ihre Aufgaben sowie ihre Bewertung aufgrund von Repräsentativumfragen illustrieren. Die Befunde solcher Umfragen deuten darauf hin, dass zumal in Deutschland die Vereinten Nationen allgemein, aber auch einige wenige zum Verband der Vereinten Nationen gehörige Sonderorganisationen und Nebenorgane dem Bürger durchaus geläufige Institutionen sind. Es überrascht kaum, dass neben den Vereinten Nationen selbst das VN-Kinderhilfswerk (UNICEF) eine sehr hohe Zahl von Nennungen aufweist. Dies rührt vermutlich daher, dass UNICEF einerseits eine ungewöhnliche Medienaufmerksamkeit genießt, weil es seiner Leitung immer wieder gelungen ist, medienwirksame Persönlichkeiten (wie z.B. bekannte Filmschauspieler(innen)) für die Anliegen von UNICEF zu engagieren. Zum anderen spielt sicher eine Rolle, dass der Postkartenverkauf zugunsten von UNICEF diese Organisation im Alltagsbewusstsein fest verankert hat. Bemerkenswert ist überdies, dass daneben die VN-Organisation für Erziehung, Wissenschaft und Kultur (UNESCO) kaum weniger Aufmerksamkeit auf sich zu ziehen scheint. Dies dürfte damit zu erklären sein, dass UNESCO jene Organisation im Verband der Vereinten Nationen ist, die

16

sich Aufgaben widmet, durch die sich Journalisten, Pädagogen und Wissenschaftler, also so genannte Multiplikatoren, in ihrem Beruf angesprochen fühlen und denen sie daher auch überdurchschnittlich hohe Bedeutung beimessen (vgl. United Nations Department of Public Information 1989).

Zu Beginn der 1980er Jahre wurde oft bemängelt, dass die meisten Menschen die Aufgabe der Vereinten Nationen lediglich darin sähen, ‚Friedenssicherung‘ zu betreiben. ‚Entwicklungshilfe‘ als ein zweites, zentrales Betätigungsfeld würde vergleichsweise wenig berücksichtigt (vgl. Naumann 1983). Auch wenn sich diese Diskrepanz zwischen tatsächlichen und wahrgenommenen Aufgaben im Laufe der 1980er Jahre auflöste (vgl. United Nations Department of Public Information 1989), lassen jüngere Umfragedaten vermuten, dass sich das Blickfeld der Bevölkerung während der 1990er Jahre wieder verengt hat. Die Diskussion über die Beteiligung deutscher Soldaten an VN-Friedenstruppen sowie die später erfolgende Beteiligung der Bundeswehr an Kampfeinsätzen während des Kosovo-Krieges betrafen die deutsche Bevölkerung unmittelbar und erforderten ihre volle Aufmerksamkeit. Wurde die allgemeine Arbeit der Vereinten Nationen vor mehr als zehn Jahren von einer überwältigenden Mehrheit positiv gesehen, so äußerte sich die deutsche Bevölkerung zuletzt skeptisch, was den Beitrag der Weltorganisation speziell zur Friedenssicherung angeht. 62% der Deutschen hoben die positive Rolle der NATO bei der Friedenssicherung hervor, während nur 44% den Vereinten Nationen einen wesentlichen Beitrag bescheinigten (Allensbacher Jahrbuch für Demoskopie 1997, 1102).

Bewertung der VN

Die ins Alltagsbewusstsein zurückgekehrte Problematik von ‚Sicherheit und Frieden‘ hat sich auch in der Vorstellung der Bürgerinnen und Bürger der Bundesrepublik Deutschland von den Aufgaben der Europäischen Union niedergeschlagen. Danach nimmt die Schaffung neuer Arbeitsplätze zusammen mit der Garantie von Sicherheit und Frieden in Europa den ersten Rang ein, knapp vor der Forderung nach sozialer Sicherheit. Bemerkenswert ist, wie sehr sich die Einstellung der Deutschen zur Mitgliedschaft in der EU verändert hat. Noch vor zehn Jahren ließ sich ein anhaltender Trend wachsender Zustimmung zur Mitgliedschaft und zur weiteren Integration ausmachen. Mit Beginn des Jahres 1994 muss aber von einer sich beschleunigenden Talfahrt der Zustimmungswerte gesprochen werden. Nur noch 41 Prozent der befragten Deutschen unterstützten im Jahr 2000 die Mitgliedschaft ihres Landes. Etwas gemildert wird dieser Befund dadurch, dass die Bevölkerung im Hinblick auf einzelne Gemeinschaftspolitiken klar differenziert. So haben die Turbulenzen der Gemeinschaftswährung ‚Euro‘ ihren Niederschlag in zunehmender Skepsis gegenüber der Wirtschafts- und Währungsunion gefunden. Gleichzeitig aber stoßen Gemeinschaftsprojekte wie z.B. die Gemeinsame Außen- und Sicherheitspolitik (GASP) auf unverändert große Zustimmung (vgl. Euro-Barometer 53 (2000)). All dies lässt den Schluss zu, dass ‚Europa bei den Bürgern angekommen‘ ist. Freilich ist die „kontinentale Europa-Romantik der Nachkriegszeit“ (Korte 2000, 104) einem Kosten-Nutzen-Kalkül der Bürgerinnen und Bürger gewichen, welches anerkennt, wie sehr sich die Politik der EU-Organe im Alltagsleben jedes (jeder) Einzelnen auswirkt.

Erwartungen an die EU

1.1.2 Anzahl, Umfang und Reichweite internationaler Organisationen

Die bislang beispielhaft erwähnten internationalen Organisationen machen nur einen Bruchteil der Gesamtzahl derzeit existierender zwischenstaatlicher internationaler Organisationen aus, die sich auf ca. 250 beläuft – ganz abgesehen von den ca. 6.000 nicht-staatlichen internationalen Vereinigungen, die wir an dieser Stelle noch außer Acht lassen (vgl. Yearbook of International Organizations 1999/2000). Die Gründung der Vereinten Nationen nach dem Zweiten Weltkrieg gab das Startsignal für neue, bis in die jüngste Vergangenheit reichende Wellen von Neugründungen internationaler Organisationen unterschiedlichster Art (vgl. Kap. 3).

Nicht nur die Zahl internationaler Organisationen hat in den mehr als fünf Jahrzehnten seit dem Ende des Zweiten Weltkrieges deutlich zugenommen; auch ihre *Präsenz in Politikfeldern* sowie die ihnen zur Verfügung stehenden *finanziellen* und *personellen Ressourcen* haben einen beachtlichen Umfang erreicht.

Finanzen

Da Politik im Allgemeinen – und hier macht die Politik in und durch internationale Organisationen keine Ausnahme – immer auch mit Geld zu tun hat, sei ein erster, kurzer Blick auf die *Haushalte* internationaler Organisationen geworfen:

Für die Jahre 2000 und 2001 hatten die Vereinten Nationen aus ihrem ordentlichen (Doppel-)Haushalt insgesamt 2,54 Mrd. US-Dollar zur Verfügung. Hinzu kommen die Budgets der Sonderorganisationen, die nochmals Ausgaben in Höhe von fast 2,5 Mrd. US-Dollar ausweisen. Von großer Bedeutung sind außerdem die freiwillig aufgebrachten Beiträge für die Hilfswerke und Nebenorgane der Vereinten Nationen sowie insbesondere die zuletzt stark angewachsenen Spezialhaushalte zur Finanzierung von friedenserhaltenden Maßnahmen. Im Haushaltsjahr 2000/2001 beliefen sich die Kosten für solche ‚Peacekeeping‘-Einsätze auf schätzungsweise drei Milliarden US-Dollar. Der Beitragssatz der Bundesrepublik Deutschland für die auf sie entfallenden Pflichtbeiträge zum ordentlichen Haushalt der Vereinten Nationen in Höhe von etwa 250 Millionen US-Dollar liegt bei knapp zehn Prozent und ist damit der dritthöchste. Die von Deutschland erbrachten freiwilligen Beiträge summieren sich nochmals auf etwa zwei Drittel ihres Pflichtbeitrages (ca. 180 Mio. US-Dollar) (vgl. Vereinte Nationen 2/2000, 65f.).

Die praktische politische Bedeutung internationaler Organisationen wird auch deutlich, wenn wir den Umfang der Kreditvergabe durch internationale Entwicklungsbanken und -fonds in Augenschein nehmen. Hervorragend lässt sich dies am Beispiel der Asienkrise von 1997 und 1998 illustrieren. So vergaben allein die Weltbank und ihre Tochterorganisation, die Internationale Entwicklungsorganisation (IDA), in einem Zweijahreszeitraum Kredite in Höhe von fast 58 Mrd. US-Dollar. Das Gesamtvolumen der von der Weltbankgruppe während der 1990er Jahre getätigten Ausleihungen belief sich auf über 220 Mrd. US-Dollar und übertraf somit die Summe aller vorher bewilligten Kredite um ein Vielfaches (vgl. Weltbank Jahresbericht 2000).

Die größere ‚Integrationsdichte‘ im europäisch-regionalen Rahmen spiegelt sich im Haushalt der Europäischen Union wider. Dieser belief sich im Jahr 2000 auf fast 90 Mrd. Euro – ein annähernd doppelt so großes Haushaltsvolumen wie das des Bundeslandes Bayern. Davon entfiel als Anteil auf die Bundesrepublik Deutschland mit 28 Prozent ein Betrag von ca. 25 Mrd. Euro. Trotz dieser im

Vergleich zu den VN-Haushalten eindrucksvollen Zahlen dürfen diese nicht überschätzt werden: der deutsche Beitrag zum EU-Haushalt macht nur wenig mehr als ein Prozent des Bruttosozialprodukts Deutschlands und etwa zehn Prozent des Bundeshaushalts aus. Im Übrigen entspricht er durchaus dem wirtschaftlichen Gewicht Deutschlands in der Europäischen Union.

Auch die Quantität und Qualität des *Personals* internationaler Organisationen kann als Indikator der Relevanz und des politischen Gewichts internationaler Organisationen betrachtet werden. Allein die Vereinten Nationen beschäftigen 33.000 Mitarbeiterinnen und Mitarbeiter in ihren ca. 600 weltweit verstreuten Dienststellen. Davon entfallen mit etwa 13.500 Beschäftigten auf die VN-Zentrale in New York und mit ca. 4.000 Mitarbeiterinnen und Mitarbeitern auf die europäischen VN-Zentren in Genf und Wien die größten Anteile. Hinzu kommen die Beschäftigten der verschiedenen VN-Sonderorganisationen, so dass sich der Personalbestand des Verbandes der zu den Vereinten Nationen gehörigen Organisationen auf über 50.000 beläuft. Personell die stärkste VN-Sonderorganisation ist die Weltbank mit 6.800 Beschäftigten, gefolgt von der Weltgesundheitsorganisation (WHO) mit 4.000 Mitarbeiterinnen und Mitarbeitern. *(Randnotiz: Personal)*

Insgesamt entfällt auf 100.000 Weltbürger ein Beschäftigter im Verband der Vereinten Nationen. Der entsprechende Vergleichswert für die Europäische Union verdeutlicht deren größeres politisches Gewicht in Europa. Auf 100.000 EU-Bürger aus den fünfzehn Mitgliedstaaten der Union entfallen sieben so genannte Eurokraten. Deren gibt es auf die verschiedenen EU-Organe verteilt 25.000. Mit 16.700 Planstellen ist die Kommission der größte EU-Arbeitgeber. Ihr folgen das Europäische Parlament mit 3.400 und der Rat mit 2.500 Bediensteten.

Im Einklang mit ihrer Verfügung über beträchtliche finanzielle und personelle Ressourcen zeichnen sich internationale Organisationen durch eine weithin erkennbare *Präsenz* in einer *Vielzahl von Politikfeldern* aus. Die Aufgabenbereiche öffentlicher Politik, für deren Bearbeitung auf Verhandlungen und Entscheidungen in und durch internationale Organisationen zurückgegriffen wird, umspannen heute praktisch alle gesellschaftlichen Interessen, die schon auf der einzelstaatlichen Ebene mehr oder minder regelmäßig Berücksichtigung in politischen Entscheidungsprozessen erfahren. Zur Illustration könnte man sagen, dass sich die Aktivitäten internationaler Organisationen auf ein Spektrum von Politikfeldern beziehen, das sich von ‚A' wie z.B. Abrüstungspolitik bis ‚Z' wie z.B. Zollpolitik erstreckt. Dieses Spektrum schließt aber auch – durch mitunter dramatische Konflikte gekennzeichnete – Politikfelder wie z.B. ‚Menschenrechtspolitik' oder ‚Umweltschutz' ein. *(Randnotiz: Politikfelder)*

Diese sich auf nahezu das ganze Spektrum der herkömmlichen Politikfelder erstreckende Inanspruchnahme von Verhandlungen und Entscheidungen in und durch internationale Organisationen spiegelt sich nicht zuletzt in Veränderungen der Regierungsorganisation im innerstaatlichen Bereich: Die traditionelle Kompetenzverteilung zwischen dem Außenministerium und den innenpolitischen Ressorts lässt sich immer weniger aufrechterhalten. Heute verfügt nahezu jedes Ministerium über ein eigenes mehr oder weniger groß ausgebautes ressortspezifisches ‚Außenamt', das die internationalen Dimensionen der Ressortpolitik – bilateral wie multilateral – im Auge behält sowie ressorteigene Initiativen anregt und durchführt. Diese Eigeninitiative der Fachressorts wird allerdings formell dadurch eingeschränkt, dass eine geschäftsordnungsmäßig festgelegte Pflicht zur Abstimmung mit dem Außenministerium besteht und dieses seinerseits versucht, durch eine Binnendifferenzierung für alle wesentlichen Fachressorts eigene Ar- *(Randnotiz: Wandel der Regierungsorganisation)* beitseinheiten als Koordinationsstellen zu errichten. Gleichwohl hat sich die Praxis dahingehend entwickelt, dass bei internationalen Fachkonferenzen oder Sitzungen von Organisationsgremien mit ressortpolitischen Schwerpunkten die mitgliedstaatlichen Delegationen von Vertretern der zuständigen Fachministerien geleitet werden und Angehörige des Außenministeriums dann eher die Rolle eines ‚diplomatischen Justiziars' übernehmen.

1.2 Die politikwissenschaftliche Beschäftigung mit internationalen Organisationen

methodische
Vorbemerkung

Nachdem wir nun etabliert haben, dass internationale Organisationen im Alltagsbewusstsein als historisch *neue Rahmenbedingungen für grenzüberschreitende Politikentwicklungsprozesse* unter Beteiligung staatlicher und nichtstaatlicher Akteure verankert sind, wollen wir unserem Untersuchungsgegenstand nun mittels einer wissenschaftlichen Analyse näher kommen. Eine unverzichtbare erste Aufgabe besteht in einer auf gesicherte Fakten gestützten und möglichst einleuchtend geordneten Beschreibung des Gegenstands. Diese Beschreibung sollte außerdem intersubjektiv nachvollziehbar und in ihren Befunden überprüfbar sein. Nach einer Feststellung von Harry Eckstein (1964, 7f.) bedarf es hierzu insbesondere:

– der *Absteckung des Untersuchungsfeldes*, was vor allem die Bestimmung einer relativ homogenen Menge voneinander unabhängiger Fälle sowie die *Definition von Ausdrücken* zur Bezeichnung des Untersuchungsfeldes einschließt;
– der *Klassifikation der diesem Untersuchungsfeld zugehörigen Fälle* nach bestimmten erkenntniswichtigen Unterscheidungsmerkmalen;
– der *Konstruktion von begrifflichen Kategorien*, mit denen verschiedene, für die Forschung wichtige Sichtweisen des Untersuchungsgegenstandes ermöglicht werden.

Diesen methodischen Vorüberlegungen folgend wollen wir *die in Abschnitt 1.1 begonnene Absteckung des Untersuchungsfeldes* derart *fortführen*, dass wir die kursorische Übersicht um einen Blick auf die Begriffsgeschichte ergänzen und darauf aufbauend den Ausdruck ‚internationale Organisation' definieren. Diese begriffliche Klärung schließt einen ersten zusätzlichen Kranz von Begriffen ein, in denen die grundlegende Perspektive der nachfolgenden Abhandlung über internationale Organisationen zum Ausdruck kommt.

Die Homogenität des mit dem Ausdruck ‚internationale Organisation' bezeichneten Untersuchungsfeldes leidet in der politikwissenschaftlichen Analyse darunter, dass sehr verschiedenartige Erscheinungen unter ihn subsumiert werden, die nicht alle gleichermaßen ein politologisches Erkenntnisinteresse für sich in Anspruch nehmen können. Daraus ergibt sich die Notwendigkeit, unterschiedliche Klassen internationaler Organisationen zu bilden und selbst innerhalb dieser Klassen bestimmte Typen zu konstruieren, um den wissenschaftlichen Erkenntnisprozess auf zentrale Bestandteile des Untersuchungsfeldes hin zu lenken.

1.2.1 Geschichte des Begriffs der internationalen Organisation

Der Ausdruck ‚internationale Organisation' ist begriffsgeschichtlich jünger als der von ihm heute so bezeichnete Sachverhalt. Die Verwendung dieses Ausdrucks in der Wissenschaft und seine Aufnahme in den politischen Alltagswortschatz erfolgte sogar noch viel später – auf breiter Grundlage erst nach der Gründung des Völkerbundes nach dem Ersten Weltkrieg. Als die erste nennenswerte Welle der Gründung internationaler Organisationen im letzten Drittel des 19. Jahrhunderts einsetzte, waren im Schrifttum Bezeichnungen wie ‚Internationaler Verwaltungsverein' oder ‚Verwaltungsunion' (englisch: international public union), ferner ‚Internationales Büro' oder ‚Kommission' gebräuchlich. Für viele internationale Organisationen der damaligen Zeit stellte dies einen durchaus angemessenen Sprachgebrauch dar, solange es sich bei diesen ‚Verwaltungsvereinen', ‚Büros' oder ‚Kommissionen' tatsächlich um Organisationen mit einer klar abgegrenzten technisch-administrativen Regelungskompetenz handelte. Ein sehr frühes Beispiel solch einer institutionalisierten internationalen Zusammenarbeit bildete die zunächst im Gefolge des Wiener Kongresses gegründete, 1867 neu bestätigte Zentrale Rheinschifffahrtskommission, die die Schiffbarkeit des Rheins und den grenzüberschreitenden Verkehr auf dem Rhein fördern sollte sowie daraus erwachsende Probleme zu bearbeiten hatte.

In die wissenschaftliche Diskussion eingeführt wurde der Terminus ‚internationale Organisation' wohl um 1867 von dem schottischen Rechtsgelehrten *James Lorimer*, der ihn auch in einigen seiner späteren Publikationen weiter verwandte. Da Lorimers Schriften zum Teil auch ins Französische übersetzt wurden und auch der deutsche Publizist *Constantin Frantz* schon um 1880 vom „Föderalismus als ... Prinzip für ... Internationale Organisation" sprach, ist anzunehmen, dass der Ausdruck einschlägig interessierten Wissenschaftlern und Publizisten bis zum Ende des 19. Jahrhunderts geläufig geworden ist. In einer ersten systematischen Auseinandersetzung mit dem neuen Gegenstand subsumierte *Georg Jellinek* (1882) ihn noch unter die „Lehre von den Staatenverbindungen". Die entscheidende Rezeption dieses Begriffs erfolgte in Deutschland mit der Abhandlung von *Walther Schücking* über „Die Organisation der Welt" (1908), die in einer gekürzten französischen Fassung den Titel „L'Organisation Internationale" trug. Die Verbreitung dieses Ausdrucks wurde noch dadurch verstärkt, dass die von Völkerrechtlern und bürgerlichen Pazifisten seit 1899 herausgegebene Zeitschrift „Die Friedens-Warte" ihren Untertitel von „Zeitschrift für internationale Verständigung" (1908) in „Zeitschrift für zwischenstaatliche Organisation" (1909) änderte. In den USA fand der Ausdruck ‚international organization' durch seine Verwendung in dem Lehrbuch von *Paul S. Reinsch* „Public International Unions" (1911) Verbreitung (vgl. Potter 1945, 803-806).

Eine eher indirekte Anerkennung erfuhr der Ausdruck ‚internationale Organisation' erst durch Art. 23(a) der Satzung des Völkerbundes, in dem die Errichtung von besonderen internationalen Organisationen zur Förderung der internationalen Zusammenarbeit in bestimmten Sachbereichen angeregt wurde. Dementsprechend ist im Rahmen des Versailler Vertragswerkes z.B. die Internationale Arbeitsorganisation (ILO) gegründet worden. Art. 24 der Satzung des Völkerbundes verwandte andererseits noch die älteren Ausdrücke wie ‚Internationales Büro' oder ‚Kommission' für die zur Zeit der Errichtung des Völkerbundes schon bestehenden Einrichtungen. Bemerkenswert ist auch, dass die Satzung des

Völkerbundes zwischen diesem selbst und internationalen Organisationen entsprechend den Art. 23 und 24 unterschied.

In den 20er und 30er Jahren des 20. Jahrhunderts blieb es im Großen und Ganzen bei dieser terminologischen Gemengelage. Erst seit dem Zweiten Weltkrieg bekannte man sich zu einem umfassenden Begriff der internationalen Organisation. Von da an nehmen auch die Organisationen selbst diesen Namen an. Am Ende der Präambel der Satzung der Vereinten Nationen wird ausdrücklich darauf Bezug genommen, dass hiermit „eine internationale Organisation" errichtet wird, „die den Namen ‚Vereinte Nationen' führen soll" (vgl. Münch 1962, 2-3).

IO als Prozess   Diesen Rückblick auf die Begriffsgeschichte abschließend ist festzuhalten, dass sich in der älteren wie neueren Verwendung des Ausdrucks ‚internationale Organisation' zwei grundlegende Varianten unterscheiden lassen: Einmal stellt ‚*internationale Organisation*' ein *analytisches Konstrukt* dar, das den Erklärungsgegenstand von Theorien über eine bestimmte Entwicklung der internationalen Beziehungen repräsentiert und heute durch den Terminus ‚Global Governance' ersetzt worden ist. Diese Entwicklung wird in diesen Theorien entweder normativ als Herausbildung einer die Staaten mediatisierenden Weltfriedensordnung, beispielsweise in Gestalt eines republikanischen Völkerbundes in der Tradition von Immanuel Kant, postuliert oder als ein evolutionärer Prozess vorgestellt, der zu einer fortschreitenden Domestizierung der zwischenstaatlichen Beziehungen mit der Finalität einer Weltinnenpolitik führt. ‚Internationale Organisation' in dieser Verwendung beschreibt demnach einen säkularen Wandel in den internationalen Beziehungen, in dessen Verlauf eine als „dezentrales anarchisches Selbsthilfesystem" charakterisierte Staatengesellschaft durch multinationale (regionale oder globale) politisch-administrative Steuerungs- und Koordinationsmechanismen überlagert und transformiert wird. Dieses neue Steuerungs- und Koordinationssystem weist allerdings die Besonderheit auf, dass ihm die Mittel der physischen Gewaltanwendung und andere von staatlichen Exekutiven üblicherweise eingesetzte Zwangsmittel gegenüber seinen Mitgliedstaaten meist nicht in gleicher Weise zu Gebote stehen. Hierfür hat inzwischen der Ausdruck der ‚Global Governance' oder – im deutschen Sprachraum – ‚Weltregieren ohne (Welt-)Staat' Verbreitung gefunden (vgl. Rittberger 2000).

IO als Institution   Im Unterschied zu diesem finalen oder evolutionären Verständnis von Internationaler Organisation oder Governance dient die Verwendung des Ausdrucks ‚*internationale Organisation*' auch als *Name für eine bestimmte Klasse zwischenstaatlicher Institutionen*, ohne schon über ihren entwicklungsgeschichtlichen ‚Sinn' Vorentscheidungen zu treffen. Unter einer *sozialen Institution* verstehen wir auf Dauer gestellte, verfestigte Verhaltensmuster in angebbaren Situationen, die auf bestimmten Normen und Regeln basieren; eine soziale Institution ist dadurch definiert, dass Akteure in wiederkehrenden Situationen bestimmten Rollenerwartungen genügen und damit zur Angleichung wechselseitiger Verhaltenserwartungen beitragen, also Erwartungsverlässlichkeit zwischen zwei oder mehr interagierenden Parteien begründen (vgl. Hasenclever/Mayer/ Rittberger 1997, Kap. 2). Wir wollen jedoch nur dann von Institutionen sprechen, wenn die Verhaltensregelmäßigkeiten nicht nur Ausdruck der einseitigen Interessendurchsetzung der Akteure sind, sondern auf der Existenz von Normen und Regeln mit hohem Kommunalitätsgrad beruhen. Institutionen zeichnen sich demnach nicht nur durch regel*mäßiges*, sondern vor allem an Normen und Regeln orientiertes, das heißt regel*gemäßes* Verhalten aus. Gerade bei einer derarti-

22

gen Selbstbeschränkung, die finalen Sinngebungen entsagt und internationale Organisationen als soziale Institutionen auffasst, gewinnen genetische Erklärungsversuche des ‚Woher?' und funktionale Analysen des ‚Wozu?' sowie instrumentelle Fragestellungen nach dem ‚Wodurch?' oder ‚Womit?' ihr eigenes Gewicht (vgl. Claude 1984, 4, 6, 17, 435ff.; Münch 1962, 2).

1.2.2 Drei Bilder von internationalen Organisationen

Bevor wir nun den Begriff der internationalen Organisation im zuletzt genannten Sinne einer sozialen Institution weiter entfalten und abgrenzen, müssen wir uns mit den *Bildern* auseinandersetzen, derer sich die Rede über *internationale Organisationen* gerne bedient. Drei bildhafte Umschreibungen dessen, was internationale Organisationen sind, stehen dabei im Vordergrund: Instrument, Arena und Akteur (vgl. Archer 2001; Rittberger/Mogler/Zangl 1997).

Internationale Organisationen werden häufig als *Instrument staatlicher Diplomatie* betrachtet. In dieser Sicht dienen internationale Organisationen den Staaten entsprechend ihrer Machtposition im internationalen System dazu, ihre eigennützigen Interessen zu verfolgen. Der Politikprozess innerhalb der internationalen Organisationen spiegelt mithin in erster Linie die Auseinandersetzungen der mächtigsten Staaten darüber wider, wer von deren Kompetenzen und Ressourcen am meisten profitieren kann. Illustriert wird dieses Rollenbild üblicherweise anhand der Instrumentalisierung der VN durch die US-Diplomatie gegenüber den kommunistischen Staaten während des so genannten Kalten Krieges. Durch die wachsende Zahl und Heterogenität der VN-Mitgliedstaaten seit Mitte der fünfziger Jahre des 20. Jahrhunderts schwand diese Möglichkeit jedoch zusehends. Was den USA – wie in früheren Zeiten der Sowjetunion – blieb, war die negative Instrumentalisierung durch den Gebrauch des Vetos im VN-Sicherheitsrat, durch Zahlungsverweigerung oder durch Austrittsdrohung. In jüngerer Zeit rückte zumindest zeitweilig auch wieder eine positive Instrumentalisierung in den Vordergrund, z.B. zur Legitimierung der Anti-Irak-Koalition im Zuge des Zweiten Golfkriegs und dem im Anschluss daran errichteten Sanktionsregime. Eine Gefahr der Instrumentalisierung besteht jedoch auch bei der Besetzung der Verwaltungsstäbe, selbst wenn internationale Organisationen über einen eigenen, unabhängigen Beamtenkörper verfügen und nicht nur mit befristet angestellten oder zeitweilig von den Mitgliedstaaten abgeordneten Kräften arbeiten. Dieser Umstand lässt sich darauf zurückführen, dass, um beim Beispiel der Vereinten Nationen zu bleiben, selbst von der Organisation unmittelbar berufene Mitarbeiter(innen) in Kontakt mit den Ständigen Vertretungen ihrer Herkunftsländer stehen und über diese Kanäle Möglichkeiten nicht nur des Informationsaustausches, sondern auch der Einflussnahme bestehen.

Die Rollenbilder ‚Instrument' und ‚Arena' stimmen darin überein, dass eine Überwindung des ‚anarchischen' Staatensystems von internationalen Organisationen nicht zu erwarten ist. Sie erscheinen im Bild der ‚Arena' eher als ‚Spielfeld' oder ‚Schaubühne' denn als Mittel staatlicher Politik. In dieser Sicht sind internationale Organisationen vor allem konferenzdiplomatische Dauereinrichtungen bzw. *intergouvernementale Verhandlungssysteme* (vgl. Rittberger/Mogler/Zangl 1997), in denen alle Themen von internationalem Belang auf verschiedenen Kooperationsniveaus behandelt werden können. Sie reichen vom reinen Informationsaustausch über die Thematisierung und Verhandlung von Forderun-

IO als Instrument

IO als Arena

23

gen einzelner Staaten oder Staatengruppen (z.B. bezüglich einer Neuen Weltwirtschaftsordnung) bis zur Verurteilung oder Rechtfertigung politischer Zustände (z.B. der Apartheid) und eventuell zur Koordination nationaler Politikstrategi-
en (z.B. im Bereich des Umweltschutzes).

IO als Akteur   Während das Bild der internationalen Organisation als ‚Arena' vor allem die
Mitgliedstaaten und ihre Vertreter als die in Wirklichkeit einzig Handelnden begreift, das heißt ausschließlich diese in der Rolle von Akteuren sieht, geht die
dritte hier zu benennende Vorstellung von internationalen Organisationen davon
aus, dass diesen selbst die Eigenschaft eines ‚korporativen Akteurs' zukommt.
Damit ist die Frage nach der Identität von internationalen Organisationen un-
missverständlich gestellt: In einer Vielzahl von Fällen wird die Zuschreibung
von Tätigkeiten zu bestimmten internationalen Organisationen nur eine kürzel-
hafte Bezeichnung der Tatsache sein, dass ein Kollektiv von Staaten einmütig
oder nach kontroverser Beratung durch Mehrheitsentscheid eine Entscheidung
im Rahmen der Zuständigkeit der betreffenden internationalen Organisation herbeigeführt hat. So gesehen erscheint es in der Tat zweifelhaft, internationale Organisationen als Akteure begreifen zu können, da doch nur die Gesamtheit der
Mitgliedstaaten oder eine obsiegende Koalition von Mitgliedstaaten gehandelt
hat. Dieses Handeln weist aber in jedem Falle das Spezifikum auf, dass es in und
durch internationale Organisationen, genauer: ihre Organe, stattfindet und ohne
diese so oder gar nicht stattgefunden hätte.

Eine internationale Organisation stellt demnach zunächst eine *Kollektivbe-
zeichnung für ihre Mitgliedstaaten*, unter Umständen nur für die in einer Kontroverse obsiegende Mehrheit, dar. Das über diesen Sachverhalt hinausweisende
Element einer eigenen Akteursqualität entspringt einmal dem Umstand, dass sich
die Mitgliedstaaten organschaftlich formalisierten Regeln des Handelns in und
durch internationale Organisationen unterworfen haben. Dazu tritt die Existenz
weiterer Organe, des Verwaltungsstabes (Sekretariat, Kommission) der internationalen Organisation, eines Parlaments und mitunter auch eines Gerichtshofes,
die nicht mit dem Kollektiv der mitgliedstaatlichen Regierungen identisch sind,
deren Zusammensetzung und Tätigkeiten zwar in unterschiedlichem Maße vom
Willen der Mitgliedstaaten abhängen, ohne jedoch vollständig davon determiniert zu sein. Der Unterschied zwischen diesen beiden Szenarien wird pointiert
von *Andrew Moravcsik* dargestellt: Während die Mitgliedstaaten im Falle der
Mehrheitsentscheidung in internationalen Organisation ihre Souveränität zusammenlegen (pooling of sovereignty), wird Souveränität im zweiten Falle an
die dann *supra*nationalen Organe delegiert (delegating of sovereignty) (Moravcsik 1998, 67). Die dann vorhandene *akteursähnliche Qualität von internationalen Organisationen* wird am deutlichsten in dem Umstand sichtbar, dass ein
Organ einer internationalen Organisation wie z.B. die Streitschlichtungsinstanz
der WTO im Verhältnis zu den Mitgliedstaaten als Dritter auftritt, wobei sein
Verhalten nicht ausschließlich einem Reflex auf von diesen Staaten ausgeübten
Einfluss gleichkommt und auch keinem Veto durch sie unterliegt.

1.2.3 Entfaltung des Begriffs der internationalen Organisation

Nach dieser das Begriffsfeld klärenden Vorbereitung können wir nun eine Definition des Ausdrucks ‚internationale Organisation' entwickeln. In Abschnitt
1.2.1 haben wir internationale Organisationen bereits als eine bestimmte Klasse

24

zwischenstaatlicher Institutionen bezeichnet. Es erscheint sinnvoll, zunächst einmal die wichtigsten Klassen zwischenstaatlicher Institutionen zu identifizieren und im Anschluss daran zu einer einprägsamen Definition des Begriffs der internationalen Organisation zu gelangen. In der Wissenschaft von den internationalen Beziehungen sind zwei Ausprägungen zwischenstaatlicher Institutionen von zentraler Bedeutung: internationale Regime und internationale Organisationen.

Beide – sowohl internationale Organisationen als auch internationale Regime – stellen zwischenstaatliche soziale Institutionen dar. Das heißt, internationale Organisationen wie internationale Regime sind durch auf zwischenstaatlichen Normen und Regeln basierende Verhaltensmuster charakterisiert, welche in wiederkehrenden Situationen insbesondere für die beteiligten Staaten und ihre (Regierungs-)Vertreter Verhaltensrollen festlegen und zu einer Angleichung wechselseitiger Verhaltenserwartungen (Erwartungsverlässlichkeit) führen. Doch internationale Regime und internationale Organisationen unterscheiden sich in zweierlei Hinsicht. intl. Organisationen und Regime

Erstens: während sich internationale Regime stets auf ein spezifisches Problemfeld wie den Schutz der Ozonschicht, die Nichtverbreitung von Atomwaffen oder den Schutz von Menschenrechten beziehen, können internationale Organisationen sowohl problemfeldbezogen als auch *problemfeldübergreifend* wirken. Die Vereinten Nationen, aber auch die Europäische Union, die Arabische Liga oder die OSZE sind Beispiele für in vielen, verschiedenen Problemfeldern aktive Organisationen, die Internationale Walfangkommission (IWC) ist hingegen ein Beispiel für eine auf ein einziges Problemfeld beschränkte Organisation. 1. Unterschied

Zweitens: während internationale Organisationen gegenüber ihrer Umwelt als oder jedenfalls wie *Akteure* auftreten können, besitzen internationale Regime keine Akteursqualität. Die Europäische Union, die Vereinten Nationen, die Weltbank und die NATO stellen aus dieser Sicht internationale Organisationen dar, weil sie aufgrund ihrer organschaftlichen Struktur als oder wie kollektive Akteure auftreten können. Im Rollenbild des Instruments fungieren internationale Organisationen als ‚Als-ob‘-Akteure, deren Handeln letztlich von den Vertretern ihrer Mitgliedstaaten fremdbestimmt ist. Im Rollenbild des Verhandlungssystems suggerieren die innerhalb der internationalen Organisationen erzielten Verhandlungsergebnisse die Existenz eines kollektiven Akteurs. Schließlich haben wir es im Rollenbild eines korporativen Akteurs mit tatsächlichen Akteuren zu tun, die Kraft zusammengelegter oder delegierter Souveränität durch ihre Organe und Agenten (vgl. Kap. 4) nach innen wie nach außen zu eigenständigem Handeln befähigt sind. 2. Unterschied

Unter internationalen Organisationen verstehen wir also sowohl problemfeldbezogene als auch problemfeldübergreifende zwischenstaatliche Institutionen, die gegenüber ihrer Umwelt aufgrund ihrer organschaftlichen Struktur als Akteure auftreten können und die intern durch auf zwischenstaatlich vereinbarten Normen und Regeln basierende Verhaltensmuster charakterisiert sind, welche Verhaltenserwartungen einander angleichen. Demgegenüber sind internationale Regime als problemfeldbezogene zwischenstaatliche Institutionen zu definieren, die sich durch zugrundeliegende Prinzipien, Normen, Regeln und Entscheidungsprozeduren auszeichnen, die wechselseitige Verhaltenserwartungen dauerhaft in Übereinstimmung bringen (Krasner 1983b, 1; vgl. auch Rittberger 1993b, 8ff.). Definition ‚intl. Organisation‘

Auf den ersten Blick verwirrend ist nun, dass beide Formen internationaler Institutionen in einem engen Verhältnis zueinander stehen. Zwischen internationalen Regimen und internationalen Organisationen müssen drei Beziehungen drei Beziehungen zwischen IO und intl. Regimen

unterschieden werden, die letztlich auf verschiedene analytische Abstraktionse-
benen des Regimebegriffs zurückgehen (vgl. Bedarff 2000, 20):

1. Die mit dem Begriff des Regime erfassten problemfeldbezogenen Prinzipi-
    en, Normen, Regeln und Entscheidungsverfahren können in eine internatio-
    nale Organisation eingebettet sein, in der mehrere Regime verankert sind.

Diesem Verständnis folgend sind internationale Organisationen umfassender als
Regime. Beispielsweise kann man die VN als eine internationale Organisation betrachten, in der die Prinzipien, Normen, Regeln und Entscheidungsverfahren so
unterschiedlicher Regime wie das zum Schutz der Menschenrechte, der kollektiven
Sicherheit oder zum Schutz der Ozonschicht verankert sind. Diesem Verständnis
nach sind die einzelnen Regime in die internationale Organisation eingebettet.

2. Die mit dem Regimebegriff verbundenen problemfeldspezifischen Prinzipi-
    en, Normen, Regeln und Entscheidungsprozeduren können sich aus unter-
    schiedlichen internationalen Organisationen speisen.

Diesem Verständnis folgend sind internationale Regime umfassender als internationale Organisationen. Als Beispiel mag hier das Nukleare Nichtverbreitungsregime dienen, das durch Prinzipien, Normen, Regeln und Entscheidungsverfahren gekennzeichnet ist, die u.a. durch die Internationale Atomenergiebehörde (IAEA), die Vereinten Nationen sowie die Londoner Gruppe der nuklearen
Lieferländer bestimmt werden. Darüber hinaus basiert das Nukleare Nichtverbreitungsregime aber vornehmlich auf Prinzipien, Normen, Regeln und Entscheidungsverfahren, die im Vertrag über die Nichtverbreitung von Kernwaffen
verankert, mithin in keiner internationalen Organisationen festgehalten sind.

3. In diesem Zusammenhang am wichtigsten ist, dass internationalen Organi-
    sationen laut Young (1989, 32) aufgrund ihrer Akteursqualität in Bezug auf
    internationale Regime zwei Aufgaben zukommen können: Sie können, er-
    stens, in bestimmten Fällen durch ihre Normgenerierungsfähigkeit bei der
    Entstehung neuer Regime Pate stehen. Sie können, zweitens, für die Effekti-
    vität von Regimen eine wichtige Rolle spielen, indem sie für die Befolgung
    von Normen und Regeln sowie für deren Verifikation (die Überprüfung ihrer
    Einhaltung), aber auch für Kommunikation und Informationsgewinn sorgen.

Beispielsweise wirkten Organe der Vereinten Nationen bei den Verhandlungen
über den Vertrag über die Nichtverbreitung von Kernwaffen mit; an der Implementation dieses Vertrages ist wiederum die Internationale Atomenergiebehörde
(IAEA) nachhaltig beteiligt.

1.2.4 Abgrenzung internationaler Organisationen

Bei dem von uns gewählten Ansatz einer politologischen Analyse internationaler
Organisationen liegt das Schwergewicht auf internationalen Organisationen als
einer zwischenstaatlichen Institution. Es wurde bereits angedeutet, dass sich unser vorrangiges Erkenntnisinteresse auf zwischenstaatliche, ‚intergovernmental
organizations' (IGO), im Unterschied zu nicht-staatlichen internationalen Orga-
nisatonen, ‚international nongovernmental organizations' (INGO), bezieht. Folglich setzen wir andere Akzente in unserer Untersuchung als stärker soziologisch

IG

vorgehende Autoren wie Robert C. Angell (1969), aber auch Politologen wie Harold K. Jacobson (1984), für die zwischenstaatliche und nicht-staatliche internationale Organisationen gleichermaßen – etwa als institutionelle Widerspiegelung einer allgemeinen Internationalisierung gesellschaftlicher Prozesse – den Objektbereich der Forschung über internationale Organisationen abgeben. Mit Jacobson gehen wir allerdings insoweit einig, als auch für unseren Untersuchungsansatz nicht-staatliche internationale Organisationen ins Blickfeld der Forschung rücken, wenn und soweit sie als förderliche oder restriktive Bedingungen von Politikentwicklungsprozessen in internationalen Organisationen identifiziert werden können, oder wenn sie selbst sachbereichsspezifisch private Autorität ausüben. Letzteres findet sich mit dem Internationalen Olympischen Komitee (IOC) im Bereich des olympischen Sports oder mit der Internet Corporation for Assigned Names and Numbers (ICANN) im Bereich der Internet-Nutzung (vgl. Rittberger/Boekle 1997; Röben 1999).

Die Unterscheidung zwischen zwischenstaatlichen und nicht-staatlichen internationalen Organisationen scheint auf den ersten Blick eindeutig zu sein, enthält aber Zweideutigkeiten in einer Reihe von Fällen wie z.B. der Ständigen Konferenz der Rektoren und Vizekanzler der Europäischen Universitäten, die selbst überwiegend staatliche Einrichtungen sind, oder der Internationalen Arbeits-Organisation (ILO), bei der in den zentralen Entscheidungsorganen Vertreter nationaler Arbeitnehmer- und Arbeitgeberverbände gleichberechtigt neben Regierungsvertretern mitwirken. Als relativ einfach bestimmbares und sachlich zweckmäßiges *Merkmal für die Unterscheidung* zwischen den beiden genannten Hauptklassen internationaler Organisationen hat sich die Prüfung erwiesen, ob ihre Existenz auf einem unmittelbaren oder mittelbaren, mehrseitigen staatlichen Gründungsakt beruht. In allen Fällen also, in denen die Gründung einer internationalen Organisation weder auf einen völkerrechtlichen Vertrag noch auf einen Beschluss einer bestehenden zwischenstaatlichen internationalen Organisation zurück zu führen ist, erfolgt die Einordnung in die Klasse der nicht-staatlichen internationalen Organisationen.

Merkmal zur Unterscheidung von IGO und INGO

Die Klasse nicht-staatlicher internationaler Organisationen besteht aus zwei Teilmengen. Unsere Analyse wird die erste Teilmenge, die der transnationalen Dachverbände – als Beispiele seien der Ökumenische Rat der Kirchen (ÖRK), die Union der Industrie- und Arbeitgeberverbände in der Europäischen Union (UNICE) und der Europäische Gewerkschaftsbund (EGB) genannt – nur am Rande und insoweit, als sie förderliche oder restriktive Bedingungen der Politikentwicklung in und durch internationale Organisationen setzen, berücksichtigen. Uns geht es mehr um die so genannten ‚transnationalen Organisationen‘ (TNO). Sie werden definiert als hierarchisch strukturierte, mit einem starken Entscheidungszentrum ausgestattete nicht-staatliche Organisationen, die über eine unbestimmte Vielzahl von Ländern verteilt materielle oder immaterielle Güter produzieren und Verteilungs- oder Dienstleistungen erbringen. Transnationale Organisationen werden nochmals danach unterschieden, ob ihre Tätigkeiten darauf ausgerichtet sind, materielle Gewinne zu erzielen oder eher gemeinnützig (das heißt auf jeden Fall nicht profitorientiert) zu wirken. Die erste Gruppe wird mit dem Terminus ‚*Transnationale Unternehmen*‘ (oft auch ‚Multinationale Konzerne‘, Kurzform ‚Multis‘) erfasst. Als Beispiele können DaimlerChrysler, Microsoft und die Allianz gelten. Für die zuletzt genannte Gruppe, also die nicht profitorientierten TNO, kommen als Beispiele die Römisch-katholische Kirche, das IOC, aber auch Greenpeace oder ICANN in Betracht.

Zwei Teilmengen von INGO

transnationale Dachverbände

transnationale Organisationen

27

Schaubild 1: Internationale Organisationen und nicht-staatliche Organisationen in der internationalen Politik (Grobklassifikation)

IGO (International Governmental Organization)	Vereinte Nationen (VN), Europäische Union (EU), Organisation amerikanischer Staaten (OAS), Verband Südostasiatischer Staaten (ASEAN), Intl. Währungsfonds (IWF), Weltbank (IBRD)	
INGO (International Non-Governmental Organization)	Dachverbände: Ökumenischer Rat der Kirchen (ÖRK), Union der Industrie- und Arbeitgeberverbände (UNICE), Europäischer Gewerkschaftsbund (EGB)	
	Profitorientierte TNO (**T**rans-**N**ational **O**rganization)	DaimlerChrysler, Microsoft, Allianz
	Nicht-profitorientierte TNO	Römisch-Katholische Kirche, Intl. Olympisches Komitee, Greenpeace, ICANN

Bedeutsam für die politologische Untersuchung internationaler Organisationen dürfte indessen sein, dass sich eine Vielzahl transnationaler Organisationen neben den zwischenstaatlichen internationalen Organisationen als mittelbare oder unmittelbare *politische* Institutionen qualifiziert haben. Sie sind mittelbare politische Institutionen in dem Sinne, dass sie im Rahmen eines globalen (Vereinte Nationen) oder regionalen (Europäische Union) Mehrebenen-Verhandlungs- und Entscheidungssystems an der verbindlichen Zuteilung von Werten (Sicherheit, Wohlfahrt, Herrschaft) durch verschiedene Formen der Einflussnahme beteiligt sind (vgl. hierzu Teil II). In einigen Fällen kommen den transnationalen Organisationen sogar unmittelbare politische Funktionen zu: durch ihre Tätigkeiten bewirken sie verbindliche Wertzuteilungen – in Bezug auf Heilserwartungen, humanitäre Hilfe, sportliche Leistungschancen, Investitionen, Umweltrisiken, etc. – an staatlichen und zwischenstaatlichen Stellen vorbei, teils mit deren ausdrücklicher Unterstützung oder stillschweigender Duldung, teils ohne derartige Zustimmung oder gar gegen den erklärten, aber vollzugsschwachen Willen politisch-administrativer Akteure. Transnationale Organisationen können daher faktisch an die Stelle von zwischenstaatlichen Organisationen, unter Umständen selbst von nationalstaatlichen Organen treten. Sie müssen daher bei der Analyse der internationalen Problembearbeitung in bestimmten Politikfeldern als relativ selbständige Elemente eines sektoralen internationalen Mehrebenen-Verhandlungs- und Entscheidungssystems berücksichtigt werden (und nicht nur als möglicherweise förderliche oder restriktive Bedingungen) (vgl. Cutler/Haufler/Porter 1999; Huntington 1973; Jacobson 1984, 10-11).

1.2.5 Analytische Klassifizierung internationaler Organisationen

Die Grobklassifizierung internationaler Organisationen muss nun durch eine analytisch gehaltvollere Klassifizierung ergänzt werden. Entsprechend unserer Konzentration auf zwischenstaatliche internationale Organisationen soll sich die weitere Ausdifferenzierung auf diese Klasse der internationalen Organisationen beschränken. Um eine analytisch saubere und genaue Unterteilung zwischenstaatlicher internationaler Organisationen zu erhalten, müssen Kriterien der Klassifikation gefunden werden, die jeweils auf unterschiedliche Dimensionen internationaler Organisationen verweisen. Die häufig wenig gegenstandsadäquate strikte Zweiteilung innerhalb eines Klassifikationskriteriums soll vermieden und die somit oft problematische Zuordnung von Einzelorganisationen zu bestimmten Klassen umgangen werden, indem die zu entwickelnden Klassifikationen als Kontinuum zwischen den Polen ein und derselben Dimension betrachtet werden. Als ein wertvolles Prinzip der Klassifikation hat sich der Grad der durch internationale Organisationen hergestellten Politikverflechtung, das sich durch Kriterien wie Mitgliedschaft, Zuständigkeit, Politikprozessfunktion, Entscheidungsmacht und Entscheidungsreichweite ausmessen lässt, erwiesen.

Die Dimension ‚Mitgliedschaft' führt zu der Unterscheidung zwischen offener und beschränkter Teilnahme oder zwischen *universaler und partikularer Mitgliedschaft*. Als ein Pol, der das weite Feld unterschiedlich ausgeprägter Mitgliedschaft in internationalen Organisationen begrenzt, können die universalen Organisationen des Verbands der VN aufgefasst werden. Selbst wenn vollständige Universalität der Mitgliedschaft im konkreten Einzelfall selten gegeben sein wird, so kann doch bei Organisationen, deren Satzung und Tätigkeit keinen Staat dauerhaft von der Mitgliedschaft ausschließen, von einer universalen Organisation gesprochen werden. Der zweite, die Dimension der Mitgliedschaft begrenzende Pol wird durch partikulare Organisationen abnehmender Universalität definiert. Die Mitgliedschaft in partikularen internationalen Organisationen kann durch eine Vielfalt von Kriterien wie z.B. geographische, ökonomische, kulturelle oder andere Merkmale begrenzt sein. Beispiele für partikulare Organisationen sind die Europäische Union (EU) oder die Organisation erdölexportierender Länder (OPEC).

Dimension Mitgliedschaft

Bei der Dimension ‚Zuständigkeit' werden internationale Organisationen danach geordnet, ob sie kraft Satzung und Praxis einen eher umfassenden, das heißt eine *Vielzahl verschiedenartiger Problemfelder* erfassenden Aufgabenbereich aufweisen oder ob sie auf *eng umrissene problemfeldspezifische Tätigkeiten* beschränkt sind. Das herausragende Beispiel für eine umfassend zuständige Organisation sind wiederum die Vereinten Nationen. Aber auch einige geographisch definierte Partikularorganisationen wie bisher die Organisation der Afrikanischen Einheit (OAU) oder in zunehmendem Maße die Europäische Union (EU) können als allgemein zuständige Organisationen bezeichnet werden. Sektorale Organisationen, also in ihrer Zuständigkeit auf eine begrenzte Zahl von Problemfeldern beschränkte internationale Organisationen, sind die verschiedenen Sonderorganisationen der Vereinten Nationen sowie eine Vielzahl von Partikularorganisationen wie z.B. die Europäische Raumfahrtagentur (ESA) oder wiederum die Organisation erdölexportierender Länder (OPEC).

Dimension Zuständigkeit

Aus den Klassifikationskriterien ‚Mitgliedschaft' und ‚Zuständigkeit' lässt sich nun eine 2x2-Matrix entwickeln, die *vier unterschiedliche Typen* internationaler Organisationen beinhaltet (vgl. Jacobson 1984, 12). Da wir die beiden Dimensionen als Kontinua auffassen wollen, bietet sich ein zweidimensionales Achsenkreuz zur Darstellung der Klassifikation verschiedener Organisationen an (vgl. Schaubild 2).

Schaubild 2: Internationale Organisationen (Typologisierung I)

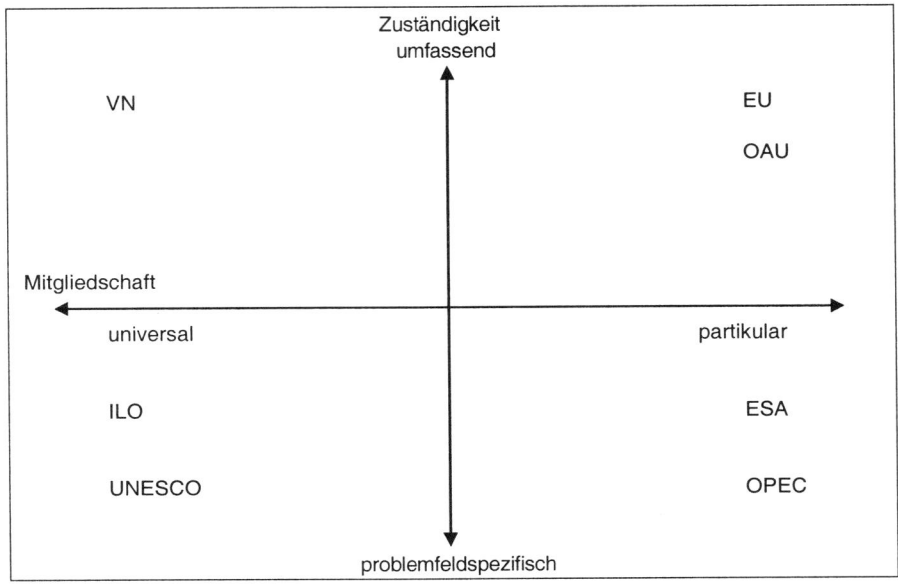

Während die Dimensionen ,Mitgliedschaft' und ,Zuständigkeit' erste Anhaltspunkte für Umfang und Reichweite einer internationalen zwischenstaatlichen Organisation liefern können, sind die nun folgenden drei Analysekategorien grundlegend für eine Analyse der Rolle von internationalen Organisationen in multinationalen Verhandlungs- und Entscheidungsprozessen sowie ihres Beitrags zu
kollektiven Problembearbeitungen in verschiedenen Politikfeldern. Da dieses
Buch vor allem diesen Fragen nachgehen möchte (vgl. hierzu Kap. 2), sei dem
(der) Leser(in) empfohlen, bei der Lektüre auf die in Schaubild drei zusammen-
gefasste Typologisierung zurückzugreifen.

Dimension
Politikprozess-
funktion

Mit der Dimension ,Politikprozessfunktion' wird der Schwerpunkt der Tätigkeiten einer internationalen Organisation im Rahmen von Politikentwicklungsprozessen angesprochen. Entsprechend der bereits thematisierten unterschiedlichen Aufgabenstellung internationaler Organisationen im Zusammenspiel mit internationalen Regimen lassen sich *Programm-Organisationen* von
operativen Organisationen unterscheiden. Programm-Organisationen haben es
vorwiegend mit Problemartikulation, Zieldefinition und Programmformulierung
zu tun, wozu auch die Festlegung von Verhaltens- und Verteilungsnormen zählt.
Sie sind jener Typ internationaler Organisationen, der bei der Errichtung internationaler Regime eine gewichtige Rolle spielen kann. Operative Organisationen
konzentrieren sich hingegen auf implementierende oder Exekutiv-Tätigkeiten,
insbesondere die Überwachung der Befolgung und Einhaltung von Verhaltens-
und Verteilungsnormen sowie die Intervention zur Lösung akuter Probleme innerhalb und zwischen Staaten. Beispielhaft für Programm-Organisationen seien
die Vereinten Nationen oder die Organisation für Sicherheit und Zusammenarbeit in Europa (OSZE) genannt; zu den operativen Organisationen zählen der
Internationale Währungsfonds und die Weltbank, die OPEC oder auch das Amt
des Hohen Kommissars für Flüchtlinge der Vereinten Nationen (UNHCR).

30

Eine weitere Untergliederung der Dimension der Politikprozessfunktion ergibt sich, wenn man nach der Autorität der Entscheidungen internationaler Organisationen fragt. Für Programm-Organisationen ist hier das Kriterium der *Verbindlichkeit* der von ihr vorgenommenen Programmierung für die einzelnen Mitglieder von Bedeutung; bei operativen Organisationen interessiert demgegenüber deren Durchsetzungs- und *Sanktionsfähigkeit*. Somit ergibt sich für Programm-Organisationen die Einteilung in ‚stark bindende‘ und ‚schwach bindende‘ internationale Organisationen, für operative Organisationen wollen wir zwischen ‚durchsetzungsstarken‘ und ‚durchsetzungsschwachen‘ Organisationen unterscheiden.

Dimension Autorität der Entscheidungen

Des weiteren erlaubt die Dimension ‚Entscheidungsdelegation‘ eine Unterscheidung zwischen Organisationen, deren Form der Politikverflechtung durch *Selbstkoordination* charakterisiert ist, und solchen, die ein *Verbundsystem* darstellen. Letztendlich reflektiert diese Einteilung die Frage nach dem Ort und Modus der Entscheidungsfindung: Werden Entscheidungen durch Mitwirkung der supranationalen Organe der internationalen Organisation selbst oder durch die wechselseitige Abstimmung der Mitglieder untereinander herbeigeführt? Diese Unterscheidung lässt eine entfernte Ähnlichkeit mit den Kategorien des Bundesstaates und des Staatenbundes als verschiedenartigen Ausprägungen des Föderalismus erkennen. Liegt das Schwergewicht der Politikentwicklung bei der (den) Zentralinstanz(en) des Verflechtungssystems (vertikale Politikverflechtung), so spricht man gemeinhin von Bundesstaaten. Ist dieses Schwergewicht hingegen durch dezentrale Koordinationsmechanismen der einzelnen Gliedstaaten (horizontale Politikverflechtung) bestimmt, so sprechen wir eher von einem Staatenbund (vgl. Scharpf 1976, 28-36).

Dimension Entscheidungs-delegation

Unter *selbstkoordinierten Organisationen* verstehen wir mithin, dass nur die verflechtungsbedürftigen dezentralen (nationalen) Entscheidungseinheiten beteiligt werden und der Verwaltungsstab der internationalen Organisation vor allem auf Dienstleistungen zur Erleichterung der Selbstkoordination der mitgliedstaatlichen Bürokratien beschränkt ist. Bei der Selbstkoordination liegt also das Schwergewicht der Politikentwicklung auf der wechselseitigen Anpassung nationaler Entscheidungseinheiten (durch Überredung, Aushandeln, Druckausübung, etc.), wofür internationale Organisationen einen förderlichen, routinisierten (Ver-)Handlungsrahmen abgeben. Politikentwicklung durch Selbstkoordination ist letztlich ‚autonomieschonend‘, da jede Normsetzung und Normdurchsetzung auf dem Konsens aller beteiligten nationalen Entscheidungseinheiten beruhen muss. Streng genommen schließt die Selbstkoordination auf der Vollzugsseite die Mitwirkung von anderen als den nationalen Verwaltungseinheiten aus, sofern sie sich nicht ohnehin auf Beschlüsse beschränkt, die ‚self-executing‘ sind, das heißt eines verwaltungsmäßigen Vollzugs nicht bedürfen (wie z.B. die Resolution 3314 (XXIV) über die Definition des Begriffs der ‚Aggression‘ durch die Generalversammlung der Vereinten Nationen vom 14.12. 1974). Beispielhaft für selbstkoordinierte Organisationen seien die OSZE, die OPEC oder die Internationale Kaffeeorganisation (ICO) genannt.

Verbund-Organisationen treten in ihrer Häufigkeit gegenüber der Form der Selbstkoordination noch immer deutlich zurück. Bei Verbundsystemen existieren einerseits hierarchisch übergeordnete Entscheidungsebenen mit relativ autonomen, also nicht auf Dienstleistungen für die Selbstkoordination der dezentralen Entscheidungseinheiten beschränkten Organen. Andererseits bleiben die dezentralen (nationalen) Einheiten notwendige Entscheidungsbeteiligte in dem Sinne, dass sie nicht nur als Informationslieferanten, sondern auch als Konsenspartner im Politikentwicklungsprozess auftreten. Im Gegensatz zu selbstkoordinierten Organisationen sind die Entscheidungsverfahren so konzipiert, dass es in einigen Fällen zur Normsetzung und Normdurchsetzung nicht des Konsens aller beteiligten nationalen Entscheidungseinheiten bedarf. In der Terminologie von Moravcsik (1998, 67) üben Mitgliedstaaten einer Verbund-Organisation ihre Souveränität gemeinsam aus; sie ‚poolen‘ sie, oder aber sie delegieren gar ihre Entscheidungsmacht an einzelne supranationale Entscheidungsorgane. Auf der Vollzugsseite ist das Verbundsystem nicht ausschließlich auf die Mitwirkung nationaler Verwaltungsstellen angewiesen, sondern bedient sich jedenfalls teilweise auch eigener Apparate zur Programmimplementation. Beispielhaft für Verbundsysteme seien die Europäische Union sowie die Weltbank und der Internationale Währungsfonds genannt.

Schaubild 3: Internationale Organisationen (Typologisierung II)

Funktion	Autorität	Entscheidungs-Delegation	Beispiel
Programm-Organisationen	stark bindend	Selbstkoordination	Vereinte Nationen (Sicherheitsrat)
		Verbund	EU
	schwach bindend	Selbstkoordination	OSZE
		Verbund	VN-Sonder-Organisationen
Operative Organisationen	durchsetzungsstark	Selbstkoordination	OPEC
		Verbund	IWF, Weltbank
	durchsetzungsschwach	Selbstkoordination	ICO
		Verbund	UNHCR

2 Theorien über internationale Organisationen

Die wissenschaftliche Analyse kann sich mit der systematischen Beschreibung eines Objektbereichs nicht zufrieden geben, so unverzichtbar diese freilich ist. Vielmehr gehört zu ihr auch, empirisch überprüfbare und verallgemeinerungsfähige Einsichten in die Entstehungs- und Entwicklungsbedingungen, in das Zustandekommen kollektiver Entscheidungen sowie in die Leistungen und Wirkungen von internationalen Organisationen zu gewinnen. Diesem Verständnis von wissenschaftlicher Analyse folgend ziehen sich vier grundlegende Fragestellungen als roter Faden durch die vorliegende Abhandlung:

Vier Fragestellungen

1. Warum werden internationale Organisationen errichtet?

Warum IO?

Dieser Frage wird sich Kapitel 3 auf dem Wege einer theoriegeleiteten Analyse der Gründungsschübe internationaler Organisationen in sechs verschiedenen Problembereichen widmen.

2. Wie wirkt sich die Existenz internationaler Organisationen auf die Prozesse kollektiver, multinationaler Entscheidung und die Möglichkeiten einzelstaatlicher, aber auch bürgerschaftlicher Beteiligung an ihnen aus?

Politikentwicklung in IO

Während wir uns im ersten Teil dem Untersuchungsgegenstand ‚internationale Organisationen‘ sowohl theoretisch als auch entwicklungsgeschichtlich nähern, geht es im zweiten Teil der Abhandlung darum zu bestimmen, auf welche Art kollektive Entscheidungen in internationalen Organisationen zustande kommen. Hierzu werden internationale Organisationen als politische (Teil-)Systeme konzipiert, in denen Anforderungen und Unterstützungsleistungen (Inputs) verschiedener Akteure mittels unterschiedlicher Konversionsprozesse in Outputs (Programm- und operative Entscheidungen) verwandelt werden. Auf diese Weise wollen wir feststellen, inwieweit internationale Organisationen als relativ eigenständige korporative Akteure begriffen werden können.

3. Gibt es Unterschiede in den Tätigkeiten internationaler Organisationen entsprechend der Verschiedenartigkeit von Politikfeldern? Welche politikfeldspezifischen Leistungen erbringen sie, welche Wirkungen zeitigen sie in ihnen?

Leistungen in Politikfeldern

Dieser Themenkomplex wird uns im dritten Teil des Buches beschäftigen. Ausgehend von den spezifischen Kooperationshindernissen in den Sachbereichen ‚Sicherheit‘, ‚Wohlfahrt‘ und ‚Herrschaft‘ der internationalen Politik fragen wir, inwiefern ausgewählte internationale Organisationen eine sachbereichsadäquate Antwort auf die mit Problemen behaftete zwischenstaatliche Kooperation geben können. Konkret werden wir untersuchen, ob die im zweiten Teil identifizierten Outputs internationaler Organisationen an der Erzeugung und Festigung zwischenstaatlicher Kooperation und damit eines regulierten Konfliktaustrags in den internationalen Beziehungen beteiligt sind.

4. Kommt in der Errichtung internationaler Organisationen ein grundlegender Wandel der Struktur der internationalen Beziehungen zum Ausdruck?

Während die dritte Leitfrage auf die Wirkungen internationaler Organisationen in einzelnen Politikfeldern abhebt, thematisiert die abschließende Fragestellung, ob sich die Präsenz internationaler Organisationen in einer veränderten Struktur des internationalen Systems niederschlägt. Wir werden in diesem Zusammenhang im Schlusskapitel vier Ordnungsmodelle internationaler Politik unterscheiden und die These vom Strukturwandel der internationalen Beziehungen durch internationale Organisationen zu präzisieren und zu plausibilisieren versuchen.

Als Orientierung bei der Beantwortung dieser Leitfragen sollen drei, in der Disziplin der Internationalen Beziehungen heute vorherrschende Theorieschulen dienen: die Realistische Schule, die Institutionalistische Schule und die Idealistische Schule (vgl. u.a. Hasenclever/Mayer/Rittberger 1997). Sie unterscheiden sich erstens durch je verschiedene Grundannahmen über Akteure und Strukturen der internationalen Beziehungen und zweitens durch die Rolle und Wirkungsweise, die sie internationalen Organisationen in der internationalen Politik zuschreiben.

In der Disziplin der Internationalen Beziehungen existiert neben der von uns zugrunde gelegten Drei-Schulen-Klassifikation – Realismus, Institutionalismus, Idealismus – eine auf der metatheoretischen Ebene angesiedelte Zwei-Schulen-Klassifikation, die, um Missverständnissen vorzubeugen, kurz erläutert werden soll. Das ontologische Unterscheidungsmerkmal dieser Zwei-Schulen-Klassifikation liegt in einem je verschiedenen Handlungsbegriff. So lassen sich sowohl der Realismus als auch der Institutionalismus auf der metatheoretischen Ebene als rationalistische Theorien klassifizieren, denen die Annahme gemeinsam ist, dass soziale Akteure (welche von der jeweiligen Theorie identifiziert werden) aus einem gegebenen Set von Handlungsmöglichkeiten diejenige Handlung wählen, mit der sie ihre (theoretisch exogen vorgegebenen) Interessen am besten verwirklichen können. Im Gegensatz zu diesen rationalistischen Theorieschulen mit ihrer konsequentialistischen Handlungslogik geht die Idealistische Theorieschule von einem reflexiven Handlungsbegriff oder einer Handlungslogik der Angemessenheit aus. Soziale Akteure wählen demnach aus einem Set von Handlungsoptionen diejenige Handlung, von der sie aufgrund ihrer sozialen Rolle in einer gegebenen Situation annehmen, dass sie den für sie geltenden sozialen Rollenerwartungen entspreche (March/Olsen 1989; 1998). Diese metatheoretischen Vorentscheidungen und die von der jeweiligen Theorie aus ihnen abgeleiteten Folgerungen berühren unseren Untersuchungsgegenstand unmittelbar. So beurteilen die Theorien des Realismus, des Institutionalismus und des Idealismus die Bedeutung internationaler Organisationen für die internationale Politik vor allem deshalb auf unterschiedliche Weise, weil sie im Lichte eines rationalistischen oder eines reflexiven Handlungsbegriffs aus unterschiedlichen Annahmen über die Struktur der internationalen Beziehungen sehr verschiedenartige Schlussfolgerungen ziehen. Es wird Aufgabe dieses Kapitels sein, die Theorieschulen des Realismus, des Institutionalismus und des Idealismus in ihrer historischen Entwicklung kurz vorzustellen und ein besonderes Augenmerk auf die Antworten zu richten, die von den jeweiligen Theorieschulen im Hinblick auf die soeben eingeführten Leitfragen dieser Abhandlung angeboten werden.

Schaubild 4: Theorien über internationale Organisationen – Schulen und Forschungsrichtungen

Realistische Schule	Institutionalistische Schule	Idealistische Schule
Realismus	Föderalismus Funktionalismus Neofunktionalismus Transaktionismus Interdependenzanalyse	normativer Idealismus
Neorealismus	Neoinstitutionalismus	Sozialkonstruktivismus

2.1 Die Realistische Theorieschule

Um die dem Realismus zugehörigen Theorieansätze darzustellen, soll hier zunächst der klassische Realismus dargelegt werden (Kap. 2.1.1), um davon ausgehend in den heute gängigen Neorealismus einzuführen (Kap. 2.1.2).

2.1.1 Klassischer Realismus

Der klassische Realismus (Carr 1964; Morgenthau 1963) geht von der Prämisse aus, dass der moderne Territorialstaat nicht nur der entscheidende, sondern auch – wenn es um seine Sicherheit geht – ein in sich geschlossener, einheitlich auftretender Akteur in der internationalen Politik ist. Dementsprechend bleiben in realistischen Analysen der internationalen Politik gesellschaftliche Akteure ebenso ausgeblendet wie die inneren Unterschiede zwischen verschiedenen Staaten. Da es aus der Sicht des Realismus insbesondere von Hans Morgenthau in der *Natur des Menschen* liegt, nach Macht zu streben, ist internationale Politik genauso durch das stetige Machtstreben aller Staaten gekennzeichnet wie die nationale Politik durch das Machtstreben etwa unterschiedlicher Parteien oder Verbände (Morgenthau 1963, 59-69). Dabei gilt jedoch:

klassischer Realismus

> „Sowohl die nationale als auch die internationale Politik sind Machtkämpfe, die nur durch die verschiedenartigen Bedingungen, unter denen sich diese Kämpfe auf nationaler und internationaler Ebene abspielen, differenziert sind" (Morgenthau 1963, 75-76).

Während der Kampf um Macht in der nationalen Politik aufgrund des staatlichen Gewaltmonopols begrenzt werden kann, so dass beispielsweise Gewaltanwendung als Mittel des politischen Machtkampfes ausscheidet, kann dieser Kampf um Macht in der internationalen Politik in Abwesenheit eines überstaatlichen Gewaltmonopols in Gewaltandrohung und -anwendung eskalieren. Da in einem solchermaßen anarchischen Selbsthilfesystem das Machtstreben eines Staates nur durch die Machtausübung anderer Staaten begrenzt wird, entspinnt sich in der internationalen Politik ein durch das Sicherheitsdilemma noch zusätzlich angetriebener Kampf aller gegen alle. Der Realismus betont nun, dass dieser Kampf objektiven Gesetzmäßigkeiten folgt (Morgenthau 1963, 49-50). Der Kampf aller gegen alle um Macht birgt in der internationalen Politik stets die Möglichkeit der Gewaltanwendung in sich. Kriege sind demnach nur dann zu verhindern, wenn

Machtpolitik

die Macht jedes Staates (oder einer Allianz von Staaten) durch die Macht anderer Staaten (oder einer anderen Allianz von Staaten) ausgeglichen wird, so dass jeder Staat (oder jede Allianz) vor der Gewaltanwendung gegenüber anderen Staaten (oder anderen Allianzen) zurückschreckt. Für den klassischen Realismus, welcher Machtstreben als anthropologische Grundkonstante begreift und diese Disposition durch die Anthropomorphisierung des Staates in das zentrale Handlungsmotiv eben dieses Akteurs auf der internationalen Bühne übersetzt, gibt es nur eine Möglichkeit, Kriege zu vermeiden: das Betreiben einer auf ein Gleichgewicht der Mächte gerichteten klugen Politik (Morgenthau 1963, 145-197).

klassisch-realistische
Sicht der IO Internationale Organisationen können derartige objektive Gesetzmäßigkeiten der internationalen Politik aus der Sicht des Realismus nicht außer Kraft setzen und somit keineswegs zu einem Strukturwandel der internationalen Beziehungen beitragen. Da sich durch internationale Organisationen die anarchische Struktur des internationalen Systems nicht überwinden lässt, können sie keinen Beitrag dazu leisten, dass der Machtkampf aller gegen alle in ähnlich geordnete Bahnen gelenkt werden kann, wie dies in den (stärker ausgeprägten) hierarchischen Strukturen nationaler politischer Systeme vielfach, freilich auch hier nicht durchgängig gelingt. Dem Realismus folgend werden internationale Organisationen lediglich von mächtigen Staaten genutzt, um ihre Machtpolitik möglichst effektiv durchführen zu können; sie sind mithin Instrumente, derer sich die im internationalen System mächtigsten Staaten zur Durchsetzung ihrer Eigeninteressen bedienen. Folglich hängt sowohl die Errichtung internationaler Organisationen als auch ihre Wirksamkeit von der Existenz eines mit überragenden Machtressourcen ausgestatteten Hegemons ab. Deshalb können internationale Organisationen politische Programmentscheidungen über operative Maßnahmen nur dann umsetzen, wenn innerhalb der Organisation ein Staat in Bezug auf seine Machtressourcen allen anderen Staaten so überlegen ist, dass er für diese Programme und operativen Maßnahmen in der betreffenden internationalen Organisation Gefolgschaft findet.

2.1.2 Neorealismus

Neorealismus Der Neorealismus (vgl. Gilpin 1981; Grieco 1988; Kennedy 1987; Mearsheimer 2001; Waltz 1979) übernimmt zwar weitgehend die Prämissen des klassischen Realismus, bemüht sich jedoch um deren Differenzierung. Insbesondere wird nicht mehr angenommen, dass es die Natur des Menschen ist, die Staaten dazu anhält, im internationalen System nach Machterwerb zu streben. Vielmehr ist es aus der Sicht des Neorealismus die *anarchische Struktur* des internationalen Systems selbst und das daraus erwachsende Sicherheitsdilemma, die Staaten unabhängig von ihren gesellschaftlichen und politischen Systemen zu einer vorrangig an Sicherheit, das heißt Autonomie- und Einflussmehrung orientierten Politik zwingen (Mearsheimer 2001, 29-54; Waltz 1990, 29-37). Im Unterschied zu den hierarchischen Strukturen in nationalen politischen Systemen garantiert im internationalen System mit seiner anarchischen Struktur kein Gewaltmonopolist das Überleben der Staaten. Die Staaten müssen vielmehr durch Machtmittel selbst für ihr Überleben sorgen. Staaten, die ihre Politik nicht an diesem Selbsthilfeimperativ des Machterwerbs oder -erhalts orientieren, werden aufgrund der anarchischen Struktur zwangsläufig vom Untergang bedroht sein. Denn sie laufen Gefahr, Opfer derjenigen Staaten zu werden, die sich dem Selbsthilfeimperativ des Machterwerbs fügen. Um also ihr Überleben sichern zu können, sind demnach im internationalen System letztlich alle Staaten als ‚rationale Akteure' gehalten, nach Macht zu streben (Waltz 1979, 79-101).

neorealistische Sicht der IO

Da aus der Sicht des Neorealismus die anarchische Struktur des internationalen Systems ‚rationales' Verhalten bei Strafe der Gefahr des Untergangs diktiert, sind internationale Organisationen wie im klassischen Realismus weitgehend wirkungs- und damit bedeutungslos. Eine durch internationale Organisationen gestützte Kooperation zwischen Staaten ist selbst dann kaum zu erreichen, wenn dies im gemeinsamen Interesse ist, mithin für jeden Staat Gewinne verspricht. Denn aufgrund der anarchischen Struktur des internationalen Systems ist jeder Staat aus Eigeninteresse gehalten, nicht nur darauf zu achten, dass ihm die internationale Kooperation absolute Gewinne einbringt, sondern auch sicherzustellen, dass er durch internationale Kooperation nicht relativ zu anderen Staaten weniger Gewinne als jene erzielt. Da der Kooperationspartner von heute bereits morgen ein die eigene Sicherheit gefährdender Widersacher sein könnte, müssen Staaten aus der Sicht des Neorealismus angesichts der anarchischen Struktur des internationalen Systems darauf achten, dass andere Staaten von der gemeinsamen Kooperation in internationalen Organisationen nicht mehr profitieren als sie selbst. Denn durch internationale Kooperation erzielte absolute Gewinne übersetzen sich in einen Machtverlust, wenn die internationale Kooperation für andere Staaten mit einem relativen Mehr an Gewinnen verbunden ist (Grieco 1988; 1990; 1993).

Orientierung an relativen Gewinnen

Durch internationale Organisationen gestützte Kooperation zwischen Staaten ist deshalb aus der Sicht des Neorealismus kaum von Dauer. Denn eine von gemeinsamen Interessen getragene Kooperation, die für jeden der beteiligten Staaten zwar absolute, aber für keinen von ihnen relative Gewinne abwirft, so dass sie die Machtverteilung aufgrund einer ausgewogenen Gewinnverteilung unberührt lässt, ist praktisch nur sehr schwer zu erreichen. Deshalb kann es in internationalen Organisationen aus neorealistischer Sicht nur dann zu dauerhafter internationaler Kooperation kommen, wenn einer der beteiligten Staaten hinsichtlich seiner Machtmittel gegenüber allen anderen Mitgliedstaaten dieser Organisation so überlegen ist, dass er es sich leisten kann, relative Gewinne anderer Staaten zu tolerieren, um selbst absolute Gewinne erzielen zu können. Dementsprechend sind internationale Organisationen im Neorealismus ebenso wie bereits im klassischen Realismus davon abhängig, dass sich ihre Kooperationsleistungen auf eine Hegemonialmacht stützen können. Mit anderen Worten, internationale Organisationen können nur dann zu internationaler Kooperation beitragen, wenn es eine Hegemonialmacht gibt, die fähig und willens ist, die damit verbundenen Kooperationskosten überproportional zu tragen (Hegemoniebedingung). Die Entstehung internationaler Organisationen bedarf somit der Vorab-Kostenübernahme durch einen zumindest politikfeldspezifisch mit überragenden Machtressourcen ausgestatteten Hegemon, der durch eine Mischung von Zwang und Anreizen andere Staaten in die Organisation einbindet (vgl. Keohane 1980).

Theorie der hegemonialen Stabilität

Gemäß dieser Theorie der hegemonialen Stabilität ist die Bedeutung internationaler Organisationen also eng mit dem Aufstieg und dem Niedergang der sie tragenden Hegemonialmächte verbunden (Gilpin 1981; Kennedy 1987; Kindleberger 1976; Modelski 1987). Der Aufstieg und Fall von wechselnden Hegemonialmächten gilt dem Neorealismus als Gesetzmäßigkeit der internationalen Politik, da auf Dauer die Bereitschaft, die mit einer Weltordnungspolitik verbundenen Kooperationskosten überproportional zu tragen, jeden noch so überlegenen Staat gegenüber anderen mächtigen Staaten (potenziellen Herausforderern) schwächt, so dass er seiner Hegemonialstellung verlustig geht. Dieses Modell wird einerseits zur Erklärung des Niedergangs der portugiesischen Hegemonie des 16. Jahrhunderts, der niederländischen des 17. sowie der britischen des 18. und 19. Jahrhunderts heran gezogen. Andererseits wird mit ihm vorausgesagt, dass auch die amerikanische Hegemonie des 20. und 21. Jahrhunderts wie ihre Vorläufer zu Ende gehen wird. Und: Der jeweilige Hegemonialverfall erklärt, warum die jeweils geltende, im 19. und 20. Jahrhundert teilweise auch auf internationale Organisationen gestützte Weltordnung gegen Ende eines jeden Hegemonialzyklus zerfallen ist.

2.2 Die Institutionalistische Theorieschule

Der Institutionalismus ist sich sowohl in der Beschreibung der Strukturen des internationalen Systems als auch in der Beurteilung des Handlungsmodus der von ihm identifizierten Akteure (Staaten) mit dem Realismus weithin einig. Zum einen betonen auch Theoretiker der Institutionalistischen Schule den anarchischen Charakter des internationalen Systems. Zum anderen gehen auch Institutionalisten davon aus, dass die Staaten rational-eigennützig handeln, das heißt aus einem gegebenen Set von Handlungsoptionen diejenige Handlung wählen, mit der sie ihre – allerdings nicht nur am Machterwerb zur Gewährleistung ihrer Sicherheit ausgerichteten – Interessen am besten verwirklichen können. Gleichwohl schätzen Institutionalisten die Chancen dauerhafter zwischenstaatlicher Kooperation zwischen rational-eigennützig handelnden Akteuren unter den Bedingungen der Anarchie weitaus höher ein. Für sie ist die Institutionalisierung von Kooperation in der Gestalt internationaler Organisationen dadurch zu erklären, dass Staaten sich durch das Eingehen dieser Kooperationen und durch die sich in ihr äußernde ‚Regulierung von Anarchie' (welche eine Veränderung in der Struktur des internationalen Systems bezeichnet) letztlich in bestimmten, im Folgenden näher zu bestimmenden Situationen bei der Verfolgung ihrer Interessen besser stellen als ohne diese Kooperationen. In der nun folgenden Darstellung werden wir zwischen den unter dem Etikett ‚liberal-institutionalistisch' zusammengefassten älteren Theorieansätzen (Kap. 2.2.1) und dem heute dominanten Neoinstitutionalismus (Kap. 2.2.2) unterscheiden.

2.2.1 Liberal-Institutionalistische Schule

Die Liberal-Institutionalistische Schule gliedert sich in mehrere Theorierichtungen, die gemeinsam davon ausgehen, dass in der internationalen Politik die Interessen verschiedener Staaten und Gesellschaften sich weder von vornherein wechselseitig ausschließen noch von vornherein miteinander harmonisch übereinstimmen. Die internationale Politik ist vielmehr zumeist durch Interessenkonstellationen (Situationsstrukturen) geprägt, in denen sich übereinstimmende und sich wechselseitig ausschließende Interessen überlagern (Keohane 1984; 1989a). Diese sind aus der Sicht des Institutionalismus insbesondere den über Staatsgrenzen hinweg zunehmend *komplexen Interdependenzbeziehungen* geschuldet, welche vielfach Problemlagen hervorrufen, die kein Staat alleine bewältigen kann. Angesichts solcher durch Interdependenzen, häufig in Gestalt wechselseitiger Verwundbarkeiten hervorgerufenen Probleme sind selbst mächtige Staaten darauf angewiesen, dass andere Staaten auf Selbsthilfe einschließlich des Nichtstuns verzichten, um mit ihnen stabile Kooperationsbeziehungen zur Bearbeitung von solchen Interdependenzproblemen aufzubauen oder zu unterhalten (Keohane/Nye 2001).

Der Föderalismus (C.J. Friedrich 1964; 1968) ist im Rahmen der Liberal-Institutionalistischen Schule die älteste Theorierichtung. Sie orientiert sich in ihrer Analyse internationaler Organisationen besonders an dem historischen Beispiel der Gründung von Staatenbünden und Bundesstaaten seit dem ausgehenden 18. Jahrhundert. Demnach ist die *Föderation* verschiedener Staaten und mithin auch die Bildung einer internationalen Organisation mit dem Ziel der Vermeidung künftiger Kriege zwischen ihren Mitgliedstaaten vor allem durch eine bewusste Entscheidung politischer Eliten und deren Unterstützung durch Massenbewegungen in den beteiligten Gesellschaften zu erreichen. Föderalismus wird als Prozess verstanden, in dessen Verlauf sich souveräne Territorialstaaten eine gemeinsame Ordnung geben, in der jeder Staat seine Identität weitgehend erhalten kann. Eine derartige Föderation wird dann entstehen, wenn u.a. durch zunehmende Interdependenzbeziehungen heraufbeschworene gemeinsame Probleme die Kooperation verschiedener Staaten erforderlich machen, doch die je eigenen Identitäten der beteiligten Gesellschaften einer weitreichenden Verschmelzung der verschiedenen Staaten entgegen stehen. Föderalismus

Der Funktionalismus (Mitrany 1966) erachtet demgegenüber den föderationsgleichen Zusammenschluss verschiedener Staaten in internationalen Organisationen als illusionär. Für den Funktionalismus stellen internationale Organisationen vielmehr *Zweckverbände* dar, die Staaten bei der Bewältigung von durch zunehmende Interdependenzbeziehungen hervorgerufenen Problemen unterstützen. Dadurch werden die Staaten in Bezug auf die Bearbeitung derartiger Probleme zugleich entlastet und entwertet, ohne jedoch in einer ihnen übergeordneten föderationsgleichen Verbindung aufzugehen. Der Funktionalismus sieht den Bedeutungszuwachs internationaler Organisationen in Entwicklungsgesetzlichkeiten moderner Gesellschaften begründet. Demnach erzeugt der technische Fortschritt zunehmende Interdependenzbeziehungen, aufgrund derer praktisch automatisch internationale Organisationen entstehen. Denn nach Mitrany gilt: „form follows function". Das heißt, die durch die zunehmend dichten Interdependenzbeziehungen über Staatsgrenzen hinweg entstehenden Problemlagen ziehen gleichsam automatisch die Organisationen nach sich, die zu einer erfolgreichen Problembearbeitung notwendig sind. Und: Die durch Staatsgrenzen übergreifende Interdependenzen hervorgerufenen Problemlagen erklären somit die Bildung internationaler Organisationen, die diese Probleme bearbeitbar machen sollen. Funktionalismus

Im Neofunktionalismus (E.B. Haas 1964; 1968) wird die dem (älteren) Funktionalismus zugrundeliegende Prämisse einer letztlich durch Technik und Wirtschaft und von den durch sie geschaffenen Interdependenzen bestimmten Politik aufgegeben. Statt der Abhängigkeit der Politik vom technischen Fortschritt und von wirtschaftlichen Erfordernissen wird die Interdependenz von Wirtschaft und Politik betont. Der Neofunktionalismus, der der Beobachtung der europäischen Integration entsprungen ist, geht davon aus, dass durch die Bildung einer internationalen Organisation die durch Interdependenzen hervorgerufenen Probleme in einem bestimmten Problemfeld bearbeitet und gestützt auf eine integrationspolitisch aktive ‚Technokratie‘ ein *dynamischer politischer Integrati-* Neofunktionalismus *onsprozess* in Gang gesetzt werden kann. Denn die Politikintegration in einem Problemfeld führe regelmäßig dazu, die Integration angrenzender Politikfelder in derselben internationalen Organisation ins Auge zu fassen. Eine zunächst auf wenige Problemfelder begrenzte internationale Organisation könne somit durch die Integrationsdynamik des ‚spill-over' angetrieben immer mehr Problemfelder erfassen, um schließlich in eine supranationale Organisation zu münden.

Transaktionismus Dem Transaktionismus (Deutsch et al. 1957) geht es weniger um die Bildung supranationaler Organisationen als vielmehr um die Bildung von durch internationale Organisationen abgesicherten *Sicherheitsgemeinschaften*, in denen zwischen einzelnen Staaten die Gewaltandrohung oder -anwendung zuverlässig ausgeschlossen ist. Nach ihrem Integrationsgrad wird die amalgamierte Sicherheitsgemeinschaft, in der früher unabhängige Staaten fusioniert sind (z.B. die USA), von der pluralistischen Sicherheitsgemeinschaft unterschieden, in der die Staaten zwar formal unabhängig bleiben, aber eben auch und gerade durch eine internationale Organisation eng miteinander verbunden sind (z.B. in der NATO). Bei der Bildung von Sicherheitsgemeinschaften misst der Transaktionismus der Kommunikations- und Transaktionsdichte über Staatsgrenzen hinweg besonderes Gewicht zu. Damit zwischen Staaten eine durch internationale Organisationen gestützte Sicherheitsgemeinschaft, ob amalgamiert oder pluralistisch, entstehen kann, bedarf es außergewöhnlich dichter Kommunikations- und Austauschbeziehungen. Denn es sind erst diese verdichteten Beziehungen, die eine Wertekompatibilität und damit das unabdingbare Vertrauen zwischen den beteiligten Staaten und Gesellschaften auch für diejenigen Sicherheitsgemeinschaften herstellen, die von internationalen Organisationen getragen werden.

Interdependenz-
analyse Die Interdependenzanalyse (Keohane/Nye 2001; Kohler-Koch 1990) geht ähnlich wie der Funktionalismus davon aus, dass die durch zunehmend *komplexe Interdependenzen* geschaffenen und daher nur kollektiv bearbeitbaren Problemlagen dazu beitragen, dass internationale Organisationen an Bedeutung gewinnen. Dem Funktionalismus entgegen wird allerdings nicht unterstellt, dass zunehmende Interdependenzen sich über die damit verbundenen kollektiven Problemlagen praktisch automatisch in immer mehr internationale Organisationen zu deren Bearbeitung übersetzen. Die Interdependenzanalyse erkennt vielmehr an, dass die Bildung internationaler Organisationen auch von den vorherrschenden Machtverhältnissen abhängig ist. Macht wird hier allerdings nicht problemfeldübergreifend primär als militärische Macht, sondern als jeweils problemfeldspezifische Macht verstanden. Denn gerade aufgrund komplexer Interdependenzen ist aus der Sicht der Interdependenzanalyse militärische Macht nicht mehr in jedem Falle problemfeldübergreifend einzusetzen. Dementsprechend hängt die Entwicklung internationaler Organisationen nicht nur von dem Grad der komplexen Interdependenz, sondern auch von den Machtverhältnissen in einem spezifischen Problemfeld ab, in dem die jeweiligen Organisationen tätig sind.

2.2.2 Neoinstitutionalismus

Der Neoinstitutionalismus (Keohane 1984; 1989a; Rittberger 1990a; Zürn 1992) baut mit seinen Prämissen auf dem klassischen Institutionalismus auf, hat jedoch gerade dessen Theorie internationaler Institutionen im Allgemeinen und internationaler Organisationen im Besonderen erheblich weiter entwickelt. Auch vom Neoinstitutionalismus wird zunächst unterstrichen, dass internationale Institutionen im Allgemeinen und internationale Organisationen im Besonderen angesichts der zunehmend komplexen Interdependenz in vielen Problemfeldern der internationalen Politik immer mehr an Bedeutung gewinnen. Denn internationale Institutionen können Staaten, die sich in einem Problemfeld aufgrund komplexer Interdependenzen in Interessenkonstellationen befinden, in denen ihre Interessen weder vollkommen gleichgerichtet sind noch sich wechselseitig ausschließen, helfen, im *gemeinsamen Interesse* erfolgreich zu *kooperieren*. Da die Interessen der beteiligten Staaten in derartigen Interessenkonstellationen nicht völlig übereinstimmen, mithin jeder Staat zum einen auch einen Anreiz verspürt, aus der gemeinsamen Kooperation auszuscheren, und zum anderen befürchten muss, andere könnten die gemeinsame Kooperation heimlich aufkündigen, kann diese ohne internationale Organisationen nur schwer gelingen. Da durch internationale Organisationen – insbesondere durch ihre Überwachungs- und Sanktionsmechanismen – sowohl der Anreiz zur eigenen Selbsthilfe als auch die Sorge um die Selbsthilfe anderer verringert werden kann, machen diese aus der Sicht des Neoinstitutionalismus internationale Kooperation, die im gemeinsamen Interesse der beteiligten Staaten liegt, vielfach erst möglich, zumindest aber wahrscheinlicher (Keohane 1989b).

Da internationale Institutionen also in derartigen Interessenkonstellationen den Staaten helfen können, ihre Interessen zu verfolgen und zu verwirklichen, werden Staaten ein Interesse haben, internationale Institutionen zu begründen oder zu erhalten (Keohane 1984, 80). Deshalb sind internationale Organisationen nicht davon abhängig, dass einer der beteiligten Staaten eine Hegemonialstellung einnimmt. Vom Neoinstitutionalismus ausgehende Untersuchungen konnten vielmehr darlegen, dass viele internationale Institutionen aufrechterhalten werden konnten, obwohl die USA ihre wirtschaftliche Hegemonialstellung in den 1970er Jahren einzubüßen drohten. Kooperation ,*after hegemony*' erwies sich als möglich (Keohane 1984). Darüber hinaus gelang es einigen, vom Neoinstitutionalismus beeinflussten Studien zu zeigen, dass in den Ost-West-Beziehungen seit den 1960er Jahren internationale Institutionen entstanden, obwohl hier weder die USA noch die damalige UdSSR eine Hegemonialstellung beanspruchen konnten: Kooperation ,*without hegemony*' war offenbar ebenfalls möglich (Rittberger/Zürn 1990).

Die Errichtung und Aufrechterhaltung internationaler Organisationen ist aus der Sicht des Neoinstitutionalismus folglich nicht in erster Linie eine Frage des Angebots (die Gründung wird von einem Hegemon vorgenommen), sondern auch und vor allem eine der Nachfrage (problematische Interessenkonstellation). So gehen im Rahmen der neoinstitutionalistischen Theorie entwickelte situationsstrukturelle Analyseansätze der ,collective choice' davon aus, dass sich immer dann ein Bedarf an internationalen Organisationen einstellt, wenn Staatsgrenzen überschreitende Interdependenzbeziehungen sich in Interaktionsergebnisse übersetzen, die von den Staaten im Lichte ihrer Interessen als unerwünscht oder verbesserungsfähig eingeschätzt werden (Problembedingung). Internationale Organisationen werden aus dieser Sicht von Staaten begründet, um einerseits Interaktionsergebnisse zu vermeiden, die jeden Staat schlechter stellen als bei kooperativem Vorgehen (common aversion), und um andererseits Interaktionsergebnisse zu erzielen, die die Staaten gemeinsam anstreben (common interest), das heißt besser stellen als ohne kooperatives Vorgehen.

Der Neoinstitutionalismus macht die Errichtung internationaler Organisationen folglich vor allem vom *Typ der Interessenkonstellation* abhängig, die den internationalen Kooperationsbedarf begründet (vgl. auch Hasenclever/Mayer/ Rittberger 1997, 44ff.). Demnach ist – stark vereinfachend gesprochen – in Interessenkonstellationen, bei denen die gemeinsamen Interessen der beteiligten Staaten die widerstreitenden Interessen überlagern, die Bildung internationaler Institutionen wahrscheinlicher als in Interessenkonstellationen, bei denen die widerstreitenden Interessen die gemeinsamen Interessen überlagern. Bei Interessenkonstellationen vom Typ ‚Koordinationsspiel ohne Verteilungskonflikt' (Stag Hunt) ist die Wahrscheinlichkeit der Bildung internationaler Organisationen sehr groß, da es hier ausschließlich darum geht, dass sich die beteiligten Staaten ihrer gemeinsamen Interessen an internationaler Kooperation versichern. Da bei Interessenkonstellationen dieses Typs die Kooperationshindernisse gering sind, müssen hier zumeist lediglich Programmorganisationen begründet werden, deren Entscheidungsautorität schwach ausgeprägt sein und deren Entscheidungen durch die Selbstkoordination der Staaten erfolgen kann. Bei Interessenkonstellationen vom Typ ‚Koordinationsspiel mit Verteilungskonflikt' (Battle of Sexes) ist die Wahrscheinlichkeit der Bildung internationaler Organisationen ebenfalls groß. Zwar gibt es auch hier keinen Anreiz, aus der einmal erreichten Kooperation auszuscheren, so dass die Bildung operativer Organisationen überflüssig ist; doch da hier Verteilungskonflikte ein ernsthaftes Kooperationshindernis bilden können, werden bei dieser Interessenkonstellation häufig Programmorganisationen notwendig, deren Entscheidungsautorität deutlich ausgeprägter ist und deren Entscheidungen nicht nur auf Selbstkoordination beruhen, sondern im Verbund getroffen werden.

Bei der Situationsstruktur vom Typ ‚Dilemmaspiel ohne Verteilungskonflikt' (Prisoner's Dilemma) ist die Wahrscheinlichkeit der Bildung internationaler Organisationen weitaus geringer als bei Koordinationsspielen mit oder ohne Verteilungskonflikt. Dies hängt nicht zuletzt damit zusammen, dass internationale Kooperation hier nicht nur einer Programmorganisation bedarf, sondern auf eine operative Organisation angewiesen ist, die aufgrund ihrer Entscheidungsautorität als besonders durchsetzungsfähig gelten kann und deren Entscheidungen möglichst im Verbund getroffen werden. Denn bei Dilemmaspielen wird internationale Kooperation insbesondere dadurch behindert, dass zum einen alle beteiligten Staaten stets einen Anreiz verspüren, aus der bereits erreichten Kooperation auszuscheren, und zum anderen die Sorge haben müssen, andere könnten die gemeinsame Kooperation heimlich aufkündigen. Dadurch wird auch die internationale Kooperation bei einem ‚Dilemmaspiel mit Verteilungskonflikt' behindert. Da hier zusätzlich ein Verteilungskonflikt auftaucht, wird die Bildung internationaler Organisationen weiter erschwert. Damit internationale Kooperation gelingen kann, muss die internationale Organisation eine Verbundorganisation sein, die sowohl als Programmorganisation über eine große Bindungswirkung verfügt und als operative Organisation durchsetzungsfähig ist (Martin 1992; Snidal 1985; Stein 1983; Zangl 1999).

Aus welcher Interessenkonstellation internationale Organisationen auch immer entstehen, sie tragen aus der Sicht des Neoinstitutionalismus dazu bei, dass internationale Kooperation zwischen Staaten wahrscheinlicher wird. Zwischenstaatliche Kooperation wird wahrscheinlicher, weil internationale Organisationen die so genannten Transaktionskosten, das heißt die Kosten, die entstehen, wenn internationale Kooperation ‚organisiert' werden soll, senken. So verringern insbesondere Programmorganisationen die Kosten, die dann entstehen, wenn Staa-

---

Marginalien:
Interessens-konstellationen:
Stag Hunt
Battle of Sexes
Prisoner's Dilemma

42

ten über Kooperationsvereinbarungen verhandeln müssen. Hingegen werden die bei der Implementation von Kooperationsvereinbarungen anfallenden Kosten vor allem durch operative Organisationen, das heißt nicht zuletzt durch Lastenteilung reduziert.

2.3 Die Idealistische Theorieschule

Wie wir zu Beginn dieses Kapitels betonten, ist der Umstand, dass verschiedene Theorieschulen internationalen Organisationen unterschiedliche Aufgaben und Rollen zuschreiben, auf die Zugrundelegung unterschiedlicher Handlungsbegriffe und Annahmen über die Struktur des internationalen Systems zurückzuführen. So sind sich Realismus und Institutionalismus über ihren Handlungsbegriff und die strukturelle Beschaffenheit des internationalen Systems zwar weithin einig, differieren aber in nicht unwesentlichen Einzelheiten. Demzufolge ziehen sie durchaus unterschiedliche Schlussfolgerungen in Bezug auf die Chancen, dass Staaten dauerhafte Kooperationsbeziehungen eingehen und internationale Organisationen gründen. Die Idealistische Schule unterscheidet sich hingegen vom Realismus und Institutionalismus sowohl in ihrem Handlungsbegriff als auch in ihrem Strukturverständnis. So geht sie vom eingangs beschriebenen reflexiven Handlungsbegriff aus, demzufolge soziale Akteure einer Handlungslogik der Angemessenheit folgen. Wertvorstellungen und Normen leiten laut Idealismus jedoch nicht nur das Handeln von Akteuren, sondern sie konstituieren eine ideelle Struktur, welche mit den wert- und normorientiert handelnden Akteuren in einem wechselseitigen Prägeverhältnis steht. Die Akteure begründen zwar einerseits die ideelle Struktur im internationalen System, werden aber umgekehrt durch diese ideelle Struktur in ihrem Handeln, aber auch in ihren Interessen und sogar ihren Identitäten geformt. Die Ersetzung des materiellen Strukturverständnisses der rationalistischen Theorieschulen, demzufolge Anarchie und die Machtverteilung die zentralen Strukturmerkmale des internationalen Systems darstellen, hat weitreichende Folgen für die Rolle, welche internationale Organisationen in der internationalen Politik zu spielen in der Lage sind. Aus der Existenz einer ideellen Struktur, wie sie der Idealismus postuliert, sowie der wechselseitigen Konstituierung von Struktur und Akteuren ergibt sich eine Perspektive auf internationale Organisationen, die diesen weitreichende Einflussmöglichkeiten zuschreibt. Wir werden zunächst die ältere Variante des Idealismus, den normativen Idealismus der zwanziger und dreißiger Jahre des 20. Jahrhunderts (Kap. 2.3.1) und im Anschluss mit dem Sozialkonstruktivismus diejenige Theorierichtung vorstellen (Kap. 2.3.2), die in der Disziplin der Internationalen Beziehungen zur Zeit eine vergleichsweise große Aufmerksamkeit auf sich zieht.

Abgrenzung zu den rationalistischen Theorien

2.3.1 Normativer Idealismus

Der normative Idealismus kann als radikaler Gegenentwurf zum Realismus betrachtet werden (Kant 1795; Wilson 1917/18). Er geht von der Prämisse aus, dass nicht Staaten, sondern Gesellschaften – in der Terminologie des Idealismus ‚Völker' – die zentralen Akteure der internationalen Politik sind. Da aus der Sicht des Idealismus der *Mensch ein moralisches Wesen* ist, das zwischen Gut und Böse, Wahr und Falsch, etc. unterscheidet, orientieren sich Gesellschaften in der internationalen Politik nicht allein am Machterhalt oder Machterwerb, sondern auch und vor allem an ihren grundlegenden Idealen, Wertvorstellungen und Normen. Ob diese Ideale und Wertvorstellungen in die internationale Politik Eingang finden können, hängt allerdings davon ab, wie die Staaten intern strukturiert sind. Während demokratische Verfassungsstaaten die Wertvorstellungen ihrer Völker in der internationalen Politik aktiv vertreten, neigen nicht-demokratische Staaten dazu, in der internationalen Politik ohne große Rücksicht auf die Werte der eigenen Gesellschaft zu agieren.

Aus der Sicht des normativen Idealismus können unterschiedliche Gesellschaften durchaus unterschiedliche Wertvorstellungen und Normen haben, so dass sich internationale Politik auch als Wettstreit zwischen verschiedenen Wertsystemen und Idealvorstellungen darstellen kann. Zugleich gilt aber, dass sich über verschiedene Gesellschaften hinweg *Wertegemeinschaften* bilden können, in denen gewisse Werte gemeinsam respektiert werden. Dazu gehört dem Idealismus folgend insbesondere der Wert, miteinander in rechtlich gesichertem Frieden zu leben. Dementsprechend ist aus der Sicht des Idealismus der *rechtlich gesicherte Friede* dann erreichbar, wenn alle Staaten intern als demokratische Verfassungsstaaten so strukturiert sind, dass sie diesen aus der eigenen Gesellschaft stammenden Wert zu ihrer Handlungsmaxime in der internationalen Politik machen. Die in der internationalen Politik wiederholt auftretenden Kriege stellen sich für den Idealismus dagegen als Folge der nicht an diesen Wert des rechtlich gesicherten Friedens gebundenen Handlungen von Staaten dar, denen die Qualität des demokratischen Verfassungsstaats abgeht.

idealistische Sicht der IO

Aus der Sicht des Idealismus sind internationale Organisationen für die internationale Politik insofern von zentraler Bedeutung, als sie gemeinsame Ideale und Wertorientierungen verschiedener Gesellschaften über Staatsgrenzen hinweg stabilisieren können. Deshalb machte sich US-Präsident Woodrow Wilson, einer der führenden Vertreter des Idealismus vor und nach dem Ersten Weltkrieg, für die Gründung eines Völkerbundes stark, der das ‚Gewissen der Völkergemeinschaft' darstellen sollte. Dem lag die Erwartung zu Grunde, dass der Völkerbund als internationale Organisation den rechtlich gesicherten Frieden nicht nur zwischen demokratisch-verfassungsstaatlich strukturierten Staaten, sondern auch gegenüber nicht-demokratischen Staaten erhalten könnte, indem er zur Entstehung einer die gemeinsamen Werte und Normen verschiedener Gesellschaften vertretenden *Weltöffentlichkeit* beitrage. Denn Wilson war – im Anschluss an und in Weiterführung von Immanuel Kants Entwurf „Vom ewigen Frieden" – der Überzeugung, dass eine solche Weltöffentlichkeit den rechtlich gesicherten Frieden immer dem Krieg vorzöge. Und er glaubte auch, dass diese Weltöffentlichkeit – durch den Völkerbund begünstigt – den Frieden selbst dann erhalten könne, wenn einzelne Staaten in den Krieg ziehen wollten. Der Völkerbund sollte mithin die transnationale Öffentlichkeit herstellen, die dafür sorgt, dass jedenfalls die demokratischen Staaten die Ideale und Werte ihrer Gesellschaften zur Handlungsmaxime in der internationalen Politik machen und nicht-demokratische Staaten unter Anpassungsdruck setzen. So sieht der normative Idealismus in dieser internationalen Organisation sowohl den Repräsentanten einer von den Gesellschaften ihrer demokratischen Mitgliedstaaten getragenen Werteordnung als auch den Advokaten der diese Ordnung konstituierenden Normen.

2.3.2 Sozialkonstruktivismus

Der Sozialkonstruktivismus, der in den vergangenen Jahren in die Lehre von den internationalen Beziehungen Einzug gehalten hat, kann trotz erheblicher Unterschiede als in der Tradition der Idealistischen Schule stehend verstanden werden. Während er sich des normativen Mantels des Idealismus des 19. und frühen 20. Jahrhunderts entledigte, betont auch der Sozialkonstruktivismus, dass soziale Akteure nicht wie im Realismus und Institutionalismus nur rational-eigennützig ihren Interessen folgend handeln, sondern dass sich ihr Handeln an intersubjektiv geteilten, wertegestützten Normen sowie den darauf gestützten Erwartungen angemessenen Verhaltens orientiert. Die sozialen Akteure fragen beim Handeln nicht nur, was es ihnen nützt (Interessenorientierung), sondern auch, was von ihnen aufgrund ihrer sozialen Rolle erwartet wird (Wert- und Normorientierung).

Der Sozialkonstruktivismus betont mithin, dass die Entstehung internationaler Institutionen im Allgemeinen, aber auch internationaler Organisationen im Besonderen davon abhängig ist, dass die sie tragenden *Werte und Normen* einen hohen Kommunalitätsgrad aufweisen. Internationale Organisationen werden insbesondere dann entstehen können, wenn es transnationalen nicht-staatlichen Organisationen gelungen ist, in den beteiligten Gesellschaften für die von ihnen vertretenen Werte und Normen zu werben. Je mehr durch die Überzeugungsarbeit transnationaler Organisationen in den beteiligten Gesellschaften Werte wie Nichtverbreitung von Massenvernichtungswaffen, Freihandel, Umweltschutz oder Menschenrechte verankert werden können, um so eher werden ‚deren' Staaten bereit sein, die daraus folgenden normativen Verhaltensanforderungen in internationalen Organisationen zu verankern (E.B. Haas 1990; P.M. Haas 1989; 1990; 1992a).

sozialkonstruktivistische Sicht der IO

Darüber hinaus machen dem Sozialkonstruktivismus verwandte Theorieansätze in Bezug auf die Bildung, aber auch die Wirksamkeit internationaler Organisationen auf die Bedeutung *übereinstimmender Kognitionen* aufmerksam (Kognitionsbedingung). Diese Theorieansätze stellen heraus, dass die Probleme, die durch internationale Organisationen bearbeitet werden sollen, vielfach von verschiedenen Staaten sehr unterschiedlich wahrgenommen werden. Sind beispielsweise die mit bestimmten Umweltrisiken oder Wirtschaftskrisen verbundenen Problemwahrnehmungen grundlegend verschieden, dann sind wirksame internationale Organisationen, die sich dieser Probleme annehmen, nur schwer zu errichten. Die Bildung wirksamer internationaler Organisationen ist deshalb nur dann zu erwarten, wenn sich in den betreffenden Staaten eine zumindest annähernd einheitliche Problemwahrnehmung eingestellt hat (P.M. Haas 1989; 1990; 1992a).

Die besondere Bedeutung kognitivistischer Theorieansätze besteht jedoch darin, nicht nur zu konstatieren, dass Normen mit hoher Kommunalität oder übereinstimmende Kognitionen für die Bildung und die Wirksamkeit internationaler Organisationen entscheidend sind, sondern auch den Blick dafür zu öffnen,

‚epistemic communities' und ‚advocacy networks'

wie sich Werteübereinstimmungen oder miteinander vereinbare Wahrnehmungen ausbilden. Dabei betont der Sozialkonstruktivismus im Gegensatz zu insbesondere realistischen, aber auch institutionalistischen Theorien die Rolle gesellschaftlicher Gruppen, die für bestimmte Werte und Normen genauso wie für bestimmte Wahrnehmungen werben (vgl. Finnemore/Sikkink 1998). Im Zentrum der Aufmerksamkeit stehen hierbei nicht-staatliche Akteure wie die – in Kap. 1.2.4 bereits definierten – Nichtregierungsorganisationen (NGO). In Bezug auf die Ausbildung übereinstimmender Kognitionen finden insbesondere ‚epistemic communities‘ Beachtung, welche als anerkannte problemfeldbezogene transnationale Expertennetzwerke verstanden werden (vgl. Haas 1992a, 3). In Bezug auf die Ausbildung von Werteübereinstimmungen und Normen werden hingegen transnationale soziale Bewegungen sowie transnational organisierte ‚advocacy networks‘ als besonders bedeutsam eingeschätzt. Sowohl ‚epistemic communities‘ als auch ‚advocacy networks‘ zeichnen sich durch weitgehend übereinstimmende Überzeugungen der in sie eingebetteten gesellschaftlichen Akteure aus; während es sich jedoch bei ‚epistemic communities‘ um geteilte ‚causal beliefs‘ handelt, stützen sich ‚advocacy networks‘ auf gemeinsame ‚principled beliefs‘[1] (Keck/Sikkink 1998; Smith/Chatfield/Pagnucco 1997).

Prägung und Verstärkung gesellschaftlicher Normen auf zwei Weisen

Wie schon der normative Idealismus betont der Sozialkonstruktivismus die Doppelrolle internationaler Organisationen. So spiegeln sie die in ihnen verankerten Werte und Normen nicht nur wider, sondern sie können diese Werte und Normen der beteiligten Gesellschaften auch prägen oder verstärken. Im Gegensatz zum normativen Idealismus macht der Sozialkonstruktivismus darauf aufmerksam, dass sich diese Prägewirkung oder Verstärkung auf zweierlei Weise entfalten kann.

Werbung für Normen durch transnationale Organisationen...

Gemäß dem einen Wirkungsmechanismus können transnationale Organisationen, die sich so unterschiedlichen Werten wie Freihandel, Menschenrechten oder Umweltschutz verschrieben haben, internationale Organisationen nutzen, um weltweit für die auf diese Werte gestützten Normen zu werben. Insbesondere können sie Staaten, die durch Mitgliedschaft in einer internationalen Organisation mit einschlägigem Mandat zwar ihre Unterstützung dieser Normen bekunden, sie in ihrer Praxis aber missachten, vor der eigenen Gesellschaft an den Pranger stellen (Gränzer et al. 1998). Für den Erfolg dieser Strategie transnationaler Organisationen ist entscheidend, dass dadurch innerhalb von solchen Staaten diejenigen Gruppen gestärkt werden, die für diese Normen und ihre Befolgung eintreten. Denn indem transnationale Organisationen argumentieren können, dass der Staat gegen Normen verstößt, auf die er sich durch seine Mitgliedschaft in der internationalen Organisation verpflichtet hat, kann es in dieser Gesellschaft gelingen, bislang ‚neutrale‘ Gruppen für die Unterstützung dieser Normen zu gewinnen. Der Staat wird damit ‚innerlich‘ dazu angehalten, sich den in internationalen Organisationen verankerten Werten und Normen gegenüber angemessen zu verhalten (Katzenstein 1996; Klotz 1995; Müller 1993). Hervorzuheben ist, dass dem soeben beschriebenen Wirkungsmechanismus das Rollenbild internationaler Organisationen als Arena zugrunde liegt, in der transnationale Organisationen gegebenenfalls mit Hilfe der Bürokratien internationaler Organisationen

---

1 Unter ‚principled beliefs‘ werden Ideen verstanden, durch die sich bestimmte Wertmaßstäbe äußern, mit deren Hilfe Individuen und Kollektive zwischen Gut und Böse, Gerecht und Ungerecht unterscheiden können. Im Gegensatz dazu bezeichnen ‚causal beliefs‘ Vorstellungen über Ursache-Wirkungs-Zusammenhänge (vgl. Goldstein/Keohane 1993, 9f.).

und durch die Nutzung von ihnen eingeräumten Partizipationschancen (vgl. Kap. 4.2.6) die von ihnen vertretenen Werte und Normen verbreiten können.

Gemäß dem anderen Wirkungsmechanismus sind es die Bürokratien internationaler Organisationen selbst, die dazu beitragen, dass die von ihnen vertretenen Werte und Normen von verschiedenen gesellschaftlichen Gruppen in den beteiligten Staaten vermehrt aufgenommen werden. Danach wird also die Rolle internationaler Organisationen als relativ eigenständige korporative Akteure stärker betont. Verstehen wir internationale Organisationen als Arena, in der transnationale Organisationen für bestimmte Normen werben können, so unterstellen wir eine gewisse Autonomie der internationalen Organisation gegenüber den Einflüssen mitgliedstaatlicher Akteure. Sprechen wir internationalen Organisationen hingegen die Fähigkeit zur eigenständigen Normgenerierung und Normverbreitung zu, so treten die für sie handelnden Organe (z.B. Verwaltungsstab oder Gerichtshof) als relativ autonome Akteure gegenüber mitgliedstaatlichen wie nichtstaatlichen Akteuren auf (vgl. Barnett/Finnemore 1999; Finnemore 1993).

...und durch IO-Bürokratien selbst

Wenn wir uns nun daran erinnern, dass der Sozialkonstruktivismus gegenüber dem materiellen Strukturverständnis des Realismus und Institutionalismus ein ideelles Strukturverständnis aufwertet, dann wird klar, wie weitreichend hier die Wirkungsmöglichkeiten internationaler Organisationen gesehen werden. Denn internationale Organisationen sind aus der Sicht des Sozialkonstruktivismus neben anderen Akteuren in der Lage, die ideelle Struktur, welche durch Wertvorstellungen und Normen konstituiert wird, zu beeinflussen. Dadurch begünstigen sie nicht nur, wie aus der Sicht des Neoinstitutionalismus zu erwarten wäre, bei gegebenen Interessen bestimmte Handlungsweisen von Staaten; vielmehr können aufgrund der angenommenen wechselseitigen Prägung von Struktur und Akteur aus der Sicht des Sozialkonstruktivismus auch die dem Handeln von Staaten zugrunde liegenden Interessen selbst durch internationale Organisationen transformiert werden.

2.4 Die Weiterentwicklung der Theorie über internationale Organisationen

Jede der drei ‚aktuellen' Theorien über internationale Organisationen – die neorealistische, die neoinstitutionalistische und die sozialkonstruktivistische – beansprucht, sowohl die Bildung als auch die Wirkungen internationaler Organisationen angemessen zu erklären. Insofern konkurrieren Neorealismus, Neoinstitutionalismus und Sozialkonstruktivismus miteinander. Die Forschung hat unterdessen zu einer Abwertung des Neorealismus und zu einer Aufwertung neoinstitutionalistischer und sozialkonstruktivistischer Theorien geführt. Denn die Ausbildung dauerhafter Kooperationsmuster in und durch internationale Organisationen wie die EU, die WTO, den IWF, aber auch die VN, die OSZE und die NATO scheint der neorealistischen Theorie offen zu widersprechen.

Theorienkonkurrenz

Diese Bewertung kann jedoch nur als partiell berechtigt gelten, da die Theorien – wie eingangs betont – mit unterschiedlichen metatheoretischen und ontologischen Annahmen operieren, deren Realitätsnähe nicht für alle Weltregionen und Problemfelder der internationalen Politik im Falle einer Theorie gleichermaßen bejaht und im Falle konkurrierender Theorien vollständig verneint werden kann. Es besteht also die Notwendigkeit, die jeweilige Theorie zu kontextualisieren, um ihren Gültigkeitsanspruch angemessen bewerten zu können (vgl. Hasenclever/Mayer/Rittberger 2000, 12-19). So mag die Sicherheitspolitik im Nahen Osten durchaus mit Hilfe des Neorealismus besser zu erklären sein als mit den Theorien des Neoinstitutionalismus und des Sozialkonstruktivismus. Denn hier scheint das internationale System noch nicht durch komplexe Interdependenzen und kompatible Wertvorstellungen gekennzeichnet zu sein, sondern tatsächlich einem weitgehend anarchischen Selbsthilfesystem zu entsprechen, so dass internationale Organisationen wie die VN nur geringe Wirksamkeit entfalten können. Mit der Handelspolitik innerhalb der EU oder der WTO liegt uns ein Gegenbeispiel vor. Hier treten neorealistische Erklärungen hinter solchen des Neoinstitutionalismus oder des Sozialkonstruktivismus zurück. Für die EU mag der Sozialkonstruktivismus angesichts der dort weitgehend kompatiblen Wertvorstellungen eher erklärungskräftig sein als in Bezug auf die WTO, in der die komplexen Interdependenzen bislang noch keine mit der EU vergleichbare Werteübereinstimmungen nach sich gezogen haben. Für die WTO sollte mithin der Neoinstitutionalismus eine vergleichsweise angemessene Theorie darstellen.

Theoriepräferenz
    Es geht uns in diesem Buch keineswegs darum, die unserer Meinung nach ‚produktive Konkurrenz‘ der drei Theorien als für den Erkenntnisfortschritt in den Internationalen Beziehungen hinderlich anzusehen und folglich nach *der* einen Theorie mit dem höchsten Erklärungswert zu suchen. Allerdings geben wir offen zu, dass wir uns in den folgenden Ausführungen im Wesentlichen von der Sichtweise einer und nicht aller hier vorgestellten Theorien leiten lassen, und zwar der des Neoinstitutionalismus. Im Gegensatz zum Sozialkonstruktivismus sind wir der rationalistischen Forschungstradition verpflichtet und legen ein vorwiegend materielles Strukturverständnis zugrunde. Im Gegensatz zum Neorealismus gehen wir von der Annahme aus, dass internationale Organisationen häufig mehr sind als Instrumente der jeweils mächtigsten Akteure. Der (Die) Leser(in) sei sich während der Lektüre also im Klaren über unsere neoinstitutionalistische Theoriepräferenz, die freilich hier und da um neorealistische oder sozialkonstruktivistische Sichtweisen erweitert wird. Wir möchten aber betonen, dass uns diese Theoriepräferenz nicht von der Pflicht entbindet, auf die Grenzen des von uns zugrunde gelegten Erklärungsansatzes hinzuweisen und in diesen Fällen auf neorealistische oder sozialkonstruktivistische Erklärungen zurückzugreifen.

3 Geschichte der internationalen Organisationen

Auf der Basis der vorgenommenen begrifflichen Festlegung und Abgrenzung unseres Untersuchungsgegenstandes ‚internationale Organisationen' und der Heranführung an die analytische Beschäftigung mit ihm mittels verschiedener Theorieschulen soll im Folgenden eine systematisierende historische Betrachtung der Entstehung und Entwicklung dieser Form der zwischenstaatlichen Politikverflechtung entfaltet werden. Um nicht bei einer ausschließlich historisch-deskriptiven Nacherzählung der Genese internationaler Organisationen zu verharren, soll mit Hilfe der im letzten Kapitel diskutierten Theorien eine annähernd theoriegeleitete Analyse der Entstehungs- und Entwicklungsbedingungen internationaler Organisationen vorgenommen werden.

Wir stützen uns vornehmlich auf den im Rahmen des Neoinstitutionalismus entwickelten situationsstrukturellen Erklärungsansatz, der – wie oben dargelegt – die Entstehung und Entwicklung internationaler Organisationen auf problematische Handlungsinterdependenzen zwischen Staaten zurückführt. Demnach entstehen internationale Organisationen und entwickeln sich weiter, wenn sich komplexe Interdependenzbeziehungen zwischen Staaten in Interaktionsergebnisse übersetzen, die von den Staaten im Lichte ihrer Interessen als suboptimal betrachtet werden (Problembedingung). Da jedoch nicht jeder Bedarf an internationalen Organisationen von den betreffenden staatlichen Akteuren als solcher wahrgenommen wird, soll die neoinstitutionalistische Erklärung internationaler Organisationen um einen eher der Idealistischen Theorieschule zuzurechnenden kognitiven Erklärungsfaktor angereichert werden. Demnach ist die Bildung internationaler Organisationen auch von der Wahrnehmung der durch Interdependenzbeziehungen geschaffenen Problemlagen durch die staatlichen Akteure sowie deren Wahrnehmung, dass internationale Organisationen zu einer wirksamen Problembearbeitung beitragen können, abhängig (Kognitionsbedingung). Bedarf verwandelt sich in dem Maße in Nachfrage, wie sich, u.a. auch durch nicht-staatliche Akteure – insbesondere NGO – beeinflusst, derartige Wahrnehmungen bei den zuständigen staatlichen Akteuren entwickeln. Da zum anderen nicht jede Nachfrage nach internationalen Organisationen sich in ein entsprechendes Angebot übersetzt, soll die neoinstitutionalistische Erklärung internationaler Organisationen zudem um einen der Realistischen Theorieschule entstammenden machtstrukturellen Erklärungsfaktor ergänzt werden. Demnach entstehen internationale Organisationen bei durch Interdependenzbeziehungen geschaffenen Problemlagen insbesondere dann, wenn es eine Hegemonialmacht oder einen kleinen Klub von führenden Staaten gibt, die (oder der) bereit und aufgrund überragender Machtressourcen in zumindest einem Politikfeld auch fähig sind, die Gründungskosten der betreffenden internationalen Organisation weitgehend zu tragen und durch eine Mischung aus Zwang und Anreizen andere Staaten in die Organi-

situationsstruktureller Ansatz: Bedarf an IO

Problembedingung

Kognitionsbedingung

machtstruktureller Ansatz: Angebot an IO

49

sation einzubinden (Hegemoniebedingung). Die Bildung internationaler Organisationen wird also bei einer durch problematische Handlungsinterdependenzen hervor gerufenen Nachfrage dadurch gefördert, dass ein Hegemon oder ein Klub von führenden Staaten für das entsprechende Angebot sorgt.

In unserem Zusammenhang ist nun von Belang, dass und wie die dadurch benannten drei Bedingungen der Entstehung internationaler Organisationen – die Problembedingung, die Kognitionsbedingung und die Hegemoniebedingung – in der Lage sind, die verschiedenen Gründungsschübe internationaler Organisationen zu erklären. Wir unterscheiden sechs Bereiche, in denen derartige Gründungsschübe zu beobachten waren:

1. Krieg und Gewaltpolitik
2. Industriewirtschaftliche Expansion
3. Krisenhaftigkeit der Weltwirtschaft
4. Menschenrechtsverletzungen
5. Entwicklungsdisparitäten
6. Umweltprobleme

3.1 Krieg und Gewaltpolitik

Die vom Neoinstitutionalismus identifizierte Bedingung für die Errichtung internationaler Organisationen – die Problembedingung – war zuerst und am sichtbarsten im Bereich internationaler Droh- und Gewaltpolitik gegeben. Die volle Entfaltung des modernen Systems unabhängiger, souveräner Staaten wird gemeinhin bereits auf die Zeit nach dem Westfälischen Frieden von 1648 datiert.

Dem so entstandenen dezentral organisierten, anarchischen Selbsthilfesystem ist das so genannte *Sicherheitsdilemma* inhärent, das sich im 17. und 18. Jahrhundert wiederholt in zunehmend verlustreichen Kriegen nieder schlug. Dem entsprechend entstand bereits damals eine erste Nachfrage nach internationalen Organisationen, die sich dem Problem zwischenstaatlicher Gewaltpolitik annehmen sollten (Problembedingung).

Allein das entsprechende Angebot von internationalen Organisationen blieb zunächst aus. Die Erkenntnis – wenngleich in vielen theoretischen Schriften, beispielsweise in denen von Abbé de Saint-Pierre und Immanuel Kant vorgezeichnet –, dass durch die spezielle Form der zwischenstaatlichen Institutionen, die wir internationale Organisationen nennen, ein Beitrag zur Stabilisierung der internationalen Beziehungen im Sinne der Einhegung der gewaltsamen Selbsthilfe und damit zur Bewältigung wiederkehrender unerwünschter Interaktionsergebnisse geleistet wird, war zunächst nur wenig verbreitet. Diese Erkenntnis begann sich erst aufgrund der Erfahrung der Koalitionskriege gegen Napoleon durchzusetzen – und auch dies nur zögerlich (Kognitionsbedingung).

Dem entsprechend konnte erst nach den Koalitionskriegen gegen Napoleon durch den Wiener Kongress 1814/15 das Europäische Konzert der Großmächte ins Leben gerufen werden, das in der Literatur gemeinhin als einer der wichtigsten Vorläufer internationaler Organisationen charakterisiert wird (Armstrong/ Lloyd/ Redmond 1996, 4, 12f.; Groom 1988, 8-9). Der Wiener Kongress signalisierte somit, dass die europäischen Staaten gemeinsam Verantwortung für die Sicherung des Friedens und die Organisation der internationalen Zusammenarbeit in einer Reihe von Politikbereichen (Beispiele: Unterbindung des Sklavenhandels; Bekämpfung der Piraterie; Verbesserung der Flussschifffahrt) übernehmen wollten. Sie installierten ein Konsultationssystem, das bei krisenhaften Zuspitzungen zwischenstaatlicher Konflikte eine gewaltfreie Konfliktregelung ermöglichen sollte; ferner schufen sie einen Kanon klar umrissener Regeln und Gepflogenheiten des diplomatischen Verkehrs. Das Konzert der europäischen Großmächte hatte, wenn auch mit bedeutenden Funktionsschwankungen, bis an die Schwelle des Ersten Weltkrieges Bestand und gilt als Vorläufer einer den Status und die Sicherheit von Staaten regelnden internationalen Organisation, selbst wenn es einer strengen Definition des Begriffs der internationalen Organisation nicht ganz gerecht wird. Jacobson spricht von einer „nascent IGO" oder von „a prototype IGO in the security field" (1984, 31, 34).

Das Wiener System war im eigentlichen Sinne des Wortes keine internationale Organisation, wohl aber eine inklusive, das heißt nach innen gerichtete Sicherheitsinstitution (Wallander/Keohane 1999). Seine Aufgabe bestand nicht darin, mit externen Bedrohungen und Risiken umzugehen, sondern Sicherheit nach innen zu gewährleisten. Es trug mit dazu bei, dass das 19. Jahrhundert nach der Niederlage Napoleons I., abgesehen vom Krim-Krieg (1853-1856) und bis zu den italienischen und deutschen Einigungskriegen mit dem deutsch-französischen Krieg (1870/71) als Abschluss, keine direkte kriegerische Konfrontation von Großmächten in Europa erlebte. Seinen letzten Höhepunkt erreichte dieses Konsultativsystem mit den Berliner Kongressen von 1878 (Balkan-Problem) und 1884/85 (Kongo-Konferenz). Bereits die Marokko-Konferenzen von 1906 und 1911 und dann schließlich die Londoner Botschafterkonferenzen von 1912/13, die wiederum – vergeblich – eine Lösung für die Balkanprobleme finden sollten, machten den Zerfallsprozess des 1815 in Wien gegründeten Systems deutlich. Mit dem Ausbruch des Ersten Weltkrieges im August 1914 war es endgültig hinfällig geworden (Osiander 1994). inklusive Sicherheitsinstitution

In dem Maße, in dem das Wiener System seine Aufgabe der Friedenssicherung zusehends weniger effektiv erfüllen konnte und damit die Kriegsgefahr in Europa zunehmend konkreter wurde, entwickelten sich inhaltlich unterschiedlich geprägte nicht-staatliche internationale Organisationen (INGO), die Programme der Konfliktregelung und Kriegsverhütung durch die Errichtung einer Weltfriedensorganisation propagierten. In Nordamerika und in verschiedenen europäischen Ländern bildeten sich zu dieser Zeit eine Vielzahl von Friedensvereinen und -gesellschaften. Ihr erklärtes Ziel war es, für die Völkerverständigung zu werben und dazu internationale Friedenskongresse abzuhalten. Ihre Hauptforderung lautete jedoch: Schaffung eines Völkerbundes. In Deutschland und Österreich machte sich diese bürgerlich-liberale Tendenz einer organisierten Friedensbewegung relativ spät bemerkbar; erst im Jahre 1892 erfolgte die Gründung der Deutschen Friedensgesellschaft (vgl. Holl 1988; Riesenberger 1985). Friedensvereine und -gesellschaften

Inhaltlich und organisatorisch davon abgesetzt entwickelte sich ebenfalls in der zweiten Hälfte des 19. Jahrhunderts die Sozialistische Internationale. Die 1. Internationale (1864-1876) und die 2. Internationale (1889/1900-1914) steckten sich die Schaffung einer Frieden verbürgenden Föderation sozialistischer Staaten zum Ziel. Dieses – revolutionäre – Fernziel blieb allerdings in der politischen Tagespraxis im Hintergrund. Als Hauptaufgabe galt für die 2. Sozialistische Internationale die Verhinderung des Ausbruchs imperialistischer Kriege, ergänzt durch Forderungen nach einer obligatorischen internationalen Schiedsgerichtsbarkeit und nach Rüstungsbeschränkungen. Außerdem wurde für den Fall einer Verschärfung der Kriegsgefahr durch die herrschenden Klassen die Möglichkeit Sozialistische Internationale eines Generalstreiks als Reaktion der Arbeiterklasse diskutiert, ohne aber in diesem Punkt zu einvernehmlichen und bindenden Beschlüssen zu gelangen (vgl. Boll 1976; Braunthal 1961; 1963; 1971).

Die bürgerlich-liberale und die sozialistische Friedensbewegung, die in ihren tagespolitischen Forderungen viele Übereinstimmungen aufwiesen, halfen den Boden bereiten für erste zaghafte Initiativen der Regierungen der führenden Staaten in Europa, die auf die Errichtung eines stärker institutionalisierten Kriegsverhütungsmechanismus abzielten. Dieses historische Beispiel illustriert die Bedeutung nicht-staatlicher Akteure für die Wahrnehmung der Staaten, dass der Krieg ein Problem darstellt, das durch internationale Organisationen gelindert werden kann (Kognitionsbedingung). Denn die Initiativen der bürgerlichen wie

Haager Konferenzen der sozialistischen Friedensbewegung führten zunächst zu den Haager Konferenzen von 1899 und 1907, deren Hauptresultate eine erste umfassende Kodifizierung des humanitären Kriegsvölkerrechts (Haager Landkriegsordnung von 1907) sowie die Einrichtung eines ständigen Schiedsgerichtshofes waren, dessen Inanspruchnahme jedoch in das Belieben von miteinander im Konflikt liegenden Parteien gestellt blieb. Das ursprünglich im Vordergrund der russischen Initiative von 1898 stehende Interesse an Rüstungsbegrenzungsabkommen stieß indessen auf nur geringe ernsthafte Resonanz (vgl. Armstrong/Lloyd/Redmond 1996, 11f.; Dülffer 1981; 1999).

Der Zusammenbruch des Wiener Konsultationsmechanismus, die Erfahrung der Brutalität moderner Kriege und die Herausforderung, der sich die westliche Welt durch die bolschewistische Revolution in Russland 1917 ausgesetzt sah, führten dazu, dass nach dem Ersten Weltkrieg erstmals der Versuch unternommen wurde, Sicherheit global durch eine im eigentlichen Wortsinne internatio-

Völkerbund nale Organisation herzustellen. Der 1919 errichtete Völkerbund war die neue Antwort auf den durch die Kriegsgefahr in den internationalen Beziehungen hervor gerufenen Bedarf an besonderen Formen der zwischenstaatlichen Institutionalisierung (vgl. Baumgart 1987). Seine Entstehung erklärt sich folgendermaßen: zum einen durch die Brutalität des Ersten Weltkrieges, welche die Problematik von Krieg und Gewaltpolitik nochmals verdeutlichte (Problembedingung); zum zweiten durch die angesprochene Friedensbewegung, welche die Wahrnehmung förderte, dass dem Problem von Krieg und Gewaltpolitik durch internationale Organisation zu begegnen ist (Kognitionsbedingung); zum dritten durch die unter Präsident Wilson zumindest vorübergehend aktive Führungsrolle der USA, die die Gründung des Völkerbundes nachhaltig förderte (Hegemonialbedingung).

Durch ein allerdings noch beschränktes Gewaltverbot sowie Beistandsgarantien (Sanktionen) sollte ein System kollektiver Sicherheit, das durch Verfahren der friedlichen Streitbeilegung ergänzt wurde, ins Leben gerufen werden. So

beschränkt-inklusive
Sicherheitsinstitution handelte es sich beim Völkerbund um eine wegen der anfänglichen Nichtmitgliedschaft Deutschlands, Sowjet-Russlands und der USA beschränkt-inklusive Sicherheitsinstitution. Inhaltlich stellte die neu gegründete Organisation die Fortsetzung des Konzerts der europäischen Großmächte dar; prozedural unterschied sie sich durch ihre institutionelle Ausgestaltung von ihrem Vorläufer jedoch erheblich. Hauptorgan des Völkerbundes war der Rat, der sich aus ständigen und von der Bundesversammlung gewählten nicht-ständigen Mitgliedern zusammen setzte. Zu den ständigen Mitgliedern zählten zunächst England, Frankreich, Italien und Japan, zeitweise auch Deutschland und Sowjet-Russland, so dass der Rat in seiner Ausrichtung auf die Großmächte die Tradition des Wiener Konsultativsystems und des Konzerts der Großmächte fortsetzte. Neu hingegen waren die Bundesversammlung, in der jedes Mitglied mit gleichem Stimmrecht vertreten war, und das ständige Sekretariat. Beide spiegelten die gewonnenen Erfahrungen wider, die in internationalen Verwaltungsvereinen, den Haager Konferenzen und nicht zuletzt in den Inter-alliierten Kooperationsagenturen der Kriegszeit gemacht worden waren.

Die Probleme und Defizite des Völkerbundes resultierten im Wesentlichen aus der Unmöglichkeit, unter der weitgehenden Beibehaltung der Souveränitätsrechte der Staaten eine wirksame, überstaatliche Friedensorganisation zu errichten. So verkörperte die Organisation die auf US-Präsident Wilson zurück gehende Überzeugung, dass der Weltfriede durch die Repräsentation eines Weltgewissens (Weltöffentlichkeit), jedoch ohne grundlegende Eingriffe in die staatliche Souveränität zu sichern sei. Entsprechend tatenlos musste der Völkerbund sowohl bei der gewaltsamen Expansion Japans in Asien (ab 1931) als auch bei Italiens Aggression gegen Abessinien (1935) zusehen. Der von Deutschland betriebenen Militarisierung der Außenpolitik vor dem Zweiten Weltkrieg hatte der Völkerbund nichts entgegen zu setzen – dies zumal die USA 1919 gar nicht beigetreten waren, Russland 1934 erst spät eintreten konnte, dafür aber 1931 Japan und 1933 Deutschland frühzeitig austraten und Russland bereits 1939 wieder ausgeschlossen wurde (vgl. Archer 2001, 14-21; Armstrong/Lloyd/Redmond 1996, 33-61; Pfeil 1976).

Nachdem somit auch der zweite Versuch, Krieg und Gewaltpolitik in den internationalen Beziehungen zu beschränken, gescheitert war, musste auf der Grundlage der Erfahrungen mit den zuvor erprobten Lösungen eine neue Antwort zur Kriegsvermeidung und Einhegung zwischenstaatlicher Gewaltpolitik gefunden werden. Das strukturelle Problem eines Systems souveräner, aber interdependenter Staaten, die sich dem Sicherheitsdilemma ausgesetzt sahen (Problembedingung) und dessen unerwünschte Ergebnisse durch den verheerenden Krieg sie gerade erst vorgeführt bekommen hatten (Kognitionsbedingung), bestand weiter fort. Gleichzeitig traten die USA, der eindeutig dominierende weltpolitische Akteur nach 1945 (Hegemoniebedingung), als Förderer der Bildung einer internationalen Organisation auf, die das Problem des Krieges und der Gewaltpolitik effektiver bearbeiten sollte als ihre Vorgängerinstitutionen. So entstanden, wie schon zuvor das Europäische Mächtekonzert und der Völkerbund, nach dem Zweiten Weltkrieg 1945 auch die Vereinten Nationen zum einen auf der Grundlage einer siegreichen Kriegskoalition, zum anderen auf der Basis des Konzeptes einer inklusiven Sicherheitsinstitution (Osiander 1994). Insgesamt beteiligten sich 51 Staaten an deren Gründung, und bis Ende 2001 ist die Zahl der Mitglieder auf 189 Staaten angewachsen. Die Vereinten Nationen stellen damit eine einzigartige, universale zwischenstaatliche Organisation mit Generalkompetenz dar.

Vereinte Nationen als inklusive Sicherheitsintitution

Die Vereinten Nationen sollen, indem sie ein System kollektiver Sicherheit errichten, dazu beitragen, das in Art. 2 Abs. 4 der VN-Charta niedergelegte Verbot der zwischenstaatlichen Gewaltanwendung und Gewaltandrohung durchzusetzen (Luard 1982; Roberts 1996). Von einem System kollektiver Sicherheit sprechen wir, wenn die Staatengemeinschaft – wie schon beim Völkerbund vorgesehen – gegen jeden Staat, der als Aggressor gegen einen anderen Staat mit Gewalt vorgeht, zusammen steht, um gemeinsam den Frieden wiederherzustellen. Damit dieses System kollektiver Sicherheit funktionieren kann, ist der Sicherheitsrat der Vereinten Nationen damit beauftragt, über den Weltfrieden und

System kollektiver Sicherheit

die internationale Sicherheit zu wachen. Der Sicherheitsrat hat etwaige Verstöße gegen das Gewaltverbot fest zu stellen, um dann gegen den jeweiligen Aggressor nicht-militärische oder auch militärische Zwangsmaßnahmen zu beschließen (Armstrong/Lloyd/ Redmond 1996, 62; Weber 1987).

Blockade während des Ost-West-Konflikts

Aufgrund des Ost-West-Konflikts blieb das System kollektiver Sicherheit allerdings weitgehend blockiert. Im Sicherheitsrat verhinderten einzelne oder mehrere ständige Mitglieder, insbesondere die USA und die UdSSR, aber auch Frankreich, Großbritannien und China mit ihrem Vetorecht, dass bei Gewalthandlungen einzelner Staaten nicht-militärische oder militärische Zwangsmaßnahmen beschlossen werden konnten. Die USA und die UdSSR wollten im Rahmen des Ost-West-Konflikts unbedingt vermeiden, dass die Gewalthandlungen von mit ihnen verbündeten Staaten durch die Vereinten Nationen verurteilt werden konnten (Roberts 1996). Keines der fünf ständigen Sicherheitsratsmitglieder wollte riskieren, durch nicht-militärische oder gar militärische Zwangsmaßnahmen einen verbündeten Staat zu schwächen.

System kooperativer Sicherheit

Deshalb waren die Vereinten Nationen darauf verwiesen, anstelle des blockierten Systems kollektiver Sicherheit ein System kooperativer Sicherheit auszubauen, das über die bekannten Verfahren der friedlichen Streitbeilegung (Kap. VI SVN) hinaus geht. Im Rahmen dieses Systems kooperativer Sicherheit konnten die Vereinten Nationen nicht gegen einen als solchen identifizierten Aggressor vorgehen, sondern waren darauf angewiesen, dass die an der Gewaltandrohung oder -anwendung beteiligten Staaten selbst zum Gewaltverzicht oder zur Gewaltbeendigung bewogen werden konnten. Die Vereinten Nationen konzentrierten sich mithin darauf, zwischen den verfeindeten Staaten zu vermitteln, um diese von ihrer Gewaltpolitik abzubringen. Darüber hinaus versuchte die Weltorganisation, insbesondere durch die Einführung von so genannten friedenserhaltenden Maßnahmen (peacekeeping operations) den an einem gewaltträchtigen Konfliktaustrag beteiligten Staaten mit Blauhelmtruppen oder Beobachtergruppen zu helfen, gegebenenfalls von ihr selbst vermittelte Waffenstillstandsvereinbarungen umzusetzen, um weitere Gewalttätigkeiten zu verhindern. Das ‚Peacekeeping' wurde gewissermaßen als Ersatz für das ‚Peaceenforcement' entwickelt, um den eigenen Sicherheitsaufgaben besser gerecht werden zu können. Der zweite VN-Generalsekretär Dag Hammerskjöld (1953-1961) wollte dadurch das Risiko begrenzen, dass die USA und die UdSSR in die Gewaltanwendung zwischen verfeindeten Staaten hinein gezogen werden mit der Folge, möglicherweise selbst gegen einander Gewalt anzuwenden. Die Vereinten Nationen sollten zumindest in bewaffneten Konflikten zwischen Staaten, die bereit waren, einen Waffenstillstand zu vereinbaren, eingreifen können, um dadurch die beiden Hauptkontrahenten im Ost-West-Gegensatz aus diesem Konflikt heraus zu halten (Urquart 1995, 575).

Situation nach dem Ende des Ost-West-Konflikts

Durch das Ende des Ost-West-Konflikts wurde die Blockade des Sicherheitsrats weitgehend aufgehoben. Die fünf ständigen Sicherheitsratsmitglieder, die diese zwischen 1945 und 1990 durch insgesamt 279 Vetos herauf beschworen hatten, verzichteten nun darauf, mit ihnen verbündete Staaten, die gegen das Gewaltverbot verstießen, weitgehend bedingungslos vor einer Verurteilung durch den Sicherheitsrat zu schützen. Zwischen 1990 und 1994 wurde von den fünf ständigen Sicherheitsratsmitgliedern nur viermal ein Veto eingelegt (Roberts 1996, 316). Dem entsprechend konnten die Vereinten Nationen 1990 auf die Aggression des Irak gegen Kuwait reagieren und zunächst nicht-militärische, dann aber auch militärische Zwangsmaßnahmen beschließen (Taylor 1993). Da-

54

mit übernahmen die Vereinten Nationen nun zumindest annäherungsweise auch *de facto* die Sicherheitsaufgaben, die ihnen *de jure* ohnehin zustanden (siehe Kap. 8.1).

Die Sicherheitsaufgaben der Vereinten Nationen beschränken sich im Unterschied zum Völkerbund jedoch nicht nur auf die Friedenssicherung durch das System kollektiver und das System kooperativer Sicherheit, sondern schließen auch die Bekämpfung der Ursachen von gewaltträchtigen Konflikten ein. Friedenssicherung im zwischenstaatlichen Bereich durch die Vereinten Nationen kann somit im umfassenden Sinne verstanden werden. Sie erstreckt sich auch auf die Überwindung struktureller Gewaltursachen wie Menschenrechtsverletzungen, Umweltkatastrophen, Rohstoffmangel, Hungersnöte oder Entwicklungsdisparitäten. Dieser komplexeren Aufgabenstellung entspricht auch die Organisationsstruktur der Vereinten Nationen (vgl. Kap. 4.2), zu der neben den fünf Hauptorganen – Generalversammlung, Sicherheitsrat, Wirtschafts- und Sozialrat, Treuhandrat sowie Sekretariat mit dem Generalsekretär an der Spitze – eine beträchtliche Anzahl von Sonder- und Hilfsorganisationen gehören, die gerade mit der Bearbeitung dieser Aufgaben betraut sind.

Die Satzung der Vereinten Nationen hebt im Gegensatz zum Völkerbund die Bedeutung regionaler zwischenstaatlicher Organisationen bei der Friedenssicherung hervor. In Kapitel VIII, Art. 52, wurde sogar ein rechtlicher Rahmen für deren Betätigung zur Wahrung des Friedens und der internationalen Sicherheit geschaffen. Regionale Organisationen mit Generalkompetenz sind mithin auch im Bereich der Friedenssicherung in Betracht zu ziehen. So wurden für Amerika 1948 die Organisation Amerikanischer Staaten (OAS), für Afrika 1963 die Organisation der afrikanischen Einheit (OAU,; heute Afrikanische Union) und für die arabischen Länder 1945 die Arabische Liga gegründet. Ihre Erfolge bei der Friedenssicherung müssen insgesamt allerdings als eher bescheiden beurteilt werden.

Angesichts des Ost-West-Gegensatzes und des in der zweiten Hälfte der 1940er Jahre sich entwickelnden so genannten Kalten Krieges war in Europa und ebenso in Asien die Errichtung eines regionalen kollektiven Sicherheitssystems unmöglich. Statt dessen schmiedeten die USA und die damalige UdSSR, die Führungsmächte von zwei sich antagonistisch gegenüber stehenden Lagern, blockinterne Institutionen und Organisationen, um ihre Position im Verhältnis zur Gegenseite zu stärken. Im Gegensatz zum Europäischen Konzert, zum Völkerbund und zu den Vereinten Nationen konnte die Welt in Europa mit der Nordatlantischen Vertragsorganisation (NATO) im Jahre 1949 und der Warschauer Vertragsorganisation (WVO) im Jahre 1955 die Errichtung exklusiver, das heißt nach außen gerichteter Sicherheitsinstitutionen beobachten (vgl. Wallander/Keohane 1999). Ebenso wurden in Asien exklusive Sicherheitsinstitutionen in Gestalt des ANZUS-Paktes (1951 abgeschlossener Sicherheitsvertrag zwischen Australien, Neuseeland und den USA) und der vier Jahre später aus der Taufe gehobenen Südostasiatischen Vertragsorganisation (SEATO) gegründet.

Hauptaufgabe der NATO war und ist der Schutz aller Mitgliedstaaten vor einer militärischen Aggression im Vertragsgebiet. Allerdings besteht keine automatische militärische Beistandspflicht: es ist jedem Mitgliedstaat im Rahmen pflichtgemäßer Konsultationen selbst überlassen, welche Maßnahmen er für notwendig erachtet, um auf einen bewaffneten Angriff gegen einen der Vertragsstaaten zu reagieren. Darüber hinaus sieht der NATO-Vertrag neben der militärischen Komponente auch eine Zusammenarbeit auf politischem, wirtschaftlichem, sozialem und kulturellem Gebiet vor. Die NATO ist orientiert am Prinzip

55

der ‚westlichen Demokratie' und soll somit auch die Verteidigung einer gemeinsamen Lebensform garantieren und zur Konsolidierung einer Gesellschaftsordnung beitragen, die sich als liberale Demokratie in einer Gesellschaft marktwirtschaftlichen Typs umschreiben lässt. Zu Zeiten des Kalten Krieges bedeutete dies, dass eine Immunisierung der eigenen Gesellschaften gegenüber der Gefahr einer sozialistisch-planwirtschaftlichen Systemveränderung angestrebt wurde – gleichgültig ob eine derartige Gefahr real bestand oder nicht.

Die militärische Strategie der NATO hat sich im Laufe ihrer bislang über 50-jährigen Geschichte entsprechend den Rahmenbedingungen zunächst der Ost-West-Auseinandersetzung, dann der neuen Sicherheitsrisiken durch so genannte kleine, vor allem lokale Kriege gewandelt. Die anfänglich gewählte Strategie der ‚massiven Vergeltung' stützte sich voll und ganz auf die US-amerikanische atomare Überlegenheit. Als diese obsolet geworden war, wurde unter dem massiven Eindruck einer europäisch-amerikanischen Strategiedebatte die Strategie der massiven Vergeltung durch die der ‚flexiblen Reaktion' (flexible response) ersetzt. Mit der Entfeindung der Beziehungen im Ost-West-Verhältnis seit der zweiten Hälfte der 1980er Jahre wurde ‚flexible Reaktion' dahin gehend geändert, dass die Anwendung von Nuklearwaffen nur noch als letztes Mittel in Betracht gezogen wurde.

neue
Sicherheitsrisiken Das Ende des Ost-West-Gegensatzes und die Auflösung der Warschauer Vertragsorganisation 1991 führten zu einem tiefgreifenden Strategie- und Funktionswandel der NATO. Bereits das Strategische Konzept vom November 1991 betonte, dass nach dem Wegfall der unmittelbaren Bedrohung durch den Ostblock nun der erfolgreiche Umgang mit aus regionalen Instabilitäten entstehenden Sicherheitsrisiken im Vordergrund stehe. Dieser damals noch nicht näher ausgeführte Umgang fand schon im ersten Jugoslawienkonflikt seinen konkreten Ausdruck, nachdem die Allianz 1992 erklärt hatte, dass sie bereit sei, als Mandatnehmer der Vereinten Nationen oder der KSZE/OSZE aufzutreten (vgl. Bothe/Martenczuk 1999, 125). Im Auftrag des VN-Sicherheitsrates wurden NATO-Streitkräfte sodann 1993 und 1995 militärisch aktiv. Diese Mandatierung fehlte hingegen bei der Operation ‚Allied Force' im Frühjahr 1999, als die NATO durch massive und andauernde Bombardierung von Zielen im ehemaligen Jugoslawien dessen politische Führung unter Slobodan Milosevic zum Abzug seiner Truppen aus dem Kosovo zwang. Das noch während dieses Militäreinsatzes aus Anlass des 50-jährigen Bestehens der Allianz beschlossene neue Strategische Konzept von 1999 schließt Einsätze militärischer Krisenreaktionskräfte ohne vorherige Ermächtigung durch den VN-Sicherheitsrat auch für die Zukunft nicht explizit aus. Derartige Militäroperationen – ob mit oder ohne Mandatierung – sowie die Erweiterung der Mitgliedschaft um Staaten aus Mittel- und Osteuropa sind einigen Beobachtern Indiz genug, um einen Wandel der NATO von einer exklusiven zu einer inklusiven Sicherheitsinstitution zu konstatieren (vgl. Wallander/Keohane 1999, 44).

Die Transformation der NATO wird auch mit Hilfe unserer gewählten Analyseansätze verständlich. So änderte sich nach 1990 die Situationsstruktur, indem unmittelbare militärische Bedrohungen der territorialen Sicherheit gegenüber breiter gefächerten Sicherheitsrisiken zurücktraten. Die ‚alte' Struktur und Strategie der NATO war nicht auf diese neue Situationsstruktur ausgerichtet und führte somit für die Mitgliedstaaten suboptimale Interaktionsergebnisse herbei (Problembedingung). Nachdem der so entstandene Bedarf an einer neuen Organisationsstruktur und -strategie erkannt worden war (Kognitionsbedingung),

56

nahm die Allianz unter der Führung ihres Hegemons in Gestalt der USA (Hegemoniebedingung) eine Anpassung der Strukturen und Strategien der Organisation vor. Dieser Fall zeigt, dass unsere Erklärungsansätze nicht nur die Errichtung neuer, sondern auch den Wandel bestehender internationaler Organisationen plausibel zu machen in der Lage sind.

Der Warschauer Pakt wurde vordergründig, insbesondere aus der Perspektive seiner Mitgliedstaaten, 1955 als Reaktion auf den NATO-Beitritt der BRD gegründet. Darüber hinaus diente er aber auch zur Hegemoniesicherung der UdSSR in ihrem Herrschaftsbereich und sollte die militärische (und auch außenpolitische) Kooperation und die Verteidigungsbereitschaft der Unterzeichnerstaaten stärken. Im Falle eines bewaffneten Angriffs auf einen oder mehrere der Vertragsstaaten bestand eine automatische Beistandsverpflichtung, die allerdings bis 1975 auf Europa beschränkt war. (Bei der ersten Vertragsverlängerung im Jahre 1975 wurden die Worte „... in Europa ..." in Artikel 4 ersatzlos gestrichen; das heißt der Vertrag erstreckte sich nun auch auf den asiatischen Teil der damaligen UdSSR.) Allerdings existierten neben dem Warschauer Pakt noch bilaterale Beistands- und Truppenstationierungsverträge der UdSSR mit Polen, der DDR, der CSSR und Ungarn. Darüber hinaus bestanden weitere bilaterale Bündnisverträge, so dass alle WVO-Staaten auch untereinander durch gegenseitige Beistandsverträge verbunden waren. Die Präambel des Vertrages betonte das Streben nach einem System der kollektiven Sicherheit in Europa. Sobald ein alle europäische Staaten – unabhängig von ihren Gesellschaftssystemen – umfassender Vertrag darüber abgeschlossen sein würde, sollte der Warschauer Vertrag seine Gültigkeit verlieren. Nachdem die UdSSR im Zuge ihrer Reformpolitik in der zweiten Hälfte der 1980er Jahre den äußeren Druck auf ihre Bündnispartner lockerte, die ‚Breschnew-Doktrin' aufhob und statt dessen das Prinzip der ‚freien Wahl' auch für die Staaten des Ostblocks gelten ließ, löste sich der Warschauer Pakt infolge der Revolutionen von 1989/90 am 01.07.1991 vollständig auf.

Die Realität des Kalten Krieges ließ die Installierung blockübergreifender Institutionen der Friedenssicherung in Europa nicht zu. Auch die Konferenz über Sicherheit und Zusammenarbeit (KSZE), die 1972 als Folge der Entspannungspolitik einberufen wurde und mit der Schlussakte von Helsinki 1975 einen ersten Abschluss fand, konnte ein derartiges institutionelles Arrangement allenfalls andeuten, nicht jedoch verwirklichen. Erst mit der Überwindung des Ost-West-Gegensatzes begann – abgesehen von den bereits skizzierten Entwicklungen in der NATO – im Rahmen der K/OSZE einerseits und der Europäischen Union andererseits die Herausbildung regionaler Sicherheitsorganisationen für Europa. Während sie bei ihren Bemühungen, die bewaffneten Konflikte im ehemaligen Jugoslawien zu entschärfen, scheiterte, verhinderte sie durch frühzeitiges Tätigwerden in Mazedonien eine Ausweitung des Konfliktes auf dieses Land.

Die K/OSZE schien sich mit der Unterzeichnung der Charta von Paris 1990 von einer lockeren, durch Folgetreffen verzahnten konferenzdiplomatischen Institution zu einer Organisation zur Entwicklung kollektiver Sicherheit, zu einer Europa-UNO zu wandeln. So wurden mit der Charta von Paris eine Reihe von K/OSZE-Organen geschaffen, die auf die Gefahren von Krieg und Gewaltpolitik reagieren und den Frieden stabilisieren sollen. Während sich der Rat der Außenminister, der Ausschuss Hoher Beamter, die Parlamentarische Versammlung und das Sekretariat in Prag ganz allgemein um die Implementation und Fortentwicklung der Vereinbarungen der K/OSZE kümmern, wurden mit dem Konfliktverhütungszentrum in Wien und dem Dringlichkeitsmechanismus Organe ge-

WVO

KSZE/OSZE

schaffen, die durch explizit festgelegte Prozeduren Konfliktmanagement betreiben sollen. Mit dem Hohen Kommissar für Nationale Minderheiten schuf die K/OSZE 1993 zudem ein Amt, dem das Mandat übertragen wurde, mittels Frühwarnung und Frühmaßnahmen möglichen Konflikten zwischen unterschiedlichen Völkern und Minderheiten vorzubeugen oder diese Konflikte friedlich zu bearbeiten. Seit 1992 (Helsinki II) stellt die K/OSZE nunmehr auch offiziell eine regionale Sicherheitsorganisation im Sinne von Kapitel VIII in Verbindung mit Kapitel VI der Satzung der Vereinten Nationen dar – ein Wandel, dem mit der im Jahre 1994 erfolgten Umbenennung von ‚Konferenz über Sicherheit und Zusammenarbeit in Europa‘ (KSZE) in ‚Organisation für Sicherheit und Zusammenarbeit in Europa‘ (OSZE) Rechnung getragen wurde. Der angedachte Wandel zu einer Art von Europa-UNO scheiterte jedoch an den Institutionalisierungspolitiken der Mitgliedstaaten. So findet sich die OSZE heute in einer „institutionellen Nische" (Peters 1997, 99) wieder und übernimmt Aufgaben, die von den dominanten europäischen Sicherheitsinstitutionen NATO und EU nicht wahrgenommen werden. Hierzu zählen primär Demokratisierungsförderung und der Aufbau einer Zivilgesellschaft mit dem Ziel der Gewaltprävention in Konflikten (vgl. Schlotter 2000, 30). Diese Aufgaben teilt sich die OSZE jedoch teilweise mit dem Europarat.

GASP der EU Neben der OSZE scheinen sich auch in der Europäischen Union Ansätze zum Aufbau eines regionalen Sicherheitssystems aufzutun. Insbesondere mit der Institutionalisierung der Gemeinsamen Außen- und Sicherheitspolitik (GASP) seit dem Maastrichter Unionsvertrag von 1992 sowie durch das Aufgehen der Westeuropäischen Union (WEU) in der Europäischen Union zeichnet sich eine Ausdehnung der Aktivitäten der Europäischen Union in den Bereich der internationalen Sicherheitspolitik ab. Die konkreten Wirkungsmöglichkeiten dieser Instrumente werden jedoch auch nach der Amsterdamer Vertragsrevision als begrenzt angesehen (so Neuhold 1999, 463-467). Diese Bewertung könnte sich bereits in naher Zukunft vor allem im Lichte der auf den Gipfelkonferenzen des Europäischen Rates in Köln und Helsinki im Jahre 1999 getroffenen Beschlüsse als zu negativ entpuppen. Während sich der Europäische Rat in Köln auf ein Politikprogramm unter Spezifizierung der zu schaffenden Kapazitäten und Organe einigen konnte, wurden bereits sechs Monate später in Helsinki besagte Organe geschaffen: das Politische und Sicherheitspolitische Komitee (PSK), das Militärische Komitee (MK) und der Militärstab (MS). Sie sollen im Zuge der Eingliederung der WEU in die Struktur der EU ihren Interimscharakter verlieren. Auch wenn der Aufbau einer europäischen Sicherheits- und Verteidigungskapazität im Rahmen der EU noch einige Jahre in Anspruch nehmen wird, trägt die EU durch die sich vollziehende Ost-Erweiterung dennoch zur Stabilisierung Europas bei. Diese Erweiterung der EU und der damit verbundene Export ihres ‚acquis communautaire‘ setzen an der Wurzel gewaltträchtiger Konflikte an, indem sie das Erfolgsmodell ‚Demokratie und Marktwirtschaft‘ in den zukünftigen Mitgliedstaaten dauerhaft entfalten (vgl. Neuhold 1999, 469f.).

Schaubild 5: Krieg und Gewaltpolitik als Quelle des Bedarfs an
internationalen Organisationen

Bedarfsquelle	Intl. Organisation/Vorläufer
Napoleonische Kriege (1803-1814)	Europäisches Konzert der Großmächte (1815-1914); Haager Konferenzen (1899/1907)
Erster Weltkrieg (1914-1918)	Völkerbund (1919); Briand-Kellogg-Pakt (1928)
Zweiter Weltkrieg (1939-1945)	Vereinte Nationen (1945); Arabische Liga (1945); OAS (1948); OAU (1963)
Ost-West-Konflikt (1947-1989)	<u>exklusiv:</u> Nordatlantische Vertragsorganisation/NATO (1949); Warschauer Vertragsorganisation/WVO (1955-1991); Pazifischer Sicherheitsvertrag zwischen Australien, Neuseeland und den USA/ANZUS-Pakt (1951-1986); Südostasiatische Vertragsorganisation/SEATO (1955-1977) <u>inklusiv:</u> Konferenz über Sicherheit und Zusammenarbeit in Europa/KSZE (1972)
so genannte kleine, vor allem lokale Kriege nach dem Ende des Ost-West-Konflikts (seit 1990)	Organisation für Sicherheit und Zusammenarbeit in Europa/OSZE (seit 1994); Europäische Union (seit 1992); ASEAN Regional-Forum/ARF (seit 1994)

3.2 Industriewirtschaftliche Expansion

Auch im wirtschaftlich-technischen Bereich bildeten sich die oben identifizierten
Bedingungen für die Entwicklung internationaler Organisationen erst im Laufe
des 19. Jahrhunderts heraus. Zu einem Bedarf an internationalen Organisationen
in den internationalen (Wirtschafts-)Beziehungen kam es, nachdem sich die
Transaktionsdichte zwischen den zunächst relativ unabhängig voneinander existierenden Nationalökonomien erheblich verdichtet hatte, so dass die Behinde-
rung des internationalen Handels zunehmend Kosten – auch hohe Verzichtskosten – verursachte (Problembedingung). Das Transportwesen, die Nachrichtenübermittlung, der Urheberrechtsschutz sowie das Eichwesen mussten international harmonisiert oder zumindest kompatibel gemacht werden, um einen rei-
bungslosen Handel zu ermöglichen. Dies war insofern nicht unproblematisch, als
zwar alle Staaten ein Interesse an einer Harmonisierung oder Kompatibilisierung
in den angesprochenen Bereichen hatten, zugleich aber jeder Staat ein ausgeprägtes Interesse hatte, seine nationalen Standards nicht anpassen zu müssen.
Dem entsprechend entstand ein Bedarf an internationalen Organisationen, die
den Staaten helfen konnten, ihre gemeinsamen Interessen an harmonisierten
oder miteinander kompatiblen Standards im Transportwesen, bei der Nachrichtenübermittlung, beim Urheberrechtsschutz sowie im Eichwesen zu verwirklichen.

Internationale
Sonderverwaltungen
Wir wollen im Folgenden eine Reihe von Bereichen betrachten, für die zuerst internationale Sonderverwaltungen geschaffen wurden (vgl. Mangone 1975, 67-92; Weber 1983, 15-59): Transport- und Verkehrswesen, Nachrichtenübermittlung, öffentliches Gesundheitswesen. Ferner wollen wir auf jene Regelungsmechanismen eingehen, die die Berechenbarkeit des zunehmenden internationalen Verkehrs erhöhen sollten: Vereinheitlichung von Maßen und Gewichten sowie der internationalen Statistik, gewerblicher Rechtsschutz und Urheberrechtsschutz. Schließlich gehören hierher noch jene Sonderverwaltungen, die sich auf internationaler Ebene der negativen Folgen der industriewirtschaftlichen Expansion für davon hauptsächlich betroffene Berufsgruppen wie z.B. Arbeitnehmer und Wirtschaftszweige wie z.B. die Landwirtschaft annehmen.

3.2.1 Transport- und Verkehrswesen

Im Bereich des Transport- und Verkehrswesens wurden schon früh, das heißt schon während des ganzen 19. Jahrhunderts, Versuche unternommen, (national-)staatliche Beschränkungen des grenzüberschreitenden Verkehrs abzubauen. Zunächst kam es im frühen 19. Jahrhundert zur Errichtung von Organisationen, die die *Freiheit und Sicherheit der Handelswege* zwischen Staaten garantieren sollten. Bereits auf dem Wiener Kongress (1814/15) wurde mit der Verabschiedung der Rheinschifffahrtsakte eine nach Mitgliedschaft, Aufgabenstellung und Organisationsstruktur besondere zwischenstaatliche Verwaltung begründet, die in unserer heutigen Terminologie als internationale Organisation bezeichnet werden könnte. Sie erhielt eng umrissene rechtsetzende und überwachende sowie streitschlichtende Kompetenzen hinsichtlich der Durchsetzung einer freien und sicheren Rheinschifffahrt. Außerdem wurden ihr Aufgaben beim Fluss- und Hafenausbau übertragen (vgl. Mangone 1975, 68-73; Weber 1983, 19-21). An diesem Vorbild orientiert entstanden in der Folge eine Reihe ähnlicher Flusskommissionen mit zum Teil weiterreichenden Kompetenzen und erweitertem administrativem Unterbau. So wurden zum Beispiel für die Elbe (1821), für die Weser (1823), für die Maas (1830), die Donau (1856) und sogar den Kongo (1885) Flusskommissionen gegründet (vgl. Groom 1988, 11-19; Weber 1983, 21-24).

Rheinschifffahrtsakte

Flusskommissionen

Seeschifffahrt
Auch für die Seeschifffahrt stellte sich schon gegen Ende des 19. Jahrhunderts ein international artikuliertes kollektives Bedürfnis ein, standardisierten Regeln für die internationale Handelsschifffahrt zur Geltung zu verhelfen. Die Ausweitung der Handelsschifffahrt auf den Weltmeeren als Folge des Siegeszuges des Dampfschiffs über die Segelschiffe verlangte nach klar fixierten und allgemein gültigen Seeverkehrsbestimmungen, um Schiffskollisionen zu vermeiden. Ein bezeichnendes Beispiel für diese Entwicklung stellen die auf einer internationalen Konferenz im Jahre 1889 angenommenen ‚International Regulations for the Prevention of Collisions at Sea‘ dar, die – ein erwartbarer Ausfluss der britischen Vorrangstellung auf den Weltmeeren – weithin die von britischer Seite schon unilateral in Kraft gesetzten Vorschriften übernahmen. Schadensersatzansprüche bei Schiffskollisionen wurden ebenfalls unter Bezugnahme auf diese Vorschriften reguliert. Dieses Beispiel verweist geradezu idealtypisch auf die Theorie der hegemonialen Stabilität, indem es deutlich macht, wie ein Hegemon in einem eng umrissenen Problemfeld durch die Bereitstellung von kollektiven Gütern – in diesem Fall von Seeverkehrsbestimmungen – die internationale Institutionenbildung fördern kann (vgl. Luard 1977, 44-62). Zur Aufrecht-

erhaltung und Verbesserung der internationalen Seeverkehrsordnung wurden in der Folge die institutionellen Arrangements mehrfach geändert. Seit 1982 ist die Internationale Seeschifffahrts-Organisation (IMO) mit dieser Aufgabe betraut. IMO

Mit der technologischen Fortentwicklung entstand nicht nur in der Schifffahrt, sondern auch in anderen Bereichen des Transportwesens der Bedarf nach internationalen Regelungen. So wurden für den Eisenbahntransport bereits Mitte des 19. Jahrhunderts und für die Luftfahrt nach dem Ersten Weltkrieg die ersten internationalen Organisationen gegründet. Seit 1922 sind der Internationale Eisenbahnverband (UIC) und seit 1944 die Internationale Organisation für Zivilluftfahrt (ICAO) für den jeweiligen Bereich zuständig.

3.2.2 Nachrichtenübermittlung

Mit vergleichbarer Schnelligkeit wie beim Transport- und Verkehrswesen veränderten sich die Techniken und Bedürfnisse der Nachrichtenübermittlung seit dem frühen 19. Jahrhundert – ungebrochen bis in die Gegenwart. Die elektrische *drahtgebundene Nachrichtenübermittlung* stellte schon äußerlich eine Zwillingsentwicklung des Eisenbahnwesens dar – zumeist wurden entlang der Eisenbahntrassen die Telegrafenleitungen verlegt. Schon zur Mitte des 19. Jahrhunderts wurde dieser Bereich als multilateral regelungsbedürftig anerkannt. Es ging beispielsweise um die Setzung von Prioritäten für die Übermittlung bestimmter Nachrichtenarten, um die Vereinheitlichung der Gebührenordnungen und um die Aufteilung von Gebühren. Durch die Verknüpfung der zunächst nationalstaatlich organisierten Telegrafennetze entstand das Koordinationsproblem der Vereinheitlichung von Übertragungstechniken und der Verrechnung von Gebühren beim Nachrichtentransit (Problembedingung). Nach einer Vielzahl von Abkommen zwischen verschiedenen europäischen Staaten – das Problem und die Möglichkeiten seiner Lösung waren also erkannt (Kognitionsbedingung) – wurde 1865 die Internationale Telegrafen-Union gegründet, die 1906 aufgrund der weiteren technologischen Entwicklung durch regelmäßig stattfindende Internationale Funktelegrafen-Konferenzen außerhalb der Union ergänzt wurde. 1932 erfolgte die Zusammenlegung zum Weltnachrichtenverein, nach dem Zweiten Weltkrieg umbenannt in Internationale Fernmelde Union (ITU). Die ITU, deren Regelungstätigkeit sich auf den gesamten Bereich des Funk- und Fernmeldewesens, also auf Telegrafen, Telefon, Radio sowie neue Techniken der Informationsübermittlung, erstreckt und auch die Frequenzaufteilung und Gebührenfestsetzung umfasst, gehört hinsichtlich ihrer Mitgliedschaft zu den universellsten internationalen Organisationen (vgl. Luard 1977, 27-43; Mangone 1975, 74-77; Weber 1983, 24-27, 53). ITU

Eine Reihe widriger Umstände verhinderten es, dass gleichzeitig mit der Gründung der Internationalen Telegrafen Union auch eine internationale Sonderverwaltung für das Postwesen ins Leben trat – erst 1874 kam es zur Gründung des Allgemeinen Postvereins, der allerdings nach einer Reihe von Beitritten bereits 1878 umbenannt wurde und seitdem Weltpostverein (UPU) heißt. Im Hintergrund standen die industriewirtschaftlichen Verkehrsinteressen an einer Beschleunigung, Vereinheitlichung, größeren Sicherheit und Verbilligung des grenzüberschreitenden Postverkehrs. Ein wesentliches Hindernis waren lange Zeit die fiskalischen Interessen, da der Postdienst ein einträgliches Geschäft für den jeweiligen Staat war. Die Grundregelung des Weltpostvereins sieht die Behandlung

Telegrafie

Postwesen
UPU

der Territorien aller Mitgliedstaaten als einheitliches Postgebiet vor, wobei die Aufteilung der Gebühren nach dem Absenderprinzip vorgenommen wird. Der Weltpostvertrag wurde mehrfach entsprechend der allgemeinen technologischen Entwicklung ergänzt. Der Weltpostverein gilt heute als die mitgliederstärkste und räumlich umfassendste zwischenstaatliche Organisation der Welt (vgl. Luard 1977, 11-26; Weber 1983, 27-28).

Internet

Während die internationale Organisation der Nachrichtenübermittlung in den Sektoren Telegrafie und Post bereits weit mehr als 120 Jahre Bestand hat und in gewisser Weise als Selbstverständlichkeit angesehen wird, ist erst jüngst mit der durch das Internet ausgelösten Informationsrevolution neuer Regelungsbedarf auf internationaler Ebene entstanden. Da es sich beim Internet um ein globales Kommunikationsnetzwerk handelt, muss sichergestellt werden, dass seine Benutzer mit einheitlichen technischen Standards, vor allem so genannten Computerprotokollen, operieren. Die Überwachung dieser Standards liegt im Interesse privater und kommerzieller Akteure und wird deshalb größtenteils von diesen selbst, vor allem vom 1994 gegründeten World Wide Web Consortium (W3C)

ICANN

und der seit 1998 operierenden Internet Corporation for Assigned Names and Numbers (ICANN) sichergestellt (vgl. Röben 1999; Spar 1999).

Gesundheitswesen

Vor allem durch die schnelle Entwicklung des internationalen Transport- und Verkehrswesens traten im Bereich des öffentlichen Gesundheitswesens Probleme auf, die internationale Kooperation zu deren Bearbeitung nahe legten. So wurde Europa beispielsweise im 19. Jahrhundert von sechs Cholera-Epidemien heimgesucht. Seit Mitte des 19. Jahrhunderts wurden immer wieder internationale Sanitätskonferenzen abgehalten; 1880 wurde schließlich eine internationale Sanitäts- und Hygiene-Konvention verabschiedet, die die Gründung einer Vielzahl von Sanitätsinspektionskommissionen vor allem in Hafenstädten vorsah. Die internationalen Bemühungen in Europa mündeten 1907 schließlich in die Gründung des Internationalen Gesundheitsamtes in Paris als erster umfassender Organisation auf diesem Gebiet. Das Internationale Gesundheitsamt, direkter Vorläu-

WHO

fer der Weltgesundheitsorganisation (WHO), war damals vor allem eine Informationssammel- und -verbreitungszentrale. Die Tätigkeiten der Weltgesundheitsorganisation sind demgegenüber vielfältigerer Natur. Von der Seuchenbekämpfung über die Ausrottung von Massenkrankheiten (Malaria, Pocken u.ä.) durch Impfung sowie die Ausbildung medizinischen Personals in Entwicklungsländern bis hin zur Erarbeitung von Hygienerichtlinien erstrecken sich ihre Aufgaben auf das gesamte öffentliche Gesundheitswesen (vgl. Luard 1977, 153-166).

3.2.3 Messwesen und Schutz des geistigen Eigentums

Angesichts der Zunahme arbeitsteiliger Produktion und der Verdichtung des internationalen Handels stellte die Vielzahl unterschiedlicher Längenmaße und Gewichtseinheiten ein unnötige Transaktionskosten verursachendes Hindernis

Maße und Gewichte

dar. 1875 wurde deshalb in Paris das ‚Internationale Büro für Maße und Gewichte' als internationales Eichamt errichtet, das vor allem den Standard-Meter und das Standard-Kilogramm aufbewahrt und für die nationalen Eichbehörden als Referenzinstitution fungiert. Aber nicht nur der Warenaustausch und der Verkehr erforderten solche einheitlichen Messgrößen, auch die Vertreter der Natur- und Ingenieurwissenschaften drängten in die gleiche Richtung. So einigte sich eine ‚internationale statistische Konferenz' im Jahre 1885 auf die Übernahme des Dezimalsystems für alle Quantitätseinheiten (vgl. Weber 1983, 28-29).

Die Nicht-Existenz eines internationalen Schutzes für geistiges Eigentum stellte im Zuge der industriewirtschaftlichen Expansion und Internationalisierung in zunehmendem Maße ein Problem dar. Denn ohne Patentrechtsschutz ist der Anreiz, Erfindungen der Allgemeinheit möglichst rasch zugänglich zu machen, gering, da die ökonomische Verwertung durch den Erfinder oder durch von ihm Beauftragte erschwert ist. Um das kollektiv unerwünschte Ergebnis zu vermeiden, dass Erfinder auf die Preisgabe ihres Wissens verzichten, musste geistiges Eigentum international verbindlich geschützt werden.

Zunächst kam es deshalb – wie so häufig vor der Errichtung internationaler Sonderverwaltungen – zu einer großen Zahl bilateraler Verträge zwischen den wirtschaftlich führenden Staaten. Der Druck der Industrie förderte schließlich das Zustandekommen der Pariser Konvention über den gewerblichen Rechtsschutz und die Gründung eines diese Konvention verwaltenden Internationalen Büros im Jahre 1883. Nach dieser Konvention genießt jeder Bürger eines Vertragsstaates in jedem anderen Vertragsstaat die gleiche Rechtsstellung bezüglich des Patent- und Warenzeichenrechtes, die dieser seinen eigenen Bürgern gewährt (Diskriminierungsverbot). Eine wesentliche Aufgabe des internationalen Büros ist die systematische Informationssammlung über die Möglichkeiten des Schutzes vor Nachbildung oder -ahmung als Grundlage für Vorschläge zur Verbesserung der nationalen Gesetzgebung. Das Büro ist keine internationale Patentorganisation, wie es z.B. das Europäische Patentamt (EPA) darstellt. Während dieses Patente erteilt, die für alle Mitgliedstaaten Gültigkeit haben, lässt das internationale Büro die nationale Zuständigkeit für die Patenterteilung grundsätzlich unberührt.

Ähnlich verlief auch die Entwicklung beim Urheberrechtsschutz. Seit durch die allmähliche Beseitigung des Analphabetentums Druckerzeugnisse einen wachsenden Markt hatten, gingen staatliche Gesetzgebungen im Laufe des 18. Jahrhunderts dazu über, das Urheberrecht zu schützen, indem sie dem Autor für eine gewisse Zeit das alleinige Verbreitungsrecht garantierten. Aber auch schon damals war dies faktisch eine Gesetzgebung, die vor allem den Verlegern zugute kam, sollte sie doch Raubdrucke und unautorisierte Übertragungen unterbinden. Eine Serie internationaler Autoren- und Künstlerkongresse zwischen 1858 und 1883 suchte, öffentlichen Druck zur Schaffung eines umfassenden Schutzes auszuüben. 1886 wurde schließlich die Berner Konvention über den Urheberrechtsschutz unterzeichnet, deren Regelungsgrundsätze der schon erwähnten Pariser Konvention entsprachen. Die beiden internationalen Büros wurden 1893 zusammengelegt und führten über die Jahrzehnte hinweg unterschiedliche Bezeichnungen, bis sie schließlich in der 1967 gegründeten Weltorganisation für geistiges Eigentum (WIPO) aufgingen, welche 1974 den Status einer Sonderorganisation der Vereinten Nationen erhielt (vgl. Braithwaite/Drahos 2000, 60; Weber 1983, 29-30).

Die Gründung der WIPO markierte noch nicht den Abschluss der Internationalisierung des Schutzes geistigen Eigentums. Staaten unterwarfen sich zwar bestimmten Prinzipien, stellten aber gleichzeitig sicher, dass sie es weiterhin waren, welche die Schutzstandards aufstellten. WIPO selbst verfügt über keine Möglichkeit, um Staaten, welche einzelne Bestimmungen der von ihnen unterzeichneten Verträge ignorierten, mit Sanktionen zu belegen. Es ist einer Initiative der USA zu Beginn der 1990er Jahre zu verdanken, dass das Nebeneinander unzähliger nationaler Regelungen und die mangelnde Wirksamkeit internationaler Verträge (bis 1992 verwaltete WIPO insgesamt 24 solcher Verträge) durch eine weitgehende, wirksame Vereinheitlichung der Rechte geistigen Eigentums abgelöst wurde. So wurde während der Verhandlungen im Rahmen der achten Welthandelsrunde, der so genannten Uruguay-Runde, neben der Gründung einer neuen Welthandelsorganisation (WTO) auch eine Einigung in Gestalt des so genannten ‚Abkommens über handelsbezogene Aspekte der Rechte an geistigem Eigentum' (TRIPs) erzielt. Die in diesem Abkommen enthaltenen Standards bilden einen für alle Mitgliedstaaten der WTO verbindlichen Normenkatalog und müssen demnach in nationales Recht umgesetzt werden. Dieser Implementationsprozess wird vom TRIPs-Rat, welcher Bestandteil der WTO-Organisationsstruktur ist, überwacht (vgl. Braithwaite/Drahos 2000, 62f.).

WTO/TRIPs

3.2.4 Sozialbereich

Die industriewirtschaftliche Expansion, die Zunahme des internationalen Verkehrs und die wachsende Schnelligkeit und Sicherheit internationaler Transportmöglichkeiten hatten vielfältige Folgen zumal für die Landwirtschaft. Insbesondere die Ausbildung einer Reihe landwirtschaftlicher (Teil-)Weltmärkte hatte beispielsweise im Falle des Getreides bedeutende Auswirkungen auf traditionell politisch einflussreiche Produzentengruppen. Öffentliches Interesse bestand an einer laufenden Information über die Weltmarktentwicklungen als Voraussetzung für geeignete staatliche Reaktionen zur Abwehr von Nachteilen für heimische Märkte, Produzenten und Verbraucher. Dies war der wesentliche Hintergrund zur Errichtung einer Art von ‚Frühwarnsystem' in Form des Internationalen Landwirtschaftsinstituts im Jahre 1905 mit Sitz in Rom, einem Vorläufer der Welternährungs- und Landwirtschaftsorganisation (FAO). Diese wurde 1945 als Sonderorganisation der Vereinten Nationen gegründet und befasst sich in einem umfassenden Sinne mit der Verbesserung der Welternährungslage durch Produktionssteigerung und die Verbesserung der Verteilung von produzierten Nahrungsmitteln. Außerdem leistet sie technische Hilfe in Entwicklungsländern und greift bei Hungerkatastrophen durch Hilfslieferungen ein (vgl. Mangone 1975, 88-90).

FAO

Arbeitsschutz

Die kollektive Bearbeitung unerwünschter Folgen der industriewirtschaftlichen Expansion wurde aber nicht nur – wenngleich rudimentär – für den landwirtschaftlichen Sektor entscheidend: auch die Lebens- und Arbeitsbedingungen der wachsenden Zahl der in der Industrie abhängig Beschäftigten wurden als öffentliche Aufgabe mit internationalen Dimensionen anerkannt. Schon 1890 fand in Berlin eine erste internationale Sozialkonferenz statt, bei der die Frage der Harmonisierung der staatlichen Arbeitsgesetzgebung im Vordergrund stand. Ihr Ziel war es, vermeintliche oder tatsächliche Wettbewerbsverzerrungen zwischen den einzelnen Ländern aufgrund unterschiedlicher Arbeiterschutzgesetzgebung zu verhindern oder abzubauen. Auf private Initiative mit offizieller Förderung wurde schon vor dem Ersten Weltkrieg in Basel (1900) ein internationales Büro, die Internationale Vereinigung für Arbeitsgesetzgebung gegründet, das die Information über neuere Entwicklungen auf dem Gebiet der nationalen Arbeitsgesetzgebung und die Ausarbeitung von internationalen Vertragsentwürfen für bestimmte Arbeitsschutzmaßnahmen zur Aufgabe hatte. Auf einer von diesem Büro vorbereiteten internationalen Konferenz wurde z.B. eine Konvention über das Verbot der Nachtarbeit für Frauen unterzeichnet.

Das zusammen mit dem Völkerbund als Teil des Pariser Vertragswerkes 1919 gegründete Internationale Arbeitsamt – auf eine Initiative von westeuropäischen Gewerkschaftsführern hin entstanden – konnte direkt daran anknüpfen und bemühte sich in der Folge vor allem um die internationale Anerkennung einer Vielzahl weiterer ‚labour standards‘. Neu im Unterschied zu ihrer privatrechtlichen Vorgängerin war allerdings das Prinzip der dreiseitigen Repräsentation (von Regierungen, Arbeitnehmer- sowie Arbeitgeberorganisationen) in den Beschluss- und Beratungsgremien dieser internationalen Organisation. Nach dem Zweiten Weltkrieg und der Auflösung des Völkerbundes wurde die Internationale Arbeits-Organisation (ILO) als Sonderorganisation in den Verband der Vereinten Nationen eingegliedert. Neben der Festlegung weiterer internationaler arbeits- und sozialrechtlicher Mindeststandards führt sie seit Ende der 1960er Jahre auch Programme zur Bekämpfung der Unterbeschäftigung in Entwicklungsländern durch (vgl. Weber 1983, 38-42, 84-86).

Schaubild 6: Industriewirtschaftliche Expansion als Quelle des Bedarfs an internationalen Organisationen

Bedarfsquelle	Intl. Organisation/Vorläufer
Vereinheitlichung der Regeln im Transportwesen	
Flussschifffahrt	Flusskommissionen für den Rhein (1815), die Elbe (1821), die Weser (1823), die Maas (1830) und die Donau (1856)
Eisenbahnverkehr	Verein deutscher Eisenbahnverwaltungen (1847), Zentralbüro für intl. Eisenbahntransport (1890); Intl. Eisenbahnverband/UIC (1922)
Seeschifffahrt	Intl. Maritimes Komitee (1897); Zwischenstaatliche Maritime Konsultativorganisation/IMCO (1948); Intl. Seeschifffahrtsorganisation/IMO (1982)
Luftverkehr	Intl. Luftfahrtkommission (1919); Intl. Organisation für Zivilluftfahrt/ICAO (1944)
in der Nachrichtenübermittlung	
Telegrafie	Intl. Telegrafen-Union (1865); Intl. Funktelegrafen Konferenzen (1906ff.); Weltnachrichtenverein (1932); Intl. Fernmelde-Union/ITU (1945)
Post	Allgemeiner Postverein (1875); Weltpostverein/UPU (1878)
Internet	World Wide Web Consortium/W3C (NGO) (1994); Internet Corporation for Assigned Names and Numbers/ICANN (NGO) (1998)
Vereinheitlichung der Regeln im Sozialbereich	
Gesundheit	Intl. Sanitätskonferenzen (ab ca. 1850); Intl. Hygienekonvention (1880); Intl. Gesundheitsamt (1907); Weltgesundheitsorganisation/ WHO (1946)
Arbeitsbedingungen	Intl. Sozialkonferenz (1890); Intl. Vereinigung für Arbeitsgesetzgebung (NGO) (1900); Intl. Arbeitsamt (1919); Intl. Arbeitsorganisation/ILO (1945)
Landwirtschaft	Intl. Landwirtschaftsinstitut (1905); Welternährungs- und Landwirtschaftsorganisation/FAO (1945)

Bedarfsquelle	Intl. Organisation/Vorläufer
Standardisierung von Messgrößen und Schutz Geistigen Eigentums	
	Intl. Büro für Maße und Gewichte (1875);
	Intl. Statistische Konferenz (1895)
Geistiges Eigentum	Pariser Konvention über den gewerblichen Rechtsschutz mit Intl. Büro (1883);
	Berner Konvention über den Urheberrechtsschutz mit Intl. Büro (1886);
	Weltorganisation für geistiges Eigentum/WIPO (1967);
	Europäisches Patentamt/EPA (1973);
	Vereinbarung über handelsbezogene Aspekte geistigen Eigentums/WTO-TRIPs (1995)

3.3 Krisenhaftigkeit der Weltwirtschaft

Nachdem sich der Weltmarkt und der internationale Handel nicht zuletzt aufgrund der Regelungen der verschiedenen, teils schon erwähnten internationalen Organisationen (Sonderverwaltungen) weiter ausbreiten konnte, entstand ein neuer Bedarf an internationalen Organisationen. Auch dieser Bedarf ist letztendlich der Spannung geschuldet, die sich zwischen der nationalstaatlich organisierten (Wirtschafts-)Politik und einem die Staatsgrenzen überschreitenden Weltmarkt ergibt. Denn die zunehmende ökonomische Transaktionsdichte zwischen den souveränen Staaten, deren Regierungen schon am Ende des 19. Jahrhunderts sich in verstärktem Maße der Steuerung ihrer Nationalökonomien widmeten, schuf *handels- und finanzpolitische Dilemmata*, die sich vor allem in den Krisen der so genannten Großen Depression der 1870er und 1880er Jahre und der Weltwirtschaftskrise ab 1929 bemerkbar machten. In ihnen trat das Strukturproblem einer liberalen Weltwirtschaftsordnung zutage, die vor allem in Krisenzeiten zum ‚beggar-thy-neighbour'-Verhalten, das heißt zur Nichtkooperation und einseitiger Abwendung der Krisenfolgen einlädt und damit die Krise selbst verschärft.

Große Depression der 1870er und 80er

Weltwirtschaftskrise 1929

Selbst bei Zugrundelegung eines gemeinsamen Interesses an einer liberalen Weltwirtschaftsordnung besteht für Staaten immer ein Anreiz, die eigene Wirtschaft vor der ausländischen Konkurrenz zu schützen, solange die Hoffnung besteht, dass Gegenmaßnahmen anderer Staaten ausbleiben oder unterlaufen werden können. Die Versuchung, durch unilaterale Maßnahmen die eigene Wirtschaft auf Kosten der Exportchancen anderer Staaten zu schützen, ist in Krisenzeiten, in denen der Verteilungsspielraum des Weltmarktes gering ist, besonders stark, so dass hier die Gefahr, dass alle ihr Heil auf Kosten aller anderen suchen wollen, besonders groß ist (Problembedingung). So flüchteten sich die Staaten nach 1929 zur Krisenbekämpfung, allen voran Deutschland, in eine Politik der Errichtung von Zollschranken, der Abwertung ihrer Währungen und der Einführung von nichttarifären Handelsschranken. Es entwickelte sich ein Wirtschaftskrieg, der eine Protektionismus- und Abwertungsspirale in Gang setzte, einen generellen Rückgang des Welthandelsvolumens provozierte und damit die Krise weiter verschärfte. Das Welthandelsvolumen für Fertigwaren betrug 1932 nur noch 60 Prozent des Niveaus von 1929 (Parker 1967, 101-110). Indem alle

66

Staaten ihr Heil auf Kosten ihrer Handelspartner suchten, schädigten sich letztendlich alle selbst (van der Wee 1984, 389-427).

Bereits in der ‚Großen Depression' der 1870er und 1880er Jahre waren diese Dilemmata klar erkannt worden (Kognitionsbedingung). Sie wurden damals unter britischer Führung (Hegemoniebedingung) durch eine liberale Weltwirtschafts- und Weltfinanzordnung überwunden. Mit dem Ersten Weltkrieg brachen die Strukturen eines relativ freien Welthandels und einer durch den Goldstandard und die freie Konvertierbarkeit der Währungen gekennzeichneten internationalen Finanzordnung jedoch zusammen (van der Wee 1984, 476-484). Die Weltwirtschaftskrise nach 1929 machte die Hoffnung auf eine Restaurierung dieses Systems endgültig zunichte. So waren die 1930er Jahre, abgesehen von bilateralen und regionalen Vereinbarungen, durch ein vollkommen anarchisches internationales Handels- und Finanzsystem charakterisiert (vgl. Cohen 1991; Parker 1967, 101-110; van der Wee 1984).

Um einen krisenverschärfenden internationalen finanz- und handelspolitischen Schlagabtausch in Phasen wirtschaftlicher Rezession für die Zukunft zu verhindern, und weil sie bald nach Kriegsende das Einsetzen einer starken Rezession befürchteten, wollten jedenfalls die anglo-amerikanischen Siegermächte des Zweiten Weltkrieges eine liberale Weltwirtschaftsordnung begründen, die durch internationale Organisationen krisensicher(er) gemacht werden sollte. Sie reagierten damit auf einen Bedarf, der durch die Strukturmängel der 1930er Jahre offenbar geworden war und den sie im Lichte der Vorteile, die eine liberale Wirtschaftsordnung für die Beteiligten mit sich bringt, mit Hilfe internationaler Organisationen zu befriedigen hofften.

liberale Weltwirtschaftsordnung nach dem Zweiten Weltkrieg

An diesem Beispiel lässt sich sehr gut veranschaulichen, wie die drei genannten Bedingungen der Bildung internationaler Organisationen ineinandergreifen. Zwar wäre es ohne die Probleme, die eine liberale Weltwirtschaftsordnung insbesondere in Krisenzeiten mit sich bringt, sicher nicht zur Gründung internationaler Organisationen gekommen; doch ohne eine durch die Weltwirtschaftskrisen gestützte entsprechende Wahrnehmung sowie ohne das Drängen der USA als Hegemon hätten die internationalen Organisationen zur präventiven, ggf. auch kurativen Bearbeitung weltwirtschaftlicher Krisen kaum geschaffen werden können. Im Zentrum der anglo-amerikanischen Pläne für eine politisch organisierte Weltwirtschaftsordnung der Nachkriegsära standen Vorkehrungen für eine Expansion des Welthandels durch die Errichtung einer politisch gesteuerten liberalen Welthandelsordnung (‚embedded liberalism' nach Ruggie 1983) sowie ein System von stabilen Wechselkursen und freier Währungskonvertibilität. Zur Sicherung einer Weltfinanzordnung wurden 1944 in Bretton Woods der Internationale Währungsfonds (IWF) und die Internationale Bank für Wiederaufbau und Entwicklung (IBRD), kurz: Weltbank, gegründet. Die Welthandelsordnung wurde nach dem Scheitern der zunächst geplanten Internationalen Handelsorganisation (ITO) durch das Allgemeine Zoll- und Handelsabkommen (GATT) von 1947 organisiert, das 1995 in der Welthandelsorganisation (WTO) aufging (vgl. Hauser/Schanz 1995; Ruggie 1983).

USA als Hegemon

3.3.1 Handel

Die USA ergriffen nach Kriegsende die Initiative mit Vorschlägen für die Ausarbeitung einer Welthandelscharta, und im Frühjahr 1946 beschloss der Wirtschafts- und Sozialrat der Vereinten Nationen die Einberufung einer ‚Konferenz über Handel und Beschäftigung‘. Nach einer Serie von Vorbereitungstreffen fand diese Konferenz vom 21.11.1947 bis 23.03.1948 in Havanna statt und schloss *Havanna-Charta* mit der Annahme der so genannten Havanna-Charta ab. Diese sah u.a. die Gründung einer Internationalen Handelsorganisation (ITO) mit weitreichenden Befugnissen vor. Zum einen sollte sie die allgemeine Durchsetzung des Meistbegünstigungsrechts, den gegenseitigen Zollabbau sowie die Beseitigung mengenmäßiger Beschränkungen im Außenhandel erreichen; zum anderen sollte sie auch bei Außenhandelsungleichgewichten sowie internationalen Marktstörungen vor allem auf den Rohstoffmärkten regulierend eingreifen können. Den USA lag viel an den zuerst genannten Aufgaben – angesichts ihrer ökonomischen Potenz, das heißt der hohen Produktivität ihrer Wirtschaft und den daraus erwachsenden komparativen Kostenvorteilen, verständlich. Demgegenüber hatten rohstoffexportierende Länder ebenso wie die vom Krieg geschwächten Staaten ein besonders ausgeprägtes Interesse an den Interventionsbefugnissen der geplanten Internationalen Handelsorganisation. Die Havanna-Charta und damit die ITO schei- *Scheitern der ITO* terten schließlich daran, dass die US-Regierung (Truman-Administration) wegen der vorhersehbaren Ablehnung durch den Senat, der zum einen eine Einschränkung amerikanischer Souveränität, zum anderen aber die Festsetzung vergleichsweise niedriger Zölle befürchtete, die Charta dem Senat gar nicht erst zur Billigung vorlegte.

Die amerikanische Regierung hatte aber schon unabhängig vom Fortgang *GATT* der Beratungen über eine Welthandelscharta im April 1947 begonnen, mit 23 Staaten in Genf über Maßnahmen zum gegenseitigen Zollabbau zu verhandeln. Umfangreiche Zollsenkungen wurden erreicht und in Länderlisten mit den jeweiligen Zollzugeständnissen festgehalten. In einem Regierungsprotokoll vom 30.10.1947, also noch vor dem Beginn der Havanna-Konferenz, wurde vereinbart, diese Zollzugeständnisse zusammen mit dem vierten Teil des Entwurfs der Havanna-Charta, ihren handelspolitischen Bestimmungen, schon zum 01.01. 1948 vorläufig in Kraft zu setzen. Dieses Allgemeine Zoll- und Handelsabkom- *GATT-Regelsystem* men (GATT) stellt ein reines Verwaltungsabkommen dar, das heißt es wurde nie ratifiziert, trat aber nach dem Scheitern der Havanna-Charta zunächst als einziges international vereinbartes Regelsystem für den Welthandel an deren Stelle. Ziel des GATT-Regelsystems ist es, die Unterzeichnerstaaten auf eine grundsätzlich liberale Handelspolitik festzulegen und einen möglichst von einseitig-nationalen, politisch-administrativen Interventionen unbehinderten Welthandel zu fördern (siehe Kap. 9.1). Dazu verpflichtet das GATT-Regelsystem die Vertragsparteien, Handelsbarrieren abzubauen – auf mengenmäßige Handelsbeschränkungen (Kontingente) hatten sie ganz zu verzichten, tarifäre Handelsbeschränkungen (Zölle) sollten sie zumindest senken. Um eine Blockbildung, wie sie in den 1930er Jahren im Welthandel entstanden war, zu vermeiden, verbietet das GATT darüber hinaus eine diskriminierende Behandlung unterschiedlicher Handelspartner (Meistbegünstigung). Abgesehen von den Handelspartnern innerhalb einer Freihandelszone oder einer Zollunion müssen demnach für alle Handelspartner die gleichen Bedingungen des Marktzutritts gelten (vgl. Hauser/Schanz 1995; Jackson 1998; Senti 2000). Das grundlegend Neue dieser 1948 ins Leben gerufenen Welthandelsordnung ist neben der Einführung einer multilateralen Reziprozität vor allem dessen institutionelle Ausgestaltung. Mit der Einrichtung eines GATT-Rates im Jahre 1960 wandelten die Vertragsparteien mittels eines sekundärrechtlichen Prozesses das GATT in eine faktische internationale Organisation um. Den völkerrechtlichen Status einer internationalen Organisation erlangte GATT freilich erst im Jahre 1995, als es in der neu gegründeten Welthandelsorganisation (WTO) aufging.

Die Gründung der WTO machte aus bisherigen Vertragsparteien Mitgliedstaaten – heute können mehr als 140 gezählt werden. Sie war das Ergebnis der achten GATT-Verhandlungsrunde, der so genannten Uruguay-Runde, die zwischen 1986 und 1993 stattfand. Das Regelwerk hat sich mit der Gründung der WTO allerdings nur insofern grundlegend geändert, als es nun neben dem Warenhandel auch den Handel mit Dienstleistungen sowie den Schutz geistigen Eigentums abdeckt. Diese Ausweitung des Regelwerkes spiegelt sich auch in der Organisationsstruktur der WTO wider. So treten neben das oberste Beschlussorgan der Ministerkonferenz (vormals Versammlung der Vertragsparteien) der Allgemeine oder WTO-Rat, welcher neben dem früher prominenten GATT-Rat noch zwei weiteren Räten, dem GATS-Rat (Rat für den Handel mit Dienstleistungen) und dem TRIPs-Rat (Rat für den Schutz von geistigen Eigentumsrechten) vorsteht. Darüber hinaus wurde insbesondere das Streitschlichtungsverfahren gestärkt, so dass heute ein weitgehend unabhängiges Streitschlichtungsorgan auch gegen den Willen einer Streitpartei Regelverstöße bindend feststellen kann (vgl. Jackson 1998; Senti 2000, 134-152). Selbstverständlich verfügt die WTO über ein Sekretariat und einen Generaldirektor; beide existierten allerdings schon vor 1995 (vgl. Senti 2000).

Die Ausweitung des Regelwerkes lässt sich mit unseren drei Analyseansätzen erklären. Waren die Durchschnittszölle auf Güter in den ersten sieben Zollrunden von durchschnittlich 40 auf 6,4 Prozent des Warenwertes gesenkt worden, so betrieben sowohl entwickelte als auch unterentwickelte Staaten versteckten Protektionismus in Form von nichttarifären Handelsbarrieren (Senti 2000, 220). Diese Barrieren behinderten in zunehmendem Maße auch den in den 1970er und 1980er Jahren sich ausweitenden Handel mit grenzüberschreitenden Dienstleistungen (Problembedingung). Nachdem die USA – seit den 1980er Jahren mit einem wachsenden Handelsbilanzdefizit belastet – das Problem erkannt hatten (Kognitionsbedingung), ergriffen sie die Initiative (Hegemoniebedingung) und setzten das Thema der nichttarifären Handelshemmnisse auf die Tagesordnung der Uruguay-Runde. Dass sowohl GATS als auch TRIPs in das WTO-Regelwerk Eingang fanden, kann ohne die glaubhafte Drohung der USA, notfalls unilateral Sanktionen zu verhängen, nicht erklärt werden (Braithwaite/Drahos 2000, 178-181).

Neben der institutionalisierten Kooperation auf globaler Ebene können auf regionaler Ebene institutionell weitergehende Formen handelspolitischer Kooperation beobachtet werden. Als prominentestes Beispiel regionaler Kooperation, genauer: Integration gilt die Europäische Union, deren beispiellose ‚Karriere' 1951 mit der Gründung der Europäischen Gemeinschaft für Kohle und Stahl (EGKS, auch Montan-Union) ihren Anfang nahm. Es wäre vermessen, den europäischen Integrationsprozess lediglich mit Hinweis auf wirtschaftspolitische Motive der Teilnehmerstaaten zu erklären. Der Ost-West-Konflikt und die nach wie vor unsichere Rolle Deutschlands im Nachkriegseuropa waren anfangs sicherlich größere Antriebskräfte. Zeichnet man die weiteren Integrationsschritte

WTO

regionale
Organisationen

EGKS

69

nach, so wird allerdings schnell klar, welch große Schubkraft handels- und wirtschaftspolitische Erwägungen entfalteten. Mit dem Inkrafttreten der 1957 unterzeichneten Römischen Verträge entstand in Fortführung des eingeschlagenen Weges zum 01.01.1958 die Europäische Wirtschaftsgemeinschaft (EWG) und die Europäische Atomgemeinschaft (EURATOM). Die Organe der drei Gemeinschaften wurden mit dem Fusionsvertrag vom 08.04.1965, welcher am 01.07. 1967 in Kraft trat, zusammengelegt. Wie im EWG-Vertrag von 1957 festgelegt, gelang es den damals sechs Mitgliedstaaten (Belgien, Bundesrepublik Deutschland, Frankreich, Italien, Luxemburg, Niederlande), durch die Beseitigung aller Binnenzölle sowie der Errichtung eines gemeinsamen Außenzolls im Jahre 1968 eine Zollunion zu begründen. Die angestrebte Errichtung eines gemeinsamen Marktes verzögerte sich allerdings und wurde erst durch die Einheitliche Europäische Akte (EEA) von 1987 wieder vorangebracht. Durch diese wurde die Vollendung des Binnenmarktes bis zum Jahr 1992 verbindlich beschlossen und in der Folgezeit tatsächlich auch erreicht (vgl. Kap. 9.2).

EWG

EEA

Auch in Nordamerika und Südostasien wurden und werden regionale Handelsordnungen geschaffen, die allerdings nicht an das in Europa verwirklichte Kooperations- und Integrationsniveau heranreichen. So schufen die USA, Kanada und Mexiko mit der Unterzeichnung des Nordamerikanischen Freihandelsabkommens (NAFTA) 1993 eine Freihandelszone. Die Mitgliedstaaten der Vereinigung Südostasiatischer Staaten (ASEAN) haben sich ebenfalls auf die Schaffung einer solchen Freihandelszone bis zum Jahr 2008 verständigt (Feske 1999, 549). Während in Europa seit 1968 einheitliche Außenzölle gelten und seit 1973 eine gemeinschaftliche Handelspolitik betrieben wird, zeichnen sich die amerikanische und die zukünftige südostasiatische Freihandelszone lediglich durch die Abschaffung von Binnenzöllen aus (Krugman/Obstfeld 2000, 242f.)

NAFTA und ASEAN

3.3.2 Währungs- und Finanzfragen

Ein liberales Weltwirtschaftssystem, wie es nach dem Zweiten Weltkrieg installiert wurde, verlangt nicht nur liberale handelspolitische Praktiken, wie sie im GATT normativ verankert wurden, sondern auch währungspolitische Vorkehrungen, die den freien Warenverkehr fördern. Diese wurden in den Abkommen von Bretton Woods von 1944 erstmalig in der Geschichte auf eine vertragliche Grundlage und unter die Obhut einer internationalen Organisation gestellt. Die Staatengemeinschaft reagierte damit unter Führung der USA (Hegemoniebedingung) auf die Erfahrungen, die sie in der Weltwirtschaftskrise der 1930 Jahre gemacht hatten (Kognitionsbedingung). Damals hatten die Staaten versucht, durch die Abwertung und die Beschränkung der Konvertibilität ihrer Währungen die heimische Wirtschaft gegenüber der ausländischen Konkurrenz zu stärken, damit aber letztlich die Weltwirtschaftskrise zusätzlich verschärft (Problembedingung) (Sautter 1985, 178-182).

IWF

Die durch die Bretton Woods-Abkommen errichtete internationale Währungsordnung verpflichtete die Staaten, die freie Konvertibilität ihrer Währungen zu garantieren und ihre Währung in einem gegenüber dem US-Dollar, der seinerseits durch die Golddeckung gebunden war, festgelegten, weitgehend festen Wechselkursverhältnis zu halten (siehe Kap. 9.3). Die Aufgabe des Internationalen Währungsfonds (IWF), der wichtigsten in Bretton Woods geschaffenen Organisation, war es, zur Aufrechterhaltung dieser Währungsordnung beizutragen.

70

Dazu gehörte u.a. seine Funktion als Währungspuffer: Durch Überbrückungskredite sollte der IWF vorübergehende Zahlungsbilanzdefizite einzelner Länder ausgleichen helfen. Dieser Währungspuffer erlaubte es den Staaten, trotz des Systems fester Wechselkurse, das eine an außenwirtschaftlicher Wettbewerbsfähigkeit orientierte Wirtschaftspolitik verlangt, binnenwirtschaftlichen Spielraum zu bewahren. Der IWF stellte zudem einen institutionellen Rahmen zur zwischenstaatlichen finanz- und währungspolitischen Abstimmung zur Verfügung und konnte im Konfliktfall wichtige Vermittlungsfunktionen übernehmen. Das unilaterale Ausscheren einzelner Staaten aus dem internationalen Währungssystem sollte damit vermieden werden (Eichengreen 1996; Helleiner 1994; Kapstein 1996).

Nach einer Phase erheblicher Anlaufschwierigkeiten kam die in Bretton Woods geplante internationale Währungsordnung erst in den späten 1950er Jahren richtig zur Geltung. Doch bereits in der zweiten Hälfte der 1960er Jahre zeigte sie erste Krisensymptome. Die unerwartet kräftige Ausweitung des internationalen Handels sowie die gestiegene private und öffentliche Geldnachfrage, ferner die wachsenden US-Haushaltsdefizite infolge des Vietnam-Krieges brachten die Golddeckung des US-Dollar ins Wanken. Der IWF versuchte zunächst, durch die Einführung der so genannten Sonderziehungsrechte (SZR), das heißt einer zweiten Leit- und Reservewährung, die Liquidität des Weltmarktes aufrechtzuerhalten. Trotzdem wurde 1971 durch US-Präsident Nixon die Golddeckung des US-Dollar aufgehoben, wodurch dem System fester Wechselkurse seine Grundlage entzogen und es schließlich ganz aufgegeben wurde. Den neuen Realitäten der Weltwährungsordnung wurde 1978 durch eine Reform der IWF-Satzung Rechnung getragen. Seitdem sind die Wechselkurse auch offiziell freigegeben. Beim so genannten *Floaten* sollten freilich erratische Ausschläge der Wechselkurse vermieden werden. Zudem wurde vereinbart, die Abkoppelung der Bewertung von Währungen vom Gold zu vollenden und die Sonderziehungsrechte als neue Leit- und Reservewährung, gleichsam als Weltgeld einzuführen, was aber angesichts der ungebrochenen faktischen Dominanz des US-Dollar ins Leere ging (Braithwaite/Drahos 2000, 115).

Schließlich wurde dem IWF die Kompetenz übertragen, die Wechselkurspolitik der Mitgliedstaaten zu überwachen. Diese Kompetenzzuweisung markiert den Anfang eines Prozesses, während dessen der IWF fast unauffällig Kapazitäten entwickelte, durch die er später in die Lage versetzt wurde, eine herausragende Rolle bei der Bekämpfung von Weltfinanzkrisen zu spielen (Pauly 1997, 116). Die in den 1980er Jahren an Fahrt gewinnende Liberalisierung der Finanzmärkte mit ihrem inhärenten Krisenpotential einerseits und die Schuldenkrisen von so genannten Schwellenländern und ärmeren Entwicklungsländern andererseits führten zu Problemen, die nur in konzertierter Aktion, am besten im Rahmen einer internationalen Organisation, bewältigt werden konnten. So konnten Schuldenkrisen und Finanzmarktkrisen mit Hilfe des IWF in der Weise gemeistert werden, dass die Schuldnerländer kreditfähig blieben und es zu keinem Kollaps der internationalen Finanzmärkte kam (Helleiner 1994, 175-183). Als Beispiele sei auf das Engagement des IWF bei den großen Finanzkrisen in Mexiko (1994) und Asien (1997/98) verwiesen. Der IWF fungierte als Krisenmanager, indem er die dringend notwendigen Finanzspritzen, aber auch Politikauflagen – freilich in enger Abstimmung mit den USA – verabreichte (Boughton 1997). Dass der IWF über die Rolle des ,lender of last resort' hinaus aktiv wurde, war zwar im Interesse weltweiter Stabilität der Finanzmärkte dringend geboten – der IWF erbrachte in dieser Hinsicht ein öffentliches Gut –, löste freilich bei vielen Beobachtern nicht zuletzt wegen des auftretenden ‚moral hazard‘ nachhaltige Bedenken und Kritik aus. Die Diskussion über den Nutzen einer liberalisierten und zu schweren Krisen neigenden Weltfinanzordnung und über die angemessene Rolle des IWF in ihr will seither nicht mehr verstummen.

EU

Auch im Bereich der Währungs- und Finanzpolitik können wir im Rahmen der Europäischen Union einen regionalen Kooperationsmodus identifizieren (vgl. Kap. 9.4). Als das Bretton Woods-System stabiler Wechselkurse Ende der 1960er Jahre ins Wanken geriet und im Rahmen des IWF das Floaten der Währungen, also die Abkehr von festen Wechselkursparitäten offiziell sanktioniert wurde, entschlossen sich die Mitgliedstaaten der damaligen Europäischen Gemeinschaft, ihre Währungspolitiken regional mit dem Ziel zu koordinieren, Wechselkursschwankungen ihrer Währungen untereinander zu begrenzen. Zwanzig Jahre nach der Gründung des Europäischen Währungssystems (EWS) im Jahre 1979 wurde die bereits im Werner-Plan von 1970 entworfene Wirtschafts- und Währungsunion Wirklichkeit. Zum 01.01.1999 begann die dritte Stufe der im Maastrichter Vertrag (seit 1993 in Kraft) niedergelegten Europäischen Wirtschafts- und Währungsunion (EWWU). Die Teilnehmer der EWWU besitzen nunmehr mit dem ‚Euro‘ eine gemeinsame Währung (Krugman/Obstfeld 2000, 608-622).

Weltbank

Neben dem IWF wurde 1944 in Bretton Woods die Weltbank zur Stabilisierung der neuen internationalen Wirtschaftsordnung gegründet. Sie ist organisatorisch insoweit mit dem IWF verzahnt, als Mitglied der Weltbank nur werden kann, wer auch dem IWF angehört. Die Weltbank sollte das Funktionieren der welthandels- und weltwährungspolitischen Regelsysteme insoweit ergänzen, als die Expansion des Welthandels eine zahlungsfähige Nachfrage auch und gerade außerhalb der aus dem Zweiten Weltkrieg ökonomisch wie politisch gestärkt hervorgegangenen USA voraussetzte, und diese zahlungsfähige Nachfrage sich letztlich nur durch eine weltmarktorientierte Produktion sowohl in den vom Kriege schwer geschädigten als auch in den wirtschaftlich unterentwickelten Ländern einstellen konnte. Der Weltbank waren daher kraft Satzung drei Aufgaben gestellt:

(1) Wiederaufbau der im Kriege zerstörten Produktionsstätten;
(2) Umstellung der Produktion von Kriegs- und Rüstungsgütern auf solche des zivilen Bedarfs;
(3) Förderung produktiver Investitionen in den wirtschaftlich unterentwickelten Ländern und Territorien.

Mit dem Abschluss der unmittelbaren Wiederaufbauphase vor allem in Europa, zu deren Finanzierung der finanzielle Ressourcentransfer im Rahmen des Marshall-Plans freilich erheblich mehr beigetragen hat, verlagerte sich das Aufgabenfeld der Weltbank auf das der Entwicklungsfinanzierung für und in so genannten Entwicklungsländern. Damit reagierte sie auf einen Bedarf, auf den in Kap. 3.5.1 näher eingegangen werden soll.

Schaubild 7: Krisenhaftigkeit der Weltwirtschaft als Quelle des Bedarfs an internationalen Organisationen

Bedarfsquelle	Intl. Organisation/Vorläufer
	Handelsordnung
Große Depression (1878-1891)	GB (Hegemon) hält am Freihandelsprinzip mit Einschränkungen fest
Weltwirtschaftskrise (1929-1932)	Allg. Zoll- und Handelsabkommen/GATT (1948)
Neo-Protektionismus	global:
(1970er und 1980er Jahre)	Welthandelsorganisation/WTO inkl. Abkommen über den Handel mit Dienstleistungen (GATS) und den Schutz geistiger Eigentumsrechte (TRIPs) (1995)
	regional:
	Binnenmarkt der Europäischen Union (1992);
	Nordamerikanische Freihandelszone/ NAFTA (1993)
	Finanzordnung
Große Depression (1878-1891)	GB hält an Goldstandard und freier Konvertibilität fest
Weltwirtschaftskrise (1929-1932)	Internationaler Währungsfonds/IWF (1944)
Zusammenbruch des ‚Bretton Woods-	global:
Systems' (1971-1973)	reformierter IWF (1978)
	regional:
	Europäisches Währungssystem/EWS (1979)
	Europäische Wirtschafts- und Währungsunion/EWWU in 3 Stufen (1990, 1994, 1999)

3.4 Menschenrechtsverletzungen

Das im Westfälischen Frieden verankerte Prinzip staatlicher Souveränität bescheinigte den Führern anerkannter politischer Handlungseinheiten – seit 1648 waren dies Territorialstaaten – zwei Freiheiten: die unabhängige Wahl ihrer Außenpolitik sowie ungehinderte Herrschaftsausübung nach innen. Der Umstand, dass sich in der zweiten Hälfte des 19. Jahrhunderts der Typus des demokratischen Verfassungsstaates in Europa durchzusetzen begann, führte zu der Überzeugung, dass sich die Beachtung staatlicher Souveränität und die Gewährleistung von – für damalige Verhältnisse – umfassenden Menschenrechtsstandards nicht gegenseitig ausschlössen. Nachdem diese Idee den Ersten Weltkrieg noch überdauern konnte, markierten die Gräueltaten der nationalsozialistischen Schreckensherrschaft ihr Ende.

Der Schutz der Menschenrechte gilt seither als ein Hauptanliegen der Staatengemeinschaft. Das Ausmaß der NS-Schreckensherrschaft (Problembedingung) erzeugte eine Art *moralische Interdependenz* zwischen den Staaten und ihren Völkern und führte allen die Unerträglichkeit des bedingungslosen Festhaltens am Souveränitätsprinzip vor Augen (Kognitionsbedingung). Die Internationalisierung des Schutzes der Menschenrechte, das heißt die Begründung von Verantwortlichkeit der Staaten gegenüber den übrigen Mitgliedern der Völkerrechtsgemeinschaft für ihre interne Herrschaftspraxis, wurde noch während des Zweiten Weltkrieges unter Führung der USA (Hegemoniebedingung) und vor allem nach dessen Ende zum Programm erhoben.

NS-Herrschaft als Problembedingung

73

3.4.1 Universeller Menschenrechtsschutz

Sowohl der Nachfrage erzeugende Bedarf an als auch das bereitgestellte Angebot von institutionalisierter Kooperation in Form von internationalen Organisationen waren nach dem Zweiten Weltkrieg vorhanden. Die USA setzten sich bereits 1941 an die Spitze der Bewegung, als US-Präsident Franklin D. Roosevelt die Doktrin der vier Grundfreiheiten verkündete: Freiheit von Not und von Furcht, Freiheit der Meinungsäußerung und der Religionsausübung. Die Satzung der 1945 gegründeten Vereinten Nationen bekräftigte bereits in der Präambel die Bedeutung der Menschenrechte. Ein daran anknüpfender, ins Einzelne gehender

Allgemeine Erklärung der Menschenrechte normativer Bezugsrahmen wurde drei Jahre später mit der Allgemeinen Erklärung der Menschenrechte vom 10. Dezember 1948 geschaffen, welche bürgerliche und politische Freiheitsrechte einerseits sowie wirtschaftliche, soziale und kulturelle Rechte andererseits beinhaltet. Koordiniert wurden die Verhandlungen über diese Erklärung von der 1946 durch den Wirtschafts- und Sozialrat der VN (ECOSOC) eingesetzten VN-Menschenrechtskommission. Die Erklärung stellte einen Kompromiss zwischen westlichen und sowjetischen Vorstellungen dar und veranlasste islamische Staaten wie Saudi-Arabien zur Distanzierung. Es besteht allerdings kein Zweifel, dass die Erklärung auf liberalen Vorstellungen basiert, die letztlich von den USA durchgesetzt wurden.

Zivil- und Sozialpakt In der Folgezeit bemühte sich die Menschenrechtskommission, die in der Allgemeinen Erklärung niedergelegten Rechte völkerrechtlich verbindlich zu kodifizieren. Dieser Prozess wurde durch den menschenrechtspolitischen Wertekonflikt zwischen den westlich-liberalen Staaten auf der einen Seite und den sozialistischen und Dritte-Welt-Staatengruppen auf der anderen Seite bestimmt. Der Konflikt führte dazu, dass nach zähen Verhandlungen im Jahre 1966 nicht eine, sondern zwei Konventionen verabschiedet wurden: die Konvention über bürgerliche und politische Rechte (Zivilpakt) sowie die Konvention über wirtschaftliche, soziale und kulturelle Rechte (Sozialpakt). Es dauerte weitere zehn Jahre, bis die erforderlichen Beitrittsquoren erfüllt waren und die Konventionen in Kraft treten konnten. Hatten bis zum Ende des Ost-West-Konflikts weniger als 100 Staaten diese Konventionen ratifiziert, so erhöhte sich die Zahl der Vertragsparteien bis Ende 2001 auf 147 und 145 (vgl. Office of the High Commissioner for Human Rights 2001). Mit dem Zivilpakt formulierten die Vereinten Nationen einen Kanon liberaler Abwehrrechte des Individuums gegenüber staatlicher Herrschaftsausübung. Zu ihnen zählen: das Recht auf Leben, auf Freiheit und Sicherheit der Person; der Schutz vor Diskriminierung; das Verbot der Folter und der Sklaverei; der Anspruch auf Gleichheit vor dem Gesetz; der Schutz der Privatsphäre; das Recht auf Gedanken-, Gewissens- und Religionsfreiheit; das Recht auf freie Meinungsäußerung; der Schutz der Familie; der Anspruch, an wiederkehrenden, allgemeinen und gleichen Wahlen teilzunehmen. Zu den im Sozialpakt bekräftigten Rechten gehören: das Recht auf ausreichende Nahrung und einen angemessenen Lebensstandard; das Recht auf Arbeit und angemessene Arbeitsbedingungen; das Recht auf Freizeit, Urlaub und soziale Sicherheit; das Recht auf Bildung.

weitere VN-Menschenrechtskonventionen Wer sich die Realität des Menschenrechtsschutzes nach 1966 vergegenwärtigt, wird erkennen, dass die bloße Kodifizierung dieser und anderer Menschenrechte nicht automatisch zu ihrer Verwirklichung führen konnte (vgl. Kap. 10.1). Dies gilt in gleicher Weise für vier weitere VN-Menschenrechtskonventionen: die Konvention zur Abschaffung aller Formen von Rassendiskriminierung (1965;

74

bis Ende 2001 von 160 Staaten ratifiziert), die Konvention zur Abschaffung der Diskriminierung der Frau (1979; von 170 Staaten ratifiziert), die Konvention gegen Folter und andere grausame, unmenschliche oder erniedrigende Behandlung oder Bestrafung (1984; von 127 Staaten ratifiziert) und die Konvention über die Rechte des Kindes (1989; von 191 Staaten ratifiziert). Um diesen sechs bisher ratifizierten Konventionen Wirkungskraft zu verleihen, wurden eigene Ausschüsse (in ihrer Mehrzahl Vertragsorgane) geschaffen, denen insbesondere die Aufgabe zukommt, Berichte, die die Staaten hinsichtlich ihrer Menschenrechtspraxis abzugeben verpflichtet sind, zu überprüfen.

Neben den vertragsrechtlich begründeten Verfahren haben die Vereinten Nationen drei weitere, so genannte politische Verfahren des Menschenrechtsschutzes geschaffen. Die Menschenrechtskommission und ihre Unterkommission für Verhinderung von Diskriminierung und Minderheitenschutz wurden 1967 und 1970 durch ECOSOC-Resolutionen 1235 und 1503 ermächtigt, einzelne Länderprüfungen notfalls ohne Zustimmung der betroffenen Staaten zu unternehmen. In den 1980er Jahren trat das so genannte Themenverfahren hinzu, in dem die Kommission länderübergreifende Verletzungssyndrome untersucht. Zunehmende Unterstützung erhielt die Kommission durch die Arbeit nicht-staatlicher Menschenrechtsorganisationen, vor allem von den 1961 und 1978 gegründeten Vereinigungen Amnesty International und Human Rights Watch. Diese NGO genießen durch den ihnen zugebilligten Konsultativstatus beim Wirtschafts- und Sozialrat das Recht, offiziell an den Sitzungen der Menschenrechtskommission teilzunehmen. Ihre Bedeutung für das Funktionieren der Menschenrechtsüberwachungsverfahren wurde auf der Weltmenschenrechtskonferenz 1993 in Wien unterstrichen (van Boven 2000).

Einer der wichtigsten Impulse, die von der Wiener Konferenz ausgingen, lag in der Berufung eines Hohen Kommissars der VN für Menschenrechte (UNHCHR). Angesichts der vielfältigen Verfahren innerhalb der Vereinten Nationen und ihrer ungenügenden Koordination und mangelnden Wirksamkeit, die der damalige VN-Generalsekretär Boutros Boutros-Ghali zu Beginn der Konferenz allen Teilnehmerstaaten ins Gedächtnis rief, schien Abhilfe geboten. Doch erst das bereits im Vorfeld der Konferenz sich entfaltende Engagement eines transnationalen Netzwerks von Menschenrechtsorganisationen verhalf den Reformbestrebungen zum Durchbruch (Korey 1998, 273-306). Die Einrichtung des Hohen Kommissars zog auch eine Reform der im VN-Sekretariat bestehenden Abteilung für Menschenrechte nach sich. Sie wird nach mehrmaliger Umbenennung seit 1997 als reformiertes Amt des Hohen Kommissars für Menschenrechte weitergeführt.

Kein Überblick über die Menschenrechtspolitik der Vereinten Nationen ist vollständig, ohne auf die neue Rolle des Sicherheitsrates nach dem Ende des Ost-West-Konflikts hinzuweisen. Auch wenn die Satzung der Vereinten Nationen die Zuständigkeit für Menschenrechtsfragen explizit nur dem Wirtschafts- und Sozialrat zuweist (Art. 62), lässt sich für den Sicherheitsrat eine implizite Zuständigkeit daraus ableiten, dass in vielen Fällen eine kausale Beziehung zwischen Sicherheits- bzw. Friedens- und Menschenrechtsfragen besteht. Erst das Ende des Kalten Krieges ermöglichte die Ausweitung des Konzepts des Bruchs oder der Bedrohung des Weltfriedens und der internationalen Sicherheit über die Verletzung der territorialen Integrität eines Staates hinaus. So zeigte der Sicherheitsrat in den 1990er Jahren die Bereitschaft, die Behandlung von Konflikten auf seine Tagesordnung zu setzen, die vornehmlich humanitärer Natur waren. Die Frie-

1503-Verfahren

NGO

Hoher Kommissar für Menschenrechte

Rolle des Sicherheitsrates nach dem Ost-West-Konflikt

densmissionen in Somalia (1992-94), Kambodscha (1991-97) und Haiti (1993-96) z.B. wurden mit Hinweis auf eine repressive Herrschaftspraxis oder den Zusammenbruch jeder geordneten Staatlichkeit und den daraus resultierenden massiven Menschenleiden begründet.

Kriegsverbrecher-tribunale

In den 1990er Jahren wurde außerdem die Praxis der Einrichtung von Kriegsverbrechertribunalen wieder aufgenommen. Als Präzedenzfälle dienten die nach dem Zweiten Weltkrieg eingerichteten Tribunale von Nürnberg und Tokio. Der Ausbruch ungemein brutal ausgetragener ethnopolitischer Konflikte veranlasste den Sicherheitsrat, in den Jahren 1993 und 1994 Tribunale zur Aburteilung von im ehemaligen Jugoslawien sowie in Ruanda begangenen schweren Kriegsverbrechen, Verbrechen gegen die Menschlichkeit sowie Völkermord einzurichten (Forsythe 2000, 85-102). Dem Ziel, Verantwortliche für diese drei Kernverbrechen im Rahmen eines permanenten Weltstrafgerichtshofes zur Rechenschaft ziehen zu können, ist die Staatengemeinschaft am 17. Juli 1998 ein großes Stück näher gekommen. An diesem Tage unterzeichneten 120 Staatenvertreter das Statut des Internationalen Strafgerichtshofes (ICC) mit Sitz in Den Haag. Bis Ende 2001 wurde es von insgesamt 139 Staaten unterzeichnet und 2002 von mehr als den erforderlichen 60 ratifiziert. Neben den drei genannten Verbrechen fällt ein viertes Kernverbrechen, das Führen eines Angriffskrieges, dessen Tatbestandsmerkmale bis heute unbeschadet der einschlägigen Resolution der VN-Generalversammlung (3314 (XXIX)) von 1974 umstritten geblieben sind, gemäß Art. 5 des Statuts unter die Gerichtsbarkeit des zukünftigen Strafgerichtshofes.

3.4.2 Regionaler Menschenrechtsschutz

Wie in anderen Problemfeldern finden sich im Bereich des Menschenrechtsschutzes regionale Formen institutionalisierter Kooperation, vor allem in Europa. Diese regionalen Instrumente bedeuten im Vergleich zu denen der Vereinten Nationen eine stärkere Schutzwirkung für den Einzelnen. Die auf globaler Ebene problematischen Wertekonflikte manifestierten sich in Europa aufgrund des hohen Maßes an kultureller Homogenität nicht. Während die Formulierung von Menschenrechtsstandards auf globaler Ebene zunächst vor allem den USA in ihrer Rolle als Hegemon zu verdanken war, zeichnete sich die (west-)europäische Entwicklung durch eine bemerkenswerte Aktivität der Gesellschaftswelt aus. So spielte die auf ihrem Haager Kongress von 1948 aus der Taufe gehobene Europäische Bewegung eine entscheidende Rolle bei der Schaffung eines normativen und institutionellen Rahmens für den westeuropäischen Menschenrechtsschutz. Diese transnationale Bewegung entwarf eine europäische Menschenrechtscharta

Europarat und Europäische Menschenrechts-konvention

und forderte die Überwachung ihrer Einhaltung durch europäische Gerichte. Sie trug damit entscheidend zur Gründung des Europarates 1949 und zur Unterzeichnung der Europäischen Menschenrechtskonvention (EMRK) 1950 bei. Das menschenrechts-politische Programm des Europarates wurde durch die Unterzeichnung der Europäischen Sozialcharta im Jahre 1961 einerseits und durch die Aushandlung zahlreicher ratifizierungspflichtiger Zusatzprotokolle zur EMRK andererseits verbessert. Das letzte dieser Zusatzprotokolle wurde im Jahr 2000 zur Unterzeichnung freigegeben und hat die Ausweitung des in Art. 14 EMRK verankerten Diskriminierungsverbotes zum Gegenstand.

Analog zum System der Vereinten Nationen basiert die Überwachung der Einhaltung der Konventionen auf drei Verfahren: der Berichtspflicht, der Staatenbeschwerde und der Individualbeschwerde. Während bei den Vereinten Nationen das Berichtssystem dominiert, besticht das europäische Modell dadurch, dass jedes Individuum, aber auch jeder Staat – außer in Fällen, die sich aus den in der europäischen Sozialcharta festgehaltenen Rechten ableiten lassen – die Möglichkeit hat, Beschwerde direkt beim Europäischen Gerichtshof für Menschenrechte einzulegen. Für die Individualbeschwerde gilt allerdings, dass der nationale Rechtsweg ausgeschöpft sein muss. Diese zuletzt genannte Beschwerdemöglichkeit wird heute extensiv genutzt. Außerdem werden Beschwerdeverfahren, so sie als zulässig angesehen werden, in mehr als 50 Prozent aller Fälle zugunsten des Beschwerdeführers entschieden. Dieser Umstand hat zu großer öffentlicher Akzeptanz des Gerichtshofes geführt.

Europäischer Gerichtshof für Menschenrechte

Das Ende des Ost-West-Konflikts eröffnete dem Europarat die Möglichkeit, das (west-)europäische Menschenrechtsregime auf ganz Europa auszudehnen. Seit 1990 hat sich die Zahl der Mitgliedstaaten folglich um 16 auf insgesamt 41 erhöht. Die Aufnahme von Staaten wie der Russischen Föderation mag vor dem Hintergrund andauernder Menschenrechtsverletzungen – im Falle Russlands sei nur auf die von russischen Soldaten begangenen Gräueltaten während der Tschetschenienkriege verwiesen – Zweifel an der Wirksamkeit der Europäischen Menschenrechtskonvention aufkommen lassen. In diesem Zusammenhang ist allerdings zu beachten, dass der Europarat mit der Einbindung auch solcher Staaten den Prozess der Beachtung verbindlicher kodifizierter Menschenrechtsstandards wohl eher zu beeinflussen vermag als durch deren bewusste Ausgrenzung.

nach dem Ende des Ost-West-Konfliktes

Schaubild 8: Menschenrechtsverletzungen als Quelle des Bedarfs an internatinalen Organisationen

Bedarfsquelle	Intl. Organisationen
	global:
nach dem Zweiten Weltkrieg: moralische Interdependenz aufgrund von NS-Schreckensherrschaft	VN-Menschenrechtskommission (1946); Allg. Erklärung der Menschenrechte (1948); Amnesty International (NGO) (1961); VN-Zivilpakt und VN-Sozialpakt (1966) Human Rights Watch (NGO) (1978);
nach dem Ende des Ost-West-Konflikts: Anerkennung weitreichender Menschenrechtsstandards	Hoher Kommissar der VN für Menschenrechte/UNHCHR (1993) Intl. Strafgerichtshof/ICC (Statut 1998)
	regional: Europarat (1949); Europäische Menschenrechtskonvention/EMRK (1950); Europäischer Gerichtshof für Menschenrechte/EGMR (1959; 1998 reformiert)

3.5 Entwicklungsdisparitäten

Im Zuge der Dekolonisierung nach dem Zweiten Weltkrieg, die sich im Laufe der 1960er Jahre beschleunigt durchsetzte, stellte sich ein neuer Bedarf an internationalen Organisationen ein. Mit der Entlassung ehemaliger Kolonialgebiete in die Unabhängigkeit erhöhte sich die Zahl der formal souveränen Staaten erheblich. Doch die Unabhängigkeit der jungen Staaten war nur politischer Natur. Wirtschaftlich bestanden die traditionellen, asymmetrischen Interaktionsstrukturen weiter fort. Durch die *einseitige Abhängigkeit* der ehemaligen Kolonialgebiete von den Zentren in Westeuropa und Nordamerika, die mit großen Entwicklungsdisparitäten einhergingen, erzeugte dieses Nebeneinander von politischer Unabhängigkeit und ökonomischer, durch den Weltmarkt vermittelter (Inter-)Dependenz Spannungen, die den so genannten Nord-Süd-Konflikt konstituieren. Diesen Spannungen ist die Gefahr krisenhafter Zuspitzung in den internationalen Beziehungen bei Nichtberücksichtigung der gegenläufigen Interessen inhärent. Sie stellen eine neue, über das Sicherheitsdilemma hinausgehende Herausforderung für eine umfassend verstandene Friedenssicherung dar (Problembedingung). Diese offenen Spannungen erzeugen als solche einen Bedarf an internationalen Organisationen sowohl auf Seiten der Industrieländer als auch der Entwicklungsländer. Dass diesem Bedarf seitens des Nordens relativ schnell entsprochen wurde, entsprang neben zweifellos auch wirksamen humanitär-ethischen Gründen einem Weltmarktordnungsproblem sowie system- bzw. machtpolitischen Kalkülen der beiden an der Ost-West-Auseinandersetzung beteiligten Supermächte (USA und frühere UdSSR) und der von ihnen geführten Blöcke. Der aus dieser Bedarfslage resultierende Trend, internationale Organisationen zur Bearbeitung von aus Entwicklungsdisparitäten hervorgehenden Konflikten zu gründen, bildet den Hintergrund für die Errichtung von zwei verschiedenen Arten internationaler Organisationen:

(1) Internationale Entwicklungsfondsverwaltungen und Entwicklungsbanken innerhalb und außerhalb des Verbandes der Vereinten Nationen;
(2) Entwicklungspolitische Organe und Organisationen im Verband der Vereinten Nationen.

3.5.1 Entwicklungsfinanzierung

Die bedeutendsten internationalen Organisationen, die auf die Ungleichverteilung der materiellen Güter zwischen den Entwicklungsländern des Südens und den Industriestaaten des Nordens einwirken, finden sich in der Weltbankgruppe. Diese umfasst die bereits erwähnte Internationale Bank für Wiederaufbau und Entwicklung (Weltbank) (vgl. Kap. 3.3.2) sowie deren Tochterinstitutionen, die 1956 gegründete Internationale Finanzkorporation (IFC) und die seit 1960 existierende Internationale Entwicklungsorganisation (IDA). Die Weltbank vergibt Bankkredite zu marktüblichen Bedingungen an Regierungen von Mitgliedstaaten, diesen nachgeordneten Stellen und, ausnahmsweise, auch an Privatunternehmen in Mitgliedstaaten, sofern die Regierung des betreffenden Mitgliedstaates die Rückzahlung garantiert. Laut Satzung sollen diese Bankkredite die private, nicht zuletzt auch ausländische Investitionstätigkeit anregen. Sie ist in aller

Weltbankgruppe

Weltbank

78

Regel projektbezogen, das heißt der Empfänger kann über die Gelder nicht frei verfügen, sondern muss sie in bestimmte, mit der Bank abgesprochene Projekte investieren. Bei der Vorbereitung, Abwicklung und Durchführung dieser Projekte steht die Weltbank den Empfängerländern mit technischer Hilfe zur Seite. Die Mittel der Weltbank stammen nur zu einem geringen Teil aus den Einzahlungen der Mitglieder. Der über dieses Grundkapital hinausgehende Devisenbedarf der Bank stammt vom privaten Kapitalmarkt. Das Grundkapital betrug 1945 noch 10 Mrd. US-Dollar, ist jedoch bis Ende 2001 auf 188,6 Mrd. US-Dollar angewachsen. Die Höhe der Beiträge der 183 Mitgliedstaaten (Stand: Ende 2001), die deren Stimmenanteil in den Beschlussorganen der Weltbank bestimmen, richtet sich nach der ökonomischen Leistungsfähigkeit. Seit 1993 ist die Bank in der Lage, jährlich Kredite in Höhe von ca. 20 Mrd. US-Dollar zu gewähren (Metzger 2000).

Die Internationale Finanzkorporation vergibt Kredite ausschließlich an Privatunternehmen in weniger entwickelten Staaten, um so deren wirtschaftlichen Entwicklungsprozess zu unterstützen. Wie auch bei der Weltbank werden die Kredite zu marktüblichen Bedingungen vergeben. Die Finanzmittel der IFC stammen fast ausschließlich aus den Einzahlungen der Mitgliedstaaten. Der Rest wird durch Kredite der Weltbank bereitgestellt. Das von den Mitgliedern gezeichnete Grundkapital in Höhe von 2,4 Mrd. US-Dollar stellt daher bei dieser Organisation die wichtigste Grundlage für die Kreditvergabe dar. **IFC**

Von weitaus stärkeren gesamtwirtschaftlich-entwicklungspolitischen Zielsetzungen ist dagegen die Tätigkeit der Internationalen Entwicklungsorganisation geleitet. Sie vergibt im Wesentlichen zinslose, sehr langfristige Kredite – üblich sind Laufzeiten zwischen 35 und 50 Jahren – an einkommensschwache Entwicklungsländer, so dass ihre Leistungen tatsächlich als Entwicklungshilfe bezeichnet werden können. Sie stellt damit im Gegensatz zur Weltbank und zur IFC eher eine Fondsverwaltung denn eine Bank dar. Ihre Fondsmittel mussten mehrfach aufgefüllt werden und lassen mittlerweile einen jährlichen Kreditrahmen von ca. 7,5 Mrd. US-Dollar zu. **IDA**

Ebenfalls in die Kategorie der Entwicklungsfondsverwaltung ist das Entwicklungsprogramm der Vereinten Nationen (UNDP) einzuordnen, das einer amerikanischen Initiative entsprang, in seiner späteren Ausformung aber durch die Interessen der ab den 1960er Jahren die große Mehrheit der Mitgliedstaaten der Vereinten Nationen stellenden Entwicklungsländer geprägt wurde. Haupttätigkeitsfeld des UNDP ist die so genannte Technische Hilfe unter Einschluss der Finanzierung von ‚preinvestment'-Aktivitäten. Unter Technische Hilfe – im Unterschied zur Kapitalhilfe – fällt im Wesentlichen die Entsendung von Experten, die Vergabe von Ausbildungs- und Weiterbildungsstipendien sowie die Lieferung von Ausrüstungen und anderen Hilfsmitteln im Zusammenhang mit der Entsendung von Experten oder der Vergabe von Stipendien. Die Leistungen des UNDP erfolgen in der Form von nichtrückzahlbaren Zuschüssen. Der Wert der vom UNDP geleisteten Technischen Hilfe liegt derzeit bei ca. 700 Millionen US-Dollar jährlich und ist rückläufig. Ein Grund hierfür mag die gewachsene Aktivität der Weltbank auf diesem Sektor sein. Im Zuge der gemeinsam mit dem IWF durchgeführten Strukturanpassungspolitik erhöhte die Weltbank ihre Ausgaben für Technische Hilfe auf über zwei Milliarden US-Dollar jährlich (Klingebiel 2000; Metzger 2000, 632). **UNDP**

Eine weitere bedeutende Entwicklungsfondsverwaltung im Verband der Vereinten Nationen stellt seit seiner Arbeitsaufnahme im Jahre 1977 der Internationale Fonds für landwirtschaftliche Entwicklung (IFAD) dar. Die Initiative zu sei- **IFAD** ner Gründung geht auf eine Konsensusresolution der Welternährungskonferenz von 1974 zurück. Angesichts der massiven Ernährungskrise in vielen Entwicklungsländern ist ihm die Aufgabe zugedacht, zusätzliche Mittel für die Hebung der landwirtschaftlichen Produktion in den von Nahrungsmitteldefiziten betroffenen Entwicklungsländern zu mobilisieren. IFAD stellt Zuschüsse sowie Kredite zu Vorzugsbedingungen zur Finanzierung einschlägiger Projekte zur Verfügung. Seine Mittel bezieht der IFAD aus der einmaligen Aufbringung des ursprünglich ins Auge gefassten Fondsvolumens in Höhe von 1 Mrd. Dollar und nach deren Verausgabung durch periodisch wiederkehrende Auffüllungen (wie bei IDA). Hauptbeitragsleistende sind einmal die westlichen Industriestaaten (OECD-Staaten) mit über 50 v.H. und die OPEC-Staaten mit über 40 v.H. des Gesamtvolumens des Fonds.

3.5.2 Entwicklung und Handel

UNCTAD Seit den 1960er Jahren, das heißt im Zuge der beschleunigten Dekolonisation, haben die Entwicklungsländer darauf bestanden, neue Organe und Organisationen im Verband der Vereinten Nationen zu errichten, die eine staatenegalitäre Zusammensetzung aufweisen und als Konsultations- und Verhandlungsgremien dienen sollten, um die bestehenden weltwirtschaftspolitischen Regelwerke umzubilden. Die bedeutendste dieser Institutionen ist zweifellos das 1964 gegründete Nebenorgan der VN-Generalversammlung: die Welthandels- und Entwicklungskonferenz der Vereinten Nationen (UNCTAD). Während die westlichen Industrieländer das GATT als institutionelles Zentrum für die Entwicklung internationaler handelspolitischer Regelwerke ansahen, drangen die Entwicklungsländer darauf, alle ihre wirtschaftliche Entwicklung berührenden handelspolitischen Fragen im weitesten Sinne im Rahmen der UNCTAD zu beraten und nach Möglichkeit zu verhandelbaren Projekten für neue Regelwerke zu verdichten – so z.B. das Integrierte Rohstoffprogramm und den Gemeinsamen Fonds, den Verhaltenskodex für den Technologietransfer, das Allgemeine Zollpräferenzsystem, etc. In den 1990er Jahren wurden nach dem erfolgreichen Abschluss der Uruguay-Runde und der Gründung der WTO Sinn und Zweck der UNCTAD immer öfter in Frage gestellt. Zum einen schlossen sich zahlreiche Entwicklungsländer der WTO an. Zum anderen fiel die programmatische Abgrenzung zur neu gegründeten Welthandelsorganisation immer schwerer. Bereits 1992 erkannte man auf der achten UNCTAD-Konferenz wesentliche Elemente der neoliberalen Entwicklungsstrategie an. Im Jahre 1996 wurden die Arbeitsfelder im Rahmen der neunten UNCTAD-Konferenz derart reformiert, dass man seitdem von einer faktischen Subsidiarität gegenüber der WTO sprechen kann. So liegt eine zentrale Aufgabe der Konferenz jetzt darin, Entwicklungsländern den Beitritt zur WTO zu erleichtern (vgl. Ferdowsi 2000).

UNIDO Zu den neuen Institutionen der Vereinten Nationen, die auf Drängen der Entwicklungsländer zur Förderung ihrer Entwicklungsziele geschaffen wurden, ist auch die Organisation der Vereinten Nationen für industrielle Entwicklung (UNIDO) zu nennen. Zunächst 1966 als Spezialorgan der Vereinten Nationen gegründet, wurde sie 1986 in eine VN-Sonderorganisation umgewandelt (wie FAO, ILO, WHO, etc.), das heißt sie hat im Verband der Vereinten Nationen eine sektorspezifische Hauptzuständigkeit für die Politikentwicklung und die operationellen Aktivitäten im Bereich der Industrieentwicklungspolitik für die Entwicklungsländer. Im Zuge der Debatten zur Reform der Vereinten Nationen geriet die UNIDO in eine schwere Krise. Führende Mitgliedstaaten zweifelten nicht nur an der Effektivität der Organisation, sondern an ihrer Existenzberechtigung. Die USA erklärten 1996 ihren Austritt und blieben der Organisation bis heute über 60 Millionen US-Dollar an Beiträgen schuldig – ein beachtlicher Betrag, wenn man bedenkt, dass das Budget der UNIDO für die Jahre 2000/2001 lediglich 133 Millionen US-Dollar beträgt. Die Konsequenzen des 1997 verabschiedeten Reformpaketes für die Organisation sind noch nicht absehbar (vgl. Kulessa 2000). Zweifel sind freilich berechtigt, dass UNIDO für die industrielle Entwicklung der Entwicklungsländer eine maßgebliche Rolle zuwachsen wird.

Schaubild 9: Entwicklungsdisparitäten als Quelle des Bedarfs an internationalen Organisationen

Bedarfsquelle	Intl. Organisationen
Mangel an verfügbaren finanziellen Ressourcen in den Entwicklungsländern	Weltbankgruppe [IBRD (1944); IFC (1955); IDA (1960)]; UNDP (1966); IFAD (1974)
Strukturelle Abhängigkeit der Entwicklungsländer innerhalb der Weltwirtschaftsordnung	UNCTAD (1964); UNIDO (1966)

3.6 Umweltprobleme

Infolge der Industrialisierung und der damit einhergehenden Ausbreitung des Weltmarktes entsteht nicht nur ein Bedarf an internationalen Organisationen zur Verregelung der Austauschbeziehungen, zur Eingrenzung der Krisenanfälligkeit der Weltwirtschaft und zur Überwindung von Entwicklungsdisparitäten, sondern auch ein Bedarf an internationalen Organisationen zur Bearbeitung grenzüberschreitender Schäden und Risiken, die als so genannte negative Externalitäten aus der zunehmenden vor allem wirtschaftlichen Interdependenz resultieren. Im Zeitalter von Atomkraftwerken, des Ozonlochs, des Treibhauseffekts und der hohen Schornsteine lebt die politisch in souveräne Territorialstaaten zergliederte Menschheit mit dem *Risiko der Zerstörung ihrer natürlichen Lebensgrundlagen.* Charakteristisch für diese Umweltgefährdungen ist, das der einzelne Staat als autonom handelnde Einheit die gemeinhin als unerwünscht anerkannten Gefahren nicht beseitigen kann. Gleichzeitig ist er nicht in der Lage, sich von der globalen Interdependenz zu befreien. Die ‚in einem Boot sitzende‘ Menschheit muss kooperieren, um ihre natürlichen Lebensgrundlagen zu sichern (Problembedingung). Der von den Umweltgefährdungen ausgehende Problemdruck und ein über eine große Zahl gesellschaftlicher Akteure (NGO) an die Politik vermitteltes, daraus entspringendes Problembewusstsein auf Seiten staatlicher Akteure (Kognitionsbedingung) haben in der jüngeren Vergangenheit zur Errichtung einer Vielzahl regionaler und globaler internationaler Institutionen zum Schutz der Umwelt geführt. Deren Vorläufer entstanden allerdings bereits in der unmittelbaren Nachkriegszeit, als die Öffentlichkeit erstmals auf die besonderen Probleme der grenzüberschreitenden Umweltverschmutzung vor allem im Bereich des Gewässerschutzes aufmerksam wurde.

Die ersten internationalen Bemühungen zum Schutz der Meere zielten auf eine Reduzierung der Verschmutzung der Meere durch die Schifffahrt. Folgerichtig wurde die Überwachung des Meeresumweltschutzes auf der Hohen See der Internationalen Seeschifffahrtsorganisation (IMO) übertragen. In verschiedenen Konventionen, die seit 1959 im Rahmen der IMO ausgehandelt wurden, wird nicht nur das Ablassen von Öl, sondern auch die Verklappung verschiedener anderer Stoffe, u.a. radioaktiver Abfälle, untersagt (Yearbook of International Co-operation on Environment and Development 1998/99, 210f.).

In vielen Bereichen des grenzüberschreitenden Umweltschutzes konzentrieren sich die Akteure auf die Gründung von internationalen Regimen, das heißt sie vereinbaren, sich an gewisse Prinzipien, Normen und Regeln sowie Entscheidungsprozeduren zu halten, und übertragen die Aufgaben der Überwachung der Norm- und Regeleinhaltung sowie der Weiterentwicklung dieser Normen und Regeln entweder bereits bestehenden internationalen Organisationen, oder sie schaffen solche für diese Zwecke neu. Im Bereich des Meeresumweltschutzes sind vor allem eine Reihe regionaler Vereinbarungen, wie zum Beispiel zum Schutz der Nord- und Ostsee (List 1991; Skjaerseth 2002a; 2002b) und des Mittelmeeres (P.M. Haas 1990; Skjaerseth 2002c) zu nennen, da diese über das Verbot der Schadstoffverklappung hinaus den Schadstoffeintrag über die Flüsse in die verschiedenen Meere sowie die Müllverbrennung auf See reglementieren und Maßnahmen zur Verhinderung oder Bearbeitung der Folgen von Tankerunglücken beinhalten.

Infolge des Bedarfs an grenzüberschreitenden, koordinierten Umweltschutzmaßnahmen haben eine Reihe bestehender internationaler Organisationen eine Ausweitung ihres angestammten Tätigkeitsbereiches erfahren. So erbringt die VN-Wirtschaftskommission für Europa (UNECE) wichtige Leistungen zur Implementation des so genannten ‚Saurer-Regen-Regimes' in Europa. Auch die Europäische Union hat schon mit dem Inkrafttreten der Einheitlichen Europäischen Akte (1987) erstmals ausdrücklich Kompetenzen im Umweltschutzbereich übertragen bekommen. Durch den Amsterdamer Vertrag (in Kraft seit 1999) wurde der Grundsatz der nachhaltigen wirtschaftlichen Entwicklung in die Präambel des EU-Vertrages aufgenommen. Zusätzlich wurden die Beteiligungsrechte des Europäischen Parlaments in diesem Politikfeld erweitert.

Als weiteres Beispiel für eine derartige Ausweitung der Aufgabenstellung internationaler Organisationen, die als Reaktion auf einen Bedarf an Verregelung der internationalen Umweltbeziehungen erfolgte, kann die Weltorganisation für Meteorologie (WMO) gelten. Zunächst nur mit der internationalen Kooperation in die Meteorologie betreffenden Fragen und mit meteorologischem Datenaustausch befasst, hat sie in den vergangenen Jahren eine Schwerpunktverlagerung auf Umweltfragen vollzogen, die im Zusammenhang mit der Entdeckung des Ozonloches in der Stratosphäre und dem Klimawandel aufgrund des Treibhauseffektes stehen.

Der zunehmenden Globalisierung der Umweltgefährdungen und -schädigungen konnten diese Arrangements jedoch kaum gerecht werden. Von wachsendem Problemdruck und einer sensibilisierten Öffentlichkeit aufgeschreckt, sahen sich die Staaten veranlasst, den globalen Problemen auf gleicher Ebene zu begegnen. Auf der Weltumweltkonferenz in Stockholm 1972 wurde mit dem Umweltprogramm der Vereinten Nationen (UNEP) ein universelles VN-Spezialorgan für Umweltfragen gegründet (vgl. Strübel 1992; Thacher 1992). Seine eigenständigen Programmaktivitäten sind bisher zwar noch eher zurückhaltend, trotzdem

IMO

intl. Umweltregime

UNECE und EU

WMO

UNEP

wurden unter seiner Ägide erste konkrete Schritte auf dem Weg zum weltweiten Schutz der natürlichen Lebensgrundlagen unternommen. Das UNEP soll die umweltbezogenen Aktivitäten von Staaten und internationalen Organisationen koordinieren und so einen besseren regionalen und globalen Umweltschutz ermöglichen. Besonders soll UNEP als Schaltstelle der Umweltschutzaktivitäten der verschiedenen VN-Organisationen dienen, im Einzelfall solche auch anregen und damit auf den Weg bringen. Es ist eher Koordinator und Katalysator denn Akteur mit eigenen Umwelt(schutz)aktivitäten. Dies wäre angesichts der geringen Mittelausstattung auch kaum möglich. Auch die organschaftliche Ausstattung der UNEP mit einem Verwaltungsrat, der aus 58 von der VN-Generalversammlung gewählten Staatenvertretern besteht, sowie einem kleinen Sekretariat mit Sitz in Nairobi ließe die Durchführung eigener Programme schwerlich zu. Trotzdem hat das UNEP als Koordinator und Katalysator des Umweltschutzes im Verband der Vereinten Nationen sowie als Förderer der Fortentwicklung des Umweltvölkerrechts Erfolge erzielen können. Es war in erheblichem Maße an der Entstehung der Wiener Übereinkunft zum Schutz der Ozonschicht von 1985 sowie deren Konkretisierung im Montrealer Protokoll von 1987 und auf weiteren Vertragsstaatenkonferenzen beteiligt und entwickelt in Zusammenarbeit mit der Weltorganisation für Meteorologie (WMO) wichtige Aktivitäten zur Bekämpfung des Klimawandels durch den so genannten Treibhauseffekt. So kam ihm bei der Vorbereitung der Welt-Umweltkonferenz in Rio 1992 und bei den Folgekonferenzen der Vertragsstaaten zur Konkretisierung und Spezifizierung der in Rio unterzeichneten Klimakonvention eine besondere Bedeutung zu. Ein erster Erfolg in diesem Prozess wurde mit der Unterzeichnung des Kyoto-Protokolls auf der dritten Vertragsstaatenkonferenz im Dezember 1997 erzielt. Das Protokoll legt erstmals verbindliche Reduktionsziele für sechs Treibhausgase, u.a. Kohlendioxid, fest, ist bisher (Stand: Ende 2001) aber u.a. wegen des Widerstands der zum Treibhauseffekt überproportional beitragenden USA noch nicht in Kraft getreten (vgl. Brühl/Simonis 1999).

Wie in der globalen Entwicklungspolitik konnte auch in der Umweltpolitik in den 1990er Jahren eine Verschiebung der Kräfteverhältnisse zwischen einzelnen internationalen Organisationen beobachtet werden. Auch in der Umweltpolitik sind die in den Vereinten Nationen selbst angesiedelten Organe und Programme von der Ausweitung von Tätigkeitsfeldern der mit den Vereinten Nationen assoziierten Sonderorganisationen betroffen. So schrieb sich die Welthandelsorganisation das Thema ‚Umwelt‘ im Vorfeld ihrer dritten Ministerkonferenz 1999 in Seattle auf die Fahnen. Die USA forderten aus handelspolitischen Motiven (‚fair trade‘) die Verankerung von Mindestumweltstandards im WTO-Regelwerk. Bekanntlich scheiterte die Konferenz auf spektakuläre Weise, da die USA, die EU und die Entwicklungsländer wechselseitig keine Kompromissbereitschaft zeigten und die Tagung von teilweise gewaltsamen, von NGO organisierten Protestdemonstrationen überschattet wurde. Trotzdem wirft die langsame Annäherung der WTO an den Umweltschutz die Frage auf, welchen Beitrag die Organe und Programme der Vereinten Nationen selbst in Zukunft zur weltweiten Durchsetzung von Umweltstandards werden leisten können (vgl. Maier 2000; Senti 2000, 691-695).

Konkurrenz von Seiten der WTO?

83

Schaubild 10: Umweltprobleme als Quelle des Bedarfs an internationalen
Organisationen

Bedarfsquellen	Intl. Organisationen
Grenzüberschreitende Umweltbela-stungen	neu gegründet: Umweltprogramm der Vereinten Nationen/UNEP (1972)
Risiken der Zerstörung natürlicher Le-bensgrundlagen	Mandatserweiterung bestehender Intl. Organisationen: Intl. Seeschiffahrtsorg./IMO; Weltorg. für Meteorologie/WMO Welthandelsorg./WTO; VN-Wirtschaftskommission für Europa/UNECE; Europäische Union/EU

3.7. Zusammenfassung

Die Politikgeschichte der zwischenstaatlichen internationalen Organisationen,
wie sie auf der Grundlage der identifizierten Quellen der Nachfrage nach und des
Angebots von internationalen Organisationen vorgenommen wurde, soll im Folgenden auf der Basis einer quantitativen Betrachtung auf der Gattungsebene ergänzt und zusammengefasst werden. Nicht der Aufstieg und Fall einzelner Organisationen oder die Mitgliedschaft einzelner Staaten in internationalen Organisationen interessiert uns im Rahmen dieser Zusammenfassung, sondern die quan-
titativ beschreibbaren Entwicklungsmuster, die sich vor dem Hintergrund des
allgemeinen Wachstumstrends der Zahl internationaler Organisationen und der
Mitgliedschaften in ihnen ausmachen lassen. Eine derartige gattungsgeschichtli-
che, auf organisationsgeschichtliche Einzelfallstudien verzichtende Betrachtung
spiegelt die besprochenen Entstehungszusammenhänge und die damit einhergehenden Artikulationen einer Nachfrage nach und eines Angebots von internationalen Organisationen gut wider.

19. Jahrhundert   Ein erster Gründungsschub, den man vielleicht besser nur als Gründungsaufschwung bezeichnen sollte, ist für die Zeit nach den napoleonischen Kriegen zu
konstatieren. Langsam aber kontinuierlich wuchs im Laufe des 19. und frühen
20. Jahrhunderts die Anzahl zwischenstaatlicher internationaler Organisationen
bis auf 49 am Vorabend des Ersten Weltkrieges (1914) an. Geschuldet war dieser
erste, noch wenig dynamische Gründungsaufschwung internationaler Organisationen den Bedürfnissen der Friedenssicherung (Konzert der europäischen Großmächte, Haager Kongresse) einerseits und den Bedürfnissen einer industriewirtschaftlichen Expansion (internationale Sonderverwaltungen) andererseits.
Bis zur Jahrhundertwende kann er außerdem als Ausdruck der hegemonialen
britischen Weltordnungspolitik verstanden werden. Neben der Anzahl der Organisationen wuchs auch die Anzahl der Mitgliedschaften in internationalen Organisationen. Waren im ersten Drittel des 19. Jahrhunderts gerade sechs Staaten
Mitglied der ersten embryonalen zwischenstaatlichen Organisation, dem Wiener
Kongress-System, so stieg die Anzahl der durchschnittlichen Mitgliedschaft in
internationalen Organisationen in der Folgezeit kontinuierlich an. Bereits 1879
gab es 106 Mitgliedschaften in den dann neun existierenden Organisationen, was

einem Durchschnitt von 11,8 Mitgliedschaften pro Organisation entsprach. Bis 1914 erhöhte sich dieser Wert auf 15,4 (754 Mitgliedschaften in 49 Organisationen). Selbst wenn man den Anstieg der Anzahl souveräner Staaten von 23 (1815) auf 45 (1914), also eine Verdoppelung in Rechnung stellt, ist eine wachsende Verflechtungsdichte der Staaten durch Ko-Mitgliedschaften in internationalen Organisationen für den betreffenden Zeitraum zu verzeichnen. Die Anzahl von Mitgliedschaften in internationalen Organisationen pro Staat wuchs von 0,3 (1815) über 3,1 (1879) auf 16,7 (1914) an.

Einen ersten deutlichen Einschnitt in diesen Wachstumstrend brachte der Erste Weltkrieg (1914-1918): Neugründungen internationaler Organisationen blieben aus, von den bestehenden Organisationen stellten einige ihre Tätigkeit ein, andere lösten sich ganz auf. Ebenso der Trend bei den Mitgliedschaften: Auch hier ist während des Krieges Stagnation zu verzeichnen. Zwar stiegen die absoluten Zahlen weiter an (1919: 53 Organisationen; 826 Mitgliedschaften), doch in Relation zur gestiegenen Zahl souveräner Staaten (51) war sogar ein leichter Rückgang zu verzeichnen. Auf jeden Staat kamen nunmehr 16,2 Mitgliedschaften in internationalen Organisationen. Erster Weltkrieg

Die unmittelbare Nachkriegsperiode verzeichnete hingegen, wie schon in ersten Ansätzen die Zeit nach den napoleonischen Kriegen und wie später, mit gesteigerter Dynamik, die Periode nach dem Zweiten Weltkrieg, einen neuen Schub der Gründung internationaler Organisationen. Die Zahl internationaler Organisationen erhöhte sich bis 1929 auf 83, die der Mitgliedschaften verdoppelte sich gegenüber 1919 auf 1523. So waren 1929 durchschnittlich 18,4 Staaten in jeder internationalen Organisation vertreten, die Anzahl von Mitgliedschaften in internationalen Organisationen pro Staat erhöhte sich im Durchschnitt auf über 23,5. Zwischenkriegszeit

Dieser neuerliche Gründungsschub ist einerseits wiederum auf die durch Krieg und Gewaltpolitik sowie die zunehmende Dynamik industriewirtschaftlicher Expansion ausgelöste Nachfrage zurückzuführen und kann andererseits auf die von den USA als neuer Hegemon zumindest im Bereich der Wirtschaft durchaus betriebene Weltordnungspolitik zurückgeführt werden. Der Wachstumstrend zwischenstaatlicher Verflechtung in internationalen Organisationen fand infolge der Weltwirtschaftskrise (1929ff.) und des Zweiten Weltkrieges (1939-1945) erneut eine Unterbrechung. Sowohl die Anzahl internationaler Organisationen als auch die der Mitgliedschaften waren rückläufig. So wurde die Verflechtungsdichte durch internationale Organisationen von 1945 wieder auf den Stand von 1929 zurückgeworfen. Die Anzahl der internationalen Organisationen betrug 82, die der Mitgliedschaften 1560. Weltwirtschaftskrise und Zweiter Weltkrieg

Doch wie schon 1815 und 1918 so setzte auch 1945 nach einer durch Krieg und Stagnation in der Entwicklung internationaler Organisationen geprägten Phase ein neuerlicher Gründungsboom ein (vgl. Schaubild 11). Dieser ist neben dem durch Krieg und Gewaltpolitik (Vereinte Nationen) sowie durch weitere industriewirtschaftliche Expansion erzeugten Bedarf vor allem auch der nach 1929 dramatisch zugespitzten Krisenhaftigkeit der Weltwirtschaft (GATT, IWF, Weltbank) sowie den Folgen des sich entwickelnden Ost-West-Konflikts (NATO, WVO, EG, Europarat) geschuldet. Die Gründung internationaler Organisationen in der unmittelbaren Nachkriegszeit ist zudem auf die US-Hegemonie bzw. auf die blockinterne hegemoniale Machtverteilung in Ost und West zurückzuführen. Ein regelrechtes Gründungsfieber ließ die Zahl internationaler Organisationen bis 1949 auf 123 hochschnellen, was einem Wachstum von 50 Prozent innerhalb von fünf Jahren entspricht. Da auch die Anzahl der Mitgliedschaften deutliche Nachkriegszeit

Zuwächse zu verzeichnen hatte, stieg die Anzahl der IGO-Mitgliedschaften pro Staat ungeachtet der wachsenden Zahl der Staaten auf durchschnittlich 30,5 (vgl. Yearbook of International Organizations 1978, Statistical Summary, Tab. 2).

Der Wachstumsprozess variierender Intensität nach dem Zweiten Weltkrieg wurde erst in der zweiten Hälfte der 1980er Jahre unterbrochen. Seit 1985 ist die Anzahl internationaler zwischenstaatlicher Organisationen rückläufig. So fiel ihre Anzahl von 378 im Jahre 1985 bis 1999 auf 252 zurück und ist damit wieder auf dem Stand der späten 1960er Jahre angelangt. Stichhaltige Erklärungen für diese jüngsten Entwicklungen liegen noch nicht vor. Ein Grund dürfte allerdings mit Sicherheit das Ende des Ost-West-Gegensatzes und die damit einher gehende Auflösung der im Ostblock errichteten internationalen Organisationen darstellen. Eine wichtige Quelle der Errichtung internationaler Organisationen entfiel somit vollständig. Angesichts der Deutlichkeit der rückläufigen Anzahl internationaler Organisationen kann dies jedoch allenfalls eine Teilerklärung bieten. Ein genauer Blick auf die Statistik verdeutlicht, dass die Zahl der von Staaten errichteten internationalen Organisationen zwar rückläufig ist, die der von internationalen Organisationen selbst gegründeten Folgeorganisationen allerdings diesem Trend entgegen läuft. Eine zukünftige Untersuchung sollte daher u.a. auch fragen, inwieweit das Wachstum der letzteren Gattung internationaler Organisationen einen erneuten Gründungsschub originär zwischenstaatlicher Organisationen unnötig erscheinen lässt.

Schaubild 11: Quantitatives Wachstum internationaler Organisationen (1946-2000)

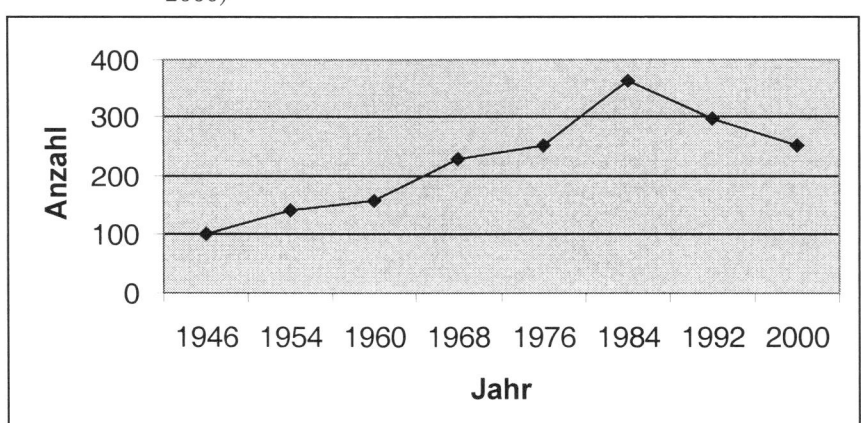

In der Rückschau auf die vorgelegte quantitative Analyse der Entwicklung internationaler Organisationen lassen sich zwei Komponenten eines Entwicklungsmusters ausmachen:

(1) eine generelle Evolution auf gattungsgeschichtlicher Ebene, das heißt ein säkularer Vernetzungsprozess und mithin Ansatz eines Strukturwandels der internationalen Beziehungen;

(2) verschiedene Gründungszyklen mit genereller evolutionärer Schubwirkung, aber auch Abschwungphasen verringerten Wachstums, der Stagnation oder gar der Regression.

Beide Komponenten des Entwicklungsmusters internationaler Organisationen zusammengenommen lassen sich durch eine aufsteigende Wellenlinie veranschaulichen. Eine Annäherung an eine Erklärung dieses Entwicklungsmusters scheint sich durch das Zusammenspiel machtstruktureller und situationsstruktureller Faktoren zu ergeben. Denn der Wechsel zwischen hegemonialer und multipolarer Machtverteilung in den internationalen Beziehungen einerseits und die zeitlich gestaffelte, problemfeldspezifische Genese struktureller Probleme in den internationalen Beziehungen andererseits korrespondieren näherungsweise mit dem identifizierten Entwicklungsmuster internationaler Organisationen auf gattungsgeschichtlicher Ebene.

Teil II:
Politikentwicklungsprozesse in internationalen Organisationen

Nachdem in Teil I in die Grundlagen der Analyse internationaler Organisationen eingeführt, die Genese internationaler Organisationen dargestellt und ein Überblick über verschiedene theoretische Sichtweisen erarbeitet wurde, wollen wir nun einen weiteren Schritt in der politologischen Analyse unseres Untersuchungsgegenstandes unternehmen. Grundsätzlich bieten sich hierfür zwei unterschiedliche Vorgehensweisen an:

(1) entweder man nimmt einzelne ausgewählte internationale Organisationen selbst zum Ausgangspunkt der Untersuchung, wählt sie gewissermaßen als Analyseeinheit, um das Zustandekommen kollektiver Entscheidungen und kollektiven Handelns und deren Folgen für die internationalen Beziehungen ins Blickfeld zu bekommen (hier stellt sich die Frage nach der Steuerung sozialer Prozesse *in* internationalen Organisationen);   Politik in IO

(2) oder man wählt einzelne Politikfelder der internationalen Beziehungen als Analyseeinheit, um sich mit den spezifischen Tätigkeiten internationaler Organisationen in diesen Politikfeldern und deren Auswirkungen auf die internationalen Beziehungen befassen zu können (hier stellt sich die Frage nach der Steuerung sozialer Prozesse *durch* internationale Organisationen).   Politik durch IO

Die erstgenannte Vorgehensweise soll im Folgenden im Vordergrund stehen, während der zweitgenannte Ansatz in Teil III maßgebend sein wird. Nur im Zusammenspiel beider Perspektiven lässt sich eine gegenstandsadäquate politologische Analyse internationaler Organisationen durchführen. Die Beschränkung auf internationale Organisationen als Analyseeinheit bringt die Politikentwicklungsprozesse in internationalen Organisationen zum Vorschein, lässt aber die politikfeldspezifischen Leistungen und Wirkungen internationaler Organisationen unberücksichtigt. Umgekehrt wird der politikfeldanalytische Fokus der Art und Weise, wie internationale Organisationen kollektive Entscheidungen treffen und kollektives Handeln ermöglichen, nicht immer gerecht.

Politik im Allgemeinen und so auch die Politik, die in und durch internationale Organisationen betrieben wird, kann als kollektiv verbindliche Zuteilung von Werten zwischen Gesellschaften in den Sachbereichen Sicherheit, Wohlfahrt und Herrschaft verstanden werden (vgl. Czempiel 1981, 13-22 und unsere Ausführungen in Kap. 1.2.4). Internationale Organisationen im hier definierten Sinne stellen ein Netzwerk von Organen und Verfahrensweisen dar, die einen engmaschigen Zusammenhang der Produktion kollektiver Entscheidungen über die Zuteilung von Werten in den drei genannten Sachbereichen begründen. Das Verhältnis der relativ größeren Interaktionsdichte nach innen zu einer relativ geringeren Interaktionsdichte nach außen grenzt sie gegenüber ihrer Umwelt ab. So lassen sich internationale Organisationen als soziale Systeme begreifen, die als **IO als offene Systeme** politische (Teil-)Systeme der internationalen Beziehungen fungieren. Da internationale Organisationen als soziale Systeme jedoch nach außen recht offen sind, reagieren sie auf Anforderungen, aber auch auf Unterstützungsleistungen aus ihrer Umwelt mehr oder weniger sensibel (vgl. schon E.B. Haas 1964). Systemanalytisch gesprochen verwandeln sie ‚Inputs' in ‚Outputs'.

Schaubild 12: Das politische System internationaler Organisationen

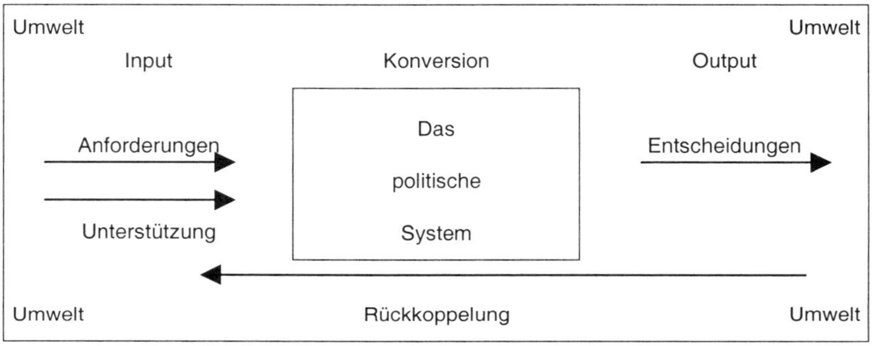

Umwelt — Input — Konversion — Output — Umwelt

Anforderungen → Das politische System → Entscheidungen →

Unterstützung →

Umwelt — Rückkoppelung — Umwelt

Input und Output Inputs sind die Anforderungen und Unterstützungsleistungen, die Akteure der internationalen Politik, genauer: die jeweiligen Mitgliedstaaten und ggf. auch nichtstaatliche Akteure an internationale Organisationen herantragen. Die Outputs – und dies ist das spezifisch Politische an internationalen Organisationen – bewirken oder beeinflussen die kollektiv verbindliche Zuteilung von Werten in den internationalen Beziehungen und wirken über Rückkoppelungsprozesse auf die Inputs zurück (vgl. Schubert 1991, 28-34).

Zwei Beispiele:

(1) Der Irak verletzte mit seinem militärischen Einmarsch in Kuwait 1990 dessen territoriale Integrität und Souveränität, worauf die internationale Staatengemeinschaft den VN-Sicherheitsrat, der das irakische Vorgehen sofort verurteilt hatte, zum Handeln gegen den Aggressor aufforderte und Mittel zur Durchführung von kollektiven Zwangsmaßnahmen bereitstellte (Input). Wenige Tage später verhängte der VN-Sicherheitsrat eine Wirtschaftsblockade gegen den Irak (Output) und entsprach somit dem Verlangen der internationalen Staatengemeinschaft.

(2) Als ein anderes Beispiel mag die Reaktion der EU auf die durch die Rinderseuche BSE ausgelöste Krise auf den europäischen Rindfleischmärkten dienen. Durch das Bekanntwerden von BSE-Infektionen von Rindern nicht nur in Großbritannien, sondern auch in Deutschland und Frankreich brachen im Herbst 2000 und Frühjahr 2001 die Märkte für Rindfleisch fast völlig zusammen. Dem weitgehend konstanten Angebot stand eine stark rückläufige Nachfrage der Verbraucher gegenüber, so dass die Rindfleischpreise um mehr als 50 Prozent sanken. Durch Agrarverbände bedrängt, forderten die

Mitgliedstaaten von der EU-Kommission ein Tätigwerden, um die Rindfleischmärkte im Interesse der Landwirte zu stabilisieren (Input). Die Europäische Kommission ergriff daraufhin nicht nur verschiedene Maßnahmen zur Bekämpfung der Rinderseuche, um dadurch die Nachfrage nach Rindfleisch zu stützen, sondern ordnete als flankierende Maßnahme auch die Tötung von 1,2 Millionen Rindern an, um das Angebot zu reduzieren (Output).

Für die Frage nach der Politikentwicklung in internationalen Organisationen ist nun bedeutsam, wie die politischen Systeme der Vereinten Nationen oder der Europäischen Union, die zunächst als ‚black box‘ erscheinen, die Inputs in Outputs verwandeln, wie mithin die Entscheidungen, eine Wirtschaftsblockade zu verhängen oder die Tötung von 1,2 Millionen Rindern anzuordnen, zustande kamen.

Um uns der Beantwortung dieser Art von Fragen anzunähern, dürfen wir uns nicht auf die Analyse der Inhalte von kollektiv verbindlichen Wertezuteilungen in internationalen Organisationen beschränken, sondern müssen auch die Strukturen, die den äußeren Rahmen der Generierung von Kollektiventscheidungen bilden, sowie die Prozesse, die innerhalb dieser Strukturen zur Erzeugung von materiellen Politiken führen, thematisieren. Im englischen Sprachgebrauch werden diese drei Dimensionen der Politikanalyse, die unter dem Stichwort ‚politologisches Dreieck‘ bekannt sind, mit den Ausdrücken ‚polity‘, ‚politics‘ und ‚policy‘ bezeichnet. Politologisches Dreieck

(1) Mit ‚polity‘ ist die institutionelle Ordnung, sind die Strukturen, in denen Politik gemacht wird und die die Handlungsoptionen von Akteuren der Politik bestimmen, gemeint. Die ‚polity‘-Dimension verweist auf die normativ-institutionellen sowie organisatorischen Aspekte von Politik. Mit dem Blick auf diese Dimension von Politik geht es der Politikwissenschaft um die Lehre von den Herrschaftsformen, Regierungssystemen und politischen Institutionen im Allgemeinen; diese sind ihrerseits ‚geronnene Politik‘ und stellen zugleich die Weichen für politische Willensbildungs- und Entscheidungsprozesse und damit auch für mögliche Politikresultate. Polity

(2) Die zweite Dimension des Politikbegriffs, ‚politics‘, erfasst die prozessuale Seite des Politikgeschehens, das heißt den Austrag von gesellschaftlichen Konflikten über die verbindliche Zuteilung von Werten in und durch Institutionen, die direkt oder indirekt an der Herrschaftsausübung beteiligt sind. Gegenstand der politologischen Forschung sind hier die den gesamten Politikentwicklungsprozess tragenden Akteure und ihre Interaktionen unter dem Gesichtspunkt ihrer je unterschiedlichen Artikulations- und Durchsetzungsmacht in verschiedenen Politikfeldern. Politics

(3) Die ‚policy‘-Dimension bezeichnet hingegen die Inhalte und Resultate der Politik; sie bezieht sich folglich auf die Wirkungen, die durch Kollektiventscheidungen in je verschiedenen Politikbereichen erzielt werden. Politologische Forschung über ‚policies‘, die so genannte Politikfeldanalyse, hat es in erster Linie damit zu tun, was Regierungen oder Verwaltungen, in unserem Zusammenhang internationale Organisationen, zur Bearbeitung gesellschaftlicher Probleme tun, warum, wie und mit welchen Folgen sie das tun. Politikfeldanalysen lenken den Blick auf die Steuerungs-, Regelungs- und Verteilungsleistungen von politischen Systemen in ihrer je problemfeldspezifischen Ausprägung. Policy

Nur die Analyse aller drei Politikdimensionen kann uns Aufschluss darüber geben, wie die politischen Systeme internationaler Organisationen Inputs in Outputs verwandeln. Damit bringt sie uns der Beantwortung der Frage näher, welcher Art die soziale Steuerung in internationalen Organisationen ist. In Anlehnung an eine Unterscheidung von Lindblom (1980, 43-116) und deren spätere Modifizierung lassen sich vier Formen der sozialen Steuerung identifizieren (vgl. Mayntz 1993; Rittberger 2000; Scharpf 1993):

soziale Steuerung: Machtkonkurrenz
(1) Die (unkoordinierte) Steuerung durch Machtkonkurrenz. Hier findet die Wertezuteilung durch das freie Spiel der Kräfte, das heißt durch naturwüchsige Machtbildungs- und -ausübungsprozesse statt. Die beteiligten Akteure verhalten sich ausschließlich gemäß ihren kurzfristig kalkulierten Eigeninteressen, so dass die Wertezuteilung im Prinzip durch den Kampf aller gegen alle erfolgt.

hierarchische Steuerung
(2) Die (hierarchisch koordinierte) Steuerung durch die Autorität einer Zentralinstanz. Hierbei werden Werte durch die Rechtssetzungs- und Rechtsdurchsetzungskompetenz einer Zentralinstanz der legalen und monopolisierten Gewaltanwendung kollektiv verbindlich zugeteilt. Die Akteure verhalten sich aufgrund der legitimen Autorität der Zentralinstanz und/oder der Androhung oder der Anwendung von Gewalt, die die Zentralinstanz auszuüben befugt und in der Lage ist, entsprechend den vorgegebenen Normen und Regeln.

quasi-hierarchische Steuerung
(3) Um der besonderen Qualität der Steuerung sozialer Prozesse in den internationalen Beziehungen gerecht zu werden, soll an dieser Stelle das Modell der (quasi-hierarchischen) Steuerung durch eine Hegemonialmacht eingeführt werden (vgl. Rittberger 2000, 201f.). Während das Modell hierarchisch koordinierter Steuerung ein auf Rechtsnormen basierendes und als legitim anerkanntes Über- und Unterordnungsverhältnis zwischen einer Zentralinstanz und den übrigen Einheiten des sozialen Systems zum Ausdruck bringt, verkörpert das hier eingeführte Modell analog zum Modell der Machtkonkurrenz ein anarchisches Ordnungsprinzip. Die soziale Steuerung erfolgt allerdings quasi-hierarchisch, da sich eine Einheit des sozialen Systems bezüglich ihrer relativen Machtressourcen so deutlich von den übrigen Einheiten absetzt, dass sie zur Normsetzung und -durchsetzung ‚im Alleingang' fähig ist. Dieser Hegemon versichert sich seiner Gefolgschaft demnach nicht in erster Linie kraft legitimer Autorität, sondern vor allem mittels seiner überragenden Machtressourcen, deren kluge, Selbstbeschränkung manifestierende Nutzung freilich relativ zwanglose Folgebereitschaft nährt.

Selbstkoordination
(4) Die (horizontal koordinierte) Steuerung durch Selbstorganisation (vgl. Ostrom 1990). Charakteristisch für diese Form der sozialen Steuerung ist, dass die Akteure aufgrund ihrer Präferenz für die Beibehaltung ihrer Selbständigkeit einerseits und ihrer Einsicht in die Notwendigkeit der Regulierung ihres gegenseitigen Verhaltens andererseits sich autonom auf Verhaltensnormen und -regeln verständigen (institutionalisierte Selbstkoordination) und Überwachungs-, Sanktions- und Verteilungsmechanismen finden, die es ihnen ermöglichen, sich weitgehend freiwillig an diese Normen und Regeln zu halten.

Beispiele
Als Beispiele für diese vier Formen sozialer Steuerung mögen die Mechanismen der Verteilung materieller Wohlfahrtschancen in entwickelten Industriestaaten dienen. Die wirtschaftlichen Beziehungen zwischen den verschiedenen Wirt-

schaftssubjekten (Haushalte und Unternehmen) regelt zunächst der Markt, auf dem jeder aufgrund seiner Marktmacht, sprich: seiner Angebots- und Nachfrage-stärke und entsprechend seiner ökonomischen Nutzenmaximierung handelt. Der Markt entscheidet hier je nach gegebener effektiver Konkurrenzsituation über die Verteilung von materiellen Werten zwischen den Marktteilnehmern.

Der Markt leistet dies jedoch nicht allein: Da der Markt, z.B. durch Unter-nehmenszusammenschlüsse oder die Bildung von Kartellen, Tendenzen zu seiner Selbstauflösung aufweist, greift der Staat als mit höchster Rechtsautorität ausge-statteter Zentralinstanz in die nationalen Wirtschaftsbeziehungen ein, um markt-gefährdende Wettbewerbsbeschränkungen durch die Marktteilnehmer selbst zu unterbinden. Die Zentralinstanz Staat trifft eine kollektiv verbindliche Entschei-dung und sucht diese auch durchzusetzen; sie koordiniert hierarchisch.

Mehr denn je werden Entscheidungen über die Verteilung materieller Wohl-fahrtschancen auf internationaler Ebene getroffen. So ist heute weitgehend aner-kannt, dass das Ausmaß des heutigen Wohlstandes vor allem in den Staaten der OECD-Welt ohne eine schrittweise Liberalisierung der Güter- und Finanzmärkte seit dem Ende des Zweiten Weltkriegs kaum erreichbar gewesen wäre. Die Er-richtung des so genannten Bretton Woods-Regimes unmittelbar nach dem Ende des Zweiten Weltkrieges (vgl. eingehender Kap. 9) ist der Initiative des damali-gen Hegemons USA zu verdanken, der die übrigen Staaten mittels seiner überra-genden Machtressourcen auf die zur Errichtung eines liberalisierten Weltmarktes notwendige Kooperation zu verpflichten wusste. Soziale Steuerungsleistungen erfolgten in diesem Falle quasi-hierarchisch.

Ein Beispiel der Steuerung durch horizontale Selbstkoordination autonomer korporativer Akteure stellt das bundesdeutsche System der Tarifverhandlungen dar. Hier einigen sich Arbeitgeberverbände und Gewerkschaften in Tarifver-handlungen regelmäßig auf einen Tarifvertrag, indem sie insbesondere die Ta-riflöhne für die Beschäftigten in der jeweiligen Branche festlegen. Diese Löhne werden also weder einfach vom Staat autoritativ festgesetzt, noch werden sie vor allem durch den Arbeitsmarkt, das heißt das Angebot an und die Nachfrage nach Arbeitskräften bestimmt. Als ein anderes Beispiel der Steuerung durch hori-zontale Selbstkoordination mag die freiwillige Selbstbeschränkung dienen, durch die sich einige große Sportartikelhersteller trotz bestehender Marktkonkurrenz untereinander darauf verpflichtet haben, bei der Produktion in Entwicklungs-ländern gewisse soziale Mindeststandards wie etwa das Verbot von Kinderarbeit zu beachten.

Uns interessiert nun, wie die soziale Steuerung im politischen System inter-nationaler Organisationen erfolgt; welchem der vier Modelle sozialer Steuerung die Zuteilung von Werten als Folge von Entscheidungen internationaler Organi-sationen zuzuordnen ist. Gleichzeitig wollen wir erfahren, ob und inwieweit die unserer Analyse zugrunde liegende Theorie des neoliberalen Institutionalismus (vgl. Kap. 2.2.2) auch im Hinblick auf die soziale Steuerung in internationalen Organisationen Geltungskraft besitzt. Dies wäre dann der Fall, wenn die Prozes-se sozialer Steuerung in internationalen Organisationen nicht ohne Rückgriff auf das Modell der horizontalen Selbstkoordination beschrieben werden können. Denn während der Sozialkonstruktivismus keine Aussagen über ein von ihm für effektiv gehaltenes Steuerungsmodell macht und für den Neorealismus effektives internationales Regieren vor allem durch quasi-hierarchische Steuerung einer Hegemonialmacht betrieben werden kann, favorisiert der neoliberale Institutio-nalismus das Steuerungsmodell der horizontalen Selbstkoordination (vgl. Ritt-

Erkenntnisinteresse: Soziale Steuerung in IO

93

berger 2000, 203). Um die Zuteilung von Werten als Folge von Entscheidungen internationaler Organisationen einem der vier Modelle sozialer Steuerung zuordnen zu können, wollen wir zunächst in Kapitel 4 die ‚polity‘, gewissermaßen die Grobstrukturen des politischen Systems internationaler Organisationen, beschreiben, um uns dann der ‚politics‘-Dimension zuzuwenden. Demgemäß stehen in Kapitel 5 die Anforderungen und Unterstützungsleistungen, die aus der Umwelt an die politischen Systeme internationaler Organisationen herangetragen werden, im Vordergrund (Inputs). In Kapitel 6 wird die Umwandlung der Anforderungen und Unterstützungsleistungen in Kollektiventscheidungen thematisiert (Konversion). Kapitel 7 leitet durch die Diskussion der Arten von Kollektiventscheidungen und kollektivem Handeln internationaler Organisationen (Outputs) zur Beschäftigung mit der ‚policy‘-Dimension internationaler Politik in und durch internationale Organisationen über (Teil III).

4 Internationale Organisationen als politisches System

Die Untersuchung der Politikentwicklung in und durch internationale Organisationen beginnt mit der Analyse der ‚polity'-Dimension. Im Mittelpunkt steht die Frage, wie der institutionelle und organisatorische Rahmen der Politikentwicklung, den politische Systeme im Allgemeinen und die internationaler Organisationen im Besonderen abgeben, auf die Politikentwicklung einwirkt. Denn wie beim Fußballspiel die Größe des Platzes oder der Torgehäuse das Können der Spieler und die Regeln des Spiels das Spielgeschehen nachhaltig beeinflussen, so sind auch die Art und Anzahl der Organe internationaler Organisationen, ihre Zusammensetzung, Kompetenzen und Handlungsoptionen sowie die in den Organisationsverfassungen festgelegten Entscheidungsregeln für den Politikentwicklungsprozess bedeutsam. Um diesen Rahmen der Politikentwicklung in internationalen Organisationen zu erfassen, gilt es im Folgenden, (1) die verfassungsmäßigen Grundlagen und (2) das institutionelle Gefüge internationaler Organisationen zu beleuchten.

IO-Polity

4.1 Verfassung und Verfassungswandel

Obschon die internationalen Beziehungen durch die Abwesenheit einer zentralen Rechtsetzungs- und Rechtsdurchsetzungsinstanz charakterisiert sind, findet internationale Politik nicht in einem von Rechtsnormen entleerten Raum statt. Vielmehr gelten auch für die internationale Politik Prinzipien, Normen und Regeln, die durch ihre allgemeine Anerkennung oder durch die Anerkennung der sie erzeugenden Verfahren Rechtsqualität besitzen. So beruht die Anarchie der Staatenwelt im Sinne der Abwesenheit einer zentralen Rechtsetzungs- und -durchsetzungsinstanz selbst auf einem Rechtsprinzip, nämlich dem der souveränen Gleichheit der Staaten, das Teil des allgemeinen Völkerrechts ist. Dieses Rechtsprinzip bildet im Zusammenwirken mit weiteren allgemeinen Regeln des Völkerrechts wie z.B. ‚pacta sunt servanda' gewissermaßen den Kern der ‚Verfassung' der Staatengemeinschaft. Auf diese Verfassungsprinzipien gründen sich nun all jene Institutionen und Verfahren, die zur Fortentwicklung des Völkerrechts beitragen. Im Wesentlichen lassen sich neben den allgemeinen Regeln des Völkerrechts zwei weitere primäre Völkerrechtsquellen, das Gewohnheitsrecht und das Vertragsrecht, unterscheiden. Das Völkervertragsrecht ist für die Entstehung internationaler Organisationen als Völkerrechtssubjekte von größter Bedeutung, denn es stellt den rechtsverbindlichen Geltungsgrund von Verträgen, die zwischen Staaten geschlossen werden, und damit auch den Geltungsgrund für die Gründungsverträge internationaler Organisationen dar (vgl. Seidl-Hohenveldern/Loibl 2000, 44-52).

Rechtsnormen in den intl. Beziehungen

95

In der Regel werden internationale Organisationen durch völkerrechtlichen Vertrag zwischen drei und mehr Staaten gegründet. Diese Verträge werden häufig auf zumeist langwierig verlaufenden diplomatischen Konferenzen fertig ausgehandelt, unterzeichnet und anschließend nach Billigung durch die zuständigen innerstaatlichen Organe ratifiziert. Eine weitere Gründungsart internationaler Organisationen besteht in der Beschlussfassung schon bestehender internationaler Organisationen, denen dieses Recht aufgrund ihres Gründungsvertrages zugestanden wurde. Beispielsweise können die Vereinten Nationen durch Resolutionen der Generalversammlung neue VN-Unterorganisationen (rechtstechnisch Spezialorgane) gründen (vgl. Jacobson 1984, 84-86). Die Handels- und Entwicklungskonferenz der VN (UNCTAD) sowie die VN-Organisation für industrielle Entwicklung (UNIDO) sind zwei Beispiele von auf diesem Wege im VN-System entstandenen Organisationen. Die Umwandlung der UNIDO (1986) in eine Sonderorganisation der Vereinten Nationen bedurfte allerdings einer eigenständigen Gründungskonferenz der Mitgliedstaaten und der Ratifikation des Gründungsvertrages.

Die Gründungsverträge regeln gewöhnlich den organisatorischen Aufbau, das heißt die Organgliederung sowie die Kompetenzverteilung zwischen den verschiedenen Organen; sie bestimmen die Grundzüge des Entscheidungsverfahrens, legen die Rechte und Pflichten der Mitgliedstaaten fest und umreißen den Organisationsauftrag nach Zielen und gegebenenfalls auch Mitteln (= internes Staatengemeinschaftsrecht). Da die Gründungsverträge somit die Gesamtheit der grundlegenden Regeln über das Zusammenwirken der an der internationalen Organisation Beteiligten ausdrücken, können sie als ‚Verfassung‘ der internationalen Organisation im materiellen Sinn verstanden werden. Hinsichtlich der Präzision und des Umfangs dieser Elemente variieren die Verfassungsdokumente internationaler Organisationen beträchtlich. Die Unterschiede zwischen den Verfassungsdokumenten lassen sich wieder leicht am Vergleich der VN-Satzung mit den EU-Verträgen ermessen. Die EU-Verträge sind sehr detailliert, enthalten sie doch neben den organschaftlichen Bestimmungen einerseits ein vollzugsfähiges Vergemeinschaftungsprogramm, andererseits aber auch Ermächtigungsklauseln für die Formulierung weitergehender Politikprogramme. Gerade die EU-Verträge zielen über die horizontale Selbstkoordination der Mitgliedstaaten hinaus auf ein mehrere Ebenen umfassendes Verbundsystem der internationalen Politikverflechtung, das heißt auf ein notwendiges Zusammenwirken von nationalen (unter Umständen sogar subnationalen), intergouvernementalen und supranationalen Instanzen. Anders sieht es dagegen bei der VN-Satzung und den Statuten der VN-Sonderorganisationen aus. Sie enthalten zwar Aussagen über die wesentlichen Elemente der formalen Strukturierung eines innerorganisatorischen Entscheidungsprozesses sowie allgemein gehaltene Aussagen über den Organisationsauftrag, es fehlen aber meist implementationsfähige Handlungsprogramme (ausgenommen z.B. Kap. VII der VN-Satzung). Paradoxerweise ähnelt somit die VN-Satzung eher dem vorherrschenden Typus der Staatsverfassung, die – wenn man von Grundrechtsgarantien und wenigen allgemeinen Programmsätzen absieht – eben auch meist nur einen institutionellen Rahmen für die Politikentwicklung vorgibt.

Verfassungen internationaler Organisationen unterliegen einem formellen und informellen Wandel. *Formelle Veränderungen* können zum einen durch ein in der Verfassung selbst vorgeschriebenes Verfahren, zum anderen durch einen neuen (ergänzenden) Vertragsschluss der Mitgliedstaaten erreicht werden. *Informelle Verfassungsänderungen* treten darüber hinaus aufgrund einer sich über einen längeren Zeitraum ausbildenden Praxis auf, die sich natürlich auch wieder ändern kann (vgl. Seidl-Hohenveldern/Loibl 2000, 217-229).

In der VN-Satzung sehen die Art. 108 und 109 die Möglichkeit einer einfachen Änderung einzelner Bestimmungen sowie die Möglichkeit einer Teil- oder Totalrevision der Satzung vor. In den EU-Verträgen finden sich diesbezüglich etwas andere Bestimmungen in den Art. 48, 49 und 310. Im Normalfall wird eine EU-Verfassungsänderung immer durch eine Regierungskonferenz aller Mitgliedstaaten mit anschließender innerstaatlicher Zustimmung herbeigeführt, Änderungen sind aber auch in den Fällen des Beitritts neuer Mitglieder oder bei der Assoziierung dritter Staaten vorgesehen. Bei den VN betrafen formelle Verfassungsänderungen bisher nur die Größe und Zusammensetzung von Hauptorganen, ausgelöst durch die Zunahme der Zahl der Mitgliedstaaten. In der EU hingegen stellten neben den Ergänzungsverträgen aus Anlass der Beitritte Großbritanniens, Irlands, Dänemarks (1973), Griechenlands (1981), Spaniens und Portugals (1986) sowie Finnlands, Österreichs und Schwedens (1995) wie auch der Assoziierung von Staaten mit der EU, die Verträge über die gemeinsamen Organe 1965 (Rat, Parlament, Kommission und Gerichtshof) sowie über die Direktwahl des Europäischen Parlaments (1979), die Einheitliche Europäische Akte (1986) und die Verträge von Maastricht (1991) mit dem Ziel der Gründung der Europäischen Union (Wirtschafts- und Währungsunion sowie gemeinsame Außen- und Sicherheitspolitik), von Amsterdam (1997) und von Nizza (2001) die wichtigsten Verfassungsänderungen dar.

Beispiele:
VN und EU

Eine nicht zu unterschätzende Rolle spielt freilich auch der informelle Verfassungswandel in internationalen Organisationen, da die formellen Verfassungsänderungen wegen der sehr hohen Konsensschwelle ohnedies nur selten möglich sind. Den rechtsverbindlichen Geltungsgrund derartiger informeller Verfassungsänderungen internationaler Organisationen kann somit nicht das Völkervertragsrecht sondern allenfalls – und dies nur in Ausnahmefällen – das Völkergewohnheitsrecht darstellen. Bei den Vereinten Nationen beispielsweise ließ sich mit Abschluss der Dekolonisation die Rückbildung des Treuhandschaftsrates zur weitgehenden Bedeutungslosigkeit beobachten. Auffallend ist weiterhin die einer Pendelbewegung gleichende Machtverschiebung zwischen Sicherheitsrat und Generalversammlung. War ersterer in der Frühphase des Ost-West-Konflikts lahmgelegt und verlagerte sich deshalb ein Teil seiner Kompetenzen auf die Generalversammlung, so war in Phasen der Ost-West-Entspannung ein umgekehrter Trend zu beobachten. Besonders durch die Transformation der Konflikte in den Ost-West-Beziehungen in der zweiten Hälfte der 1980er Jahre und erst recht nach dem Ende des Ost-West-Konflikts konnte der Sicherheitsrat seine Handlungsfähigkeit wiederherstellen und hat seine für eine Übergangsperiode an die Generalversammlung verlorenen oder nicht wahrgenommenen Kompetenzen wieder an sich gezogen. Durch das über Zeit beständige Üben einer Praxis hat sich zum Beispiel auch die verfassungsmäßige Bedeutung des Vetos der ständigen Mitglieder des Sicherheitsrates der Vereinten Nationen informell geändert. Entgegen dem Wortlaut der VN-Satzung in Art. 27 und gestützt auf das Namibia-Gutachten des IGH aus dem Jahre 1971 (ICJ Reports 1971, 16, 22, § 22) wird die Stimmenthaltung eines ständigen Ratsmitgliedes nicht mehr als Hindernis einer gültigen Beschlussfassung durch den Sicherheitsrat betrachtet (Simma/Brunner 1991, 412-421).

informelle
Verfassungsänderung

Beispiel: VN

4.2 Das Institutionengefüge internationaler Organisationen

typische
Organisations-
elemente
Der in der Verfassung internationaler Organisationen festgelegte institutionelle Rahmen der Konversion von Inputs in Outputs verfügt in der Regel über folgende typische Bestandteile (vgl. Schaubilder 13, 14 und 15), die den Politikentwicklungsprozess in unterschiedlicher Weise beeinflussen (vgl. Jacobson 1984, 86-93; Seidl-Hohenveldern/Loibl 2000, 112-216):

1. ein *Plenarorgan* aller Mitgliedstaaten (Generalkonferenz, Generalversammlung, (Minister-)Rat);
2. einen *Exekutiv- oder Verwaltungsrat* als Interims-Ausschuss zur Überwachung der laufenden Geschäfte sowie ggf. zur Vorbereitung von Sitzungen des Plenarorgans;
3. einen *Verwaltungsstab,* geleitet von einem Generalsekretär, einem Generaldirektor oder auch einem Kollegium (Kommission);
4. einen *Gerichtshof* oder gerichtsähnlichen Mechanismus für verbindliche Streitschlichtung;
5. eine *parlamentarische Versammlung* (direkt gewählte Volksvertreter oder Delegierte mitgliedstaatlicher Parlamente);
6. ein Vertretungsorgan für organisierte gesellschaftliche Interessen sowie für subnationale Gebietskörperschaften.

Schaubild 13: Das Institutionengefüge internationaler Organisationen

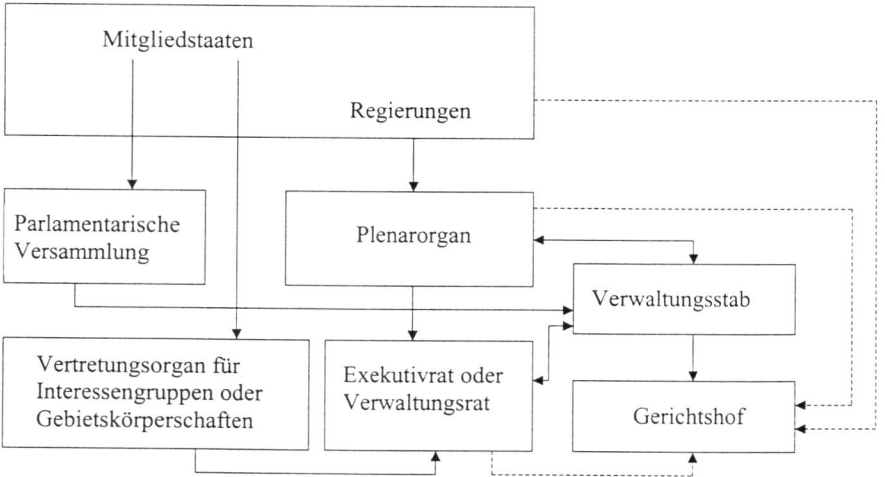

98

Schaubild 14: Die Organisationsstruktur der Vereinten Nationen

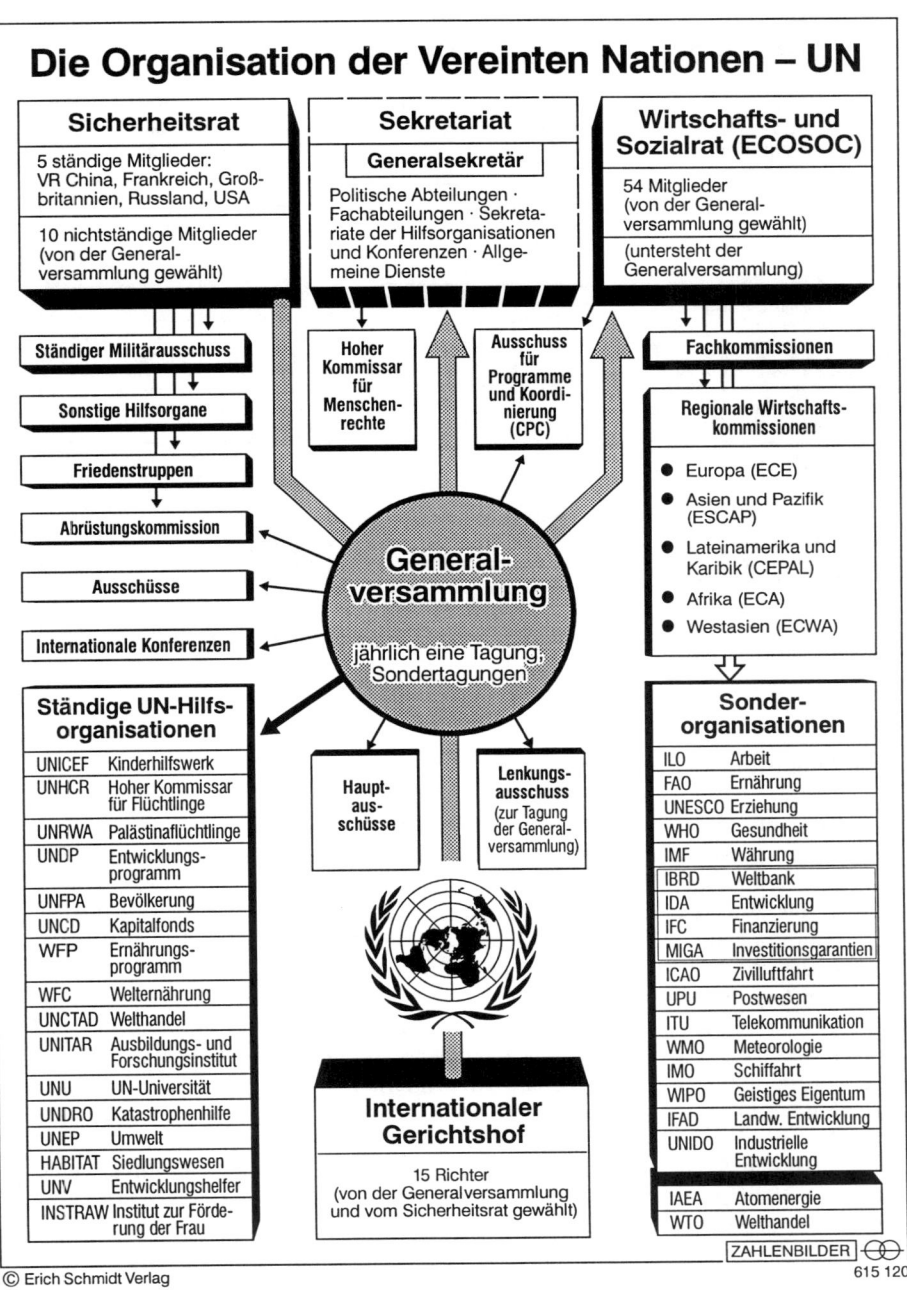

Die Organisation der Vereinten Nationen – UN

Sicherheitsrat

5 ständige Mitglieder:
VR China, Frankreich, Großbritannien, Russland, USA

10 nichtständige Mitglieder
(von der General-
versammlung gewählt)

Sekretariat

Generalsekretär

Politische Abteilungen ·
Fachabteilungen · Sekretariate der Hilfsorganisationen
und Konferenzen · Allge-
meine Dienste

Wirtschafts- und Sozialrat (ECOSOC)

54 Mitglieder
(von der General-
versammlung gewählt)

(untersteht der
Generalversammlung)

Ständiger Militärausschuss

Sonstige Hilfsorgane

Friedenstruppen

Abrüstungskommission

Ausschüsse

Internationale Konferenzen

Hoher Kommissar für Menschenrechte

Ausschuss für Programme und Koordinierung (CPC)

General-versammlung

jährlich eine Tagung,
Sondertagungen

Fachkommissionen

Regionale Wirtschafts-kommissionen

- Europa (ECE)
- Asien und Pazifik (ESCAP)
- Lateinamerika und Karibik (CEPAL)
- Afrika (ECA)
- Westasien (ECWA)

Ständige UN-Hilfs-organisationen

UNICEF	Kinderhilfswerk
UNHCR	Hoher Kommissar für Flüchtlinge
UNRWA	Palästinaflüchtlinge
UNDP	Entwicklungs-programm
UNFPA	Bevölkerung
UNCD	Kapitalfonds
WFP	Ernährungs-programm
WFC	Welternährung
UNCTAD	Welthandel
UNITAR	Ausbildungs- und Forschungsinstitut
UNU	UN-Universität
UNDRO	Katastrophenhilfe
UNEP	Umwelt
HABITAT	Siedlungswesen
UNV	Entwicklungshelfer
INSTRAW	Institut zur Förderung der Frau

Haupt-ausschüsse

Lenkungs-ausschuss
(zur Tagung der General-versammlung)

Internationaler Gerichtshof

15 Richter
(von der Generalversammlung
und vom Sicherheitsrat gewählt)

Sonder-organisationen

ILO	Arbeit
FAO	Ernährung
UNESCO	Erziehung
WHO	Gesundheit
IMF	Währung
IBRD	Weltbank
IDA	Entwicklung
IFC	Finanzierung
MIGA	Investitionsgarantien
ICAO	Zivilluftfahrt
UPU	Postwesen
ITU	Telekommunikation
WMO	Meteorologie
IMO	Schiffahrt
WIPO	Geistiges Eigentum
IFAD	Landw. Entwicklung
UNIDO	Industrielle Entwicklung
IAEA	Atomenergie
WTO	Welthandel

ZAHLENBILDER

615 120

99

Schaubild 15: Die Organisationsstruktur der Europäischen Union

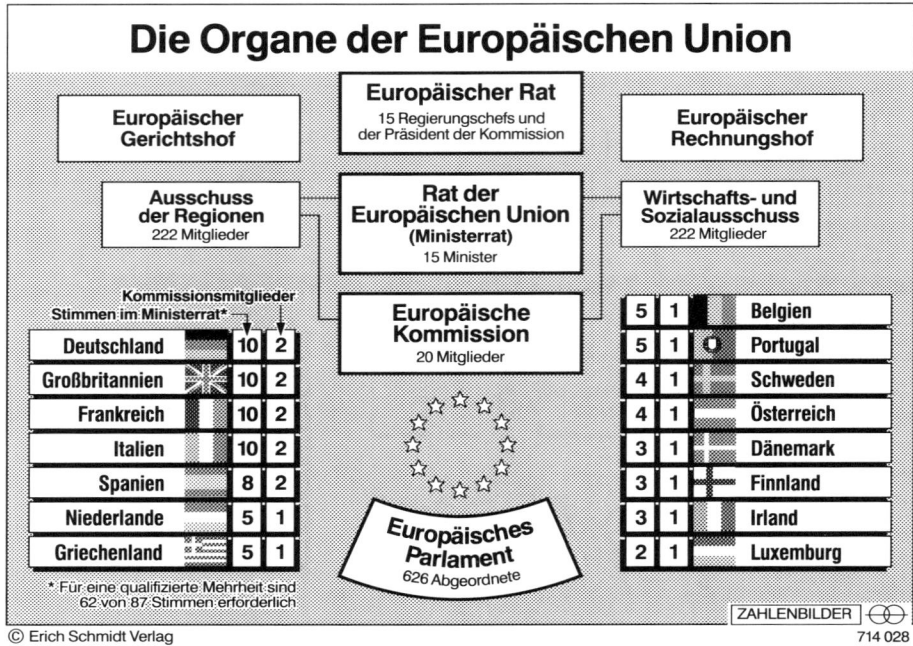

© Erich Schmidt Verlag

Betrachten wir nun die einzelnen Organe genauer.

4.2.1 Das Plenarorgan

Plenarorgan

Das *Plenarorgan* einer internationalen Organisation fußt auf dem Souveränitätsprinzip und ist zugleich institutioneller Ausdruck desselben. Es ist das Organ im politischen System internationaler Organisationen, in dem alle Staaten durch (Regierungs-)Vertreter repräsentiert sind. Im Plenarorgan, wie z.B. in der Generalversammlung der Vereinten Nationen oder im Rat der Europäischen Union, können die Staaten in Ausübung ihrer Souveränität über die Outputs internationaler Organisationen mitentscheiden und an ihrer Erzeugung sowohl in der Input- als auch in der Konversionsphase mitwirken. Dies geschieht in aller Regel durch die Entsendung von weisungsgebundenen Regierungsvertretern als Repräsentanten der Staaten in die Plenarorgane internationaler Organisationen. Eine Ausnahme bildet die Internationale Arbeitskonferenz der Internationalen Arbeits-Organisation (ILO), in die jeder Mitgliedstaat neben zwei Regierungsvertretern je einen Vertreter der Arbeitgeber- und der Arbeitnehmer-Dachverbände entsendet. Häufig verfügen die Plenarorgane vor allem in Programmorganisationen über das Letztentscheidungsrecht und stehen somit im Zentrum der Politikentwicklung. Dies gilt in besonderem Maße für Budgetfragen und bei der Berufung der Verwaltungsspitze internationaler Organisationen.

Entscheidungsregeln

Von besonderer Bedeutung für die Art und Weise, wie Plenarorgane von ihrer Entscheidungskompetenz Gebrauch machen, sind die für eine gültige Beschlussfassung festgelegten Entscheidungsregeln. Diese variieren von Organisation zu Organisation erheblich. Die Variation kann sich zum einen auf die zur Beschlussfassung notwendige Mehrheit der Stimmen, zum anderen auf die unterschiedliche Gewichtung der Stimmen verschiedener Mitgliedstaaten beziehen und mithin in der Entscheidungspraxis einer internationalen Organisation die Wirkung des Prinzips der souveränen Gleichheit der Staaten einschränken.

Einstimmigkeits-prinzip

Die zur Beschlussfassung erforderlichen Mehrheiten sind auf einem Kontinuum zwischen dem Einstimmigkeits- und dem Mehrheitsprinzip angesiedelt. Je mehr sich eine Entscheidungsregelung im Plenarorgan einer internationalen Organisation dem Einstimmigkeitsprinzip annähert, umso schwieriger und langwieriger wird sich die Entscheidungsfindung gestalten (vgl. Lister 1984, 7-11). Im Extremfall bleiben Entscheidungen völlig aus, der Input aus der Umwelt der internationalen Organisation bleibt unbeantwortet. Im Gegenzug sind nach dem Einstimmigkeitsprinzip getroffene Entscheidungen jedoch vollzugsfreundlicher. Dies rührt daher, dass die Missachtung der im Rahmen einer internationalen Organisation einstimmig getroffenen Entscheidung durch ein Mitglied letztendlich einen Verstoß gegen die eigene Entscheidung darstellt, eine dem Mitgliedstaat missfallende Entscheidung aufgrund des uneigentlichen Veto-Rechts[2] gar nicht gefällt werden konnte. Außerdem ist der Verstoß gegen eine selbst befürwortete Norm oder Regel mit einem Verlust an Glaubwürdigkeit und Reputation verbunden, so dass norm- oder regelkonsistentes Verhalten selbst dann noch zu erwarten ist, wenn kurzfristige Interessen dem entgegenstehen.

Mehrheitsprinzip

Umgekehrt sind die Vor- und Nachteile des Mehrheitsprinzips für das Zustandekommen gültiger und wirksamer Entscheidungen in internationalen Organisationen verteilt. Einerseits ist, wie auch die Erfahrung der VN-Generalversammlung zeigt, die Möglichkeit, zu gültigen Entscheidungen zu kommen, zwar sehr gut, andererseits ist die Implementationswahrscheinlichkeit von solchen Mehrheitsentscheidungen mitunter gering, da das Prinzip der staatlichen Souveränität der Folgebereitschaft von Staaten gegenüber derart getroffenen Entscheidungen entgegenwirkt. Insbesondere für Großmächte ist die Unterwerfung unter von ihnen nicht mitgetragene Mehrheitsentscheidungen kaum akzeptabel, zumal sie in der Lage sind, die Kosten der Missachtung einer Entscheidung oder gar eines Rückzugs aus der internationalen Organisation zu tragen und sich somit der Gefahr einer Majorisierung zu entziehen. Um sowohl die Wahrscheinlichkeit einer Entscheidung als auch die ihrer Implementation zu erhöhen, wird in vielen internationalen Organisationen nach dem Prinzip einer qualifizierten Mehrheit (z.B. zwei Drittel oder mehr) abgestimmt. Kam dieses Prinzip in der zweiten Hälfte der 1980er Jahre vor allem im Zusammenhang mit Entscheidungen zur Verwirklichung des Binnenmarktprogramms im Rat der Europäischen Union zur Anwendung, so wurde es mit dem Maastrichter Vertrag u.a. auf die Bereiche der Umwelt-, Entwicklungs- und Bildungspolitik ausgedehnt. Seit Inkrafttreten des Amsterdamer Vertrages kann im Rat der EU des weiteren u.a. in den Bereichen der Beschäftigungsförderung und Betrugsbekämpfung mit qualifizierter Mehrheit entschieden werden (vgl. Schmuck 1998, 34). Mit dem Inkrafttreten des im Februar 2001 unterzeichneten Vertrages von Nizza wird das Prinzip der qualifizierten Mehrheit auf etwa 25 weitere Bestimmungen ausgedehnt, darunter dieje-

Qualifizierte Mehrheit

---

2   Da bei Entscheidungen, die auf der Basis des Einstimmigkeitsprinzips gefällt werden müssen, jeder Staat eine gültige Entscheidung durch seine Nicht-Zustimmung verhindern kann, sprechen wir hier von einem uneigentlichen Veto.

nigen zur Besetzung des Amts des Präsidenten und der Mitglieder der Kommission.

Konsensprinzip Dieselbe Spannung zwischen Entscheidungs- und Implementationswahrscheinlichkeit spiegelt sich auch in Entscheidungen auf der Grundlage der Feststellung eines Konsens' wider. Dabei wird, was z.B. häufig auch in der Generalversammlung der Vereinten Nationen und ihren Ausschüssen geschieht, auf eine förmliche Abstimmung verzichtet; statt dessen wird, so keine Einwendungen gegen eine Beschlussvorlage erhoben werden, vom Präsidenten „eine allgemeine Übereinstimmung" festgestellt und damit die betreffende Resolution als im Konsens angenommen verabschiedet. Das Konsensverfahren bietet im Vergleich zu Mehrheitsentscheidungen einen gewissen Minderheitenschutz. Gültige Entscheidungen kommen hier nur zustande, wenn sie auch für die Minderheit noch akzeptabel sind (vgl. Wolfrum 1995).

Stimmengewichtung Die unterschiedliche Gewichtung von Stimmen in den Plenarorganen internationaler Organisationen trägt dem Umstand Rechnung, dass die in ihrer Souveränität formal gleichen Staaten faktisch ungleich sind und ihnen deshalb ein unterschiedlich großes Maß der Mitbestimmung bei Entscheidungen von internationalen Organisationen eingeräumt wird. Die Gewichtung der Stimmen kann entsprechend der Bevölkerungszahl der beteiligten Staaten oder entsprechend ihrer Wirtschaftskraft erfolgen. Ersteres ist im Rat der Europäischen Union, letzteres im Gouverneursrat des Internationalen Währungsfonds (IWF) und der Weltbank (IBRD) der Fall.

VN-Generalversammlung Das Plenarorgan der Vereinten Nationen ist die mindestens einmal jährlich von September bis Dezember tagende Generalversammlung. In ihr sind alle Mitgliedstaaten mit einer Stimme vertreten. Die Generalversammlung prüft und genehmigt den Haushaltsplan der Organisation, setzt die Beitragsquoten fest und wählt zusammen mit dem Sicherheitsrat den VN-Generalsekretär und die Richter am Internationalen Gerichtshof. Außerdem kann sie sich in Form von rechtlich nicht-bindenden Resolutionen zu praktisch allen Problemen der internationalen Politik äußern. Zur Entscheidungsfindung genügt in der Regel die einfache Mehrheit der anwesenden und abstimmenden Mitglieder. Bei „wichtigen Fragen" schreibt die Satzung der Vereinten Nationen eine Zweidrittel-Mehrheit bei der Abstimmung in der Generalversammlung vor (Art. 18). In der Praxis hat sich jedoch gezeigt, dass die Beschlüsse der Generalversammlung zumeist mit mehr als einer Zweidrittel-Mehrheit gefasst werden. Häufig wird sogar Konsens oder Einstimmigkeit erzielt (vgl. Wolfrum 1995).

EU-(Minister-)Rat Das Plenarorgan der Europäischen Union ist der Rat, der vielfach auch als Ministerrat bezeichnet wird. Er vereinigt zumeist die Außenminister der Mitgliedstaaten der Europäischen Union (Rat für allgemeine Angelegenheiten), kann sich aber auch aus den für den Inhalt einer Beschlussvorlage zuständigen Fachministern der Mitgliedstaaten der Union zusammensetzen. Im Bereich der Ersten Säule ist er das zentrale Entscheidungsorgan der Union. In diesen Politikbereichen kann der Rat seine Entscheidungen jedoch nur auf der Basis von Vorschlägen der Kommission treffen. Zur Entscheidungsfindung im Rat sieht der für die Erste Säule einschlägige EG-Vertrag ein gewogenes Stimmrecht sowie qualifizierte Mehrheitsentscheidungen vor. Als sich Frankreich mit seiner ‚Politik des leeren Stuhls' in den Jahren 1965/66 dieser Regelung widersetzte, wurde von dieser, in den Gründungsverträgen vorgesehenen Entscheidungsregel zunächst kein Gebrauch gemacht. Statt dessen vereinbarten die Mitgliedstaaten im so genannten Luxemburger Kompromiss von 1966, dass jedes Mitglied in seine nationalen Interessen tangierenden Fragen über ein Vetorecht verfügen soll und führten somit faktisch das Einstimmigkeitsprinzip ein. Damit wurde auch die Gewichtung der Stimmen der Mitgliedstaaten bedeutungslos. Erst durch die Beschlüsse der EG-Gipfelkonferenz von 1974 und die Einheitliche Europäische Akte von 1986 fand das Prinzip der qualifizierten Mehrheitsentscheidung zumindest in einigen Politikbereichen wieder Einzug in die Entscheidungsverfahren der EG. Eine Ausweitung dieses Verfahrens auf etwa 40 Prozent der gemeinschaftlichen Politikbereiche wurde mit den Verträgen von Maastricht (1992) und Amsterdam (1997) erreicht (vgl. Maurer 1998, 48-54, 60-62). Dieser Trend hat sich mit dem Vertrag von Nizza (2001) fortgesetzt, auch wenn in einigen sensiblen Bereichen wie z.B. der Asylpolitik der Übergang zur qualifizierten Mehrheit lediglich deklariert, ein verbindliches Datum jedoch nicht genannt wird.

Mit Inkrafttreten des Vertrages von Nizza wird sich das Beschlussverfahren erheblich komplizieren. Derzeit sind im Rat der Europäischen Union 62 von 87 Stimmen notwendig, um eine gültige Entscheidung zu treffen; es bedarf zumindest 26 Stimmen, um eine Entscheidungsvorlage zu Fall zu bringen. Mit dem Vertrag von Nizza tritt eine neue Stimmgewichtung in Kraft, welche den künftigen Beitritt von zwölf Staaten zur EU berücksichtigt und die Gesamtzahl der gewogenen Stimmen von 87 auf 345 erhöht. Die qualifizierte Mehrheit im Rat gilt danach bei einem Beschluss als erreicht, wenn (1) auf diesen ungefähr 71 Prozent der Stimmen entfallen, (2) die Mehrheit der Mitgliedstaaten dem Beschluss zustimmt und (3) eine Prüfung auf Antrag eines Mitgliedstaates ergibt, dass die qualifizierte Mehrheit mindestens 62 Prozent der Gesamtbevölkerung der Union entspricht. In der Praxis werden jedoch auch heute in der Europäischen Union viele Ratsentscheidungen entweder einstimmig oder im Konsens, also ohne Gegenstimme getroffen (vgl. Müller 2000, 316-321).

Im Rahmen der Zweiten Säule der EU, der Gemeinsamen Außen- und Sicherheitspolitik (GASP), wird die Position des (Minister-)Rates als wichtigstes Entscheidungsorgan dadurch relativiert, dass sich die Staats- und Regierungschefs der Mitgliedstaaten, welche den Europäischen Rat bilden, oftmals selbst vorbehalten, über Angelegenheiten der gemeinschaftlichen Außenpolitik zu verhandeln und zu beschließen. Analog zum Beschlussverfahren im Europäischen Rat (s.u.) galt bis Inkrafttreten des Amsterdamer Vertrages am 1. Mai 1999 das Einstimmigkeitsprinzip für alle Beschlüsse auch im (Minister-)Rat. Seither stellt sich das Beschlussverfahren etwas flexibler dar. Zum einen eröffnet Art. 23, Abs. 1 EUV mit der ‚konstruktiven Enthaltung' einer bestimmten Anzahl von Mitgliedstaaten (die Summe ihrer gewogenen Stimmen darf ein Drittel nicht überschreiten) die Möglichkeit, sich der gemeinsamen Linie nicht anzuschließen, ohne die Beschlussfassung der Mehrheit zu behindern. Zum zweiten regelt Art. 23, Abs. 2 EUV zwei Fälle, in denen der Rat mit qualifizierter Mehrheit beschließen kann: einmal bei der Umsetzung einer vom Europäischen Rat vorgegebenen Gemeinsamen Strategie und zusätzlich bei Maßnahmen zur Durchführung einer Gemeinsamen Aktion oder eines Gemeinsamen Standpunktes (vgl. auch Kap. 7). Sollte ein Mitglied des Rates jedoch aus „wichtigen Gründen der nationalen Politik" die Beschlussfassung mit qualifizierter Mehrheit blockieren, kann der Rat die Angelegenheit mit qualifizierter Mehrheit lediglich an den Europäischen Rat verweisen, dessen Beschluss dann einstimmig ausfallen muss (vgl. Regelsberger 2000, 223).

Das zuletzt genannte Organ, der Europäische Rat, stellt neben dem Ministerrat ein zweites Plenarorgan dar. Ihm gehören die Staats- und Regierungschefs der Mitgliedstaaten der Union sowie der Kommissionspräsident an. Der Europäi-

Verfassungs-
änderungen von
Nizza

abweichende Struktur
im Rahmen der
Zweiten Säule
(GASP)

Europäischer Rat

sche Rat existiert zwar bereits seit 1975, wurde jedoch erst durch die Einheitliche Europäische Akte von 1986 auf eine vertragliche Grundlage gestellt. Er ist gegenüber dem Rat teils rechtlich, teils faktisch weisungsbefugt und somit die höchste Institution der Europäischen Union.

Gouverneursräte von IWF und Weltbank

An dieser Stelle verdienen außerdem die Gouverneursräte des IWF und der Weltbank als Plenarorgane Erwähnung. In ihnen werden Entscheidungen auf der Grundlage eines gewogenen Stimmrechts und mit qualifizierter Mehrheit getroffen. Gemäß dem Abkommen über den IWF (Art. XII, Abschnitt 5a) besitzt jeder Mitgliedstaat eine gleiche Basis-Stimmenzahl von 250 Stimmen, welche sich um jeweils eine Stimme für jeden Quotenanteil von 100.000 Sonderziehungsrechten beim IWF oder für jeden Kapitalanteil in der gleichen Höhe bei der Weltbank erhöht (vgl. Tetzlaff 1996, 80-82). Durch dieses gewichtete Stimmrecht verfügen die Hauptbeitragszahler, also die westlichen Industrieländer, und unter diesen insbesondere die USA über einen ausschlaggebenden Einfluss in den Entscheidungsorganen der beiden Organisationen. Bei Grundsatzentscheidungen wie z.B. über Kapitalerhöhungen und Quotenänderungen, die eine qualifizierte Mehrheit (ca. 85 Prozent) zur gültigen Beschlussfassung verlangen, kommt den USA, aber auch den EU-Staaten aufgrund ihres hohen Stimmenanteils die Möglichkeit zu, Beschlüsse zu verhindern.

4.2.2 Der Verwaltungs- oder Exekutivrat

Der *Verwaltungs- oder Exekutivrat* einer internationalen Organisation ist zumeist eine verkleinerte Ausgabe des Plenarorgans, das heißt in ihm ist eine – meist aufgrund von Rotation und/oder Wahl wechselnde – kleinere Anzahl von Mitgliedstaaten repräsentiert. Einige dieser Gremien haben ständige und nicht-ständige Mitglieder. Beispiele sind der VN-Sicherheitsrat mit seinen fünf ständigen, noch dazu mit (uneigentlichem) Vetorecht ausgestatteten Mitgliedern (China, Frankreich, Großbritannien, Russland, USA) und zehn nicht-ständigen Mitgliedern oder der ILO-Verwaltungsrat, in dem stets die zehn wichtigsten Industriestaaten vertreten sind. Herrscht das Wahlprinzip vor, so zeigt sich immer wieder, dass größere und politisch-ökonomisch wichtige (Geldgeber-)Länder in diese Gremien gewählt werden, wie das z.B. beim Wirtschafts- und Sozialrat der Vereinten Nationen (ECOSOC) der Fall ist. Außerdem folgt die Sitzverteilung in den Verwaltungs- und Exekutivräten sehr häufig einem regionalen Proporz, um zu gewährleisten, dass die im Vergleich zum Plenarorgan reduzierte Mitgliederzahl nicht zu einer Ausgrenzung von Interessen führt. So ist beispielsweise die Zusammensetzung des Sicherheitsrates ebenso wie des Wirtschafts- und Sozialrates der Vereinten Nationen durch einen regionalen Proporz bei der Wahl der nicht-ständigen Mitglieder bestimmt.

Verwaltungs- oder Exekutivräte tagen häufiger als die Plenarorgane, z.T. sogar ständig. Die Aufgabe der Exekutiv- oder Verwaltungsräte liegt insbesondere darin, die laufenden Tätigkeiten des Verwaltungsstabes der Organisation sowie die Durchführung von Aufträgen des Plenarorgans zu überwachen und manchmal auch Exekutivkompetenzen wahrzunehmen. Ein Beispiel für letzteres stellen die Sanktionsausschüsse des VN-Sicherheitsrats dar. Bei manchen – zumeist aus Resolutionen der VN entstandenen – VN-Spezialorganen stellt der Verwaltungsrat das höchste Organ dar (z.B. bei UNDP, UNEP oder der VN-Universität), das allerdings der VN-Generalversammlung berichtspflichtig ist.

Gerade die Kompetenzverteilung zwischen Plenarorgan und Exekutivrat ist für die Entscheidungsprozesse in internationalen Organisationen von großer Bedeutung. Liegen wichtige Kompetenzen beim Exekutivrat und nicht beim Plenarorgan, so sind Entscheidungen aufgrund der geringeren Anzahl der Verhandlungsteilnehmer leichter zu fällen. Dieser Vorteil auf Seiten des Zustandekommens von Entscheidungen geht jedoch häufig mit Nachteilen bei der Implementation von Entscheidungen einher. Hier liegt eher die Stärke von internationalen Organisationen, die das Plenarorgan zum Zentrum der Entscheidungsfindung haben. Da hier die wesentlichen Entscheidungen unter Beteiligung aller Mitgliedstaaten gefällt werden, sind sie zwar schwieriger zu erreichen, einmal unter Zustimmung der Mitglieder gefällt dafür umso eher zu implementieren. Die Frage der Kompetenzverteilung zwischen Plenarorgan und Verwaltungs- oder Exekutivrat stellt somit häufig einen Kompromiss zwischen der Wahrscheinlichkeit des Zustandekommens von Entscheidungen und der Qualität ihrer Implementation dar.

Kompetenzverteilung zwischen Plenarorgan und Exekutivrat

Dieses Problem stellt sich freilich in den meisten partikularen und regionalen internationalen Organisationen nicht. Denn hier ist die Anzahl der Mitglieder derart beschränkt, dass neben dem Plenarorgan die Errichtung eines Exekutivrates mit begrenzter Mitgliedschaft überflüssig ist. Beispielsweise verfügt der Europarat neben dem Plenarorgan, dem Ministerkomitee, über keinen Exekutiv- oder Verwaltungsrat. Die Europäische Union stellt hier allerdings eine Ausnahme dar, da die mit ihrem Vergemeinschaftungsgrad einhergehende Aufgabenfülle durch den Rat allein nicht zu bewältigen ist. So nimmt der Ausschuss der Ständigen Vertreter (COREPER) die Aufgaben eines Verwaltungs- und Exekutivrates für die Erste Säule (EG) der Europäischen Union wahr. Er dient als Schaltstelle zwischen der Europäischen Kommission und dem Rat und ist als solche mit der Tagespolitik in den vergemeinschafteten Politikbereichen beschäftigt. Er tagt mindestens einmal wöchentlich, um die Fachpolitiken zu koordinieren und die Ratssitzungen vorzubereiten. Im Rahmen der Zweiten Säule der EU, der Gemeinsamen Außen- und Sicherheitspolitik (GASP), wird COREPER vom *Politischen Komitee* als Verwaltungs- und Exekutivrat überlagert. Das Komitee, welches sich aus den Politischen Direktoren der Außenministerien der Mitgliedstaaten zusammensetzt und zweimal im Monat tagt, legt die Richtlinien fest, innerhalb derer COREPER als Schaltstelle für GASP-Angelegenheiten fungiert.

EU: COREPER

In internationalen Organisationen, deren Mitgliedschaft nicht beschränkt ist, sind Verwaltungs- und Exekutivräte hingegen in aller Regel vorhanden, so auch bei den Vereinten Nationen und ihren Sonderorganisationen. Das System der Exekutiv- und Verwaltungsräte im Rahmen der Vereinten Nationen stellt insofern eine Besonderheit dar, als es eine funktionale Differenzierung aufweist. Während in allen den Weltfrieden und die internationale Sicherheit betreffenden Fragen der Sicherheitsrat zuständig ist, befasst sich der Wirtschafts- und Sozialrat mit wirtschaftlichen, sozialen und kulturellen Problemen der internationalen Politik. Aufgrund der weitgehend abgeschlossenen Dekolonialisierung ist der Treuhandrat der Vereinten Nationen, der als Aufsichtsorgan für die den Vereinten Nationen unterstellten Treuhandgebiete fungiert hatte, praktisch bedeutungslos geworden.

Der VN-Sicherheitsrat verfügt im Bereich der Wahrung des Weltfriedens und der internationalen Sicherheit über sehr weitreichende Kompetenzen. Zur Umsetzung dieser programmatischen Vorgabe kann er für alle VN-Mitglieder

VN: Sicherheitsrat

verbindliche Beschlüsse, die selbst wirtschaftliche und militärische Zwangsmaßnahmen einschließen, fassen.[3] Mitglieder des Sicherheitsrates sind China, Frankreich, Großbritannien, Russland und die USA, die über einen ständigen Sitz verfügen, sowie 10 weitere von der VN-Generalversammlung mit Zweidrittel-Mehrheit auf die Dauer von zwei Jahren gewählte nicht-ständige Mitglieder, welche sich nach einem Schlüssel aus den fünf Regionalgruppen Afrika (3), Asien (2), Lateinamerika/Karibik (2), Westeuropa/Andere (2) und Osteuropa (1) rekrutieren.

Für Entscheidungen über Verfahrensfragen ist eine Mehrheit von mindestens 9 der insgesamt 15 Mitglieder notwendig (Art. 27, Abs. 2 SVN). Für alle übrigen Fragen gilt das Gleiche, mit der Einschränkung, dass sich unter den 9 zustimmenden auch alle ständigen Mitglieder des Sicherheitsrates befinden müssen (Art. 27, Abs. 3 SVN). Anzumerken ist allerdings, dass in der Praxis der Anwendungsbereich von Art. 27, Abs. 3 SVN sehr weit gezogen ist und sich bereits auf Verfahrensfragen erstreckt, deren Beantwortung den Rat zur Ergreifung von Maßnahmen nach Kap. VII der VN-Satzung veranlassen könnte.

Art. 27, Abs. 3 SVN beinhaltet de facto ein Einstimmigkeitsprinzip für die ständigen Ratsmitglieder (uneigentliches Veto). Dies wurde und wird damit begründet, dass die Hauptlast der aufgrund eines Beschlusses zu ergreifenden Maßnahmen auf den mit diesem Veto ausgestatteten Mächten liege und daher deren volle Zustimmung zu diesen Beschlüssen gesichert sein müsse. Das Zustandekommen von Beschlüssen setzt allerdings nicht die ausdrückliche Zustimmung aller ständigen Mitglieder voraus. So kann die Stimmenthaltung eines ständigen Ratsmitgliedes die gültige Beschlussfassung nicht blockieren. Durch diese inzwischen in Völkergewohnheitsrecht übergegangene Praxis wird verhindert, dass die Arbeit des Rates durch Stimmenthaltung oder Abwesenheit eines ständigen Mitglieds lahmgelegt werden kann. Insgesamt dürfen sich jedoch nicht mehr als sechs Mitglieder der Stimme enthalten, soll eine Beschlussfassung nicht scheitern (Bailey/Daws 1998, 250f.).

Wirtschafts- und Sozialrat (ECOSOC)

Im Vergleich zum Sicherheitsrat, dem wohl bedeutendsten Organ der Vereinten Nationen, nehmen sich die Kompetenzen des Wirtschafts- und Sozialrates eher bescheiden aus. Er fungiert hauptsächlich als Informations- und Koordinierungsinstanz verschiedener VN- Spezialorgane und Sonderorganisationen – und dies mehr schlecht als recht. Die insgesamt 54 Mitglieder des zwei- bis dreimal jährlich tagenden Wirtschafts- und Sozialrates werden von der VN-Generalversammlung für drei Jahre gewählt, wobei jährlich 18 Mitglieder ersetzt werden. Bei Abstimmungen entscheidet der Wirtschafts- und Sozialrat mit einfacher Mehrheit.

4.2.3 Verwaltungsstäbe

Verwaltungsstäbe gehören zum unverzichtbaren Bestandteil der organschaftlichen Ausstattung einer jeden internationalen Organisation. Vielfach werden sie sogar, wenn auch fälschlicherweise, als mit diesen identisch betrachtet. Dies er-

---

3   Auch Nicht-Mitgliedstaaten, ja sogar diplomatisch nicht anerkannte Regierungen wie z.B. das Taliban-Regime in Afghanistan oder bürgerkriegsbeteiligte Rebellenorganisationen wie UNITA in Angola können Adressaten von nach Kap. VII der VN-Satzung ergangenen Beschlüssen des Sicherheitsrates sein.

klärt sich dadurch, dass die häufig als Sekretariate, Büros oder Kommissionen bezeichneten Verwaltungsstäbe das supranationale Element in internationalen Organisationen zum Ausdruck bringen, sie somit die Akteursqualität internationaler Organisationen verkörpern oder zu verkörpern scheinen. Die Funktionsträger in den Verwaltungsstäben sind in aller Regel, im Gegensatz zu den Mitgliedern der Plenarorgane oder Exekutivräte, keine Vertreter der mitgliedstaatlichen Regierungen und damit in ihren Entscheidungen von Weisungen der Regierungen ihrer Herkunftsländer unabhängig. Die Verwaltungsstäbe internationaler Organisationen entwickelten sich aus ursprünglich rein konferenzdiplomatischen Dienstleistungsorganen, die mit der Organisation und der Vor- und Nachbereitung von Sitzungen der intergouvernementalen Organe betraut waren, zu Organen, die heute vielfach auf den Prozess der Politikentwicklung in internationalen Organisationen einen nicht geringen, eigenständigen Einfluss nehmen.

In einer großen Zahl von Fällen erstrecken sich die Aktivitäten von Verwaltungsstäben auf das Gesamtspektrum des Politikentwicklungsprozesses vom Input- bis zum Output-Bereich. Den vergleichsweise größten Einfluss üben Verwaltungsstäbe internationaler Organisationen allerdings im Output-Bereich aus. Zwar sind sie auch hier häufig an Richtlinien der zwischenstaatlichen Beschlussorgane gebunden, aber in der Einzelfallanwendung verbleibt ihnen doch ein beträchtlicher Spielraum. Einen vergleichsweise großen Einfluss üben die internationalen Verwaltungsstäbe und vor allem ihre Chefs außerdem im Bereich der Budget- und Personalpolitik aus. Sowohl bei der Haushaltsaufstellung als auch beim Haushaltsvollzug können sie Prioritätensetzungen durch eigene Initiativen nachhaltig beeinflussen.

Das Hauptverwaltungsorgan der Vereinten Nationen ist das Sekretariat, dessen Mitarbeiter und Mitarbeiterinnen sowohl nach Leistungs- und Eignungskriterien als auch nach politisch-geographischem Proporz ausgewählt werden. Die VN-Bediensteten bilden einen internationalen öffentlichen Dienst, das heißt sie dürfen keine Weisungen von den Regierungen ihrer Heimatstaaten oder anderer Mitgliedstaaten entgegennehmen. An der Spitze des VN-Sekretariats steht der *Generalsekretär*, der auf Empfehlung des Sicherheitsrates von der Generalversammlung für eine Amtszeit von fünf Jahren gewählt wird (vgl. Beigbeder 2000; Jordan 1988; Rivlin/Gordenker 1993). Zur Unterstützung des Generalsekretärs bei den Koordinationsaufgaben innerhalb des VN-Systems sowie bei der Umsetzung von Strukturreformvorschlägen wurde im Dezember 1997 das Amt des Stellvertretenden Generalsekretärs eingerichtet. Schon seit 1994 existiert das vor allem auf Druck der USA geschaffene Amt für Interne Aufsichtsdienste, welches den Generalsekretär über die Wirksamkeit einzelner Sekretariatseinheiten sowie auftretende Mittelverschwendung oder gar Korruption unterrichtet (vgl. Volger 2000b).

Außerordentlich weitreichende Kompetenzen hat der Verwaltungsstab der Europäischen Union. Deren Spitze, die Europäische Kommission, besitzt ein legislatives Vorschlagsmonopol für die erste Säule der EU, das heißt es steht nur ihr zu, ‚Gesetzes‘initiativen im Europäischen Parlament und im Rat einzubringen. Da sowohl Parlament als auch Rat in ihrer Rechtsetzungstätigkeit zumindest formal von den Kommissionsvorschlägen abhängig sind, kann die Kommission als der Motor der Politik in der Ersten Säule der EU bezeichnet werden. Gleichzeitig besitzt sie gerade im Bereich der Kohle- und Stahl- sowie der Agrarpolitik oder bei der Verwirklichung des Binnenmarktes und der Verwaltung der Regional- und Strukturfonds weitreichende Kompetenzen zum Erlass von Rechtsakten,

VN-Sekretariat

EU: Kommission

107

die für die Mitgliedstaaten unmittelbar wirksam werden. Neben der Mitwirkung an der Rechtssetzung in Parlament und Rat ist sie auch an der Anwendung und der Kontrolle über die Anwendung des Gemeinschaftsrechts in den Mitgliedstaaten beteiligt. Sie stellt mithin das EU-Organ dar, das am nachhaltigsten die gemeinsamen EU-Interessen vertritt. Sie ist damit vor allem im Gegensatz zum Rat, dem Vertretungsorgan der Interessen der Mitgliedstaaten, Repräsentantin der Supranationalität in der Europäischen Union. Die (derzeit) 20 Mitglieder der Kommission werden seit Inkrafttreten des Amsterdamer Vertrages von den Mitgliedstaaten im gegenseitigen Einvernehmen unter Mitwirkung des Europäischen Parlaments für eine Amtszeit von fünf Jahren ernannt. Mit Inkrafttreten des Vertrages von Nizza wird es den Mitgliedern des Rats obliegen, mit qualifizierter Mehrheit einen Kommissionspräsidenten und in einem zweiten Schritt sein Kollegium vorzuschlagen und nach der Bestätigung durch das Europäische Parlament zu ernennen. Obwohl bei der Ernennung auf einen mitgliedstaatlichen Proporz geachtet wird, sind die Kommissionsmitglieder von den Regierungen der Mitgliedstaaten zwar nicht immer völlig unbeeinflusst, aber doch formal unabhängig. An der Spitze der Kommission steht der Kommissionspräsident. Den zwei Vizepräsidenten und 17 weiteren Kommissaren sind intern verschiedene Ressorts zugeordnet, für die sie wie die Minister auf mitgliedstaatlicher Ebene die politische Verantwortung tragen. Bei der Ernennung der Kommissare wurden in den 1960er und 1970er Jahren vor allem Spitzenbeamte aus den Mitgliedstaaten der Gemeinschaft berücksichtigt; spätestens seit den 1980er Jahren ist jedoch ein Trend zu erkennen, die Kommission mit Spitzenpolitikern aus den Mitgliedstaaten zu besetzen. Die Unabhängigkeit der Kommission wird dadurch gestärkt, dass die Kommission weder vom Rat noch von den Mitgliedstaaten abgesetzt werden kann. Allein das Europäische Parlament hat das Recht, der Kommission sein Misstrauen auszusprechen (vgl. Diederichs 2000, 144-153).

Hoher Vertreter für die GASP

Im Bereich der Zweiten Säule der EU, der GASP, tritt die Kommission freilich hinter dem durch den Amsterdamer Vertrag geschaffenen Hohen Vertreter für die GASP zurück. Der Hohe Vertreter fungiert darüber hinaus als Generalsekretär des Rates und als Leiter der ebenfalls neu geschaffenen Strategieplanungs- und Frühwarneinheit der GASP. Sein im Vergleich zur Kommission größeres Gewicht bei der Politikformulierung und –implementation hat der Hohe Vertreter dieser institutionellen Doppelrolle zu verdanken. Vergleichen wir die institutionelle Infrastruktur der Ersten und Zweiten Säule der EU, so können wir eine Doppelköpfigkeit der Verwaltungsstäbe konstatieren, da die Kompetenzen der Kommission im Bereich der Zweiten Säule deutlich hinter denen des Hohen Vertreters zurück bleiben.

4.2.4 Gerichtshöfe und gerichtsähnliche Streitschlichtungsinstanzen

Gerichtshöfe oder *gerichtsähnliche Streitschlichtungsinstanzen* stellen nicht den Regelfall der institutionellen Ausstattung internationaler Organisationen dar, allerdings sind sie in den uns zur Illustration dienenden Fällen vorhanden. Zu den Vereinten Nationen gehört der Internationale Gerichtshof (IGH) in Den Haag, für die EU entscheidet der Europäische Gerichtshof (EuGH) mit Sitz in Luxemburg. Werden die 15 Richter des IGH vom VN-Sicherheitsrat und der VN-Generalversammlung mit absoluter Mehrheit gewählt (im Bedarfsfall kann die Richterbank durch je einen Richter, den die streitenden Parteien stellen, erweitert werden), so liegt beim EuGH das Benennungsrecht der 15 Richter und acht Generalanwälte bei den Mitgliedstaaten. Wie beschränkt der Internationale Gerichtshof in zwischenstaatliche Rechtsstreitigkeiten eingreifen kann, wird daraus ersichtlich, dass sich die beiden Streitparteien über die Anrufung des Gerichts einig sein müssen, das heißt im jeweils zu behandelnden Streitfall oder aber generell die Zuständigkeit des IGH anerkennen müssen. Die Vereinten Nationen verfügen demnach über keine obligatorische Gerichtsbarkeit, wohl aber die Welthandelsorganisation mit ihrem Streitschlichtungsorgan (DSB). Die Aufgabe des DSB, dem alle Mitgliedstaaten der WTO angehören, besteht darin, Rechtsstreitigkeiten zwischen Mitgliedern in einem vorgegebenen Verfahren zu behandeln, welches unilaterale Maßnahmen verhindert. In einem ersten Schritt fällt dem DSB die Aufgabe zu, ein aus unabhängigen Experten bestehendes Panel einzusetzen, welches den Streitfall untersucht. Die Ablehnung des Panel-Berichtes durch den DSB kann nur einstimmig erfolgen. Gleiches gilt im Berufungsverfahren, das durch die unterlegene Streitpartei angestrengt werden kann. Der Bericht der Berufungsinstanz wird rechtsverbindlich, wenn nicht alle Mitglieder des DSB gegen seine Annahme stimmen. Im Falle einer Missachtung der Entscheidung des DSB durch die unterlegene Streitpartei kann der in seinen Rechten verletzte Mitgliedstaat Sanktionen gegen den Rechtsbrecher verhängen, dies allerdings nur nach Genehmigung des DSB.

Beim Europäischen Gerichtshof liegen die Rechtswegevorschriften und -garantien hingegen bereits in den Gründungsverträgen fest. Die Hauptaufgabe des EuGH besteht in der bindenden Auslegung und Anwendung der Gemeinschaftsverträge, des so genannten primären Gemeinschaftsrechts, und des von den Organen der EU gesetzten so genannten sekundären Gemeinschaftsrechts (vgl. Kap. 7.1.2). Beim EuGH handelt es sich also um ein uneingeschränkt supranationales Organ. Die Existenz eines solchen, in seinen Befugnissen nationalstaatlichen Verfassungsgerichten vergleichbaren Gerichts scheint mit dem völkerrechtlichen Grundsatz der souveränen Gleichheit der Staaten (vgl. Kap. 4.1) unvereinbar. Denn die Mitgliedstaaten der Europäischen Union unterwerfen sich qua Mitgliedschaft seiner Jurisdiktion. Das vom EuGH für alle Mitgliedstaaten und deren Organe verbindlich ausgelegte und angewandte Gemeinschaftsrecht steht in der Normenhierarchie über dem nationalen Recht der Mitgliedstaaten und wird zusammen mit den Gerichten der Mitgliedstaaten durchgesetzt.

Diesem Prozess der Konstitutionalisierung von völkerrechtlichen Teilordnungen liegt zugrunde, dass der Beitritt zu derartigen konstitutionellen, weil die völkerrechtlichen Grundsätze transzendierenden Regelungssystemen grundsätzlich aufgrund einer freien Entscheidung jedes Staates erfolgt. Gleichwohl unterliegt ein Staat nach erfolgtem Beitritt über den Mechanismus des Rechts einem starken Zwang zu verfassungstreuem Verhalten (vgl. Frowein 2000, 438; Weiler

IGH

Streitschlichtungs-
organ der WTO

Konstitutiona-
lisierung des
primären Staaten-
gemeinschaftsrechts

1999, 25). So wird auch das reformierte Streitschlichtungsverfahren im Rahmen der Welthandelsorganisation (WTO) als einer konstitutionellen Ordnung ähnlich betrachtet. Auch hier ist der Beitritt zur Organisation mit der Unterwerfung unter ein rechtsgebundenes Streitschlichtungsverfahren für eine unbestimmte Zahl künftiger Fälle verbunden (Jackson 1998, 59-100; Senti 2000, 134-152).

Der Begriff 'Konstitutionalisierung' erfasst jedoch nicht nur den Umstand, dass sich Staaten durch ihre Mitgliedschaft in internationalen Organisationen supranationalen Gerichten mit genereller (EuGH) oder partikularer (WTO-Streitschlichtungsmechanismus) Zuständigkeit dauerhaft unterwerfen. Zum formellen Aspekt von 'Verfassung' tritt eine materielle Komponente hinzu. So zeichnete sich im Laufe der zweiten Hälfte des 20. Jahrhunderts immer deutlicher die Herausbildung einer Staatengemeinschaft ab, die Werte wie Demokratie und Menschenrechte als verpflichtend anerkennt. Im europäischen Raum ist der Prozess der Konstitutionalisierung dieser Werte mit der Errichtung des europäischen Menschenrechtsregimes, gestützt auf den Europarat, die Europäische Menschenrechtskonvention und den Europäischen Gerichtshof für Menschenrechte, am erfolgreichsten verlaufen (vgl. Kap. 10.2). Auf globaler Ebene können die Schaffung des Amts des Hohen Kommissars für Menschenrechte (seit 1994) sowie das Vorhaben, einen Internationalen Strafgerichtshof zur Verurteilung von schweren Kriegsverbrechen, Völkermord, Verbrechen gegen die Menschlichkeit sowie des Führens eines Angriffskrieges zu errichten, als Meilensteine auf dem Weg der Konstitutionalisierung weltweit anerkannter Menschenrechte betrachtet werden.

4.2.5 Parlamentarische Versammlungen

Eine *Parlamentarische Versammlung* als Bestandteil einer internationalen Organisation treffen wir bei der EU, dem Europarat und der OSZE an. Den Parlamentarischen Versammlungen des Europarates und der OSZE kommt freilich nur eine konsultative Rolle, dem seit 1979 direkt gewählten Europäischen Parlament (EP) hingegen Kontroll-, Budget- und Politikgestaltungsfunktionen zu. Die letztgenannte Funktion begann das Parlament erst nach Inkrafttreten der Einheitlichen Europäischen Akte (1987) auszufüllen. Mussten die Parlamentarier sich zuvor auf unverbindliche Stellungnahmen beschränken, so mündete das neugeschaffene Zusammenarbeitsverfahren in einen konstanten institutionellen Aushandlungsprozess zwischen Rat und Parlament. Die Stellungnahmen des EP beeinflussten den Gesetzgebungsprozess innerhalb des Rates dergestalt, dass die Ratsmitglieder diese Stellungnahmen in einer zweiten Lesung nur mit Einstimmigkeitsbeschluss unberücksichtigt lassen konnten. Ein faktisches Vetorecht besitzt das EP allerdings erst seit der Einführung des Mitentscheidungsverfahrens durch den Maastrichter Vertrag. Sollten Rat und Parlament auch nach der zweiten Lesung keine Einigung erzielt haben, wird ein gemeinsamer Vermittlungsausschuss von Rat und Parlament eingesetzt. Wenn auch dieses Gremium keinen Konsens zu schaffen vermag, gilt der Rechtsakt als gescheitert. Das Parlament ist somit im Laufe einer Dekade zum zweiten Gesetzgebungsorgan neben dem Rat avanciert und kann im Rahmen des Mitentscheidungsverfahrens seit dem Inkrafttreten des Amsterdamer Vertrages (1999), durch den dieses Verfahren gestrafft wurde, auf 70 Prozent aller legislativen Akte entscheidenden Einfluss nehmen (vgl. Maurer 1998, 68; 2000).

Europäisches Parlament

Fortschritte bei der Wahrnehmung der Politikgestaltungsfunktion

110

Während die Defizite bei der Politikgestaltung sukzessive abgebaut werden konnten, ist eine ausreichende Wahrnehmung der Kontrollfunktion durch das Europäische Parlament weiterhin nicht gewährleistet. Das Problem des Europäischen Parlaments ist in der Unklarheit über den institutionellen Gegenspieler begründet: zwar kann das Parlament der Kommission sein Misstrauen aussprechen (was im Jahre 1999 zwar scheiterte, aber dennoch zum geschlossenen Rücktritt der Kommission führte), das wichtigste Entscheidungsorgan der Union ist aber der Rat. Daraus folgt, dass das Europäische Parlament keine durchgreifenden Sanktionsmöglichkeiten gegenüber dem politisch entscheidenden Organ, dem Rat, hat. Auch ein weiterer Kontrollmechanismus, die Rückbindung der Handlungsmacht des politischen Systems an die Gesellschaft, kommt in der EU nicht ausreichend zum Tragen. Dieser oft als Demokratiedefizit bezeichnete Sachverhalt wird nicht so sehr auf die geringen Befugnisse des direkt gewählten EP im Verhältnis zu Rat und Kommission zurück geführt; vielmehr ist die Ansicht verbreitet, dass sich hier das Fehlen einer europäischen politischen Öffentlichkeit als „intermediärem Feld" zwischen Entscheidungsträgern und den von Entscheidungen betroffenen Bürgerinnen und Bürgern bemerkbar macht (Eder/Hellmann/Trenz 1998, 327).

So dient in nationalen politischen Systemen dieses intermediäre Feld als Arena für politische Kommunikations- und Meinungsbildungsprozesse, welche – und darin besteht ihre Kontrollfunktion – in nicht unwesentlichem Maße bei Entscheidungen der politischen Amtsträger Berücksichtigung finden (Scharpf 1999, 20, 23). Träger dieser Prozesse sind vorrangig Parteien, Interessengruppen und Medien. Bei Betrachtung des politischen Systems der EU wird deutlich, dass die eben genannten Träger politischer Öffentlichkeit der ihnen zugedachten Rolle als Kommunikatoren und Meinungsführer nicht gerecht werden können.

Aufgrund des institutionellen Schwebezustandes des EP können Parteien ihrer traditionelle Aufgabe, der Formierung eines repräsentativen Volkswillens und dessen Einbringung in den politischen Prozess nicht nachkommen. Zu sehr wird die Herstellung und Widerspiegelung einer europäischen öffentlichen Meinung durch den Zwang zur fraktionsübergreifenden Konsensfindung im EP behindert, um ein (in Grenzen) potentes Gegengewicht zu Rat und Kommission zu bilden. Die Dominanz der Interessengruppen als Träger politischer Öffentlichkeit auf europäischer Ebene treibt die, in der stark funktional gegliederten Segmentierung europäischer Politikentwicklungsprozesse ohnehin angelegte, Ausbildung von Teilöffentlichkeiten voran, da diese ihr Publikum über „issuespezifische Thematisierungswellen" gewinnen. Dieser von Interessengruppen geförderten Issue-Betroffenheit kann durch das Fehlen einer transnationalen massenmedialen Öffentlichkeit keine auf das europäische Gemeinwesen als Ganzes abhebende Betroffenheit entgegengestellt werden (vgl. Eder/Hellmann/Trenz 1998, 324f.; Wedel 2000, 43).

Die Übertragung des nationalen Verständnisses von Öffentlichkeit auf die europäische Ebene verkennt jedoch den positiven Entwicklungscharakter, welcher hervortritt, wenn die Betroffenen selbst, die Bürgerinnen und Bürger Europas, zu Wort kommen. Neuere Studien gelangen auf der Basis regelmäßiger Befragungen des *Eurobarometers* zu einer optimistischeren Feststellung, derzufolge wichtige Voraussetzungen für die Ausbildung einer europäische Öffentlichkeit bereits erfüllt sind. Zum einen offenbart die Analyse der Umfragedaten die Entwicklung zu einem Konsens über politische Wertorientierungen. Zum anderen fühlen sich bereits mehr als die Hälfte aller Befragten *auch* als Europäer, was

111

auf die fortgeschrittene Entwicklung einer kollektiven europäischen Identität zusätzlich und neben der fortbestehenden nationalen Identität schließen lässt (vgl. WZB-Mitteilungen 92/2001, 8-12).

4.2.6 Vertretungsorgane gesellschaftlicher Interessen

Eine Lösung für das oben thematisierte Defizit der gesellschaftlichen Interessenrepräsentation und -berücksichtigung in internationalen Organisationen wird in erweiterten *Zugangsmöglichkeiten gesellschaftlicher Interessenorganisationen* – ob nationalen oder internationalen Zuschnitts – zu den Politikentwicklungsprozessen in internationalen Organisationen gesehen. Die Erfahrung zeigt, dass die mit kodifizierten Beteiligungsrechten ausgestatteten Interessenorganisationen der Gesellschaftswelt direkt und mit eigener Stimme auf die Politikentwicklung Einfluss nehmen (können), ohne sich der Vermittlung durch mitgliedstaatliche Agenten bedienen zu müssen.

Wir können mehrere Varianten formalisierter Beteiligungsrechte von gesellschaftlichen Interessenorganisationen unterscheiden. In dieser Hinsicht herausragend sind die Beteiligungsrechte von Gewerkschaften und Arbeitgeberorganisa-

Tripartismus der ILO

tionen im Rahmen der Internationalen Arbeits-Organisation (ILO). Ihr Einfluss ist durch das grundlegende institutionelle Strukturmerkmal der Dreigliedrigkeit der mitgliedstaatlichen Vertretung in den Beschlussorganen der ILO (so genannter Tripartismus) sichergestellt (vgl. Jetzlsperger 2000). Das politische System der Europäischen Union verfügt mit dem Wirtschafts- und Sozialausschuss

Wirtschafts- und Sozialausschuss der EU

(WSA) ebenfalls über ein Organ, in dem Arbeitgeber, Arbeitnehmer und andere organisierte Interessen gegenüber Kommission, Rat und Parlament ihre Anliegen in Form von Anhörungen und Stellungnahmen vertreten können. Mit Blick auf das identifizierte Defizit der gesellschaftlichen Interessenrepräsentation in internationalen Organisationen verdient der Umstand Erwähnung, dass sich der WSA in jüngerer Zeit zum „Sprachrohr zur Verbreitung des Europagedankens" auch und vor allem in den Staaten Mittel- und Osteuropas weiterentwickelt hat (vgl. Linsenmann 2000).

Neben diesen gesellschaftlichen Interessenvertretungsorganen innerhalb des VN-Systems und der EU besteht im Verband der VN für Nichtregierungsorganisationen (NGO) die Möglichkeit, Teil internationaler Verhandlungssysteme zu werden. Auf der Basis von Art. 71 SVN und einschlägiger ECOSOC-Resolutio-

NGO-Konsultativstatus beim ECOSOC

nen der Jahre 1968 und 1996 können NGO beim ECOSOC Konsultativstatus beantragen. Das eigens eingerichtete NGO-Komitee des ECOSOC prüft den Antrag und teilt die jeweilige Organisation in eine von drei Gruppen ein: in den allgemeinen oder den speziellen Konsultativstatus oder den Roster. Mit der Gruppeneinteilung gehen gestaffelte Teilnahmerechte einher. So besitzt z.B. Greenpeace allgemeinen Konsultativstatus und ist im Gegensatz zu Amnesty International, das über speziellen Konsultativstatus verfügt, neben der Teilnahme an formellen Sitzungen und dem Abgeben mündlicher und schriftlicher Stellungnahmen auch befugt, Vorschläge zur Tagesordnung des ECOSOC und dessen Unterorganen zu unterbreiten (vgl. Schulze 2000). Zur Zeit besitzen mehr als 2000 NGO Konsultativstatus beim ECOSOC. Neben der Teilnahmemöglichkeit an ECOSOC-Sitzungen können NGO auch an den von den VN einberufenen ‚Weltkonferenzen' teilnehmen. Die Konsultativstatusregelung für NGO wird hier mitunter sehr viel lockerer gehandhabt. Sinn derartiger Arrangements ist die

112

Stärkung der Input-Seite des politischen Systems internationaler Organisationen, was deren Fähigkeit zur Berücksichtigung der Interessenartikulation der Gesellschaftswelt verbessert und die Reaktionszeit verkürzt. Dies ist gerade im Umwelt- und Menschenrechtsschutzbereich nicht nur wünschenswert, sondern dringend notwendig.

Ein weiterer Versuch, Interessenartikulationen der Gesellschaftswelt im politischen System internationaler Organisationen mehr Gehör zu verschaffen, stellt die Einrichtung von Vertretungsorganen für substaatliche Gebietskörperschaften in den Mitgliedstaaten der EU dar. Die Europäische Union verfügt seit dem Inkrafttreten des Maastrichter Vertrags (1993) mit dem Ausschuss der Regionen (AdR) über ein derartiges Vertretungsorgan. Der AdR ist ein aus derzeit 222 Repräsentanten der regionalen und lokalen Gebietskörperschafen zusammengesetztes beratendes Organ, welches das Ziel verfolgt, regionale und lokale Interessen zu bündeln und in den Rechtssetzungsprozess auf europäischer Ebene einzubringen. Der Ausschuss muss vom Rat, der Kommission sowie dem Parlament in vertraglich festgelegten Politikfeldern – u.a. in den Bereichen Bildung, Beschäftigung und Umwelt – gehört werden. Dem eigenen Anspruch, ein wirksames Bindeglied zwischen den Bürgern und den Institutionen der EU darzustellen und damit das thematisierte Defizit der gesellschaftlichen Interessenrepräsentation und -berücksichtigung in internationalen Organisationen zu mindern, konnte der AdR bisher jedoch nicht gerecht werden (vgl. Mittag 2000).

Vertretungsorgane von Gebietskörperschaften

EU: Ausschuss der Regionen

4.2.7 Institutionengefüge und Theorieschulen

Abschließend wollen wir die aus der Diskussion des Institutionengefüges internationaler Organisationen gewonnenen Erkenntnisse kurz mit den in Teil I vorgestellten Theorieschulen konfrontieren. Es ist festzuhalten, dass die drei Theorieschulen den einzelnen Organen unterschiedliche Bedeutung beimessen. Aus der Sicht des Neorealismus sind diejenigen Organe die wichtigsten, in denen die mächtigsten Mitgliedstaaten vertreten und tonangebend sind, das heißt das Plenarorgan und/oder der Verwaltungsrat. So sind der Auf- und Umbau von intergouvernementalen Organen durchaus mit der neorealistischen Perspektive kompatibel, wonach relativ mächtige Staaten und die mächtigsten Staaten auf die institutionelle Ausgestaltung einer internationalen Organisation mehr Einfluss nehmen können als schwächere Staaten. Diese Einflussnahme wird freilich gebremst durch den Zwang zur Einigung mit den an der Beschlussfassung institutionell notwendig Beteiligten, um politikgestaltende Politikergebnisse zu erreichen. Supranationale Organe internationaler Organisationen sind für den Neorealismus von untergeordneter Bedeutung. Er sieht ihr Wirken letztlich von den Interessen der mächtigsten Mitgliedstaaten einer internationalen Organisation abhängig.

Neorealismus

Im Gegensatz zum Neorealismus betont der neoliberale Institutionalismus die zumindest partiell unabhängige Rolle einzelner Organe und legt besonderes Gewicht auf Verwaltungsstäbe, Gerichtshöfe und Parlamentarische Versammlungen. Dass die neoliberal-institutionalistische These von der relativen Autonomie derartiger Organe schlüssig ist, zeigt die wachsende Tendenz zur Konstitutionalisierung internationaler Organisationen (vgl. Kap. 4.2.4), das heißt das Ausmaß, zu dem die ‚Verfassung‘ der jeweiligen internationalen Organisation die oberste Rechtsquelle für ihre Mitgliedstaaten ist. Während der schwach aus-

neoliberaler Institutionalismus

geprägte Konstitutionalisierungsgrad des VN-Systems noch von der neorealistischen Theorieschule erfasst wird, kann sie die weit fortgeschrittene Konstitutionalisierung von EU, Europarat und WTO theoretisch nicht mehr integrieren. Dieser Trend liegt deutlich auf der Linie der neo-institutionalistischen Sichtweise. Zu diesem Befund trägt bei, dass die Stärkung der supranationalen Organe einer internationalen Organisation (Verwaltungsstab, Gerichtshof, Parlament) nicht mit der neorealistischen Instrumentalisierungsperspektive in Einklang zu bringen ist. Er stärkt statt dessen die neo-institutionalistische Sicht.

Sozialkon-
struktivismus
Auch der Sozialkonstruktivismus lenkt den Blick auf die Gerichtshöfe und Streitschlichtungsorgane von internationalen Organisationen sowie auf ihre Parlamentarischen Versammlungen. Im Gegensatz zum neoliberalen Institutionalismus wird die Bedeutung der in diesen Organen stattfindenden normativ geprägten Diskurse betont. Der besondere Beitrag solcher Diskurse zur Internalisierung von in den Verfassungen der EU, des Europarates und der WTO niedergelegten Normen wird vom rationalistischen Erklärungsprogramm des neoliberalen Institutionalismus nicht erfasst. Der Sozialkonstruktivismus liefert somit eine konkurrierende Erklärung für die herausragende Stellung dieser „teachers of norms" (Finnemore 1993) im Institutionengefüge internationaler Organisationen.

5 Akteure, ihre Interessen und ihre Chancen der Einflussnahme auf die Politikentwicklung in internationalen Organisationen (Input-Dimension)

Der Prozess der Politikentwicklung wird zwar durch das institutionelle Gefüge internationaler Organisationen beschränkt und kanalisiert; vorangebracht und inhaltlich bestimmt wird er jedoch von den Interessen und Handlungsressourcen der an den Entscheidungsprozessen beteiligten Akteure. Wie die Spielregeln und die Begrenzungen des Feldes beim Fußball zwar das Spiel prägen, jedoch nicht dessen Verlauf und Ausgang determinieren, so wirkt die ‚polity‘ internationaler Organisationen nur als normativ-institutioneller Rahmen, der die Handlungsoptionen von Akteuren der internationalen Politik eröffnet oder begrenzt, mithin mögliche Spielzüge definiert und andere ausschließt. Gleichwohl bleiben die ‚politics‘, wie die Spielzüge der Mannschaften bei einem Fußballspiel, eine Domäne der Akteure.

Um uns der Analyse der ‚politics‘-Dimension, also der Politikentwicklung im institutionellen Gefüge internationaler Organisationen zu nähern, wollen wir in diesem Kapitel die Inputs beleuchten; in den folgenden Kapiteln werden wir die Umwandlung (Konversion) der Inputs in Outputs sowie die Outputs selbst ins Blickfeld rücken. Uns interessiert somit zunächst, welche Akteure der internationalen Politik Inputs produzieren, das heißt mit Anforderungen und Unterstützungsleistungen auf die politischen Systeme internationaler Organisationen einzuwirken versuchen (Kap. 5.1). Davon ausgehend fragen wir nach akteursspezifischen Handlungsressourcen, die ihnen die Einflussnahme auf die Politikentwicklung in internationalen Organisationen ermöglichen, und untersuchen die für unterschiedliche Akteursgruppen typischen Anforderungen und Unterstützungsleistungen in den Sachbereichen ‚Sicherheit‘, ‚Wohlfahrt‘ und ‚Herrschaft‘ (Kap. 5.2).

IO-Politics

5.1 Die Akteure und ihre Handlungsressourcen

Die für die Inputs in die politischen Systeme internationaler Organisationen maßgeblichen Akteure lassen sich mit ihren je spezifischen Handlungsressourcen und Einflusschancen grob in fünf Kategorien einteilen: (1) Vertreter der Regierungen der Mitgliedstaaten, (2) die Verwaltungsstäbe, vor allem die Verwaltungsspitze der internationalen Organisation selbst, (3) die parlamentarischen Versammlungen, insbesondere das Europäische Parlament, (4) organisierte Interessen und die öffentliche Meinung sowie (5) Experten, die politikberatende Funktionen ausüben.

5 Akteursgruppen

Schaubild 16: Das politische System internationaler Organisationen (Input)

Umwelt			Umwelt
	Imput	Konversion	
	Mitgliedstaatliche Regierungen Verwaltungsstäbe Parlamentarische Versammlungen Organisierte Interessen Advocacy-Koalitionen Öffentliche Meinung Experten	Anforderungen → Unterstützung →	Das politische System →
Umwelt			Umwelt

5.1.1 Mitgliedstaaten und ihre Vertreter

Das Gros der Anforderungen und Unterstützungsleistungen, die an die politischen Systeme internationaler Organisationen herangetragen werden, stammt aus den Mitgliedstaaten der jeweiligen Organisation. Sie erbringen durch ihre Beitragszahlungen, aber auch durch die Bereitstellung von Informationen und Personal jene *Unterstützungsleistungen*, die es internationalen Organisationen erst ermöglichen, ihre Aufgaben in Angriff zu nehmen. Die Bedeutung dieser Unterstützungsleistungen tritt besonders dann zutage, wenn diese einer internationalen Organisation von Seiten eines Mitgliedstaates verweigert werden. Als prominentes Beispiel kann hier das Verhalten der USA gegenüber den Vereinten Nationen und einigen VN-Sonderorganisationen gelten. Unabhängig von der Frage, welcher Akteur innerhalb des amerikanischen politischen Systems für die Politik gegenüber den VN verantwortlich zeichnet, bleibt festzuhalten, dass das über viele Jahre sich hinziehende Zurückhalten von Pflichtbeiträgen erhebliche Konsequenzen – u.a. in Form von Stellenabbau und Einschränkung von Programmaktivitäten – für die Arbeit der Organisation nach sich zog. Im Falle der VN-Organisation für industrielle Entwicklung (UNIDO) erklärten die USA 1996 gar ihren Austritt und entzogen der Organisation somit jegliche Unterstützung, nachdem die USA bereits 1984 ihre Mitgliedschaft in der VN-Organisation für Erziehung, Wissenschaft und Kultur (UNESCO) aufgekündigt hatten. Das Verhalten von Staaten gegenüber und in internationalen Organisationen – das Beispiel der USA zeigt dies – ist in der Regel durchaus eigennützig motiviert, so dass davon ausgegangen werden muss, dass Staaten ihre Strategie der Unterstützung oder Nicht-Unterstützung mit Blick auf die Gegenleistungen von internationalen Organisationen treffen. Staaten unterstützen internationale Organisationen vor allem dann, wenn sie annehmen und auch danach streben, durch die Mitarbeit in internationalen Organisationen ihre Interessen in der internationalen Politik stärker zur Geltung zu bringen. So sind es in der Regel auch die Staaten und ihre (Regierungs-)Vertreter, die *Anforderungen* an die politischen Systeme internationaler Organisationen richten. Dies kann zum einen dadurch geschehen, dass sich die Regierung, ein Regierungsvertreter oder sogar der Regierungschef eines Mitgliedstaates direkt an eines der Organe der Organisation mit einer

Handlungsaufforderung wendet, oder zum anderen – und dies darf wohl als die Regel gelten – indem sich eine mitgliedstaatliche Regierung ihrer Delegation in einem zwischenstaatlichen Organ oder ihrer Ständigen Vertretung am Sitz der Organisation als Agent ihrer Interessenartikulation bedient.

Ständige Vertretungen und Delegationen sind die mitgliedstaatlichen Agenten in den zwischenstaatlichen Organen einer internationalen Organisation; sie bestehen in der Regel aus Regierungsvertretern, die aber keineswegs alle dem Diplomatischen Dienst entstammen, sondern zunehmend auch den Fachministerien der Entsenderegierung. Gelegentlich sind in ihnen sogar Nichtregierungsexperten vertreten. Je nach Verhandlungsgegenstand liegt sogar die Delegationsleitung bei einem Vertreter des zuständigen Fachministeriums, und der Vertreter des Außenministeriums spielt eher die Rolle des ‚diplomatischen Justitiars‘. Ständige Vertretungen als Agenten der Mitgliedstaaten

Delegationen und Ständige Vertretungen sind bei ihren Aktionen in und gegenüber Organen der internationalen Organisation ebenso wie gegenüber den Vertretern anderer Mitgliedstaaten an Weisungen der Entsenderegierung gebunden. Allgemeine Weisungen zu Beginn einer Beratungs- oder Verhandlungsrunde werden von Fall zu Fall durch Einzelweisungen ergänzt. Trotzdem können Delegationen und Ständige Vertretungen selbstverständlich ihrerseits Einfluss auf die ihnen zugehenden Weisungen nehmen – durch ihre Berichte sowie durch die Häufigkeit, den Zeitpunkt oder die Problemvorgabe einer Weisungsanforderung (vgl. Willetts 1988, 22-27). Die Weisungsabhängigkeit und Handlungsautonomie von Delegationen und Ständigen Vertretungen hängt aber nicht zuletzt auch vom Status und politischen Gewicht der Delegationsleiter oder der Chefs der Ständigen Vertretungen ab. Dazu kommt, dass es nachhaltige Unterschiede zwischen Staaten im Grade der durchschnittlichen Weisungsgebundenheit ihrer Vertreter gibt. Ein Faktor dabei ist das politisch-administrative Entwicklungsniveau und der Umfang des Staatsapparates – große und entwickelte Länder sind ganz einfach eher in der Lage, ihre Beteiligung an Politikentwicklungsprozessen in internationalen Organisationen durch Weisungen zu steuern als dies bei weniger entwickelten oder kleinen Staaten der Fall ist. Beispielsweise agiert die amerikanische Diplomatie in der Regel stark weisungsabhängig (ohne dass sie deshalb bloße Marionette ihrer Regierung wäre), während die Außenpolitik von Entwicklungsländern mitunter mehr von den VN-Delegationen in New York oder Genf bestimmt wird, wo diese auch noch in der ‚Gruppe der 77‘ eingebunden sind. Allgemein ist aber festzuhalten, dass die multilaterale Diplomatie in internationalen Organisationen den Vertretungen der Mitgliedstaaten mehr Handlungsspielraum und mehr Verantwortung lässt und auch abverlangt, als ihnen in bilateralen Verhandlungen zugestanden wird (vgl. Jacobson 1984, 100-115). Weisungsunabhängigkeit unterschiedlicher Grad der Weisungsabhängigkeit

Im Regelfall kommen die an die Delegationen oder Ständigen Vertretungen übermittelten Weisungen durch einen innerbürokratischen Interaktions- und Aushandlungsprozess zustande, an dem neben dem Außenministerium oder dem (den) dort befassten Referat(en) die einschlägig interessierten oder federführenden Fachministerien beteiligt sind. Dieser interministerielle und zum Teil auch intraministerielle Abklärungs- und Abstimmungsvorgang – in der Regel auf Referentenebene und selten höher als Abteilungsleiterebene – produziert die überwiegende Zahl der Weisungen ohne weitere Dritteinmischung. Nur selten erreicht eine strittige Frage die Ebene von Kabinettsentscheidungen wie z.B. bei dem Beschluss über die Neuverteilung der EU-Finanzlasten.

Die Rigidität von Weisungen ist in Abhängigkeit vom Grad der Komplexität bürokratischer Aushandlungsprozesse zu sehen. Gerade am Beispiel der nationalen Vorbereitung der Politik in internationalen Organisationen zeigt sich ganz besonders deutlich, was Helga Haftendorn (1978) „verwaltete Außenpolitik" genannt hat. Oft stellt sich der intra- und interministerielle Aushandlungsprozess als ebenso schwierig dar wie die Verhandlungen in den internationalen Organisationen selbst.

Ort der Plazierung der nationalstaatlichen Anforderungen an die politischen Systeme internationaler Organisationen kann – und dies gilt vor allem für weitreichende und symbolträchtige Politikinnovationen, wie zum Beispiel die von Frankreich und Großbritannien ausgehende Initiative zur Schaffung einer schnellen militärischen Eingreiftruppe der EU auf der Tagung des Europäischen Rates im April 1999 in Köln[4] – das Plenarorgan der jeweiligen Organisation sein, da die Mitgliedstaaten dort schließlich über Vertreter mit Sitz- und Stimmrecht verfügen. Bei weniger wichtigen Fragen der alltäglichen Politik in internationalen Organisationen wird der Adressat der mitgliedstaatlichen Anforderungen, die durch Delegationen oder Ständige Vertretungen übermittelt werden, jedoch kaum das Plenarorgan sein können. In diesen Fällen wenden sich die mitgliedstaatlichen Repräsentanten entweder an einzelne Ausschüsse, Kommissionen und Arbeitsgruppen oder direkt an die zuständige Teilbürokratie im Verwaltungsapparat der betreffenden internationalen Organisation.

formale Gleichheit – faktische Ungleichheit

Entsprechend dem Grundsatz der souveränen Gleichheit der Staaten müsste die Erfolgswahrscheinlichkeit der Anforderungen verschiedener Staaten gleich sein. Doch jenseits der formalen Gleichheit der Staaten existiert eine faktische Ungleichheit in den internationalen Beziehungen, die sich auch in den Einflusschancen mitgliedstaatlicher Delegationen und Ständiger Vertretungen auf die Politik in internationalen Organisationen widerspiegelt. Mit anderen Worten: Die Wirkung, die die Anforderungen von Staaten auf die Politik internationaler Organisationen erzielen, ist auch, freilich nicht ausschließlich, abhängig von der Machtposition des betreffenden Staates in den internationalen Beziehungen. Die Möglichkeit, die eigenen Interessen auch gegen den Willen anderer Akteure durchzusetzen, beruht demnach auf Macht, die wir als Verfügungsgewalt über bestimmte zum Handeln befähigende Ressourcen verstanden wissen wollen.

Macht als Verfügungsgewalt über Ressourcen

Macht bestimmt sich aus dieser Sicht nicht als Kontrolle über Politikergebnisse, vielmehr ist die Kontrolle über Politikergebnisse eine Folge von Macht, die sich auf die Kontrolle über Ressourcen stützt. Die Macht im Sinne der Verfügungsgewalt über Ressourcen spaltet sich dabei in eine problemfeldspezifische (issue structure) und eine den Gesamtkontext zwischenstaatlicher Beziehungen (overall power structure) betreffende Variante auf (vgl. Keohane/Nye 2001, 3-47).

problemfeldspezifischer Kontext (issue structure)

Die erste Variante betont vor allem den Wert der Kontrolle über Ressourcen, die dem in Frage stehenden Problemfeld zuzurechnen sind, also zum Beispiel das Gewicht, das die Verfügung über nukleartechnisches Wissen bei Verhandlungen über internationale Standards der Reaktorsicherheit haben kann. Für die Einflusschancen von Staaten und ihrer Vertreter auf die Politik internationaler Organisationen können somit problemfeldspezifische Ressourcen wie die Größe

---

4 Bereits auf der folgenden Tagung des Europäischen Rats im Dezember 1999 in Helsinki beschlossen die Staats- und Regierungschefs die Schaffung einer solchen, bis zu 60.000 Mann starken Eingreiftruppe bis zum Jahr 2003. Ein konkreter Maßnahmenkatalog zur Erreichung des Planziels wurde auf dem Gipfeltreffen im Juni 2000 im portugiesischen Santa Maria da Feira verabschiedet. Auf der Tagung des Europäischen Rats im Dezember 2000 in Nizza wurden die in Köln, Helsinki und Santa Maria da Feira gefassten Beschlüsse bestätigt.

118

der nationalen Delegation, die besser ausgebildeten und besser informierten, da spezialisierten Diplomaten sowie das größere problemfeldspezifische Fachwissen, das diese Staaten in die Verhandlungen einzubringen in der Lage sind, ausschlaggebend sein. Außerdem sind es in der Regel die im Problemfeld mächtigen Staaten, die die Unterstützungsleistungen für die politischen Systeme internationaler Organisationen bereitstellen und die somit die Organisation in ein gewisses Abhängigkeitsverhältnis bringen. Diese Position mächtiger Staaten gegenüber und in internationalen Organisationen kann von den Staaten und ihren Vertretern genutzt werden, um den eigenen Anforderungen besonderen Nachdruck zu verleihen.

Die ‚overall power' deutet hingegen auf den Einfluss hin, den Staaten auch in Verhandlungen, die ein von ihnen nicht kontrolliertes Problemfeld betreffen, haben können, wenn sie über die Ressourcenkontrolle in einer Vielzahl von anderen Problemfeldern verfügen. Für die Einschätzung der ‚overall power' sind besonders ökonomische (z. T. auch militärische) Faktoren bedeutsam, da sie Ressourcen benennen, die über die Grenzen von Problemfeldern hinweg eingesetzt werden können. Deshalb werden große und militärisch wie ökonomisch starke Staaten eher dazu in der Lage sein, die Politik internationaler Organisationen zu beeinflussen als kleine, schwache Staaten. Erstere können zum einen ihre militärischen und ökonomischen Ressourcen als (Droh- oder Anreiz-)Potenziale einsetzen. Zum anderen können sie ihren Interessen durch das Angebot von Zugeständnissen in anderen Problemfeldern, so genannten Seitenzahlungen (side payments) an schwächere Staaten zusätzlichen Nachdruck verleihen. Darüber hinaus verfügen mächtige Staaten im Sinne der ‚overall power' zumeist über mehrere Handlungsoptionen – im Extremfall sogar die Exit-Option – und sind so in geringerem Grade auf internationale Organisationen als Rahmen der Politikentwicklung angewiesen; sowohl ihre Abhängigkeit als auch ihre Verwundbarkeit ist geringer. Schwache Staaten, zumeist von ihrer Umwelt abhängiger und durch sie verwundbarer, sehen sich somit häufig einer Verhandlungssituation ausgesetzt, in der sie einen von großen und mächtigen Staaten eingebrachten Regelungsvorschlag akzeptieren müssen, um zu verhindern, dass das betreffende Problemfeld regelungsfrei, also anarchisch bleibt.

Nun kann es allerdings nur wenig verwundern, dass mächtige Staaten – sei es aufgrund von ‚issue-area power' oder ‚overall power' – ihre herausgehobene Position in der internationalen Politik in größere Einflussmöglichkeiten in internationalen Organisationen transformieren können; es bleibt jedoch zu fragen, ob der jenseits der formalen Staatengleichheit bestehende Machtunterschied zwischen Staaten durch die Entscheidungsprozesse in internationalen Organisationen eher verringert oder eher ausgeweitet wird. In der Regel – die Existenz wichtiger Ausnahmen wird damit nicht bestritten – gilt eher ersteres denn letzteres. Denn internationale Organisationen bieten kleinen oder schwachen Staaten die Möglichkeit, auch ihre Interessen als Input in das Entscheidungsverfahren einzubringen und damit die Entscheidungen auch zu ihren Gunsten zu beeinflussen, freilich nur bis zu dem Grade, zu dem mächtigere Staaten das Interesse an einer Kollektiventscheidung oder –handlung nicht zu verlieren beginnen. Kleine oder schwache Staaten verfügen wie die großen, mächtigen Staaten über ein Stimmrecht in den Beschlussgremien der internationalen Organisationen. Nicht zuletzt deshalb können sie beim Schnüren von Verhandlungspaketen (package deals) ihre Interessen zur Geltung bringen. Dabei machen sie ihre Zustimmung zu von großen, mächtigen Staaten favorisierten Politiken von der Berücksich-

Gesamtkontext (overall power structure)

IO verringern faktische Ungleichheit:

Verhandlungspakete (package deals)

Kopplungsgeschäfte
(issue linkage)

tigung ihrer Interessen in angrenzenden Politikfeldern abhängig und erreichen somit von den mächtigen Staaten der Organisation Kopplungsgeschäfte durch die Verknüpfung von Verhandlungsgegenständen (issue linkage). So war beispielsweise die Einrichtung des EG-Strukturfonds durch die Einheitliche Europäische Akte und des EG-Kohäsionsfonds durch den Maastrichter Vertrag das Ergebnis eines solchen Kopplungsgeschäftes. Finanzschwache Mitgliedstaaten wie Spanien und Griechenland knüpften ihre Zustimmung zu den Binnenmarkt- oder Währungsunionsprogrammen der wirtschaftlichen Kernländer der EU an über Fonds zu leistende finanzielle Kompensationen (vgl. Hix 1999, 270). Ähnliche Kopplungsgeschäfte finden sich bei Programmen des globalen Umweltschutzes. So rangen die Entwicklungsländer den Industriestaaten im Jahre 1990, drei Jahre nach Unterzeichnung des Montrealer Protokolls zum Schutz der stratosphärischen Ozonschicht, die Einrichtung des Multilateralen Ozonfonds ab. Bis März 2000 erreichte der durch ihn vermittelte Technologie- und Finanztransfer ein Volumen von einer Milliarde US-Dollar (vgl. Porter/Brown/Chasek 2000, 91).

Möglichkeit zur
Koalitionsbildung

Durch die multilaterale Diplomatie in internationalen Organisationen ist kleinen Staaten im Gegensatz zur traditionellen bilateralen Diplomatie die Möglichkeit gegeben, durch die Bildung von (Gegen-)Koalitionen oder die Beteiligung an einer, von einem mächtigen Staat angeführten Koalition ihre Verhandlungsposition zu stärken. Zur Zeit des Ost-West-Gegensatzes bot sich gerade den Entwicklungsländern die Chance, problemfeldübergreifend auf die Politik internationaler Organisationen Einfluss zu nehmen. Die Notwendigkeit seitens der Großmächte, sich durch Zugeständnisse die Gefolgschaft schwacher Staaten zu sichern, um in der Auseinandersetzung mit dem anderen Machtblock zum Beispiel bei Abstimmungen in internationalen Organisationen die Oberhand zu behalten, machte diesen Einflussgewinn möglich. Beispielsweise konnten die Entwicklungsländer durch die Gründung der ‚Gruppe der 77' (und der ‚Bewegung der Blockfreien') und die damit einhergehende gegenseitige Unterstützung bei Abstimmungen in der Generalversammlung ihren Einfluss auf die Politik der Vereinten Nationen ausweiten. Das Ende des Ost-West-Konflikts wirkte sich nachhaltig auf die Einflussmöglichkeiten schwacher Staaten aus. Waren sie während der Blockkonfrontation begehrte Koalitionspartner der Supermächte und intern mittels der ‚Gruppe der 77' gut organisiert, so verlor die als ‚Sieger' aus dem Ost-West-Konflikt hervorgegangene Großmacht USA schnell ihr Interesse, und die ‚Gruppe der 77' zerfiel in ihre heterogenen Regionalgruppen (vgl. Ferdowsi 2000b). Die Entwicklungen der jüngeren Vergangenheit zeigen zwar, dass der problemfeldübergreifende Einfluss schwacher Staaten durch Koalitionsbildung stark zurückgegangen ist; trotzdem haben schwache Staaten auch in den letzten Jahren im Rahmen multilateraler Diplomatie – vor allem auf VN-Weltkonferenzen – ihren Einfluss problemfeldspezifisch geltend machen können. Gerade die Weigerung mächtiger Staaten, eine von der ‚Gruppe der 77' geforderte Konferenz über internationale Migration und Entwicklung einzuberufen, zeigt, welche Art von Einfluss eine Koalition aus schwachen Staaten auf solchen Konferenzen – entgegen den Interessen der mächtigen Staaten – entfalten kann (vgl. Deen 2000).

5.1.2 Verwaltungsstäbe

Obwohl die Staaten sicherlich den größten Teil der Inputs für die politischen Systeme internationaler Organisationen erzeugen, darf nicht der falsche Eindruck entstehen, als wären sie die einzigen Akteure, die mit ihren Anforderungen und Unterstützungsleistungen an internationale Organisationen herantreten und den Politikentwicklungsprozess in internationalen Organisationen bestimmen. Auch die verschiedenen Organe internationaler Organisationen selbst, allen voran die Verwaltungsstäbe und deren Spitzen, können gerade auf der Input-Seite durchaus bemerkenswerten Einfluss auf die Politikentwicklung ausüben (vgl. Jacobson 1984, 118-123; Sandholtz/Zysman 1989). Ihr Einfluss ist zwar formal sehr gering und tritt gegenüber dem, den die Vertreter der mitgliedstaatlichen Regierungen auszuüben im Stande sind, deutlich zurück, nichtsdestoweniger ist er real vorhanden.

Dieser Einfluss ist vor allem der Position der Verwaltungsspitze im Zentrum eines weitläufigen Kommunikationsnetzes geschuldet. Dieses stattet die Verwaltungsstäbe ebenso wie die Verwaltungsspitze gegenüber den Mitgliedstaaten häufig mit einem Informationsvorsprung aus, den diese im Entscheidungsprozess zugunsten der von ihnen vertretenen Kollektivinteressen ausnützen können. Ihre Einflussmöglichkeiten im Input-Bereich beruhen im Wesentlichen auf diesem Informationsvorsprung, da es häufig die den Verwaltungsstäben in Auftrag gegebenen und von ihnen z.T. auch selbst veranlassten Studien, Berichte und Beschlussentwürfe sind, die als Grundlage der Entscheidungsfindung in den Beschlussorganen der Organisation dienen. Die zentrale Stellung im Kommunikationsnetz internationaler Organisationen, verbunden mit einem Informationsvorsprung, verleiht den Verwaltungsspitzen internationaler Organisationen zudem eine bemerkenswerte Thematisierungsmacht. Häufig sind es mithin die Verwaltungsstäbe internationaler Organisationen, die die organisationsinterne Tagesordnung (mit-)bestimmen und somit Einfluss auf die zu treffenden Entscheidungen nehmen. Sollten die Verwaltungsstäbe nicht nur über einen Informationsvorsprung verfügen, sondern sich außerdem noch einer unklaren Interessenlage auf Seiten der Mitgliedstaaten der Organisation gegenübersehen, kann sich ihr Einfluss auf die Politikentwicklung schnell vergrößern und sie nicht nur die Rolle des ‚agenda setter', sondern auch die des Politikgestalters (policy entrepreneur) spielen lassen (vgl. Pollack 1997; 1999).

Im Falle der EU wird die Thematisierungsmacht der Kommission oft mit dem Hinweis auf ihre Rolle bei der Verwirklichung des Binnenmarktprogramms wie auch bei der Vorbereitung des Programms zur Gründung der Wirtschafts- und Währungsunion hervorgehoben. Im ersten Fall gab die Kommission unter Vorsitz von Jacques Delors durch das 1985 von ihr vorgelegte Weißbuch die entscheidenden Impulse. Auch im zweiten Fall schlugen sich die Inputs des Kommissionspräsidenten Delors – so z.B. das Drei-Phasen-Modell – im endgültigen Verhandlungsergebnis (Output), dem Maastrichter Vertrag, nieder (vgl. Ross 1995; Sandholtz/Zysman 1989).[5]

Marginalia:
Informationsvorsprung

Thematisierungsmacht

EU: Rolle der Kommission

---

5   Die Bedeutung der Kommission bei der Ausarbeitung der Einheitlichen Europäischen Akte (EEA) und des Vertrages von Maastricht ist in der Forschung allerdings umstritten. Während Sandholtz/Zysman (1989) und Ross (1995) dem Kommissionspräsidenten ganz entscheidenden Einfluss beim Durchbruch zum Binnenmarktprojekt '92 und zur Wirtschafts- und Währungsunion zumessen, betont Moravcsik (1998) die Rolle der drei mäch-

Auch im Falle der VN kann dem Sekretariat mit dem Generalsekretär an der Spitze eine beachtliche Thematisierungsmacht zugesprochen werden. Sowohl die 1992 durch Boutros Boutros-Ghali vorgestellte *„Agenda für den Frieden"* (UN-Dok. A/47/277) als auch die zwei Jahre später von ihm publizierte *„Agenda für Entwicklung"* (UN-Dok. A/49/665) können im ersten Fall als Grundlage für die VN-Friedenspolitik der 1990er Jahre mit ihren unterschiedlichen Interventionsmodi (vgl. Kap. 8.1) und im zweiten Fall als Auftakt eines – wenn auch erfolglosen – Verhandlungsmarathons mit dem Ziel einer umfassenden Reform der Entwicklungspolitik der VN gelten. Boutros-Ghalis Nachfolger im Amt des Generalsekretärs, Kofi Annan, bewies mit dem im Juni 2000 unterzeichneten *„Global Compact"* (UN-Dok. SG/SM/7495) eine ähnliche Thematisierungsmacht. Seit seinem Amtsantritt 1997 war Annan für eine zunehmende Öffnung der VN für privatwirtschaftliche und zivilgesellschaftliche Akteure eingetreten. Der von knapp 50 Unternehmen und einigen NGO unterzeichnete Global Compact verpflichtet die Unterzeichner – freilich bei gleichzeitigem Verzicht auf einen Überwachungsmechanismus – auf die Einhaltung von neun Prinzipien aus den Bereichen Menschenrechtsschutz, Arbeitsschutz und Umweltschutz und legt Richtlinien für verschiedene Kooperationen zwischen den VN und privatwirtschaftlichen Akteuren fest.

Adressaten der Initiativen des Verwaltungsstabes internationaler Organisationen sind meist die Mitgliedstaaten der Organisation oder das Organ der internationalen Organisation, in dem die Mitgliedstaaten durch ihre Vertreter Entscheidungen treffen, also in der Regel das Plenarorgan. Die erste Phase der Entscheidungsfindung in internationalen Organisationen kann somit als Wechselspiel der Initiativen der Mitgliedstaaten und der Verwaltungsstäbe bezeichnet werden. Dabei repräsentieren die Verwaltungsstäbe das kollektive Interesse der Organisation (sowie auch ihre bürokratischen Eigeninteressen), die Mitgliedstaaten und ihr Vertretungsorgan (Plenarorgan) die individuellen Interessen der einzelnen Staaten. Die Inputs der Verwaltungsstäbe internationaler Organisationen sind mithin meist auf die Stärkung der Autorität, die Ausweitung der Kompetenzen und Vermehrung der Ressourcen der Organisation gerichtet, die der Mitgliedstaaten eher an der Bewahrung der staatlichen Souveränität und ihrer Kontrolle über die Aktivitäten der Organisation orientiert (vgl. Hix 1999, 21-25).

5.1.3 Parlamentarische Versammlungen

Die Existenz von parlamentarischen Versammlungen im Institutionengefüge internationaler Organisationen ist nach wie vor eine Seltenheit. In der Tat drängt sich ihre Notwendigkeit nicht unmittelbar auf. So verkörpern die Inputs der Regierungsvertreter die partikularen Interessen der Mitgliedstaaten einer internationalen Organisation. Auf der anderen Seite bilden die Anforderungen und Unter-

---

tigsten Staaten in der EG/EU (Frankreich, Großbritannien und Deutschland) und macht deren Interessenkonvergenz für das Zustandekommen der beiden Vertragswerke verantwortlich. Eine dritte Position vertritt Bornschier (2000), der mit Blick auf das Zustandekommen der EEA im Gegensatz zu Moravcsik die prominente Rolle der Kommission betont, entgegen Sandholtz/Zysman aber den Einfluss des Runden Tisches europäischer Industrieller auf die Entscheidungsvorlagen der Kommission hervorhebt (vgl. auch Kap. 9.2).

stützungsleistungen der Verwaltungsstäbe das gemeinsame Interesse an fortschreitender Kooperation und Politikgestaltung in und durch eine internationale Organisation ab. Doch obwohl Partikular- wie Allgemeininteressen in die politischen Systeme internationaler Organisationen gut ohne das Zutun parlamentarischer Versammlungen eingespeist werden können, sind sie in einer Reihe von internationalen Organisationen Bestandteil des Institutionengefüges (vgl. Kap. 4.2.5). Bei aller interorganisatorischen Variation kann ihre Existenz auf das Erfordernis eines höheren Maßes an demokratischer Repräsentation in internationalen Organisationen mit einer vorwiegend aus demokratischen Verfassungsstaaten bestehenden Mitgliedschaft zurück geführt werden. Die Abgeordneten der parlamentarischen Versammlungen sind diejenigen Teilnehmer am Politikentwicklungsprozess in internationalen Organisationen, die durch eine relativ kurze Legitimationskette mit den Bürger(inne)n der Mitgliedstaaten der jeweiligen Organisation verbunden sind. Dies ist offenkundig im Falle der (derzeit) 626 Abgeordneten des Europäischen Parlaments, welche von den Bürger(inne)n der EU-Mitgliedstaaten mittels Direktwahl in die parlamentarische Versammlung der EU entsandt werden. Doch auch die Mitglieder der parlamentarischen Versammlungen des Europarates und der OSZE sind von den Abgeordneten der nationalen Parlamente entsandte, vom jeweiligen Wahlvolk unmittelbar gewählte, Abgeordnete. Auch sie unterscheiden sich somit von den Mitgliedern des Plenarorgans sowie des Verwaltungsstabs der jeweiligen Organisation durch ihre direkte demokratische Legitimation. Dass es den Bürger(inne)n über den Weg der parlamentarischen Versammlungen am leichtesten möglich ist, den Politikentwicklungsprozess in internationalen Organisationen zu beeinflussen, zeigt sich ferner an der Verankerung eines Petitionsrechts in den Geschäftsordnungen des Europäischen Parlaments (Art. 156ff.) wie der Parlamentarischen Versammlung des Europarates (Art. 56).

Europäisches Parlament

Parlamentarischer Versammlungen von Europarat und OSZE

Trotz ihrer gemeinsamen Existenzgrundlage unterscheiden sich die genannten parlamentarischen Versammlungen erheblich. So muss einerseits geklärt werden, warum die Mitglieder des EP mittels Direktwahl in den Mitgliedstaaten bestimmt werden, während diese Option der Legitimation im Falle der parlamentarischen Versammlungen des Europarates und der OSZE nicht einmal erwogen, sondern an der Entsendung von Abgeordneten der mitgliedstaatlichen Parlamente festgehalten wird. Andererseits müssen wir die in diesem Kapitel zentrale Frage nach Art und Gewicht der von den parlamentarischen Versammlungen in die politischen Systeme internationaler Organisationen eingespeisten Inputs diskutieren. Konkret muss beantwortet werden, warum die Inputs der parlamentarischen Versammlungen von OSZE und Europarat nur auf politikberatende Anforderungen und sekundäre Unterstützungsleistungen beschränkt bleiben, während das EP in zahlreichen Politikfeldern die Rolle eines einflussreichen Politikgestalters und Kontrolleurs der Exekutive spielt. Durch den Rückgriff auf die Unterscheidung zwischen selbstkoordinierten Organisationen und Verbund-Organisationen (vgl. Kap. 1.2.5) sollen die Unterschiede im Hinblick auf Modi demokratischer Legitimation einerseits sowie Art und Gewicht von Inputs andererseits erklärt werden.

Unterschiede zwischen parlamentarischen Versammlungen von IO

In selbstkoordinierten Organisationen wie dem Europarat und der OSZE beruht jedwede Normsetzung auf dem Konsens aller beteiligten nationalen Entscheidungseinheiten, ist mithin für diese ‚autonomieschonend‘, so dass das Problem demokratischer Legitimation nicht akut wird. Dem Plenarorgan fällt die entscheidende Rolle im Politikentwicklungsprozess zu. Die Inputs der parla

Art und Gewicht von Inputs in selbstkoordinierten IO: Europarat und OSZE

123

mentarischen Versammlungen dieser Organisationen sind demgegenüber deklaratorischer oder politikberatender Art. So haben die Anforderungen der seit 1992 jährlich an unterschiedlichen Orten tagenden OSZE-Versammlung die Form von Deklarationen; sie werden an den Ständigen Rat (Exekutiv- oder Verwaltungsrat) oder den Ministerrat (Plenarorgan) der Organisation gerichtet. Diese Dokumente, welche den Charakter von Empfehlungen haben, dienen mehr der „parlamentarischen Erziehung" von Abgeordneten aus jungen Demokratien als der Beeinflussung des Politikentwicklungsprozesses der Organisation (Barbé/Sainz 1997, 193). Doch selbst wenn dieser Erziehungswirkung mit Blick auf unsere Analyse des Politikentwicklungsprozesses wenig Bedeutung zukommt, kann in dem wachsenden Demokratieverständnis, welches durch diese Deklarationen zum Ausdruck kommt, eine nicht unwesentliche Unterstützungsleistung für das politische System der OSZE und ihren Gesamtauftrag gesehen werden.

Ähnlich verhält es sich mit den Inputs, die von der Parlamentarischen Versammlung des Europarates ausgehen. Auch hier richten sich die im Plenum verabschiedeten Empfehlungen an das Ministerkomitee als Plenarorgan der Organisation. Die mit einer Zweidrittelmehrheit beschlossenen Anforderungen sind Ergebnis eines langwierigen transnationalen Verständigungsprozesses der Abgeordneten, in denen diese auch Rücksprache mit ihren nationalen Parlamenten halten. Die Anforderungen der Parlamentarischen Versammlung speisen sich somit aus einer Vielzahl von Quellen und gehen in ihrer Reichweite oft weit über die auf Regierungsebene gefassten Beschlüsse hinaus. Auch den Empfehlungen dieser parlamentarischen Versammlung wird eine „Schulungsfunktion" in Sachen demokratischen Konfliktaustrags zugesprochen (Lerch/Caspar 1997, 252). Anders als die OSZE-Versammlung erbringt die Parlamentarische Versammlung des Europarates neben diesen abstrakten noch sehr konkrete Unterstützungsleistungen, indem sie der Aufnahme neuer Staaten in die Organisation zustimmen muss. Auch das Verhängen von Sanktionen gegen Mitgliedstaaten ist ohne die Beteiligung der parlamentarischen Versammlung nicht möglich. Während sie dem Ausschluss eines Mitgliedstaates als schärfste Sanktion zustimmen muss, bleibt allein ihren Mitgliedern das Recht vorbehalten, die Abgeordneten eines Mitgliedstaates, welcher die Grundsätze der Satzung des Europarats beharrlich verletzt, von der Teilnahme an den Sitzungen des Plenums und aller Ausschüsse zu suspendieren.

Art und Gewicht von Inputs in Verbund-Organisationen: EU

Anders verhält es sich in Verbund-Organisationen wie der Europäischen Union. Hier zeichnet sich der Politikentwicklungsprozess durch das Zusammenlegen von Souveränität oder gar deren Delegation an supranationale Entscheidungseinheiten aus. Die Anforderungen und Unterstützungsleistungen des EP heben sich vor allem deshalb deutlich von denen anderer parlamentarischer Versammlungen ab, weil den am Politikentwicklungsprozess beteiligten EU-Organen Kompetenzen übertragen wurden, die ihnen das Recht geben, durch eigene Akte gesetzgeberisch für alle Mitgliedstaaten tätig zu werden. Dieses, durch die Vergemeinschaftung immer zahlreicherer Politikfelder sich intensivierende, ‚Eindringen' in die Domäne nationaler Parlamente ist mit einer schrittweisen Stärkung des EP einher gegangen. Mit dem Inkrafttreten der Einheitlichen Europäischen Akte (1987) und erst recht des Maastrichter Vertragswerks (1993) wurde es dem EP möglich, neben politikberatenden Inputs zunehmend politikgestaltende *Anforderungen* zu stellen. Das Gewicht dieser vor allem auf die Beeinflussung des Gesetzgebungsprozesses abzielenden Inputs wird gemeinhin mit dem laut Vertragswerk in der jeweiligen Sachfrage zur Anwendung kommenden

Entscheidungsverfahren in Verbindung gebracht (vgl. hierzu Kap. 4.2.5). So wird die auf den ersten Blick einsichtige These vertreten, dass das Gewicht der Inputs des EP im Mitentscheidungsverfahren größer sei als im Zusammenarbeitsverfahren. Schließlich werde das Parlament im ersten Verfahren mit einem Vetorecht ausgestattet, während der Rat die von den Abgeordneten gestellten Anforderungen im zweiten Verfahren (durch einstimmigen Beschluss) übergehen könne (Scully 1997a; 1997b). Es überrascht daher, dass das von Garrett und Tsebelis entwickelte Modell des Gesetzgebungsverfahrens in der EU, welches zum Bezugspunkt der wissenschaftlichen Diskussion in dieser Frage geworden ist, genau das Gegenteil voraussagt. Dies ist auf den Umstand zurückzuführen, dass dem Parlament eine pro-integrationistische Grundhaltung unterstellt wird, die, so das Modell, einen Gebrauch des Vetorechts im Mitentscheidungsverfahren verhindern wird (vgl. Garrett/Tsebelis 1996). Mit Blick auf seine Erklärungskraft ist dieses Modell in zweierlei Hinsicht kritisiert worden. Zum einen wurde daran erinnert, dass das EP entgegen den Voraussagen des Modells von seinem Vetorecht durchaus Gebrauch gemacht und Gesetzgebungsvorhaben von Rat und Kommission zu Fall gebracht hat (vgl. B. Rittberger 2000). Es erscheint daher notwendig, dem EP eine komplexere Grundhaltung zu unterstellen, welche u.a. die aus dem nationalen Rahmen bekannte Rechts-Links-Orientierung berücksichtigt. Zum anderen wurde nachgewiesen, dass, selbst wenn man den Gebrauch des Vetorechts als Spezialfall abtun wollte, die Zahl der vom Parlament eingebrachten und durchgesetzten individuellen Änderungsvorschläge im Zusammenarbeitsverfahren weitaus höher ist (Hix 1999, 95f.). Schließlich muss darauf hingewiesen werden, dass das hier diskutierte Modell die Änderungen der Verträge von Amsterdam und Nizza noch nicht berücksichtigt.

Die Diskussion über die relative Erfolgswahrscheinlichkeit der parlamentarischen Inputs in diesen zwei Verfahren verschleiert jedoch den für unsere Zwecke wichtigen Umstand, dass das entscheidende Datum 1987 und nicht 1993 lautet. Das Inkrafttreten der EEA markierte den Wandel zu politik*gestaltenden* Inputs des EP, freilich zunächst nur in ausgewählten Politikfeldern. Ungeachtet der Einführung des Mitentscheidungsverfahrens sollte nicht übersehen werden, dass das Europäische Parlament im Rahmen des Zusammenarbeitsverfahrens vor allem im Bereich des Umweltschutzes einen nicht unwichtigen Einfluss auf die Gesetzgebung der Union auszuüben wusste. So verdeutlicht das Beispiel der Abgasrichtlinie (91/441/EC), dass das Erfordernis der einstimmigen Überstimmung der vom EP gemachten Änderungsvorschläge im Rat eine für die Ratsmitglieder nicht leicht zu nehmende Hürde darstellt (vgl. Peterson/Bomberg 1999, 190f.).

Neben den politikgestaltenden Inputs im Gesetzgebungsverfahren, die sich in erster Linie an den Rat als zweites Gesetzgebungsorgan richten, erbringt das Europäische Parlament nicht zu vernachlässigende Unterstützungsleistungen, indem es die Kommission und – in Ansätzen – den Rat kontrolliert. Freilich bleiben diese Kontrollbefugnisse hinter denen nationaler Parlamente zurück (vgl. Kap. 4.2.5). So muss betont werden, dass die Mitglieder der Kommission nicht aus der Mitte des Parlaments bestellt, ja noch nicht einmal von ihm vorgeschlagen werden können (Hix 1999, 47). Allerdings muss das EP seit Inkrafttreten des Amsterdamer Vertrages nicht mehr nur der Kommission als Ganzes zustimmen; auch die Ernennung des Kommissionspräsidenten ist seither von seiner Zustimmung abhängig. Auch das dem EP zustehende Misstrauensvotum (Art. 201 EGV) ist eher als Mittel für Extremsituationen zu verstehen und gleicht daher der Präsidentenanklage des US-Kongresses. Gleiches gilt für die Rechte zur Fi-

politikgestaltende Anforderungen

Unterstützungsleistungen des EP

nanzkontrolle (Art. 276 EGV), über die das Parlament verfügt. Das EP wird der Kommission die Entlastung zu ihrer Haushaltsführung nur in Ausnahmesituationen versagen. Wie bei den Inputs der Mitgliedstaaten gilt auch hier: Sollte das Europäische Parlament der Kommission seine Unterstützung entziehen, hat dies weitreichende Konsequenzen für die Union als Ganzes. Die Ereignisse des Jahreswechsels 1998/1999 zeigen, dass eine verweigerte Entlastung der Kommission sowie ein gegen sie eingeleitetes – wenn auch gescheitertes – Misstrauensvotum des EP seine Wirkung nicht verfehlen (vgl. Maurer 2000, 194f.).

5.1.4 Öffentliche Meinung und organisierte Interessen

Während der Einfluss der Regierungen der Mitgliedstaaten, der Verwaltungsstäbe sowie der parlamentarischen Versammlungen internationaler Organisationen sich nicht auf den Input-Bereich beschränkt, sondern sich auch auf den Konversionsprozess sowie den Output-Bereich erstreckt, bleiben die Einflusschancen der öffentlichen Meinung und organisierten Interessen zumeist auf den Input-Bereich beschränkt. Hinsichtlich der Einflusschancen muss nun zwischen formellen, durch die ‚polity‘ der jeweiligen internationalen Organisation vorgegebenen, und informellen Inputkanälen unterschieden werden.

formelle Inputkanäle: Formelle Inputkanäle sind dahingehend bedeutsam, dass sie organisierten gesellschaftlichen Interessen *garantierten direkten Zugang* zu den Verhandlungssystemen internationaler Organisationen ermöglichen. Dieser Zugang kann auf dreierlei Weise vorhanden sein (vgl. Kap. 4.2.6). Zum einen kann es Gruppen der Gesellschaftswelt gestattet sein, ihre Interessen und Positionen zu bestimmten Themen im Rahmen eines formell-institutionalisierten Verfahrens zu artikulieren. So können NGO auf der Basis von Art. 71 SVN und der einschlägigen ECOSOC-Resolutionen, zuletzt ECOSOC-Res. 31 (1996), beim ECOSOC Konsultativstatus erhalten und in der Folge an Sitzungen des ECOSOC oder seiner Ausschüsse teilnehmen sowie mündliche und schriftliche Stellungnahmen abgeben. Die Input-Befugnisse von NGO mit allgemeinem Konsultativstatus gehen sogar noch weiter, indem sie befugt sind, Vorschläge zur Tagesordnung zu unterbreiten. Zweitens können für organisierte Interessen der Gesellschaftswelt eigene Vertretungsorgane innerhalb des Institutionengefüges einer internationalen Organisation eingerichtet werden. Der Wirtschafts- und Sozialausschuss der Europäischen Union, bestehend aus 222 Vertretern von Arbeitgeber- und Arbeitnehmervertretungen sowie von so genannten Sonstigen Interessen wie z.B. Verbraucherverbänden, ist ein solches Beispiel. Drittens ist es in einigen wenigen internationalen Organisationen nicht-staatlichen Akteuren sogar gestattet, über den Input-Bereich hinaus am Entscheidungsverfahren als stimmberechtigte Akteure beteiligt zu sein. Dies gilt zum Beispiel für die Internationale Arbeits-Organisation (ILO), in deren Beschlussorganen sowohl Staatenvertreter als auch Vertreter der Gewerkschaften und der Arbeitgeberverbände stimmberechtigt mitwirken. Und bei der Internationalen Fernmeldeunion (ITU) sind sowohl in den mitgliedstaatlichen Delegationen für die Konferenz der Regierungsbevollmächtigten als auch in Ausschüssen für die verschiedenen Fernmeldedienste neben den Staatenvertretern zumeist auch Vertreter ausgewählter privater Unternehmen beteiligt (vgl. Codding 1988, 332-335).

Die Tatsache, dass es in vielen internationalen Organisationen derartige, in den Verträgen festgelegte, Inputkanäle für nicht-staatliche Akteure gibt, ist nicht

Konsultativstatus (margin note)

eigene Vertretungsorgane (margin note)

Stimmrecht (margin note)

nur dem ständigen Druck dieser Akteure zu verdanken, sondern auch den eigennützigen Interessen der Mitgliedstaaten dieser Organisationen. Denn oftmals verfügen nicht-staatliche Akteure über notwendige Ressourcen wie Expertenwissen, um die informationellen Grundlagen von Entscheidungen zu verbessern und abzusichern; oder sie dienen zur Legitimationsbeschaffung. Ihr Einfluss erstreckt sich damit weit über den Input-Bereich hinaus.

Organisierte gesellschaftliche Interessen können sich außerdem informeller, also *nicht vertraglich verankerter Input-Kanäle* bedienen. So versucht auf der Ebene der Europäischen Union eine Reihe von Interessengruppen mittels Lobbyaktivitäten Einfluss auf Entscheidungen zu gewinnen. Mittlerweile unterhalten weit über 1000 Interessengruppen offizielle Verbindungsbüros in Brüssel. Einige Interessengruppen haben sich europaweit organisiert (z.B. COPA als Vertretung der Landwirte, UNICE als Vertretung der Industrie oder EGB als Arbeitnehmervertretung), um so größeren Einfluss zu gewinnen. Dass diese Entwicklung gerade im Bereich der Landwirtschaft, der Industrie sowie der Arbeitnehmervertretung am weitesten fortgeschritten ist, erscheint angesichts der Tiefe der EU-Integration in diesen Bereichen wenig verwunderlich. Es bestätigt sich hier, dass Interessengruppen dem Transfer von Entscheidungskompetenzen folgen und sich dort einnisten, wo die sie betreffenden Entscheidungsbefugnisse am größten sind (Nugent 1999, 304f.). Untersuchungen zeigen zusätzlich, dass die Interessengruppen diejenigen Gemeinschaftsorgane zu beeinflussen suchen, die im Politikentwicklungsprozess eine gewichtige Rolle spielen. Hauptadressat von Lobbyisten ist seit Anfang der 1990er Jahre die Europäische Kommission, was wohl vor allem ihrem Initiativmonopol im Gesetzgebungsprozess, aber auch ihrer Rolle in der Implementationsphase geschuldet ist (Hix 1999, 194f.).

Adressat der Einflussmöglichkeiten organisierter Interessen können jedoch nicht nur die internationalen Organisationen selbst sowie ihre verschiedenen Organe sein, sondern auch die Regierungen der Mitgliedstaaten, die dann ihrerseits diesen Interessen im Rahmen der internationalen Organisation zur Berücksichtigung verhelfen sollen (vgl. Kohler-Koch 1994; 1996). Dies wird vor allem dann der Fall sein, wenn die Interessengruppen entweder spezifische Interessen einer nationalen Gruppierung zum Ausdruck bringen oder aber wenn eine koordinierte ‚Zangenbewegung' der Einflussnahme auf mitgliedstaatlicher und Gemeinschaftsebene angestrebt wird.

Neben den Interessengruppen können wir seit einigen Jahren eine neue Form transnationaler nicht-staatlicher Organisation beobachten – transnationale ‚advocacy'-Netzwerke und soziale Bewegungen (Keck/Sikkink 1998; Smith/Chatfield/Pagnucco 1997). Sie unterscheiden sich von Interessengruppen vor allem dadurch, dass sie nicht primär partikulare materielle Interessen vertreten, sondern auf der Basis von wertgestützten Überzeugungen handeln (vgl. hierzu Kap. 2.3.2). Ihre hauptsächliche Ressource liegt in der durch Kampagnen bewirkten Mobilisierung der Öffentlichkeit. In den letzten Jahren widmeten sich die medienwirksam inszenierten Kampagnen dieser vor allem durch das Internet verbundenen Bewegungen hauptsächlich drei internationalen Organisationen: der Weltbank, dem Internationalen Währungsfonds und der Welthandelsorganisation. Auch wenn die Inputs dieser Bewegungen noch keine neue Politik dieser Organisationen nach sich zogen, blieb eine Reaktion auf Seiten ihrer Mitgliedstaaten und Verwaltungsstäbe nicht völlig aus. Die Ereignisse am Rande der Dritten WTO-Ministerkonferenz in Seattle 1999 beschleunigten einen Prozess, welcher sich bereits seit Mitte der 1990er Jahre anbahnte, nämlich eine zögerliche Öff-

informelle Inputkanäle: Lobbying

transnationale ‚advocacy'-Netzwerke und soziale Bewegungen

Mobilisierung einer globalen Öffentlichkeit

nung der Organisationen gegenüber zivilgesellschaftlichen Gruppen. Der seit Seattle medienwirksam inszenierte Protest von so genannten Globalisierungsgegnern schlägt sich in zunehmendem Maße in den organisationsinternen Debatten dahingehend nieder, dass von Seiten der Organisationen Verhandlungsbereitschaft zugesagt wurde, im Einzelfall, vor allem bei der Weltbank, sogar Kooptationsbestrebungen gegenüber einzelnen NGO einsetzten (Tussie/Riggirozzi 2001).

Wandel des öffentlichen Meinungsbildes von IO

Neben der wahrnehmbaren Reaktion der politischen Entscheidungsträger prägen die Aktivitäten transnationaler ‚advocacy'-Netzwerke seit der „Schlacht von Seattle" (Kaldor 2000) das öffentliche Meinungsbild von internationalen Organisationen. Bis vor wenigen Jahren war es ausschließlich Aufgabe der nationalen Medien, die in der Gesellschaftswelt bestehenden Interessen zu formulieren und gegebenenfalls als Anforderungen an internationale Organisationen heranzutragen. Als hinderlich hat sich hierbei allerdings einerseits der zumeist geringe Bekanntheitsgrad internationaler Organisationen in der Öffentlichkeit erwiesen (vgl. Kap. 1.1.1) – ein Hindernis, das die neuen sozialen Bewegungen durch ihre Aktionen in Bezug auf Weltbank, IWF, und WTO zu verringern in der Lage waren. Andererseits fällt es den nationalen Medien schwer, eine transnationale Öffentlichkeit herzustellen, weswegen derartige Anforderungen aus der Gesellschaftswelt nach wie vor zumeist über den Umweg der Staaten die politischen Systeme internationaler Organisationen erreichen. Da internationale Organisationen zudem in weit geringerem Maße als mitgliedstaatliche Regierungen von der Zustimmung und Loyalität der Bürger abhängig sind – die Europäische Union stellt hier noch am ehesten eine Ausnahme dar -, entfaltet der Druck der öffentlichen Meinung, so er erzeugt werden kann, eine geringe unmittelbare Wirksamkeit. Indirekt über die Vermittlung der Regierungen der Mitgliedstaaten kann sie jedoch maßgeblichen Einfluss haben. So war die Entscheidung der Vereinten Nationen, nach dem militärischen Sieg der von den USA geführten Koalition im Krieg gegen den Irak 1991 Schutzzonen für die Kurdische Bevölkerung im Norden des Irak zu errichten, nicht zuletzt dem Druck der öffentlichen Meinung innerhalb der verschiedenen Staaten dieser Koalition geschuldet.

5.1.5 Experten

Eine vergleichsweise bedeutende Rolle spielt die (wissenschaftliche) Politikberatung durch Experten im Stadium der Programmformulierung. Gerade bei den Vereinten Nationen ist der Rückgriff auf Expertengremien, -beiräte oder ‚Consultants' häufig. Diese nach dem in den Vereinten Nationen üblichen politisch-geographischen Proporz zusammengesetzten Expertengruppen bereiten Entscheidungen vor und leisten so notwendige und von den Sekretariaten nicht leistbare Vorbereitungsdienste. Für die Sekretariate bedeuten Beiträge von Expertengruppen, die zu ihnen oft wiederum in einem Klientelverhältnis stehen, einen Legitimationsvorsprung und Legitimationsgewinn gegenüber den zwischenstaatlichen Beschlussorganen.

Einfluss in der intl. Umweltpolitik

Zur Illustration des Einflusses, den Experten oder Expertengruppen (‚epistemic communities') im Rahmen der Politikentwicklung in internationalen Organisationen ausüben können, mögen die Umweltschutzaktivitäten verschiedener internationaler Organisationen dienen. Diese waren zum Teil erst auf Initiative von Wissenschaftlern und Experten in Fachbürokratien zustande gekommen. Beispielsweise sind die Aktivitäten des Umweltprogramms der Vereinten Nationen (UNEP) und der Weltorganisation für Meteorologie (WMO) im Bereich des Schutzes der stratosphärischen Ozonschicht oder des Weltklimas weitgehend der Überzeugungsarbeit engagierter Wissenschaftler und Wissenschaftlerinnen geschuldet (vgl. Breitmeier 1996; Haas 1992b). So spielte die 1988 unter der Schirmherrschaft von UNEP und WMO gegründete Zwischenstaatliche Sachverständigengruppe über Klimaveränderungen (IPCC) eine herausragende Rolle bei der Vorbereitung der VN-Rahmenkonvention über Klimaveränderungen (UNFCCC), welche auf der Weltkonferenz der Vereinten Nationen für Umwelt und Entwicklung (UNCED) im Juni 1992 zur Unterzeichnung auslag. Bis heute hat sie drei wissenschaftliche Berichte über Ursachen und Folgen des Klimawandels vorgelegt und den Politikentwicklungsprozess auch nach Inkrafttreten der Rahmenkonvention 1994 maßgeblich beeinflusst (vgl. Kap. 9.7).

5.2 Die Akteure, ihre Anforderungen und Unterstützungsleistungen

Die Diskussion der Inputs, die an die politischen Systeme internationaler Organisationen gerichtet werden, kann sich nicht damit zufrieden geben, die Akteure, die Anforderungen stellen und Unterstützungsleistungen erbringen, zu identifizieren und ihre Einflusschancen abzuschätzen. Vielmehr muss sie auch der Frage nachgehen, welche Akteure in je verschiedenen Sachbereichen der internationalen Politik mit welchen Anforderungen und Unterstützungsleistungen an die politischen Systeme internationaler Organisationen herantreten. Denn – und dies ist ein wesentliches Merkmal der Politik überhaupt – unterschiedliche Akteure haben unterschiedliche Interessen, die sie durch internationale Organisationen berücksichtigt und verwirklicht sehen möchten. Folgerichtig konzentrieren sie entsprechend ihrer Interessenlage ihre Anforderungen und Unterstützungsleistungen auf je verschiedene Sachbereiche und Problemfelder der internationalen Politik und damit auf unterschiedliche internationale Organisationen. Aufgabe der folgenden Analyse wird es sein, Akteursgruppen auf der Basis ähnlicher Interessenlagen zu identifizieren und deren typische Anforderungen an und Unterstützungsleistungen für internationale Organisationen in verschiedenen Problemfeldern aus den Sachbereichen ‚Sicherheit‘, ‚Wohlfahrt‘ und ‚Herrschaft‘ zu ermitteln (vgl. Czempiel 1981, 198).

5.2.1 Sachbereich ‚Sicherheit‘

Im Sachbereich ‚Sicherheit‘ sind all jene Problemfelder eingeschlossen, die die physische Existenzerhaltung der Staaten sowie der in den Staaten lebenden Menschen tangieren. Normativ betrachtet handelt es sich im Sachbereich ‚Sicherheit‘ um die *Gewährleistung des Weltfriedens und der internationalen Sicherheit*, das heißt um die Verhinderung von Droh- und Gewaltpolitik einzelner Staaten oder protostaatlicher Akteure wie z.B. so genannte nationale Befreiungsbewegungen oder de-facto Regime einschließlich von diesen gestützten transnationalen Terrorismusnetzwerken. Auf die Erfüllung dieser normativen Vorgabe richten sich letztendlich alle Anforderungen und Unterstützungsleistungen, die von Akteuren der internationalen Beziehungen an die politischen Systeme internationaler Organisationen, die mit Sicherheitsfragen befasst sind – und hier stehen die Vereinten Nationen im Mittelpunkt – herangetragen werden (vgl. generell Alagappa/Inoguchi 1999, 367ff.). Die Anforderungen und Unterstützungsleistungen können sich entweder auf (1) friedliche Streitbeilegung und Friedensmissionen, (2) kollektive Zwangsmaßnahmen oder (3) Schritte zur Rüstungskontrolle und Abrüstung beziehen.

friedliche Streitbeilegung und ‚Peacekeeping': Mitgliedstaaten

(1) Anforderungen und Unterstützungsleistungen aus der Staatenwelt im Bereich der friedlichen Streitbeilegung und des ‚Peacekeeping' lassen sich nur schwer einer bestimmten Staatengruppe zuordnen. Besonders die Anforderungen von ‚Peacekeeping'-Maßnahmen sind breit gestreut. Die Unterstützungsleistungen von Mitgliedstaaten in Form von finanzieller Beteiligung sind hingegen auf die hochentwickelten Industriestaaten und unter diesen vor allem auf die USA, Japan und Deutschland konzentriert. Die Unterstützung im Sinne der Bereitstellung von militärischem, polizeilichem und zivilem Personal, aus dem die Kontingente der Vereinten Nationen für Friedensmissionen bestehen, kam zumeist entweder aus hochentwickelten, aber eher kleinen Industriestaaten oder aus Entwicklungsgesellschaften, die über ein gutes Maß an internationaler Reputation sowie innenpolitisch relativ stabile Verhältnisse verfügen. Die Großmächte sowie große, hochentwickelte Industriestaaten verhielten sich in Relation zu ihrem weltpolitischen Gewicht bei der Bereitstellung von Personal für ‚Peacekeeping'-Operationen eher zurückhaltend. Dies erklärt sich u.a. durch den historischen Entstehungskontext von ‚Peacekeeping'-Operationen. Denn dem VN-‚Peacekeeping' war zunächst die Aufgabe zugedacht, in Regional- oder Lokalkonflikten einzugreifen, um ein Engagement und damit ein eskalationsträchtiges Aufeinandertreffen der Supermächte (USA und UdSSR) zu verhindern. Außerdem sollte der Eindruck vermieden werden, dass sich die mächtigen Staaten der Erde des VN-‚Peacekeeping' als Instrument zur Durchsetzung ihrer Interessen bedienten. Erst nach dem Ende des Ost-West-Gegensatzes und der darauf folgenden zunehmenden Inanspruchnahme des VN-‚Peacekeeping' haben die Supermächte sowie andere große Industriestaaten ihre Zurückhaltung aufgegeben und stellen nunmehr vermehrt auch militärisches Personal für ‚Peacekeeping'-Operationen der Vereinten Nationen zur Verfügung. Derzeit (Stand: Ende 2001) sind ca. 47.000 VN-Blauhelme im Rahmen von 15 Friedensmissionen im Einsatz. Sie stammen aus 87 Mitgliedstaaten der VN. Die 29 Mitgliedstaaten der OECD stellen lediglich etwa 25 Prozent dieser Truppen. Bangladesh, eines der ärmsten Entwicklungsländer, führt die Rangliste mit 6010 entsandten Soldaten und Polizisten an.

Rolle des VN-Generalsekretärs

Anforderungen von und Unterstützungsleistungen für Friedensmissionen der Vereinten Nationen können jedoch auch – selbst wenn dies eher als die Ausnahme gelten kann – von supranationalen Akteuren ausgehen. So spielt beispielsweise der Generalsekretär der Vereinten Nationen als derjenige, der ermächtigt ist (vgl. Art. 99 SVN), dem Sicherheitsrat als Beschlussorgan den Bedarf an Friedensmissionen vorzutragen und diesen Bedarf mit den Konfliktparteien z.B. zur Vorbereitung und Absicherung eines Waffenstillstandes abzuklären, eine wichtige Rolle bei der Forderung nach und der Unterstützung von VN-Friedensmissionen.

organisierte gesellschaftliche Interessen und öffentliche Meinung

Nach dem Ende des Ost-West-Konflikts haben die Anforderungen und Unterstützungsleistungen von Seiten organisierter gesellschaftlicher Interessen sowie der öffentlichen Meinung in westlichen Demokratien an Bedeutung gewonnen. So versucht Hasenclever (2001) nachzuweisen, dass die humanitären Interventionen westlicher Staaten in Somalia, Ruanda und Bosnien-Herzegowina nicht auf eigennützige Interessenkalküle dieser Staaten zurückgeführt werden können. Statt dessen seien die Interventionen als Reaktion auf die von Menschenrechtsprotagonisten in die nationalen Öffentlichkeiten getragenen Forderungen nach aktiver Hilfe in den Krisengebieten zu verstehen. Für die Durchschlagskraft von Inputs nicht-staatlicher Akteure – genannt werden vor allem Medienvertreter und NGO[6] – sei letztlich ihre Verankerung in einem gemeinsamen menschenrechtlichen Ethos westlicher Gesellschaften ausschlaggebend (Hasenclever 2001, 112).

Derartige moralsoziologische Argumentationen verkennen nicht die wichtige Rolle von (Militär-)Experten für das VN-‚Peacekeeping'. Mindestens genauso bedeutsam wie die auf eine gemeinsame Moral gestützte Erwartungshaltung der westlichen Gesellschaftswelt scheinen die Kalkulationen der Erfolgschancen militärischer Einsätze zu sein (Hasenclever 2001, 212-214). Diese lassen sich nur auf der Grundlage von Fachkenntnissen ausgewählter (Militär-)Experten abschätzen. Damit erbringen diese eine wichtige Unterstützungsleistung für das VN-‚Peacekeeping'. — (Militär-)Experten

(2) Ein differenzierteres, weniger vom Konsens der Akteure geprägtes Bild ergibt die Untersuchung der Anforderungen und Unterstützungsleistungen im Bereich der *militärischen oder nicht-militärischen Zwangsmaßnahmen* seitens der Vereinten Nationen. Für die Staatenwelt mag zunächst die auf Rosecrance (1986) zurückgehende Unterscheidung zwischen Handelsstaaten und Machtstaaten von einem gewissen Nutzen sein. Handelsstaaten, darunter verstehen wir die hochindustrialisierten Staaten, die in hohem Maße in das System internationaler Arbeitsteilung eingebunden sind, einen sehr großen Anteil ihres Bruttosozialprodukts durch außenwirtschaftliche Verflechtungen erwirtschaften und einen relativ geringen Anteil ihres Bruttosozialproduktes für den Unterhalt eines militärischen Apparates ausgeben (z.B. Japan und Deutschland), sind gegenüber kollektiven Zwangsmaßnahmen einschließlich solchen militärischer Art grundsätzlich, wenn auch nicht notwendigerweise mit eigener Beteiligung, positiv eingestellt. Dies mag insofern zunächst überraschen, als Handelsstaaten in ihrer Orientierung auf den internationalen Handel als besonders kriegsscheu gelten. Diese Kriegsscheu bezieht sich jedoch primär auf die Bereitschaft, unilateral zur Wahrung eigener Interessen Zwangsmittel anzudrohen oder einzusetzen. Zur kollektiven Friedenssicherung – und daran müssen Handelsstaaten besonders interessiert sein, da Krieg die internationale Arbeitsteilung, die darauf beruhende Interdependenz und damit einen der Eckpfeiler der Wohlfahrt dieser Staaten zerstört – sind Handelsstaaten hingegen durchaus bereit. Sie bevorzugen es, Maßnahmen in Kooperation mit anderen und/oder unter der Führung der Vereinten Nationen vorzunehmen, um das allgemeine Gewaltverbot der VN-Satzung durchzusetzen, wenn nötig selbst mit militärischen Mitteln. Dabei beteiligen sich Handelsstaaten nicht zwangsläufig mit eigenen militärischen, sondern eher mit finanziellen Mitteln (vgl. die ‚Scheckbuchdiplomatie' im Golfkrieg 1990/91). Während die nicht-militärische Beteiligung von Japan nach wie vor bevorzugt wird, änderte — Zwangsmaßnahmen — Einstellung von Handelsstaaten

---

6   Hasenclevers Untersuchung geht in der Auswahl der nicht-staatlichen Akteure für die Inputs im Bereich des VN-'Peacekeeping' über die Analysen zum so genannten ‚CNN-Effekt' hinaus, welche sich auf die Untersuchung der Rolle von Vertretern ausschließlich audiovisueller Medien konzentrieren (vgl. Hoge 1994; Jakobsen 1996; Robinson 1999).

Deutschland im Laufe der 1990er Jahre seine Position. Im Juni 1995 stimmte der Deutsche Bundestag erstmals einem Kampfeinsatz deutscher Soldaten zur Friedenssicherung außerhalb des NATO-Vertragsgebiets zu. Den Einsatz militärischer Mittel macht Deutschland seither generell von einem erteilten Mandat des VN-Sicherheitsrates abhängig. Seine Beteiligung an der NATO-Militäraktion gegen das ehemalige Jugoslawien im Kosovo-Konflikt bedeutete freilich eine Durchbrechung dieses Grundsatzes. Deutsche Politiker beeilten sich allerdings, diese Durchbrechung als Ausnahmefall darzustellen. Gegenüber Zwangsmaßnahmen in Gestalt von Wirtschaftssanktionen zeigen Handelsstaaten, was angesichts ihrer Abhängigkeit vom internationalen Handel auch kaum verwundern kann, eine gewisse Distanz, wenngleich diese nur selten zu einer Verweigerungshaltung führt. Letzteres wäre für die allgemein große multilaterale Kooperationsbereitschaft von Handelsstaaten auch unüblich.

Einstellung von Machtstaaten

Machtstaaten, die sich durch ihre relative Unabhängigkeit von den internationalen Märkten sowie einen hohen Anteil an Militärausgaben am Bruttosozialprodukt definieren (zum Beispiel die USA, auch Russland), haben hingegen mit der Forderung nach und der Unterstützung von wirtschaftlichen Zwangsmaßnahmen weniger Probleme. Schließlich erzeugt das Kappen von Handelsbeziehungen für die nach außen weniger abhängigen Machtstaaten vergleichsweise geringere Kosten. Die Unterstützung kollektiver militärischer Zwangsmaßnahmen ist für Machtstaaten allerdings eine zweischneidige Angelegenheit. Zwar sind sie zur Wahrung ihrer Interessen eher als Handelsstaaten bereit, auf militärische Gewalt zurückzugreifen, allerdings können sie nur schwer akzeptieren, wenn – was bei kollektiven Zwangsmaßnahmen, die diesen Namen verdienen, angezeigt ist – internationale Organisationen als Prinzipale und damit sie selbst als bloße Agenten der kollektiven militärischen Zwangsmaßnahmen auftreten. Denn in ihrer Selbstgenügsamkeit auf Kooperation weniger angewiesen, haben sie zu internationalen Organisationen ein ausgeprägtes instrumentelles Verhältnis. Dies kommt auch dadurch zum Ausdruck, dass sie versuchen, die Vereinten Nationen als Instrument der Legitimierung der von ihnen gewünschten militärischen Zwangsmaßnahmen zu nutzen, jedoch sich zögerlich bis ablehnend verhalten, wenn die Vereinten Nationen ihre Unterstützung anfordern, um selbst kollektive Zwangsmaßnahmen durchzuführen. So gesehen war das Verhalten der Machtstaaten wie USA, Großbritannien und Frankreich, sich von den Vereinten Nationen die Gewaltanwendung gegen den Irak durch den Sicherheitsrat legitimieren zu lassen, aber die Zwangsmaßnahmen unabhängig von der Kontrolle der Organisation durchzuführen, durchaus charakteristisch. Bei den USA wiederholte sich dieses Verhaltensmuster jüngst im Falle Afghanistan.

Position der Entwicklungsländer

Die Position der Entwicklungsländer ist im Bereich kollektiver Zwangsmaßnahmen ebenfalls zwiespältig. Einerseits, zum Teil unter dem Eindruck der im Zuge der Dekolonisierung erst vor kurzer Zeit gewonnenen Unabhängigkeit, sind sie sehr auf ihre Souveränität bedacht und damit Zwangsmaßnahmen gegenüber, die von internationalen Organisationen durchgeführt werden, sehr skeptisch eingestellt. Andererseits bietet die Möglichkeit von kollektiven Zwangsmaßnahmen ihnen eine gute Rückversicherung gegen die militärisch dominanten Industriestaaten. Deshalb werden seitens der Entwicklungsländer kollektive Zwangsmaßnahmen von Fall zu Fall unterschiedlich bewertet. Zudem sind sie häufig gar nicht in der Lage, wesentliche Unterstützungsleistungen – sei es in Form von finanziellen, sei es in Form von militärischen Beiträgen – zu erbringen, so dass ihre Unterstützung für kollektive Zwangsmaßnahmen eher moralischer Natur bleibt.

Für die den Input internationaler Organisationen mitbestimmenden nicht-staatlichen Akteure ergibt sich im Problemfeld kollektive Zwangsmaßnahmen – zumindest was militärische Maßnahmen betrifft – kein klares Bild. Sowohl von Experten als auch in der öffentlichen Meinung werden die Erfolgsaussichten oder die moralische Vertretbarkeit der Anwendung militärischer Mittel gegen Staaten, die das Gewaltverbot missachten oder schwerstwiegende Menschenrechtsverletzungen begehen, sehr kontrovers diskutiert. Bei nicht-militärischen Zwangsmaßnahmen tritt die öffentliche Meinung zumeist unterstützend, bei langer Dauer auch kritisch werdend, in Erscheinung, wohingegen die der Industrie und dem Handel nahestehenden Interessengruppen Wirtschaftssanktionen meist skeptisch oder gar ablehnend beurteilen. Letztendlich ist es der Verwaltungsstab der Vereinten Nationen und hier besonders der Generalsekretär, die kollektive Zwangsmaßnahmen, verstanden als Zwangsmaßnahmen, die von den Vereinten Nationen selbst durchgeführt werden, nachhaltig unterstützen. Schließlich dienen derartige Zwangsmaßnahmen den VN dazu, den Mitgliedstaaten wie der Weltöffentlichkeit die Rolle und Verantwortung dieser internationalen Organisation für die Gewährleistung des Weltfriedens und der internationalen Sicherheit zu verdeutlichen.

(3) Anforderungen an und Unterstützungsleistungen für die politischen Systeme internationaler Organisationen im Sicherheitsbereich zielen schließlich auch auf die Regulierung der *internationalen Rüstungsdynamik*. An internationale Organisationen wird die Erwartung gerichtet, die internationale Rüstungskontrolle und Abrüstung zu fördern. Insgesamt wird man jedoch einschränkend bemerken müssen, dass sich die Forderung nach Abrüstung zu allererst an die Rüstung betreibenden Staaten selbst richtet (häufig in Form von wechselseitigen Anschuldigungen) und internationale Organisationen eher als Sprachrohr oder Verstärker dieser Forderungen sowie als Vermittler für neue oder als Kontrolleur für bestehende Abrüstungsvereinbarungen fungieren.

Somit erscheint auch einsichtig, warum es im Wesentlichen die Kleinstaaten und Entwicklungsländer sind, welche die Forderung, Rüstungskontrolle und Abrüstung auf globaler Ebene zu befördern, an die politischen Systeme internationaler Organisationen richten und diese Forderung mit dem unterstützenden Hinweis auf ihren eigenen Rüstungsverzicht verbinden. Von diesen sind es wiederum die (Handels-) Staaten, die die größten Aktivitäten entwickeln. Die Großmächte (Machtstaaten) fordern zwar ebenfalls Abrüstungsschritte, doch ihre Anforderungen richten sich kaum an die politischen Systeme internationaler Organisationen. Vielmehr werden Abrüstungsforderungen zumeist – und teilweise mehr in propagandistischer Absicht denn im ernsthaften Bemühen, Fortschritte bei der Abrüstung zu erreichen – direkt an machtpolitisch konkurrierende oder als bedrohlich erachtete Staaten gerichtet. Letzteres gilt insbesondere für den Bereich der Nichtverbreitung von Massenvernichtungswaffen. Im Gegensatz zur Rüstungsproblematik allgemein werden hier allerdings die wesentlichen Anforderungen und Unterstützungsleistungen von den Großmächten, die bereits über derartige Waffen verfügen, eingebracht. Unterstützt werden sie in ihrer Forderung nach Nichtweiterverbreitung von Massenvernichtungswaffen vor allem von ärmeren Entwicklungsländern oder Klein- und Handelsstaaten, die sich die Entwicklung derartiger Waffensysteme finanziell nicht erlauben können oder wollen, gleichzeitig aber zu verhindern suchen, dass andere Staaten in den Besitz von Massenvernichtungswaffen gelangen und damit ihre Sicherheit bedrohen können.

Kennzeichnend für das Problemfeld ‚Rüstungsdynamik‘ in den internationalen Beziehungen ist außerdem, dass internationale Organisationen wesentliche Inputs, also Anforderungen und Unterstützungsleistungen, von nicht-staatlichen Akteuren der internationalen Politik erhalten. So spielen gerade hier die Verwaltungsspitzen internationaler Organisationen, wie vor allem der Generalsekretär der Vereinten Nationen oder der Generaldirektor der Internationalen Atomenergiebehörde (IAEA), als Mahner der Mitgliedstaaten, aber auch als Anbieter von Vermittlungstätigkeiten zwischen ihnen eine wichtige Rolle als Input-Lieferanten. In ihren Forderungen bestärkt und unterstützt werden die Verwaltungsspitzen durch große Teile der öffentlichen Meinung, durch transnationale ‚advocacy‘-Netzwerke sowie Expertengruppen, die mit Eingaben an die politischen Systeme internationaler Organisationen herantreten. Für eine von internationalen Organisationen unabhängige Thematisierungsmacht nicht-staatlicher Akteure spricht, dass sie in einigen Fällen ihre Anforderungen auch an etablierten internationalen Verhandlungssystemen vorbei geltend machen können. In dieser Hinsicht einzigartig ist der Erfolg der Internationalen Kampagne zum Verbot von Landminen (ICBL). Nachdem ein umfangreicher Revisionsprozess der VN-Minenkonvention von 1980 im Rahmen der Genfer Abrüstungskonferenz 1996 gescheitert war, überzeugte die ICBL Kanada und einige weitere Staaten, den so genannten Ottawa-Prozess zu initiieren. Dieser Verhandlungsprozess, der sich außerhalb der auf der Ebene der Vereinten Nationen bestehenden Verhandlungssysteme vollzog, führte bereits nach vier Verhandlungsrunden zum Erfolg. Unter direkter Beteiligung zahlreicher NGO gelang es 100 Staaten, innerhalb eines Jahres den so genannten Ottawa-Vertrag ohne Ausnahme- und Übergangsregelungen auszuhandeln. So verbietet der im Dezember 1997 unterzeichnete Vertrag im Unterschied zu dem in Genf 1996 ausgehandelten Ergänzungsprotokoll zur VN-Minenkonvention erstmals den Einsatz, die Produktion, die Lagerung und den Export aller Arten von Anti-Personenlandminen. Er trat im September 1998 in Kraft, nachdem er von vierzig Staaten ratifiziert worden war. Bis Ende 2001 wurde der Vertrag von 142 Staaten unterzeichnet und von 122 ratifiziert. Die aus über 1000 NGO bestehende ICBL wurde 1997 für ihre Leistungen mit dem Friedensnobelpreis ausgezeichnet (vgl. Price 1998; Wisotzki 1998).

5.2.2 Sachbereich ‚Wohlfahrt‘

Im Sachbereich ‚Wohlfahrt‘ haben wir es mit Problemfeldern der internationalen Politik zu tun, in denen es um die *materielle Existenzerhaltung und -entfaltung* von Menschen, Gruppen und Gesellschaften geht und in denen sich konkurrierende Wohlfahrtsziele von Staaten gegenüberstehen. Die auf die Steigerung der kollektiven Wohlfahrt und ihrer gerechten Verteilung zielenden Anforderungen an und Unterstützungsleistungen für die politischen Systeme internationaler Organisationen richten sich im Wesentlichen auf (1) den Ordnungsrahmen der weltwirtschaftlichen Produktions- und Austauschbeziehungen, (2) die Bestrebungen der Entwicklungsgesellschaften, als chancengleiche Partner auf den internationalen Märkten auftreten zu können und (3) die ökologische Verträglichkeit der Mehrung der weltgesellschaftlichen Wohlfahrt.

(1) Anforderungen und Unterstützungsleistungen aus der Staatenwelt, die auf die Stützung und Ausweitung einer von liberalen Prinzipien geprägten Weltwirtschaft abzielen, konzentrieren sich besonders auf die Gruppe der hochindustrialisierten Handelsstaaten und hier vor allem auf kleine Handelsstaaten. Sie sind besonders von internationalen Austauschbeziehungen abhängig und haben daher ein besonderes Interesse, den Zugang zu internationalen Märkten möglichst frei zu halten. Bei Machtstaaten ist das Interesse an einer Liberalisierung der Weltwirtschaft hingegen weniger stark ausgeprägt. Sie sind insgesamt in ihrer wirtschaftlichen Entwicklungsfähigkeit relativ selbstgenügsam und weniger auf den freien Zugang zu internationalen Märkten angewiesen. Mehr noch: Auf ihre relative Selbstgenügsamkeit bedacht, neigen sie in strategisch bedeutsamen Bereichen zu – oftmals verstecktem – protektionistischem Verhalten, zumal der Schutz eigener Wirtschaftsbereiche eben aufgrund der eigenen Unabhängigkeit von anderen Staaten nur selten durch Gegenmaßnahmen effektiv sanktioniert werden kann. In den Bereichen allerdings, in denen Machtstaaten trotz ihrer relativen Selbstgenügsamkeit von internationalen Märkten abhängig sind oder besonders gute Absatzchancen wittern, liefern auch Machtstaaten Inputs, die auf eine Liberalisierung der Weltwirtschaft zielen.

Als ebenso ambivalent kann die Haltung von Entwicklungsländern beschrieben werden. Wie bereits angesprochen, löste sich der Zusammenhalt der Entwicklungsländer nach dem Ende des Ost-West-Gegensatzes vor allem in die Weltwirtschaft betreffenden Fragen auf. So lehnte die Regionalgruppe Lateinamerika und Karibik während der UNCTAD-IX-Verhandlungen im Jahre 1996 ihr Programm an die Vorstellungen westlicher Industrienationen an und propagierte fortschreitende Liberalisierung. Die Regionalgruppen Asiens und Afrikas beanstandeten den wachsenden Protektionismus der Industrieländer gegenüber der sich entwickelnden Welt. Auch die Entwicklungsländer sind demnach an einer Liberalisierung der Weltmärkte besonders in den Bereichen interessiert, in denen sie über auf dem Weltmarkt konkurrenzfähige Produkte verfügen. So sind ihre Anforderungen an internationale Organisationen beispielsweise auf die Beseitigung des Protektionismus im internationalen Agrar- und Textilhandel konzentriert.

Inputs für die politischen Systeme internationaler Organisationen, die sich auf den Ordnungsrahmen der Weltwirtschaft richten, können auch von nicht-staatlichen Akteuren der internationalen Politik stammen, die also durchaus den Politikentwicklungsprozess in internationalen (Wirtschafts-) Organisationen beeinflussen. Interessenvertretungen aus Industrie und Handel – so es sich um konkurrenzfähige, exportorientierte Branchen handelt – sind am freien Zugang zu internationalen Märkten stark interessiert und richten entsprechende Anforderungen und Unterstützungsleistungen, z.B. in Form von Informationen über protektionistische Praktiken von Staaten, an die ‚zuständigen‘ internationalen Organisationen. Dem steht allerdings das protektionistische Interesse weniger konkurrenzfähiger Unternehmen und Branchen gegenüber. Diese Interessen werden jedoch nur selten wie in der Europäischen Union als Anforderungen und Unterstützungsleistungen direkt an internationale Organisationen gerichtet, sondern eher an die Regierungen der am stärksten betroffenen Staaten herangetragen, um in kollektiven Entscheidungen Berücksichtigung zu finden. Ganz anderer Inputkanäle, nämlich der Inszenierung von medienwirksamen Massenprotesten bedienen sich die in jüngster Zeit erstarkten transnationalen sozialen Bewegungen (vgl. auch Kap. 2.3.2). Um ihren Anforderungen Ausdruck zu verleihen, zeigen

Marginalien:
liberale Weltwirtschaft

Handelsstaaten

Machtstaaten

Entwicklungsländer

nicht-staatliche Akteure

135

sie vor allem während der Jahrestagungen internationaler (Wirtschafts- und Finanz-) Organisationen Präsenz. Ihre Proteste gegen eine fortschreitende Liberalisierung der weltwirtschaftlichen Austauschbeziehungen werden nicht selten von gewaltsamen Ausschreitungen begleitet und können, wie die Ereignisse am Rande einer Reihe von Konferenzen hochrangiger politischer Entscheidungsträger, zuletzt im Rahmen des G-7-Treffens im Juli 2001 in Genua zeigen, den Verlauf dieser Treffen beeinträchtigen.

wirtschaftliche
Entwicklung

Entwicklungsländer

Industriestaaten

Experten

Nicht-Regierungs-
organisationen

öffentliche Meinung

(2) Anforderungen an und Unterstützungsleistungen für internationale Organisationen im Sachbereich ‚Wohlfahrt‘ richten sich auch auf das *Gelingen der nachholenden Entwicklung* (vgl. Menzel 1988, 9-29) der Entwicklungsländer. Im Bereich der Staatenwelt spalten sich die Input-Lieferanten in zwei Großgruppen auf: Während die wesentlichen Anforderungen aus der Gruppe der Entwicklungsländer stammen, kommen die Unterstützungsleistungen aus den hochindustrialisierten Staaten der Nordhalbkugel. Internationale Organisationen erfüllen gewissermaßen die Funktion eines Scharniers zwischen den Anforderungen des Südens und den Unterstützungsleistungen des Nordens. Sie bieten den Entwicklungsgesellschaften ein Forum, in dem sie ihr Interesse an einer Verringerung der Entwicklungsdisparitäten artikulieren können. Wie die Diskussion im Rahmen der Vereinten Nationen über die ‚Neue Weltwirtschaftsordnung‘ sowie die Ausweitung der Entwicklungshilfe zeigen, haben diese Inputs von Entwicklungsländern die Agenda internationaler Organisationen durchaus (mit-)geprägt und somit den Druck auf die Industriegesellschaften, die notwendigen Unterstützungsleistungen zur Förderung der nachholenden Entwicklung bereitzustellen, verstärkt (vgl. Krasner 1985). Die Gewährung von finanzieller Unterstützung durch die sozioökonomisch hochentwickelten Industriestaaten ist jedoch zumeist mit der Anforderung an internationale Organisationen wie z.B. den Internationalen Währungsfonds (IWF) oder die Weltbankgruppe (IBRD/IDA) verbunden, sich im Sinne eines von diesen Geberstaaten befürworteten Entwicklungsmodells einzusetzen. Gerade diese Form der Anforderungen, die als Bedingungen für Unterstützungsleistungen formuliert werden, hat den Industriestaaten den Vorwurf eingebracht, diese Organisationen zur Durchsetzung ihrer Weltordnungsvorstellungen zu instrumentalisieren.

Auch und gerade im Bereich der Entwicklungsfinanzierung spielt die wissenschaftliche Politikberatung durch Experten eine außerordentlich gewichtige Rolle. So kommt den jeweiligen Weltmarktanalysen und Entwicklungskonzepten, die von Entwicklungsökonomen vertreten werden, als Inputs eine nicht zu unterschätzende Bedeutung zu. Vielfach, so z.B. bei Entwicklungs- und Friedensforschern beziehen diese Experten(-gruppen) einen Standpunkt zugunsten der Entwicklungsländer und fordern mit ihnen die Umstrukturierung der internationalen Austauschbeziehungen. Mit derselben Zielorientierung haben auch die Kirchen wiederholt das Thema der (Un-)Gerechtigkeit der internationalen Wirtschaftsbeziehungen problematisiert und im Zusammenhang mit den UNCTAD-Konferenzen Forderungen nach gerechteren Austauschbeziehungen formuliert. Dem stehen freilich die Inputs von Interessenvertretern der Wirtschaft der industrialisierten Länder sowie die Analysen und Empfehlungen neoliberalistisch geprägter Ökonomen entgegen.

Anforderungen und Unterstützungsleistungen der öffentlichen Meinung sind bezüglich der Förderung der nachholenden Entwicklung eher die Ausnahme. Allenfalls durch Hungerbilder aufgeschreckt kann die Aufmerksamkeit der Weltöffentlichkeit – dann jedoch zumeist nur kurzfristig – auf das Problem der Entwicklungsdisparitäten und die Notwendigkeit ihrer Verringerung gelenkt werden.

(3) Seitdem die Gefahren der Industrialisierung für die natürlichen Grundlagen menschlichen Lebens offenbar geworden sind, zielen die Inputs innerhalb des Sachbereichs ‚Wohlfahrt‘ zusätzlich auf den Erhalt der natürlichen Lebensgrundlagen und damit auf die *Berücksichtigung der ökologischen Verträglichkeit der ökonomischen Entwicklung* und Ausweitung des materiellen Wohlstandes ab (vgl. generell Chasek 2000). So sie aus der Staatenwelt stammen, werden sie sowohl von Industriestaaten als auch von Entwicklungsländern an die politischen Systeme internationaler Organisationen herangetragen. Von den Industriestaaten dürfen die Handelsstaaten im Vergleich zu den Machtstaaten als aktiver gelten. Denn für Handelsstaaten kann der internationale Umweltschutz auch zur Förderung der Exportchancen eigener Umwelttechnologie beitragen. Meist ist die Intensität, mit der Umweltanforderungen und Unterstützungsleistungen an internationale Organisationen gerichtet werden, jedoch eine Funktion der Bilanz von Exporten und Importen von Umweltgefährdungen. Die Staaten, die von den Umweltschädigungen anderer stark betroffen sind, gleichzeitig andere zumindest im selben Problemfeld kaum schädigen, sind die Umweltschutzvorreiter und formulieren die entscheidenden Inputs. Hingegen gelten die Staaten, die einen großen Schadensexport und geringen Schadensimport aufweisen, als die Bremser des internationalen Umweltschutzes (vgl. List/Rittberger 1992, 98-102).

Auch von den Entwicklungsländern werden im Bereich des internationalen Umweltschutzes Inputs für die politischen Systeme internationaler Organisationen geliefert. Insgesamt wohl eher Schadensimporteur, haben sie dazu beigetragen, die Umweltproblematik auf der globalen Agenda zu verankern. In den Problemfeldern hingegen, in denen Entwicklungsländer als Schadensexporteure auftreten, fordern sie mit Verweis auf den überproportionalen Anteil der Industriestaaten an der globalen Schädigungsbilanz Transferleistungen, die es ihnen ermöglichen sollen, durch die Umweltschutzmaßnahmen in ihrer nachholenden Entwicklung nicht behindert zu werden.

Durch ihre Inputs, sei es nun in Form von Anforderungen oder in Form von Unterstützungsleistungen, haben auch nicht-staatliche Akteure der internationalen Politik entscheidenden Anteil an der Verankerung der Umweltproblematik auf der Tagesordnung vieler internationaler Organisationen (vgl. Breitmeier/Rittberger 2000). Unmittelbar, das heißt ohne sich der Vermittlung durch mitgliedstaatliche Agenten bedienen zu müssen, konnten nicht-staatliche Akteure im Problemfeld ‚Umweltschutz‘ ihre Inputs z.B. während der VN-Konferenz für Umwelt und Entwicklung im Jahre 1992 an die politischen Entscheidungsträger richten. Die Gesellschaftswelt hat durch (Umwelt-)Nichtregierungsorganisationen wie ‚Greenpeace‘, die in Zusammenarbeit mit (Umwelt-)Experten und einer sensibilisierten öffentlichen Meinung an Einfluss gewonnen haben, Maßnahmen zum Schutz der natürlichen Lebensgrundlagen eingefordert. Ihre Fachkompetenz erlaubt es Umweltgruppen und -experten darüber hinaus, durch die Bereitstellung von Informationen und wissenschaftlichen Erkenntnissen neben der Formulierung von Anforderungen auch wichtige Unterstützungsleistungen zu erbringen.

Indem sowohl Umweltgruppen als auch Experten und die öffentliche Meinung ihre Forderungen und Unterstützungsleistungen nicht nur an internationale

(Randnotizen:)
Umweltverträglichkeit

Handels- und Machtstaaten

Entwicklungsländer

nicht-staatliche Akteure

Organisationen, sondern auch und vor allem an einzelne Regierungen herantragen, um dort Überzeugungsarbeit zu leisten, gewinnen ihre Inputs an Wirksamkeit. Denn mittels dieser ‚Zangenbewegung‘ können sie von zwei Seiten in die politischen Systeme internationaler Organisationen eindringen.

5.2.3 Sachbereich ‚Herrschaft‘

Problemfeld ‚intl. Menschenrechtsschutz‘

Im Sachbereich ‚Herrschaft‘ beziehen sich wesentliche Anforderungen an und Unterstützungsleistungen für internationale Organisationen – neben anderen Problemfeldern, wie z.B. dem Minderheitenschutz oder der ‚good governance‘ – vor allem auf den *internationalen Menschenrechtsschutz*. Eine durch die moderne Massenkommunikation immer besser informierte und sensibilisierte öffentliche Meinung sowie die Tätigkeiten so bekannter nicht-staatlicher internationaler Organisationen wie ‚Amnesty International‘ oder ‚Human Rights Watch‘ haben in ganz erheblichem Maße zur Fortentwicklung des internationalen Menschenrechtsschutzes z.B. im Rahmen der Vereinten Nationen beigetragen. Sie bestimmen die globale Agenda durch ihre Anforderungen zumindest mit, gleichzeitig sind sie durch ihre Informationen über die Menschenrechtspraxis in verschiedenen Staaten sowie ihre normativen Aktivitäten ein unverzichtbarer Lieferant von Unterstützungsleistungen.

besondere Rolle von NGO

liberal-demokratische Staaten

Auf der Ebene der Staatenwelt waren und sind es die liberal-demokratischen Staaten westlicher Prägung, die internationale Organisationen mit Anforderungen und Unterstützungsleistungen im Problemfeld ‚Menschenrechtsschutz‘ versorgen. Sie tendieren dazu, ihre normativen Ordnungsvorstellungen im Bereich des Menschenrechtsschutzes – u.a. von der öffentlichen Meinung in diesen Staaten getrieben – zu universalisieren. Sie erbringen deshalb auch das Gros der Unterstützungsleistungen finanzieller, sachlicher und personeller Art, die internationale Organisationen benötigen, um den internationalen Menschenrechtsschutz zu verbessern.

6 Umwandlung von Inputs in Outputs: Entscheidungsprozesse in internationalen Organisationen

Nun haben wir zwar insofern Licht in das Dunkel der ‚black box‘ der politischen Systeme internationaler Organisationen gebracht, als wir den institutionellen Rahmen, die ‚polity‘, innerhalb derer die Konversion von Inputs in Outputs stattfindet, sowie die Inputs, die dieser vorausgehen, beleuchtet haben; doch der Prozess, den diese Konversion darstellt, die ‚politics‘-Dimension, liegt nach wie vor außerhalb unseres Gesichtsfeldes. Eben diese Dimension des Politischen, das Zustandekommen von Kollektiventscheidungen – die Entscheidungsprozesse in internationalen Organisationen – soll im Folgenden im Zentrum unserer Aufmerksamkeit stehen.

6.1 Modelle politischer Entscheidungsprozesse

Um zu einer analytisch gehaltvollen und einleuchtenden Darstellung von Entscheidungsabläufen in internationalen Organisationen zu gelangen, wollen wir uns zunächst auf einer etwas grundsätzlicheren Ebene mit Modellen politischer Entscheidungsprozesse auseinandersetzen.

In Anlehnung an Allison (1975), Allison/Zelikow (1999), Lister (1984) und Wilson/DiIulio (1997) wollen wir fünf Entscheidungsprozessmodelle unterscheiden: Entscheidungsfindung durch (1) intergouvernementalen Aushandlungsprozess, (2) Mehrheitsentscheidung, (3) rationale Wahlhandlung, (4) routinisierten innerorganisatorischen Entscheidungsablauf und (5) bürokratischen Aushandlungsprozess. Diese Entscheidungsprozessmodelle ordnen wir zwei unterschiedlichen Typen von Entscheidungen internationaler Organisationen zu (vgl. Kap. 6.2 unten): Während (1) Programmentscheidungen vornehmlich durch intergouvernementale Aushandlungsprozesse oder Mehrheitsentscheidung zustande kommen, gehen (2) operative Entscheidungen zumeist auf rationale Wahlhandlungen, routinisierte innerorganisatorische Entscheidungsabläufe oder bürokratische Aushandlungsprozesse zurück.

6.1.1 Modell 1: Intergouvernementaler Aushandlungsprozess

Die Vorstellung vom Zustandekommen von Kollektiventscheidungen in internationalen Organisationen als intergouvernementalem Aushandlungsprozess basiert auf der Annahme, dass soziale Großorganisationen bindende Entscheidungen im Wesentlichen durch Verhandlungen zwischen den Vertretern der Leitungsebenen dieser Organisationen zustande kommen (vgl. Wilson/DiIulio 1997). Die Entscheidung spiegelt mithin die Vielfalt der von einer Entscheidung betroffenen konkurrierenden Interessen sowie die relative Macht der sie vertretenden Akteure wider. Mit anderen Worten, das Resultat der Aushandlungsprozesse weicht von den Ausgangspositionen aller Verhandlungsteilnehmer ab. Es stellt zumeist ein – freilich oft unterschiedlich weitgehendes – wechselseitiges Nachgeben, häufig den kleinsten gemeinsamen Nenner aller Positionen, mitunter aber auch eine umfangreiche Paketlösung als Folge von Kopplungsgeschäften und unter Einbeziehung von Seitenzahlungen (vgl. Kap. 5.1.1) dar, in der unterschiedliche Interessen aller berücksichtigt werden.

Grundsätzlich ist dieses Entscheidungsmodell auf die Entscheidungsabläufe in jeder komplexen sozialen Großorganisation anwendbar. Überträgt man es beispielsweise auf den modernen Staat, so ergibt sich ein Bild, demzufolge die Entscheidungsfindung zwar formal durch die staatlichen Organe (Parlament und Regierung), real jedoch durch die Einbeziehung der von der Entscheidung betroffenen organisierten Interessen in der Gesellschaft bestimmt wird. Die Entscheidungsorgane von Staaten erscheinen in diesem Modell vor allem als Vermittler und Makler in der Auseinandersetzung zwischen den Interessengruppen und ihren Vertretern. Das Eigeninteresse der staatlichen Entscheidungsorgane besteht darin, ein umsetzbares, das heißt für alle Seiten akzeptables Politikprogramm zu formulieren und zu zertifizieren. So ist beispielsweise eine Reform des Gesundheitswesens in Deutschland vor allem als das Ergebnis von Verhandlungen zwischen Krankenkassen, der Ärzteschaft, den Krankenhausträgern, der Pharmaindustrie und den Apothekern zu erwarten. Regierung und Parlament wirken mit Blick auf ein zu ratifizierendes Politikprogramm auf den Verhandlungsprozess ein, dominieren ihn jedoch nicht.

Übertragung auf IO

Übertragen wir dieses Modell auf internationale Organisationen, so sind es die Staaten und vor allem deren Regierungsvertreter, die als Repräsentanten unterschiedlicher, unter Umständen konfligierender nationaler Interessen den Entscheidungsprozess dominieren. Wie die gesetzgeberischen Entscheidungen im nationalstaatlichen Rahmen primär als Resultat von Interessengruppenauseinandersetzungen erscheinen, so können die Entscheidungen von internationalen Organisationen als Ergebnis zwischenstaatlicher, intergouvernementaler Aushandlungsprozesse begriffen werden, in denen der Verwaltungsstab der internationalen Organisation die Rolle eines z.T. einflussreichen Vermittlers, Maklers und Wahrers der Gemeinschaftsinteressen wahrnimmt. Gestützt auf ein derartiges Modell ließe sich beispielsweise die Entscheidung über die Reform der Agrar- und Strukturpolitik der Europäischen Union unter Berücksichtigung der anstehenden Osterweiterung der EU, also die Verabschiedung der so genannten „Agenda 2000" begreifen, da der Prozess der Entscheidungsfindung im Wesentlichen durch die teils einander widerstreitenden, teils übereinstimmenden Interessen verschiedener Mitgliedstaaten und ihrer Regierungen bestimmt war (vgl. Giering 2000; Nugent 1999, 392). Bei den Vereinten Nationen sind die Entscheidungen über die Klimakonvention und die Konvention zum Schutz der Artenvielfalt, die auf der VN-Konferenz über Umwelt und Entwicklung in Rio de Janeiro (1992) getroffen wurden, sowie an diese Konventionen anschließende Übereinkünfte – das ‚Kyoto-Protokoll' von 1997 und das ‚Cartagena-Protokoll' von 2000 – im Modell intergouvernementaler Aushandlungsprozesse zu fassen.

Beispiele: Reform der EU-Agrar- und Strukturpolitik

Entscheidungen auf der VN-Konferenz für Umwelt und Entwicklung

140

6.1.2 Modell 2: Mehrheitsentscheidung

Auch das Modell der Entscheidungsfindung als Mehrheitsentscheidung legt sein Hauptaugenmerk auf die Interessen der von Entscheidungen betroffenen Akteure. Im Gegensatz zum Modell der Interessengruppenauseinandersetzung wird weniger der Verhandlungsaspekt, also das Finden von Kompromissen oder das Suchen nach Zonen der Übereinstimmung und das Schnüren von Verhandlungspaketen, sondern die Mehrheitsfähigkeit von Entscheidungsalternativen betont. Demnach ist der Entscheidungsprozess in sozialen Großorganisationen durch das Suchen nach Beschlussvorlagen, denen die Mehrheit der in ihren Interessen Betroffenen zustimmen können, charakterisiert (vgl. Wilson/DiIulio 1997). Entscheidungen sind folglich inhaltlich durch die Interessen der Mehrheit der Mitglieder einer sozialen Organisation determiniert.

Auf den Staat als soziale Großorganisation bezogen heißt dies, dass die staatlichen Institutionen wie Regierung und Parlament nichts weiter als Vollstrecker des Mehrheitswillens der Bevölkerung sind, an dessen zwangloser Bildung sie freilich beteiligt sein können. So müsste die angesprochene Reform des Gesundheitswesens in Deutschland entsprechend diesem Modell durch dessen Mehrheitsfähigkeit in der Bevölkerung nach einer zwanglos geführten öffentlichen Debatte erklärt werden können.

Internationale Organisationen treten uns im Bild dieses Modells von Entscheidungsprozessen als Vollstrecker des Mehrheitswillens der Mitgliedstaaten entgegen. Sie erscheinen als Ausführungsorgane mehr oder weniger wechselnder, jedenfalls aber mehrheitsfähiger Koalitionen der Mitgliedstaaten. Aufgabe des Verwaltungsstabes der Organisation oder von koalitionsbildenden Staaten in der Organisation ist es, Beschlussvorlagen zu erarbeiten, die zur Bildung mehrheitsfähiger Koalitionen führen und zugleich für die unterliegende Minderheit tolerabel sind. Die Politikentwicklung in der Generalversammlung der Vereinten Nationen oder im Rat der EU ließe sich zum Beispiel durch dieses Modell der Entscheidungsfindung fassen. In der Generalversammlung werden Resolutionen, wie beispielsweise zur Rüstungskontrolle oder zum Schutz der Menschenrechte, durch eine Zweidrittel-Mehrheit der stimmberechtigten Mitglieder verabschiedet. Im Rat der EU bedarf es in einer mit jeder Vertragsänderung wachsenden Anzahl von Politikfeldern einer qualifizierten Mehrheit von ca. 71 Prozent der gewogenen Stimmen. Allerdings gilt die qualifizierte Mehrheit nach Inkrafttreten des Vertrages von Nizza erst dann als erreicht, wenn die Mehrheit der Mitgliedstaaten dem Beschluss zustimmt und wenn eine Prüfung auf Antrag eines Mitgliedstaates ergibt, dass die qualifizierte Mehrheit mindestens 62 Prozent der Gesamtbevölkerung der Union entspricht (vgl. Kap. 4.2.1).

Übertragung auf IO

Politikentwicklung in Plenarorganen von VN und EU

6.1.3 Modell 3: Rationale Wahlhandlung

Die Vorstellung vom Entscheidungsfindungsprozess als einer Abfolge von rationalen Wahlhandlungen basiert auf der Annahme, dass eine zentrale, mit Rechtsautorität ausgestattete Entscheidungsinstanz vorhanden ist, deren Entscheidungen durch exogen vorgegebene Interessen bestimmt werden. Demnach wählt ein korporativer Akteur aus einer Reihe von Handlungsoptionen diejenige aus, die im Lichte seiner Interessen insofern als optimal gelten kann, als eine begründete Erwartung besteht, dass durch diese Handlung seine Interessen nicht nur weitgehend, sondern auch kostengünstig zu verwirklichen sind. Eine rationale Wahl-handlung ist also das Resultat einer Kosten-Nutzen-Kalkulation, bei der ein Akteur die zu erwartenden Ergebnisse der verfügbaren Handlungsmöglichkeiten gegeneinander abwägt, um sich dann für diejenige zu entscheiden, die seinen erwarteten Gesamtnutzen optimiert. Um die Entscheidungen von Akteuren dadurch erklären zu können, muss freilich nicht nur unterstellt werden, dass die Akteure aufgrund vorgegebener Interessen den erwarteten Nutzen gegen die erwarteten Kosten aufrechnen, sondern insbesondere auch, dass die Akteure in der Lage sind, diese Kosten-Nutzen-Kalkulation (fehlerfrei) durchzuführen (vgl. Allison/Zelikow 1999, 13-75; Downs 1957).

Dieses Modell, auf die Entscheidungsprozesse in Staaten übertragen, zeichnet das Bild einer Staatsführung, die nicht der Vermittler und Makler bei Interessengruppenauseinandersetzungen oder der Vollstrecker des Mehrheitswillens in der Gesellschaft ist, sondern die als ein zu relativ autonomen Wahlhandlungen fähiger korporativer Akteur in Erscheinung tritt. Demnach würde sich beispielsweise die Reform des Gesundheitswesens als Ausdruck des Bestrebens einer Staatsführung darstellen, auf der Grundlage von Kosten- und Nutzenanalysen das Gesundheitswesen effektiver und effizienter zu gestalten.

Übertragung auf IO

Wenden wir das Modell der rationalen Wahlhandlung auf Entscheidungsprozesse in internationalen Organisationen an, so müssen wir internationale Organisationen oder einzelne Organe derselben als einheitlich, relativ autonom handelnde korporative Akteure verstehen, die eigennützige Interessen verfolgen.

Politik der
Verwaltungsstäbe

Beispielsweise kann die Entscheidung der Europäischen Kommission unter Romano Prodi, die einzelnen Kommissionsmitglieder einem Verhaltenskodex zu unterwerfen, der verhindern soll, dass diese in den Verdacht der Befangenheit, der Bestechlichkeit oder der Begünstigung geraten können, im Modell der rationalen Wahlhandlung verstanden werden. Denn nachdem ein von Abgeordneten des Europäischen Parlaments gegen die vorhergehende Kommission unter Jacques Santer angestrengter Misstrauensantrag im Plenum nur knapp gescheitert war, musste die nachfolgende Kommission ein starkes Interesse haben, durch einen solchen Verhaltenskodex einem künftigen Vertrauensentzug durch das Parlament vorzubeugen. Ebenso kann die Entscheidung des Generalsekretärs der Vereinten Nationen, Kofi Annan, die NATO-Intervention in den Kosovo-Konflikt 1999, obwohl nicht vom VN-Sicherheitsrat mandatiert, nicht ausdrücklich zu kritisieren, als rationale Wahlhandlung angesehen werden. Denn durch eine gegenteilige Entscheidung hätte er seinem Interesse geschadet, weiterhin mit der für eine erfolgreiche Amtsführung als Generalsekretär unerlässlichen Unterstützung der NATO-Staaten rechnen zu können.

6.1.4 Modell 4: Routinisierter Entscheidungsablauf

Das Modell des Entscheidungsprozesses in sozialen Organisationen als routinisierter innerorganisatorischer Entscheidungsablauf betont die Bedeutung standardisierter, quasi automatischer Entscheidungsabläufe, die in einer Organisation die Entscheidung bereits soweit vorprägen, dass die formale Entscheidung durch die Organisationsspitze keine Entscheidung mehr darstellt. In dieser Vorstellung resultieren Entscheidungen nicht aus einem Abwägen von Kosten und Nutzen seitens eines rationalen, unabhängig auswählenden Akteurs, sondern sie sind vielmehr das Produkt eines organisationsinternen Auswahlmechanismus, der entsprechend einem standardisierten Verhaltensmuster funktioniert und so lange aufrechterhalten wird, wie die Entscheidungen, die er produziert, den Organisationszielen nicht zuwider laufen. Durch Entscheidungen wird in diesem Modell auf nach eindeutigen Kriterien identifizierbare Standardsituationen reagiert, für die eine Verhaltensroutine oder ein Verhaltensprogramm vorliegt (vgl. Allison/ Zelikow 1999, 143-196).

Bezogen auf die Entscheidungsprozesse innerhalb von Staaten postuliert dieses Modell die herausragende Bedeutung des bürokratischen Apparates, der durch sein festgefügtes Set von Verhaltensroutinen und Verhaltensprogrammen Entscheidungen derart vorprägt, dass die Regierung als Koordinationszentrum der Teilbürokratien nurmehr eine formale Entscheidungsinstanz zur Legitimierung bereits getroffener Entscheidungen darstellt. Übertragen auf das Beispiel der Gesundheitsreform bedeutet dies, dass eine unbefriedigend gewordene Praxis im Gesundheitswesen ein routinisiertes Verfahren im bürokratischen Apparat der Regierung auslöst, um nach einer besseren Strukturierung des Gesundheitswesens zu suchen. Vor diese Standardsituation gestellt erarbeitet die Bürokratie in einem routinisierten Verfahren Beschlussvorlagen, die die Entscheidungsfreiheit der Regierung weitgehend auf Null reduzieren.

Internationale Organisationen sind aus der Sicht dieses Modells Großbürokatien, die auf der Basis von Verhaltensroutinen ihre Entscheidungen treffen. Betrachtet man beispielsweise die Vergabepraxis von Geldern aus den verschiedenen EU-Regional- und Strukturfonds (vgl. Allen 2000; Marks 1992; 1993), so kann man auch diesem Modell ein gewisses Maß an Berechtigung nicht absprechen. Denn die Entscheidung, ob ein Anspruchsberechtigter derartige Mittel aus Brüssel bekommen soll, ist Ergebnis eines routinisierten Entscheidungsablaufs innerhalb der EU-Bürokratie, in dessen Verlauf mit Hilfe eines Standardverfahrens die Erfüllung der Vergabekriterien geprüft wird. Auch die Entscheidung der Menschenrechtskommission der Vereinten Nationen, einer Eingabe über Menschenrechtsverletzungen in einem Staat weiter nachzugehen, ist Resultat eines Standardverfahrens. In diesem wird geprüft, ob die behaupteten Menschenrechtsverletzungen die formalen Kriterien einer massiven und systematischen Menschenrechtsverletzung, die eine Befassung der Menschenrechtskommission rechtlich erst ermöglichen, erfüllen. Ist dies der Fall, wird den Menschenrechtsverletzungen durch die Kommission weiter nachgegangen; ist dies nicht der Fall, bleibt die Eingabe unberücksichtigt (Alston 1995).

Übertragung auf IO

EU: Regional- und Strukturfonds

VN: Menschenrechtskommission

6.1.5 Modell 5: Bürokratischer Verhandlungsprozess

Das Modell der Entscheidungsfindung als bürokratischer Verhandlungsprozess betont wie das des routinisierten innerorganisatorischen Entscheidungsablaufs die Bedeutung der Bürokratie im Entscheidungsprozess sozialer Großorganisationen. Im Gegensatz zu letzterem hebt es jedoch hervor, dass die Verwaltung sozialer Organisationen ihrerseits wiederum aus einer Reihe von Teilbürokratien besteht. Von herausragender Bedeutung für den Entscheidungsprozess ist aus dieser Sicht, dass diese Teilbürokratien aus vielfältigen Gründen häufig unterschiedliche Entscheidungsalternativen unterstützen. Deshalb sind Entscheidungen häufig das Ergebnis eines Aushandelns zwischen den verschiedenen funktional und hierarchisch gegliederten Teilbürokratien. Inhaltlich können sie mit dem Sieg einer Teilbürokratie, mit einem Kompromiss, bei dem jede Seite der anderen entgegenkommt, oder mit der Einigung auf dem kleinsten gemeinsamen Nenner der Ausgangspositionen enden.

Im Modell der ‚bureaucratic politics' erscheinen die Entscheidungen von Regierungen als das Ergebnis einer kompetitiven Interaktion, in der verschiedene Teilbürokratien, z.B. Ministerien oder Ministerialabteilungen, ihre je spezifischen Positionen durchzusetzen trachten und um eine Entscheidung streiten. Diese wird dann die Vielfalt der widerstreitenden Interessen der beteiligten Teilbürokratien sowie deren unterschiedliche Einflussmöglichkeiten reflektieren (vgl. Allison/Zelikow 1999, 255-324). Bezogen auf das Beispiel der Gesundheitsreform in Deutschland würde in diesem Modell die Entscheidung als Resultat eines inter- und intraministeriellen Aushandlungsprozesses, an dem u.a. das Gesundheits-, Arbeits- und Sozial- sowie Finanzministerium, ferner ggf. das Bundeskanzleramt beteiligt sind, interpretiert werden können.

Übertragung auf IO

EU: Durchführung des Binnenmarktprogramms

Am Beispiel der Umsetzung des Binnenmarktprogramms der Europäischen Union lässt sich zeigen, dass das Modell der bürokratischen Politik auch auf die Entscheidungprozesse in internationalen Organisationen angewendet werden kann. Denn die Entscheidungen über Einzelheiten der notwendigen Durchführungsbestimmungen zum Binnenmarkt wurden in einem mehrstufigen Aushandlungsprozess zwischen den supranationalen EU-Teilbürokratien und den staatlichen Teilbürokratien getroffen (vgl. Peters 1992; Young/Wallace 2000).

6.2 Programmentscheidungen und operative Entscheidungen

Die Frage, welches der genannten und kurz vorgestellten Modelle die Entscheidungsprozesse in internationalen Organisationen am besten charakterisiert, ist schwer zu beantworten. Letztendlich wird man zugestehen müssen, dass alle fünf Modelle in je verschiedenen Organisationen für je verschiedene Entscheidungen Gültigkeit beanspruchen können. Eine derartige Feststellung kann allerdings kaum befriedigen, solange keine Aussagen über den Zusammenhang zwischen dem Typ der zu treffenden Entscheidung und dem Modell des Entscheidungsprozesses in internationalen Organisationen möglich sind. Um eine derartige Hypothesenbildung über Politikentwicklungsprozesse in internationalen Organisationen zu ermöglichen, müssen wir zwischen mindestens zwei Entscheidungstypen unterscheiden. Nur auf diese Weise, das heißt durch operationalisierte Definitionen, kann die getroffene Unterscheidung neben ex-post- auch ex-ante-Aussagen zugrunde gelegt werden. Grundlage unseres Versuchs einer Hypothesenbildung wird im Folgenden die Unterscheidung zwischen Programmentscheidungen und operativen Entscheidungen internationaler Organisationen sein.

Hypothesenbildung

Programmentscheidungen

Programmentscheidungen sind Entscheidungen über gesolltes künftiges Handeln, das heißt über ein Set von Normen und Regeln, die das Verhalten der an Entscheidungen beteiligten Akteure in eine bestimmte Richtung und unter Verwendung bestimmter Mittel leiten sollen. Sie treffen also Festlegungen über Standards für künftiges Verhalten und künftige Verteilungen. Soweit sie sich auf letzteres beziehen, treffen sie zumeist auch Festlegungen über die Bereitstellung der erforderlichen Ressourcen. Programmentscheidungen sind der materiellen Gesetzgebung einschließlich der Budgetpolitik auf staatlicher Ebene vergleichbar.

operative Entscheidungen

Operative Entscheidungen beziehen sich hingegen auf die Implementation bereits bestehender Programme einschließlich der Überwachung normgemäßen

144

Verhaltens und ggf. auch der Sanktionierung normabweichenden Verhaltens. Es handelt sich also um Entscheidungen, die getroffen werden müssen, um den einmal durch Programmentscheidungen gesetzten Normen und Regeln zur Wirksamkeit zu verhelfen, sofern diese nicht sich selbst durchsetzen. Auf der Grundlage der getroffenen Unterscheidung zwischen Programm- und operativen Entscheidungen lässt sich nun der Versuch unternehmen, zu empirisch gehaltvollen Aussagen über Entscheidungsfindungsprozesse zu gelangen.

6.2.1 Programmentscheidungen internationaler Organisationen

Wenden wir uns zunächst den Programmentscheidungen internationaler Organisationen zu. Die Erstellung von Programmen, um die zwischenstaatlichen Beziehungen zu koordinieren oder die Kooperation zwischen Staaten zu fördern, ist eine die staatliche Autonomie direkt tangierende Aktivität. Denn durch die Unterwerfung unter einmal international vereinbarte Verhaltensnormen und -regeln gibt ein Staat bis dahin für ihn verfügbare Verhaltensoptionen auf. Will man nicht an der realitätsfernen Annahme einer bedingungslosen Exit-Option festhalten, so ist zuzugeben, dass der Staat einen Teil seiner Autonomie abgibt. Demnach stellt die Unterwerfung unter kollektiv verbindliche Normen und Regeln seitens eines unabhängigen Staates einen Akt des Souveränitätstransfers dar, unabhängig davon ob das Zusammenlegen oder das Delegieren von Souveränität impliziert ist. Dieser Souveränitätstransfer kann – und dies liegt in der Logik des Souveränitätsgedankens begründet – nicht ohne die Beteiligung der souveränen Staaten vonstatten gehen. Mit anderen Worten: Normen und Regeln zur Regulierung des künftigen Verhaltens von Staaten können in einem System souveräner Staaten nicht von einer zentralen Autorität gesetzt werden, sondern müssen zwischen den souveränen Einheiten vereinbart werden. Davon ausgehend, dass soziales Handeln interessengeleitet ist, sind deshalb bei Programmentscheidungen in internationalen Organisationen die Interessen der Mitgliedstaaten für den Entscheidungsprozess bestimmend. Diese Dominanz der Staaten und ihrer Agenten in den Beschlussorganen einer internationalen Organisation kann weder vom Modell der rationalen Wahlhandlung oder des routinisierten organisationsinternen Entscheidungsablaufes noch durch das Modell von Aushandlungsprozessen zwischen den Teilbürokratien internationaler Organisationen erfasst werden, sondern findet ausschließlich in Modellen der Mehrheitsentscheidung oder des intergouvernementalen Aushandlungsprozesses ihren angemessenen Ausdruck. Denn allein in diesen Modellen sind es die mitgliedstaatlichen Interessen und ihre Vertretung durch die Regierungen und ggf. andere Akteure (wie z.B. bei der ILO), die, wie bei Programmentscheidungen der Fall, den Entscheidungsprozess determinieren.

Es bleibt jedoch zu klären, welche Programmentscheidungen in welchen Organisationen welchem der beiden zuletzt genannten Entscheidungsmodelle eher zuzurechnen sind. In Annäherung an eine Beantwortung dieser Fragen kann festgehalten werden, dass in den Organisationen, in denen eine größtmögliche Verbindlichkeit der Programmentscheidung angestrebt wird – wie z.B. bei den Konferenzen der Vereinten Nationen zur Klima- und zur Ozonproblematik –, das Modell intergouvernementaler Aushandlungsprozesse Gültigkeit beanspruchen kann. Umgekehrt erscheint in den Organisationen, in denen die Entscheidungsgeschwindigkeit und -wahrscheinlichkeit im Vorder- und die Verbindlichkeit im

Dominanz mitgliedstaatlicher Interessen

Anwendbarkeit der Modelle 1 und 2

Hintergrund steht – wie z.B. in der Generalversammlung der Vereinten Nationen -, eher das Modell der Mehrheitsentscheidung angemessen (Lister 1984, 11-12). Der Sicherheitsrat der Vereinten Nationen sowie der Rat der EU stellen allerdings gewichtige Ausnahmen dar, da in beiden Organen verbindliche Entscheidungen durch qualifizierten Mehrheitsbeschluss getroffen werden können.

Rolle der IO: Forum
Insgesamt kommt bei Programmentscheidungen internationalen Organisationen vor allem die Rolle eines Forums für Verhandlungen zwischen den Delegationen der Mitgliedstaaten unter Einschluss des Verwaltungsstabes der internationalen Organisation oder einer Versammlung von Stimmberechtigten für Mehrheitsentscheidungen zu. Internationale Organisationen sind die Orte, an denen die souveränen Staaten in Abwesenheit einer zentralen Koordinierungsinstanz ihre konkurrierenden Interessen aufeinander abstimmen sowie Normen und Regeln zur Bearbeitung ihrer problematischen Handlungsinterdependenzen kreieren. Die Träger der unterschiedlichen Interessen selbst, sprich: die Mitgliedstaaten und ihre Vertreter erscheinen in diesen Modellen als korporative Akteure, die auf zwei Ebenen gleichzeitig wirken (vgl. Evans/Jacobson/Putnam 1993; Putnam 1988):

(1) Sie versuchen, unter z.T. nachhaltiger Mitwirkung des Verwaltungsstabes der internationalen Organisation durch intergouvernementale Aushandlungsprozesse oder durch Mehrheitsentscheidungen für ihre jeweiligen Interessen möglichst weitgehende Berücksichtigung zu erreichen.
(2) Sie müssen ihre Verhandlungsposition oder ihre Stimmabgabe sowie mögliche Verhandlungs- und Abstimmungsergebnisse auf mitgliedstaatlicher Ebene im Dickicht von um Einflussnahme konkurrierenden gesellschaftlichen Interessengruppen absichern.

Der wesentliche Unterschied zwischen Entscheidungen durch intergouvernementale Aushandlungsprozesse oder Mehrheitsentscheidungen in internationalen Organisationen einerseits und den naturwüchsigen Entscheidungsprozessen in der Anarchie der Staatenwelt andererseits wird ziemlich genau durch den Unterschied zwischen der sozialen Steuerung durch *Machtkonkurrenz* und der Steuerung durch *Selbstkoordination* bezeichnet. Während in der Anarchie, auf dem ‚freien Markt der Machtpolitik‘, jeder Akteur seine Entscheidungen unabhängig vom Verhalten des Anderen trifft und seine Interessen ohne Rücksicht auf die des Anderen durchzusetzen trachtet, werden im Rahmen internationaler Organi-
Steuerung durch horizontale Selbst-koordination
sationen Programmentscheidungen durch Selbstkoordination, das heißt durch wechselseitige, nicht notwendigerweise symmetrische Anpassung der beteiligten Akteure getroffen. Die Mitgliedstaaten suchen in der Mehrheitsentscheidung oder im Verhandlungsprozess nach Zonen der Übereinstimmung, die gemeinsame Entscheidungen und Problembearbeitungen zulassen, um sich so kollektiv *und* individuell besser zu stellen als dies durch einseitiges Handeln möglich wäre.

Angleichung der Einflusschancen
Im Vergleich zu den naturwüchsigen Entscheidungen auf dem ‚Markt der Machtpolitik‘ gleichen sich im Rahmen der intergouvernementalen Verhandlungen oder der Mehrheitsentscheidungen mit dem Ziel der Selbstkoordination die Einflusschancen unterschiedlich mächtiger Staaten eher an. Denn durch ihre Mitsprache am Verhandlungstisch kommt kleinen oder weniger mächtigen Staaten eine wichtige Ressource zu, die es ihnen im Unterschied zur sozialen Steuerung durch den ‚Markt der Machtpolitik‘ ermöglicht, ihre Interessen in den Entscheidungsprozess einzubringen, ggf. für Zugeständnisse gegenüber mächti-

146

geren Staaten Kompensationsleistungen einzufordern (z.B. wiederholt die südeuropäischen Staaten in der EU). Dies gilt vor allem dann, wenn sie untereinander Koalitionen eingehen oder Abstimmungsgruppen bilden oder sich einer Koalition unter Führung eines mächtigen Staates um den Preis der Berücksichtigung ihrer Interessen anschließen. Diese Form der Gruppenbildung erhöht zudem die Wahrscheinlichkeit, zu Entscheidungen zu kommen, da sie die Anzahl der an den Verhandlungen beteiligten Akteure beschränkt. Dies gilt jedoch nur dann, wenn die Positionen der jeweiligen Verhandlungs- oder Abstimmungsgruppen nicht das Resultat einer bloßen Addition der Interessen der verschiedenen Gruppenmitglieder darstellen, sondern eine durch Kompromisse zustande gekommene Bündelung der unterschiedlichen Interessen verkörpern. Trotzdem kommt mächtigen Staaten bei Programmentscheidungen in internationalen Organisationen insgesamt zwar nur selten formal, jedoch immer de facto ein ungleich größeres Gewicht zu als kleinen, schwächeren Staaten. Programmentscheidungen internationaler Organisationen, die dem Modell des intergouvernementalen Aushandlungsprozesses oder der Mehrheitsentscheidung entsprechen, können mithin nur selten strengen Gerechtigkeitskriterien genügen: Sie sind jedoch meist gerechter als die Entscheidungen, die im Rahmen des ‚Markts der Machtpolitik‘ zustande kommen. Denn dort kann der Starke die Interessen des Schwachen weitgehend ignorieren.

im Ergebnis keine faktische Gleichheit

Anhand von Programmentscheidungen der Europäischen Union und der Vereinten Nationen sollen die hier zunächst theoretisch formulierten Modelle des ‚decision-making‘ in internationalen Organisationen illustriert und mit Blick auf ihre Tauglichkeit diskutiert werden.

Programmentscheidungen der Europäischen Gemeinschaft zur Verwirklichung des Binnenmarktprojekts sowie zur Gründung der Wirtschafts- und Währungsunion, wie sie in der Einheitlichen Europäischen Akte von 1986 und dem Maastrichter Vertrag von 1992 getroffen wurden, können das hier entwickelte Modell der Entscheidungsfindung durch intergouvernementale Aushandlungsprozesse veranschaulichen. Die Entscheidungsprozesse, die mit der Unterzeichnung der Einheitlichen Europäischen Akte und des Maastrichter Vertrages ihren Abschluss fanden, waren, wie Moravcsik (1998) detailliert nachgezeichnet hat, im Wesentlichen durch intergouvernementale Aushandlungsprozesse unter Mitwirkung der EU-Kommission gekennzeichnet und durch die Verhandlungspositionen der drei mächtigsten EU-Mitgliedstaaten (Deutschland, Frankreich, Großbritannien) geprägt. Laut Moravcsik war die Lancierung des Binnenmarktprojekts ’92 nur möglich geworden, weil Mitte der 1980er Jahre erstmals die drei größten EU-Mitgliedstaaten gleichzeitig eine neoliberale Wirtschaftspolitik und eine Vertiefung der EU-Integration befürworteten, sich somit ein gemeinsames Interesse an der Vollendung eines Binnenmarkts formieren konnte. Ohne diese grundlegende Übereinstimmung wäre die Einheitliche Europäische Akte nicht zustande gekommen, was Moravcsik folgend die Bedeutung zwischenstaatlicher Verhandlungsprozesse auf Regierungsebene hervorhebt und das Gewicht supranationaler Akteure als Triebkräfte der Vertiefung der EU-Integration stark relativiert (davon abweichend Bornschier 2000). Denn auch der Entscheidungsprozess selbst sei durch intensive Verhandlungen zwischen den Mitgliedstaaten, vor allem Frankreich, das seine neoliberale Wende gerade erst vollzogen hatte, Großbritannien, das zwar den Binnenmarkt grundsätzlich befürwortete, jedoch keine Souveränitätseinbußen hinnehmen wollte, und Deutschland, das das Projekt stark befürwortete, bestimmt gewesen. Präsident Mitterand traf als amtierender Rats-

Programmentscheidungen der EG: Beispiel Binnenmarkt

147

präsident insgesamt sechsmal mit Bundeskanzler Kohl und Premierministerin Thatcher zusammen, um die Positionen bezüglich der EG-Vertiefung aufeinander abzustimmen. Analog verhält es sich Moravcsik folgend im Falle des Beschlusses zur Errichtung der Wirtschafts- und Währungsunion (ähnlich Wolf/ Zangl 1996): Deutschland und Frankreich verfolgten seit dem Jahre 1988 nicht nur in der Handels-, sondern auch in der Währungspolitik die gleichen Ziele; vor allem war ihnen daran gelegen, die hohen Wechselkursschwankungen einzudämmen. Darüber hinaus bestärkte die deutsche Vereinigung die Regierungen der beiden Mitgliedstaaten, in ihren Bemühungen um eine fortschreitende Integration nicht nachzulassen. Waren Deutschland, Frankreich und Großbritannien während der Verhandlungen zur EEA gleichwertige Verhandlungspartner, so wurden die Maastrichter Vertragsverhandlungen wesentlich von einem deutsch-französischen Tandem geprägt, welches Großbritannien letztlich glaubhaft die hohen Kosten eines Ausscherens aus den Verhandlungen zu kommunizieren verstand.

Als typisch für intergouvernementale Aushandlungsprozesse sind auch die Ergebnisse der beiden Vertragsabschlüsse zu bewerten. Beide stellen zum einen den kleinsten gemeinsamen Nenner der Positionen der mächtigsten Mitgliedstaaten dar, indem sie zwar die beiden Großprojekte des Binnenmarktes und der Wirtschafts- und Währungsunion festschreiben, jedoch die weiteren Integrationsschritte ausklammern, die 1986 von Frankreich und Deutschland sowie 1992 vor allem von Deutschland gewünscht, von Großbritannien in beiden Fällen allerdings zurückgewiesen wurden. Zum anderen kommt in der Ausweitung der Strukturfonds durch die Einheitliche Europäische Akte einerseits und die Schaffung des Kohäsionsfonds durch den Maastrichter Vertrag andererseits ein weiteres typisches Element intergouvernementaler Verhandlungen zum Ausdruck. Denn sie können als Seitenzahlungen der mächtigen Mitgliedstaaten interpretiert werden, die die Zustimmung der schwächeren EU-Mitglieder (im ersten Fall Irland, Spanien, Portugal und Griechenland, im zweiten Fall Spanien allein) zum Gesamtpaket sichern sollten.

Mit der Wiederbelebung von qualifizierten Mehrheitsentscheidungen in der Europäischen Gemeinschaft durch die Einheitliche Europäische Akte verband sich die Erwartung, jenseits intergouvernementaler Aushandlungsprozesse Programmentscheidungen zu treffen, die sich im Modell der Mehrheitsentscheidung fassen lassen. Diese durch die Einheitliche Europäische Akte vorgegebene Möglichkeit sowie ihre sukzessive Ausweitung durch die Verträge von Maastricht, Amsterdam und Nizza sollte nicht nur die Entscheidungsgeschwindigkeit im Rat der EU erhöhen, sondern im Bereich der Ersten Säule der EU die Autonomie der Kommission bei der Auswahl von Entscheidungsvorlagen für den Rat stärken. Die Aufgabe der Kommission sollte demnach vor allem darin bestehen, nicht mehr nur als Vermittler zwischen den unterschiedlichen nationalen Positionen aufzutreten, sondern nach mehrheitsfähigen Beschlussvorlagen zu suchen (Engel/Borrmann 1991, 89 u. 142). In der Praxis hat sich allerdings gezeigt, dass der Rat nur in ca. zehn Prozent aller möglichen Fälle auf das Verfahren der Mehrheitsentscheidung zurückgreift. Der Entscheidungsprozess im Rat offenbart also ein Streben nach Konsens (Hix 1999, 73f.; Müller 2000). Die Konsensfindung wird jedoch durch die Möglichkeit, gegebenenfalls einen Mehrheitsbeschluss herbeiführen zu können, erheblich erleichtert.

Als ein Beispiel eines durch die Elemente der Mehrheitsentscheidung charakterisierten Entscheidungsprozesses in der früheren EG, der heutigen Ersten

148

Säule der EU, mag die Abgasemissions-Richtlinie für Kleinwagen (RL 89/458/ EWG) vom Juli 1989 dienen. Während vier Mitgliedstaaten – Frankreich, Großbritannien, Italien und Spanien – die von der Kommission vorgeschlagenen Emissionswerte als zu niedrig beurteilten, forderten fünf Mitgliedstaaten – Dänemark, Deutschland, Griechenland, Niederlande und Portugal – von der Kommission strengere Bestimmungen. Nur Belgien, Irland und Luxemburg unterstützten den Kommissionsvorschlag. Daraufhin änderte die Kommission bestärkt durch das Europäische Parlament ihren ursprünglichen Vorschlag und verschärfte die ursprünglich vorgesehenen Grenzwerte erheblich. Aufgrund der Opposition Frankreichs, Großbritanniens, Italiens und Spaniens war der Vorschlag jedoch nach wie vor nicht mehrheitsfähig. Erst als es der Kommission gelang, die italienische und die spanische Regierung von der Notwendigkeit der Maßnahmen zu überzeugen, konnte sie die damals erforderliche qualifizierte Mehrheit von 54 der 76 Stimmen im Rat hinter sich bringen, so dass die Richtlinie schließlich verabschiedet wurde (vgl. Engel/Borrmann 1991, 205-209).

Auch bei den Vereinten Nationen lassen sich Programmentscheidungen als Ergebnis sowohl von intergouvernementaler Aushandlung als auch von Mehrheitsentscheidungen antreffen. Das Modell des intergouvernementalen Aushandlungsprozesses kann vor allem dann Gültigkeit beanspruchen, wenn die Vereinten Nationen als Ort der internationalen Konferenzdiplomatie, die zu möglichst verbindlichen Beschlüssen führen soll, fungieren. Denn im Rahmen diplomatischer Konferenzen sind es primär die Staaten und deren Interessen, die die Aufnahme und den Fortgang von Verhandlungen determinieren. Da bei VN-Konferenzen zumeist das Konsensprinzip Anwendung findet, gilt es solange zu verhandeln, bis ein für alle akzeptables Verhandlungsergebnis gefunden wurde. Dies begünstigt, wie für intergouvernementale Verhandlungen typisch, Lösungen, die entweder den kleinsten gemeinsamen Nenner oder ein umfassende(re)s Verhandlungspaket darstellen.

Dieses Muster ist beispielsweise sehr deutlich auf der Dritten Seerechtskonferenz der Vereinten Nationen (1973-82) zutage getreten. Hier galt es, in einem langwierigen, bisweilen äußerst komplizierten Aushandlungsprozess die unterschiedlichen Interessen von über 150 Staaten an den Meeresnutzungen bei der Neugestaltung des internationalen Seerechts aufeinander abzustimmen und zum Ausgleich zu bringen. Als Ergebnis, welches auch heute noch als ‚Jahrhundertwerk' bezeichnet wird, setzte sich ein Verhandlungspaket durch, das zum einen die Meeresnutzungsinteressen der Staaten mit langen Küstenstreifen und der militärischen Großmächte reflektierte. Demgegenüber kam die Ausdehnung der Küstengewässer, der nationalen Wirtschaftszonen und des Festlandsockels der Position der Langküsten- und Inselstaaten entgegen, und der freie Zugang zu diesen Zonen für die Schiffahrt entsprach den militärischen Interessen vor allem der Supermächte. Die Zustimmung von Staaten mit kurzen Küstenstreifen oder Binnenstaaten sowie die von Landproduzenten mineralischer Rohstoffe wurde schließlich in Form von Seitenzahlungen ‚erkauft'. Der zuerst genannten Gruppe sollte die Errichtung einer internationalen Meeresbergbaubehörde und die damit einhergehende Internationalisierung des Meeresbergbaus zugute kommen: So sollten sie an den Gewinnen des Meeresbergbaus beteiligt werden. Die mengenmäßige Beschränkung beim Meeresbergbau kam hingegen den Staaten entgegen, die durch den Meeresbergbau einen Preisverfall der von ihnen auf dem Land geförderten mineralischen Rohstoffe fürchten mussten. Dieses umfangreiche Verhandlungspaket macht deutlich, wie bei intergouvernementalen Aushandlungs-

Programmentscheidungen der VN

Beispiel Seerechtskonferenz

prozessen die Interessen der Staaten, die über problemfeldspezifische Ressourcen verfügen (Seemächte und Langküstenstaaten), das Resultat bestimmen können, und wie die Interessen der übrigen Staaten in Form von Kopplungsgeschäften und Seitenzahlungen Berücksichtigung finden. Es macht damit weiter deutlich, wie die Programmentscheidungen der Dritten Seerechtskonferenz der Vereinten Nationen durch die Interessen der beteiligten Staaten bestimmt waren und sich damit mit dem Modell intergouvernementaler Aushandlungsprozesse decken (vgl. Talmon 2000a, 458-461; Wolf 1981, 76-273).

Mehrheitsentscheidungen bei den VN

Die Mehrzahl der Programmentscheidungen der Vereinten Nationen finden ihren Ausdruck in Resolutionen der Generalversammlung. Die Entscheidungsprozesse, die in den Vereinten Nationen zu solchen Resolutionen führen, lassen sich im Modell der Mehrheitsentscheidung abbilden. Allerdings ist es seltener das Sekretariat, das das Schmieden von Mehrheiten übernimmt, als einzelne oder mehrere Mitgliedstaaten, die ein besonderes Interesse an einer bestimmten Resolution haben. Typisch für Mehrheitsentscheidungen hingegen ist wiederum, dass die Resolutionen der Generalversammlung der Vereinten Nationen einen relativ geringen Grad der Verbindlichkeit und der Implementationswahrscheinlichkeit aufweisen.

Beispiel NWWO

Dies wurde in den 1960er und 1970er Jahren gerade im Zusammenhang mit den Auseinandersetzungen über die Neue Weltwirtschaftsordnung deutlich. Im Zuge dieser Auseinandersetzungen versuchten die Entwicklungsländer, von dem Gewicht ihres großen Stimmenanteils in der Generalversammlung der Vereinten Nationen Gebrauch zu machen, um durch Mehrheitsbeschlüsse die Industriestaaten zu Korrekturen in den Strukturen der internationalen Austauschbeziehungen zu zwingen. Typisch für Mehrheitsentscheidungen ist nicht nur der Abstimmungsmodus, sondern auch die Verteilung von Kosten und Nutzen einer Entscheidung: Die Mehrheit versuchte, Kosten auf eine kleine Gruppe der hochindustrialisierten Staaten zu konzentrieren und den Nutzen auf eine große Gruppe, eben die Mehrheit der Staaten zu verteilen (vgl. Wilson/DiIulio 1997).

6.2.2 Operative Entscheidungen internationaler Organisationen

Im Unterschied zu Programmentscheidungen, deren Zustandekommen durch das Modell des intergouvernementalen Aushandlungsprozesses oder der Mehrheitsentscheidung erfasst werden kann, beeinträchtigen operative Entscheidungen internationaler Organisationen die mitgliedstaatliche Autonomie nicht zusätzlich über die bereits aufgegebene Autonomie hinaus. Denn bei operativen Entscheidungen geht es im Wesentlichen darum, von den Staaten durch intergouvernementale Aushandlungsprozesse oder Mehrheitsentscheidungen bereits vorgegebene Ziele praktisch zu verwirklichen. Es handelt sich somit um die Auswahl von Maßnahmen und Mitteln, um die von den Staaten in Ausübung ihrer Souveränität kollektiv gesetzten Ziele zu erreichen. Deshalb konnten viele internationale Organisationen und deren supranationale Organe, das heißt von Weisungen der mitgliedstaatlichen Regierungen unabhängige Organe für diesen Entscheidungstyp eine von den Mitgliedstaaten relativ, freilich nicht vollständig unabhängige Entscheidungskompetenz erlangen.

Rolle von IO: Agent

Hier begegnen uns die für operative Entscheidungen zuständigen Organe internationaler Organisationen im Rollenbild eines mit mehr oder weniger weitreichenden Vollmachten ausgestatteten Agenten (Handlungs-Ausführenden) des

Mitgliedstaatenkollektivs (Auftraggeber oder Prinzipale), der kollektiv verbindliche Entscheidungen über die Zuteilung von Werten mit mehr oder weniger großem Ermessensspielraum zu implementieren vermag. Unter dieser Maßgabe scheint das Modell der Entscheidungsfindung in internationalen Organisationen als intergouvernementaler Aushandlungsprozess oder als Mehrheitsentscheidung für operative Entscheidungen wenig stimmig, da es die Rolle der Organisationen und ihrer zuständigen Organe als bevollmächtigte Agenten und die zwischen den Prinzipalen (Mitgliedstaaten) und ihren Agenten (supranationale Organe) möglicherweise auftretenden Spannungen unterbelichtet. Bleibt zu fragen, ob operative Entscheidungen besser gemäß dem Modell der rationalen Wahlhandlung, der routinisierten innerorganisatorischen Entscheidungsabläufe oder der inner- und zwischenbürokratischen Verhandlungsprozesse analysiert werden können. *(margin: Anwendbarkeit der Modelle 3, 4 und 5)*

Letztendlich wird man auch hier konzedieren müssen, dass alle drei zuletzt genannten Modelle je nach Art der Organisation und der zu treffenden operativen Entscheidung anwendbar sind. Verallgemeinerbare Aussagen darüber, welche operativen Entscheidungen in welchen Organisationen von einem der genannten Entscheidungsmodelle angemessen beschrieben oder erklärt werden können, sind zwar wünschenswert, allerdings nur unter großen Vorbehalten möglich.

In Verbundorganisationen wie z.B. der EU ist der Verwaltungsstab und besonders dessen Spitze am ehesten in der Lage, relativ, aber nicht vollständig unabhängig von mitgliedstaatlichen Regierungen operative Entscheidungen zu treffen. Dieser Vorstellung zufolge können Verbundorganisationen mit supranationalen Entscheidungskompetenzen agieren, um von den Mitgliedern festgelegte Ziele zu erreichen, das heißt Programmentscheidungen zu implementieren. Der Verwaltungsstab einer internationalen Organisation erscheint in diesem Modell bezüglich operativer Entscheidungen als ein von den Mitgliedstaaten relativ weitgehend bevollmächtigter Agent mit der Qualität eines korporativen Akteurs. Dieser entscheidet im operativen Bereich kraft delegierter Autorität, für deren Ausübung er den mitgliedstaatlichen Prinzipalen Rechenschaft schuldet und ihrer Überwachung unterliegt und über deren Reichweite ggf. vom Europäischen Gerichtshof verbindlich entschieden wird. *(margin: Verbundorganisationen:)* *(margin: Verwaltungsstab als korporativer Akteur)*

Damit entspricht die Entscheidungsfindung in Verbundorganisationen, was operative Entscheidungen betrifft, sowohl dem Entscheidungsmodell rationaler Wahlhandlungen als auch dem der routiniesierten innerorganisatorischen Entscheidungsabläufe. Denn beide Modelle betonen das Gewicht und die relative Entscheidungsautonomie der supranationalen Organe internationaler Organisationen gegenüber den Interessen der einzelnen Mitgliedstaaten. *(margin: Anwendbarkeit der Modelle 3 und 4)*

Die Form der sozialen Steuerung, die in Entscheidungsprozessen gemäß den Modellen der routiniesierten innerorganisatorischen Entscheidungsabläufe sowie der rationalen Wahlhandlungen der Organisationsspitze zum Ausdruck kommt, geht über die Selbstkoordination, wie sie für Programmentscheidungen durch intergouvernementale Aushandlungsprozesse oder Mehrheitsentscheidungen kennzeichnend ist, deutlich hinaus. Es tritt hier in gewissem Umfang ein hierarchisches Moment der Entscheidungsfindung in und durch supranationale Organe internationaler Organisationen zutage, das freilich durch vielfältige Kontrollmechanismen an die Mitgliedstaaten zurückgebunden bleibt. *(margin: Hierarchisches Moment sozialer Steuerung)*

Letztendlich finden wir jedoch nur wenige Organisationen, die in jeweils sehr eng umrissenen Politikfeldern operative Entscheidungen im Sinne dieser Modelle autoritativ treffen können. Das prominenteste Beispiel einer internatio- *(margin: nur wenige Beispiele:)*

151

nalen Organisation mit derartiger Entscheidungskompetenz ist sicherlich die Europäische Union. Aber auch der Weltbank (IBRD) sowie dem Internationalen Währungsfonds (IWF) kommt eine derartige Rolle zu. Diese beiden internationalen Finanzorganisationen können unter Beachtung der vorgegebenen Kriterien und ihres verfassungsmäßigen Mandats über die Vergabe von Krediten an Mitgliedstaaten relativ autonom entscheiden.

Erheblich weiter verbreitet sind bei operativen Entscheidungen in internationalen Organisationen Prozesse, die dem Modell inner- und zwischenbürokratischer Aushandlung entsprechen. Zwar sind die operativen Entscheidungen internationaler Organisationen auch in diesem Modell nicht vollständig durch die Interessen der Mitgliedstaaten bestimmt, gleichwohl betont es die komplexen organisationsinternen Vorgänge, die unter Beteiligung der Staaten zur Entscheidungsfindung führen. Die Positionsdifferenzen und Interessengegensätze von Teilbürokratien sowohl auf der Ebene der Organisationsverwaltung als auch auf der zwischenstaatlichen und innerstaatlichen Ebene werden hier ins Zentrum der Erklärung von

Entscheidungen gestellt. Dieses Modell der ‚bürokratischen Politik‘ beschreibt Entscheidungsprozesse internationaler Organisationen mithin als komplexe Mehrebenen-Aushandlungsprozesse zwischen bürokratischen Apparaten, die auf drei Ebenen wie auch zwischen diesen Ebenen ablaufen. Sie sind charakterisiert:

(1) innerstaatlich durch die Abstimmung der Positionen der verschiedenen staatlichen Teilbürokratien (Ministerien) sowie zwischen diesen und den nationalen Delegationen oder ständigen Vertretungen der einzelnen Mitgliedstaaten bei der internationalen Organisation;

(2) zwischenstaatlich durch die von den Ständigen Vertretungen oder nationalen Delegationen betriebene Abstimmung der Positionen der Mitgliedstaaten;

(3) supranational – und die Bedeutung dieser dritten Ebene ist ein wesentlicher Unterschied zum intergouvernementalen Aushandlungsprozess, der das Zustandekommen von Programmentscheidungen charakterisiert – durch die aktive Beteiligung des Verwaltungsstabes (Sekretariat; Kommission) der internationalen Organisation an der Entscheidungsfindung sowie durch den Rekurs auf gerichtliche Streitschlichtung zwischen den Organen und zwischen Mitgliedstaaten und Organen der internationalen Organisation;

(4) ebenenübergreifend durch die Verhandlungen, die unterschiedliche Akteure auf den verschiedenen Ebenen miteinander führen.

Operative Entscheidungen, die im Modell der bürokratischen Politik erfasst werden, vereinigen somit horizontale und hierarchische Elemente der sozialen Steuerung. Die horizontale Steuerungsform kommt durch die inner- und zwischenbürokratischen Aushandlungsprozesse, die hierarchische Steuerung durch die ebenenübergreifenden Verhandlungen zum Ausdruck. Somit ist die soziale Steuerung, wie sie sich in Entscheidungsprozessen bürokratischer Politik darstellt, keiner der von uns idealtypisch benannten Formen der sozialen Steuerung zuzuordnen; sie ist weder Ausdruck der Steuerung durch horizontale Selbstkoordination der Staaten noch durch hierarchische Koordination einer supranationalen Autorität, sondern beides zugleich und könnte als ‚diagonale Koordination‘ bezeichnet werden.

Auch bezüglich operativer Entscheidungen soll nun auf der Grundlage der identifizierten Modelle die Frage nach den Einflusschancen einzelner Staaten auf die Entscheidungsfindung in internationalen Organisationen thematisiert werden. Dem Modell der Entscheidungsfindung durch rationale Wahlhandlung, dem der

Entscheidungsfindung durch einen routiniesierten innerorganisatorischen Entscheidungsablauf sowie dem der bürokratischen Politik ist das Moment hierarchischer Koordination – wenngleich unterschiedlich ausgeprägt – gemein. Es ist zu klären, ob dieses hierarchische Moment im Entscheidungsfindungsprozess die Einflusschancen kleiner, schwacher Staaten in Relation zu denen großer, mächtiger Staaten eher angleicht oder weiter auseinander klaffen lässt. Einerseits muss man sicher konzedieren, dass ein hierarchisches Moment in internationalen Organisationen eine Angleichung der Einflussmöglichkeiten der unterschiedlich mächtigen Mitgliedseinheiten befördert. Denn durch das hierarchische Moment bedingt, können die supranationalen Organe internationaler Organisationen kraft delegierter Autorität entscheiden und somit relativ autonom auch gegenüber den Interessen sehr mächtiger Mitgliedstaaten agieren. Andererseits verfügen die mächtigen Mitgliedstaaten gerade bei der Bestellung der Verwaltungsspitzen in sowie durch die Leistung freiwilliger Beiträge für Organisationen, die im Wesentlichen mit operativen Tätigkeiten befasst sind (z.B. IWF, Weltbank, UNDP), in der Regel über einen sehr großen Einfluss. Das heißt zum einen, dass ihre Wünsche bei der Besetzung der Verwaltungsspitzen, die in der Folge über ein relativ großes Gewicht bei der Entscheidungsfindung im Rahmen der operativen Tätigkeiten der internationalen Organisation verfügen, fast uneingeschränkte Berücksichtigung finden. Zudem können sie mit der Androhung, freiwillige Beitragsleistungen zurückzuhalten, Art und Umfang der operativen Tätigkeiten internationaler Organisationen direkt beeinflussen. Die Verteilung der Einflusschancen zwischen mächtigen und schwachen Staaten zeigt aus dieser Perspektive ein Auseinanderklaffen an, was das Rollenbild von internationalen Organisationen als Instrumente der mächtigsten Mitgliedstaaten zur Produktion kollektiver Entscheidungen, die ihren Interessen in besonderem Maße entsprechen, befördert hat.

Eine eindeutige und zugleich verallgemeinerungsfähige Antwort auf die Frage, ob internationale Organisationen die Einflusschancen unterschiedlich mächtiger Mitgliedstaaten im Bereich der operativen Entscheidungen eher angleichen oder auseinander klaffen lassen, müssen wir hier schuldig bleiben. Eine solche Antwort scheint nur auf der Basis sorgfältiger Einzelfallanalysen, die vor allem die Prozesse der Bestellung der Spitzenbeamten und Entscheidungen über die Bereitstellung freiwilliger Beitragsleistungen in den betreffenden internationalen Organisationen zu beachten und sich auf Fälle kritischer operativer Entscheidungen zu konzentrieren hätten, möglich zu sein.

unklare Wirkung des hierarchischen Moments sozialer Steuerung

Zur Illustration der genannten Entscheidungsprozessmodelle für internationale Organisationen im operativen Bereich wollen wir verschiedene Politiken der Europäischen Union heranziehen und durch Beispiele aus dem Bereich der Vereinten Nationen ergänzen.

Beispiele aus EU und VN:

Operative Entscheidungen internationaler Organisationen, die dem Modell rationaler Wahlhandlungen entsprechen, finden wir selbst bei Verbundorganisationen fast ausschließlich dann, wenn sie sich entweder auf organisatorische oder symbolische Fragen beziehen. Darüber hinaus können internationale Organisationen – genauer: ihre supranationalen Organe – nur selten Entscheidungen so autonom treffen, dass sich diese als rationale Wahl eines auf die Verwirklichung seiner Interessen abzielenden Akteurs verstehen lassen.

Modell rationaler Wahlhandlung

Eine gleichwohl gewichtige Ausnahme stellen jedoch die Entscheidungen dar, die die Europäische Zentralbank (EZB) in Bezug auf die europäische Geldpolitik treffen kann. Denn seit der Verwirklichung der Wirtschafts- und Währungsunion 1999 ist die EZB alleine für die Geldpolitik der mittlerweile 12 an

EU:
Geldpolitik der EZB

der Euro-Währungszone beteiligten EU-Mitgliedstaaten verantwortlich. Insbesondere ist sie gegenüber den mitgliedstaatlichen Regierungen, der Europäischen Kommission und dem Rat der EU (in Gestalt des ECOFIN-Rats, also des Rats der Wirtschafts- und Finanzminister der Mitgliedstaaten) in ihren geldpolitischen Entscheidungen völlig unabhängig. Deshalb kann sie Entscheidungen etwa über das Niveau der Leitzinsen ganz an ihrem durch die Satzung vorgegebenen Interesse orientieren, die Geldwertstabilität in der Euro-Zone zu sichern. Gemäß diesem Satzungsauftrag wird sie auf wachsende Inflationsrisiken mit steigenden Leitzinsen reagieren; bei geringen Inflationsgefahren hingegen kann sie bereit sein, die Leitzinsen zu senken. Konkret analysiert der für geldpolitische Entscheidungen zuständige Europäische Zentralbankrat die jeweilige Wirtschaftslage in der Euro-Zone insbesondere in Bezug auf etwaige Inflationsgefahren, um dann, Kosten und Nutzen der unterschiedlichen Handlungsoptionen abwägend, die Entscheidung zu treffen, von der er erwartet, sein Interesse an Geldwertstabilität am besten zu realisieren. Dementsprechend bietet es sich an, die Entscheidungen des Europäischen Zentralbankrats gemäß dem Modell der rationalen Wahlhandlung zu erklären.

VN: Rolle des Generalsekretärs bei der Reform des Sekretariats

Ebenso lässt sich die Neustrukturierung und Neubesetzung des VN-Sekretariats durch die Generalsekretäre der Vereinten Nationen Boutros Boutros-Ghali und Kofi Annan als rationale Wahlhandlung deuten. Beide Generalsekretäre verfolgten mit dieser Neustrukturierung und Neubesetzung das Ziel, durch eine ‚Verschlankung‘ ebenso wie durch eine Neuordnung die Verwaltung der Vereinten Nationen effizienter zu gestalten und damit das Gewicht des Sekretariats im Institutionengefüge der Vereinten Nationen zu erhöhen. Einige Abteilungen, wie das Büro des Generalsekretärs für Entwicklung und internationale wirtschaftliche Zusammenarbeit oder das Büro für politische Fragen und Angelegenheiten der Generalversammlung, wurden aufgelöst oder mit anderen zusammengelegt, andere wurden neu geschaffen oder gewannen an Bedeutung. So schließt die neue Hauptabteilung für Wirtschaftliche und Soziale Angelegenheiten eine Reihe ehemals selbständiger Abteilungen wie beispielsweise die für internationale Wirtschafts- und Sozialfragen ein. Durch diese Art der Bündelung versprachen sich die Generalsekretäre eine effizientere Funktionsweise des VN-Sekretariats. Das gleiche erhofften sie sich vom neu geschaffenen Amt des Stellvertretenden Generalsekretärs. Sowohl Boutros-Ghali als auch Annan demonstrierten bei der Neuorganisation des VN-Sekretariats relativ große Unabhängigkeit. Boutros-Ghali überging sowohl Vorschläge eines mit 30 VN-Botschaftern besetzten ad-hoc Komitees als auch eine Resolution der Generalversammlung, um seine Vorstellungen durchzusetzen. Annan verringerte gegen vehementen Widerstand der einflussreichen Mitgliedstaaten die Zahl der hochdotierten Untergeneralsekretäre und Beigeordneten Generalsekretäre. Als eine seiner größten Leistungen kann der im September 1997 eingeführte Kabinettsstil gelten, mit der er die persönliche Kontrolle des Generalsekretärs über die Arbeit des Sekretariats deutlich erhöhte (vgl. Volger 2000b, 469). Die Unabhängigkeit, mit der der Generalsekretär der Vereinten Nationen die Sekretariatsreform vorantrieb und dabei die eigenen Kompetenzen innerhalb des Sekretariats erweiterte, lassen ihn jedenfalls organisationspolitisch als Subjekt rationaler Wahlhandlungen erscheinen.

Modell routinisierten Entscheidungsabläufe

Entscheidungen, die dem Modell der routinisierten innerorganisatorischen Entscheidungsabläufe entsprechen, treffen wir in jeder großen Verwaltung an, da derartige Großbürokratien eben nur auf der Basis von routinisierten, vorpro-

154

grammierten Abläufen funktionieren können. Bei der Europäischen Union ist das System der Marktregulierungen im Agrarbereich durch eine Reihe von standardisierten, routinisierten und fest programmierten Entscheidungsabläufen gekennzeichnet. So wird die Stabilisierung der Agrarpreise auf einen vom Rat der Landwirtschaftsminister festgelegten Richtpreis durch derartige Standardverfahren und -entscheidungen erreicht. Um zu verhindern, dass Produkte, die außerhalb der EU angebaut werden, die Richtpreise auf dem EU-Markt unterbieten, erhebt die EU für Agrarimporte so genannte Abschöpfungen. Dies sind zollähnliche Zahlungen, die Erzeugnisse aus Staaten außerhalb der EU belasten, um die teuren EU-Agrarprodukte konkurrenzfähig zu halten.[7] Die Höhe dieser Abschöpfungen muss aufgrund der Preisschwankungen bei manchen Produkten beinahe täglich neu festgelegt werden. Es erscheint einsichtig, dass die Entscheidung über die Höhe der Abschöpfung durch ein Standardverfahren routinisiert wurde. Demnach legt die zuständige Verwaltungsabteilung der Europäischen Kommission die Abschöpfung so fest, dass sie den Differenzbetrag zwischen Weltmarktpreisen und Schwellenpreis, der am Richtpreis orientiert ist und in der Regel etwas niedriger liegt, ausgleicht (vgl. von Urff 2000).

> EU: Regulierung des Agrarmarktes

Auch innerhalb des bürokratischen Apparates der Vereinten Nationen lässt sich eine Vielzahl derartig routinisierter Entscheidungsabläufe antreffen. So zum Beispiel wenn es darum geht, ob einer Anrufung des Sicherheitsrates stattgegeben wird oder nicht. Auch hier werden Standard-Kriterien einer solchen Anrufung abgeglichen – der anrufende Akteur muss beispielsweise ein anerkannter Staat sein. Sind diese erfüllt, so wird der Sicherheitsrat nach Erfüllung bestimmter formeller Voraussetzungen zusammentreten. Ebenso kann die Entsendung von militärischen Einheiten im Rahmen des ‚Peacekeeping‘ als standardisiertes Verfahren gewertet werden. Denn ist die Entsendung von ‚Blauhelmen‘ erst einmal vom Sicherheitsrat beschlossen, so laufen die Entsendung selbst und die hierfür notwendigen Entscheidungen unter der verantwortlichen Leitung des Generalsekretärs nach einem festen Set von Verhaltensroutinen ab. Die Anforderung von Truppen bei den Mitgliedstaaten, deren Einkleidung, Ausrüstung, Einweisung und Transport erfolgen nach einem weitgehend festliegenden Standardverfahren.

> VN: Anrufung des Sicherheitsrates

> Entsendung von ‚Blauhelmen‘

Operative Entscheidungen, die dem Modell des bürokratischen Aushandlungsprozesses auf und zwischen drei Ebenen entsprechen, finden wir in praktisch jeder internationalen Organisation. Zur Veranschaulichung des Modells im Rahmen der Europäischen Union wollen wir auf das Beispiel des Europäischen Binnenmarktes, das uns bereits zur Illustration des Modells der intergouvernementalen Aushandlungsprozesse gedient hat, zurückgreifen, um so auch den Zusammenhang von Programmentscheidungen und operativen Entscheidungen besser ins Blickfeld zu rücken. Die Realisierung des Binnenmarktprojekts ’92, das in der Einheitlichen Europäischen Akte vereinbart worden war, zog die Notwendigkeit nach sich, eine Vielzahl operativer Entscheidungen zu treffen. Denn durch die Programmentscheidung waren nur die Grundzüge des Binnenmarktes festgelegt, nicht jedoch einzelne Durchführungsbestimmungen. Die operativen Entscheidungen mussten in der Folge durch die Zusammenarbeit der Europäischen Kommission mit den zuständigen Durchführungs- und Regulationsaus-

> Modell des bürokratischen Aushandlungsprozesses

> EU: Umsetzung des Binnenmarktprogramms

---

7 Die EU hat sich im „Abkommen über Landwirtschaft“, welches im Rahmen der Uruguay-Runde des GATT vereinbart wurde und im Juli 1995 in Kraft trat, verpflichtet, bis Ende 2000 alle nichttarifären Maßnahmen des Außenschutzes in Zölle umzuwandeln.

schüssen getroffen werden (vgl. Engel/Borrmann 1991, 51-55). Diese Ausschüsse sind aus Vertretern der Ministerialbürokratien der einzelnen EU-Mitgliedstaaten zusammengesetzt. Die Kommission muss geplante Maßnahmen zur Implementation von Programmentscheidungen den jeweils zuständigen Ausschüssen vorlegen. Je nach Verfahren können die Ausschüsse die Vorlagen der Kommission auch zurückweisen und damit eine Entscheidung des Rates erzwingen. In der Regel werden derartige operative Entscheidungen jedoch in Abstimmung zwischen der Kommission und den Vertretern der zuständigen staatlichen Teilbürokratien in den Ausschüssen – der so genannten ‚Komitologie' – getroffen, so dass die Regierungsspitzen der EU-Mitgliedstaaten am Entscheidungsprozess unbeteiligt bleiben (Wallace 2000, 15). Dies gilt umso mehr, als die Vertreter der mitgliedstaatlichen Ministerialbürokratien ihre Positionen weniger mit der Regierung oder dem zuständigen Minister abzustimmen brauchen als mit verschiedenen von einer EU-Entscheidung tangierten innerstaatlichen Verwaltungen und Interessengruppen. Damit repräsentiert dieses Verfahren der Europäischen Union zur Generierung von Durchführungsbestimmungen wie denen zur Realisierung des Binnenmarktprojekts ein Beispiel für operative Entscheidungsprozesse, die vom Modell eines auf und zwischen mehreren Ebenen stattfindenden intra- und interbürokratischen Aushandlungsprozesses angemessen erfasst werden.

VN: UNSCOM und UNMOVIC

Ebenso lassen sich die Entscheidungen der Sonderkommissionen der Vereinten Nationen, die seit dem Golfkrieg die Beseitigung aller Massenvernichtungswaffen im Irak überwachen, als Resultat von bürokratischen Aushandlungsprozessen verstehen. Diese Sonderkommissionen waren 1991 vom Sicherheitsrat, der dem Irak in Resolution 687 die Beseitigung aller seiner Massenvernichtungswaffen auferlegt hatte, ins Leben gerufen worden. Um ihren Auftrag erfüllen zu können, das heißt alle Bestandteile der Produktion und Lagerung von Massenvernichtungswaffen im Irak aufzuspüren und zu beseitigen, mussten die Sonderkommissionen – zunächst die UNSCOM, heute die UNMOVIC – eine Vielzahl von Entscheidungen treffen. Beispielsweise musste festgelegt werden, wie die der Lagerung von Massenvernichtungswaffen verdächtigen Anlagen im Irak zu inspizieren sind, wie auf die Weigerung des Irak, der Inspektionskommission zu bestimmten Anlagen Zugang zu gewähren, reagiert werden soll und wie dauerhaft zu garantieren ist, dass der Irak keine neuen Massenvernichtungswaffen herstellen oder erwerben kann. Die notwendigen operativen Entscheidungen wurden von der Sonderkommission unter der Aufsicht des VN-Sicherheitsrats in enger Zusammenarbeit mit dem VN-Generalsekretär getroffen. Darüber hinaus war der Vorsitzende der Sonderkommission verpflichtet, dem Sicherheitsrat über den Generalsekretär regelmäßig über die Durchführung des Auftrages zu berichten. Das heißt die Sonderkommission war zwar in ihren Entscheidungen nicht völlig frei, wurde jedoch in ihren Entscheidungen weder vom Sicherheitsrat noch vom Generalsekretär vollständig bestimmt. Die Entscheidung über die fortgesetzte Überwachung des Irak durch die Sonderkommission fand vielmehr in einem bürokratischen Aushandlungsprozess zwischen der Sonderkommission – insbesondere ihrem Vorsitzendem –, dem Generalsekretär, dem Sicherheitsrat und vor allem dessen ständigen Mitgliedern und ihren Vertretern statt.

zur Frage: Wer regiert?

Die Analyse von Entscheidungsprozessen abschließend und gleichzeitig zusammenfassend, können wir uns nun der Frage zuwenden, wer in internationalen Organisationen Entscheidungen trifft, wer in ihnen und durch sie regiert. Das Regieren umfasst zwei Dimensionen, die uns als Mittel der Unterscheidung ver-

156

schiedener Entscheidungstypen dienten. Regieren in internationalen Organisationen umfasst zum einen die Generierung von kollektiv verbindlichen Normen und Regeln, also die Entwicklung von Politikprogrammen, und zum anderen deren Implementation, die auf operativen Entscheidungen internationaler Organisationen beruht. Während beim Regieren im Sinne der Implementation von Politikprogrammen durch internationale Organisationen ein supranationales Element zum Tragen kommt, das heißt die zwischenstaatlichen Organe in Bezug auf operative Entscheidungen sich das Regieren mit den supranationalen Organen teilen, ist das Regieren im Sinne der Erzeugung von Politikprogrammen für die internationalen Beziehungen in der Arena internationaler Organisationen im Wesentlichen eine Domäne der Staaten und ihrer Vertreter geblieben.

Schaubild 17: Das politische System internationaler Organisationen (Konversion)

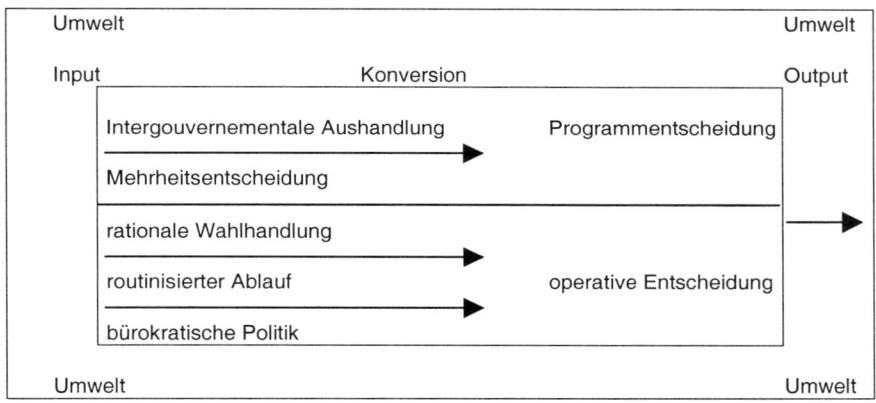

7 Tätigkeiten und Leistungen internationaler Organisationen (Output-Dimension)

Die Untersuchung der politischen Systeme internationaler Organisationen, die wir mit der Analyse des Politikentwicklungsrahmens, der ‚polity'-Dimension begonnen und durch die Beschäftigung mit der ‚politics'-Dimension sowohl auf der Input-Seite als auch in der Konversionsphase fortgeführt hatten, soll nun mit der Diskussion der Outputs abgeschlossen werden. Die Analyse der Outputs als letztem Element der ‚politics'-Dimension wird uns gleichzeitig als Brücke zur Beschäftigung mit unterschiedlichen ‚policies' in Teil III dienen.

Die bisherige Darstellung der ‚politics' in den politischen Systemen internationaler Organisationen hat deutlich gemacht, dass in internationalen Organisationen Inputs, das heißt Anforderungen und Unterstützungsleistungen durch angebbare Entscheidungsprozesse, in Outputs, das heißt in Politikprogramme und operative, aber auch informationelle Tätigkeiten, verwandelt werden. Es wurde gezeigt, dass die Outputs internationaler Organisationen nicht nur eine Reaktion der politischen Systeme auf die Inputs darstellen; vielmehr werden sie durch den gesamten Politikentwicklungsprozess in den politischen Systemen internationaler Organisationen geprägt.

Die Untersuchung der ‚politics'-Dimension internationaler Organisationen kann jedoch nicht bei der Feststellung Halt machen, dass Inputs durch den Konversionsprozess zu Outputs werden; vielmehr muss sie sich der näheren Bestimmung dieser Outputs annehmen. Indem sie dies tut, identifiziert sie unterschiedliche Output-Kategorien und fragt, was internationale Organisationen als Ergebnis organisationsinterner Politikentwicklungsprozesse in ihrer Organisationsumwelt typischerweise tun. Um dies leisten zu können, wollen wir auf die bereits getroffene Unterscheidung zwischen Programmentscheidungen und operativen Entscheidungen zurückgreifen, die wir genutzt hatten, um sie mit Modellvorstellungen von Entscheidungsprozessen zu verknüpfen. Demnach sind Politikprogramme als Resultat von Programmentscheidungen und operative Tätigkeiten als Folge von Politikprogrammen sowie den zugehörigen operativen Entscheidungen die beiden zentralen Outputs der politischen Systeme internationaler Organisationen. Dem treten als dritte Output-Kategorie die informationellen Tätigkeiten zur Seite. Sie müssen deshalb als eigene Kategorie eingeführt werden, da sie sowohl den Politikprogrammen als auch den operativen Tätigkeiten internationaler Organisationen als Entscheidungsanstoß und -hilfe vorausgehen, den Entscheidungs- und Implementationsprozess begleiten und zur Evaluation von Politikprogrammen, ihrer operativen Umsetzung sowie ihrer Wirksamkeit dienen (vgl. Schaubild 18).

Schaubild 18: Das politische System internationaler Organisationen (Output)

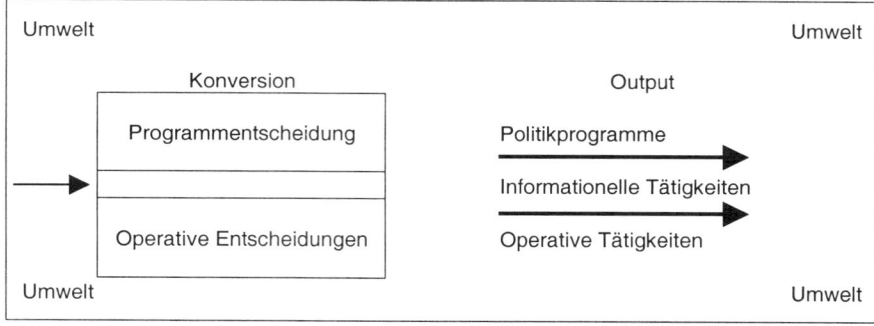

7.1 Politikprogramme internationaler Organisationen

Politikprogramme stellen zusammenhängende Sets von sozialen, mehr oder minder häufig legalen Normen und Regeln dar, die Festlegungen über künftiges Verhalten und künftige Werte- oder Güterverteilungen enthalten. Die in internationalen Organisationen entwickelten und beschlossenen Politikprogramme können sich zum einen auf das Verhalten der Mitgliedstaaten und die Werte- oder Güterverteilungen zwischen ihnen, z.T. aber auch in ihrem Binnenbereich (z.B. Menschenrechtsschutz, Armutsbekämpfung), zum anderen aber auch auf das Verhältnis zwischen den Mitgliedstaaten und der Organisation selbst beziehen. Als Resultat von Programmentscheidungen werden diese Politikprogramme in internationalen Organisationen entweder durch intergouvernementale Aushandlungsprozesse oder durch Mehrheitsentscheidungen verabschiedet. Um uns das notwendige Handwerkszeug für die Analyse des Tätigwerdens internationaler Organisationen in verschiedenen Problemfeldern der internationalen Politik zu verschaffen, muss die Kategorie der Programm-Outputs weiter ausdifferenziert werden. Zu diesem Zweck wollen wir zwischen unterschiedlichen Wirkungen, die Politikprogramme bei ihren Adressaten haben können, und unterschiedlichen Graden der (Rechts-)Verbindlichkeit von Politikprogrammen unterscheiden.

7.1.1 Unterschiedliche Wirkungen von Politikprogrammen

Wenn wir von unterschiedlichen Wirkungen, die Politikprogramme bei ihrem Adressatenkreis haben können, sprechen, so meinen wir die Verschiedenartigkeit des Eingriffs von Normen und Regeln in die soziale Wirklichkeit von Akteuren. Wie schon die Definition von Politikprogrammen nahelegt, lassen sich verschiedene Programmtypen danach unterscheiden, ob und wie die Normen und Regeln des Programms in das Verhalten der Akteure oder in die Verteilung von Gütern zwischen ihnen steuernd eingreifen. Handelt es sich um einen Eingriff im Sinne der Verhaltenssteuerung, so sprechen wir von (1) *regulativen* Politikprogrammen. Soll hingegen die Verteilung von Gütern gesteuert werden, so sind entweder (2) *distributive* oder (3) *redistributive* Politikprogramme gemeint.

160

(1) Regulative Politikprogramme zielen darauf ab, das Verhalten von sozialen Akteuren zu steuern, um unerwünschte Interaktionsergebnisse zu vermeiden oder erwünschte Interaktionsergebnisse zu ermöglichen oder zu erzielen. Zu diesem Zweck werden auf der prozeduralen und der inhaltlichen Ebene allgemeine Verhaltensnormen und -regeln gesetzt. Regulative Politik ist somit eine Politik der Ge- und Verbote, aber auch der Verhaltensermächtigungen. Die Normen und Regeln von regulativen Politikprogrammen dienen den beteiligten Akteuren als Richtschnur für das eigene Verhalten. Sie errichten für den einzelnen Akteur Schranken seiner Handlungsfreiheit oder eröffnen ihm neue Handlungsoptionen (vgl. Lowi 1964, 694). regulative Politikprogramme

Auf der Ebene von Staaten richten sich regulative Politikprogramme an einzelne Bürger, an Organisationen oder an Staatsorgane. Sie normieren das zwischenmenschliche und interorganisatorische Verhalten sowie Interaktionen zwischen öffentlicher Gewalt und Bürger(inne)n oder Organisationen. Beispielsweise gehören alle Normen des Strafgesetzbuches, aber auch ein Großteil der Umweltschutzgesetzgebung, das Verbot der Diskriminierung von Frauen oder religiöser Gruppen sowie der Verbraucherschutz in den Bereich der regulativen Politik.

Auch als Output der politischen Systeme internationaler Organisationen können wir regulative Politikprogramme antreffen. Denn in Programmentscheidungen internationaler Organisationen werden durchaus Normen und Regeln gesetzt, die für die Staaten eine Begrenzung ihrer Handlungsfreiheit nach innen wie nach außen zum Inhalt haben. So wurde durch die Entwicklung internationaler Menschenrechtsstandards für die Staaten eine Schranke ihrer internen Herrschaftspraxis errichtet. Auch das allgemeine Gewaltverbot oder die Beschränkungen, denen die Staaten im Bereich der Weiterverbreitung von Atomtechnologie unterliegen, sind Beispiele für regulative Politikprogramme in der internationalen Politik. Regulative Politikprogramme internationaler Organisationen können sich jedoch auch – und dies nicht selten – auf das Verhältnis von Staaten gegenüber internationalen Organisationen sowie von internationalen Organisationen gegenüber Staaten beziehen. So beruht beispielsweise das Recht der Internationalen Atomenergiebehörde (IAEA), die Einhaltung von Verpflichtungen, die die Staaten eingegangen sind, zu überwachen und zu diesem Zweck Inspektionen durchzuführen, auf einer entsprechenden Ermächtigung des Atomwaffensperrvertrages (Art. 3, Abs. 1 NVV/NPT).

(2) Distributive Politikprogramme sind dadurch charakterisiert, dass sie eine Verteilung von Gütern und Dienstleistungen vornehmen und organisieren, ohne dadurch Nichtbegünstigten zusätzliche Kosten aufzubürden. Durch distributive Politikprogramme werden demnach Leistungen und Ressourcen einzelnen oder einer Vielzahl von Empfängern zugedacht, ohne dass dies zu Lasten von Nichtbegünstigten geht. Mit anderen Worten: Distributive Politikprogramme nützen vielen und schaden niemandem. Durch distributive Politik wird etwas verteilt, das es vorher nicht gab oder das zumindest niemandem gehörte. distributive Politikprogramme

Ein klassisches Beispiel distributiver Politik auf staatlicher Ebene ist die Verteilung staatlicher Einnahmen aus dem Ölgeschäft in so genannten Rentierstaaten wie Saudi-Arabien oder Kuwait. Da internationale Organisationen selten über eigene finanzielle oder sonstige materielle Ressourcen verfügen, treffen wir hier nur in Ausnahmefällen distributive Politikprogramme an. Eine solche Ausnahme stellt beispielsweise die Zuteilung von Satellitenplätzen auf der geostationären Umlaufbahn über dem Äquator im Rahmen der Weltfunkverwaltungskonferenzen der Internationalen Fernmeldeunion (ITU) dar (vgl. Schrogl 1993; Wolf 1991, 177-234). Auch die seit 1998 von einer nicht-staatlichen Organisation, der ‚Internet Corporation for Assigned Names and Numbers‘ (ICANN), vorgenommene Einrichtung und Vergabe von Internet-Domains kann als ein seltenes Beispiel distributiver Politik von internationalen (hier sogar nicht-staatlichen) Organisationen gelten (vgl. Röben 1999).

redistributive Politikprogramme

(3) Während distributive Politikprogramme einzelne oder viele begünstigen, ohne andere zu schädigen, kommt die Verteilung durch redistributive Politikprogramme nur einem Teil der Adressaten zugute, wohingegen ein anderer Teil mit zusätzlichen Kosten belastet wird. Redistributive Politikprogramme nehmen mithin Umverteilungen zwischen den Mitgliedern einer sozialen Einheit vor, sie schichten Nutzen und Kosten um: Eine Gruppe kann nur deswegen einen Nutzenzuwachs erfahren, weil eine andere Gruppe oder die Allgemeinheit einen Verlust erleiden (Lowi 1964, 711).

Der klassische Fall redistributiver Politik auf staatlicher Ebene ist die Sozialgesetzgebung. Hier werden Kosten auf bestimmte gesellschaftliche Gruppen oder Schichten konzentriert, um sie als Nutzen anderen Gruppen oder Schichten zukommen zu lassen. Dies gilt zum Beispiel für eine wirksame progressive Einkommensteuer, durch die Besserverdienende bei der Besteuerung von Einkommen proportional stärker belastet werden als einkommensschwache Bürger. Diesen kommen dann in Gestalt staatlicher Transferzahlungen Leistungen wie Sozialhilfe, Wohngeld oder Ausbildungsförderung zu.

Auch als Output der politischen Systeme internationaler Organisationen finden wir redistributive Politikprogramme, vor allem bei den internationalen Organisationen, die den Entwicklungsländern in ihrem Bemühen um eine gelingende ‚nachholende Entwicklung‘ durch Ressourcentransfer zur Seite stehen. Beispielsweise hat ein Teil der Politikprogramme der Weltbank, vor allem ihrer IDA-Tochter, redistributiven Charakter. Dies gilt ebenso für das Entwicklungsprogramm der Vereinten Nationen (UNDP) oder die VN-Organisation für industrielle Entwicklung (UNIDO). Selbst im Rahmen der Europäischen Union treffen wir in Form der Struktur- und Kohäsionsfonds Politikprogramme an, die materielle Ressourcen zwischen den Mitgliedstaaten umverteilen. Aus den Strukturfonds werden vornehmlich ausgewählte Regionen in Mitgliedstaaten bedient, um ihre wirtschaftliche Entwicklung zu fördern. Die Mittel des Kohäsionsfonds fließen in den Ausbau transeuropäischer Netze für Verkehr in den Mitgliedstaaten Griechenland, Spanien, Irland und Portugal.

Hypothesenbildung

Die vorgenommene Ausdifferenzierung der Politikprogramme, die wir als Bestandteil der Outputs der politischen Systeme internationaler Organisationen bestimmt haben, muss, sozialwissenschaftlich betrachtet, solange Selbstzweck bleiben, wie sie nicht den Ausgangspunkt für die Generierung von Hypothesen bietet. Ein Blick zurück auf die in Kapitel 6 vorgestellten Modelle von Entscheidungsprozessen in internationalen Organisationen soll dem Eindruck, dass die hier vorgenommene Klassifizierung von Politikprogrammen Selbstzweck sein könnte, entgegenwirken. Wir hatten dort die These vertreten, dass der Inhalt von Politik die Art des Entscheidungsprozesses bestimmt: „Policy determines politics" (Lowi 1972, 299). Wir hatten behauptet, dass Programmentscheidungen im Wege intergouvernementaler Aushandlungsprozesse oder von Mehrheitsentscheidungen erfolgen. Auf der Basis der Ausdifferenzierung der Politikprogramme, die in internationalen Organisationen als Resultat der Konversion von Inputs in Outputs entstehen, lässt sich diese Hypothese präzisieren. Wir nehmen an, dass regulative Politikprogramme eher auf intergouvernementalen Aushandlungsprozessen beruhen, während redistributive Politikprogramme eher als Seitenzahlungen im Rahmen von bei intergouvernementalen Aushandlungsprozessen geschnürten Verhandlungspaketen zustande kommen oder aber das Ergebnis von Mehrheitsentscheidungen sind. Die Begründung hierfür liegt in der unterschiedlichen Verteilung von Nutzen und Kosten, die durch regulative und redistributive Politik vorgenommen wird. Während regulative Politikprogramme für alle beteiligten Staaten eine Eingrenzung der Handlungsfreiheit bedeuten, mithin alle Akteure gleichermaßen belasten, konzentrieren redistributive Politikprogramme die Kosten auf eine begrenzte Gruppe von Staaten oder aber die gesamte Staatengemeinschaft und verteilen den Nutzen an eine angebbare Gruppe von begünstigten Staaten. Redistributive Politikprogramme lassen sich deshalb bei intergouvernementalen Aushandlungsprozessen nur in Form von Seitenzahlungen im Rahmen umfangreicher Verhandlungspakete durchsetzen oder als Abstimmungssieg einer von der Umverteilung profitierenden Mehrheit von Staaten über eine mit Kosten belastete Minderheit erzielen. Da bei regulativen Politikprogrammen die Interessen aller Staaten betroffen sind, lassen sich keine klaren Koalitionen schmieden oder Konfliktlinien festmachen, weshalb die Staaten bei der Generierung von regulativen Programmen auf intergouvernementale Aushandlungsprozesse mit dem Ziel der Herstellung eines Konsens als Entscheidungsverfahren zurückgreifen.

Hypothesen über den Zusammenhang zwischen Programmtyp und Entscheidungsmodell

Eine ähnlich klare Hypothesenbildung über den Zusammenhang von Programmtyp und Entscheidungsmodell wie für regulative und redistributive Politikprogramme scheint für distributive Politikprogramme internationaler Organisationen nicht möglich zu sein. Hier bleiben wir auf die Annahme verwiesen, dass distributive Programme internationaler Organisationen sowohl auf intergouvernementalen Aushandlungsprozessen als auch auf Mehrheitsentscheidungen (hier dann jedoch wohl meist mit großer Zustimmung) beruhen können.

7.1.2 Rechtsverbindlichkeit von Politikprogrammen

Neben der Unterscheidung nach Wirkungen (regulativ, distributiv, redistributiv), die Politikprogramme für die Norm- und Regeladressaten haben können, bietet sich eine weitere Ausdifferenzierung des Programm-Outputs entsprechend der (Rechts-)Verbindlichkeit der in internationalen Organisationen erzeugten Politikprogramme an. Denn nicht alle Normen und Regeln, die als Resultat von Programmentscheidungen internationaler Organisationen entstehen, können eine die Mitglieder unmittelbar bindende Rechtsqualität für sich in Anspruch nehmen. Vielfach gilt, dass die in internationalen Organisationen erzeugten Normen und Regeln rechtlich unverbindliche, gleichwohl weithin geteilte Erwartungen angemessenen Verhaltens zum Ausdruck bringen, die zwar durch die Transformation in das Recht der einzelnen Mitgliedstaaten verbindlich werden können, jedoch nicht müssen. So ist für die Politikprogramme internationaler Organisationen ein Nebeneinander von Normen und Regelwerken kennzeichnend, die zum Teil rechtsverbindlich sind, zum Teil von den Staaten aus anderen Gründen als mehr oder weniger verhaltensleitend anerkannt werden.

Über die Befugnis, für die Mitgliedstaaten direkt verbindliches Recht zu erzeugen, verfügt neben wenigen anderen Organisationen vor allem die Europäische Union. Dabei kommt den Verordnungen der Union in Politikfeldern, die

unter die Erste Säule fallen, die am stärksten bindende Rechtsqualität zu. Sie begründen unmittelbar Rechte und Pflichten für die Normadressaten, zu denen auch juristische und natürliche Personen in den Mitgliedstaaten gehören. Eben-

falls rechtsverbindlich in der Europäischen Union sind Entscheidungen. Sie regeln allerdings nur rechtliche Streitigkeiten im organisationsinternen oder zwischenstaatlichen Bereich und sind somit einzelfallbezogen. Eine weitere Form von Programmen, durch die die Europäische Union in Politikfeldern der Ersten

Säule rechtsverbindlich tätig werden kann, ist die Richtlinie. Durch Richtlinien werden den Mitgliedstaaten normative Regelungsaufträge erteilt, bei denen es den Staaten in gewissen Grenzen frei steht, wie sie die in der Richtlinie präzisierte Zielvorgabe verwirklichen. Neben diesen rechtlich bindenden Normen und Regeln finden wir auch bei der Europäischen Union Programme, die keine

rechtliche Verbindlichkeit besitzen. Diese Empfehlungen oder Stellungnahmen bringen Zielvorstellungen zum Ausdruck, die im Zusammenhang mit der Rechtsangleichung oder bei der Konkretisierung der EU-Außenbeziehungen politisch bedeutsam sein können.

Die im Rahmen der Dritten Säule der Europäischen Union getroffenen Programmentscheidungen ähneln denen der Ersten Säule. So wurde mit Inkrafttreten des Amsterdamer Vertrages (1999) die justizielle Zusammenarbeit in Zivilsachen in den Bereich der Ersten Säule eingegliedert, so dass auch in diesem Politikfeld die Rechtsakte der Verordnung, Richtlinie, Entscheidung und Empfehlung zur Anwendung kommen. Die polizeiliche und justizielle Zusammenarbeit in Strafsachen verblieb in der intergouvernementalen Dritten Säule, deren wichtigste Art der Programmentscheidung vor Inkrafttreten des Amsterdamer Vertrages die des traditionellen, von allen Mitgliedstaaten zu ratifizierenden, zwischenstaatlichen Abkommens war. Der Amsterdamer Vertrag

führte zusätzlich eine der Richtlinie ähnliche Handlungsform ein: den Rahmenbeschluss. Wie die Richtlinie definiert er ein zu erreichendes Ziel und überlässt den Mitgliedstaaten die Wahl der für seine Erreichung notwendigen Form und Mittel.

Etwas aus dem Rahmen fallen die Programmentscheidungen innerhalb der Zweiten Säule der Europäischen Union, der Gemeinsamen Außen- und Sicherheitspolitik (GASP). Bei Rechtsakten im Rahmen der Ersten und Dritten Säule geht es vor allem um den Grad der Verbindlichkeit gemeinschaftlicher Rechtsetzung, also darum, inwieweit sich diese Rechtsakte unmittelbar oder mittelbar in den Rechtsordnungen der einzelnen Mitgliedstaaten niederschlagen und so Rechte und Pflichten für die Gesellschaften dieser Staaten begründen. Demgegenüber zielen die Programmentscheidungen innerhalb der GASP darauf ab, das außenpolitische Verhalten der Regierungen der Mitgliedstaaten zu koordinieren mit dem Ziel, die EU nicht nur im Bereich der Außenhandelspolitik, sondern in Zukunft auch in der Außenpolitik allgemein mit einer Stimme sprechen zu lassen. Die GASP verfügt über drei Arten der Programmentscheidung: gemeinsame

Standpunkte, gemeinsame Aktionen und – seit Inkrafttreten des Amsterdamer Vertrages – gemeinsame Strategien. Das in der Zweiten Säule durchgängig geltende Prinzip der Einstimmigkeit wird zum einen in Art. 23 EUV durch die Möglichkeit der ‚konstruktiven Enthaltung‘ gelockert. Zum anderen kann der Rat der EU, nachdem der Europäische Rat gemäß Art. 13 EUV eine gemeinsame

Strategie beschlossen hat, Programmentscheidungen, die auf der Grundlage dieser gemeinsamen Strategie erfolgen, mit qualifizierter Mehrheit treffen.[8]

Bei den Vereinten Nationen stehen Politikprogramme, die keine unmittelbare (völker-)rechtliche Bindungswirkung haben, im Vordergrund. Resolutionen haben zumeist nur den Charakter von Empfehlungen. Allein die Resolutionen des VN-Sicherheitsrates gemäss Kapitel VII der Satzung der Vereinten Nationen, die Beschlüsse der VN-Generalversammlung im Bereich der Budgetpolitik und der internen Organisation sind unmittelbar verbindlich. Auch die im Rahmen der Vereinten Nationen und ihrer Sonderorganisationen ausgehandelten Konventionen sind zunächst nicht bindend. Sie werden erst durch die Ratifizierung und die Transformation in staatliches Recht für die Mitgliedstaaten rechtsverbindlich. Bei Konventionen machen die Generalversammlung der Vereinten Nationen oder das Plenarorgan der Sonderorganisation häufig von der Möglichkeit Gebrauch, den Mitgliedstaaten in einer Resolution die schnelle Zeichnung und Ratifizierung zu empfehlen. Mit der Zeichnung verpflichtet sich der betreffende Staat gemäß der Wiener Vertragsrechtskonvention (Art. 18) schon dazu, alles zu unterlassen, was den Zweck des Vertrages gefährden könnte. *(Randspalte: VN: Resolutionen; Konventionen)*

Hier sei nochmals darauf verwiesen, dass auch die Unterscheidung von Politikprogrammen internationaler Organisationen entsprechend dem unterschiedlichen Grad der (Rechts-)Verbindlichkeit kein Selbstzweck, sondern insofern analytisch sinnvoll ist, als sie Aussagen über den Zusammenhang von Programmtyp und dem Entscheidungsprozess in internationalen Organisationen zulässt. Denn rechtlich bindende Politikprogramme sind zumeist Resultat von intergouvernementalen Aushandlungsprozessen, wohingegen weniger verbindliche Programme eher auf Mehrheitsentscheidungen zurückgehen.

Kennzeichnend für die internationale Politik ist nun, dass der Grad der Verbindlichkeit von Programmen nicht unbedingt Rückschlüsse auf deren Beachtung zulässt. Eine Reihe von rechtsverbindlichen Normen und Regeln der internationalen Beziehungen wie z.B. das Gewaltverbot wurden wiederholt gebrochen, wohingegen rechtlich unverbindliche Normen und Regeln wie z.B. die im Rahmen der ehemaligen KSZE beschlossenen ‚Vertrauens- und Sicherheitsbildenden Maßnahmen‘ (VSBM) ein hohes Maß an Regelkonformität erzeugten. Obwohl internationalen Normen und Regeln vielfach eine handlungsleitende Qualität abgesprochen wurde (Downs/Rocke/Barsoom 1996), wird hier die Auffassung vertreten, dass Normen und Regeln unbeschadet wiederholt auftretender Brüche und Verletzungen in der internationalen Politik eine nicht zu unterschätzende Effektivität im Sinne der Steuerung und der Beeinflussung staatlichen Handelns besitzen (Chayes/Chayes 1995; Franck 1990). *(Randspalte: unklarer Zusammenhang zwischen Verbindlichkeitsgrad der Norm und ihrer Beachtung)*

Dies liegt zum einen daran, dass sie ein *gegenseitiges Versprechen* darstellen, auf bestimmte Verhaltensweisen zu verzichten, um sich so in Situationen problematischer Handlungsinterdependenz kollektiv *und* individuell besser zu stellen, sie mithin Reziprozität definieren und als Prinzip bestärken. Außerdem erlegt die Existenz von Normen und Regeln demjenigen, der sich einer gültigen Norm oder Regel widersetzt, soziale Kosten in Form von Reputationsverlust *(Randspalte: Gründe für die Effektivität von Normen)*

---

8 Die Vertragsbestimmungen von Nizza sehen eine weitere Flexibilisierung in Bezug auf die Umsetzung gemeinsamer Standpunkte und die Durchführung gemeinsamer Strategien vor. So wird nach Inkrafttreten des Vertrags das Prinzip der verstärkten Zusammenarbeit, wonach eine Gruppe von mindestens acht Mitgliedstaaten unabhängig von den übrigen Ratsmitgliedern tätig werden kann, auf die Zweite Säule ausgedehnt. Freilich muss die verstärkte Zusammenarbeit vom Rat mit qualifizierter Mehrheit genehmigt werden.

oder verstärktem öffentlichen Druck auf, so dass sich selbst in Situationen, in denen die Regelmissachtung kurzfristige Gewinne verspricht, ein Anreiz ergibt, sich weiter regelkonform zu verhalten (vgl. Keohane 1989c, 166-170; Nollkaemper 1992, 54-56). Franck (1990; 1997) hat argumentiert, dass es darüber hinaus der Glaube an die Legitimität des Norm- und Regelgenerierungsverfahrens sowie der Normen und Regeln selbst sei, der bei den Norm- und Regeladressaten ein Verlangen erzeugt, sich norm- und regelkonform zu verhalten. Damit lässt sich die unterschiedliche Effektivität von Normen und Regeln in der internationalen Politik auf ein unterschiedliches Maß an Legitimität zurückführen, das dem jeweiligen Generierungsverfahren oder den substanziellen Normen selbst von den Norm- und Regeladressaten zugeschrieben wird.

vor allem: Legitimität des Norm- und Regelsetzungs- verfahrens in IO

Dieses Argument scheint im Zusammenhang mit Programmen internationaler Organisationen von besonderem Gewicht zu sein. Indem die Programmgenerierung in internationalen Organisationen auf einer vertraglich vereinbarten Grundlage mit Beteiligung der Programmadressaten stattfindet, stellen internationale Organisationen ein für die internationale Politik vergleichsweise legitimes Norm- und Regelsetzungsverfahren bereit. Dies begründet, warum Staaten – unbeschadet immer wieder zu beobachtender Normverletzungen und Regelverstöße – sich in der Mehrzahl der Fälle norm- und regelkonform verhalten. Schließlich werden auch innerstaatliche Gesetze gebrochen, ohne dass deshalb sogleich deren Wirkungslosigkeit angenommen würde. So ist die Steuermoral der Bürger innerhalb vieler Staaten mit der Zahlungsmoral, die manche Staaten bei der Erfüllung ihrer Beitragsverpflichtungen gegenüber internationalen Organisationen an den Tag legen, durchaus vergleichbar.

7.1.3 Internationale Organisationen als mittelbare Programmerzeuger

Da internationale Organisationen über kein Norm- und Regelsetzungsmonopol für die internationale Politik verfügen, finden in den internationalen Beziehungen auch jenseits der durch die Existenz internationaler Organisationen vorgegebenen Verfahren Programmentscheidungen statt. Obwohl in diesen Fällen internationale Organisationen nicht als Träger von Programmentscheidungen auftreten, verbleiben ihnen eine Reihe von Möglichkeiten, auf die Programmgenerierung in der internationalen Politik mittelbar Einfluss zu nehmen.

Organisation von Staatenkonferenzen

Internationale Organisationen sind sehr häufig an der Initiierung, Vorbereitung und der Organisation von Staatenkonferenzen beteiligt oder berufen solche selbständig ein (vgl. Haedrich 2000). Durch diese Tätigkeit nehmen sie mittelbar an der Fortbildung des Völkerrechts teil, da im Rahmen derartiger Konferenzen häufig völkerrechtlich bindende Verträge vorbereitet und nach deren Abschluss unterzeichnet werden. Als Initiator und Organisator von Staatenkonferenzen haben internationale Organisationen zudem einen, wenn auch nicht immer großen Einfluss auf deren Ergebnisse. Beispielsweise spielten die Vereinten Nationen bei der Fortentwicklung des internationalen Seerechtes durch die Organisation der Seerechtskonferenzen eine entscheidende Rolle. Auch das Zustandekommen des Umweltgipfels in Rio de Janeiro (1992) und die Unterzeichnung der dort aufgelegten Konventionen zum Schutz des Weltklimas und der Artenvielfalt wären ohne die Initiative der Vereinten Nationen und vor allem ihres Umweltprogramms (UNEP) kaum denkbar gewesen.

Erheblichen Einfluss auf die Programmgenerierung und Fortentwicklung internationalen Rechts können einzelne Organe internationaler Organisationen haben, indem sie Vorschläge machen und die Ausarbeitung von Vertragsentwürfen vornehmen. Diese Vertragsentwürfe beeinflussen den Entscheidungsprozess in nicht unerheblichem Maße, da sie häufig den Ausgangspunkt für die Vertragsverhandlungen darstellen und Vorentscheidungen über Regelungsoptionen enthalten. Vorschläge und Vertragsentwürfe

Staatenkonferenzen dienen auch nicht-staatlichen Organisationen dazu, den Entscheidungsprozess zu beeinflussen. NGO nutzen über direkte Beteiligungsrechte oder die Organisation von Parallel- oder Gegengipfeln die Möglichkeit, den auf diesen ‚Weltkonferenzen‘ getroffenen Programmentscheidungen ihren Stempel aufzudrücken. Die tatsächliche Wirksamkeit der NGO-Präsenz ist umstritten. So wird beispielsweise mit Blick auf die Wiener Menschenrechtskonferenz von 1993 auf der einen Seite die herausragende Rolle eines transnationalen Netzwerks aus NGO bei der Berufung eines Hohen Kommissars der VN für Menschenrechte betont (vgl. Korey 1998, 273-306). Auf der anderen Seite wird darauf aufmerksam gemacht, dass der Großteil der von NGO in einem vor Konferenzbeginn veröffentlichten gemeinsamen Bericht aufgestellten Forderungen wenn überhaupt, dann doch nur sehr verwässert in die Wiener Erklärung Eingang fand (vgl. Klingebiel 1996).

Die Möglichkeit der Fortentwicklung von die Mitgliedstaaten völkerrechtlich bindenden Normen und Regeln durch das Recht des Vertragsschlusses mit dritten Völkerrechtssubjekten kommt vor allem der Europäischen Union zu. Sie kann mit anderen Staaten oder anderen internationalen Organisationen rechtlich bindende Verträge abschließen. Sie machte von diesem Recht zum Beispiel bei der Unterzeichnung von Assoziierungsabkommen genauso Gebrauch wie bei der 1992 erfolgten Gründung des Europäischen Wirtschaftsraumes (EWR), der die Länder der Europäischen Union mit denen der Europäischen Freihandelszone (EFTA) in einem Binnenmarkt vereint. Sinn und Zweck derartiger Verträge ist neben der Intensivierung von Wirtschaftsbeziehungen auch die Förderung demokratischer und rechtsstaatlicher Strukturen in den Partnerstaaten bis hin zur Vorbereitung einer Mitgliedschaft dieser Staaten in der Europäischen Union. Verträge mit Dritten

Indem internationale Organisationen ein festgefügtes Set von routinisierten Verfahrensweisen bereithalten, die nicht alle auf vertraglichen und damit rechtsverbindlichen Abmachungen beruhen, stellen sie auch eine Quelle von Völkergewohnheitsrecht dar. Beispielsweise wird die Praxis im VN-Sicherheitsrat, die Enthaltung eines ständigen Mitglieds des Sicherheitsrates nicht als (so genanntes uneigentliches) Veto zu betrachten, als eine derartige sich zum Gewohnheitsrecht verdichtende Übung angesehen (Simma/Brunner 1991, 412-421). Quelle von Gewohnheitsrecht

Durch die geschilderten Aktivitäten tragen internationale Organisationen, vielfach von nicht-staatlichen Organisationen unterstützt, gewissermaßen als *Katalysator*[9] zur Erzielung von Programmentscheidungen und damit zur Generierung von Normen und Regeln der internationalen Politik bei. Sie sind somit selbst dort, wo ihnen eine eigene Programmgenerierungskompetenz fehlt, ein wichtiger Faktor der Verregelung und Verrechtlichung der internationalen Beziehungen. Denn vor allem durch die Organisation von Staatenkonferenzen und

---

9   Durch das Bild des Katalysators bringen wir zum Ausdruck, dass internationale Organisationen sowohl im Rollenbild eines Akteurs als auch verstanden als Forum eine die internationale Kooperation befördernde Wirkung haben.

das Ausarbeiten von Vertragsentwürfen senken sie die Norm- und Regelgenerierungskosten, die in Abwesenheit internationaler Organisationen von den beteiligten Staaten selbst getragen werden müssten. Dadurch wird die Gefahr gesenkt, dass jeder die Kosten der Normgenerierung auf den anderen abwälzen will und im Ergebnis die Norm- und Regelgenerierung, die Bereitstellung eines öffentlichen Gutes, ganz unterbleibt (vgl. Ostrom 1990, 42-43, 185-192).

7.2 Operative Tätigkeiten internationaler Organisationen

Umsetzung in Taten

Neben dem Programm-Output ist ein großer Teil der Outputs der politischen Systeme internationaler Organisationen dem Bereich der operativen Tätigkeiten zuzurechnen. Operative Tätigkeiten sind das Resultat von operativen Entscheidungen, die sich ihrerseits auf die Umsetzung von Politikprogrammen in konkrete soziale Wirklichkeit beziehen. Mit anderen Worten, operative Tätigkeiten umfassen diejenigen Maßnahmen und Leistungen der politischen Systeme internationaler Organisationen, die zur Verwirklichung (Implementation) von Politikprogrammen beitragen (vgl. Mayntz 1977). Analytisch lässt sich folglich die Konversion von Inputs in Outputs in internationalen Organisationen als ein Prozess verstehen, der unterschiedliche Konversionsphasen durchläuft. Die Konversion beginnt mit einer Programmentscheidung, die ein Politikprogramm nach sich zieht. Die Umsetzung des Politikprogramms macht ihrerseits zumeist operative Entscheidungen notwendig, deren Ausführung in operativen Tätigkeiten ihren Niederschlag findet.

Im Gegensatz zur Norm- und Regelsetzung, die durch die Programmentscheidungen internationaler Organisationen hervorgebracht wird, haben wir es bei operativen Tätigkeiten mit einem Beitrag zu tun, den internationale Organisationen für die Norm- und Regelanwendung, also für die Durchführung von operativen Entscheidungen leisten. Denn die Norm- und Regelsetzung durch internationale Organisationen (oder mit deren Hilfe) kann nur dann einen praktischen Wert haben, wenn die Normen und Regeln sowie die Vorgaben für deren Verwirklichung eine Um- oder Durchsetzung in der sozialen Wirklichkeit erfahren, mithin nicht toter Buchstabe bleiben. Dabei lassen sich fünf Typen so beschriebener operativer Tätigkeiten unterscheiden: (1) die Spezifizierung und Konkretisierung von Politikprogrammen zu implementationsfähigen Regelwerken, (2) die aktive Implementation der spezifizierten und konkretisierten Normen und Regeln durch die internationale Organisation selbst, (3) die Überwachung der Beachtung dieser Normen und Regeln durch die Mitgliedstaaten, (4) die Prüfung von etwaigen Norm- und Regelbrüchen durch die Mitgliedstaaten sowie (5) das Verhängen von Sanktionen im Falle von Normverletzungen und Regelverstößen.

fünf Typen operativer Tätigkeiten

7.2.1 Spezifizierung von Normen und Regeln

Normen und Regeln bedürfen zumeist der weiteren Spezifizierung und Konkretisierung, um sie implementationsfähig zu machen. So enthalten Politikprogramme teilweise nur allgemeine normative Zielvorgaben, ohne Mittel und Maßnahmen zur Verwirklichung dieser Ziele zu benennen. Diese Spezifizierung, die die

Umsetzung von international vereinbarten Normen und Regeln in die Wirklichkeit erst möglich macht, wird häufig von den Staaten selbst; genauer: staatlichen Teilbürokratien vorgenommen. In solchen Fällen wählen diese geeignete Mittel aus, um eingegangene Verpflichtungen zu erfüllen. In einigen Fällen, als prominente Beispiele dürfen die Europäische Union, der Internationale Währungsfonds und die Weltbank, aber auch der VN-Sicherheitsrat gelten, fällt die Spezifizierung und Konkretisierung von Programmen in die Zuständigkeit von internationalen Organisationen selbst. In diesen Organisationen werden den Staaten durch Politikprogramme nicht nur Regelungsaufträge erteilt; vielmehr werden ihnen operational direkt umsetzungsfähige Regelungen verordnet.

Beispielsweise ist im Binnenmarktprogramm der Europäischen Union zwar festgelegt, eine Reihe technischer und rechtlicher Standards anzugleichen, doch die konkreten Standards werden erst durch operative Entscheidungen bestimmt. Diese Spezifizierung und Konkretisierung der programmatischen Vorgaben erfolgt in diesem Fall durch Organe der Europäischen Union selbst. Ebenso arbeitet die Weltbank Detailbedingungen für unterstützungswürdige Entwicklungsprojekte in Entwicklungsländern aus, um so ihrer programmatischen Zielsetzung der Entwicklungsfinanzierung und den vom Weltbankdirektorium dazu beschlossenen Grundsätze und Richtlinien (z.B. ‚Armutsbekämpfung‘ oder ‚good governance‘) gerecht zu werden. Auch Maßnahmen des Sicherheitsrates der Vereinten Nationen, etwa die Bestimmung von Waffenstillstandsbedingungen für den Irak am Ende des zweiten Golfkrieges oder die Festlegung der Sicherheitsaufgaben der NATO im Kosovo nach dem erzwungenen Rückzug serbischer Truppen sind als operative Konkretisierung ihres Programms der Friedenssicherung zu interpretieren.

Beispiele:
EU

Weltbank

VN-Sicherheitsrat

7.2.2 Implementation durch internationale Organisationen

Neben der Spezifizierung und Konkretisierung von programmatischen Vorgaben, die deren Umsetzung in die soziale Wirklichkeit durch die Mitgliedstaaten erleichtern oder erst ermöglichen, verfügen internationale Organisationen vielfach auch über die Möglichkeit, diese programmatischen Vorgaben auf der Basis von operativen Entscheidungen eigenständig in die Wirklichkeit umzusetzen, das heißt existierende Normen und Regeln durch Spezifizierung und Konkretisierung nicht nur implementationsfähig zu machen, sondern sie selbst direkt zu implementieren. Allerdings bleibt die Möglichkeit der direkten Implementation und operativen Umsetzung von Normen und Regeln durch die Tätigkeit internationaler Organisationen auf einige wenige Handlungsfelder begrenzt. Denn im Grunde widerspricht sie dem Prinzip der Souveränität der Staaten. Demnach bleibt es zumeist ein Vorrecht der Staaten, ihrer Regierungen und bürokratischen Apparate, international vereinbarten Normen und Regeln in der sozialen Wirklichkeit zur Wirksamkeit zu verhelfen. So wird innerhalb der Europäischen Union beispielsweise zwar die Trinkwasserqualität für alle Mitgliedstaaten verbindlich festgelegt, die dazu erforderlichen Maßnahmen, wie der Bau von Kläranlagen, werden jedoch nach wie vor von den Mitgliedstaaten selbst oder gar subnationalen Einheiten wie den deutschen Bundesländern und nicht von der internationalen Organisation vorgenommen.

Die direkte Implementation von Normen und Regeln durch internationale Organisationen konnte sich vor allem dort durchsetzen, wo internationale Organisationen auf der Grundlage ihrer informationellen, finanziellen und personellen Ressourcen von den Mitgliedstaaten erwünschte Hilfstätigkeiten erbringen. Internationale Organisationen treten daher bevorzugt im Bereich der internationalen Leistungsverwaltung als Agenten der Implementation von internationalen Politikprogrammen auf. So konzentriert sich die direkte Implementation durch die Tätigkeiten internationaler Organisationen im Wesentlichen auf Bereiche wie humanitäre Nothilfe, technische und finanzielle Entwicklungszusammenarbeit, die Verwaltung von Fonds für Entwicklung und Umwelt und von Ausgleichslagern für Rohstoffe (buffer stocks) sowie die Unterhaltung von wissenschaftlichen Forschungseinrichtungen. Sie ist im Rahmen der Vereinten Nationen jedoch auch im Bereich der Kompetenzen des VN-Sicherheitsrates zur Friedenssicherung anzutreffen. So haben die Vereinten Nationen beispielsweise 1999 nach dem durch NATO-Luftschläge erzwungenen Rückzug serbischer Kampfverbände aus dem Kosovo gemäß Sicherheitsratsresolution 1244 dort vorübergehend alle Verwaltungsaufgaben übernommen. Die faktische Übernahme der Regierungsgeschäfte im Kosovo stellt allerdings ein außergewöhnliches Beispiel internationaler Treuhandverwaltung dar.

internationale Leistungsverwaltung

internationale Treuhandverwaltung

7.2.3 Überwachung durch internationale Organisationen

Da in der Regel die Implementation von Politikprogrammen internationaler Organisationen nicht durch die Organisation selbst, sondern durch die Mitgliedstaaten erfolgt, bedarf es zur Verwirklichung und Stabilisierung norm- und regelkonformen Verhaltens seitens der Mitgliedstaaten der Norm- und Regelaufsicht. So ist ein weiteres, wesentliches Element der operativen Tätigkeiten internationaler Organisationen und damit ein wesentliches Element der Transformation von Normen und Regeln in norm- und regelkonsistentes Verhalten die Überwachung der Norm- und Regelanwendung.

Ohne Überwachung ist die Verpflichtung von sozialen Akteuren auf die Einhaltung von verbindlichen Normen und Regeln vielfach zum Scheitern verurteilt. Viele Beispiele aus dem innerstaatlichen Bereich verdeutlichen dies: Umweltschutzgesetze, Geschwindigkeitsbegrenzungen, Abfallverordnungen und arbeitsrechtliche Bestimmungen wären häufig zur Wirkungslosigkeit verdammt, wenn der Staat darauf verzichtete, deren Einhaltung zu überwachen. Nicht alle sozialen Akteure verhalten sich regelkonform, wenn es ihren kurzfristigen egoistischen Interessen zuwiderläuft und sie nicht befürchten müssen, als Normverletzer entdeckt zu werden, oder wenn nicht ein gewisses Mindestmaß an Erwartungsverlässlichkeit darüber besteht, dass sich alle Akteure in gleicher Lage an die einschlägigen Normen und Regeln halten. Welcher Unternehmer wäre beispielsweise bereit, seine Umweltschutzmaßnahmen der Gesetzeslage anzupassen, wenn er nicht sicher sein kann, dass auch die Konkurrenz von denselben Umweltschutzmaßnahmen betroffen ist? Auf staatlicher Ebene nehmen staatliche Teilbürokratien (z.T. mit Hilfe nicht-staatlicher Einrichtungen wie z.B. dem Technischen Überwachungsverein (TÜV)) die Überwachungsfunktion wahr.

In der internationalen Politik übernehmen vielfach internationale Organisationen derartige Überwachungsaufgaben. Denn häufig ist die verlässliche Befolgung von Normen und Regeln durch ein Vertrauensproblem erschwert (Zangl 1999, 68-71). Die meisten Akteure sind zwar bereit, die gemeinsam erzeugten Normen und Regeln zur Richtschnur ihres Handelns zu machen, müssen jedoch die Gewissheit haben, dass sich ihre Partner ebenfalls norm- und regelkonform verhalten. Als jenseits der kurzfristigen egoistischen Interessen der Mitgliedstaaten agierende Instanz können internationale Organisationen durch ihre Überwachungsaktivitäten den Staaten eben das notwendige Mindestmaß an Erwartungsverlässlichkeit über das Verhalten anderer Mitgliedstaaten bieten, das ihnen die eigene Einhaltung von Normen und Regeln der internationalen Politik in vielen sozialen Situationen erst ermöglicht und sie davor bewahrt, dass andere Staaten als ‚Zechpreller' ihre Kooperationsbereitschaft ausbeuten (Chayes/Chayes 1995; Underdal 1998).

Ein herausragender Fall einer derartigen Kontrolltätigkeit ist die Überwachung des Atomwaffensperrvertrages von 1968 durch die Internationale Atomenergiebehörde (IAEA) in Wien. Ihr so genanntes ‚Safeguards'-System soll gewährleisten, dass die Staaten, die im Atomwaffensperrvertrag eingegangenen Verpflichtungen einhalten und insbesondere darauf verzichten, kernwaffentaugliches Material aus dem Bereich der zivilen Nutzung der Kernenergie für militärische Zwecke abzuzweigen. Zu diesem Zweck kann die IAEA von den Unterzeichnerstaaten Berichte über ihre zivilen atomaren Aktivitäten anfordern und diese durch Vor-Ort-Inspektionen überprüfen. Durch diese Überwachungs- und Verifikationsmaßnahmen erzeugt die IAEA Erwartungsverlässlichkeit darüber, dass keiner der Vertragsstaaten unbemerkt Atomwaffen herstellt (was ihr freilich nicht vollständig gelungen ist, wie der Fall des irakischen Atomwaffenprogramms zeigt). Erst auf der Basis dieser gegenseitigen Sicherheit können die Staaten, die zum Atomwaffenverzicht bereit sind, eine Verpflichtung zum Verzicht eingehen, ohne sich in die Gefahr zu begeben, waffentechnisch in eine unterlegene Position zu geraten. So gesehen ist die Überwachung weniger als Voraussetzung möglicher Sanktionen denn als Bereitstellung von Informationen über die Einhaltung eingegangener Verpflichtungen zu sehen und als solche eine wichtige Voraussetzung der Möglichkeit, über die Verzichtsnorm selbst Einigung zu erzielen.

Ähnlich weitreichende Kontrollbefugnisse wie die der IAEA sind gerade im Bereich der internationalen Sicherheitspolitik jedoch eher die Ausnahme. Vielmehr waren es – und dies unterstreicht die Bedeutung der Kontrollproblematik für eine glaubhafte Implementation – im Rahmen der Abrüstungsverhandlungen zwischen den USA und der früheren UdSSR häufig die Unstimmigkeiten über anzuwendende Verifikationsmaßnahmen, die Abrüstungsvereinbarungen zum Scheitern verurteilten. In der Zwischenzeit wurden aber sowohl im Vertrag über nukleare Mittelstreckenraketen (INF-Vertrag), in den Verträgen zur Reduktion strategischer Waffen (START I und II), im Vertrag über konventionelle Streitkräfte in Europa (KSE-Vertrag) und im Chemiewaffenübereinkommen (CWC) weitreichende Kontrollvereinbarungen getroffen (vgl. Chayes/Chayes 1995; Efinger 1991).

7.2.4 Feststellung von Norm- und Regelbrüchen

Die Überwachung durch internationale Organisationen alleine kann eine zuverlässige Norm- und Regelbeachtung freilich nicht garantieren. Dies gilt insbesondere dann, wenn sich durch die Überwachungstätigkeiten internationaler Organisationen nicht eindeutig feststellen lässt, ob das beobachtete Verhalten eines Mitgliedstaates den Normen und Regeln entspricht oder ob es einen Norm- oder Regelverstoß darstellt. Dann wird der betreffende Staat für sich in Anspruch

Beispiele:

IAEA-Kontrolle

Verifikation von
Abrüstung

171

nehmen, dass sein Verhalten den vorgegebenen Regelungen folgt, während andere Staaten ihn möglicherweise des Norm- oder Regelverstoßes bezichtigen werden. Um dann zu verhindern, dass die Kooperation ganz zusammenbricht, muss möglichst durch eine dritte – von den Streitparteien unabhängige – Partei geprüft werden, ob das betreffende Verhalten norm- oder regelkonform ist. Denn wenn nicht eindeutig festgestellt werden kann, was die bestehenden Normen und Regeln von den Staaten verlangen, sind Norm- und Regelverstößen Tür und Tor geöffnet.

Innerhalb von Staaten sind deshalb Gerichte damit beauftragt, Prüfungen etwaiger Rechtsbrüche vorzunehmen und über diese zu urteilen. Wird beispielsweise ein Unternehmen bei der Überwachung durch die zuständige Teilbürokratie der Missachtung von Umweltauflagen bezichtigt, und bestreitet es diesen Vorwurf, so prüft ein daraufhin angerufenes Gericht, ob das beanstandete Verhalten tatsächlich rechtswidrig ist oder ob die Umweltregelungen nicht auch so interpretiert werden können, dass das betreffende Verhalten nicht zu beanstanden war. Durch diese rechtliche Prüfungstätigkeit von Gerichten wird erreicht, dass alle von einer Umweltauflage betroffenen Unternehmen sich darauf verlassen können, dass sie denselben Belastungen unterworfen sind. Die Bereitschaft, diesen zu folgen, wird somit bei jedem Einzelnen insofern gestärkt, als es davon ausgehen kann, dass die mit ihm konkurrierenden Unternehmen denselben umweltrechtlichen Wettbewerbsbedingungen unterliegen.

In der internationalen Politik erfolgt die Feststellung von Norm- und Regelbrüchen vielfach in internationalen Organisationen. Denn auch in der internationalen Politik gilt, dass sich Staaten nur dann sie belastenden Normen und Regeln unterwerfen wollen, wenn sie einigermaßen sicher sein können, dass die übrigen Staaten diese Normen und Regeln nicht mittels willkürlicher Auslegung umstandslos missachten können. Da internationale Organisationen – je nach ihrer organschaftlichen Ausgestaltung – von ihren Mitgliedstaaten zumindest partiell unabhängig sind, können sie dazu beitragen, dass die Norm- und Regelauslegung möglichst unparteiisch erfolgt. Dies gilt insbesondere für die internationalen Organisationen, die nicht nur auf diplomatische Streitbeilegungsverfahren zurückgreifen können, um zwischen den Staaten eine einvernehmliche Norm- und Regelauslegung zu vermitteln, sondern über eigene Gerichtshöfe oder Streitbeilegungsorgane verfügen, die von den Staaten weitgehend unabhängig die strittigen Normen und Regeln verbindlich interpretieren und anwenden können (Keohane/Moravcsik/Slaughter 2000; Zangl 2001).

Beispiele: IGH

Bei den Vereinten Nationen ist im Allgemeinen der Internationale Gerichtshof für die Feststellung von Norm- oder Regelverstößen zuständig. Allerdings sind seine Kompetenzen sehr begrenzt, da er bei Streitigkeiten über die Auslegung von internationalen Normen und Regeln nur dann aktiv werden kann, wenn sich die beteiligten Staaten über seine Anrufung einig sind. Deshalb sind bei den Vereinten Nationen der Sicherheitsrat in Bezug auf die Sicherheitspolitik und die Menschenrechtskommission in Bezug auf die Menschenrechtspolitik für die Feststellung von Rechtsbrüchen erheblich bedeutender. Der Sicherheitsrat ist

VN-Sicherheitsrat

nach Artikel 39 SVN insbesondere damit beauftragt, Verstöße gegen das Allgemeine Gewaltverbot festzustellen. Das heißt, er darf zwischenstaatliche, mittlerweile aber auch bestimmte innerstaatliche Gewalthandlungen als Verstoß gegen die VN-Satzung feststellen und verurteilen. Ebenso kann die VN-Menschenrechtskommission zumindest massive Menschenrechtsverletzungen in einem Staat feststellen und auch verurteilen.

VN- Menschenrechtskommission

In der EU ist es im Wesentlichen der Europäische Gerichtshof (EuGH), der EuGH bei Streitfällen die Feststellung von Norm- und Regelverstößen vorzunehmen hat. Der EuGH ist im Gegensatz zum Sicherheitsrat und zur Menschenrechtskommission, aber analog zum IGH politisch unabhängig. Im Gegensatz zum IGH aber, jedoch hier analog zum Sicherheitsrat und zur Menschenrechtskommission, kann er Regelverstöße feststellen, ohne dafür einer gesonderten Ermächtigung durch die Streitparteien zu bedürfen. Darüber hinaus gibt es beim EuGH anders als beim IGH oder auch beim Sicherheitsrat nicht nur ein Staatenverfahren. Das heißt, dass vor dem EuGH sowohl supranationale als auch andere nicht-staatliche Akteure als Partei in einem Rechtsstreit auftreten können. So kann beispielsweise die Europäische Kommission vor dem EuGH Mitgliedstaaten verklagen, die nach ihrem Dafürhalten gegen geltendes Recht der Union verstoßen. Als besonders bemerkenswert muss gelten, dass sich auch Privatpersonen und Privatkörperschaften unter bestimmten Voraussetzungen direkt an die europäische Gerichtsbarkeit wenden können. Adressat von Anfechtungs- und Untätigkeitsklagen Privater (Art. 230, Abs. 4 und 232, Abs. 2 EGV) ist das 1989 geschaffene Gericht Erster Instanz, welches die Funktion eines Verwaltungsgerichts wahrnimmt. Da die meisten Rechtsakte der EU der innerstaatlichen Umsetzung bedürfen, kommt dem indirekten Weg über die nationalen Gerichte, vor dessen Ende eine Vorabentscheidung des EuGH steht (Art. 234 EGV), freilich eine weitaus größere Bedeutung zu (vgl. eingehend Oppermann 1999, 267-290).

7.2.5 Sanktionen

Die Überwachungs- und rechtlichen Überprüfungsstätigkeiten internationaler Organisationen tragen in Situationen der Ungewissheit eines Staates über das Verhalten anderer Staaten viel dazu bei, um diesem die Beachtung von vereinbarten Normen und Regeln zu erleichtern. Trotzdem lassen sich Abweichungen von dem aufgrund der vereinbarten Normen und Regeln zu erwartenden Verhalten zumal in der internationalen Politik nicht ausschließen. Schließlich werden auch innerhalb von Staaten Gesetze übertreten und Verträge gebrochen. In diesem Fall verfügt der Staat nach innen über die Möglichkeit, die Missachtung von Normen und Regeln mit Sanktionen zu belegen und mittels überlegener Erzwingungsmacht Gesetze und Verträge gegen den Willen einzelner durchzusetzen.

In der internationalen Politik ist dies mangels einer zentralen Sanktions- und Durchsetzungsinstanz in der Regel nicht möglich. In einigen Tätigkeiten internationaler Organisationen ist jedoch die Möglichkeit der Sanktionierung von Norm- und Regelverstößen angelegt. So stellt schon allein die Veröffentlichung eines bei den Überwachungsaktivitäten einer internationalen Organisation aufgedeckten Norm- oder Regelverstoßes sowie seine mögliche Verurteilung durch die Organisation ein, wenn auch sehr moderates Sanktionsmittel dar. Schließlich setzt sie den Rechtsbrecher dem moralischen Druck der internationalen Öffentlichkeit und der sie vertretenden staatlichen und nicht-staatlichen Akteure aus. Gerade in demokratischen Staaten kann die Regierung, die einen Norm- oder Regelverstoß zu verantworten hat, unter innenpolitischen Druck geraten und wegen ihres Verhaltens sanktioniert werden (Risse-Kappen 1995). Zudem erzeugt die Beschädigung des guten Rufes des betreffenden Staates einem Bußgeld vergleichbare Kosten. Denn das Image, dem konstitutionellen Völkerrechtsgrundsatz des ‚pacta sunt servanda‘ (Verträge sind einzuhalten) zuwider zu handeln,

Veröffentlichung und Verurteilung von Norm- und Regelverstößen kann im Rahmen von Aushandlungsprozessen in und außerhalb von internationalen Organisationen deutliche Verhandlungsnachteile erzeugen oder vermehrte Überwachungsaktivitäten bezüglich der Vertragstreue des betreffenden Staates nach sich ziehen (vgl. Keohane 1984; Young 1979, 19).

Ausschluss von
Mitgliedern

Eine über solchermaßen bloß ‚moralische' Sanktionen hinausreichende Strafmaßnahme besteht darin, einen die Normen und Regeln missachtenden Staat aus der internationalen Organisation auszuschließen. Eine derartige Sanktionsmöglichkeit ist in den Gründungsverträgen vieler internationaler Organisationen vorgesehen. Bei den Vereinten Nationen kann die Generalversammlung auf Empfehlung des Sicherheitsrates Mitglieder ausschließen, die der VN-Satzung beharrlich zuwiderhandeln (vgl. Art. 6 SVN). Die Satzung des Europarates sieht vor, dass Staaten, die die Grundsätze der Organisation verletzen, entweder aufgefordert werden, ihren Austritt zu erklären, oder ihr Recht auf Vertretung in den Organen der Organisation verlieren (vgl. Art. 8). Dabei hat sich der Ausschluss eines gegen die Regeln der Organisation verstoßenden Staates als zweischneidiges Schwert erwiesen, denn mit dem Ausschluss beraubt sich die Organisation der Möglichkeit, weiter auf den regelverletzenden Staat einwirken zu können. Diese Erfahrung musste der Europarat im Falle der Menschenrechtsverletzungen in Griechenland nach dem Putsch der Obristen 1967 machen (List 1992). Im Lichte dieser gescheiterten Politik schreckte der Europarat Ende der 1990er Jahre davor zurück, Russland trotz des menschenrechtswidrigen Vorgehens der russischen Staatsorgane im Tschetschenien-Konflikt aus der Organisation auszuschließen. Statt dessen sprach die Parlamentarische Versammlung des Europarates den russischen Duma-Vertretern das Recht zur Teilnahme an ihren Sitzungen ab und beschränkte sich darüber hinaus auf wiederholte öffentliche Ausschlussdrohungen.

Suspendierung von
mitgliedstaatlichen
Rechten

Eine weitere Sanktionsmöglichkeit ergibt sich für manche internationale Organisationen dadurch, dass sie Staaten, die zentrale Normen und Regeln missachten, bestimmte Rechte, die diese Staaten aufgrund ihrer Mitgliedschaft in der jeweiligen Organisation genießen, suspendieren. So darf in den Vereinten Nationen die Generalversammlung auf Empfehlung des Sicherheitsrates Mitgliedstaaten, gegen die der Sicherheitsrat aufgrund einer Friedensbedrohung oder eines Friedensbruchs Zwangsmaßnahmen verhängt hat, die Ausübung der Rechte aus ihrer Mitgliedschaft entziehen. Demnach kann sie beispielsweise das Stimmrecht von Mitgliedstaaten in der Generalversammlung aussetzen. Die EU besitzt erst seit dem Vertrag von Amsterdam die Möglichkeit, die Rechte von Mitgliedstaaten zu beschränken (Art. 7 EUV). Dies ist allerdings nicht bei einem einfachen Norm- oder Regelverstoß möglich, sondern setzt vielmehr eine schwerwiegende und anhaltende Verletzung der Grundsätze der Freiheit, der Demokratie, der Menschenrechte und Grundfreiheiten sowie der Rechtsstaatlichkeit durch den betreffenden Mitgliedstaat voraus. Diese Verletzung muss zunächst mit Zustimmung des Parlaments durch den Rat einstimmig festgestellt werden, ehe dieser mit qualifizierter Mehrheit den Entzug von Beteiligungsrechten beschließen kann.

Beispiele:
EU

Darüber hinausreichende Sanktionierungsmöglichkeiten sind bei internationalen Organisationen eher selten. Die EU besitzt allerdings seit Inkrafttreten des Maastrichter Vertrages die Möglichkeit, gegen Staaten, die sich eines fortgesetzten Norm- oder Regelbruchs schuldig machen, Zwangsgelder zu verhängen. Diese kann die Europäische Kommission beim Europäischen Gerichtshof gegen Mitgliedstaaten beantragen, die einen vom Europäischen Gerichtshof festge-

174

stellten Norm- oder Regelverstoß nicht zu korrigieren bereit sind (Oppermann 1999, 258-262). Um die Zwangsgelder einzutreiben, ist die EU allerdings wieder auf die ‚Zusammenarbeit‘ des betreffenden Mitgliedstaates angewiesen.

Bei den Vereinten Nationen kann der Sicherheitsrat gegen Staaten Wirtschaftssanktionen verhängen, um dadurch eine von ihm festgestellte Friedensbedrohung oder einem von ihm festgestellten Friedensbruch zu begegnen. Um Sanktionsmaßnahmen wie ein Waffen-, ein Luftverkehrs- oder ein Handelsembargo durchsetzen zu können, ist er allerdings auf die Unterstützung der übrigen Mitgliedstaaten angewiesen. Diese müssen gewillt sein, seinem Sanktionsbeschluss folgend die Handels- und Verkehrsbeziehungen zu dem betreffenden Staat einzuschränken. Die Erfolgsaussichten solcher Sanktionen des Sicherheitsrates werden jedoch häufig bezweifelt. Denn weder das 1977 beschlossene Waffenembargo gegenüber Südafrika, noch die seit 1990 andauernde Wirtschaftsblockade gegen den Irak, noch die verschiedenen Sanktionen gegen Rest-Jugoslawien bewirkten ein schnelles Einlenken des sanktionierten Staates. Zudem illustriert der Fall des Irak besonders deutlich, dass umfassende Wirtschaftssanktionen ungewollte politische und humanitäre Auswirkungen haben können. Die Tatsache, dass solche Maßnahmen oftmals weder Effektivitäts- noch Moralitätsansprüchen genügen, veranlasste einige Autoren, die Aufgabe dieser Art von Sanktionspolitik zu fordern (vgl. Chayes/Chayes 1995). Andere Beobachter treten demgegenüber für eine andere Sanktionspraxis, z.B. in Form adressatenspezifischer, selektiver Maßnahmen anstelle von Totalembargos, so genannte intelligente Sanktionen (‚smart sanctions‘), ein (vgl. Cortright/Lopez 1997; 2000).

Im Falle der Wirkungslosigkeit von Wirtschaftssanktionen bleibt als letztes Mittel die gewaltsame Rechtsdurchsetzung gestützt auf das den Vereinten Nationen zustehende Gewaltlegitimierungsmonopol. Aufgrund einer von ihm festgestellten Friedensbedrohung oder eines Friedensbruchs kann der Sicherheitsrat militärische Zwangsmaßnahmen verhängen. Da er jedoch auf die Bereitschaft von Staaten angewiesen ist, ihre Gewaltmittel dafür zur Verfügung zu stellen, musste sich der Sicherheitsrat bislang damit begnügen, einzelne Staaten zu autorisieren, gegen Friedensbrecher gewaltsam vorzugehen. Dementsprechend kam es 1950 im Koreakrieg sowie im Zweiten Golfkrieg 1991 zu vom Sicherheitsrat autorisierten militärischen Zwangsmaßnahmen von Koalitionen von Mitgliedstaaten, beide unter der Führung der USA. Des weiteren hat der Sicherheitsrat in den 1990er Jahren auch einzelnen Staaten wie den USA und Frankreich erlaubt, mit Gewalt in die humanitären Katastrophen in Somalia, in Ruanda, in Haiti und in Bosnien einzugreifen (Abiew 1999; Pape 1997). Schließlich autorisierte das Gremium im September 2001 erstmals den Einsatz militärischer Zwangsmaßnahmen zur Bekämpfung des internationalen Terrorismus (Res. 1373 (2001)). Bereits vor den Anschlägen auf öffentliche Gebäude in den Vereinigten Staaten hatte der Sicherheitsrat Terrorismus zur Gefahr für den Weltfrieden und die internationale Sicherheit erklärt (Res. 731 (1992) und 748 (1992)).

Randspalte:
VN

zweifelhafte Effektivität und Moralität von Wirtschaftssanktionen

Verhängung von militärischen Zwangsmaßnahmen durch den Sicherheitsrat

7.2.6 Hypothesen über den Zusammenhang zwischen Tätigkeitstyp und Entscheidungsmodell

Die Ausdifferenzierung der Output-Kategorie ‚operative Tätigkeiten‘ soll, wie schon zuvor die Typologie der Politikprogramme internationaler Organisationen, dazu dienen, Hypothesen über den Zusammenhang von Tätigkeitstyp und Ent-

scheidungsprozess zu generieren. Denn es scheint auf der Grundlage der erfolgten Unterscheidung verschiedener Typen operativer Tätigkeiten internationaler
Organisationen möglich, bestimmten Entscheidungsmodellen den einen oder anderen Typ operativer Tätigkeit zuzuordnen. So sind die Spezifizierung und Konkretisierung von Politikprogrammen zu implementationsfähigen Regelwerken
sowie das Verhängen von Sanktionen gegen Staaten im Falle von Normverletzungen und Regelverstößen Tätigkeiten, die auf operativen Entscheidungen beruhen, die wir am besten mit dem Entscheidungsmodell des bürokratischen Aushandlungsprozesses beschreiben. Denn sowohl die operativen Tätigkeiten der
Konkretisierung und Spezifizierung als auch die der Sanktionierung verlangen
ein mehrstufig koordiniertes Vorgehen der Exekutiven der Mitgliedstaaten und
der internationalen Organisation selbst. Hingegen kommt bei der eigenständigen
Implementation von Politikprogrammen, bei der Überwachung der staatlichen
Implementation von Politikprogrammen sowie bei der rechtlichen Prüfungstätig-
keit durch internationale Organisationen der Akteurscharakter internationaler
Organisationen stärker zum Tragen. Diese operativen Aktivitäten internationaler
Organisationen sind deshalb eher den Entscheidungsmodellen der rationalen
Wahlhandlung oder des routinisierten innerorganisatorischen Entscheidungsab-
laufes zuzuordnen.

7.3 Informationelle Tätigkeiten

Als weitere zentrale Output-Leistung der politischen Systeme internationaler Organisationen sind neben den Politikprogrammen und den operativen Tätigkeiten
die informationellen Tätigkeiten zu nennen. Ihnen kommt insofern eine Sonder-
stellung zu, als sie zugleich Voraussetzung und Resultat sowohl von Politikprogrammen als auch von operativen Tätigkeiten internationaler Organisationen
sind. Denn die Generierung von Politikprogrammen sowie ihre operative Umsetzung verlangen Informationen über die soziale Wirklichkeit als Grundlage von
Entscheidungen ebenso wie für deren spätere Evaluation. Durch ihre informationellen Tätigkeiten tragen internationale Organisationen dazu bei, dass Entscheidungen, seien sie programmatischer oder operativer Art, möglichst schnell und
richtig getroffen werden, gegebenenfalls möglichst schnell und realitätsadäquat
korrigiert werden können sowie ihrer Umwelt rasch und adressatenfreundlich
mitgeteilt werden.
      Bei ihren informationellen Tätigkeiten treten internationale Organisationen
(1) in Gestalt einer Sammel- und Publikationsstelle von Informationen, (2) als
eigenständiger Erzeuger von Informationen oder (3) als Ort des Austausches von
Informationen auf.

7.3.1 Internationale Organisationen als Informationssammelstelle

Praktisch alle internationalen Organisationen sammeln entsprechend ihren sat-
zungsmäßigen Aufgaben und Zielen einschlägige Informationen, um so die informationelle Grundlage für Entscheidungen durch die zuständigen Organe der
Organisation zu ermöglichen oder zumindest zu erleichtern. Zumeist werden die
gesammelten Informationen in organisationseigenen Publikationen, wie z.B.

Jahrbüchern, Jahresberichten o.ä., veröffentlicht, so dass sie über den organisationsinternen Bereich hinaus auch einem breiteren Nutzerkreis zugänglich werden. Ein Großteil dessen, was zum Beispiel über die weltweit verstreuten Waffenarsenale, das Wirtschaftswachstum, die Arbeitslosigkeit, die hygienischen Bedingungen, die Säuglingssterblichkeitsrate, die Außenzölle, die Umweltschäden, die Armut und die Wohlstandsdisparitäten verschiedener Staaten und Regionen bekannt ist, wissen wir aufgrund informationeller Aktivitäten internationaler Organisationen. Beispielsweise sind der ‚Weltentwicklungsbericht‘ der Weltbank (IBRD) und der ‚Human Development Report' des VN-Entwicklungsprogramms (UNDP) unverzichtbare Quellen, um Informationen über die Armut in der Welt und deren Bekämpfung zu erhalten.

Schaubild 19: Informationelle Tätigkeiten internationaler Organisationen –
Weltberichte der Vereinten Nationen (Auswahl)

Herausgeber	Titel des Berichts	Erscheint seit	Periodizität
Beschäftigung			
ILO	World Labor Report	1984	unregelmäßig
Bildung/Erziehung			
UNESCO	World Education Report	1991	jährlich
Entwicklung			
IBRD (Weltbank)	World Development Report	1978	jährlich
UNDP	Human Development Report	1990	jährlich
Ernährung			
FAO	World Food Report	1983	jährlich
Gesundheit			
WHO	World Health Report	1995	jährlich
Handel			
GATT/WTO	International Trade	1952	jährlich
UNCTAD	Trade and Development Report	1981	jährlich
Kinder			
UNICEF	The State of the World's Children	1980	jährlich
Umwelt			
UNEP	The State of the Environment	1974	jährlich
UNEP	The State of the World Environment	1982	alle 5 Jahre
Weltwirtschaft			
IWF	World Economic Outlook	1980	halbjährlich (seit 1984)
UN	World Economic and Social Survey	1948	jährlich

Mit diesen Informationen beeinflussen internationale Organisationen nicht nur die Entscheidungsträger in internationalen Organisationen, die Vertreter der Mitgliedstaaten und die Verwaltungsspitze der eigenen Organisation, sondern auch die staatlichen und nicht-staatlichen Produzenten von Anforderungen und Unterstützungsleistungen für die politischen Systeme internationaler Organisationen. Denn durch ihre informationellen Tätigkeiten wirken sie auf die Wahrnehmung sozialer Wirklichkeit ein, sind mithin an der Konstruktion sozialer Wirklichkeit beteiligt und nehmen somit auf die Positionen und Argumentationen z.B. von Interessengruppen, von Experten(gruppen) und der öffentlichen Meinung Einfluss (vgl. Barnett/Finnemore 1999, 710-715). Mit anderen Worten: Das Sammeln und Publizieren von Informationen durch internationale Organisationen be-

Einfluss der
Informationen

stimmt die Inputs und den Konversionsprozess in internationalen Organisationen mit und ist deshalb nicht nur eine wichtige, sondern auch eine politisch gewichtige Dienstleistung. An dieser Stelle wird die Dynamik des unserer Analyse zugrunde gelegten Systemmodells besonders deutlich: Die Outputs der politischen Systeme internationaler Organisationen, in diesem Fall das Publizieren von Informationen, beeinflussen auf dem Wege eines ‚Feedback'-Prozesses vor allem diejenigen Inputs, die von nicht-staatlicher Seite an die politischen Systeme internationaler Organisationen herangetragen werden.

7.3.2 Internationale Organisationen als Erzeuger von Informationen

Über das hier beschriebene Sammeln und Verbreiten von Informationen hinaus sind internationale Organisationen häufig auch – und dies geschieht in der Regel sehr zielgerichtet – an der aktiven Erzeugung von Informationen und Wissen beteiligt. Sie unterhalten eigene wissenschaftliche Forschungseinrichtungen, vergeben Forschungsaufträge, fordern Analysen bei wissenschaftlichen Instituten an, koordinieren vielfach die wissenschaftlichen Aktivitäten ihrer Mitgliedstaaten in den Bereichen, die für ihre Satzungsziele von Belang sein können, und geben diese Informationen an die Mitgliedstaaten und die Öffentlichkeit weiter. Somit haben sie ganz wesentlichen Einfluss auf die informationelle Grundlage, auf der Staaten, aber auch andere Akteure in der internationalen Politik ihre Interessen bestimmen. Vielfach können diese von internationalen Organisationen erzeugten, gesammelten oder in ihrem Auftrag generierten Informationen den

Beitrag zur Entstehung von ‚epistemic communities'

Inhalt von Vertragsentwürfen bis zu deren endgültiger Annahme durch die Staatengemeinschaft nachhaltig prägen. Dies geschieht besonders dann, wenn, durch ihre informationellen Tätigkeiten begünstigt, so genannte ‚epistemic communities' entstehen. Mit ‚epistemic communities' bezeichnet man transnationale Netzwerke von Experten, die in der Analyse von Sachproblemen ähnliche Bewertungen vornehmen. Sie verfügen zum einen über weitgehend übereinstimmende Vorstellungen von den Ursachen dieser Sachprobleme (causal beliefs) und nehmen zum anderen ähnliche normative Bewertungen der Folgen dieser Sachprobleme bei Nichtbehandlung vor (principled beliefs) (Goldstein/Keohane 1993, 9f.). Auf die Position von Staaten zu bestimmten Sachfragen können ‚epistemic communities' auf zwei Wegen Einfluss nehmen: zum einen indem sie einzelnen Staaten als Experten dienen und auf diese Weise den jeweiligen nationalen Politikentwicklungsprozess sowie die Verhandlungsposition des jeweiligen Staates in einem internationalen Forum mitbestimmen; zum anderen indem sie über internationale Organisationen nicht einen, sondern mehrere Staaten mit ihrem (konsensualen) Wissen versorgen und so auf informellem Wege eine Interessenkonvergenz der an den Verhandlungen beteiligten Staaten fördern (Adler/Haas 1992, 379). Beispielsweise wären die Normen und Regeln zum Schutz der stratosphärischen Ozonschicht, wie sie in der Wiener Konvention von 1985, dem Montrealer Ozonprotokoll von 1987 und der Londoner Vereinbarung von 1990 niedergelegt sind, ohne die informationellen Aktivitäten des Umweltprogramms der Vereinten Nationen (UNEP) kaum denkbar. Denn UNEP erwies sich bei der Generierung und Verbreitung von Informationen und wissenschaftlichen Erkenntnissen über das Ausmaß der Zerstörung der Ozonschicht, über deren Ursachen sowie über die Möglichkeiten des Schutzes der Ozonschicht als erfolgreich. Es gelang UNEP, bei den Experten einen Konsens über die Notwendigkeit zu befördern, Maßnahmen zum Schutz der Ozonschicht einzuleiten und damit eine ‚epistemic community' zu begründen. UNEP konnte auf diese Weise auch die Staaten schneller von der Notwendigkeit eines koordinierten Vorgehens zum Schutz der Ozonschicht überzeugen. Ohne die informationellen Aktivitäten von UNEP wäre ein derartiger Konsens und damit die Erzeugung von Normen und Regeln zum Schutz der Ozonschicht, wenn überhaupt, so doch erst mit erheblicher Zeitverzögerung möglich gewesen (vgl. Breitmeier 1992; 1996).

An dieser Stelle muss betont werden, dass internationale Organisationen nicht nur Informationen und Wissen erzeugen, um informationelle Defizite zu beseitigen, die einer wirksamen Bearbeitung von problematischen Handlungsinterdependenzen im Wege stehen. Vor dem Hintergrund eines gewachsenen Aufgabenkatalogs und einer aufgeklärten Öffentlichkeit haben vor allem die Verwaltungsstäbe der Vereinten Nationen und der Europäischen Union das informationelle Tätigkeitsfeld der Öffentlichkeitsarbeit beschritten. Die Erzeugung und Verbreitung von Informationen erfolgt – durchaus mit Erfolg – seit Ende der 1990er Jahre auch mit dem Ziel, das Bild, das sich die Öffentlichkeit von der jeweiligen Organisation und ihren Aktivitäten macht, zu verbessern. Während Beobachter diese informationelle Tätigkeit als ‚public relations' im üblichen Sinne charakterisieren, ziehen sich die Verantwortlichen der jeweiligen Organisation – für die VN ist dies das Sekretariat, für die EU die Kommission – auf den neutraleren Begriff der Informationspolitik zurück (Gramberger/Lehmann 1995, 187). Öffentlichkeitsarbeit

7.3.3 Internationale Organisationen als Informationsbörse

Über das Sammeln und Produzieren von Informationen hinaus leisten internationale Organisationen wichtige Dienste beim Austausch von Informationen zwischen Staaten, in wachsendem Maße auch unter Einschluss von NGO. Sie dienen den mitgliedstaatlichen Repräsentanten und den Vertretern von NGO als Ort des Kennenlernens der Interessen und Positionen des jeweils anderen oder werden genutzt, um die Akzeptanz eigener Interessen und Positionen bei den übrigen staatlichen und nicht-staatlichen Akteuren zu ermitteln. Internationale Organisationen erscheinen hier als Markt, auf dem sich staatliche und nicht-staatliche Akteure mit Informationen über andere Staaten und NGO versorgen und zugleich diese mit Informationen über sich selbst speisen; sie sind so gesehen Informationsbörsen, die die Transparenz von Entscheidungsprozessen erhöhen und die Transaktionskosten reduzieren. Sie leisten einen wichtigen Beitrag zur Erleichterung der Entscheidungsfindung in den internationalen Beziehungen (vgl. Dicke 1988).

Dem Austausch von Informationen kommt somit, wie den informationellen Tätigkeiten internationaler Organisationen insgesamt, eine Wirkung als *Katalysator* der Generierung von programmatischen wie operativen Entscheidungen zu. Dies gilt sowohl für den innerorganisatorischen Bereich als auch darüber hinaus für die Entscheidungsfindung in der internationalen Politik ganz allgemein.

7.4 Zusammenfassung

Wie dieser Überblick über die Output-Leistungen internationaler Organisationen deutlich gemacht hat, sind internationale Organisationen ein wesentlicher Bestandteil der sozialen Steuerung der internationalen Beziehungen durch Selbstorganisation der Staaten. Denn internationale Organisationen sind sowohl an der Norm- und Regelsetzung als auch an der Norm- und Regelanwendung in der internationalen Politik beteiligt. Sie tragen dazu bei, den Konfliktaustrag in Situationen problematischer Handlungsinterdependenz zwischen souveränen Staaten in geordnete Bahnen zu lenken und in möglichst gewaltfreien Formen zu halten. Sie führen Tätigkeiten aus, die es in Abwesenheit einer zentralen Letztentscheidungsinstanz den souveränen Staaten ermöglichen oder erleichtern, ihre sozialen Beziehungen auf der Basis von vereinbarten Normen und Regeln erwartungsverlässlich zu regulieren.

Das Bild der Politikentwicklungsprozesse in internationalen Organisationen, das hier zu vermitteln versucht wird, ist damit abgeschlossen (vgl. zusammenfassend Schaubild 20). Es wird in Teil III durch die Analyse verschiedener Problemfelder der internationalen Politik in den Sachbereichen ‚Sicherheit‘, ‚Wohlfahrt‘ und ‚Herrschaft‘ ergänzt. Dabei gilt es zu untersuchen, ob und wie die Politikprogramme sowie die operativen und informationellen Tätigkeiten unterschiedlicher internationaler Organisationen zur Förderung internationaler Kooperation beitragen.

Schaubild 20: Das politische System internationaler Organisationen (Gesamtübersicht)

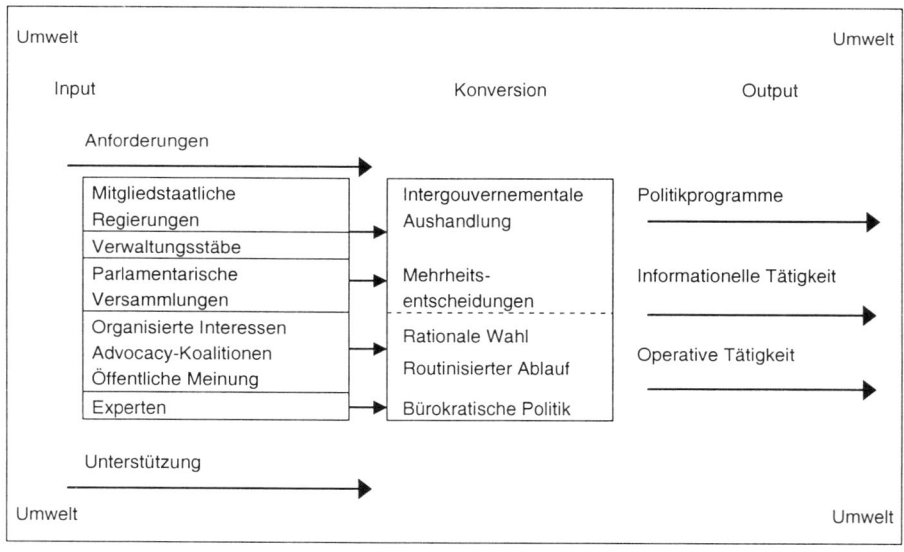

Teil III
Politikfeldaktivitäten internationaler Organisationen

Nachdem in Teil II internationale Organisationen als politische Systeme behandelt wurden, die Anforderungen und Unterstützungsleistungen aus ihrer Umwelt in Politikprogramme sowie operative und informationelle Tätigkeiten umwandeln, soll im Folgenden gezeigt werden, welcher Art diese Outputs internationaler Organisationen in den verschiedenen Sachbereichen der internationalen Politik sind und wie sie dort wirken. Unser Augenmerk gilt somit nicht den internationalen Organisationen selbst, sondern ist vielmehr auf die durch internationale Organisationen vermittelte Kooperation in zentralen Problemfeldern der internationalen Politik gerichtet. Aus der Perspektive der Sachbereiche und Problemfelder der internationalen Politik kann dann der Wert der Outputs der politischen Systeme internationaler Organisationen für die Generierung und Stabilisierung kooperativer zwischenstaatlicher Verhaltensmuster bemessen werden. Damit gerät die Hypothese (vgl. Kap. 2), dass die Existenz internationaler Organisationen als Antwort auf einen Kooperationsbedarf in den internationalen Beziehungen zu beurteilen ist, erneut ins Blickfeld. Teil III stellt mithin den Versuch dar zu zeigen, dass internationale Organisationen, wie Kapitel 2 unterstellt, durch ihre Outputs, die in Kapitel 7 besprochen wurden, an der Erzeugung und Festigung zwischenstaatlicher Kooperation beteiligt sind. Im Idealfall stellen die Outputs der politischen Systeme internationaler Organisationen eine ‚passende Antwort' auf die sachbereichsspezifischen Charakteristika von problematischen Handlungsinterdependenzen dar. Mit anderen Worten, die Outputs internationaler Organisationen müssen eine sachbereichsspezifische Zusammensetzung aufweisen, um zur Überwindung der sachbereichsspezifischen Kooperationshindernisse beitragen zu können.

Die Wahl von Sachbereichen und Problemfeldern als Analyseeinheiten der Beschäftigung mit internationalen Organisationen trägt dem Anliegen der Politikfeldanalyse Rechnung, dass angebbare Merkmale eines Sachbereichs oder eines Problemfeldes die Art seiner politischen Bearbeitung vorprägen: „policy determines politics" (Lowi 1972, 299). Je nach Sachbereich gibt es Unterschiede der Steuerungs- und Wirkungsfähigkeit internationaler Organisationen sowie in der Zusammensetzung der zur Überwindung der Kooperationshindernisse führenden Outputs. Die auf Sachbereiche orientierte Untersuchung internationaler Organisationen unterscheidet sich damit von Analysen, die auf die Formalstruk-

Sachbereiche und Problemfelder als Analyseeinheiten

181

tur und die Entscheidungsprozesse einzelner internationaler Organisationen konzentriert sind oder die Veränderung der Strukturen der internationalen Beziehungen durch die Herausbildung internationaler Organisationen und supranationaler Gemeinschaften hervorheben; statt dessen begünstigt sie Herangehensweisen, die die Zieloffenheit und Unterschiedlichkeit der Steuerung internationaler Politik durch internationale Organisationen betonen. Sie ist darauf gerichtet, den Grad der auf institutionalisierten Normen und Regeln beruhenden Steuerung des Verhaltens von Staaten in abgegrenzten Problemfeldern zu bestimmen und den Anteil, den internationale Organisationen je nach Sachbereich an dieser Steuerung haben, zu erfassen.

Definitionen

Die Analyse von politischen Prozessen in unterschiedlichen Sachbereichen und Problemfeldern der internationalen Politik setzt jedoch die Definition dessen, was wir unter Sachbereichen und Problemfeldern verstehen wollen, voraus. Eine erste Annäherung an die Lösung des Definitionsproblems liefert die Verschachtelung der Begriffe. Ein Sachbereich umfasst verschiedene Problemfelder, ein Problemfeld seinerseits beinhaltet verschiedene Einzelprobleme. Damit haben wir das Definitionsproblem zunächst nur auf den Terminus ‚Problem' verschoben. Unter einem *Problem* verstehen wir eine Soll-Ist-Differenz. Für den Zusammenhang der internationalen Politik sind vor allem solche Soll-Ist-Differenzen von Belang, die das Resultat von inter- oder transnationalen Interaktionen sind und unerwünschte Interaktionsergebnisse darstellen. Sie entstehen vor allem in Situationen problematischer Handlungsinterdependenz, das heißt in einer sozialen Situation, in der am jeweiligen Eigennutzen orientiertes Verhalten einzelner, miteinander interagierender Akteure zu kollektiv und individuell unerwünschten Interaktionsergebnissen führt. Eine problematische Handlungsinterdependenz zeichnet sich mithin dadurch aus, dass unkoordiniertes Verhalten alle beteiligten Akteure gemeinsam und jeden Einzelnen im Vergleich zu den Interaktionsergebnissen, die auf der Basis von Verhaltenskoordinierung möglich sind, schlechter stellt. Deshalb schaffen Situationen problematischer Handlungsinterdependenz einen Kooperationsbedarf; sie bieten für die beteiligten Akteure einen Anreiz, miteinander zu kooperieren, um sich so kollektiv und individuell besser zu stellen (Zürn 1992, 137-165).

Problemfeld

Ein *Problemfeld*[10] umfasst all jene Situationen problematischer Handlungsinterdependenz, die von Seiten der beteiligten Akteure, in erster Linie den staatlichen Handlungsträgern, als eng miteinander verknüpft aufgefasst werden (Keohane/Nye 2001, 56f.). Da Problemfelder somit durch die subjektive Wahrnehmung dieser Handlungsträger bestimmt werden und sich im Laufe der Zeit – z.B. wenn die Akteure Zusammenhänge zwischen unterschiedlichen Problemen neu entdecken – verändern können, sind ihre Grenzen nicht objektiv bestimmbar und häufig nur wenig präzise festzulegen (Efinger/Rittberger/Zürn 1988, 68).

Sachbereich

Ein *Sachbereich* umfasst in der Regel mehrere Problemfelder der internationalen Politik, die inhaltliche und strukturelle Gemeinsamkeiten aufweisen. Auch die Grenzen von Sachbereichen sind nicht immer eindeutig definierbar. Hier wie auch bei der Eingrenzung von Problemfeldern sind Konventionen entstanden, die sich innerhalb der Disziplin der Internationalen Beziehungen herausgebildet haben. Für die Untersuchung der Politikfeldaktivitäten internationaler Organisationen wollen wir auf die Unterscheidung zwischen den Sachbereichen ‚Sicherheit', ‚Wohlfahrt' und ‚Herrschaft' zurückgreifen (Czempiel 1981, 198): Der Sachbe-

---

10 ‚Problemfeld' wird hier dem englischen Terminus 'issue-area' entsprechend verwandt.

reich ‚Sicherheit' umfasst alle Problemfelder, die sich auf die Gewährleistung der physischen Existenz eines politischen Kollektivs, dessen Schutz vor innerer oder äußerer Bedrohung sowie dessen Freiheit, die eigene Entwicklung selbstbestimmt zu steuern, beziehen. Im Sachbereich ‚Wohlfahrt' werden die Problemfelder zusammengefasst, die sich auf die Verteilung materieller Lebenschancen zwischen den Gesellschaften unterschiedlicher Staaten beziehen. Die Problemfelder, die hingegen mit den Freiheits- und Partizipationschancen für den einzelnen Menschen sowie mit den Schranken der Herrschaftsausübung für die Inhaber von Herrschaftsrollen in verschiedenen Staaten zu tun haben, werden dem Sachbereich ‚Herrschaft' zugeordnet. Letztendlich lassen sich alle Problemfelder der internationalen Politik einem der drei Sachbereiche zuordnen. Schwierigkeiten der Zuordnung bereiten nur jene Problemfelder, die an der Schnittstelle zwischen verschiedenen Sachbereichen liegen.

8 Der Sachbereich ‚Sicherheit‘

Die Diskussion von Politikfeldaktivitäten internationaler Organisationen im Sachbereich ‚Sicherheit‘ bedarf zunächst der Klärung, welche Problemfelder der internationalen Politik dem Sachbereich ‚Sicherheit‘ zuzuordnen sind. Gemeinhin werden all jene Problemfelder dem Sachbereich ‚Sicherheit‘ zugeordnet, die sich auf die Gewährleistung der physischen Existenz eines politischen Kollektivs, dessen Schutz vor innerer oder äußerer Bedrohung sowie dessen Freiheit, die eigene Entwicklung selbstbestimmt zu steuern, beziehen. Den Kern des Sachbereichs ‚Sicherheit‘ der internationalen Beziehungen bilden somit alle Problemfelder, die die Möglichkeit der Anwendung und Androhung von unmittelbarem Zwang, insbesondere militärischer Gewalt beinhalten.

In den vergangenen Jahren hat der Sicherheitsbegriff in der Disziplin der Internationalen Beziehungen von einigen Autoren eine deutliche Ausweitung erfahren. In Politik und Wissenschaft wird er häufig auch in Bezug auf die Sicherung anderer materieller Lebensgrundlagen benutzt. Demnach würden Umweltrisiken, wie z.B. der Betrieb von Kernreaktoren, oder wirtschaftliche Risiken, wie z.B. die Abhängigkeit von Rohstoff- oder Energiequellen, auch zum Sachbereich ‚Sicherheit‘ gehören. Allerdings birgt diese Aufblähung des Sicherheitsbegriffs auch unübersehbare Gefahren in sich.[11] Denn sie kann zur Legitimation von militärischen Konfliktbearbeitungsformen in Problemfeldern eingesetzt werden, in denen Gewaltpolitik als besonders kontraproduktiv gelten kann. Daher soll hier nur die engere Fassung des Sicherheitsbegriffs zugrunde gelegt werden.

Im Folgenden geht es darum, die typischen Kooperationshindernisse, die die Problemfelder des Sachbereichs ‚Sicherheit‘ miteinander verbinden, herauszuarbeiten, um zeigen zu können, dass und inwieweit die Outputs der politischen Systeme internationaler Organisationen eine Antwort auf diese Kooperationshindernisse darstellen und so die zwischenstaatliche Sicherheitskooperation fördern. Die Identifizierung der sachbereichsspezifischen problematischen Handlungsinterdependenzen soll uns als Maßstab dafür dienen, die Wirkungen der Outputs internationaler Organisationen für die Generierung und Stabilisierung internationaler Kooperation im Sachbereich ‚Sicherheit‘ zu beurteilen.

---

11 Der Klarheit wegen müssen zwei Formen der Erweiterung des Sicherheitsbegriffs unterschieden werden. Die erste Form besteht in der – hier mit Skepsis betrachteten – Erweiterung des Begriffs über die *physische* Dimension von Sicherheit hinaus. Die zweite Form fokussiert den Sicherheitsbegriff nach wie vor auf seine physische Dimension, erweitert aber den Kreis der Subjekte, deren physische Sicherheit schutzwürdig ist. Auf diese Weise wird die Gewährleistung physischer Sicherheit von Individuen und Gruppen (‚human security‘) auch zu einer Angelegenheit von internationalen Organisationen, die im Sachbereich ‚Sicherheit‘ tätig sind (H. Müller 2002, 369; vgl. Kap. 8.1.4).

Die herausragende Struktureigenschaft des Sachbereichs ‚Sicherheit' in der internationalen Politik stellt das so genannte *Sicherheitsdilemma* dar. Es bezeichnet eine Situation, in der Staaten nebeneinander existieren, ohne eine Garantie der eigenen Existenz und der Freiheit zu eigenbestimmter Entwicklung durch eine übergeordnete Autorität zu besitzen. Mit anderen Worten, die Staaten sind zur Gewährleistung ihrer Sicherheit auf sich selbst gestellt, was sich in der Ausbildung von Instrumenten und Verhaltensdispositionen zur Abwehr möglicher Bedrohungen niederschlägt. Da sich alle Staaten diesem Sicherheitsdilemma ausgesetzt sehen, besteht die Gefahr, dass alle versuchen, dieser Situation gemäß dem Prinzip der Selbsthilfe, zum Beispiel durch Aufrüstung, die Bildung von Allianzen oder im Ausnahmefall durch Neutralitätspolitik, zu ihrem Vorteil zu entkommen, was alle zusammen, aber auch jeden Einzelnen schlechter stellt, als bei Kooperation und damit dem Verzicht Aller auf einseitige Vorteilssuche der Fall wäre (Herz 1950).

Als dem Sicherheitsdilemma eigentümliches Kooperationshindernis stellt sich die Nicht-Unterscheidbarkeit von offensiven und defensiven Maßnahmen zur Sicherung der eigenen physischen Existenz dar. Maßnahmen und Mittel zur Förderung der eigenen Sicherheit sind in dieser Situation – zumindest potenziell – zugleich eine Bedrohung der Sicherheit Anderer und erzeugen mithin Misstrauen gegenüber den ‚guten oder bösen' Absichten möglicher Opponenten. Die Abwendung der möglichen eigenen Bedrohung erzeugt für andere eine Bedrohung, die mit ihrer Antwort auf diese Bedrohung wiederum alle anderen bedrohen. Dies kann zu einer unerwünschten Interaktionsdynamik führen, wie beispielsweise der eines Rüstungswettlaufes oder eines Präemptionszwangs in einem krisenhaft zugespitzten Konflikt, und verstärkt das wechselseitige Misstrauen, wodurch die Chancen internationaler Sicherheitskooperation weiter sinken (Jervis 1983, 359).

Aufgrund der Nicht-Unterscheidbarkeit von offensiven und defensiven Maßnahmen besteht in der Situation des Sicherheitsdilemmas zudem die Neigung jedes einzelnen Akteurs, seine Sicherheit relativ zur Sicherheit potenzieller Opponenten zu beurteilen. Ein Mehr an Sicherheit für den Opponenten wird als ein relatives Weniger an eigener Sicherheit wahrgenommen. Deshalb sind Konflikte des Typs ‚Interessenkonflikte über relativ bewertete Güter', also über Güter, deren Wert sich nur in Relation zum Besitzstand Anderer bemessen lässt, im Sachbereich ‚Sicherheit' sehr häufig. Diese Art von Interessenkonflikten ist, wie sich belegen lässt, kooperativ nur sehr schwer bearbeitbar (Efinger/Rittberger/Zürn 1988, 92-98; Efinger/Zürn 1990).

mit dem Verlust von
Sicherheit droht der
der Existenz

Weiterhin wirkt sich auch die Unwiederbringlichkeit des Gutes ‚Sicherheit' negativ auf die Kooperationschancen im Sachbereich ‚Sicherheit' aus. Während in anderen Sachbereichen der internationalen Politik der Verlust des in Frage stehenden Gutes meist – wenn auch mit unterschiedlich hohen Kosten – reparabel ist, kann der Verlust des Gutes ‚Sicherheit' endgültig sein. Ist die physische Existenz eines Staates erst verloren, so sind die Möglichkeiten, aus eigener Kraft die Wiederherstellung der physischen Existenz zu erreichen, gleich null. Aus diesem Grunde wenden Staaten und ihre Regierungen hohe Aufmerksamkeit und viel Energie auf, um dem Verlust des Gutes ‚Sicherheit' unter allen Umständen vorzubeugen. Dies führt dazu, dass sich Staaten selbst gegen den schlimmsten denkbaren Fall zu wappnen suchen. Dies fördert wiederum das schon strukturell angelegte zwischenstaatliche Misstrauen und behindert mithin die Möglichkeit internationaler Sicherheitskooperation (Jervis 1983, 359).

186

Ein weiteres Kooperationshindernis in Situationen problematischer Handlungsinterdependenz des Sachbereichs ‚Sicherheit' stellt die relativ geringe Transparenz der Absichten und Maßnahmen zur Förderung der eigenen Sicherheit dar. Denn Rüstungsprogramme und militärische Operationspläne unterliegen zumeist strenger Geheimhaltung. Eine Praxis der Geheimhaltung, der aktiven Verschleierung und sogar Täuschung Anderer über die eigenen sicherheitspolitischen Absichten und Maßnahmen, vertieft das strukturell angelegte Misstrauen und verringert so die Chancen von Sicherheitskooperation (Jervis 1983, 359).

geringe Transparenz

Schließlich können sich auch innenpolitische Verhältnisse in einzelnen Staaten auf die Chancen internationaler Sicherheitskooperation ungünstig auswirken. So ist die Kooperationsbereitschaft von Staaten vor allem dann stark beeinträchtigt, wenn zwischenstaatliche Kooperation die Interessen von Gruppen negativ berührt, die innergesellschaftlich über großen Einfluss verfügen. Im Sachbereich ‚Sicherheit' wurde vor allem dem so genannten militärisch-industriellen Komplex (MIK) in den USA und auch in der früheren Sowjetunion eine derartige Rolle zugeschrieben, wenngleich die Forschung in der Zwischenzeit starke Abstriche an dessen behaupteter Politikmächtigkeit hat vornehmen müssen.

innergesellschaftliche Interessengruppen als Kooperationsblockade

Wie dieser Überblick über die strukturellen Bedingungen internationaler Sicherheitsbeziehungen verdeutlicht, sind die Chancen internationaler Sicherheitskooperation als eher gering zu bewerten. Zwar ist Politik in anderen Sachbereichen der internationalen Beziehungen gleichfalls durch Dilemmata gekennzeichnet: hier wie dort führt ein ungehemmter Wettstreit der Akteure zu unerwünschten Interaktionsergebnissen. Da aus dem Sicherheitsdilemma aufgrund der genannten Bedingungen ein besonderes Maß an wechselseitigem Misstrauen erwächst, muss internationale Kooperation im Sachbereich ‚Sicherheit' als besonders schwer zu erreichen gelten.

Ergebnis: wechselseitiges Misstrauen hoch

Schaubild 21: Kooperationsbedingungen im Sachbereich ‚Sicherheit'

Sicherheitsdilemma (wechselseitiges Misstrauen)
Nicht-Unterscheidbarkeit offensiver u. defensiver Maßnahmen
Interessenkonflikte über relativ bewertete Güter
Unwiederbringlichkeit der physischen Existenz
geringe Transparenz der Maßnahmen; Geheimhaltung
Kooperationsblockade durch innergesellschaftliche Klientel

geringe Kooperationswahrscheinlichkeit

Das Sicherheitsdilemma verhindert nicht die Vereinbarung gemeinsamer Kooperationsziele (Politikprogramme), da schließlich alle Akteure nach einem wirksamen Schutz gegen Gefährdungen ihrer physischen Existenz oder ihrer Freiheit zur selbstbestimmten Entwicklung suchen; aber es erschwert in vielen Fällen, dass die vereinbarten Kooperationsnormen von den Staaten auch (operativ) verlässlich befolgt werden. Sie fürchten zum einen, durch potenzielle Opponenten übervorteilt oder ausgebeutet (betrogen) zu werden, wenn sie kooperieren. Sicherheitskooperation erscheint aus dieser Sicht im Wesentlichen als eine Vertrauensfrage, das heißt eine Frage der Erzeugung von enttäuschungsfester Erwartungsverlässlichkeit. Sie fürchten zum anderen, dass die eigenen Kooperati-

Kooperation als Vertrauensfrage

onsgewinne im Verhältnis zu den Gewinnen anderer Staaten geringer ausfallen und mithin diesen für die Zukunft bessere Ausgangsbedingungen für die Wahrung oder Mehrung ihrer Sicherheit zu Lasten der eigenen Sicherheit verschaffen können.

Abbau der Kooperations-hindernisse auch durch IO

Unsere Aufgabe besteht im Folgenden darin zu untersuchen, ob und inwieweit internationale Organisationen, denen im Sachbereich ‚Sicherheit‘ Kompetenzen von ihren Mitgliedstaaten übertragen wurden, zur Überwindung dieser Kooperationshindernisse beitragen. Damit ist auch angedeutet, dass aus unserer Sicht weder das Sicherheitsdilemma selbst noch die Bedingungen, die die besondere Zuspitzung des sachbereichsspezifischen Misstrauens erzeugen, naturgegeben und unveränderbar sind. Vielmehr gilt es zu betonen, dass die Staaten unter anderem mit Hilfe internationaler Organisationen die Möglichkeit haben, die strukturellen Bedingungen, die ihr Handeln im Sachbereich ‚Sicherheit‘ mitbestimmen, zu verändern. Dies gilt besonders für liberal-demokratische Staaten, deren Beziehungen zueinander durch ein reduziertes Sicherheitsdilemma gekennzeichnet sind. Unter veränderten strukturellen Bedingungen fällt es ihnen leichter, Formen institutionalisierter Sicherheitskooperation, z.B. internationale Organisationen, zu begründen (Keck 1997, 269). Besonders Theoretiker des interdemokratischen Friedens weisen darauf hin, dass drei der oben identifizierten Kooperationshindernisse zwischen liberal-demokratischen Staaten weniger ins Gewicht fallen und im Ergebnis zu einem deutlichen Abbau des wechselseitigen Misstrauens beitragen. So wirkt sich die Offenheit politischer Prozesse positiv auf das Problem mangelnder Transparenz aus (Starr 1997, 156-159). Offensive und defensive Maßnahmen werden unterscheidbar, und der innerstaatliche sicherheitspolitische Diskurs schränkt die Möglichkeiten der Geheimhaltung ein. Schließlich wird angenommen, dass die Strukturen von liberal-demokratischen Staaten zur Verlässlichkeit der wechselseitigen Erwartung eines gewaltlosen Konfliktaustrages beitragen und die unterschiedlichen Interessen folglich leichter miteinander in Übereinstimmung gebracht werden können. Um die Chancen internationaler Sicherheitskooperation zu verdeutlichen und den Beitrag internationaler Organisationen untersuchen zu können, wollen wir uns auf zwei repräsentative Problemfelder konzentrieren. Behandelt werden das Problemfeld ‚gewaltsame Selbsthilfe‘ sowie das Problemfeld ‚Rüstungsdynamik‘.

8.1 Das Problemfeld ‚gewaltsame Selbsthilfe‘

Unter den strukturellen Bedingungen eines anarchischen Selbsthilfesystems sind die Beziehungen der Staaten zueinander durch das so genannte Sicherheitsdilemma geprägt. Diesem ist, unabhängig von den ‚guten oder bösen‘ Absichten der beteiligten Akteure, eine latente Gefahr der Konfliktbearbeitung durch Androhung oder Anwendung von Gewalt durch jede einzelne Konfliktpartei inhärent. So können selbst Akteure, die wechselseitigen Gewaltverzicht als Interaktionsmuster wünschen, den Anreiz verspüren, zur Sicherung ihrer physischen Existenz Gewalt anzudrohen oder anzuwenden. Das Grundproblem der internationalen Politik im Sachbereich ‚Sicherheit‘ besteht mithin darin, den Staaten ein Mindestmaß an Erwartungsverlässlichkeit über das Verhalten der Anderen zu bieten, um ihnen zu ermöglichen, wechselseitig auf gewaltsame Selbsthilfe zu verzichten. Uns beschäftigt nun, was internationale Organisationen durch ihre Politikprogramme und operativen wie informationellen Tätigkeiten zur Erzeugung und Stabilisierung dieser Erwartungsverlässlichkeit beitragen. Für diese Untersuchung wollen wir uns auf die Vereinten Nationen als der bedeutendsten internationalen Sicherheitsorganisation beschränken.

8.1.1 Politikprogramm der Vereinten Nationen

Das zentrale Ziel der Vereinten Nationen ist es, „den Weltfrieden und die internationale Sicherheit zu wahren" (Art. 1 SVN). Um dieses Ziel zu erreichen, enthält bereits die Satzung der Vereinten Nationen ein implementationsfähiges Programm. Dieses wurde seither durch weitere, detaillierte programmerzeugende Akte, z.B. die „Agenda für den Frieden" (UN-Dok. A/47/277) von 1992, ergänzt. Im Ergebnis liegt ein – keineswegs abgeschlossenes – *regulatives Programm* vor, das das Konfliktverhalten der Staaten untereinander zu zügeln sucht, indem es deren Sicherheitsstreben unter den Vorbehalt der Gewaltlegitimation durch den Sicherheitsrat der Vereinten Nationen stellt.

Das sicherheitspolitische Programm der Vereinten Nationen legt, und dies ist in der Geschichte der internationalen Beziehungen mit der Gründung der Vereinten Nationen 1945 erstmals erfolgt, ein allgemeines Verbot der Androhung und Anwendung zwischenstaatlicher Gewalt fest. Der Kern des Allgemeinen Gewaltverbots ist bereits in der VN-Satzung verankert: „Alle Mitglieder unterlassen in ihren internationalen Beziehungen jede gegen die territoriale Unversehrtheit oder die politische Unabhängigkeit eines Staates gerichtete oder sonst mit den Zielen der Vereinten Nationen unvereinbare Androhung oder Anwendung von Gewalt" (Art. 2, Ziff. 4 SVN). Damit geht die Satzung der Vereinten Nationen deutlich über die vor 1945 gültigen völkerrechtlichen Einschränkungen der legalen Gewaltanwendung in den zwischenstaatlichen Beziehungen hinaus. Sie verbietet nicht nur Angriffskriege, sondern jegliche Anwendung von und sogar Drohung mit Gewalt. Daraus folgt, dass auch die *einseitige* Gewaltanwendung zur Durchsetzung oder zum Schutz anerkannter Rechte durch das Allgemeine Gewaltverbot der Charta der Vereinten Nationen untersagt ist. [Allgemeines Gewaltverbot]

Eine Ergänzung des allgemeinen Verbots der Androhung und Anwendung von Gewalt stellt die in der VN-Satzung festgelegte Pflicht zur friedlichen Streitbeilegung dar. Dort heißt es: „Alle Mitglieder legen ihre internationalen Streitigkeiten durch friedliche Mittel so bei, dass der Weltfriede, die internationale Sicherheit und die Gerechtigkeit nicht gefährdet werden" (Art. 2, Ziff. 3 SVN). Diese Verpflichtung ist insofern mehr als die bloße positive Wendung des Gewaltverbots, als sie zwischen Konflikt und Konfliktbearbeitung unterscheidet. Die Satzung der Vereinten Nationen geht mitnichten davon aus, dass die internationalen Beziehungen konfliktfrei seien oder werden könnten, doch sie gebietet, dass diese Konflikte auf eine bestimmte Art und Weise, nämlich gewaltfrei, ausgetragen werden. Dass dies möglich ist, zeigt sich beispielsweise am Binnenverhältnis der Mitgliedstaaten der Europäischen Union oder des Europarates. Auch zwischen ihnen kommt es nach wie vor zu Konflikten; freilich liegt ihrer Bearbeitung die wechselseitig fest verankerte Erwartung zugrunde, dass gewaltsame Selbsthilfe ausgeschlossen ist und statt dessen Mittel der friedlichen Streitbeilegung oder Konsensbildungsverfahren eindeutig Vorrang genießen. [Pflicht zur friedlichen Streitbeilegung]

Da die VN-Satzung das „Recht zur individuellen oder kollektiven Selbstverteidigung" (Art. 51 SVN) ausdrücklich bestätigt, militärische Gewaltanwendung jedoch zumeist als Akt der Selbstverteidigung gerechtfertigt wurde und wird, [Aggressionsdefinition] musste im Rahmen der Vereinten Nationen diese Lücke durch eine Definition des Begriffs der Aggression geschlossen werden. Zwar sollte das Recht auf Selbstverteidigung gewahrt bleiben, jedoch ohne dieses Recht als Tarnung für Aggressionshandlungen dem Missbrauch zugänglich zu machen. Die VN-Generalversammlung sollte den Begriff der ‚Aggression' definieren. Dies erwies sich als schwierig, da nur selten eindeutig feststellbar ist, wer für eine Aggression verantwortlich ist. So wurde erst 1974, nach langwierigen und zähen Verhandlungen, von der Generalversammlung eine Definition beschlossen (Res. 3314 (XXIX)). Demnach ist davon auszugehen, dass eine Aggression und damit ein Verstoß gegen das Gewaltverbot in der Regel (prima facie – Beweis des ersten Anscheins) dann vorliegt, wenn ein Staat zuerst militärische Gewalt anwendet. Um das Vorliegen einer derartigen Aggressionshandlung intersubjektiv nachvollziehbar zu machen, enthält die Resolution eine differenzierte Kasuistik von Handlungsformen, die den Tatbestand der ‚Aggression' erfassen soll.

Interventionsverbot

Neben dem Verbot der Androhung und Anwendung von Gewalt untersagt das sicherheitspolitische Programm der Vereinten Nationen zudem die Einmischung in die inneren Angelegenheiten von Staaten. Die Satzung bezieht dieses Interventionsverbot zunächst nur auf die Aktivitäten der Vereinten Nationen selbst und schließt, abgesehen von Zwangsmaßnahmen nach Kapitel VII SVN (siehe unten), ein „Eingreifen in Angelegenheiten, die ihrem Wesen nach zur inneren Zuständigkeit eines Staates gehören" (Art. 2, Ziff. 7 SVN), aus. Es sind damit namentlich alle wirtschaftlichen, politischen und subversiven Eingriffe erfasst, mit denen die Organisation einen Staat zu einem bestimmten innenpolitischen Verhalten zwingen könnte. Ausnahmen stellten freilich Fragen der Dekolonisierung, des Rassismus und der Apartheid dar, bei denen die Generalversammlung eine Berufung von betroffenen Staaten auf das Interventionsverbot der Vereinten Nationen ausschloss.

Relativierung des Interventionsverbots während der 1990er Jahre

Nicht nur die Generalversammlung hat die Geltung des Prinzips der Nichtintervention in ausgewählten Sachbereichen relativiert. Als weitaus bedeutender erwies sich die Praxis des Sicherheitsrates während der 1990er Jahre, häufiger auf die Ausnahmeregelung des Art. 2, Ziff. 7, 2. Hs. SVN zu rekurrieren. Diese erlaubt es ihm, in solche inneren Angelegenheiten von Mitgliedstaaten zu intervenieren, die – und dies muss der Sicherheitsrat formal i.S.v. Art. 39 SVN feststellen – eine Gefährdung des Weltfriedens oder der internationalen Sicherheit darstellen. Eine solche Feststellung erlaubt es ihm, Maßnahmen nach Kapitel VII SVN zu ergreifen (vgl. operative Tätigkeiten). Die Relativierung des Prinzips der Nichtintervention folgte aus der systematischen Erweiterung des Begriffs der Friedensbedrohung auf zwei Bereiche, die vor dem Ende des Ost-West-Konflikts im Regelfall außerhalb der Jurisdiktion der Vereinten Nationen verortet wurden. Beim ersten Bereich handelt es sich um innerstaatliche, mit Waffengewalt ausgetragene Konflikte. So wurde beispielsweise das Vorgehen Iraks gegen die kurdische Bevölkerung im Norden des Landes in der Res. 688 (1991) zur Friedensbedrohung erklärt. Freilich spielten in diesem Falle die grenzüberschreitenden Effekte des innerstaatlichen Konflikts, die massiven Flüchtlingsströme, eine nicht zu unterschätzende Rolle. In dieser Hinsicht eindeutig war erstmals die Feststellung der Friedensbedrohung durch den Sicherheitsrat im Falle des Bürgerkriegs in Angola (Res. 864 (1993)). Das Gremium stützte seine Feststellung ausschließlich auf die interne Situation des Landes (Chesterman 2001, 138 u. 139).

‚humanitäre Intervention'

Der zweite Bereich fand weitaus größere Beachtung. So stufte der Sicherheitsrat in zunehmendem Maße anhaltende gravierende Menschenrechtsverlet-

190

zungen innerhalb von Staaten als Bedrohung des Weltfriedens und der internationalen Sicherheit ein und erklärte diese zur Grundlage seines Handelns nach Kapitel VII SVN (vgl. eingehender Kap. 10.1.2). Trotz der Aufwertung des Prinzips des Menschenrechtsschutzes durch die Praxis des Sicherheitsrates während der 1990er Jahre erscheint es verfrüht, dem Prinzip der Nichtintervention ein Recht oder gar eine Pflicht des Sicherheitsrates zur humanitären Intervention oder deren Autorisierung im Falle gravierender Menschenrechtsverletzungen gegenüber zu stellen. So kann zu diesem Zeitpunkt lediglich ein Trend in der Praxis des Sicherheitsrats ausgemacht werden, Menschenrechtsverletzungen nicht nur dann als Friedensbedrohung aufzufassen, wenn sie grenzüberschreitende Flüchtlingsströme auslösen, sondern bereits dann, wenn sie anhaltend und schwerwiegend sind und mit humanitären Notsituationen zusammen fallen, auch wenn keine nachhaltigen Außenwirkungen auftreten (Ebock 2000, 295-298). Der Umstand, dass alle einschlägigen Resolutionen des Sicherheitsrates, in denen Zwangsmaßnahmen als Reaktion auf massive Menschenrechtsverletzungen beschlossen wurden, auf die „Einmaligkeit" der jeweils herrschenden Verhältnisse verwiesen, lässt zudem den Schluss zu, dass die Entscheidungsträger bislang vor der Anerkennung eines allgemein gültigen Prinzips der humanitären Intervention zurückschreckten (Chesterman 2001, 162).

Ein auf die zwischenstaatlichen Beziehungen gerichtetes Interventionsverbot kennt die Satzung der Vereinten Nationen nicht. Bezogen auf die Anwendung oder Androhung von Gewalt ist ein solches auch überflüssig, da den Staaten durch das Allgemeine Gewaltverbot diese Form der Intervention bereits völkerrechtlich untersagt ist. Trotzdem hat die Generalversammlung durch eine Reihe von Resolutionen (Res. 290 (IV); Res. 1236 (XII); Res. 2131 (XX); Res. 2625 (XXV)) ein zwischenstaatliches Interventionsverbot geschaffen. Demnach sind nicht nur militärische, sondern auch wirtschaftliche, politische oder andere Handlungen, die die Ausübung souveräner Rechte anderer Staaten beeinträchtigen, verboten. Mit anderen Worten, Einflussnahme von außen wird dann zur unerlaubten ‚Einmischung in die inneren Angelegenheiten', wenn ein auswärtiger Akteur auf das Herrschaftssystem eines Landes einzuwirken versucht (Czempiel 2000, 510). Allerdings stellt dieses Verbot – und dies ist für Programmentscheidungen, die wie die Resolutionen der Generalversammlung der Vereinten Nationen durch Mehrheitsbeschluss zustande kommen, typisch – keine völkerrechtsverbindliche Norm, sondern ‚nur' eine Empfehlung dar. Das zwischenstaatliche Interventionsverbot kann, nachdem es mehrfach in Resolutionen der Generalversammlung bestätigt wurde, freilich inzwischen völkergewohnheitsrechtlichen Rang beanspruchen, obwohl es in der Praxis wiederholt gebrochen wurde (Chesterman 2001, 59f.; Ermacora 1991, 107).

erlaubte Einflussnahme vs. unerlaubte Einmischung

Stark umstritten ist die erbetene Intervention, das heißt eine Intervention, die auf förmliches Ersuchen einer Regierung eines anderen Staates erfolgt. Zwar kollidiert sie nicht mit den Normen und Regeln der Vereinten Nationen und ist damit völkerrechtlich unbedenklich. Jedoch bietet sie zum einen ein Schlupfloch, um das allgemeine Verbot der Anwendung und Androhung von Gewalt, wie im Falle der US-amerikanischen Intervention auf Grenada (1983) und der sowjetischen Intervention in Afghanistan (1979), zu umgehen. Zum anderen ist gerade in den seit dem Ende des Ost-West-Konflikts vorherrschenden so genannten kleinen, vor allem lokalen Kriegen nicht klar feststellbar, welche politische Gruppe im Kriegsgebiet die legitime Inhaberin der Staatsgewalt ist und somit eine Intervention im Einklang mit dem Völkerrecht erbitten darf (Bothe/Martenczuk 1999, 129; Woyke 2000, 226).

erbetene Intervention

191

Neben dieser offenkundigen Lücke sind in der Satzung der Vereinten Nationen einige Fälle der ausdrücklich legalen Gewaltanwendung genannt (Ebock 2000, 305; Gareis/Varwick 2002, 79-86). Schließlich kennen innerstaatliche Rechtsordnungen ebenfalls Ausnahmen vom Verbot der gewaltsamen Selbsthilfe. So bestätigt die VN-Satzung das Recht der Staaten auf individuelle und kollektive Selbstverteidigung (Art. 51 SVN) im Falle eines Angriffs durch Dritte (analog zum Notwehr- oder Nothilferecht). Außerdem fallen vom VN-Sicherheitsrat im Rahmen von Kapitel VII der VN-Satzung zu beschließende militärische Zwangsmaßnahmen zur Wahrung des Weltfriedens und der internationalen Sicherheit nicht unter das Allgemeine Gewaltverbot.[12] Auch wenn der Sicherheitsrat solche militärischen Zwangsmaßnahmen nach dem Ende des Ost-West-Konflikts weitaus öfter als zuvor autorisierte, kann festgehalten werden, dass das sicherheitspolitische Programm der Vereinten Nationen gewaltsame Selbsthilfe verbietet und, abgesehen von der erbetenen Intervention und dem Recht auf Selbstverteidigung, dem Sicherheitsrat das Gewaltlegitimierungsmonopol in den internationalen Beziehungen überträgt.

8.1.2 Operative Tätigkeiten der Vereinten Nationen

Um den Staaten die Einhaltung der Verhaltensanforderungen zu erleichtern, beinhaltet das sicherheitspolitische Programm der Vereinten Nationen neben den Normen und Regeln zur Regulierung zwischenstaatlichen Verhaltens auch Normen und Regeln, die ihnen Kompetenzen bei der operativen Umsetzung des Allgemeinen Gewaltverbots und der Pflicht zur friedlichen Streitbeilegung zusprechen. Mit anderen Worten, das sicherheitspolitische Programm der Vereinten Nationen beinhaltet Normen und Regeln, die einzelne Organe der Organisation ermächtigen, im Rahmen von zwei parallel operierenden Sicherheitssystemen tätig zu werden: im System kollektiver Sicherheit sowie im System konsensualer Sicherheit, das letzte ausdifferenziert in Verfahren der friedlichen Streitbeilegung und der friedenserhaltenden Maßnahmen oder Friedensmissionen.

8.1.2.1 Kollektive Sicherheit und Zwangsmaßnahmen (Kap. VII SVN)

Den geringsten Teil ihrer operativen Tätigkeiten im Sachbereich 'Sicherheit' führten die Vereinten Nationen bisher im Rahmen ihres Systems kollektiver Sicherheit durch. Systeme kollektiver Sicherheit zeichnen sich dadurch aus, dass sie den Mitgliedern des Kollektivs eine Sicherheitsgarantie gegenüber Bedrohungen geben, die von Mitgliedern des Kollektivs selbst ausgehen. Im Unterschied zur kollektiven Verteidigung gestützt auf ein Militärbündnis gilt die Sicherheitsgarantie eines kollektiven Sicherheitssystems nicht nur gegenüber externen Bedrohungen, sondern ist vor allem nach innen gerichtet. Es sieht vor, dass die Gemeinschaft der Mitgliedstaaten auf die Aggression eines oder mehrerer Mitglieder durch kollektives Handeln unter Einschluss militärischer Mittel reagiert. 'Kollektive Sicherheit' bezeichnet mithin ein Programm und operative Tätigkeiten, die jede rechtswidrige physische Gewaltanwendung eines Mitglieds

---

12 Die so genannten Feindstaatenklauseln der Art. 53 und 107 SVN sind als Ausnahmetatbestände vom Allgemeinen Gewaltverbot obsolet geworden (Gareis/Varwick 2002, 85).

oder mehrerer Mitglieder des Kollektivs gegen ein anderes oder mehrere andere Mitglieder desselben Kollektivs mit Zwangsmaßnahmen der Gemeinschaft der Mitgliedstaaten beantwortet. Ein System kollektiver Sicherheit ist letztendlich ein Bündnis, das sich gegen einen beliebigen Aggressor richtet, der aus den eigenen Reihen kommt, zum Zeitpunkt der Errichtung des Systems kollektiver Sicherheit jedoch nicht feststeht.

Um ein derartiges System kollektiver Sicherheit weltweit praktisch wirksam werden zu lassen, weist die Satzung der Vereinten Nationen dem Sicherheitsrat weitgehende Kompetenzen zu. Der Sicherheitsrat ist das zentrale Organ, das die Staatengemeinschaft im Falle einer akuten Bedrohung oder eines Bruchs des Weltfriedens und der internationalen Sicherheit zu kollektivem Handeln befähigen kann. Zu dieser Kompetenz gehört, dass nur der Sicherheitsrat rechtsgültig einen Verstoß gegen das Verbot der Androhung und Anwendung von Gewalt feststellen darf. Diese ausschließliche Kompetenz der rechtsgültigen Tatbestandsfeststellung setzt die Überwachung des Verhaltens der Staaten voraus. Diese Überwachung der Einhaltung des Gewaltverbots wird zwar zunächst von den bedrohten oder angegriffenen Staaten selbst vorgenommen, sie melden dem Sicherheitsrat Übergriffe gegen ihre territoriale Integrität oder politische Unabhängigkeit. Im Übrigen können auch unbeteiligte Staaten ebenso wie der Generalsekretär der Vereinten Nationen den Sicherheitsrat auf jede Angelegenheit aufmerksam machen, die nach ihrem Dafürhalten geeignet ist, die Wahrung des Weltfriedens und der internationalen Sicherheit zu gefährden (Art. 99 SVN). Um festzustellen, ob „eine Bedrohung oder ein Bruch des Friedens oder eine Angriffshandlung vorliegt", ist ein Beschluss des Sicherheitsrates notwendig (Art. 39 SVN). Erst ein derartiger Beschluss des Sicherheitsrates legitimiert weitere Maßnahmen im Rahmen des Systems kollektiver Sicherheit der Vereinten Nationen. Indem ihm die Kompetenz der Feststellung von Verstößen gegen das Allgemeine Gewaltverbot zufällt, soll vermieden werden, dass einzelne Staaten das kollektive Sicherheitssystem der Vereinten Nationen instrumentalisieren können. Die Überwachung der Einhaltung des Allgemeinen Gewaltverbots durch den Sicherheitsrat gibt den unter den Bedingungen des Sicherheitsdilemmas agierenden Staaten eine gewisse Garantie, dass die Missachtung des Verbots der Androhung und Anwendung von Gewalt von der Weltöffentlichkeit nicht unbemerkt und bei Vorliegen eines freilich sehr hohen Konsens im Sicherheitsrat auch nicht ungeahndet bleiben wird. Schon der Umstand, dass ein das Gewaltverbot verletzendes Verhalten der Staaten durch die Vereinten Nationen als solches thematisiert und stigmatisiert wird, kann bei potenziellen Aggressoren einen Abschreckungs-, bei potenziellen Opfern einen Versicherungseffekt erzeugen. Da alle Staaten sowohl als potenzielle Angreifer als auch als potenzielle Opfer gelten, kann durch die öffentlichkeitswirksame Kontrolltätigkeit der Vereinten Nationen das im Sicherheitsdilemma strukturell angelegte Misstrauen reduziert, die Stabilität des kooperativen Interaktionsmusters ‚Frieden' erhöht werden.

Angesichts der Vielzahl von Kriegen, die seit 1945 geführt wurden[13], nimmt sich die Anzahl der vom Sicherheitsrat in der Zeit des Ost-West-Konflikts festgestellten Friedensbedrohungen, Friedensbrüche oder Aggressionshandlungen

Sicherheitsrat als zentrales Organ

Überwachung

Feststellung von Verstößen gegen das Gewaltverbot

Praxis des Sicherheitsrates vor und nach 1990

---

13 Die Daten über die Anzahl der Kriege nach dem Ende des Zweiten Weltkrieges finden sich bei Gantzel/Schwinghammer (2000) sowie auf der Homepage des Heidelberger Instituts für Internationale Konfliktforschung, welches seine KOSIMO-Datenbank durch das jährlich erscheinende Konfliktbarometer aktualisiert (http://www.hiik.de).

bescheiden aus. Bei diesem Befund muss freilich berücksichtigt werden, dass der Anteil der zwischenstaatlichen im Vergleich zum Anteil innerstaatlicher Kriege ebenfalls gering war. Allein im Falle der Androhung oder Anwendung von Gewalt durch so genannte Paria-Staaten wie Südafrika oder Rhodesien stellte der Sicherheitsrat – ansonsten meist durch ein Veto blockiert – mehrfach Friedensbedrohungen, Friedensbrüche oder Aggressionshandlungen fest. Außerdem wurden Nord-Korea wegen seines Angriffs auf Südkorea (1950) und Argentinien wegen seiner Besetzung der britischen Falkland-Inseln (1982) verurteilt. Seit 1990 hat sich die Zahl der vom Sicherheitsrat ausgesprochenen Verurteilungen deutlich erhöht (vgl. Kap. 10.1.2). Dies ist auf die im letzten Abschnitt erläuterte

Ausweitung des Begriffs der Friedensbedrohung nach 1990

Ausweitung des Begriffs der ‚Friedensbedrohung' zurück zu führen. So beinhaltet die Verurteilung des Irak nach dem Überfall auf Kuwait (Res. 660 (1990)) die Feststellung einer ‚traditionellen' Aggressionshandlung, die Verletzung der territorialen Integrität eines Mitgliedstaates. Gleiches gilt im Falle der Kämpfe im ehemaligen Jugoslawien: Für die Feststellung einer Bedrohung des Weltfriedens und der internationalen Sicherheit durch Rest-Jugoslawien, das heißt Serbien und Montenegro waren die zwischenstaatlichen Kampfhandlungen maßgebend (Res. 713 (1991)), ein herkömmliches Kriterium. Anders verhält es sich beispielsweise in den Fällen Somalias (Res. 746 (1992)) und Ruandas (Res. 918 (1994)). Hier sah der Sicherheitsrat die Friedensbedrohung ausschließlich in den anhaltenden massiven Menschenrechtsverletzungen und den damit einher gehenden humanitären Notsituationen begründet und gab somit das Kriterium der staatliche Grenzen überschreitenden Gewalthandlungen auf.

Problem: mangelnde Trennung von Exekutive und Judikative

Hat der Sicherheitsrat gemäß Art. 39 SVN eine Bedrohung oder einen Bruch des Friedens oder eine Angriffshandlung festgestellt, so kann er zum einen Empfehlungen an die Staatenwelt richten, zum anderen alle in Kapitel VII der Satzung der Vereinten Nationen umschriebenen Maßnahmen ergreifen, um den Weltfrieden und die internationale Sicherheit zu wahren oder wiederherzustellen. Er besitzt für den Fall der Bedrohung der internationalen Sicherheit und des Weltfriedens eine zwar materiell-rechtlich beschränkte, aber durch ein anderes Organ der Vereinten Nationen wie z.B. den Internationalen Gerichtshof prozessual nicht überprüfbare Entscheidungs- und Handlungsvollmacht. Dies kann insofern als problematisch gelten, als hier die verfassungsstaatlich traditionell getrennten Funktionen von Judikative (Recht sprechende Gewalt) und Exekutive (ausführende Gewalt) zusammenfallen: Die Mitglieder des Sicherheitsrates können sich und Dritte durch die Feststellung einer Aggressionshandlung zur Legitimierung und Anwendung militärischer Maßnahmen gegen den Aggressor unüberprüfbar selbst autorisieren. Er kann rechtlich nicht dafür zur Rechenschaft gezogen werden, ob eine festgestellte Aggressionshandlung tatsächlich vorliegt oder ob die zur Anwendung kommenden Maßnahmen dem Verhältnismäßigkeitsgrundsatz entsprechen (Stein 1999, 332-338).

Konkretisierung und Spezifizierung des Allg. Gewaltverbots – Beispiele

Von seiner Handlungsvollmacht macht der Sicherheitsrat in der Regel zunächst dadurch Gebrauch, dass er den Streitparteien rechtsverbindliche Verhaltensanweisungen erteilt, die das allgemeine Verbot der Anwendung und Androhung von Gewalt auf die konkrete Krisensituation beziehen und inhaltlich ausfüllen. Er konkretisiert und spezifiziert das Allgemeine Gewaltverbot und macht es damit auf die aktuelle Konfliktsituation anwendbar. So verurteilte der Sicherheitsrat (Res. 660 (1990)) beispielsweise die irakische Invasion in Kuwait und verlangte, dass der Irak alle seine Streitkräfte unverzüglich und bedingungslos zurückziehe. Gleichzeitig rief er Irak und Kuwait dazu auf, Verhandlungen zur

Lösung ihrer Differenzen aufzunehmen. In jüngerer Zeit verurteilte der Sicherheitsrat (Res. 1160 (1998)) die Gewalttaten serbischer Polizeikräfte im Kosovo sowie die Terrorakte der kosovarischen Befreiungsarmee UČK. Er verknüpfte die Forderung nach der Aufnahme eines politischen Dialogs mit konkreten inhaltlichen Vorschlägen wie der Wiederherstellung des Autonomiestatus der Region Kosovo. Weiterhin kann der Sicherheitsrat die Einstellung militärischer Handlungen, den Rückzug aus besetzten Gebieten, die Achtung der Souveränität und der territorialen Integrität eines Staates, die Vernichtung von Atomwaffen oder auch die Einstellung von Menschenrechtsverletzungen fordern. Kurz, der Sicherheitsrat erlegt den Streitparteien konkrete Beschränkungen ihrer Handlungsfreiheit auf und gibt ihnen Verhaltensrichtlinien vor, die den Weltfrieden und die internationale Sicherheit wahren oder wiederherstellen sollen. Durch die Konkretisierung und Spezifizierung entzieht der Sicherheitsrat die Auslegung des Allgemeinen Gewaltverbots der willkürlichen Interpretation der Staaten und weist die Konfliktparteien rechtsverbindlich an, wie sie die Gewaltanwendung vermeiden oder beenden müssen. Indem er klare rechtliche Schranken setzt, gibt er den Staaten vor, wie sie ihren Willen, die Gewaltanwendung zu vermeiden, demonstrieren können, um der Zuspitzung des Sicherheitsdilemmas in einer Krisensituation zu entkommen.

Sowohl der Sicherheitsrat als auch die Generalversammlung können das Verhalten von Staaten zudem in Form von Resolutionen verurteilen und so moralischen Druck ausüben. Als weitere Sanktionsmöglichkeit bleibt den Vereinten Nationen die Suspendierung (Art. 5 SVN) oder der Ausschluss eines Mitgliedes, das Grundsätze der Satzung „beharrlich verletzt" (Art. 6 SVN). Dies geschieht jeweils auf Empfehlung des Sicherheitsrates durch Beschluss der Generalversammlung. Da sich aber die Organisation durch den Ausschluss eines Mitgliedstaates der Möglichkeit des Einwirkens auf das Verhalten des betreffenden Staates beraubt, ist diese Form der Sanktionierung eine zweischneidige Angelegenheit. In der Praxis der Vereinten Nationen wurde von ihr bisher noch nicht Gebrauch gemacht. Einer Suspendierung gleich kam hingegen das Einfrieren der VN-Mitgliedschaft Jugoslawiens. Rest-Jugoslawien (Serbien und Montenegro), das die Rechtsnachfolge Jugoslawiens und damit auch dessen Mitgliedschaft in den Vereinten Nationen beanspruchte, wurde im Zusammenhang mit den militärischen Auseinandersetzungen in Kroatien und Bosnien-Herzegowina zwar die Mitgliedschaft belassen, dafür aber 1992 von der Teilnahme an der Generalversammlung ausgeschlossen (SR-Res. 777 (1992); GV-Res. 47/1). Seit dem 1.11. 2000 übt die Bundesrepublik Jugoslawien wieder uneingeschränkt ihre Mitgliedschaftsrechte in den Vereinten Nationen aus. Vorausgegangen war das formelle Aufnahmeverfahren für Nicht-Mitglieder (Talmon 2000b), welches durch einen Antrag auf Aufnahme in die Vereinten Nationen in Gang gesetzt wird. Im Falle Jugoslawiens wurde dieser Antrag (UN-Dok. S/2000/1043) im Herbst 2000 gestellt. Nachdem der Sicherheitsrat kurze Zeit später der Generalversammlung die Aufnahme Jugoslawiens empfohlen hatte (SR-Res. 1326 (2000)), nahm die Generalversammlung per Resolutionsbeschluss (GV-Res. 55/12) die Empfehlung des Sicherheitsrates an.

Kommen die Streitparteien den Weisungen des Sicherheitsrates nicht nach, so kann dieser Maßnahmen beschließen, die „zu ergreifen sind, um seinen Beschlüssen Wirksamkeit zu verleihen" (Art. 41 SVN). Mit anderen Worten, der Sicherheitsrat verfügt über das Recht, bei Missachtung der von ihm beschlossenen Verhaltensmaßregeln weiter gehende Sanktionen zu verhängen. Er ist dabei

Sanktionierung von Verstößen gegen das Allg. Gewaltverbot mittels Suspendierung mitgliedstaatlicher Rechte oder Ausschluss eines Mitglieds

195

allerdings auf die Kooperation der Staatengemeinschaft angewiesen, da die Implementation von Sanktionen dezentral erfolgt. Beschließt er nicht-militärische Zwangsmaßnahmen – die Satzung der Vereinten Nationen sieht hier eine „vollständige oder teilweise Unterbrechung der Wirtschaftsbeziehungen, des Eisenbahn-, See- und Luftverkehrs, der Post-, Telegrafen- und Funkverbindungen sowie sonstiger Verkehrsmöglichkeiten und den Abbruch der diplomatischen Beziehungen" (Art. 41 SVN) vor –, so fordert er die VN-Mitglieder rechtsverbindlich auf, seinen Beschlüssen Wirksamkeit zu verleihen. Diese kommen dieser Verpflichtung dadurch nach, dass sie ihre Gesetze, Verwaltungsvorschriften und Verwaltungspraxis so gestalten, dass diese die Anforderungen der Sicherheitsratsbeschlüsse erfüllen.

Verhängung nicht-militärischer Zwangsmaßnahmen

Von diesem Mittel der Durchsetzung des Allgemeinen Gewaltverbots hat der Sicherheitsrat unter Bezugnahme auf Art. 41 SVN während des Ost-West-Konflikts nur in zwei Fällen Gebrauch gemacht. Erstmals verhängte er Wirtschaftssanktionen 1966 gegen Rhodesien (Res. 232 (1966)), dessen Unabhängigkeitserklärung durch ein weißes Minderheitsregime er (gemäß Art. 39 SVN) als Friedensbedrohung bewertet hatte. In der Folge verschärfte der Sicherheitsrat in einer Reihe weiterer Resolutionen seine Boykottmaßnahmen, bis er sie 1979 wieder aufhob, als Rhodesien unter der Führung einer schwarzen Mehrheitsregierung und mit dem Namen ‚Zimbabwe' unabhängig wurde. Im Falle des Apartheidregimes in Südafrika sprach der Sicherheitsrat in Reaktion auf die blutigen Unruhen in den ‚black townships' (1976) ein Waffenembargo (Res. 418 (1977)) aus. Rechtsverbindliche Wirtschaftssanktionen wurden hingegen nicht verhängt, der Sicherheitsrat beschränkte sich hier auf die Empfehlung an die Mitgliedstaaten, freiwillig umfassende Wirtschaftssanktionen gegen Südafrika zu verhängen. Die Sanktionen gegen Südafrika wurden 1994 aufgehoben, nachdem dort Wahlen unter Beteiligung der schwarzen Bevölkerungsmehrheit abgehalten worden waren.

Praxis vor 1990

Seit 1990 zeigt der Sicherheitsrat allerdings vermehrt den Willen, durch nicht-militärische Zwangsmaßnahmen nicht nur die Außenseiter der internationalen Politik (Paria-Staaten) zu sanktionieren, sondern dem Gewaltverbot in der internationalen Politik global Geltung zu verschaffen. So hat er seit 1990 bereits in vierzehn Fällen derartige Sanktionen verhängt. Beispielsweise wurde schon vier Tage nach dem Überfall des Irak auf Kuwait 1990 ein umfassendes Handelsembargo gegen Irak verhängt (Res. 661 (1990)), das bis heute in modifizierter Form andauert. Um die Kämpfe im ehemaligen Jugoslawien einzudämmen, beschloss der Sicherheitsrat ein vollständiges Waffenembargo (Res. 713 (1991)), das das gesamte Territorium des ehemaligen Jugoslawien betraf. Gegenüber Rest-Jugoslawien (Serbien und Montenegro) wurden zudem Wirtschaftssanktionen verhängt (Res. 757 (1992)), insbesondere wurde die Unterbindung des Handels mit Rohstoffen und Fertigwaren sowie eine Unterbrechung des Luftverkehrs angeordnet. Der Sicherheitsrat hob die genannten Sanktionen im Jahre 1996 auf (Res. 1074), verhängte aber nur zwei Jahre später im Zuge des Kosovo-Konflikts erneut ein Waffenembargo (Res. 1160 (1998)), welches im September 2001 aufgehoben wurde (Res. 1367 (2001)).

Praxis seit 1990

Bei den seit dem Ende des Ost-West-Konflikts ergriffenen nicht-militärischen Sanktionsmaßnahmen hat der Sicherheitsrat auch von der Möglichkeit Gebrauch gemacht, die VN-Mitglieder aufzufordern (gemäß Art. 48 SVN), die Verwirklichung dieser nicht-militärischen Sanktionsmaßnahmen auch unter Anwendung militärischer Gewalt zu erzwingen. In Bezug auf den Irak forderte er

(Res. 665 (1990)) „diejenigen Mitgliedstaaten, die mit der Regierung Kuwaits zusammenarbeiten und Seestreitkräfte in das Gebiet verlegen, auf, unter der Weisungsbefugnis des Sicherheitsrates die erforderlichen, den Umständen angemessenen Maßnahmen anzuwenden, um alle einlaufenden und auslaufenden Seetransporte zur Kontrolle und Überprüfung ihrer Fracht und ihres Bestimmungsortes anzuhalten und die strikte Anwendung der auf derartige Transporte bezüglichen Bestimmungen der Resolution 661 (1990) sicherzustellen." Auch das Waffenembargo gegen das ehemalige Jugoslawien wurde im Auftrag der Vereinten Nationen von Seestreitkräften der NATO und der WEU in der Adria überwacht und durchgesetzt.

Sollten sich die nicht-militärischen Zwangsmaßnahmen zur Durchsetzung der Beschlüsse des Sicherheitsrates als ungenügend erweisen, so hat dieser die Möglichkeit, die Beseitigung des durch die Aggression geschaffenen unrechtmäßigen Zustandes notfalls mit Waffengewalt zu erzwingen. Er kann „mit Luft-, See- oder Landstreitkräften die zur Wahrung oder Wiederherstellung des Weltfriedens und der internationalen Sicherheit erforderlichen Maßnahmen durchführen" (Art. 42 SVN). *Verhängung militärischer Zwangsmaßnahmen*

Um den Sicherheitsrat als Agentur der Staatengemeinschaft in den Stand zu versetzen, derartige militärische Zwangsmaßnahmen vorzunehmen, sieht die Satzung der Vereinten Nationen vor, Truppenkontingente unter die strategische Leitung eines dem Sicherheitsrat verantwortlichen Generalstabsausschusses zu stellen (Art. 47 SVN). Dieser soll den Sicherheitsrat bei der Durchführung militärischer Aktionen unterstützen. Zu diesem Zweck ist vorgesehen, dass die Mitgliedstaaten „nach Maßgabe eines oder mehrerer Sonderabkommen dem Sicherheitsrat auf sein Ersuchen Streitkräfte zur Verfügung stellen" (Art. 43 SVN). In Wirklichkeit wurden bis heute derartige Sonderabkommen nicht abgeschlossen, so dass die Vereinten Nationen nicht, wie in der Satzung vorgesehen, über ihr assignierte Streitkräfte der Mitgliedstaaten verfügen (Kühne 2000a, 295). Die ständigen Mitglieder des Sicherheitsrates hatten zwar in einer Resolution 1946 den Generalstabsausschuss beauftragt, über die Bereitstellung von VN-Truppen zu beraten, doch weder im Generalstabsausschuss noch im Sicherheitsrat konnten sich die Großmächte über die Modalitäten der Aufstellung einer VN-Streitmacht einigen. Zu den Haupthindernissen gehörten die Fragen der Truppenstärke und der Truppenstationierung. Eine der Voraussetzungen eines wirksamen kollektiven Sicherheitssystems ist deshalb bis heute unerfüllt geblieben. Die Vereinten Nationen sind für die Durchführung kollektiver militärischer Zwangsmaßnahmen auf die fallweise Unterstützung einzelner Mitgliedstaaten (gemäß Art. 48 SVN) oder regionaler Abmachungen (gemäß Art. 53, Abs. 1 SVN) angewiesen geblieben. *bisher keine eigenen VN-Truppen*

Militärische Zwangsmaßnahmen im Sinne der Satzung der Vereinten Nationen wurden in der Geschichte der Organisation in Erfüllung der Resolution 816 (1993) des Sicherheitsrates erstmals im Frühjahr 1994 bei der Durchsetzung des Flugverbots über Bosnien-Herzegowina durch die NATO durchgeführt. Die ein Jahr darauf von der NATO ausgeführten massiven Luftschläge gegen Stellungen der bosnischen Serben stützten sich ebenfalls auf eine Resolution des Sicherheitsrates (Res. 836 (1993)), in der die Mitgliedstaaten und regionale Einrichtungen oder Abmachungen ermächtigt wurden, die Schutztruppe der Vereinten Nationen (UNPROFOR) mittels des Einsatzes von Luftstreitkräften zu unterstützen. Dem in der VN-Satzung vorgeschriebenen Verfahren nahe kamen aber auch die Maßnahmen, die im Zusammenhang mit dem Korea-Krieg (1950) beschlossen wurden. Allerdings bestand hier die Ausnahmesituation, dass die UdSSR die Sit- *Beispiele*

197

zungen des Sicherheitsrates zeitweilig boykottierte und es deshalb versäumt hatte, bei den entsprechenden Abstimmungen ihr Veto einzulegen. So wurde den VN-Mitgliedern zwar gemäß Art. 48 SVN empfohlen, der Republik Korea Unterstützung zu gewähren. Da jedoch die USA beauftragt wurden, an Stelle des Generalstabsausschusses das VN-Oberkommando zu bilden, hatte der Einsatz den Charakter einer US-Militäraktion. Es handelte sich demgemäß im Grunde nicht um einen VN-Einsatz im Sinne der kollektiven Sicherheit. Noch eindeutiger ist der Fall der militärischen Gewaltanwendung im Golfkrieg 1991 gelagert. Der Sicherheitsrat führte die militärischen Maßnahmen nach dem irakischen Überfall auf Kuwait weder (gemäß Art. 42 SVN) selbst durch, noch hatte er die Mitglieder zur Anwendung militärischer Zwangsmaßnahmen (gemäß Art. 48 SVN) aufgefordert. Die bloße Legitimierung des militärischen Eingreifens der Golfkriegskoalition kann auch deshalb nur schwerlich auf Art. 48 gestützt werden, da die Truppen eindeutig nicht der strategischen Leitung oder immerhin Kontrolle des Sicherheitsrates unterstanden. Der Einsatz der Truppen zur Befreiung Kuwaits kann, wie auch der Einsatz im Korea-Krieg, vornehmlich auf das Recht „zur individuellen und kollektiven Selbstverteidigung" (Art. 51 SVN) gestützt werden. Die Legitimation des Einsatzes durch die Vereinten Nationen ist mithin als Unterstützung des multinationalen Vorgehens im Sinne kollektiver Nothilfe, nicht als Maßnahme kollektiver Sicherheit zu sehen.

NATO-Operation ‚Allied Force' als Sonderfall

Auch im Falle der im Frühjahr 1999 durchgeführten NATO-Operation ‚Allied Force' im Rahmen des Kosovo-Konflikts wurde auf Art. 51 der VN-Charta rekurriert. Alle anderen Möglichkeiten, diesen Einsatz in Einklang mit der VN-Charta zu bringen, waren von vornherein ausgeschlossen. So konnte Art. 53 der VN-Charta in diesem Falle nicht greifen, da der Sicherheitsrat die dort genannten Regionalorganisationen zur Durchführung von Zwangsmaßnahmen ausdrücklich ermächtigen muss. Dies geschah vor Beginn der NATO-Angriffe nicht, und auch die vom Sicherheitsrat nach Einstellung der Kampfhandlungen verabschiedete Resolution 1244 vom 10.06.1999 konnte nicht der nachträglichen Rechtfertigung dienen (Bothe/Martenczuk 1999). Ein Rückgriff auf Art. 51 SVN wurde allerdings auch zurückgewiesen, da kollektive Nothilfe zugunsten unterdrückter, nach Sezession strebender ethnischer Gruppen nach herrschender Meinung der VN-Charta widerspricht (Tomuschat 1999, 33). Die NATO-Operation ‚Allied Force' gegen die frühere Bundesrepublik Jugoslawien erfolgte somit außerhalb des von der Charta der Vereinten Nationen konstituierten Sicherheitssystems (Brock 2000, 136; Chesterman 2001, 214f.; Ebock 2000, 330f.).

Gründe für das Scheitern kollektiver Sicherheit vor 1990...

Die mangelnde Verwirklichung kollektiver Sicherheit während des Ost-West-Konflikts ist auf den fehlenden Konsens der beteiligten Staaten, vor allem der ständigen Mitglieder des Sicherheitsrates, zurückzuführen. Es zeigte sich schon früh, dass der Konsens der Alliierten, der die Anti-Hitler-Koalition zusammengehalten hatte, im Zuge des beginnenden Ost-West-Gegensatzes brüchig wurde. Das Vetorecht der fünf ständigen Mitglieder verhinderte (wie beabsichtigt), dass diese – abgesehen vom Sonderfall des Korea-Krieges (1950) – als Kriegsgegner auf Seiten der beteiligten Streitparteien auftauchen konnten, führte jedoch gleichzeitig zu einer Blockierung des Systems kollektiver Sicherheit.[14]

...und nach 1990

Die Lücke zwischen Theorie und Praxis der kollektiven Sicherheit im Rahmen der Vereinten Nationen muss – zumindest was die militärischen Zwangs-

---

14 Bis 1990 machten die ständigen Mitglieder insgesamt rund 240 Mal von ihrem Vetorecht Gebrauch (Mingst/Karns 2000, 28).

maßnahmen betrifft – auch nach dem Ende des Ost-West-Konflikts als schwer überwindbar gelten. Freilich könnte gerade die glaubhafte Drohung mit kollektiven Zwangsmaßnahmen ein entscheidender Beitrag zur Implementation des Verbots der gewaltsamen Selbsthilfe in der internationalen Politik sein. Denn Sanktionen, seien sie militärischer oder nicht-militärischer Art, bewirken zweierlei. Zum einen schrecken sie potenzielle Aggressoren von der gewaltsamen Selbsthilfe ab. Sie reduzieren damit die Unsicherheit der potenziellen Opfer und tragen zum Abbau des Misstrauens zwischen den Staaten bei. Zum anderen – und dies scheint angesichts der Charakteristika der problematischen Handlungsinterdependenz im Sachbereich ,Sicherheit' noch entscheidender – sind erwartungssichere kollektive Zwangsmaßnahmen dazu geeignet, den Schutz des in Frage stehenden Gutes der physischen Existenz eines politischen Kollektivs zu gewährleisten und so eines der Kooperationshindernisse im Sachbereich ,Sicherheit' zu beseitigen. Kollektive Zwangsmaßnahmen tragen so dazu bei, dass bei der Auswahl von Mitteln zur Garantie der eigenen Sicherheit auf ,worst-case'-Annahmen verzichtet werden kann und in Krisensituationen die staatlichen Entscheidungsträger weniger unter dem Druck von Präemptionszwängen stehen. Im Resultat führt auch dies zum Abbau des gegenseitigen Misstrauens und damit zu erhöhter Sicherheit. Doch setzen erwartungssichere kollektive Zwangsmaßnahmen das Greifen eines rechtlichen Automatismus voraus, den das im Kern politische Verfahren des Sicherheitsrates mit seiner Tendenz zur Selektivität verhindert. Von Beginn an politisch war das Verfahren dergestalt, dass der Sicherheitsrat nur auf der Basis eines Konsens seiner ständigen Mitglieder Maßnahmen nach Kapitel VII der VN-Satzung ergreifen konnte. Da dieser Konsens nie garantiert werden konnte und auch heute – trotz der vermehrten Nutzung des zur Verfügung stehenden Instrumentariums – nicht existiert und sowohl Angreifer als auch Opfer davon ausgehen mussten und müssen, dass kollektive Zwangsmaßnahmen ausbleiben können, blieb das zwischenstaatliche Misstrauen bestehen.

8.1.2.2 *Konsensuale Sicherheit I: Verfahren friedlicher Streitbeilegung (Kap. VI SVN)*

Die relative Unwirksamkeit der kollektiven Sicherheit im Rahmen der Vereinten Nationen hat zu einer Konzentration auf die operativen Tätigkeiten geführt, die sich unter der Bezeichnung ,System konsensualer Sicherheit' der Vereinten Nationen zusammenfassen lassen. Systeme konsensualer Sicherheit sind wie Systeme kollektiver Sicherheit nach innen gerichtet. Sie zielen darauf ab, die Beziehungen der Staaten, die Teil des Systems sind, untereinander zu befrieden. Im Gegensatz zu einem System kollektiver Sicherheit, das auch Zwangsmaßnahmen der Gemeinschaft gegen einzelne Mitgliedstaaten vorsieht, beruhen die Maßnahmen eines Systems konsensualer Sicherheit stets auf dem Konsens aller beteiligten Streitparteien. ,Konsens' ist hier in einem weiten Sinne zu verstehen, das heißt er reicht von aktiver, positiver Übereinstimmung bis zur Hinnahme des Unvermeidlichen. So gesehen stellt das System konsensualer Sicherheit operative Maßnahmen bereit, die der Erfüllung der Pflicht zur friedlichen Streitbeilegung vor oder nach erfolgter Gewaltanwendung (Kap. VI SVN) dienen sollen, wohingegen das System kollektiver Sicherheit mehr auf die repressive Durchsetzung des Allgemeinen Gewaltverbots zielt. Bei einem System konsensualer Sicherheit kann die Anwendung von Gewalt nur vermieden oder beendet werden,

Definition ,konsensuale Sicherheit'

wenn die Streitparteien damit erkennbar einverstanden sind, auch wenn die eine oder andere Streitpartei unter Umständen weitgehende Abstriche an ihren Zielsetzungen machen muss. Ein System konsensualer Sicherheit legt Verfahren fest, die es den Staaten ermöglichen oder zumindest erleichtern sollen, ihre Konflikte unter Verzicht auf gewaltsame Selbsthilfe zu regeln, das heißt ihrer Pflicht zur friedlichen Streitbeilegung nachzukommen.

Die Vereinten Nationen können und sollen im Rahmen der friedlichen Streitbeilegung wichtige operative Tätigkeiten entfalten. Sie können mit Hilfe verschiedener Techniken des Konfliktmanagements die Chancen friedlicher Streitbeilegung in den internationalen Beziehungen verbessern.

Gute Dienste   Dazu gehören einmal die Guten Dienste, die bei den Vereinten Nationen in der Regel vom Generalsekretär oder von einer von ihm beauftragten Person geleistet werden und den Konfliktparteien einen Kommunikationskanal anbieten, ohne sie vorab inhaltlich zu verpflichten. Die Streitparteien können beispielsweise die Guten Dienste des Generalsekretärs oder seines Beauftragten nutzen, um Bedingungen zur Aufnahme von Verhandlungen zu vereinbaren. Sie können so kommunizieren, ohne offiziell in Gespräche über die Aufnahme von Verhandlungen eingetreten zu sein, also die andere Seite als Verhandlungspartner anzuerkennen, weil dies erst ein Ergebnis von Verhandlungen sein könnte. Der Generalsekretär dient in diesem Fall als Überbringer von Botschaften, ohne sich selbst inhaltlich an dem Austausch von Botschaften zu beteiligen. Er senkt freilich die Kommunikations- und Informationskosten und trägt damit zur Anbahnung von Verhandlungen bei, die zur friedlichen Streitbeilegung führen können. Beispielsweise haben die Generalsekretäre der Vereinten Nationen in den Bürgerkriegen in Nicaragua, El Salvador und Guatemala wiederholt ihre Guten Dienste zur Verfügung gestellt und so zur Entschärfung der Konflikte beigetragen (Franck 1997, 173-217).

Untersuchung   Eine weitere Möglichkeit der Vereinten Nationen, Konfliktparteien bei der friedlichen Streitbeilegung behilflich zu sein, stellt das Verfahren der Untersuchung dar. Die Untersuchung beinhaltet eine unabhängige Tatsachenfeststellung durch Dritte, z.B. durch eine Untersuchungskommission der Vereinten Nationen. Diese soll zur Klärung der dem Streit zugrunde liegenden Tatsachen beitragen. Auf diese Weise wird den Konfliktparteien von dritter Seite das Material zur Beurteilung des Streitfalles an die Hand gegeben. Dieses kann die Streitparteien zwar nicht binden, jedoch hilfreich sein, da bei einem Streitfall häufig die Differenzen über den Sachverhalt einen Teil der Verständigungsschwierigkeiten ausmachen. Im Rahmen der Vereinten Nationen verfügt vor allem der Sicherheitsrat (gemäß Art. 34 SVN) über die Möglichkeit, Untersuchungsmissionen einzusetzen. Er hat davon in einer Reihe von Fällen Gebrauch gemacht, wenngleich er nur in zwei Fällen (1946 in Bezug auf Griechenland und 1948 in Bezug auf Indien/Pakistan) ausdrücklich unter Berufung auf Art. 34 SVN handelte.

Vermittlung   Ebenso kann die Vermittlung ein Instrument der Vereinten Nationen zur Verbesserung der Chancen friedlicher Streitbeilegung sein. Die Vermittlung misst dem Dritten eine aktive Rolle bei der Suche nach einem für die Streitparteien annehmbaren Kompromiss zu. Der Vermittler nimmt selbst an den Verhandlungen zwischen den Konfliktbeteiligten teil und kann dort mit Lösungsvorschlägen zu einem Verhandlungserfolg beitragen. Die Vermittlung geht somit über die Möglichkeiten der Guten Dienste und der Untersuchung deutlich hinaus, da sie nicht nur auf das Verfahren, sondern vor allem auf den Inhalt der friedlichen Streitbeilegung abzielt. Die Vermittlung senkt bei den Streitparteien zum einen das Risiko, durch Nachgeben einen Gesichtsverlust zu erleiden, zum anderen reduziert sie die Verhandlungskosten und steigert so die Wahrscheinlichkeit, dass die Streitparteien ihrer Pflicht zur friedlichen Streiterledigung nachkommen können. Im Rahmen der Vereinten Nationen wurde der Generalsekretär wiederholt vom Sicherheitsrat beauftragt, bei zwischenstaatlichen Konflikten entweder selbst zu vermitteln oder einen Vermittler zu benennen. Letzteres ist beispielsweise im Falle der Kämpfe im ehemaligen Jugoslawien geschehen, bei denen sich ein VN-Vermittler (Vance und Stoltenberg) gemeinsam mit einem Vermittler der Europäischen Union (Lord Owen und Bildt) um die Aushandlung eines Friedensplanes bemühten. Freilich führten die Vermittlungsanstrengungen erst unter der Führung der USA zu einem die Kämpfe beendenden Ergebnis, dem Abkommen von Dayton im Jahre 1995 (Holbrooke 1999).

Bei Streitigkeiten rechtlicher Art zwischen den Mitgliedstaaten der Vereinten Nationen besteht die Möglichkeit, eine richterliche Entscheidung durch den Internationalen Gerichtshof herbeizuführen. Die Anrufung des Gerichtshofes, dessen Statut Teil der Satzung der Vereinten Nationen ist, kann ein wirksames Mittel der friedlichen Streitbeilegung sein, da dieser im Falle von Rechtsstreitigkeiten zwischen Staaten verbindliche Urteile fällt. Allerdings setzt ein derartiges Urteil die Erklärung der Streitparteien voraus, dass sie die Zuständigkeit des Gerichtshofes anerkennen. Ihre allgemeine Unterwerfung unter die Jurisdiktion des Gerichtshofes haben bis Ende 2001 nur 64 VN-Mitgliedstaaten erklärt. Für die übrigen Staaten gilt, dass sie eine Unterwerfungserklärung für den konkreten Einzelfall abgeben müssen, wenn das Gericht eine Entscheidung treffen und zur Streiterledigung beitragen soll. Deshalb war in einer Vielzahl von internationalen Rechtsstreitigkeiten der Gerichtshof nicht in der Lage, eine Entscheidung zu treffen. Insgesamt sind seit der Gründung der Vereinten Nationen nur in 71 Fällen (Stand: Ende 2001) verbindliche Urteile gefällt worden.

richterliche Entscheidung

Bei allen Techniken der gewaltfreien Konfliktbearbeitung[15] im Rahmen des Kapitel VI SVN sind die Vereinten Nationen auf den Konsens der Streitparteien angewiesen. Die Vereinten Nationen versuchen nicht, gegen die Streitparteien die friedliche Streitbeilegung durchzusetzen, doch können ihre Tätigkeiten in nicht unerheblichem Maße dazu beitragen, dass die Chancen einer friedlichen Streitbeilegung steigen und damit die Wahrscheinlichkeit des Verzichts auf gewaltsame Selbsthilfe zunimmt. Zwar können die beschriebenen Techniken der friedlichen Streitbeilegung von unterschiedlichen Akteuren der internationalen Politik ausgeführt werden, doch kann (muss aber nicht) die Beteiligung der Vereinten Nationen eine Reihe nicht zu übersehender Vorteile aufweisen.

Den Vereinten Nationen kommt bei ihren Bemühungen, zur friedlichen Streitbeilegung beizutragen, der Ruf entgegen, auf der Seite des Rechts zu stehen. Sie können somit, wenn nicht als neutraler Dritter, doch zumindest als unvoreingenommener Dritter in den Konflikt eingreifen. Das Misstrauen, das die Streitparteien den Vermittlungsbemühungen unbeteiligter Staaten mitunter entgegenbringen, ist gegenüber den Vereinten Nationen häufig geringer. Freilich deuten die Beispiele Israel und Nordirland auf den Umstand hin, dass einige Streitparteien der Weltorganisation die Rolle des unparteiischen Dritten nicht zu-

Vorteile der VN bei der friedlichen Streitbeilegung

---

15 Wenig praktische Bedeutung im Rahmen der Vereinten Nationen hat das Vergleichsverfahren. Es stellt eine Kombination von Vermittlung und Untersuchung dar, das heißt, es wird auf Ersuchen der Streitparteien eine Untersuchungskommission eingesetzt, die den Sachverhalt klärt und Lösungsvorschläge unterbreitet.

erkennen wollen und ihre Hoffnungen statt dessen auf mit überdurchschnittlich großen Ressourcen ausgestattete Staaten wie die USA setzen. Außerdem können die Vereinten Nationen auf eine Reihe von Verfahrensroutinen bei der Streitbeilegung zurückgreifen, die die Gefahr eines Konflikts der Streitparteien über den einzuschlagenden Weg beim Streitschlichtungsverfahren verringert, eine Einigung auf ein Streitschlichtungsverfahren also erleichtert. Zudem ist es den Vereinten Nationen durch ihr Recht, Kommissionen zur Tatsachenermittlung (‚factfinding‘) zu entsenden, möglich, sich selbstständig über den Streitgegenstand kundig zu machen und ihr Wissen in das Streitschlichtungsverfahren einzubringen. Als Verkörperung des kollektiven Interesses der Staatengemeinschaft an der gemeinschaftlichen Friedenssicherung kommt den Vereinten Nationen zudem eine besondere normative Autorität zu, die sie in die Waagschale werfen können. Allerdings verfügen die Vereinten Nationen über vergleichsweise geringe materielle Machtressourcen, um ihren Streitschlichtungsbemühungen zusätzlichen Nachdruck zu verleihen. Verbesserte Möglichkeiten der Nutzung kollektiver Zwangsmaßnahmen durch die Vereinten Nationen könnten jedoch diesen Nachteil beheben. Diese Schlussfolgerung deutet freilich darauf hin, dass eine Trennung zwischen ‚konsensualer Sicherheit‘ und ‚kollektiver Sicherheit‘ zwar analytisch hilfreich sein mag, aber weder theoretisch noch praktisch der Zielstellung ‚Frieden‘ völlig gerecht wird. Insgesamt konnten die operativen Tätigkeiten der Vereinten Nationen im Rahmen konsensualer Sicherheit – so hilfreich sie im Einzelfall für die friedliche Streiterledigung sein mögen – keinen Ersatz für das während des Ost-West-Konflikts weitgehend blockierte und auch in den 1990er Jahren nicht zur Entfaltung gekommene System kollektiver Sicherheit bieten.

8.1.2.3 Konsensuale Sicherheit II: Friedenserhaltende Maßnahmen und Friedensmissionen

‚Peacekeeping‘ als Weiterentwicklung konsensualer Sicherheit

Um diesem Mangel abzuhelfen, entwickelten die Vereinten Nationen das ihnen zur Verfügung stehende Instrumentarium der konsensualen Sicherheit weiter. Resultat dieser Bemühungen, ihr Handlungsrepertoire entsprechend den besonderen Kooperationsbedingungen im Sachbereich ‚Sicherheit‘ auszuweiten, ist das so genannte ‚Peacekeeping‘ (Weiss/Forsythe/Coate 2001, 45).

4 Generationen: 1. klassisches ‚Peacekeeping‘

Das zu Zeiten des Ost-West-Konflikts entwickelte ‚Peacekeeping‘ der ersten Generation stellt die Intervention der Vereinten Nationen in einem internationalen Konflikt mit dem Konsens aller Streitparteien dar. Diese Intervention schließt den Einsatz von Friedenstruppen (so genannten Blauhelmen) oder von Beobachtergruppen ein, die nach einer vereinbarten Waffenruhe weitere Gewalttätigkeiten verhindern helfen und eine friedliche Streitbeilegung ermöglichen sollen. Die VN-Truppen machen bei ihrem Einsatz, wenn überhaupt, nur zur Selbstverteidigung von den mitgeführten (leichten) Waffen Gebrauch.

Da dieses klassische ‚Peacekeeping‘ sich auf den Konsens der Streitparteien über die Entsendung von VN-Beobachtern oder VN-Truppen stützt, ist es systematisch dem System konsensualer Sicherheit (Kap. VI SVN) und nicht dem System kollektiver Sicherheit (Kap. VII SVN) zuzuordnen. Es sieht freilich den Einsatz militärischen Personals vor, weshalb ‚Peacekeeping‘ auch als ‚chapter six-and-a-half‘ (Dag Hammarskjöld zit. nach Weiss/Forsythe/Coate 2001, 54) der Satzung der Vereinten Nationen bezeichnet wurde. Es ist als Mittel der Verhinderung oder Beendigung der Anwendung von Gewalt und als Maßnahme zur Verbesserung der Chancen friedlicher Streitbeilegung in der VN-Satzung nicht ausdrücklich vorgesehen. Seine satzungsmäßige Grundlage wird materiell-rechtlich mit der Aufgabe der Vereinten Nationen begründet, im Rahmen der friedlichen Streitbeilegung (Kap. VI SVN) tätig zu werden; verfahrensrechtlich stützt sich das ‚Peacekeeping' auf das Recht des Sicherheitsrates (gemäß Art. 29 SVN) und der Generalversammlung (gemäß Art. 22 SVN), zur Wahrnehmung ihrer Aufgaben Nebenorgane einsetzen zu dürfen. Durch die wiederholte Praxis und deren Anerkennung als rechtmäßig durch die Staatengemeinschaft ist ‚Peacekeeping' zudem zu VN-Gewohnheitsrecht geworden.

Die Entsendung von Truppen und Beobachtergruppen der Vereinten Nationen konnte zunächst sowohl vom Sicherheitsrat als auch von der Generalversammlung beschlossen werden. Da dem Sicherheitsrat gemäß der Satzung „die Hauptverantwortung für die Wahrung des Weltfriedens und der internationalen Sicherheit" (Art. 24 SVN) zukommt, werden mittlerweile alle ‚Peacekeeping'-Operationen nur noch vom Sicherheitsrat autorisiert. Der Sicherheitsrat legt in den entsprechenden *Mandats- und Einsatzresolutionen* nicht nur fest, dass VN-Beobachter oder Friedenstruppen im Rahmen von ‚Peacekeeping' zum Einsatz kommen sollen, sondern beschließt zudem die konkreten Einsatzbedingungen. Mit anderen Worten, der Sicherheitsrat nimmt im Einzelfall eine Konkretisierung und Spezifizierung des ‚Peacekeeping'-Mandats vor, um es den Erfordernissen der jeweils aktuellen Bedrohung der internationalen Sicherheit anzupassen. Hier zeigt sich auch exemplarisch der für die Konkretisierung und Spezifizierung von Politikprogrammen typische auf drei Ebenen und zwischen diesen Ebenen stattfindende interbürokratische Aushandlungsprozess (vgl. Kap. 6.1.5). Denn neben dem Sicherheitsrat kommt dem Generalsekretär, den Streitparteien und den Truppen stellenden Staaten bei der Definition und inhaltlichen Ausgestaltung einer ‚Peacekeeping'-Operation eine besondere Bedeutung zu. Der Generalsekretär muss mit den Streitparteien das Einsatzgebiet, die Einsatzziele, die Befugnisse des VN-Personals, u.ä.m. in einem so genannten *Richtlinienabkommen* festlegen. Dieses Richtlinienabkommen muss dann vom Sicherheitsrat bestätigt werden. Außerdem ist es Aufgabe des Generalsekretärs, das notwendige Personal (zivile Fachkräfte, Polizei) und die erforderlichen Truppenkontingente bei den Mitgliedstaaten anzufordern und deren Einsatz mit den teilnehmenden Mitgliedstaaten zu koordinieren.

Inhaltlich haben sich ‚Peacekeeping'-Operationen stark ausdifferenziert. Die Aufgabenstellung des ‚Peacekeeping' der ersten Generation ist im Bereich der Kontrolltätigkeit angesiedelt. Hierbei entsenden die Vereinten Nationen Beobachtergruppen oder Friedenstruppen, die die Einhaltung von zwischen den Streitparteien vereinbarten Waffenstillständen beobachten und überwachen sollen. Beispielsweise stellte der Auftrag der 400 Mann starken VN-Einheit (UNIIMOG), die nach dem Ersten Golfkrieg von 1988 bis 1991 den Waffenstillstand zwischen dem Iran und dem Irak überwachte, eine klassische Beobachtermission dar. Die Beobachtergruppen oder Friedenstruppen beobachten einerseits, ob der Waffenstillstand eingehalten wird und stellen andererseits im Falle eines Bruchs des Waffenstillstandes fest, welche Konfliktpartei verantwortlich zu machen ist. Mit dieser Kontrolltätigkeit durch eine nicht am Konflikt beteiligte Partei wird sichergestellt, dass die Partei, die die vereinbarte Waffenruhe missachtet, der Weltöffentlichkeit bekannt und damit dem internationalen Druck, unter Umständen auch dem Druck der eigenen Bevölkerung, ausgesetzt wird. So wird in der Situation eines Waffenstillstandes, die das Sicherheitsdilemma in aller Schärfe zutage treten lässt und in der das Misstrauen mithin besonders groß ist, ein not-

Überwachung von Waffenstillständen

wendiges Mindestmaß an Erwartungsverlässlichkeit erzeugt. Die Anwesenheit von Zeugen schafft das für eine glaubwürdige Verpflichtung auf Gewaltverzicht notwendige gegenseitige Mindestvertrauen, indem es für die Streitparteien das Risiko reduziert, bei asymmetrischer Einhaltung des Waffenstillstands übervorteilt zu werden. Als eine interessante Innovation der Entwicklung des VN-‚Peacekeeping' nach dem Ende des Ost-West-Konflikts ist in diesem Zusammenhang der präventive Einsatz von militärischen VN-Beobachtern in der früheren jugoslawischen Teilrepublik Mazedonien zu werten (UNPREDEP 1995-1999). Hier wurden VN-Kontingente entsandt, um einen Ausbruch von Feindseligkeiten wie zuvor in Bosnien-Herzegowina zu verhindern, was zumindest zeitweilig gelang.

Pufferbildung | Im Rahmen der Überwachung von Waffenstillständen hat es sich häufig als zweckmäßig erwiesen, dass Friedenstruppen die räumliche Trennung der Streitparteien unterstützen. Die hier zum Einsatz kommenden Friedenstruppen bilden im Gelände zwischen den verfeindeten Streitparteien eine Pufferzone, die das Wiederaufflammen der Kämpfe verhindern soll. Durch die Pufferbildung wird der vereinbarte Waffenstillstand nicht nur wirkungsvoll überwacht, sondern im Grunde auch durch die Vereinten Nationen direkt implementiert. Die Pufferbildung reduziert für die Streitparteien das Risiko, sich ohne Vorwarnung den Angriffen des Gegners ausgesetzt zu sehen. Dies führt zu wechselseitiger Erwartungsverlässlichkeit über die Beachtung der Bestimmungen des vereinbarten Waffenstillstandes. Schließlich müsste eine Streitpartei das von den VN-Truppen kontrollierte Gebiet verletzen, um gegen die Verbände der anderen Streitpartei militärisch vorgehen zu können. So hat beispielsweise die von VN-Blauhelmen (UNFICYP) kontrollierte Pufferzone zwischen dem türkischen und dem griechischen Teil Zyperns dazu beigetragen, den Waffenstillstand von 1974 bis heute wirksam zu erhalten. Gleichfalls bis heute wirksam ist der Puffer, den ein VN-Verband von 1500 Soldaten (UNDOF) seit 1974 auf den Golanhöhen bildet, um das Wiederaufflammen der Kämpfe zwischen Israel und Syrien zu verhindern.

2. multidimensionales ‚Peacekeeping' | Unter dem Dach des ‚Peacekeeping' wurden in den vergangenen Jahren vermehrt Operationen durchgeführt, die über dessen ursprünglich im Vordergrund stehenden Aufgabenstellungen hinausgehen. Neben der Überwachung von Waffenstillständen und der Bildung von Pufferzonen werden ‚Peacekeeping'-Operationen vor allem mit Aufgaben betraut, die die Bedingungen für gesicherten Frieden schaffen sollen. Dieses multidimensionale ‚Peacekeeping' oder ‚Peacekeeping' der zweiten Generation zeichnet sich durch einen erweiterten Katalog von Aufgabenstellungen aus. So überwachen VN-Beobachter oder Friedenstruppen im Rahmen des multidimensionalen ‚Peacekeeping' Wahlen, sind an Demokratisierungsprozessen (z.B. UNMIBH in Bosnien-Herzegowina seit 1995) beteiligt, übernehmen oder überwachen die Entwaffnung verfeindeter Bürgerkriegsparteien (z.B. UNMOT in Tadjikistan (nach der Erweiterung des Mandats) von 1997 bis 2000), nehmen Ordnungsfunktionen staatlicher Bürokratien wahr (z.B. UNOSOM I und II in Somalia von 1992 bis 1995), oder leisten humanitäre Hilfe (z.B. UNPREDEP in Mazedonien von 1995 bis 1999).

„Agenda for Peace" | Die genannten neuen Aufgabenstellungen spiegeln sich auch in der 1992 veröffentlichten „Agenda for Peace" (UN-Dok. A/47/277; S/24111) des früheren Generalsekretärs der Vereinten Nationen, Boutros Boutros-Ghali (1992-1996), wider. Mit diesem Dokument warb Boutros-Ghali vor allem im Zusammenhang mit Bürgerkriegssituationen und dem Auftreten von Staatszerfall für ein verstärktes Engagement der Vereinten Nationen. Dieses Engagement führte zu einer

204

erneuten Ausweitung des Aufgabenkatalogs von ‚Peacekeeping'-Operationen. Da die Mandate des traditionellen wie des multidimensionalen ‚Peacekeeping' nur erfüllt werden können, wenn im Einsatzgebiet Waffenruhe herrscht, genau dies in Bürgerkriegsgebieten aber oftmals nicht der Fall ist, wurden die Friedensmissionen gemäß Kapitel VII SVN nun ermächtigt, ein so genanntes ‚sicheres Umfeld' (secure environment) – notfalls auch mit Waffengewalt – herzustellen, um die ihrer Mission gestellten Aufgaben erfüllen zu können. Die ‚Peacekeeping'-Operationen in Somalia (UNOSOM II von 1993 bis 1995) und im ehemaligen Jugoslawien (UNPROFOR von 1992 bis 1995) verkörpern die dritte Generation des ‚Peacekeeping', das so genannte robuste ‚Peacekeeping'.[16] Missionen, die in diese Kategorie einzuordnen sind, können nicht mehr dem System ‚konsensualer Sicherheit' zugeordnet werden, sondern haben die Schwelle zum System ‚kollektiver Sicherheit' überschritten, da der Konsens einer oder mehrerer Streitparteien nicht mehr als Bedingung für die Entsendung einer Mission gilt (Doyle 1999, 448).

3. robustes ‚Peacekeeping'

Schließlich lassen die Mandate der ‚Peacekeeping'-Operationen für das Kosovo (UNMIK, seit Juni 1999) und Ost-Timor (1999-2002) den Schluss zu, dass die Geburt einer vierten ‚Peacekeeping'-Generation stattgefunden hat. Denn die ‚komplexen' Mandate dieser Friedensmissionen verbinden Friedenssicherung durch militärische Einheiten mit Friedenskonsolidierung durch zivile Kräfte (Kühne 2000b, 1357). Letztere zeichnet sich durch eine weitgehende Übernahme politischer und administrativer Verantwortung aus; das entsandte Zivilpersonal übt treuhänderisch Regierungsgewalt aus, bis eine lokale oder territoriale Selbstverwaltung und –regierung an ihre Stelle treten kann.

4. komplexes ‚Peacekeeping'

Insgesamt kann festgehalten werden, dass das System konsensualer Sicherheit durch seine Weiterentwicklung im Bereich des VN-‚Peacekeeping' eine zumindest teilweise passende Antwort auf die Kooperationsbedingungen im Sachbereich ‚Sicherheit' darstellt. Die Überwachung durch VN-Beobachtergruppen oder die Pufferbildung durch VN-Friedenstruppen können das gerade in Krisensituationen zugespitzte, strukturell angelegte Misstrauen abbauen und damit dazu beitragen, dass das Wiederaufflammen gewaltsamer Konfliktbearbeitungsformen unwahrscheinlicher wird. Des weiteren kann multidimensionales ‚Peacekeeping' zu einer Stabilisierung des Waffenstillstands führen und mittels humanitärer und administrativer Unterstützungsleistungen einen Beitrag zur Errichtung einer dauerhaften Friedensordnung leisten. Als Beweis hierfür gelten die immer wieder als Erfolgsgeschichten zitierten Friedensmissionen in Namibia (1989-1990), El Salvador (1991-1995) und Kambodscha (1991-1993) (Gareis/Varwick 2002, 123f.; Weiss/Forsythe/Coate 2001, 71-74).

Gesamteinschätzung des ‚Peacekeeping'

Mit der dritten Generation des so genannten robusten ‚Peacekeeping' begaben sich die Vereinten Nationen in die Nähe der Regelungsmaterie des Kapitel VII SVN. Auf der einen Seite erkannte die Weltorganisation die Notwendigkeit, sich notfalls auch gegen den Willen der Streitparteien in einen Konflikt einzuschalten. Auf der anderen Seite scheiterten die Vereinten Nationen – die Missionen in Somalia (1992-1995), im ehemaligen Jugoslawien (1992-1995) und in

---

16   Die Unterscheidung so genannter 'Peacekeeping'-Generationen suggeriert, dass die Ausweitung der so bezeichneten Mandate chronologisch erfolgte. Dies war jedoch nicht der Fall. So wurde mit der Mission im Kongo (ONUC) 1960 das hier diskutierte 'Peacekeeping' der dritten Generation fast 30 Jahre früher erprobt als das der zweiten Generation, welches 1989 mit UNTAG in Namibia begann (Doyle 1999, 456 fn.3).

Ruanda (1993-1996) verdeutlichten dies auf schmerzhafte Weise – an ihren mangelhaften operativen Fähigkeiten und nicht zuletzt an der Unentschlossenheit vor allem westlicher Mitgliedstaaten, rechtzeitig und in ausreichendem Maße finanzielle, materielle und personelle Ressourcen bereit zu stellen (Gareis/Varwick 2002, 127). Die Friedensmissionen der vierten Generation sowie die beachtliche Fähigkeit der VN zur Selbstkritik haben die große Ernüchterung zur Mitte der 1990er Jahre inzwischen in verhaltene Zuversicht umschlagen lassen. Anhaltende Diskussionen über eine grundlegende Reform des ‚Peacekeeping'-Instrumentariums verdeutlichen aber, dass ‚Peacekeeping'-Operationen in ihrer gegenwärtigen Gestalt keine durchschlagende Antwort auf die sachbereichsspezifischen Kooperationsprobleme zu geben im Stande sind. Die Ausweitung der Aufgabenstellung sowie die vermehrte Nutzung von ‚Peacekeeping' – der Großteil aller 54 ‚Peacekeeping'-Operationen (Stand: Ende 2001) hat nach 1990 stattgefunden – ändern an diesem Befund nichts (vgl. Kap. 8.1.4).

8.1.3 Informationelle Tätigkeiten der Vereinten Nationen

Internationale Kooperation ist immer von Informationen, über die Staaten, aber auch nicht-staatliche Akteure verfügen, abhängig. Deshalb ist es für alle Akteure der internationalen Politik, für Staaten wie für internationale Organisationen, nichtstaatliche Organisationen oder die öffentliche Meinung von Bedeutung, mit zuverlässigen Informationen versorgt zu werden. Hierauf können die Vereinten Nationen im Sachbereich ‚Sicherheit' mit ihrer informationellen Tätigkeit Einfluss nehmen.

Informationsbörse   Sie stellen zunächst und vor allem einen Ort des Austausches von Informationen zwischen Staaten, aber auch Nichtregierungsorganisationen dar. In den laufenden Sitzungen, Verhandlungen und Aussprachen in den verschiedenen Organen und Gremien der Vereinten Nationen teilen sich die dort vertretenen Staaten gegenseitig ihre Einschätzungen der internationalen Lage, ihre Reaktionsmöglichkeiten, ihre Verhaltensabsichten und dergleichen mit. Sie versorgen sich auf diese Weise gegenseitig mit Informationen, die ihr jeweiliges Verhalten mitbestimmen (Dicke 1988, 2 u. 6). Um verlässliche Informationen über bestimmte Konfliktherde zu erhalten, greifen Regierungsvertreter in zunehmendem Maße auf humanitäre NGO wie ‚Oxfam' und ‚Ärzte ohne Grenzen' oder auch Medien wie CNN als Informationslieferanten zurück. Durch den Austausch von Informationen gewinnen die Staaten die Möglichkeit, die Absichten potenzieller Koalitionspartner oder Opponenten besser beurteilen zu können. Es ergibt sich wechselseitig eine gewisse Transparenz der Absichten, die zum Abbau von gegenseitigem Misstrauen – einem Kooperationshindernis ersten Ranges im Sachbereich ‚Sicherheit' – führt, Erwartungsverlässlichkeit generiert und somit die internationale Sicherheit erhöht.

Informationssammelstelle   Neben der Funktion als Informationsbörse spielen die Vereinten Nationen auch bei der Bündelung und Veröffentlichung von Informationen eine nicht zu unterschätzende Rolle. So berichten die Vereinten Nationen in den verschiedenen organisationseigenen Periodika oder in zahlreichen Spezialpublikationen über eigene Aktivitäten zur Friedenssicherung. Darüber hinaus informieren sie, unterstützt von Nichtregierungsorganisationen, über die Sicherheitslage in den Krisenregionen der Welt und lenken damit die Aufmerksamkeit der Weltöffentlichkeit auf aktuelle Gefährdungen der internationalen Sicherheit und des Weltfriedens.

Von hervorgehobener Bedeutung ist in diesem Zusammenhang der *Jahresbericht des Generalsekretärs* der Vereinten Nationen. Da ihm besondere Öffentlichkeitswirksamkeit zukommt, kann der Generalsekretär durch seinen Jahresbericht nachhaltigen Einfluss auf die Tagesordnung der internationalen Politik nehmen. Dies gilt vor allem dann, wenn es ihm gelingt, durch die in seinem Bericht enthaltenen Informationen die Weltöffentlichkeit hinter sich zu bringen und so auf die Staatenvertreter mit Hinweis auf die (welt-)öffentliche Meinung Druck auszuüben. In jedem Fall sorgt der Generalsekretär mit seinem Jahresbericht wie die informationellen Tätigkeiten der Vereinten Nationen insgesamt dafür, dass internationale Politik nicht ausschließlich auf der intergouvernementalen Ebene, jenseits der Weltöffentlichkeit und gewissermaßen im Verborgenen betrieben wird. Die informationellen Tätigkeiten der VN tragen dazu bei, dass internationale Politik – wenn sie schon nicht demokratisch verfasst ist – zumindest indirekt an die Weltöffentlichkeit zurückgebunden wird.

Schließlich musste die Weltorganisation während der 1990er Jahre erfahren, dass eine Selbstbeschränkung auf die oben beschriebenen, über Jahrzehnte routinisierten Tätigkeiten der Informationssammlung und –bereitstellung auf einem antiquierten Selbstbild beruhten. Vor allem die Vielzahl der nach 1990 unternommenen ,Peacekeeping'-Operationen führte dazu, dass die Vereinten Nationen von der Weltöffentlichkeit nicht mehr nur als intergouvernementales Verhandlungsforum, sondern auch und vor allem als autonom operierender Krisenmanager wahrgenommen wurden. Seither sind „*die* Vereinten Nationen" in zahlreichen Krisenregionen der Erde mit Blauhelmsoldaten präsent und werden vor allem von Angehörigen der Gastländer als autonom handelndes Subjekt angesehen. Diese während der 1990er Jahre sich herausbildende Rolle zog einen neuen Typ informationeller Tätigkeit nach sich, der inzwischen als integraler Bestandteil jeder ,Peacekeeping'-Mission angesehen werden kann: die Öffentlichkeitsarbeit. Hiermit ist mehr gemeint als Eigenwerbung, das heißt die vor allem über das Medium Internet lancierten Informationen über den Einsatz des ,Peacekeeping'-Instrumentariums und seine Konflikte einhegende Wirkung.[17] Öffentlichkeitsarbeit bedeutet heute vor allem das Etablieren und Pflegen von Informationskanälen auf zwei Ebenen: zwischen dem Kommando der jeweiligen Mission und Angehörigen des Gastlandes sowie zwischen dem Hauptquartier der Vereinten Nationen und der Weltöffentlichkeit. Eine vergleichende Studie von fünf ,Peacekeeping'-Operationen zwischen 1989 und 1997 gelangt zu dem Ergebnis, dass der Erfolg oder Misserfolg der untersuchten Missionen wesentlich mit einer gelungenen oder gescheiterten Öffentlichkeitsarbeit im oben dargelegten Sinne zusammen hing (Lehmann 1999). Folglich wird die zukünftige Nutzung des ,Peacekeeping'-Instrumentariums wesentlich vom Ausbau einer Infrastruktur abhängen, welche eine effektive Öffentlichkeitsarbeit sowohl auf allen Ebenen der Weltorganisation als auch in den Einsatzgebieten selbst gewährleistet.

Öffentlichkeitsarbeit

8.1.4 Beurteilung des Organisationsoutput

Auf der Grundlage der untersuchten Tätigkeiten der Vereinten Nationen im Problemfeld ,gewaltsame Selbsthilfe' sowie der identifizierten Charakteristika problematischer Handlungsinterdependenzen im Sachbereich ,Sicherheit' der inter-

---

17   http://www.un.org/Depts/dpko/dpko/home_bottom.htm

nationalen Politik können wir an dieser Stelle eine erste Beurteilung der sicherheitspolitischen Bedeutung der Vereinten Nationen vornehmen. Es stellt sich die Frage, ob sie für die Überwindung der Androhung oder Anwendung von Gewalt in den internationalen Beziehungen und für die Stabilisierung des Interaktionsmusters ‚Frieden' einen maßgeblichen Beitrag leisten.

keine Überwindung der Kooperationshindernisse vor 1990

Zunächst kann festgehalten werden, dass die Vereinten Nationen die gewaltsame Selbsthilfe – abgesehen von den an Bedingungen geknüpften Ausnahmen der individuellen und kollektiven Selbstverteidigung – kategorisch verbieten. Die Vereinten Nationen erzeugen allein durch das Verbot zwischenstaatlicher Gewaltandrohung und –anwendung ein Minimum an Erwartungsverlässlichkeit und tragen damit zur Linderung des strukturellen Misstrauens, einem der zentralen Kooperationshindernisse im Sachbereich ‚Sicherheit', bei. Auch die operativen Tätigkeiten der Vereinten Nationen im Rahmen der kollektiven Sicherheit, vor allem die Verhängung und Durchsetzung von kollektiven Zwangsmaßnahmen setzen bei den sachbereichsspezifischen Interdependenzcharakteristika an. Kollektive Sicherheit gewährleistet den Erhalt der physischen Existenz politischer Kollektive und kann das im Sicherheitsdilemma angelegte zwischenstaatliche Misstrauen abbauen. Doch konnten kollektive Zwangsmaßnahmen unter den Bedingungen des so genannten Ost-West-Konflikts in der Praxis der Vereinten Nationen nur in Ausnahmefällen verhängt werden, so dass die Kooperationshindernisse, die im Sicherheitsdilemma strukturell angelegt sind, nicht überwunden wurden. Das Ende des Ost-West-Konflikts und die daraus resultierende neue Handlungsfähigkeit des Sicherheitsrates brachten zwar eine bessere Nutzung der vorhandenen Tätigkeitsoptionen, eine wirksame Antwort auf die Bedingungen, die sachbereichsspezifische Kooperation erschweren, stellten diese jedoch nur in Ausnahmesituationen dar.

Überforderung des Systems kollektiver Sicherheit auch nach 1990

Die mangelhafte Effektivität des Systems kollektiver Sicherheit auch nach dem Ende des Ost-West-Konflikts hat zwei Gründe. Erstens verhinderte die nach wie vor selektive Autorisierung von Maßnahmen durch den Sicherheitsrat die Ausbildung von Erwartungsverlässlichkeit auf Seiten von Angreifern und Opfern (Rittberger/Mogler/Zangl 1997, 39f., 60). Trotz verbesserter Nutzung des zur Verfügung stehenden Instrumentariums überwogen die Situationen, in denen der mangelnde Konsens der ständigen Mitglieder eine wirksame Antwort auf bestehende Konflikte unmöglich machte (vgl. Kap. 8.1.2). Zweitens haben die 1990er Jahre gezeigt, dass die Anpassung des Systems kollektiver Sicherheit an die heute vor allem von innerstaatlichen Konflikten ausgehenden Sicherheitsbedrohungen mit großen Schwierigkeiten verbunden ist. Um auf diese Bedrohungen angemessen reagieren zu können, erweiterte der Sicherheitsrat seit 1990 in ständiger Praxis das Schutzgut ‚Sicherheit' (Forsythe 2000, 57f.; Kühne 2000a, 299). Zu diesem Zweck schuf er neue Voraussetzungen für den Tatbestand der Friedensbedrohung gemäß Art. 39 SVN. So lassen sich die Maßnahmen nach Kapitel VII SVN, die der Sicherheitsrat in ausgewählten Fällen innerstaatlicher bewaffneter Konflikte sowie bei anhaltenden gravierenden Menschenrechtsverletzungen und humanitären Notlagen innerhalb von Staaten ergriff, als Wandel in Richtung eines Sicherheitsbegriffs interpretieren, welcher nicht mehr nur auf die territoriale Unversehrtheit von Staaten abhebt, sondern zusätzlich die physische Unversehrtheit von Individuen oder Volksgruppen als schützenswert erachtet (Miller 1999, 325). Freilich kann zu diesem Zeitpunkt nicht von einer bedingungslosen Akzeptanz dieser neuen Tatbestandsvoraussetzungen auf Seiten der ständigen Mitglieder des Sicherheitsrats gesprochen werden. Die Selektivität der ergriffenen Maßnahmen ist ein Indiz hierfür. Ein weiteres ist die bisher nicht erfolgte Kodifizierung; das heißt eine Interpretationsspielräume einengende Bestimmung der Voraussetzungen des Tatbestands der „Bedrohung des Weltfriedens und der internationalen Sicherheit" ist bislang ausgeblieben. Solange diese Voraussetzungen nicht – wie im Falle des Tatbestands der ‚Aggression' (vgl. Kap. 8.1.1) – spezifiziert sind, bleibt unklar, welche Handlungen welcher Agenten (Staaten oder auch substaatliche Einheiten wie Befreiungsbewegungen) Maßnahmen der Staatengemeinschaft im Rahmen des Systems kollektiver Sicherheit zwingend erforderlich machen.

Das weitgehende Versagen des Systems kollektiver Sicherheit konnte durch das System konsensualer Sicherheit nur zum Teil aufgefangen werden. Zwar haben die Vereinten Nationen hier mit ihrer Tätigkeit einige Erfolge bei der Friedenssicherung erzielt, doch die strukturellen Kooperationshindernisse wurden damit nicht überwunden. Die Fortentwicklung der operativen Tätigkeiten der Vereinten Nationen in Form des ‚Peacekeeping' konnte – auch wenn wiederum nur selektiv, das heißt nur in einem Teil der Fälle drohender oder erfolgter Gewaltanwendung einsetzbar – partiell Abhilfe für die mangelnde Effektivität der Systeme kollektiver und konsensualer Sicherheit schaffen. Die verstärkte Nutzung des ‚Peacekeeping' sowie sein Ausbau führte freilich zu einer zunehmenden Überforderung der Vereinten Nationen, die sich vor allem aus der Lücke zwischen Mandatserweiterung und Ressourcenbereitstellung durch die Mitgliedstaaten ergibt. Diese Lücke ist zunehmend erkannt worden und zum Ausgangspunkt grundlegender Reformen geworden. Den Anfang machten schonungslose Analysen der gescheiterten Friedensmissionen im ehemaligen Jugoslawien (UN-Dok. A54/549) und Ruanda (UN-Dok. S/1999/1257). Weit reichende Überlegungen zur Reform des ‚Peacekeeping'-Instrumentariums enthält der im Jahr 2000 vorgelegte ‚Brahimi-Bericht' (UN-Dok. A55/305; S/2000/809). Rechtzeitig zur 56. Generalversammlung legte der ‚Peacekeeping'-Sonderausschuss der Generalversammlung seinen Abschlussbericht vor, in dem einige – bei weitem nicht alle – Empfehlungen der Brahimi-Kommission zur Umsetzung vorgegeben werden (Kühne 2001). Der langwierige Verhandlungsprozess des Sonderausschusses sowie die anhaltende Unsicherheit über den Willen der Mitgliedstaaten, den Reformprozess finanziell und organisatorisch zu unterstützen, weisen in eine ungewisse Zukunft.

Strapazierung des ‚Peacekeeping'-Instrumentariums

Reformen

8.2 Das Problemfeld ‚Rüstungsdynamik'[18]

Aus dem Sicherheitsdilemma resultiert neben der Neigung der Staaten zur gewaltsamen Selbsthilfe auch die Gefahr der Rüstungsdynamik. Denn in einer Situation, in der jeder Akteur selbst für seine physische Existenzerhaltung sorgen muss, bietet sich militärische Aufrüstung (neben der Bildung militärischer Allianzen) als Mittel an, Sicherheit zu gewinnen. Selbst wenn Staaten in ihrer eigenen Wahrnehmung nur zur Gewährleistung der eigenen Sicherheit rüsten (und

---

18 Wir verwenden hier den Ausdruck ‚Rüstungsdynamik' in Abgrenzung zu ‚Rüstungswettlauf', um zu vermeiden, dass das Rüsten eines Staates ausschließlich exogenen (von außen wirkenden) Ursachen zugeschrieben wird. Das Rüsten eines Staates kann aus unserer Sicht auch endogene (aus seinem Inneren stammende) Ursachen haben.

Bündnisse eingehen), so stellt dieses Vorgehen für potenzielle Opponenten gleichwohl eine Bedrohung ihrer Sicherheit dar, so dass auch diese ihre Sicherheit durch Rüstung (und Bündnisse) erhöhen wollen. So kann eine Rüstungsdynamik entstehen, selbst wenn die beteiligten Staaten das Interaktionsergebnis ‚Rüstungskontrolle' dem Interaktionsergebnis ‚Rüstungswettlauf' vorziehen würden. Die Erzielung des Interaktionsergebnisses ‚Rüstungskontrolle' wird erschwert durch die Nicht-Unterscheidbarkeit offensiver und defensiver Waffen, die geringe Transparenz staatlicher Rüstungsanstrengungen sowie die Unwiederbringlichkeit einmal eingebüßter physischer Existenz, was sich angesichts des Sicherheitsdilemmas in ein hohes Maß zwischenstaatlichen Misstrauens übersetzt. Unser Interesse konzentriert sich nun darauf zu untersuchen, was und wie internationale Organisationen mit ihren Politikprogrammen und ihren operativen Tätigkeiten zur Überwindung dieser Kooperationshindernisse und damit zur Herbeiführung und Stabilisierung von Rüstungskontrolle beitragen. Um diesen Beitrag internationaler Organisationen möglichst präzise ins Blickfeld zu bekommen, wollen wir uns auf die beispielhafte Analyse der ‚Nichtverbreitung von Kernwaffen' beschränken.

8.2.1 Politikprogramm

Während die Satzung der Vereinten Nationen bezüglich des Gewaltverbotes recht detaillierte sicherheitspolitische Programmaussagen enthält, bleibt ihr Politikprogramm zur Begrenzung der Rüstungsdynamik eher unbestimmt. Präzise Bestimmungen über die Größe der Waffenarsenale, die Zulässigkeit bestimmter Waffengattungen oder gar die operative Umsetzung möglicher Rüstungsbegrenzungen sind in der Satzung nicht enthalten. Um ihre Zielvorgabe der Rüstungsregelung zu verwirklichen, musste die Organisation sich erst um die Ausformulierung von Abrüstungs- und Rüstungskontrollprogrammen bemühen. Gemäß der Satzung „ist der Sicherheitsrat beauftragt, (...) Pläne auszuarbeiten, die den Mitgliedern der Vereinten Nationen zwecks Errichtung eines Systems der Rüstungsregelung vorzulegen sind" (Art. 26 SVN). Da der Sicherheitsrat angesichts des Ost-West-Konflikts jedoch blockiert war, übernahm die Generalversammlung (gemäß Art. 11 SVN) an seiner Statt die Aufgabe, Grundsätze für die Abrüstung und Rüstungsregelung zu erörtern und Empfehlungen zu verabschieden.

Ziel:
Nichtverbreitung von
Kernwaffen

Eine Übereinkunft zur friedlichen Nutzung der Kernenergie sowie zur vollständigen nuklearen Abrüstung wurde im Rahmen der Vereinten Nationen bereits seit 1945 gefordert und diskutiert. Eine erste Initiative zur Schaffung von Normen und Regeln, die zumindest die Weiterverbreitung von Kernwaffen verhindern sollten, wurde 1958 von Irland in der Generalversammlung der Vereinten Nationen unternommen. Der Antrag Irlands fand damals keine Unterstützung. Erneut auf eine Initiative Irlands hin sprach sich die Generalversammlung 1961 in einer Resolution (Res. 1665 (XVI)) einstimmig für das Ziel der Nichtverbreitung von Kernwaffen aus. In einer weiteren Resolution (Res. 2028 (XX)) forderte die Generalversammlung 1965 den in Genf tagenden 18-Mächte-Ausschuss, ein Gremium, das 1961 mit Zustimmung der Generalversammlung für Abrüstungs- und Rüstungskontrollverhandlungen gegründet worden war, auf, vorrangig über einen Atomwaffensperrvertrag zu verhandeln. Auf diese Initiative der Generalversammlung hin traten die Mitglieder des Ausschusses, der sich aus je fünf Staaten des westlichen und des östlichen Lagers sowie aus acht Vertretern der Blockfreien zusammensetzte, in konkrete Verhandlungen ein. Dort sollte der für Politikprogrammentscheidungen typische intergouvernementale Aushandlungsprozess zur Generierung der für das Regelungsziel der atomaren Nichtverbreitung einschlägigen Normen und Regeln führen. Wie das Modell des intergouvernementalen Aushandlungsprozesses vermuten lässt, wurden die Verhandlungen von den mächtigsten Staaten, insbesondere den USA und der UdSSR, dominiert, die den schwächeren Staaten einen Atomwaffenverzicht durch Seitenzahlungen wie Zugeständnisse im zivilnuklearen Bereich und in Form von Abrüstungsversprechen annehmbar zu machen versuchten. Schließlich konnten sich die Staaten des 18-Mächte-Ausschusses 1968 auf einen Vertragstext einigen, der noch im selben Jahr von der Generalversammlung der Vereinten Nationen (Res. 2373 (XXII)) mit großer Mehrheit angenommen und den Mitgliedern zur baldigen Unterzeichnung und Ratifizierung empfohlen wurde (Stahl 1984, 65-77).

Das in seinem Kern regulative Programm des Vertrags über die Nichtverbreitung von Kernwaffen (H. Müller 1989, 282-287) spiegelt in seiner Verteilung der Rechte und Pflichten in hohem Maße die faktische Ungleichheit der Staaten wider. Während er für Nichtkernwaffenstaaten eine weitreichende Beschränkung ihrer Handlungsoptionen beinhaltet, sind die Kernwaffenstaaten in ihrer Handlungsfreiheit weit weniger eingeschränkt.[19] Der Vertrag verlangt von den Nichtkernwaffenstaaten, „Kernwaffen und sonstige Kernsprengkörper oder die Verfügungsgewalt darüber von niemandem unmittelbar oder mittelbar anzunehmen, Kernwaffen oder sonstige Kernsprengkörper weder herzustellen noch sonstwie zu erwerben und keine Unterstützung zur Herstellung von Kernwaffen oder sonstigen Kernsprengkörpern zu suchen oder anzunehmen" (Verzichtsnorm, Art. 2 NVV). Der Vertrag führt folglich zum Verlust der Kernwaffenoption für die Staaten, die zum Zeitpunkt der Vertragsunterzeichnung nicht bereits über Kernwaffen verfügten. Dem steht auf Seiten der Kernwaffenmächte keine ähnlich gewichtige Verpflichtung gegenüber. Sie sind nur verpflichtet, „Kernwaffen und sonstige Kernsprengkörper oder die Verfügungsgewalt darüber an niemanden unmittelbar oder mittelbar weiterzugeben" (Nichtweitergabenorm, Art. 1 NVV). Gleichzeitig geben die Kernwaffenstaaten, die den Vertrag unterzeichnet und ratifiziert haben, das Versprechen ab, „in redlicher Absicht Verhandlungen zu führen über wirksame Maßnahmen zur Beendigung des nuklearen Wettrüstens in naher Zukunft und zur nuklearen Abrüstung sowie über einen Vertrag zur allgemeinen und vollständigen Abrüstung unter strenger und wirksamer internationaler Kontrolle" (Abrüstungsnorm, Art. 6 NVV). Diese Verknüpfung des Verbots der horizontalen mit der Begrenzung der vertikalen Proliferation von Kernwaffen blieb jedoch sehr unbestimmt. Tatsächlich wurden sie trotz der wiederholten Mahnung seitens der Nichtkernwaffenstaaten, vor allem der Entwicklungsländer des Südens, erst in Ansätzen (beispielsweise in den SALT- und START-Verträgen sowie im INF-Vertrag) verwirklicht (Marin Bosch 1999, 381f.). Insofern stellte die Verpflichtung der Kernwaffenstaaten zu konkreten und überprüfbaren Abrüstungsschritten einschließlich des bis 1996 ausgearbeiteten umfassenden Teststoppvertrages eine wichtige Voraussetzung für die unbefristete Verlängerung des Nichtverbreitungsvertrages im Mai 1995 dar (H. Mül-

regulatives Programm des NVV

Verzichtsnorm

Nichtweitergabenorm

Abrüstungsnorm

---

19 Als Kernwaffenstaaten gelten die Staaten, die vor dem 1. Januar 1967 einen Kernsprengkörper zur Explosion brachten, also die USA, die UdSSR/Russland, Großbritannien, Frankreich und China.

ler 2000, 169f.). Der Teststoppvertrag verliert seinen Wert als Konzession an die Nicht-Kernwaffenstaaten allerdings dadurch, dass er 164 Signatarstaaten und 89 hinterlegten Ratifikationsurkunden zum Trotz bis Ende 2001 nicht in Kraft treten konnte. So weigern sich die de jure anerkannten Atommächte USA und China hartnäckig, den Vertrag zu ratifizieren. Für die de jure nicht anerkannte faktische Atommacht Israel gilt das Gleiche, während die faktischen Atommächte Indien und Pakistan den Vertrag bislang noch nicht einmal unterzeichnet haben.

In die Diskussion über die Erfüllung des Abrüstungsversprechens schaltete sich 1996 der Internationale Gerichtshof ein. Die VN-Generalversammlung hatte ein Gutachten angefordert, welches zur Legalität der Drohung mit oder Nutzung von Kernwaffen Stellung nehmen sollte. Auch wenn die Richter dahingehend kein kategorisches Verbot aussprachen, mahnten sie die Kernwaffenstaaten doch, Abrüstungsverhandlungen nicht nur „in redlicher Absicht" (Art. 6 NVV), sondern mit dem klaren Ziel einer vollständigen Abrüstung zu führen (Chellaney 1999, 376).[20]

Neben dem Abrüstungsversprechen konnten die Kernwaffenstaaten die Nicht-kernwaffenstaaten besonders mit der Zusage, die Politik der Technologieverweigerung als Strategie der Nichtverbreitung von Atomwaffen aufzugeben, an den Vertrag binden. Sie garantierten den nuklearen ‚Habenichtsen', am internationalen zivilnuklearen Handel auf der Basis der Gleichberechtigung teilhaben zu können (Art. 4 NVV). Für den zivilnuklearen Handel setzt der Vertrag allerdings Sicherungsmaßnahmen, so genannte ‚*Safeguards*', voraus, „damit verhindert wird, dass Kernenergie von der friedlichen Nutzung abgezweigt und für Kernwaffen oder sonstige Kernsprengkörper verwendet wird" (Sicherungsnorm, Art. 3, Abs. 1 NVV). Die Kernwaffenstaaten verpflichten sich ihrerseits, nur mit Nichtkernwaffenstaaten, die die Überwachungsmaßnahmen akzeptiert haben, Nuklearhandel zu treiben (Exportkontrollnorm, Art. 3, Abs. 2 NVV).

Sicherungsnorm

Exportkontrollnorm

8.2.2 Operative Tätigkeiten der IAEA

Um zu verhindern, dass die Normen und Regeln des Nichtverbreitungsvertrages, toter Buchstabe blieben, wurde vor allem die Internationale Atomenergiebehörde (IAEA) damit beauftragt, die zur Implementation notwendigen operativen Tätigkeiten zu übernehmen. Zunächst bedurfte das Politikprogramm zur Nichtverbreitung von Kernwaffen in zwei Punkten der inhaltlichen Konkretisierung und Spezifizierung, um implementationsfähig zu werden:

Konkretisierung und Spezifizierung der Exportkontrollnorm

(1) Zunächst musste konkretisiert und spezifiziert werden, welche nuklearen Ausgangsmaterialien und Anlagen von Staaten nur dann exportiert werden dürfen, wenn der importierende Staat die ausschließlich zivile Nutzung der Exportgüter garantiert und Überwachungsmaßnahmen durch die IAEA zustimmt. Eine Liste von Gütern, die beim Export Kontrollmaßnahmen der IAEA im Importstaat

---

20 Die Bewertung des in sich widersprüchlichen Gutachtens ist uneinheitlich. Für einige wiegt die Etablierung eines „kategorischen nuklearen Abrüstungsgebots" schwerer (H. Müller 1996, 270 u. 272). Andere sehen in der Entscheidung des Gerichtshofs, dem Recht auf nationale Selbstverteidigung gegenüber der Nichtverbreitungsnorm Vorrang zu gewähren, eine nachhaltige Erschütterung des Nichtverbreitungsregimes (Reisman 1999, 485f.).

voraussetzen, wurde im Nuklearen Exportkomitee der IAEA, der so genannten ‚Zangger-Gruppe' (benannt nach ihrem ersten Vorsitzenden, dem Schweizer Claude Zangger) ausgehandelt. Die ‚Zangger-Gruppe' vereinigte die wichtigsten Exporteure nuklearer Technologien (nukleares Ausgangsmaterial sowie Güter für den Betrieb von Nuklearanlagen) und sollte zu einer Abstimmung ihrer Exportpraktiken führen (Inventory of International Nonproliferation Organizations and Regimes 2000, 36f.). Nur eine derartige *Koordinierung der Exportpraktiken* konnte gewährleisten, dass die Exportkonkurrenz der Anbieter nicht dazu führte, dass für die Kernwaffenproduktion taugliche Güter ohne Sicherungsmaßnahmen weitergegeben würden. Allerdings dauerte es bis 1974, ehe die Lieferländer von nuklearen Technologien nach langen und aufreibenden Verhandlungen zu ersten, wenn auch sehr allgemeinen und wenig restriktiven Vereinbarungen über ihre nukleare Exportpolitik (‚Trigger'-Liste, veröffentlicht als IAEA-Dokument INFCIRC/209) gelangten. Weiter reichende Vereinbarungen waren an den Exportinteressen einiger Lieferländer – auch die Bundesrepublik Deutschland trat hier als Bremser auf, Frankreich scherte ganz aus – gescheitert. Erst unter dem Eindruck der 1974 erfolgten Zündung eines Atomsprengkörpers durch Indien konnten sich die Lieferländer zu weiter gehenden Schritten durchringen: noch im Jahre 1975 wurden strengere Exportrichtlinien und größere Zurückhaltung beim Export von Nukleartechnologie vereinbart. Allerdings erfolgte die Koordinierung nicht innerhalb des institutionellen Gefüges der IAEA; vielmehr war sie das Resultat der Bildung eines Exportkartells der Lieferländer von nuklearen Technologien, des so genannten ‚London Suppliers Club' (Strulak 1993, 2). Die im Rahmen des Londoner Clubs verfolgte Strategie der Technologieverweigerung gegenüber potenziellen Atomwaffenstaaten im Kreis der Entwicklungsländer des Südens hatte allerdings zwei grundlegende Schwächen: Sie führte erstens zu einer offenen Diskriminierung der Importländer von nuklearen Technologien. Zweitens war die Einhaltung der Exportvereinbarungen in das Belieben der Lieferländer gestellt, da keine Kontrolle der Exportpraktiken der einzelnen Lieferländer vereinbart wurde. Die nuklearen Lieferländer konnten, ohne das Risiko, entdeckt zu werden, weiterhin ihren wirtschaftlichen Interessen folgend nukleare Technologie exportieren. Diese Praxis wurde durch die Aufdeckung des geheimen Nuklearwaffenprogramms des Irak offenkundig (Strulak 1993, 4). Dieses war erst im Zuge von Sonderinspektionen, die auf der Grundlage der Waffenstillstandsresolution des VN-Sicherheitsrates (Res. 687 (1991)) nach der Befreiung Kuwaits (1991) durchgeführt wurden, in seinen ganzen Ausmaßen bekannt geworden. Denn einen Großteil der Ausrüstungsgegenstände für sein Nuklearprogramm hatte der Irak im Ausland gekauft, das heißt von den nukleartechnologisch entwickelten Staaten bezogen. Die Entdeckung des irakischen Nuklearwaffenprogramms beendete den 13-jährigen ‚Dornröschenschlaf' des Londoner Clubs. Tatsächlich hatten sich die Mitglieder des Exportkartells seit Januar 1978, als die Exportrichtlinien im IAEA-Dokument INFCIRC/254 festgeschrieben wurden, nicht mehr getroffen. Anders als die ‚Trigger'-Liste der ‚Zangger-Gruppe' waren die Richtlinien des Londoner Clubs nicht an sich verändernde Rahmenbedingungen – man denke nur an die zwischen 1978 und 1991 erfolgten technologischen Neuerungen – angepasst worden (Strulak 1993, 3). Durch den Fall ‚Irak' aufgeschreckt gelang es den Mitgliedern des Clubs bis 1993, die obsolet gewordenen Exportrichtlinien neu zu verhandeln. Besondere Beachtung fanden die Bestimmungen, die den Export so genannter ‚dual-use'-Technologie betreffen, das heißt nukleare Ausrüstung und Materialien, die sowohl militärischer als auch ziviler Verwendung zugeführt werden können. Neben der Erfassung neuer ‚dual-use‘-Technologie auf einer überarbeiteten Liste vereinbarten die 28 Mitglieder des Londoner Clubs[21], dass Exporte der betreffenden Technologien künftig von der Unterzeichnung eines umfassenden ‚Safeguards‘-Abkommens des Importstaates mit der IAEA abhängig gemacht werden sollten (Inventory of International Nonproliferation Organizations and Regimes 2000, 33f.).

Konkretisierung und Spezifizierung der Sicherungsnorm

(2) Der nur begrenzt erfolgreichen und lange Zeit vernachlässigten Konkretisierung und Spezifizierung der Exportkontrollnorm des Nichtverbreitungsvertrages steht die weitgehend gelungene Konkretisierung und Spezifizierung der Sicherungsnorm gegenüber. Zwar sah der Kernwaffensperrvertrag derartige Sicherungsmaßnahmen (‚Safeguards‘) vor, doch verzichtete er darauf, sie näher zu bestimmen. Dies blieb den operativen Tätigkeiten der IAEA überlassen. Anders als die Aushandlung von Exportkontrollrichtlinien ging die Erarbeitung von Sicherungsmaßnahmen, dem Herzstück der operativen Umsetzung des Programms der Nichtverbreitung von Atomwaffen, relativ zügig vonstatten. Bis heute hat die Konkretisierung und Spezifizierung der Sicherungsnorm drei Phasen durchlaufen (Chellaney 1999, 380f.). Bereits vor Inkrafttreten des Atomwaffensperrvertrages verfügte die IAEA über Sicherungsmaßnahmen in Form der 1961 und 1966 ausgehandelten Modellabkommen INFCIRC/26 und INFCIRC/66. Diese Erfahrungen ermöglichten es dem Gouverneursrat der IAEA, der mit der Ausarbeitung von Einzelheiten der Sicherungsmaßnahmen beauftragt war, bereits ein Jahr nach dem 1968 erfolgten Inkrafttreten des Nichtverbreitungsvertrages, mit INFCIRC/153 ein neues Modellabkommen zu verabschieden. Dieses behielt bis zu der Einigung auf eine grundlegende Reform des ‚Safeguards‘-Regimes in den Jahren 1995 und 1997 seine Gültigkeit und diente dem Generaldirektor der IAEA bei der Aushandlung von Abkommen über die Durchführung der Sicherungsmaßnahmen mit den Unterzeichnerstaaten des Kernwaffensperrvertrages als Leitfaden.

‚Safeguards‘

Gemäß INFCIRC/153 ist jeder Nicht-Kernwaffenstaat, der mit der IAEA ein ‚Safeguards‘-Abkommen geschlossen hat, verpflichtet, alle Anlagen und Materialien, die der zivilen Nutzung der Kernenergie dienen, der IAEA zu melden. Weiterhin muss er für die deklarierten Anlagen eine Kernmaterialbilanz führen, die nachvollziehbar machen soll, ob nukleares Material aus der zivilen Nutzung für militärische Zwecke abgezweigt wurde. Der Verbleib der Kernbrennstoffe muss durch die Kernmaterialbilanz zu jeder Zeit feststellbar sein. Das Neuartige und bislang Einmalige der ‚Safeguards‘ ist, dass die Kernmaterialbilanzierung durch eine internationale Organisation, die IAEA, überwacht wird. Die Inspekteure der IAEA haben die Aufgabe und die Befugnis, die Materialbuchführung und die Richtigkeit der Angaben über den Verbleib von kernwaffentauglichem Material zu kontrollieren und die mögliche Abzweigung von Material zu entdecken. Sie inspizieren zu diesem Zweck die deklarierten Anlagen vor Ort, haben nach INFCIRC/153 allerdings nur Zugang zu so genannten Schlüsselmesspunkten, durch die die gesamten Kernbrennstoffe der Anlage fließen. Außerdem hat die IAEA das Recht, an diesen Schlüsselmesspunkten von nuklearen Anlagen automatische Überwachungsvorrichtungen (z.B. Kameras) einzusetzen (den Dekker 2001, 274-297).

---

21 Bis Ende 2001 erhöhte sich die Zahl der Mitglieder um 10 auf 38 Staaten.

Trotz dieser weitreichenden Kontrollbefugnisse bot das ,Safeguards'-System der IAEA nach INFCIRC/153 gegen ein Abzweigen von waffentauglichen Kernbrennstoffen keinen vollständigen Schutz. Die IAEA verfügte in der Praxis ihrer Sicherungsmaßnahmen über keine Möglichkeit, täuschungssicher zu überprüfen, ob ein Staat tatsächlich alle Anlagen und das gesamte nukleare Ausgangsmaterial seiner nuklearen Aktivitäten deklariert hatte. Zwar sieht INFCIRC/153 Sonderprüfungen von nicht-deklarierten Anlagen vor, die nukleares Material beherbergen könnten. In der Praxis war dieses Instrument jedoch nur wenig hilfreich, da derartige Sonderprüfungen der Voranmeldung bedürfen. Die Lücken im Sicherungssystem der IAEA wurden 1991 offenkundig, als eine Sonderkommission der Vereinten Nationen im Irak auf Anzeichen eines umfangreichen Atomwaffenprogramms stieß. In der Tat hatte das Land bei der IAEA falsche Angaben sowohl hinsichtlich seiner Anlagen als auch über das vorhandene nukleare Ausgangsmaterial gemacht (Chayes/Chayes 1995, 181).

Lücken in der Überwachung

Bereits im Juni 1991 formulierte der Generaldirektor der IAEA ein Reformprogramm in drei Punkten. Seine Organisation solle uneingeschränkten Zugang zu allen verdächtigen Anlagen erhalten. Des weiteren sollten die Inspektoren sich auf das Wissen der Geheimdienste stützen können. Schließlich solle der Sicherheitsrat der Vereinten Nationen mit der IAEA kooperieren, um den Sanktionsprozess zu stärken. Im Mai 1993 beschloss der Gouverneursrat, das ,Safeguards'-Regime bis 1995 zu reformieren. Während 1995 nur diejenigen Vorschläge zur Umsetzung freigegeben wurden, die mit dem bisherigen Mandat vereinbar waren, dauerte es bis 1997 ehe der Gouverneursrat ein neues Modellabkommen (INFCIRC/540) annahm. Auch wenn dem Wunsch des Generaldirektors nach uneingeschränktem Zugang nicht entsprochen wurde, sieht das neue Modellabkommen eine deutliche Ausweitung der Berichtspflicht der Mitgliedstaaten sowie der Inspektionsrechte der IAEA vor (Colijn 1998, 95-97; denDekker 2001, 297-305; Loosch 2000).

Reform des ,Safeguards'-Regimes

Bei der Formulierung der Modellabkommen erweist sich, wie auch im Falle der Ausarbeitung der Exportkontrollrichtlinien in der ,Zangger-Gruppe', die Gültigkeit des für die Konkretisierung und Spezifizierung von Politikprogrammen einschlägigen Modells der diagonalen Kooperation von innerstaatlicher Ebene, auf der die interne Positionsbestimmung jedes Staates vorgenommen wird, internationaler Ebene, auf der die zwischenstaatlichen Verhandlungen stattfinden, sowie der supranationalen Ebene, die durch die aktive Beteiligung der Verwaltungsspitze der internationalen Organisation an der Fortentwicklung des Organisationsmandats gekennzeichnet ist.

Das ,Safeguards'-System der IAEA kann als wichtiger Beitrag zur Nichtverbreitung von Kernwaffen gewertet werden. Es stellt eine für den Sachbereich ,Sicherheit' seltene Transparenz her. Die Kontrolle durch die IAEA gibt den Nicht-Kernwaffenstaaten eine gewisse Gewähr dafür, dass andere Nicht-Kernwaffenstaaten keinen waffentechnischen Vorteil erlangen, indem sie kernwaffentaugliches Material aus der zivilen Nutzung abzweigen. Das ,Safeguards'-System fördert somit die Erwartung, durch den eigenen Atomwaffenverzicht von anderen Staaten nicht übervorteilt zu werden (Beckman et al. 2000, 223). Nur auf der Grundlage dieser Erwartungssicherheit scheint der Verzicht auf die Kernwaffenoption überhaupt möglich.

große Transparenz

Eine Optimierung der operativen Tätigkeiten wäre bei der Sanktionierung eines festgestellten Verstoßes gegen den Atomwaffensperrvertrag möglich und wünschenswert. Selbst wenn IAEA-Inspektoren bei ihren Kontrollmaßnahmen die Verletzung von Normen und Regeln des Kernwaffensperrvertrages feststel-

unzureichende Möglichkeiten der Sanktionierung von Fehlverhalten

215

len, besteht nur eine geringe Chance, den betreffenden Staat mit Sanktionen zu belegen, um so die Wiederherstellung des Rechtszustandes zu erzwingen oder von künftigen Rechtsverletzungen abzuschrecken. Denn der Kernwaffensperrvertrag macht über die Folgen eines Vertragsbruches nur sehr unbestimmte Angaben. Kommt das Sekretariat der IAEA zu dem Ergebnis, dass die Abzweigung von nuklearem Material in einem inspizierten Land nicht auszuschließen ist, so kann der Gouverneursrat die Feststellung treffen, dass ein Vertragsbruch vorliegt. Außerdem kann der Gouverneursrat beschließen, diese Feststellung dem Sicherheitsrat der Vereinten Nationen zu übermitteln. Sofern der Sicherheitsrat in dem Vertragsbruch eine Gefährdung des Weltfriedens und der internationalen Sicherheit erkennt, hat er das Recht, kollektive Zwangsmaßnahmen gegen den vertragsbrüchigen Staat zu verhängen (H. Müller 1992, 53-54). Dieser Weg der Sanktionierung wurde bisher in der Praxis noch nie beschritten. Auch die Zerstörung der irakischen Nuklearanlagen im Anschluss an die irakische Niederlage im Krieg um Kuwait (1991) ist keine Folge des im Kernwaffensperrvertrages vorgesehenen Sanktionsprozesses, sondern beruht auf dem Kriegsergebnis und den damit verbundenen Waffenstillstandsbedingungen des Sicherheitsrates der Vereinten Nationen (Res. 687 (1991)). Eine zweifelsfreie Erwartung von Sanktionen bei Vertragsmissachtung ist somit nicht gegeben. Der Sanktionsprozess, den der Nichtverbreitungsvertrag und die IAEA-Satzung vorsehen, ist unmittelbar an das System kollektiver Sicherheit gebunden und so auch dessen Funktionsschwächen unterworfen. Die theoretisch möglichen Sanktionen können folglich nur eine geringe Versicherungs- oder Abschreckungswirkung erzielen. Positiv gewendet: Sanktionen können ein hilfreiches Mittel sein, um das Vertrauen der Staaten in den Verzicht auf eine Atomwaffenoption durch mögliche Opponenten enttäuschungsfest zu machen und sollten deshalb im Rahmen der Nichtverbreitungspolitik konkretisiert werden.

Allerdings ist festzuhalten, dass bereits das Publikmachen einer Verletzung der Bestimmungen des Kernwaffensperrvertrages eine Form der Sanktionierung darstellen kann. Sie mag die betreffende Regierung innenpolitischem Druck aussetzen und international einen Reputationsverlust nach sich ziehen. Nachdem beispielsweise 1988 der Verdacht einer deutschen Beteiligung an den pakistanischen und libyschen Atomwaffenprogrammen geäußert wurde, sah sich die Bundesregierung gezwungen, die eigene Exportkontrolle zu verschärfen (H. Müller 1993, 375-381). Ebenso kann das Bekanntwerden eines Vertragsbruches durch einen Staat, der seinen Atomwaffenverzicht zugesichert hatte, die Chancen dieses Staates, in Zukunft auf internationalen Märkten die zur zivilen Nutzung der Kernenergie und erst recht zur Herstellung von Atomwaffen notwendigen Ausgangsmaterialien erwerben zu können, erheblich reduzieren. Die Veröffentlichung von Verstößen gegen den Kernwaffensperrvertrag behindert mithin den Nuklearhandel des betreffenden Staates und stellt eine, wenngleich milde Form der Verhaltenssanktionierung durch die internationale Staatengemeinschaft dar.

8.2.3 Informationelle Tätigkeiten internationaler Organisationen

Ein zentrales Kooperationshindernis im Sachbereich ‚Sicherheit' ist das Bestreben der Staaten, Maßnahmen, die der Gewährleistung der eigenen Sicherheit dienen, geheim zu halten. Sollten sich Staaten dennoch zum Austausch sensibler Informationen bereit erklären, tun sie dies in der Regel unter der Bedingung, dass diese Informationen vertraulich bleiben. Die im Problemfeld ‚atomare Rüstungsdynamik' aktiven internationalen Organisationen dienen daher zunächst als nicht-öffentliche Tauschbörse für vertrauliche Informationen. Dies trifft besonders auf den 38 Mitglieder (Stand: Ende 2001) zählenden Londoner Club zu. Dieser wurde in der Vergangenheit aufgrund extremer Maßnahmen der Geheimhaltung wegen seiner mangelnden Transparenz kritisiert. Der Club reagierte bislang mit Absichtserklärungen, die Transparenz unter den Mitgliedern sowie zwischen ‚Insidern' und ‚Outsidern' verbessern zu wollen, die freilich bislang weitgehend folgenlos geblieben sind (Inventory of International Nonproliferation Organizations and Regimes 2000, 31-35).

nicht-öffentliche Informationsbörse

Darüber hinaus fungiert die IAEA als öffentliche Informationsplattform. Durch den jährlich erscheinenden Tätigkeitsbericht sowie das vierteljährlich erscheinende ‚IAEA Bulletin' informiert die Organisation über ihre Programm- und operativen Tätigkeiten. Zahlreiche Informationsbroschüren runden die eigene Öffentlichkeitsarbeit ab. Die Jahresberichte, Periodika und Broschüren sind kostenlos auf der Homepage der IAEA im Internet[22] einsehbar. Außerdem ist die Organisation zum Mittelpunkt eines weltweiten Netzwerks von Forschern und Experten in den Bereichen nukleare Nichtverbreitung und friedliche Nutzung nuklearer Technologien avanciert. Mit Hilfe von Forschungsinstituten in aller Welt und anderen internationalen Organisationen unterhält die IAEA eine Vielzahl von numerischen, bibliografischen und anderen Datenbanken. Schließlich trägt die Organisation durch drei eigene Labore und Forschungsinstitute zur unabhängigen Erzeugung von Informationen in den Bereichen nukleare Sicherheit und nukleare Technologien bei. Die Ergebnisse der von der IAEA finanzierten Forschungsprojekte werden in Einzelstudien veröffentlicht.

öffentliche Informationsplattform

Informationserzeuger

8.2.4 Beurteilung der Organisationsoutputs

Durch die Analyse der Outputs der Vereinten Nationen und der IAEA ist deutlich geworden, dass diese internationalen Organisationen an der Erzeugung kooperativer Interaktionsmuster im Sachbereich ‚Sicherheit' der internationalen Politik beteiligt sind. Sie leisten im Problemfeld ‚atomare Rüstungsdynamik' einen wichtigen Beitrag zur Verhinderung der Weiterverbreitung von Nuklearwaffen (horizontale Proliferation). Mit der Konzentration auf die Generierung von Politikprogrammen, deren Konkretisierung und Spezifizierung, die Überwachung der Regeleinhaltung sowie die Möglichkeit der Sanktionierung haben die Vereinten Nationen und die IAEA Handlungsformen gewählt, die auf die Reduktion des im Sicherheitsdilemma strukturell angelegten Misstrauens zielen. Besonders der Wert der ‚Safeguards' kann kaum überschätzt werden. Sie erzeugen ein unerlässliches Mindestmaß an Transparenz und stärken so das zwischenstaatliche Vertrauen in die Beachtung und Befolgung der vereinbarten Normen und Regeln. Die Zweifel an der Zuverlässigkeit der ‚Safeguards', die vor allem durch die Aufdeckung des irakischen Atomprogramms aufgekommen waren, haben zu einer Verschärfung des Regelwerks geführt und die Glaubwürdigkeit des Nichtverbreitungsregimes erhöht. Freilich bleibt die Reform angesichts der Weigerung von Staaten wie Irak oder Nord-Korea, auf der Grundlage des neuen Modellabkommens INFCIRC/540 mit der IAEA zu kooperieren, unvollkommen.

Erfolg bei der Verhinderung horizontaler Proliferation

---

22   http://www.iaea.org/worldatom/

Auch die Stärkung des Sanktionsmechanismus stellt eine dringliche Aufgabe für die Zukunft dar.

Der Organisationsoutput stellt bis heute noch eine recht gute Antwort auf die problemfeldspezifischen problematischen Handlungsinterdependenzen dar. Die Zahl der international anerkannten Atommächte ist seit 1970, seitdem der Atomwaffensperrvertrag in Kraft getreten ist, nicht weiter gestiegen. Selbst wenn bekannt ist oder man annehmen muss, dass neben den offiziellen Atommächten (China, Frankreich, Großbritannien, Russland, USA) mittlerweile einige weitere Staaten wie Indien, Israel und Pakistan über eine Kernwaffenoption verfügen, kann dem Nicht-Weiterverbreitungsregime der Vereinten Nationen und der IAEA seine Wirksamkeit kaum abgesprochen werden. Ohne ihre Politikprogramme und ihre operativen Tätigkeiten müsste man von einer erheblich größeren Zahl von Kernwaffenstaaten ausgehen (Beckman et al. 2000, 222f.).

kein Einfluss auf die Intensivierung vertikaler Proliferation

So erfolgreich die Nicht-Verbreitungspolitik bezüglich der horizontalen Proliferation gewesen ist, so wenig konnte sie die weltweite Rüstungsdynamik quantitativer und qualitativer Art eindämmen (Beckman et al. 2000, 222). Dem nuklearen Wettrüsten der Großmächte, der so genannten vertikalen Proliferation, wurde bis weit in die 1980er Jahre kein entscheidender Einhalt geboten. Erst das Ende des Ost-West-Gegensatzes hat hier Fortschritte zugelassen. Allerdings wurden und werden die Vereinbarungen über nukleare Abrüstung zwischen der UdSSR (und später Russland) und den USA außerhalb der Vereinten Nationen getroffen. Zudem muss konstatiert werden, dass die Begrenzung der Weiterverbreitung von Kernwaffen bisher eine Ausnahme der internationalen Rüstungskontrolle geblieben ist. Für die nicht-atomare Rüstung waren die Bemühungen der Vereinten Nationen um ein System der Rüstungsregelung bereits im Stadium der Politikprogrammgenerierung gescheitert. Allein bei der Aushandlung eines Vertrages über ein allgemeines Verbot chemischer Waffen, der 1993 zur Unterzeichnung aufgelegt wurde, konnten die Vereinten Nationen wichtige Impulse geben. Mit Inkrafttreten der Konvention im April 1997 wurde die Organisation für das Verbot Chemischer Waffen ins Leben gerufen, welche die Implementation der Vertragsbestimmungen, unter ihnen die Zerstörung vorhandener Chemiewaffenarsenale innerhalb eines festgelegten Stufenplans, überwachen soll. In den ersten vier Jahren führte die Organisation 913 Inspektionen durch. Erste Bewertungen ihrer Tätigkeiten fallen positiv aus (Zanders et al. 2001, 548).

Insgesamt kann resümiert werden, dass das Problemfeld ‚Rüstungsdynamik‘, abgesehen von einigen Inseln der Verregelung, ein Meer der staatlichen Selbsthilfe-Politik geblieben ist. Die Inseln der Rüstungsverregelung machen dennoch deutlich – und dies sollte das Beispiel der nuklearen Nichtverbreitung zeigen –, dass internationale Organisationen einen wichtigen Beitrag zur Rüstungskontrolle leisten können und leisten.

9 Der Sachbereich ‚Wohlfahrt‘

Der Sachbereich ‚Wohlfahrt‘ umfasst die Problemfelder der internationalen Politik, die dadurch charakterisiert sind, dass in ihnen über die Verteilung materieller Lebenschancen zwischen den Gesellschaften unterschiedlicher Staaten entschieden wird. Die Politik der Staaten im Sachbereich ‚Wohlfahrt‘ ist auf das Ziel der Sicherung und Mehrung der materiellen Lebenschancen der Mitglieder ihrer Gesellschaften ausgerichtet. Diese Orientierung kennt im Wesentlichen drei Zielperspektiven. Die am weitesten anerkannte Zielperspektive im Sachbereich ‚Wohlfahrt‘ stellt die Förderung wirtschaftlichen Wachstums in das Zentrum der Politik; hier geht es darum, die Produktion von Gütern und Dienstleistungen sowie die Austauschbeziehungen so zu organisieren, dass der entstehende materielle Gesamtnutzen möglichst groß ist. Weiterhin sieht sich die internationale Politik im Wohlfahrtsbereich mit der Anforderung gerechter Verteilung konfrontiert: der durch die Produktion und die Austauschbeziehungen entstandene Nutzen soll möglichst vielen Staaten und ihren Gesellschaften gleichermaßen zugute kommen. Diesen Zielorientierungen ist mittlerweile noch die der Umweltverträglichkeit der Produktion, des Austausches und der Konsumtion von Gütern und Dienstleistungen zur Seite gestellt worden. Demnach besteht eine Zielvorgabe internationaler Politik im Sachbereich ‚Wohlfahrt‘ auch darin, die Möglichkeit der Nutzenerzeugung und -verteilung für die Zukunft, das heißt die bestandsfähige Nutzenmehrung (sustainable development) zu erhalten.

Wachstum bei der Nutzenerzeugung, Gerechtigkeit der Nutzenverteilung und Bestandsfähigkeit der Nutzenmehrung als Zielperspektiven der internationalen Politik im Sachbereich ‚Wohlfahrt‘ erzeugen problematische zwischenstaatliche Handlungsinterdependenzen, die sich strukturell von den Interdependenzen unterscheiden, die zwischen Staaten aufgrund ihrer Orientierung auf die physische Existenzerhaltung, die für den Sachbereich ‚Sicherheit‘ kennzeichnend ist, entstehen. Uns interessieren wiederum die strukturellen Eigenschaften, welche die Problemfelder des Sachbereichs ‚Wohlfahrt‘ miteinander gemein haben. Es gilt, die Charakteristika der problematischen Handlungsinterdependenzen und damit die Kooperationsbedingungen in diesem Sachbereich der internationalen Politik herauszuarbeiten. Denn erst die Kenntnis der strukturell begründeten Hindernisse, die sich internationaler Kooperation im Sachbereich ‚Wohlfahrt‘ entgegenstellen, erlaubt uns, die Bedeutung der Outputs der politischen Systeme internationaler Organisationen für die Generierung und Stabilisierung kooperativer Verhaltensmuster in den internationalen Beziehungen des Sachbereichs ‚Wohlfahrt‘ angemessen zu bewerten.

Während im Sachbereich ‚Sicherheit‘ das Sicherheitsdilemma die zwischenstaatlichen Beziehungen bestimmt, ist es im Wohlfahrtsbereich das *Wohlfahrtsdilemma*, das die Handlungslogik der Staaten formt. Das Wohlfahrtsdilemma re-

3 Zielperspektiven:

1. Wachstum der Nutzenerzeugung

2. Gerechtigkeit der Nutzenverteilung

3. Bestandsfähigkeit der Nutzenmehrung

Wohlfahrtsdilemma und Kooperationshindernisse

219

sultiert aus einer Situation, in der die Staaten ihre Wohlfahrtsbeziehungen ohne die Existenz einer zentralen Autorität, die die internationalen Beziehungen steuert, selbst regulieren müssen. Jeder Staat ist in dieser Situation auf sich selbst gestellt, muss also die materiellen Lebenschancen seiner Bevölkerung selbst garantieren, ohne dies zumeist allein auf die eigenen Ressourcen gestützt erreichen zu können. Mit anderen Worten, die Staaten tun dies in einer Welt, in der grenzüberschreitende materielle Austauschbeziehungen die Regel sind, wirtschaftliche Autarkie allenfalls als Ausnahmeerscheinung auftritt. In einer derartigen Situation verspüren Staaten immer die latente Neigung, ihre Wohlfahrtsziele gleichwohl unilateral zu verfolgen, indem sie durch Zollerhöhungen, Einfuhrbeschränkungen, die Abwertung ihrer Währungen oder die Externalisierung von Umweltschäden Kosten der Erhaltung oder Mehrung der materiellen Lebenschancen ihrer Gesellschaften auf andere Staaten abzuwälzen suchen. Wenn jedoch alle oder die meisten Staaten auf diese Art, das heißt durch eine ‚beggar thy neighbour‘-Politik ihren Anteil am ‚Weltwirtschaftskuchen‘ erhöhen wollen, werden einige allenfalls kurzfristig damit Erfolg haben; langfristig werden die Anteile hingegen gleich bleiben, der zu verteilende ‚Kuchen‘ insgesamt jedoch schrumpfen. Das Wohlfahrtsdilemma bezeichnet somit eine soziale Falle, in der die Orientierung des Verhaltens am einzelstaatlichen Nutzen die Staatengemeinschaft kollektiv, aber auch jeden Staat individuell schlechter stellt, als es bei einer effektiven Koordinierung des Verhaltens aller (oder doch der meisten) Akteure der Fall wäre. Mit anderen Worten, Kollektivhandeln im Wohlfahrtsbereich lässt die Erzielung gemeinsamer Gewinne zu. Nun könnte man geneigt sein, aus der Parallelität von Sicherheits- und Wohlfahrtsdilemmata den Schluss zu ziehen, dass die strukturellen Interdependenzprobleme im Sicherheits- und im Wohlfahrtsbereich identisch und damit die Kooperationsbedingungen gleich seien. Eine derartige Folgerung würde jedoch fehl gehen, da sie wichtige Strukturunterschiede übersieht.

offensive und defensive Maßnahmen unterscheidbar

Während im Sachbereich ‚Sicherheit‘ die mangelnde Unterscheidbarkeit von offensiven und defensiven Maßnahmen zur Existenzsicherung ein strukturelles Misstrauen begründet, sind im Sachbereich ‚Wohlfahrt‘ offensive und defensive Maßnahmen besser zu unterscheiden. Im Gegensatz zum Sicherheitsbereich ist es im Wohlfahrtsbereich kaum möglich, defensive Maßnahmen eines Interaktionspartners offensiv aufzufassen und somit eigene Gegenmaßnahmen zu begründen. Beispielsweise kann der Bau eines Atombunkers zur Abwehr potenzieller Kriegsschäden durch einen Opponenten auch als Vorbereitung auf einen Krieg mit Kernwaffen gewertet werden und so Gegenmaßnahmen der Vorbereitung auf einen Nuklearkrieg auslösen. Demgegenüber sind der Abbau von Zollschranken, die Anhebung von Umweltstandards für die Güterproduktion oder die Gewährung von Entwicklungshilfe weniger missverständliche Instrumente der Außenpolitik eines Staates, die also zumeist keine Gegenmaßnahmen anderer Staaten zum Schutze ihrer Wohlfahrtschancen nach sich ziehen. Dies hat zur Folge, dass sich die Staaten im Sachbereich ‚Wohlfahrt‘ mit weniger Misstrauen begegnen; für alle Beteiligte letztlich schädliche Prozesse der wechselseitigen Bestrafung sind somit weniger wahrscheinlich. Die Kooperationschancen bei Konflikten im Sachbereich ‚Wohlfahrt‘ sind deshalb im Vergleich zum Sicherheitsbereich als besser zu bewerten.

Interessenkonflikte über absolut bewertete Güter vorherrschend

Die Neigung, die Beurteilung eigener Gewinne davon abhängig zu machen, ob und gegebenenfalls welche Gewinne andere Akteure erzielen, ist im Sachbereich ‚Wohlfahrt‘ gering. Während Staaten ihre Sicherheit häufig erst durch den Vergleich der eigenen militärischen Machtmittel mit den militärischen Macht-

220

mitteln potenzieller Opponenten gewährleistet oder gefährdet sehen, wird Wohlfahrt in der Regel unabhängig von der Wohlfahrt anderer beurteilt. Ein Mehr an Wohlfahrt für andere wird nicht zwangsläufig als ein Weniger an eigener Wohlfahrt wahrgenommen werden. Mit anderen Worten, Konflikte im Wohlfahrtsbereich sind zumeist Interessenkonflikte über absolut bewertete Güter oder Mittelkonflikte und als solche einer kooperativen Konfliktbearbeitung relativ leicht zugänglich. Interessenkonflikte über relativ bewertete Güter sind im Sachbereich ‚Wohlfahrt' hingegen die Ausnahme (Efinger/Rittberger/Zürn 1988, 92-97; Efinger/Zürn 1990).

Allerdings muss betont werden, dass auch bei Interessenkonflikten über absolut bewertete Güter ein Dissens über die Verteilung von Kooperationsgewinnen die zwischenstaatliche Kooperation insgesamt be- oder gar verhindern kann. Können zwei Staaten beispielsweise durch die Zusammenarbeit im Bereich der Technologieentwicklung ihre Absatzchancen auf internationalen Märkten verbessern, so wird es für einen Staat kaum akzeptabel sein, wenn der andere Staat durch die Zusammenarbeit deutlich mehr profitiert als seinem geleisteten Beitrag entspricht oder Gewinne erzielt, die ihn befähigen, künftig seinen jetzigen Kooperationspartner nieder zu konkurrieren. Finden die Partner keine andere (verteilungsgerechtere) Lösung, so besteht die Gefahr, dass die technologische Zusammenarbeit beendet wird, die beiden Staaten auf den gemeinsamen Kooperationsvorteil künftig verzichten werden. Mit anderen Worten, die Aufteilung der Kooperationsgewinne muss den Vorstellungen der Staaten von einer gerechten Nutzenverteilung entsprechen; ist dies nicht der Fall, wird die Kooperation höchstwahrscheinlich scheitern. Das Verteilungsproblem muss daher als ein zentrales Hindernis zwischenstaatlicher Kooperation im Sachbereich ‚Wohlfahrt' betrachtet werden.

gleichwohl Dissens über Verteilung

Demgegenüber wirkt sich die Wiederbringlichkeit der im Wohlfahrtsbereich in Frage stehenden Güter positiv auf die Kooperationschancen aus. Während im Sicherheitsbereich Beeinträchtigungen oder der Verlust der physischen Existenz aus eigener Kraft nur schwer oder gar nicht wieder rückgängig zu machen sind, lassen sich im Wohlfahrtsbereich Beeinträchtigungen der materiellen Lebenschancen leichter korrigieren. Für die Staaten ergibt sich im Sachbereich ‚Wohlfahrt' mithin ein merklich geringerer Anreiz, der Gefährdung von Wohlfahrtsgütern unter allen Umständen vorbeugend begegnen zu müssen. Denn auf die durch Maßnahmen anderer Akteure erzeugten Beeinträchtigungen der materiellen Lebenschancen der eigenen Gesellschaft kann ein Staat auch noch im Nachhinein reagieren, ohne Gefahr zu laufen, bereits eines Großteils seiner Reaktionsmöglichkeiten beraubt zu sein. Auch deshalb ist das zwischenstaatliche Misstrauen im Wohlfahrtsbereich geringer als bei Sicherheitsfragen, die Kooperationschancen mithin besser.

Schaden leichter korrigierbar

Ein weiterer Vorteil für die internationale Kooperation im Wohlfahrtsbereich ist die relativ hohe Transparenz der Maßnahmen, die Staaten ergreifen können, um die eigene Wohlfahrt auf Kosten anderer zu mehren. Zollerhöhungen, Einfuhrbeschränkungen, Währungsabwertungen oder Umweltschadensexporte eines Staates werden anders als Rüstungsprogramme oder militärische Operationspläne praktisch automatisch öffentlich. Die Transparenz der Maßnahmen im Sachbereich ‚Wohlfahrt' wirkt als Vertrauen bildender Faktor, erzeugt Erwartungsverlässlichkeit und beugt mithin zwischenstaatlichem Misstrauen vor oder baut vorhandenes Misstrauen ab.

größere Transparenz

Neben der Verteilungsproblematik ist die Pluralität und, wichtiger noch, die Konkurrenz möglicher Zielorientierungen im Sachbereich ‚Wohlfahrt' als zentrales Hindernis zwischenstaatlicher Wohlfahrtskooperation zu sehen. Das Wachs-

aber Pluralität der Zielorientierungen...

tum der Nutzenerzeugung, die gerechte Nutzenverteilung sowie die Bestandsfähigkeit der Nutzenmehrung sind nicht immer kompatibel. Je nach eigener Interessenlage betonen verschiedene Staaten unterschiedliche Zielperspektiven, was zu Konflikten über die zu ergreifenden Maßnahmen in den internationalen Wohlfahrtsbeziehungen führt. Im ungünstigsten Fall kann es zu einer gegenseitigen Blockade zwischen den Staaten mit unterschiedlicher Zielorientierung kommen, die dann internationale Kooperation im Sachbereich ‚Wohlfahrt‘ verhindert. Je globaler der Rahmen und je heterogener die Gesamtheit der beteiligten Staaten, umso schwerwiegender schlägt die Zielpluralität und -konkurrenz als Kooperationshindernis zu Buche.

... und konfliktfähige gesellschaftliche Interessengruppen

Wie im Sachbereich ‚Sicherheit‘ gibt es auch im Sachbereich ‚Wohlfahrt‘ Situationen, in denen innenpolitische Verhältnisse die außenpolitische Kooperationsbereitschaft der Staaten nachhaltig behindern können. Denn die Staaten und vor allem ihre Regierungen neigen häufig dazu, auf internationale Kooperation – obschon dem Wohl der eigenen Gesellschaft insgesamt zuträglich – zu verzichten, wenn diese einer konfliktfähigen gesellschaftlichen Interessengruppe wie zum Beispiel den Landwirten[23] zusätzliche Kosten auferlegen würde.

Schaubild 22: Kooperationsbedingungen im Sachbereich ‚Wohlfahrt‘

Wohlfahrtsdilemma
(geringes wechselseitiges Misstrauen)
Unterscheidbarkeit offensiver und defensiver Maßnahmen
Interessenkonflikte über absolut bewertete Güter
Wiederbringlichkeit materieller Güter
große Transparenz der Maßnahmen
Problem der Verteilung von Kooperationsgewinnen
Problem der Konkurrenz der Zielperspektiven
Kooperationsblockade durch konfliktfähige Interessengruppen

relativ große Kooperationswahrscheinlichkeit

insgesamt relativ große Wahrscheinlichkeit intl. Kooperation

Insgesamt sind die strukturellen Charakteristika im Sachbereich ‚Wohlfahrt‘ jedoch so beschaffen, dass die Chancen internationaler Kooperation im Vergleich zum Sachbereich ‚Sicherheit‘ als gut eingeschätzt werden müssen. Das Wohlfahrtsdilemma ist aufgrund der Unterscheidbarkeit von offensiven und defensiven Maßnahmen, der eher absoluten (anstatt der relativen) Bewertung der betreffenden Güter, der Wiederbringlichkeit materieller Güter, der Transparenz der Maßnahmen und des dadurch begründeten geringeren wechselseitigen Misstrauens für die Staaten leichter überwindbar als das Sicherheitsdilemma. Bedeutende Kooperationshindernisse sind jedoch die Verteilung von Kooperationsgewinnen, die Konkurrenz unterschiedlicher Zielorientierungen sowie die Verhinderungsmacht innergesellschaftlicher Gruppen. Diese Kooperationshindernisse erzeugen insbesondere die Schwierigkeit, inhaltliche Vereinbarungen zu treffen, das heißt sich auf verbindliche Politikprogramme zu einigen. Dagegen stehen der operativen Umsetzung einmal angenommener Politikprogramme Kooperationshinder-

---

23 Der erläuterte Zusammenhang gilt für den Agrarsektor in besonderem Maße. Dies liegt vor allem daran, dass die Arbeitsplatzflexibilität von Landwirten geringer ist als die von Arbeitnehmern in der Industrie oder im Dienstleistungsgewerbe; außerdem ist dort die Anzahl der Produktionsmittelbesitzer besonders groß.

nisse wie die Nichtunterscheidbarkeit offensiver und defensiver Maßnahmen, eine geringe Transparenz möglicher Schadenszufügung durch andere Staaten oder die Unwiederbringlichkeit der in Frage stehenden Güter nicht entgegen. Sollen internationale Organisationen zur Überwindung sachbereichsspezifischer Kooperationshindernisse beitragen, so müssen sie deshalb auf die dem Sachbereich ‚Wohlfahrt' eigentümliche Schwierigkeit, konsensfähige Politikprogramme zu entwickeln, eine Antwort geben. Dies tun sie dann, wenn sich ihre Outputs auf den Bereich der Programmgenerierung sowie deren operative Konkretisierung und Spezifizierung konzentrieren. Darüber hinaus sollte zwar weder die Überwachung der Norm- und Regelbefolgung noch die Sanktionsmöglichkeit bei Regelverstößen vernachlässigt werden, doch die verlässliche Feststellung von Norm- und Regelverstößen scheint hier erheblich gewichtiger. Da im Wohlfahrtsbereich die Verteilung von Kooperationsgewinnen zumeist selbst dann umstritten bleibt, wenn bereits konkrete Vereinbarungen getroffen worden sind, kann dadurch verhindert werden, dass die Kooperationspartner durch eigennützige Interpretationen der vereinbarten Normen und Regeln die Kooperation gefährden. Unser Interesse gilt nun der Frage, ob und gegebenenfalls inwieweit internationale Organisationen passende Antworten auf die genannten sachbereichsspezifischen Kooperationshindernisse bereit halten. Zur Diskussion dieser Frage wollen wir uns auf einige wenige, freilich zentrale Problemfelder des Sachbereichs ‚Wohlfahrt' und die in diesen Problemfeldern agierenden internationalen Organisationen beschränken. Ausführlicher behandelt werden die Problemfelder ‚internationale Handelsbeziehungen' (WTO und EU), ‚internationale Währungsbeziehungen' (IWF und EWWU), ‚internationale Entwicklungsdisparitäten' (Weltbankgruppe) und ‚grenzüberschreitende Umweltbelastungen' (UNEP und WMO).

9.1 Das Problemfeld ‚internationale Handelsbeziehungen' I: Die globale Handelsordnung

Das Wohlfahrtsdilemma kann in den internationalen Handelsbeziehungen zu kollektiv wie individuell unerwünschten Interaktionsergebnissen führen, wenn alle oder viele Staaten dem Anreiz nachgeben, den eigenen Anteil am Welthandel auf Kosten anderer Staaten auszuweiten zu suchen. Dies ist beispielsweise durch die Anhebung von Importzöllen, durch die Verschleppung der Zollabfertigung, durch die Festlegung von Importkontingenten, durch die Diskriminierung ausländischer Produkte aufgrund besonderer technischer Standards oder durch die Begünstigung inländischer Produkte durch Subventionen möglich. Wenn alle Staaten auf diese Weise ihren Anteil am Welthandel ausdehnen wollen, bleiben die Anteile aller über Zeit weitgehend gleich, gleichzeitig sinkt jedoch das Gesamtvolumen des Welthandels und damit auch der Außenhandelsbeitrag zum Bruttosozialprodukt jedes einzelnen Staates. Um dieses unerwünschte Ergebnis in den internationalen Handelsbeziehungen zu verhindern, müssen die Staaten kooperieren.

Obwohl für alle Staaten im Sinne der Nutzenmehrung gewinnbringend, kann internationale Kooperation zur Vermeidung von Protektionismus und zur Förderung freien Handels dann scheitern, wenn die Staaten keine Vereinbarungen über zwischenstaatliche Kooperation zur Verregelung ihrer Handelsbeziehungen erzielen. Wollen internationale Organisationen zur Kooperation mit dem Ziel der

sachbereichs- und problemfeldspezifisch notwendige Outputs von IO regelgestützten Steuerung der internationalen Handelsbeziehungen beitragen, so müssen ihre Outputs sich in den Bereichen der Generierung von Politikprogrammen, der Konkretisierung und Spezifizierung dieser Programme sowie der Gewährleistung der einheitlichen Auslegung und Befolgung der vereinbarten Normen und Regeln durch alle Akteure niederschlagen. Unser Interesse richtet sich nun auf die Frage, ob internationale Organisationen, die im Problemfeld ‚internationale Handelsbeziehungen' tätig sind, die genannten Outputs hervorbringen und somit an der Erzeugung und Aufrechterhaltung kooperativer Interaktionsmuster in den internationalen Handelsbeziehungen beteiligt sind. Für die beispielhafte Analyse wurde die Welthandelsorganisation (WTO) ausgewählt.

9.1.1 Politikprogramm der WTO

Das Programm einer beschränkt liberalen Welthandelsordnung, wie es sich aus den seit 1994 unter dem Dach der WTO zusammengefassten Abkommen über den Güterhandel (GATT), den Dienstleistungshandel (GATS) sowie die handelsrelevanten Aspekte geistiger Eigentumsrechte (TRIPs) ergibt, bestimmt seit dem Ende des Ost-West-Konflikts die internationalen Handelsbeziehungen im globalen Rahmen. Bereits zuvor hatte das alte GATT-Abkommen (GATT '47) – abgesehen von den sozialistischen Staaten – seit dem Zweiten Weltkrieg die internationalen Handelsbeziehungen gesteuert. Ursprünglich nur als Ersatz für die gescheiterte Internationale Handelsorganisation (ITO) in Form eines Regierungsabkommens vorläufig in Kraft gesetzt (vgl. Kap. 3.3.1), hatte sich das GATT zu einer vollständigen internationalen Organisation weiter entwickelt, um schließlich 1994 in der neu gegründeten WTO aufzugehen (Hauser/Schanz 1995; Wilkinson 2000, 11-30). Das Programm der WTO kombiniert wie schon das des GATT '47 Normen und Regeln, die einerseits auf die Verwirklichung weitgehend liberaler Handelsbeziehungen zielen, andererseits den einzelnen Staaten soviel Schutz vor dem Weltmarkt gewähren, dass diese nach innen ihre Handlungsfähigkeit zur Verfolgung insbesondere sozial- und umweltpolitischer Ziele bewahren. Demnach begründen weder das alte GATT noch die neue WTO eine ausschließlich liberale Welthandelsordnung, sondern sie sind einer beschränkt liberalen Handelsordnung verpflichtet (Lipson 1983, 241; Ruggie 1983, 195-231; 1994). Allerdings wurde mit der Gründung der WTO dieses Prinzip des ‚embedded liberalism' zugunsten eines ‚pure liberalism' zumindest aufgeweicht (Ruggie 1994).

regulatives Programm der WTO

Das regulative, durch einige wenige redistributive Elemente ergänzte Programm der WTO (Hauser/Schanz 1995; Jackson 1997; 1998) ist nur zu einem geringen Teil Resultat von Programmentscheidungen der internationalen Organisation selbst. Bereits der GATT-Gründungsvertrag (nebst späteren Ergänzungen und Änderungen) beinhaltet die konstitutiven Normen und Regeln, die die internationalen Handelsbeziehungen bis heute regulieren. Kern des Programms der WTO ist das Gebot der Nichtdiskriminierung. Demnach sind alle 143 Mitgliedstaaten (Stand: Ende 2001) verpflichtet, zum einen die so genannte Inländerbehandlung zu beachten und sich zum anderen gegenseitig die so genannte Meistbegünstigung einzuräumen: Die *Inländerbehandlung* besagt, dass auf den heimischen Märkten jeder Staat ausländische und inländische Erzeugnisse gleich behandeln muss, mithin nicht ausländische Erzeugnisse diskriminieren darf: „Waren, die aus dem Gebiet einer Vertragspartei in das Gebiet einer anderen Vertragspartei eingeführt werden, dürfen hinsichtlich aller Gesetze, Verordnungen

Gebot der Nicht-Diskriminierung

und sonstigen Vorschriften über den Verkauf, das Angebot, den Einkauf, die Beförderung, Verteilung oder Verwendung im Inland keine weniger günstige Behandlung erfahren als gleichartige Waren inländischen Ursprungs" (Art. 3, Abs. 4 GATT '47). Die *Meistbegünstigung* verlangt dagegen, dass beim Marktzutritt die ausländischen Erzeugnisse aus unterschiedlichen Staaten gleich zu behandeln sind, mithin ausländische Anbieter und deren Erzeugnisse nicht diskriminiert werden oder eine Vorzugsbehandlung erfahren dürfen: „Alle Vorteile, Vergünstigungen, Vorrechte und Befreiungen, die von einem Vertragspartner für ein Erzeugnis gewährt werden, das aus irgendeinem anderen Land stammt oder für irgend ein anderes Land bestimmt ist, werden sofort und bedingungslos auch auf jedes gleichartige Erzeugnis ausgedehnt, das aus den Gebieten irgendwelcher anderer Vertragspartner stammt oder für sie bestimmt ist" (Art. 1 GATT '47). Die Diskriminierung einzelner Handelspartner ist somit, sowohl was den Marktzutritt als auch was die Marktteilnahme betrifft, ausgeschlossen (Kahler 1995, 24; Wilkinson 2000, 80-84). Davon ausgenommen sind allerdings unter anderem Zollunionen und Freihandelszonen, innerhalb derer die Präferenzbehandlung von Handelspartnern zulässig ist (Art. 24 GATT '47), weil zu ihren Gunsten von der Vermutung ausgegangen wird, dass sie insgesamt handelsschaffend und nicht bloß handelsumleitend wirken (Wilkinson 2000, 93-95). Nur auf der Basis dieser Ausnahmeregelung ist beispielsweise das Binnenmarktprogramm der Europäischen Union mit dem GATT vereinbar.

Ausnahme: Zollunion und Freihandelszonen

Bereits das alte GATT-Abkommen (GATT '47), das ein Vorläufer der die WTO tragenden Vertragswerke ist, verpflichtet die Mitgliedstaaten über die Nichtdiskriminierung hinaus, bestehende Handelshindernisse – tarifäre wie nicht-tarifäre – abzubauen oder erst gar nicht zu errichten. So sind insbesondere nicht-tarifäre Handelshindernisse in Form von Importquoten untersagt (Art. 11 GATT '47). Dagegen sind andere nicht-tarifäre Handelshindernisse sowie tarifäre Handelshindernisse in Form von Zöllen zwar nicht verboten, doch die Mitgliedstaaten sind verpflichtet, in wiederkehrenden *Verhandlungsrunden* dem Prinzip der Reziprozität (Gegenseitigkeit) folgend deren Abbau anzustreben (Wilkinson 2000, 109-111). Das heißt, sie müssen in den Verhandlungsrunden Zugeständnisse seitens ihrer Handelspartner durch eigene Zugeständnisse erwidern. Diese in unregelmäßigen Abständen von mehreren Jahren wiederkehrenden Verhandlungsrunden werden durch die Ministerkonferenz der WTO (früher GATT-Rat) ins Leben gerufen. Die mindestens alle zwei Jahre tagende Ministerkonferenz, in der alle Mitgliedstaaten vertreten sind, ist das höchste Entscheidungsgremium der WTO. Entscheidungen können dort zwar formal auch durch Mehrheitsbeschluss gefällt werden, faktisch jedoch wird auf Einstimmigkeit geachtet. Dies gilt insbesondere für die Programmentscheidungen, durch die ein Verhandlungsauftrag für die wiederkehrenden Verhandlungsrunden festlegt wird. Durch diese Programmentscheidungen, die dem Modell intergouvernementaler Aushandlungsprozesse folgen, bestimmt die Ministerkonferenz, über welche Handelshindernisse bei den Verhandlungsrunden im einzelnen verhandelt werden soll.

Liberalisierung gemäß dem Prinzip der Reziprozität

Programm-entwicklung in Verhandlungsrunden

Durch die Verhandlungsrunden selbst, die in Bezug auf die zu entwickelnden Politikprogramme ebenfalls dem Modell intergouvernementaler Aushandlungsprozesse entsprechen, hat sich das Betätigungsfeld der WTO gegenüber dem des alten GATT deutlich erweitert (Kahler 1995, 29-33). Die Verhandlungsrunden leisten damit die Anpassung des WTO-Regelwerks an den Strukturwandel der internationalen Handelsbeziehungen. Die Uruguay-Runde (1986-1994) als die jüngste Verhandlungsrunde hat beispielsweise Handelsbereiche, die bis-

zuletzt: Uruguay-Runde

lang durch das GATT nur unzureichend erfasst wurden, in das Regelwerk der WTO integriert (Hauser/Schanz 1995). Dies gilt zum einen mit dem Agrar- und dem Textilhandel für zwei klassische Handelsbereiche, die zwar formal bereits in das alte GATT integriert waren, faktisch jedoch davon ausgenommen blieben. Dies gilt zum anderen für den Dienstleistungshandel, der formal und faktisch außerhalb des GATT-Regelwerks abgewickelt wurde und nun durch ein vom GATT unabhängiges Abkommen, das GATS, geregelt wird. Zwar wird sowohl der Dienstleistungshandel als auch der Agrar- und der Textilhandel zunächst stark nationalen Schutzvorschriften unterworfen bleiben, doch ein erster Liberalisierungsschritt ist gemacht, und weitere werden höchstwahrscheinlich folgen. Dies scheint mit Blick auf den Agrar- und den Textilhandel insbesondere für die Entwicklungsländer von großer Bedeutung, weil viele von ihnen komparative Kostenvorteile werden besser nutzen können. Mit Blick auf den Dienstleistungshandel ist die geordnete Liberalisierung insbesondere für die Industrieländer wichtig, denn in den meisten ‚Industrieländern' trägt der Dienstleistungssektor mittlerweile bis zu 50 Prozent und mitunter mehr zum Bruttoinlandsprodukt bei.

nach wie vor Ausnahmen

Das Politikprogramm der WTO (inklusive GATT '94) lässt allerdings wie schon das des alten GATT '47 weiterhin nicht zu unterschätzende Ausnahmen von den angesprochenen Verpflichtungen zu. Eine Ausnahme bezieht sich auf die Zerrüttung inländischer Märkte aufgrund übermächtiger ausländischer Kon-

Marktsicherungsnorm

kurrenz (Marktsicherungsnorm). Demnach ist es Staaten, die sich einem erheblichen Importanstieg aus einem bestimmten ausländischen Industriezweig ausgesetzt sehen, dann erlaubt, vorübergehend Schutzmaßnahmen zu ergreifen, wenn durch diesen Importanstieg der betroffene inländische Industriezweig massiv geschädigt wird (Art. 19 GATT '47). Dadurch werden die Mitgliedstaaten in die Lage versetzt, die sozialen Härten, die mit der Handelsliberalisierung verbunden sein können, im Notfall abzumildern. Der Einsatz von Sicherungsmaßnahmen wie die Suspendierung fest vereinbarter Handelszugeständnisse setzt allerdings die Kompensation der betroffenen Handelspartner voraus (Hauser/Schanz 1995, 100-110). Eine andere Ausnahme bezieht sich auf die Präferenzbehandlung der

Entwicklungsnorm

so genannten Entwicklungsländer (Entwicklungsnorm). Danach sind die Entwicklungsländer in den Verhandlungsrunden von der Pflicht zur Reziprozität ausgenommen. Die Industrieländer werden angehalten, von den Entwicklungsländern für Zugeständnisse beim Abbau von Handelshindernissen keine Gegenleistungen zu fordern. Dadurch sollen die Exportchancen der Entwicklungsländer gesteigert werden, ohne sich für Importe aus Industrieländern weiter öffnen zu müssen. Darüber hinaus ist das Diskriminierungsverbot und das Meistbegünstigungsgebot für den Handel von Industriestaaten mit Entwicklungsländern partiell aufgehoben. Die Industrieländer dürfen (und sollen) demnach seit 1971 den Entwicklungsländern eine besondere Präferenzbehandlung einräumen, ohne diese auf die Industriestaaten übertragen zu müssen (Art. 37 GATT '47).

9.1.2 Operative Tätigkeiten der WTO

Obwohl im Sachbereich ‚Wohlfahrt' im Allgemeinen und im Problemfeld ‚internationale Handelsbeziehungen' im Besonderen die Einigung auf Normen und Regeln zur Errichtung und Aufrechterhaltung einer beschränkt liberalen Handelsordnung für die Koordinierung der staatlichen Außenhandelspolitiken entscheidend ist, dürfen die operativen Tätigkeiten, die internationalen Organisationen bei der Implementation dieser Normen und Regeln obliegen, nicht vernachlässigt werden.

Angesichts der sachbereichsspezifischen Kooperationsbedingungen gilt dies in besonderem Maße für die Konkretisierung und Spezifizierung der in den Programmen festgelegten Normen und Regeln, insbesondere der Pflichten zum Abbau von Handelshindernissen. Das Programm des GATT ebenso wie das des GATS oder der TRIPs gibt zwar vor, welche Handelshindernisse in welchen Sektoren zu beseitigen sind, nicht jedoch die konkreten Richtlinien, denen sich die Staaten in ihren Handelsbeziehungen unterwerfen sollen. Mit der Konkretisierung und Spezifizierung bestehender Programme sind im Rahmen der WTO ebenfalls die wiederkehrenden *Verhandlungsrunden* beauftragt. Dort werden nicht nur neue Politikprogramme entwickelt, sondern auch bestehende Politikprogramme konkretisiert und spezifiziert (Wilkinson 2000, 100-114). Der Entscheidungsprozess bei diesen Verhandlungsrunden entspricht dann auch nicht mehr nur dem Modell intergouvernmentaler Aushandlungsprozesse, sondern passt sich eher dem Modell eines auf drei Ebenen sowie zwischen diesen Ebenen verlaufenden bürokratischen Aushandlungsprozesses an. Denn je mehr es vor allem um die Konkretisierung und Spezifizierung bereits vereinbarter Programme geht, um so eher kann auch das Sekretariat der WTO die Aushandlungsprozesse beeinflussen. Da an den Verhandlungen allerdings Vertreter aller GATT-Mitgliedstaaten teilnehmen, wird der bürokratische Aushandlungsprozess trotzdem von der intergouvernementalen Ebene beherrscht. Dementsprechend werden diese Verhandlungsrunden inhaltlich eindeutig von den Interessen der großen Handelsnationen und -blöcke wie den USA und der EU dominiert. Als besonders erfolgreiche GATT-Verhandlungsrunden gelten die Kennedy-Runde (1964-1967) und die Tokio-Runde (1973-1979), insbesondere aber die Uruguay-Runde (1986-1994), durch die die WTO ins Leben gerufen wurde. Sie brachten einen Abbau der Zölle für Fertigwaren um jeweils ein Drittel, so dass die durchschnittlichen Zollsätze von ursprünglich mehr als 40 Prozent im Jahr 1947 bis auf ca. drei Prozent des Importwertes der Güter im Jahr 2000 gesenkt werden konnten. Damit wurden Zölle als Handelshindernis nach fast 40-jährigem Verhandeln aus dem internationalen Handel mit Industriegütern weitgehend eliminiert (Hauser/Schanz 1995, 63-70).

Darüber hinaus wurden insbesondere durch die Tokio- und die Uruguay-Runde Vereinbarungen getroffen, um dem seit den 1970er Jahren beobachteten ‚Neuen Protektionismus' (Bhagwati 1988) einen Riegel vorzuschieben. Dieser ‚Neue Protektionismus' hatte sich mit dem Abbau der tarifären Handelshindernisse in Form von Zöllen durch einen Aufbau von im GATT nur unzureichend geregelten nicht-tarifären Handelshindernissen Bahn gebrochen. Die Mitgliedstaaten ersetzten den alten, auf der Erhebung von Zöllen basierenden durch einen neuen, nicht mehr vornehmlich auf Zölle setzenden Protektionismus. Durch die Tokio-, insbesondere aber die Uruguay-Runde wurden Handelsbarrieren, die sowohl durch ungerechtfertigte Anti-Subventions- oder Anti-Dumping-Regeln als auch durch die bereits angesprochenen Schutzmaßnahmen aufgebaut wurden, zurückgedrängt (Kahler 1995, 29-47). Durch die bei diesen Runden erreichten Übereinkünfte wird genau spezifiziert, wann Anti-Dumping-, Anti-Subventions- oder sonstige Schutzmaßnahmen gegen unfaire Handelspraktiken gerechtfertigt sind. Damit ist es nicht mehr in das Belieben der Staaten gestellt, Dumping, Subventionen oder Marktzerrüttung festzustellen, um Gegenmaßnahmen zu rechtfertigen. Darüber hinaus wurden so genannte Selbstbeschränkungsabkommen ver-

227

boten, mit denen sich die Mitgliedstaaten zunutze gemacht hatten, dass das GATT '47 zwar Import-, nicht aber Exportquoten verbietet. Zu solchen Selbstbeschränkungsabkommen war es in den 1980er Jahren gekommen, weil insbesondere die USA und die EU Handelspartner wie Japan bedrängten, beispielsweise ihre Automobilausfuhren oder Elektronikexporte auf eine bestimmte Zahl von Einheiten pro Jahr zu begrenzen. Diese Lücken des GATT '47 wurden in der Uruguay-Runde durch die im Rahmen der WTO zusammengefassten Abkommen geschlossen (Hauser/Schanz 1995, 72-110).

Dazu kommt, dass durch die Tokio- und die Uruguay-Runde die Handelshindernisse, die durch nationale Produktnormen etwa zum Gesundheits-, Verbraucher- oder Umweltschutz geschaffen werden können, erheblich eingeschränkt wurden. Das ursprüngliche GATT-Abkommen reglementierte derartige Produktnormen zwar insofern, als es vorschrieb, dass diese nicht diskriminierend angewendet werden dürfen (Art. 20 GATT'47). Es blieb jedoch insgesamt so vage, dass es weitgehend den Staaten überlassen war, wie sie ihre Produktnormen ausgestalteten, um sie gegebenenfalls auch als Handelsbarriere ausnützen zu können. Dieser Missbrauch wird durch das in der Uruguay-Runde ausgehandelte und gegenüber dem alten GATT erheblich präziser gefasste neue Regelwerk der WTO erheblich begrenzt. So schreibt dieses neue Regelwerk vor, dass Produktnormen keine unnötigen Handelshindernisse begründen dürfen. Das heißt, dass sie nicht restriktiver ausgestaltet werden dürfen als zwingend erforderlich, um dem Gesundheits-, Verbraucher- und Umweltschutz Genüge zu tun. Darüber hinaus sind abweichende Produktnormen anderer Mitgliedstaaten anzuerkennen, sofern diese gleichermaßen geeignet sind, den Gesundheits-, Verbraucher- und Umweltschutz zu gewährleisten (Hauser/Schanz 1995, 113-116).

Fazit: Konkretisierung und Spezifizierung geglückt

Die auf die WTO gestützte globale Handelsordnung bleibt zwar weiterhin lückenhaft. Trotzdem kann insgesamt festgehalten werden, dass die jüngeren Verhandlungsrunden noch im Rahmen des GATT '47 dazu beigetragen haben, das für den Wohlfahrtsbereich typische Problem zu lösen, sich auf eine durch möglichst klare Normen und Regeln konstituierte Wettbewerbsordnung zu einigen. Künftige Verhandlungsrunden der WTO wie die im Jahr 2001 eingeläutete Doha-Runde (Beise 2002) können darauf bei der weiteren Konkretisierung und Spezifizierung der unter dem Dach der WTO zusammengefassten Programme (u.a. GATT '94, GATS und TRIPs) aufbauen. Die Konkretisierung und Spezifizierung dieser Programme wird insofern erleichtert, als seit der Gründung der WTO die Ministerkonferenz als höchstes Entscheidungsorgan befugt ist, die durch die Verhandlungsrunden konkretisierten und spezifizierten Programme auszulegen. Die dazu erforderlichen Entscheidungen soll sie zwar im Konsens treffen, kann sie jedoch auch mit einer Mehrheit von drei Viertel der Mitgliedstaaten fällen (Art. 9 WTO-Abkommen). Darüber hinaus sind an diesen oft sehr technischen Entscheidungen sowohl die Fachbürokratien der einzelnen Mitgliedstaaten als auch der Verwaltungsstab der WTO beteiligt, so dass die Konkretisierung und Spezifizierung der Normen und Regeln der Programme der WTO letztlich in einem interbürokratischen Aushandlungsprozess erfolgt (Wilkinson 2000, 68-70).

Überwachung der Norm- und Regeleinhaltung

Die WTO trägt als Nachfolgeorganisation des GATT '47 auch zur Überwachung der Einhaltung der sie konstituierenden und der durch sie festgelegten Normen und Regeln seitens ihrer Mitgliedstaaten bei. Die für den Wohlfahrtsbereich charakteristische Transparenz erlaubt in den internationalen Handelsbeziehungen zwar die Überwachung der Norm- und Regeleinhaltung durch die Staaten selbst; trotzdem kann eine Überwachung durch internationale Organisationen auch im Wohlfahrtsbereich von Bedeutung sein. Denn wie im Sicherheitsbereich verspüren die Staaten auch im Wohlfahrtsbereich vielfach einen Anreiz, gegen vereinbarte Regelwerke zu verstoßen, um sich dadurch zusätzliche Vorteile zu verschaffen. Während sich das alte GATT bei der Überwachung der Norm- und Regeleinhaltung weitgehend darauf beschränkte, seine Mitgliedstaaten zu verpflichten, regelmäßig über ihre Norm- und Regelimplementation zu berichten, verfügt die WTO über weiter reichende Überwachungsbefugnisse. Danach müssen sich insbesondere die großen Handelsstaaten oder – gemeinschaften einer regelmäßigen Überprüfung ihrer Handelspolitik unterwerfen. Bei diesen Gelegenheiten hat nicht nur jeder Mitgliedstaat der WTO selbst, sondern auch das Sekretariat der WTO über die Implementation der geltenden Normen und Regeln zu berichten. Beide Berichte werden dann dem neu geschaffenen Organ zur Überprüfung der Handelspolitik (TPRB) übermittelt, in dem diese miteinander verglichen werden (Hauser/Schanz 1995, 234-235). Damit wird für die Mitgliedstaaten ein zusätzlicher Anreiz geschaffen, ihre Handelspraktiken angemessen darzustellen. Dementsprechend ist die Überwachung der Staatenpraxis in der WTO erheblich glaubwürdiger als im alten GATT. Die WTO beugt damit zwischenstaatlichem Misstrauen vor oder trägt zum Abbau des trotz der Transparenz der handelspolitischen Staatenpraxis auch in den internationalen Handelsbeziehungen vorhandenen Misstrauens zwischen den Staaten bei. Auf diese Weise stabilisiert die WTO eine auf Kooperation gestützte liberale Welthandelsordnung.

Dasselbe ist auch in Bezug auf das Streitbeilegungsverfahren der WTO zur Feststellung von Norm- und Regelbrüchen zu konstatieren. Da die unter dem Dach der WTO geltenden Normen und Regeln auch nach ihrer Konkretisierung und Spezifizierung durch die Verhandlungsrunden Interpretationsspielräume belassen, kann nicht mit Gewissheit davon ausgegangen werden, dass die Verhaltenserwartungen, die sich die Staaten aufgrund dieser Normen und Regeln entgegenbringen, kongruent sind (Franck 1990). Auf dieses Kooperationsproblem gibt die WTO mit ihrem Streitbeilegungsverfahren eine auch in der Praxis erfolgreiche Antwort (Hudec 1993; Jackson 1997; 1998; Petersmann 1997).[24] *(Feststellung von Norm- und Regelbrüchen)*

Das schon im Rahmen des alten GATT entwickelte Streitbeilegungsverfahren, in dessen Mittelpunkt das so genannte Panelverfahren steht, wurde in der WTO erheblich gestärkt. In das Vertragswerk der WTO ist eine Vereinbarung zur Streitbeilegung eingegangen, welche eine gerichtsähnliche Streitbeilegung in zwei Instanzen vorsieht und die Schwelle zur Verbindlichkeit der Entscheide absenkt (vgl. Schaubild 23 und Petersmann 1997). In der ersten Instanz, beim Panelverfahren, kann ein Panel, das aus einer Gruppe von drei bis fünf neutralen Experten besteht, von einem Mitgliedstaat, der ein anderes Mitglied der Norm- und Regelverletzung beschuldigt, dann angerufen werden, wenn die vorausgegangenen Pflichtkonsultationen zwischen den Parteien den Streitfall nicht bereinigen konnten. Das Panel untersucht dann den Streitfall, ermittelt und prüft die auf diesen Streitfall anwendbaren Normen und Regeln, was für und was gegen die erhobene Beschwerde spricht. Wird der Streitfall dadurch nicht gelöst, so fertigt das Panel einen Bericht an, in dem es den Streitfall aus seiner Sicht darlegt und bewertet. Während jedoch im alten GATT bereits die Einberufung eines *(WTO-Streitbeilegungsverfahren)* *(Panelverfahren)*

---

24 In der Literatur wird dies aber neuerdings durchaus relativiert (Busch/Reinhardt 2002; Reinhardt 2001).

solchen Panels davon abhing, dass ihr im GATT-Rat alle Mitgliedstaaten einschließlich der beteiligten Streitparteien zustimmten, gilt in der WTO die Einberufung eines Panels bereits dann als genehmigt, wenn im dafür neu geschaffenen Streitschlichtungsorgan (DSB), dem alle Mitgliedstaaten angehören, nicht alle Mitgliedstaaten dagegen stimmen. Darüber hinaus mussten im alten GATT alle Mitgliedstaaten einschließlich der beteiligten Streitparteien im GATT-Rat zustimmen, damit ein vom Panel angefertigter Bericht verbindlich werden konnte. Das heißt, jede Streitpartei hatte die Möglichkeit, einem ihr unliebsamen Bericht die Verbindlichkeit zu versagen. Das neue Streitbeilegungsverfahren der WTO sieht hingegen vor, dass der Bericht des Panel bereits dann als angenommen gilt, wenn er nicht vom DSB, also von allen Mitgliedstaaten abgelehnt wird.

Berufungsinstanz Der durch den Bericht des Panel ‚verurteilte' Mitgliedstaat hat jetzt statt dessen die Möglichkeit, vor der neu geschaffenen Berufungsinstanz (AB), der sieben auf vier Jahre gewählte unabhängige Experten angehören, ein Berufungsverfahren anzustrengen. Doch auch dessen Bericht kann von keinem einzelnen Mitgliedstaat blockiert werden, sondern wird wie der Bericht des Panel verbindlich, sofern ihm nicht alle Mitglieder des DSB widersprechen. Der Streit über die Interpretation von Normen und Regeln kann somit heute von den Panels und der Berufungsinstanz der WTO noch zuverlässiger entschieden werden als von den Streitschlichtungsorganen des alten GATT. Das Streitbeilegungsverfahren trägt somit zur Rechtssicherheit im Welthandel bei (Wilkinson 2000, 115-136).

Beteiligung von NGO am Streitbeilegungsverfahren Die WTO hat mittlerweile die Möglichkeit geschaffen, dass sich nicht mehr ausschließlich Mitgliedstaaten an Streitbeilegungsverfahren beteiligen können. Vielmehr wurde auch Nicht-Regierungsorganisationen (NGO) eine Rolle in laufenden Streitbeilegungsverfahren zugesprochen. Diese können zwar nicht als Streitpartei auftreten; insbesondere besitzen sie kein Klagerecht. Doch NGO dürfen immerhin über eigene Eingaben – so genannte *amicus briefs*[25] – dem Panel Informationen zukommen lassen, um so das Verfahren zu beeinflussen. Insbesondere Umweltschutzorganisationen haben davon Gebrauch gemacht, um in Streitbeilegungsverfahren dem jeweiligen Panel Informationen über Umweltschutzbelange näherzubringen. Die Streitschlichtungsinstanzen können allerdings weiterhin frei darüber entscheiden, wie sie mit auf diesem Wege erlangten Informationen umgehen (Ohloff 1999).

---

25 Derartige Schriftsätze werden bei Gericht allgemein als *amicus curiae* (Freund des Gerichts) bezeichnet. Durch sie werden dem Gericht von Akteuren, die nicht am Verfahren direkt beteiligt sind, sachdienliche Informationen zur Verfügung gestellt.

Schaubild 23: Das Schema der WTO-Streitschlichtung

Fristen	Hauptverfahren	Ergänzungen
60 Tage	Konsultationen	
	Einsetzung eines Panels durch DSB Art. 4:7, 6, 7 und 8:5[26]	jederzeit möglich: Gute Dienste, Konsultationen und Vermittlungen (Art.5)
6 Monate max. 9 Monate	Panelverfahren (in der Regel 2 Treffen mit Streitparteien und 1 Treffen mit Drittstaaten) Art. 10 und 12	Expertenberichte Art. 13, Anlage 4
	Zwischenbericht an Streitparteien Art. 15:1 und 2	Treffen der Streitparteien mit Panel (auf Antrag)
	Schlussbericht an DSB und Streitparteien Art. 12:7	Bei Annahme durch DSB und Streitparteien: Streitschlichtung beendet; Implementierung
60 Tage für Einleitung der Berufung		
60 Tage max. 90 Tage	Bei Nichtannahme Berufungsmöglichkeit Beginn des Berufungsverfahrens Art. 16 und 17	
	Schlussbericht der Berufungsinstanz	
	Implementierung Art. 21 und 22	

Die Wirksamkeit des Streitbeilegungsverfahrens – sowohl im alten GATT als auch in der WTO – ist zwar nicht unbestritten (Busch/Reinhardt 2002), wird jedoch zumeist bejaht (Jackson 1997; Petersmann 1997). Diese Wirksamkeit mag dadurch begünstigt werden, dass, nachdem ein Mitgliedstaat in einem Streitbeilegungsverfahren verurteilt wurde, ihm Sanktionen drohen, falls er sich nicht zur Norm- und Regelbeachtung bereit findet. Der durch die Norm- und Regelmissachtung geschädigte Mitgliedstaat darf allerdings auch jetzt nicht eigenmächtig handeln, sondern muss sich die Sanktionen – formal: Kompensationen – vom DSB genehmigen lassen. Während im alten GATT diesen Sanktionen alle Mitgliedstaaten zustimmen mussten, gelten in der WTO die Sanktionen bereits dann als genehmigt, wenn ihnen nicht alle Mitgliedstaaten widersprechen. Da auf-

Autorisierung von Sanktionen durch das DSB

---

26 Die Nennung der Artikel bezieht sich auf die Vereinbarung über Regeln und Verfahren zur Streitbeilegung (,Understanding on Rules and Procedures Governing the Settlement of Disputes').

grund dieses umgekehrten Konsens Sanktionen autorisiert werden können, ohne dass ihnen alle Mitgliedstaaten zugestimmt haben, ist es in der WTO erheblich einfacher als noch im alten GATT, gegen Norm- und Regelverstöße vorzugehen. Ob die verbesserten Möglichkeiten der Verhängung von Sanktionen die Chancen der Norm- und Regelbeachtung verbessern, lässt sich allerdings nicht mit Gewissheit sagen. Es spricht letztlich einiges dafür, dass die insgesamt recht zuverlässige Norm- und Regelbeachtung in der WTO bereits aufgrund der gegenüber dem alten GATT verbesserten Überwachung und Streitschlichtung erreicht wird (Chayes/Chayes 1995; Zangl 2001).

9.1.3 Informationelle Tätigkeiten der WTO

Die informationellen Tätigkeiten der WTO beschränken sich im Wesentlichen auf Berichte über organisationsinterne Vorgänge. Die organisationseigenen Publikationen wie der monatlich erscheinende ‚Focus Newsletter‘, der jährliche Bericht ‚Annual Report‘ sowie die monatlichen Berichte über die laufenden Zollrunden wie zuletzt die ‚News of the Uruguay Round‘ bieten eine Informationsplattform, auf der über die Aktivitäten der Organisation oder der Mitgliedstaaten in der Organisation berichtet wird. Darüber hinaus fungiert die WTO aber auch als Informationssammelstelle. So gibt sie mit den ‚International Trade Statistics‘ eine jährlich erscheinende Übersicht über aktuelle Entwicklungen im internationalen Handel heraus. Ein entscheidender Beitrag für die zwischenstaatliche Handelskooperation kann diesen informationellen Tätigkeiten der WTO freilich nicht zugemessen werden; vielmehr umfassen die Informationen, die die WTO ihren Mitgliedern und der internationalen Öffentlichkeit zur Verfügung stellen, Dienstleistungen, die nicht unmittelbar auf die Generierung internationaler kooperativer Verhaltensmuster zielen. Gleichwohl tragen sie dazu bei, dass die internationale Handelspolitik für die Öffentlichkeit nachvollziehbar bleibt.

Diese Nachvollziehbarkeit wird auch durch die Homepage der WTO im Internet[27] befördert. Dort sind nicht nur die angesprochenen Publikationen frei verfügbar, vielmehr werden auch die Berichte über die Durchleuchtung der Handelspraktiken der Mitgliedstaaten sowie die Berichte der Streitschlichtungsinstanzen veröffentlicht.[28] Gerade diese Berichte schaffen die Transparenz, die angesichts der zunehmend dichten Handelsverflechtungen und den immer tiefer eingreifenden Handelsregelungen in der WTO notwendig ist, um dauerhaft kooperative Handelsbeziehungen zwischen den Mitgliedstaaten der WTO zu ermöglichen. Insofern tragen diese informationellen Tätigkeiten der WTO mit dazu bei, kooperative Verhaltensmuster zu generieren und zu stabilisieren.

Die WTO fungiert aber nicht nur als Informationsplattform und Informationssammelstelle, sondern auch als Informationsproduzent. Um frühzeitig reagieren zu können, gibt sie regelmäßig Studien über Entwicklungen in den internationalen Handelsbeziehungen in Auftrag, welche die internationale Kooperation künftig gefährden könnten. So hat die WTO jüngst Studien über den Zusammenhang von Handel und Umweltschutz, von Handel und Armut sowie von

[margin notes:] Informationsplattform

Sammeln von Informationen

Informationserzeugung

---

27 http://www.wto.org
28 Seit 2000 werden die Berichte der Streitschlichtungsinstanzen in Kooperation mit Cambridge University Press in der neu geschaffenen Verlagsreihe ‚WTO Dispute Settlement Reports‘ veröffentlicht.

Handel und Finanzkrisen veröffentlicht (WTO 1999a; 1999b; 1999c). Diese informationellen Tätigkeiten könnten zudem dazu beitragen, dass die WTO auch künftig die Kooperation zwischen den unterschiedlichen Handelsstaaten und -gemeinschaften zu befördern vermag. Denn gelingt es der WTO nicht, die auf sie gestützte liberale Handelsordnung mit Umweltschutzbelangen und Armutsbekämpfung zu versöhnen, so ist zu erwarten, dass die seit der Ministerkonferenz von Seattle (1999) vermehrt beobachtbaren Widerstände gegen die in ihr institutionalisierte liberale Ordnungspolitik weiter wachsen werden.

9.1.4 Beurteilung des Organisationsoutput

Die Outputs des politischen Systems der WTO sind im Großen und Ganzen den speziellen Kooperationsproblemen des Sachbereichs ‚Wohlfahrt' und auch des Problemfeldes ‚internationale Handelsbeziehungen' angepasst. Die Konzentration der Tätigkeiten der WTO auf die Konkretisierung und Spezifizierung der im Politikprogramm festgelegten Normen und Regeln stellt ein angemessenes Eingehen auf die für den Wohlfahrtsbereich spezifischen Kooperationsbedingungen dar, vor allem im Hinblick auf die Schwierigkeit, inhaltliche Vereinbarungen über die angestrebte Kooperation im Konsens zu treffen. Hier setzt außerdem die in der WTO erheblich verbesserte Feststellung von Norm- und Regelbrüchen an, wie sie insbesondere im neuen Streitbeilegungsverfahren zum Ausdruck kommt. Das Streitbeilegungsverfahren verhindert, dass die Auslegung bestehender Normen und Regeln allein der Durchsetzungsmacht einzelner Staaten oder Staatenverbünde anheim gegeben wird. Die zusätzlichen Möglichkeiten der WTO, die Norm- und Regelbeachtung zu überwachen und zu sanktionieren, sind darauf angelegt, die guten Kooperationsbedingungen im Sachbereich ‚Wohlfahrt' voll zur Geltung zu bringen. Die Überwachungsaktivitäten steigern die dem Wohlfahrtsbereich inhärente Transparenz und reduzieren, wie die Sanktionsmöglichkeiten, die verbleibenden Anreize zur Norm- und Regelmissachtung. Dadurch kann zwar nicht verhindert werden, dass mächtige Handelsstaaten wie die USA im Falle der Stahlzölle oder Handelsgemeinschaften wie die EU im Falle ihrer Bananenmarktordnung vereinzelt gegen die bestehenden Normen und Regeln verstoßen. Doch jenseits dieser prominenten Einzelfälle hat die WTO erreicht, dass die geltenden Normen und Regeln für den internationalen Handel zufriedenstellend beachtet werden.

Insgesamt hat das politische System des GATT '47und der WTO mit seinem Politikprogramm sowie seinen operativen und informationellen Tätigkeiten erheblich dazu beigetragen, dass die für den Wohlfahrtsbereich spezifischen Kooperationshindernisse zumeist überwunden werden konnten, um eine weitgehend liberale Welthandelsordnung zu errichten und zu erhalten. So darf es sicherlich auch dem GATT '47 und der WTO zugeschrieben werden, dass das Welthandelsvolumen seit den 1940er Jahren stetig zugenommen hat und dabei schneller gewachsen ist als die Weltgüterproduktion.[29] Und es darf sicherlich auch dem

Wachstum des Welthandels

---

29 Während die Weltgüterproduktion beispielsweise in den 1960er Jahren um 6,0 Prozent wuchs, nahm der Welthandel um 8,5 Prozent zu. In den 1970er und 1980er Jahren stieg die Weltgüterproduktion um 4,0 und 2,0 Prozent; der Welthandel aber wuchs zugleich um 5,0 und 3,5 Prozent. Selbst in den 1990er Jahren, in denen die Weltgüterproduktion nur langsam anwuchs, stieg der Welthandel teilweise um mehr als 5,0 Prozent pro Jahr.

GATT '47 und der WTO mit zugeschrieben werden, dass trotz der zahlreichen Handelskonflikte etwa zwischen den USA und der EU keine Protektionswettläufe ausgelöst wurden.

Dieses insgesamt positive Urteil darf freilich die Reibungspunkte, die das Regelwerk der WTO belässt, nicht übersehen. Angesichts der sich fortlaufend wandelnden Weltwirtschaftsstrukturen steht die WTO vor der ständigen Herausforderung, flexibel zu bleiben. Um diesen Herausforderungen gerecht zu werden, muss sie mit neuen prinzipientreuen Regelungen reagieren. So wird beispielsweise viel davon abhängen, ob und wie es ihr gelingt, Umweltschutzbelange und Armutsbekämpfung mit der weiteren Liberalisierung des Handels zu vereinen.

Darüber hinaus sollte nicht unterschätzt werden, dass die handelspolitische Kooperation auch in der WTO prekär bleibt. So ist es auch in der WTO nicht gelungen, die vielfältigen Handelskonflikte zwischen den USA und der EU nachhaltig zu entschärfen. Gerade im Agrarbereich schwelen zahlreiche Handelskonflikte weiter. So konnten beispielsweise die Konflikte über das Einfuhrverbot für in den USA mit Hormonen behandeltes Rindfleisch in die EU nicht zufriedenstellend gelöst werden. Dazu kommt, dass gerade auch der Dienstleistungshandel in der WTO weiterhin nur unzureichend verregelt ist, so dass auch hier Handelskonflikte zwischen den großen Wirtschaftsblöcken vorprogrammiert sind.

weiterhin
Handelskonflikte

Des weiteren gibt es in der WTO nach wie vor ein deutliches Ungleichgewicht zwischen den Industrie- und den Entwicklungsländern. Die Präferenzbehandlung der Entwicklungsländer durch die Industrieländer hat bislang kaum dazu beigetragen, die Wohlstandskluft zwischen Nord und Süd deutlich zu verringern. Dies liegt nicht zuletzt daran, dass die Industrieländer gerade in den Bereichen, in denen die Entwicklungsländer über komparative Kostenvorteile verfügen, sich selbst der Marktöffnung verschließen, die sie sonst vehement einfordern. Dies gilt insbesondere für den Agrar- und den Textilsektor, in denen trotz der Liberalisierungsbemühungen in der WTO weiterhin ein außerordentlich hohes Protektionsniveau vorherrscht (vgl. auch Kap. 9.5.4).

9.2 Das Problemfeld ‚internationale Handelsbeziehungen' II: Der europäische Binnenmarkt

Neben der internationalen Handelskooperation auf globaler Ebene, unterstützt durch die Programm- sowie operativen Tätigkeiten der WTO, haben sich auf regionaler Ebene institutionell zumeist weitergehende Formen handelspolitischer Kooperation herausgebildet. Ihnen kommt gerade bei der Überwindung des Kooperationshindernisses der konkurrierenden Zielorientierungen im Sachbereich ‚Wohlfahrt' zugute, dass die an regionalen internationalen Organisationen beteiligten Staaten zumeist untereinander homogener sind und damit leichter Konsens über die ökonomischen Zielprioritäten erreichen können. Dies gilt auch und vor allem für die Europäische Union. Während die WTO auf die Herstellung von Freihandel beschränkt ist, wurde die Europäische Union von Beginn an auf eine die Herstellung einer Freihandelszone weit überschreitende Perspektive der Schaffung eines Gemeinsamen Marktes hin ausgelegt. Bei der Europäischen Union gehen zudem Markt- und Politikintegration Hand in Hand (Franzmeyer 1992), so dass die Europäische Union mittlerweile über den Sachbereich ‚Wohlfahrt' hinaus auch in den Sachbereichen ‚Sicherheit' und ‚Herrschaft' agiert.

9.2.1 Handelspolitische Programme der EU

Die Programme der Europäischen Union sind auch innerhalb des Handelsbereichs erheblich anspruchsvoller als die der WTO. Dementsprechend legt bereits der Gründungsvertrag der Europäischen Wirtschaftsgemeinschaft (EWG) von 1957, die durch Zusammenlegung mit der Europäischen Gemeinschaft für Kohle und Stahl (EGKS) und der Europäischen Atomgemeinschaft (EURATOM) seit 1967 die Europäische Gemeinschaft (EG) bildet und die ihrerseits 1992 in die neu geschaffene Europäische Union (EU) eingegliedert wurde, die damals sechs Mitgliedstaaten der Gemeinschaft (Belgien, Deutschland, Frankreich, Italien, Luxemburg und Niederlande) auf die *Errichtung eines gemeinsamen Marktes* fest (Moravcsik 1998, 86-158). Dieser gemeinsame Markt sollte durch die Beseitigung der Hindernisse für den freien Verkehr von Waren, Dienstleistungen, Kapital und Arbeitskräften bis 1969 errichtet werden. Ein konkretes Programm wurde zunächst nur für den Warenverkehr, nicht aber für den Verkehr von Dienstleistungen, Kapital und Arbeitskräften entwickelt. Dieses Programm sieht im Warenverkehr innerhalb der damaligen EWG zum einen die „Abschaffung der Zölle und mengenmäßigen Beschränkungen" vor, um die Mitgliedstaaten in einer *Freihandelszone* zu vereinigen (Art. 3, Abs. 1 EWGV) und verlangt zum anderen die „Einführung eines gemeinsamen Außenzolltarifs und einer gemeinsamen Handelspolitik" (Art. 3, Abs. 2 EWGV), um so für die Mitgliedstaaten eine *Zollunion* zu begründen (Nugent 1999, 43f.).

Während bis 1968 die Zölle innerhalb der Gemeinschaft abgebaut und gemeinsame Außenzölle eingeführt worden waren, blieb die Gemeinschaft danach von einem echten *Binnenmarkt* noch weit entfernt (Moravcsik 1998, 159-237). Der Warenverkehr war zwar von tarifären Handelshindernissen befreit, wurde aber weiterhin von nicht-tarifären Handelsschranken wie beispielsweise unterschiedlichen Produktstandards behindert. Bier aus Italien konnte beispielsweise nicht in Deutschland verkauft werden, da es nicht den Anforderungen des Reinheitsgebotes entsprach; umgekehrt war der Export deutscher Spaghetti nach Italien praktisch unmöglich. Zwar waren bis 1982 nahezu 400 Bestimmungen, vor allem Produktstandards harmonisiert worden, aber die Gemeinschaft konnte bei der Harmonisierung mit der Flut immer neuer Produktregelungen, die die Mitgliedstaaten beispielsweise zum Schutz der Umwelt, der Gesundheit und Sicherheit der Verbraucher entwickelten, nicht Schritt halten. Dazu kam, dass der Wettbewerb innerhalb der Gemeinschaft weiterhin durch unterschiedliche Wettbewerbsbedingungen, wie beispielsweise unterschiedliche Steuersätze in den verschiedenen Mitgliedstaaten, verzerrt wurde. Darüber hinaus war die Gemeinschaft bei der Beseitigung der Hindernisse des freien Verkehrs von Dienstleistungen, Kapital und Arbeitskräften weitgehend in den Anfängen stecken geblieben. Was fehlte, war ein Programm, das konkret festlegte, wie der Binnenmarkt verwirklicht werden sollte und konnte. Dieses war im EWG-Vertrag nicht enthalten, musste somit einer späteren Programmentscheidung vorbehalten bleiben.

Die Gemeinschaft nahm schließlich erst 1986 – die Frist zur Verwirklichung des Binnenmarktes war bereits 16 Jahre verstrichen – mit dem Programm ‚*Binnenmarkt 92*' das Ziel eines freien Verkehrs von Waren, Dienstleistungen, Kapital und Arbeitskräfte wieder auf (Young/Wallace 2000). Nach einem nahezu zweijährigen intergouvernementalen Verhandlungsmarathon nahmen die Mitgliedstaaten im Jahr 1986 mit der Einheitlichen Europäischen Akte erstmals eine grundlegende Erneuerung und Erweiterung des EWG-Vertrages von 1957 vor

zunächst nur Zollunion

Binnenmarkt-Programm

235

(Moravcsik 1991; 1998, 314-378). Für das Binnenmarktprogramm entscheidend war, dass die Einheitliche Europäische Akte der Gemeinschaft den 31.12.1992 als neuen Stichtag zur Vollendung des Binnenmarktes vorgab. Darüber hinaus sah sie insbesondere ein neues, mittlerweile durch die Verträge von Maastricht (1992), Amsterdam (1997) und Nizza (2001) erneut verändertes Entscheidungsverfahren vor. Dieses verlässt bei Entscheidungen im (Minister-)Rat das Einstimmigkeitsprinzip zugunsten des Mehrheitsprinzips, um damit insbesondere die für die Herstellung des Binnenmarkts so entscheidende Angleichung oder wechselseitige Anerkennung unterschiedlicher rechtlicher, technischer und steuerlicher Standards in den Mitgliedstaaten der Gemeinschaft zu erleichtern und bezieht dafür das Europäische Parlament stärker in den Entscheidungsprozess ein (vgl. eingehend Kap. 4.2.1 und 4.2.5).

Die Gemeinschaft konnte sich zudem auf das vom Europäischen Rat im Dezember 1985 in Luxemburg gebilligte *Weißbuch* zur Vollendung des Binnenmarktes stützen. In diesem Weißbuch hatte die Kommission dem Europäischen Rat in Mailand im Juni 1985 eine neue Strategie zur Verwirklichung der vier Freiheiten des Binnenmarktes vorgeschlagen (Young/Wallace 2000, 94-98). Das Weißbuch enthält eine detaillierte Auflistung von 282 Rechtsakten, die von der Kommission zur Herstellung des Binnenmarktes als notwendig erachtet wurden. Dadurch sollten die verbleibenden materiellen, technischen und steuerlichen Handelshindernisse beseitigt werden. Darüber hinaus sah das Weißbuch den Verzicht auf eine Harmonisierung aller Produktstandards vor. Um den Binnenmarkt herzustellen, wurde statt dessen die gegenseitige Anerkennung von Produktstandards innerhalb der Europäischen Gemeinschaft vorgeschlagen. Demnach genügt beispielsweise die Zulassung von italienischem Bier im Ursprungsland, um als italienisches Bier in Deutschland verkauft werden zu dürfen. Dasselbe gilt für Spaghetti, die in Deutschland produziert werden und nach Italien exportiert werden sollen. Durch die wechselseitige Anerkennung konnte auf das schwierige Geschäft der inhaltlichen Angleichung von Bestimmungen und Standards weitgehend verzichtet werden, ohne den Binnenmarkt preiszugeben.

wechselseitige Anerkennung von Standards

9.2.2 Operative Tätigkeiten der EU

Die Einigung der Mitgliedstaaten über das Binnenmarktprogramm allein konnte dessen Verwirklichung freilich nicht garantieren. Dazu bedurfte es der operativen Tätigkeiten der Europäischen Union. Das Binnenmarktprogramm bestimmte zwar detailliert, welche Handelshindernisse beseitigt werden mussten, legte aber nicht fest, wie diese Handelshindernisse abzubauen waren. Der Programmauftrag, dass beispielsweise die Mehrwertsteuersätze der Mitgliedstaaten angeglichen werden sollten, blieb so lange folgenlos, wie er nicht festlegte, auf welchem Niveau die Angleichung stattfinden sollte. Mit anderen Worten, ohne die Konkretisierung und Spezifizierung der Normen und Regeln des Binnenmarktprogramms war dessen Verwirklichung unmöglich. Den für den Wohlfahrtsbereich spezifischen Kooperationshemmnissen entspricht es, dass die EU angesichts ihres besonders anspruchsvollen Binnenmarktprogramms einem zweistufigen Prozess der Konkretisierung und Spezifizierung folgte. Beide Prozesse der Konkretisierung und Spezifizierung decken sich mit dem Modell eines auf drei Ebenen ablaufenden sowie diese Ebenen übergreifenden interbürokratischen Aushandlungsprozesses, allerdings mit unterschiedlicher Gewichtung der verschiedenen Verhandlungsebenen.

zweistufiger Prozess der Konkretisierung und Spezifizierung

Die inhaltliche Festlegung auf konkrete Maßnahmen zur Verwirklichung des Binnenmarktes wie beispielsweise gemeinsame steuerliche oder technische Standards erfolgte durch Richtlinien und Verordnungen des Rates. Für das Gros der im Zusammenhang mit dem Binnenmarktprogramm zu treffenden Entscheidungen gilt das durch die Verträge von Maastricht (1992), Amsterdam (1997) und Nizza (2001) geschaffene Mitentscheidungsverfahren, demgemäß der Rat in einem institutionalisierten Aushandlungsprozess mit dem Europäischen Parlament Entscheidungen mit qualifizierter Mehrheit treffen kann (vgl. Kap. 4).

1. Richtlinien und Verordnungen des Rates

Auf die Konkretisierung und Spezifizierung des Programms zur Vollendung des Binnenmarktes durch Richtlinien und Verordnungen des Rates der Europäischen Union folgt in der Regel eine weitere Konkretisierung und Spezifizierung dieser Entscheidungen, die sicher stellen soll, dass in allen Mitgliedstaaten die Entscheidungen einheitlich durchgeführt werden. Diese Aufgabe kommt innerhalb der EU der Kommission zu. Die Kommission erlässt jährlich mehr als 5000 derartige Durchführungsbestimmungen (Falke 1996; Nugent 1999, 123f.; Peters 1992). Allerdings kann die Kommission auch diese Entscheidungen nicht gänzlich unabhängig von den Mitgliedstaaten treffen, sondern ist auf das Ausschusswesen in der EU – die so genannte Komitologie – angewiesen (Ludlow 1991; Wallace 2000, 11-15; Wessels 1996). Durchführungsbestimmungen werden von der Kommission in Abstimmung mit einer Vielzahl von Ausschüssen erarbeitet, in denen zumeist Spitzenbeamte sowie Spezialisten aus den Fachverwaltungen der einzelnen Mitgliedstaaten vertreten sind (Joerges/Falke 2000). Die Kommission muss die jeweils zuständigen Ausschüsse – Beratungs-, Durchführungs- oder Regulationsausschuss – anhören. Die Ausschüsse selbst können, falls sie sich nicht mit der Kommission einigen, die Befassung des Rates mit der jeweiligen Durchführungsbestimmung erwirken. Doch zumeist gelingt es in den Ausschüssen, sich ohne Einschaltung des Rates auf Durchführungsbestimmungen zu einigen.

2. Durchführungsbestimmungen der Kommission

Durch die Ausschüsse wird freilich nicht nur die Kommission von den Mitgliedstaaten kontrolliert, sondern diese kann ihrerseits auf deren Spitzenbeamten und Spezialisten zurückgreifen, um die für die Durchführungsbeschlüsse notwendige Expertise zu erhalten (Joerges/Neyer 1997a; 1997b). Dies ist angesichts des mit ca. 20 000 Verwaltungsangestellten vergleichsweise kleinen Verwaltungsapparats der Kommission, von dem fast 2000 für Übersetzungsdienste und annähernd 7000 für Sekretariatsarbeiten eingesetzt werden müssen, auch zwingend. Indem die Ausschüsse in der Regel mit den leitenden Beamten der Fachverwaltungen besetzt werden, die in den einzelnen Mitgliedstaaten mit der Durchführung der einschlägigen Verordnungen und Richtlinien betraut sind, ist außerdem gesichert, dass die Durchführungsbestimmungen von den mitgliedstaatlichen Bürokratien auch umgesetzt werden können. Denn sähe sich die Bürokratie eines Mitgliedstaates nicht in der Lage, eine Durchführungsbestimmung der Kommission umzusetzen, hätte sie die Kommission bereits im zuständigen Ausschuss darauf aufmerksam gemacht (Nugent 1999, 129-133; Wallace 2000, 11-15).

Insgesamt sind Entscheidungen der Kommission über Durchführungsbestimmungen ähnlich wie die Entscheidungen des Rates über Richtlinien und Verordnungen das Resultat eines sehr komplexen interbürokratischen Aushandlungsprozesses auf und zwischen verschiedenen Ebenen: der supranationalen, der intergouvernmentalen und der innerstaatlichen Ebene. Im Unterschied zu den Richtlinien und Verordnungen, die im Rat beschlossen werden, hat bei den

Durchführungsbestimmungen die supranationale Ebene allerdings mehr Gewicht als die intergouvernementale.

Die Europäische Union kann im Unterschied zu vielen anderen internationalen Organisationen im Rahmen ihrer operativen Tätigkeiten nicht nur zur Konkretisierung und Spezifizierung von Programmentscheidungen beitragen, sondern ist zumindest teilweise auch zu deren direkter Implementation befugt. Doch insgesamt bleibt auch in der EU die direkte Implementation eine Domäne der Mitgliedstaaten. Zwar kommt der Erlass von Durchführungsbestimmungen durch die Kommission der Implementation bereits sehr nahe, doch die Implementation selbst wird zumeist auf der Grundlage der EU-Durchführungsbestimmungen von mitgliedstaatlichen Fachverwaltungen vorgenommen. Nur in einigen wenigen Bereichen haben die Mitgliedstaaten der EU vereinbart, diese Befugnisse an Gemeinschaftsorgane abzutreten. Dies gilt beispielsweise für die Außenhandelsbeziehungen, für die die EU bereits seit 1970 allein verantwortlich ist. Die einzelnen Mitgliedstaaten können demnach in diesem Bereich nur noch tätig werden, wenn dem die Union ausdrücklich zugestimmt hat. Dieser Kompetenzentransfer war nach der Verwirklichung der Zollunion notwendig geworden, um das vereinheitlichte Zollniveau auch aufrecht erhalten zu können. So sitzen bei den Verhandlungsrunden – seit 1994 im Rahmen der WTO – die Mitgliedstaaten der Europäischen Union nicht mehr nur einzeln am Verhandlungstisch, sondern werden kollektiv durch die Kommission vertreten.

Dabei handelt die Kommission jedoch nicht völlig autonom, so dass auch die Außenhandelspolitik in der EU durch einen interbürokratischen Aushandlungsprozess auf und zwischen mehreren Ebenen bestimmt wird. Die Kommission wird durch einen Verhandlungsauftrag, den ihr der Rat erteilt, in der Ausübung ihrer außenhandelspolitischen Kompetenzen begrenzt. Darüber hinaus wird sie durch den – nach Artikel 133 EGV geschaffenen – so genannten 133er-Ausschuss kontrolliert, in dem Vertreter der Mitgliedstaaten darüber wachen, dass die Kommission ihren Verhandlungsauftrag nicht überdehnt. Dazu kommt, dass die Verhandlungsergebnisse, die die Kommission etwa im Rahmen des GATT '47 oder der WTO erzielt hat, vom Rat mit qualifizierter Mehrheit angenommen werden müssen (Art. 133 EGV). Die Kommission wird somit zwar in der Außenhandelspolitik durch die Mitgliedstaaten kontrolliert, übernimmt die Implementation der Außenhandelspolitik aber insofern selbst, als sie – und eben nicht die Mitgliedstaaten – die Verhandlungen führt. Dadurch soll angesichts der für den Wohlfahrtsbereich typischen Kooperationsbedingungen verhindert werden, dass einzelne Mitgliedstaaten bei solchen Verhandlungen aus dem Integrationsverbund ausscheren, um ein für sich günstigeres Verhandlungsergebnis zu erstreiten.

Da die EU jedoch nur in wenigen Bereichen zur direkten Implementation ihrer Normen und Regeln befugt ist, ergibt sich trotz der für den Wohlfahrtsbereich typischen Transparenz ein Bedarf an Überwachung. Dieser Bedarf erwächst vor allem daraus, dass sich die Politikprogramme der EU viel mehr als die etwa von GATT und WTO nicht nur an die Mitgliedstaaten richten, sondern sich auch auf Privatpersonen und Privatkörperschaften in den Mitgliedstaaten beziehen. Die Überwachungsbefugnisse in der Union kommen der Kommission zu. Die Kom-

mission kann von den Mitgliedstaaten Berichte über die Implementation der Verordnungen und Richtlinien anfordern. Darüber hinaus darf sie über die Implementation der Gemeinschaftspolitiken wachen, indem sie mit kleinen Inspektionsteams in den Mitgliedstaaten Vor-Ort-Inspektionen durchführt. Die Ausstattung der Kommission reicht jedoch bei weitem nicht aus, um die Einhaltung von Normen und Regeln der Europäischen Union in den Mitgliedstaaten zuverlässig zu überwachen. Deshalb muss sich die Kommission auf Stichproben beschränken. Um eine Kontrolle, die Erwartungsverlässlichkeit erzeugt, sicher zu stellen, ist die Kommission somit auf andere Möglichkeiten der Überwachung angewiesen. Dabei kann sie nicht nur auf die gegenseitige Überwachung der Mitgliedstaaten selbst, sondern insbesondere auch auf die Überwachungstätigkeiten von Privatpersonen und Privatkörperschaften bauen. Diese können für die Kommission wichtige Lieferanten von Informationen über die Missachtung von Europarecht durch die Mitgliedstaaten sein.

gegenseitige Überwachung

Kommen durch derartige Informationen Zweifel an der hinreichenden Implementation des Europarechts durch einen Mitgliedstaat auf, kann durch folgendes Verfahren die Feststellung von Norm- und Regelverstößen erfolgen: Die Kommission setzt sich mit dem betreffenden Mitgliedstaat in Verbindung. Dieser wird zunächst informell in Kenntnis gesetzt, dass er möglicherweise gegen bestehende Normen und Regeln verstößt, um ihn zur freiwilligen Norm- und Regelbeachtung anzuhalten. Wird dadurch keine Verhaltenskorrektur erreicht, wird die Kommission den Mitgliedstaat durch ein amtliches Schreiben in Kenntnis setzen (letter of formal notice), dass er aus ihrer Sicht gegen bestehendes Recht verstößt. Zumeist gelingt es der Kommission spätestens jetzt, mit dem betreffenden Mitgliedstaat zu einer gütlichen Einigung zu kommen. Sollte sich der betreffende Mitgliedstaat allerdings weiter weigern, die Normen und Regeln wie gefordert zu beachten, kann die Kommission durch eine begründete Stellungnahme (reasoned opinion), den betreffenden Mitgliedstaat nochmals eindringlich auf den Norm- und Regelverstoß hinweisen, ehe sie – so es erneut zu keiner gütlichen Einigung kommt – den betreffenden Mitgliedstaat vor dem Europäischen Gerichtshof verklagt. Dies ist allerdings bei weniger als zehn Prozent der von der Kommission beanstandeten Norm- und Regelverstöße notwendig. Der Gerichtshof selbst ist dann berechtigt, verbindliche Urteile zu fällen, die von den betreffenden Mitgliedstaaten praktisch ausnahmslos befolgt werden (Jönsson/Tallberg 1998; Mendrinou 1996).

Feststellung von Norm- und Regelverstößen

Doch nicht nur die Kommission kann sich an den Europäischen Gerichtshof wenden, um gegen Mitgliedstaaten zu klagen, die in der EU verbindliche Normen und Regeln ungenügend implementieren. Nach dem so genannten Vorlageverfahren können auch Privatpersonen und Privatkörperschaften die Feststellung von Norm- und Regelverstößen vor dem EuGH erreichen (Alter 1998; 2001, 16-27; Stone Sweet/Brunell 1998). Dazu wenden sie sich allerdings nicht direkt an den Europäischen Gerichtshof, sondern an die Gerichte des Mitgliedstaates, in dem sie ihren Sitz haben. Die Gerichte der Mitgliedstaaten sind bei Klagen, die sich auf Normen und Regeln der EU beziehen, ihrerseits gehalten, den Europäischen Gerichtshof anzurufen. Der Gerichtshof soll für sie in einer Vorabentscheidung klären, ob gegen bestehende Normen und Regeln der EU verstoßen wurde. Hat der Europäische Gerichtshof seine Vorabentscheidung getroffen, geht diese an das mitgliedstaatliche Gericht zurück, das dann in seinem Urteil an die Vorabentscheidung des EuGH gebunden ist. Faktisch sorgen hier also mitgliedstaatliche Gerichte unter der Aufsicht des Europäischen Gerichtshofes dafür, dass die Norm- und Regelauslegung nicht in das Belieben der Mitgliedstaaten gestellt ist.

Rolle des EuGH

Die damit ungewöhnlich weitreichenden Überwachungs- und Feststellungsmöglichkeiten innerhalb der EU werden allerdings nur durch rudimentär ausgebildete Sanktionsmechanismen ergänzt. Den Mitgliedstaaten ist es sogar ausdrücklich untersagt, gegen Mitgliedstaaten, die gegen bestehende europarechtli-

keine nennenswerten Sanktionsmechanismen gegenüber Mitgliedstaaten che Normen und Regeln verstoßen, mit Sanktionen vorzugehen. Selbst wenn ein Mitgliedstaat sich weigert, einen vom Europäischen Gerichtshof festgestellten Norm- oder Regelverstoß zu korrigieren, bleibt es den übrigen Mitgliedstaaten untersagt, mit Sanktionen zu reagieren. Bis zur Vertragsrevision von 1992 in Maastricht konnte auch die Europäische Kommission keine Sanktionen gegen Mitgliedstaaten verhängen, die sich einer fortgesetzten Norm- oder Regelverletzung schuldig machten. Die Normdurchsetzung gegen Mitgliedstaaten musste in der EU bis 1992 dementsprechend ganz ohne Sanktionsmöglichkeiten auskommen. Erst durch die Maastrichter Vertragsrevision 1992 hat die Europäische Kommission Sanktionsmöglichkeiten erhalten (Art. 228 EGV). Demnach kann sie beim Europäischen Gerichtshof gegen einen Mitgliedstaat, der einen von diesem festgestellten Normverstoß nicht behoben hat, die Verhängung von Zwangsgeld beantragen (Oppermann 1999, 258-262). Stärkere Sanktionsmöglichkeiten scheinen angesichts der praktisch ausnahmslosen Beachtung der Urteile des Europäischen Gerichtshofs auch überflüssig. Die Feststellung von Norm- und Regelverstößen durch den Europäischen Gerichtshof verfügt über die notwendige Autorität, um die Staaten zur Beachtung der in der EU geltenden Normen und Regeln zu bewegen (Wallace 2000, 22-24). Der Europäische Gerichtshof kann ähnlich wie ein Verfassungsgericht das Verhalten von Staaten auf der Basis rechtlicher Normen und Regeln kontrollieren, ohne über Sanktionsmöglichkeiten zur Durchsetzung seiner Urteile zu verfügen. Solange alle Mitgliedstaaten der Europäischen Union Rechtsstaaten sind, ist die Kontrolle der Norm- und Regelanwendung in den Mitgliedstaaten durch den Europäischen Gerichtshof ausreichend.

wirkungsvolle Sanktionsmechanismen gegenüber nicht-staatlichen Akteuren

Den schwachen Sanktionsmöglichkeiten der Europäischen Union gegenüber ihren Mitgliedstaaten stehen allerdings vergleichsweise starke Sanktionsmöglichkeiten gegenüber, mit denen diese Privatpersonen und insbesondere Privatkörperschaften zur Beachtung von in der EU geltenden Normen und Regeln zwingen kann. Beziehen sich Normen und Regeln der EU wie beispielsweise in der Wettbewerbspolitik unmittelbar auf Private, ist die Kommission nicht nur zur Überwachung der Norm- und Regelbeachtung, sondern teilweise auch zur Verhängung von Sanktionen gegen Norm- und Regelverletzer befugt. So darf sie Unternehmen, die gegen die europäische Wettbewerbsordnung verstoßen, mit auch sehr hohen Bußgeldern belegen (McGowan 2000, 118-138). Das betroffene Unternehmen kann die Sanktionsmaßnahmen zwar vom Europäischen Gerichtshof rechtlich prüfen lassen, ist ansonsten aber verpflichtet, das von der Kommission festgesetzte Bußgeld zu entrichten. Da sie die Unternehmen in den Mitgliedstaaten nicht gegen sich aufbringen wollte, hat die Kommission allerdings von ihren Sanktionsbefugnissen lange Zeit nur wenig Gebrauch gemacht. Erst seit den 1990er Jahren hat sie ihr Sanktionsrecht vermehrt genutzt, um die Norm- und Regeleinhaltung in den Mitgliedstaaten zu sichern. So hat sie beispielsweise gegen die Unternehmen, die im so genannten Vitamin-Kartell widerrechtliche Preisabsprachen getroffen haben, durchaus beträchtliche Strafzahlungen in Höhe von insgesamt 855 Mio. Euro verhängt.

9.2.3 Informationelle Tätigkeiten der EU

Neben den Politikprogrammen und operativen Tätigkeiten haben die informationellen Tätigkeiten als Output des politischen Systems der Europäischen Union nicht unerheblichen Anteil an der zwischenstaatlichen Kooperation, die in der fortschreitenden Verwirklichung des Binnenmarktes zum Ausdruck kommt. Die EU fungiert sowohl als Sammelstelle und Erzeuger von Informationen als auch als Börse des Informationsaustausches. Als Informationssammelstelle tritt die Europäische Union überall dort in Erscheinung, wo sie über eigene Aktivitäten, über Aktivitäten der Mitgliedstaaten oder über Entwicklungen in der Europäischen Union berichtet. Dies geschieht zumeist in den verschiedenen Publikationen sowie auf der Homepage der Union im Internet[30] oder durch die öffentlichen Stellungnahmen ihrer Repräsentanten. Ebenso werden durch die Debatten im Europäischen Parlament eine Vielzahl von Informationen der europäischen Öffentlichkeit zugänglich gemacht. Auch durch einfache Interviews mit Journalisten, Pressekonferenzen oder Pressemitteilungen können die Organe der EU über das politische Geschehen in Europa informieren.

Sammeln von Informationen

Für die Überwindung zwischenstaatlicher Kooperationshindernisse ist die Möglichkeit der eigenständigen Generierung von Informationen durch die Europäische Union von ungleich größerer Bedeutung. Die Kommission macht laufend von der Möglichkeit Gebrauch, wissenschaftliche Studien oder Berichte von Experten in Auftrag zu geben, um ihren Initiativen gegenüber den Mitgliedstaaten mehr Gewicht zu verleihen. Sie bestimmt die informationelle Grundlage, auf der die Staaten ihre Verhandlungen führen, mit und nimmt so auf das Verhandlungsergebnis nachhaltig Einfluss. Die Bedeutung dieses Faktors für das Voranschreiten der Kooperation in der Europäischen Union wurde kaum offensichtlicher als durch die Wirkungen, die das ‚Weißbuch zur Vollendung des Binnenmarktes‘ entfaltete (Young/Wallace 2000, 93-98; Sandholtz/Zysman 1989, 114-116). Diese Studie über die zur Verwirklichung des Binnenmarktes zwingend zu ergreifenden Maßnahmen machte das ‚Binnenmarktprogramm 92‘ überhaupt erst möglich. Ähnliche Wirkungen erzielte auch der Delors-Bericht von 1989, der einen Dreistufenplan zur Verwirklichung der Wirtschafts- und Währungsunion vorsah und die Verhandlungsgrundlage für das Maastrichter Vertragswerk von 1992 darstellte (Wolf 1999, 86-105). Zuvor schon hatte der vom Europäischen Rat in Auftrag gegebene Dooge-Bericht von 1985 eine Diskussionsgrundlage für die institutionellen Reformen, die in der Einheitlichen Europäischen Akte von 1986 verankert wurden, geboten (Moravcsik 1998, 360-361). Der 1988 vorgelegte, von der Kommission initiierte Cecchini-Bericht analysierte die wirtschaftlichen Folgen des Binnenmarktprojekts und prognostizierte ein infolge des Wegfalls der Grenzkontrollen, der technischen Handelshindernisse sowie der Steuerschranken höheres Wirtschaftswachstum in den Mitgliedstaaten (Young/Wallace 2000, 99, 104).

Informations-erzeugung

Durch derartige Berichte trägt die Europäische Union zur Generierung einer einheitlichen Informationsbasis für die intergouvernementalen Verhandlungen bei und verbessert somit deren Erfolgsaussichten. Durch ihre informationellen Tätigkeiten gelingt es vor allem der Kommission, die Verhandlungskosten zu senken und die Chancen zu steigern, dass die Verhandlungen schnell und erfolgreich verlaufen. Angesichts der Schwierigkeiten, im Sachbereich ‚Wohlfahrt‘ inhaltliche Einigungen über Zielprioritäten auf zwischenstaatlicher Ebene zu erzielen, kann der Wert, den die informationellen Tätigkeiten für die Erzeugung und Bewahrung zwischenstaatlicher Kooperation haben, kaum überschätzt werden.

---

30 http://europa.eu.int

Gleiches ist für den Informationsaustausch, der auf zwischenstaatlicher Ebene im politischen System der EU erreicht wird, festzustellen. Denn wie jede internationale Organisation dient auch die Europäische Union den Staaten als Informationsbörse. Dort treffen sich nicht nur die Politiker und leitenden Ministerialbeamten der Mitgliedstaaten regelmäßig, um sich gegenseitig zu informieren. Die mitgliedstaatlichen Repräsentanten teilen sich in Gesprächen und Verhandlungen die Meinungen, Standpunkte, Einschätzungen und Ziele der eigenen Politik mit. Auch durch die unzähligen Sitzungen von Arbeitsgruppen, Ausschüssen und Kommissionen findet ein reger zwischenstaatlicher Informationsfluss statt. Darüber hinaus versuchen auch Unternehmerverbände, Gewerkschaften und andere Nichtregierungsorganisationen bei der EU Informationen einzuspeisen, um die von ihnen gewünschten Politiken zu befördern. Durch diesen regelmäßigen Informationsaustausch wird zum einen Erwartungsverlässlichkeit generiert, zum anderen werden Zonen gemeinsamen Interesses offenbar. Nur auf der Grundlage wahrgenommener Interessenschnittmengen können die Staaten in Erfolg versprechende Verhandlungen über die institutionelle Absicherung von Kooperation eintreten.

9.2.4 Beurteilung des Organisationsoutput

Die Outputs des politischen Systems der Europäischen Union, ihre Politikprogramme sowie ihre operativen und informationellen Tätigkeiten sind in ihrer Zusammensetzung denen der WTO ähnlich. Hier wie da finden wiederholt intergouvernementale Aushandlungsprozesse statt, um die bestehenden Programme zu erweitern oder zu vertiefen. In der EU führten diese zu den Vertragsrevisionen durch die Einheitliche Europäische Akte (1986) sowie die Verträge von Maastricht (1992), Amsterdam (1997) und Nizza (2001). Im Bereich der operativen Tätigkeiten ist in der EU wie bei der WTO eine deutliche Konzentration der Outputs bei der Konkretisierung und Spezifizierung existierender Programme zu beobachten. Auch die Überwachung der einheitlichen Norm- und Regelauslegung und die damit verbundene Feststellung von Norm- und Regelbrüchen ist im politischen System der EU wie bei der WTO stark ausgeprägt. Sowohl die Welthandelsorganisation als auch die Europäische Union tragen so mit ihren Outputs zur Reduzierung des für den Wohlfahrtsbereich spezifischen Kooperationshindernisses bei, inhaltliche Vereinbarungen eigennützig zu interpretieren. Allerdings gehen die Überwachungsmöglichkeiten der EU deutlich über die der WTO hinaus. So ist die Union bei der Überwachung der Norm- und Regelbeachtung nicht allein auf die Prüfung von Berichten beschränkt, die von den Staaten eingereicht werden. Hier zeigt sich, dass trotz der relativen Transparenz im Sachbereich ‚Wohlfahrt‘ zusätzliche Überwachungsmöglichkeiten zumindest dann bedeutend sein können, wenn nicht nur die Unterstützung des Freihandels geplant ist, sondern ein Binnenmarkt geschaffen werden soll.

Die insgesamt gute Passfähigkeit der Zusammensetzung der Outputs des politischen Systems der Europäischen Union mit den für den Sachbereich ‚Wohlfahrt‘ spezifischen Kooperationshindernissen trägt zur Erklärung der außergewöhnlichen Erfolge der Europäischen Union bei der Erweiterung und Vertiefung der Handelsbeziehungen zwischen ihren Mitgliedstaaten bei. Doch gerade die Erweiterung und die Vertiefung der Integration stellt die EU heute vor neue Herausforderungen. So hat der mit der Vertiefung verbundene Souveränitätstransfer nicht nur dazu beigetragen, dass die handelspolitische Kooperation in der EU als einzigartig gelten darf. Der Souveränitätstransfer hat auch bewirkt, dass in der EU heute über ein Demokratiedefizit geklagt wird. So hat beispielsweise das Abrücken vom Einstimmigkeitsprinzip zugunsten von qualifizierten Mehrheitsentscheidungen im Rat weitreichende Folgen für die mitgliedstaatlichen Demokratien. Deren Parlamente können ihre Regierungen nicht für Entscheidungen verantwortlich machen, denen sie in Brüssel nicht zugestimmt haben, die aber gleichwohl alle Mitgliedstaaten binden. Das heißt, den Parlamenten sind nicht nur die Entscheidungsbefugnisse, sondern auch Möglichkeiten, ihre Regierungen zur Rechenschaft zu ziehen, entzogen. Dies kann insofern ein Demokratiedefizit der EU erzeugen, als die Entscheidungskompetenzen des Europäischen Parlaments weiterhin begrenzt sind. Zwar wurden dem Europäischen Parlament gerade deshalb verbesserte Mitentscheidungsmöglichkeiten eingeräumt, weil im Rat immer seltener nach dem Einstimmigkeitsprinzip verfahren werden muss und immer häufiger qualifizierte Mehrheitsentscheidungen möglich sind. Doch solange das Europäische Parlament nicht die Entscheidungskompetenzen besitzt, die mitgliedstaatlichen Parlamenten bisher üblicherweise zugestanden werden, wird die EU an einem Demokratiedefizit leiden (vgl. Kap. 4.2.6). Demokratiedefizit

Dazu kommen die Herausforderungen, die mit der aktuellen Erweiterungsrunde der EU verbunden sind. Diese kann dazu beitragen, dass sich das genannte Demokratiedefizit weiter verschärft. Denn je mehr Mitgliedstaaten die EU aufweist, um so mehr ist sie darauf angewiesen, dass die Mitgliedstaaten weitere Souveränitätsrechte abtreten. So wird die EU nur dann handlungsfähig bleiben, wenn sie das Einstimmigkeitsprinzip weiter zugunsten qualifizierter Mehrheitsentscheidungen hinter sich lassen kann. Denn bei künftig 20 und mehr Mitgliedstaaten wird Einstimmigkeit bei Entscheidungen, die notwendig sind, um die handelspolitische Integration in der Union weiter zu pflegen, kaum mehr zu erreichen sein. Dies bedeutet wiederum, dass den mitgliedstaatlichen Parlamenten weitere Entscheidungskompetenzen entzogen werden, wobei offen bleibt, ob und inwieweit durch eine Erweiterung der Entscheidungsbefugnisse des Europäischen Parlaments dafür ein Ausgleich geschaffen wird. Die EU steht somit vor der Herausforderung, angesichts der bevorstehenden Erweiterung einen Weg der Vertiefung des Integrationsprozesses zu finden, der auch in Zukunft eine effektive Entscheidungsfindung erlauben wird, ohne zugleich deren Rückkopplung an demokratische Vertretungskörperschaften zu schwächen. Osterweiterung

9.3 Das Problemfeld ‚internationale Finanzbeziehungen' I: Die globale Finanzordnung

Das ‚Wohlfahrtsdilemma', das in den internationalen Handelsbeziehungen kollektiv suboptimale Interaktionsergebnisse zu Tage fördern kann, führt die Staaten auch in den internationalen Finanzbeziehungen in soziale Fallen. Wie wir gesehen haben, können die Staaten ihre Hoheit über Zölle, Einfuhrkontingente und technische Standards nutzen, um sich kurzfristig auf Kosten anderer Staaten ein größeres Stück vom ‚Weltwirtschaftskuchen' abzuschneiden. Ebenso sind sie auch in der Lage, ihre Binnenmärkte durch ihre Hoheit über die eigenen Währungen oder durch ihre Bankenaufsicht vor der internationalen Konkurrenz zu schützen und ihre heimischen Anbieter beim Export zu begünstigen.

Mit der Beschränkung der Konvertibilität oder der Abwertung von Währungen stehen den Staaten finanzpolitische Instrumente zur Verfügung, die in ihren Wirkungen Zöllen vergleichbar sind. Machen mehrere Staaten von derartigen, am kurzfristigen Eigennutzen orientierten Handlungsoptionen Gebrauch, werden zum Schaden Aller die internationalen Austauschbeziehungen nachhaltig gestört. Darüber hinaus kann auch eine lasche Bankenaufsicht, die etwa die Eigenkapitalausstattung der heimischen Banken wenig beachtet, zu kollektiv unerwünschten Interaktionsergebnissen führen. Durch eine lasche Bankenaufsicht wird zwar die Wettbewerbsfähigkeit der Geschäftsbanken des betreffenden Staates gegenüber denen anderer Staaten, die eine strengere Bankenaufsicht durchführen, gefördert; zugleich steigt jedoch zum Schaden aller Staaten das Risiko, dass durch den zeitgleichen Zusammenbruch mehrerer Geschäftsbanken entweder das internationale Finanzsystem zum Einsturz kommt oder aber teure Rettungsaktionen auf Kosten der Staatshaushalte und damit der Steuerzahler vieler Staaten unternommen werden müssen. Auch in den internationalen Finanzbeziehungen gilt also, dass der zu verteilende Gesamtnutzen schrumpft, wenn Staaten, um ihren eigenen Nutzen kurzfristig zu mehren, einseitig zu bestimmten finanzpolitischen Instrumenten greifen. Langfristig stellen sich deshalb alle Staaten sowohl kollektiv als auch individuell schlechter, wenn sie nicht kooperieren, um solche Finanzpraktiken auszuschließen. Wie internationale Organisationen dazu beitragen können, dass die Staaten nicht zu finanzpolitischen Instrumenten greifen, die sie lediglich kurzfristig begünstigen, mittel- und langfristig aber nicht nur sie selbst, sondern auch alle anderen Staaten schädigen, soll im Folgenden beispielhaft anhand des Internationalen Währungsfonds (IWF) beschrieben werden.

9.3.1 Politikprogramm des IWF

Mit dem Politikprogramm des IWF (vgl. Kap. 3.3.2) wurde nach dem Zweiten Weltkrieg eine der Welthandelsordnung entsprechende beschränkt liberale Weltfinanzordnung geschaffen. Die 1944 in einem von den USA und Großbritannien dominierten intergouvernementalen Aushandlungsprozess in Bretton Woods vereinbarten Normen und Regeln des IWF sollten einerseits die durch das GATT vereinbarten liberalen Handelsbeziehungen stützen, jedoch andererseits den Staaten Handlungsspielräume belassen, um ihre Wirtschaft zu steuern (Gilpin 2000, 57-68; Helleiner 1994, 25-72). Vor allem die Normen und Regeln, welche die Staaten verpflichten, die freie Konvertibilität ihrer Währungen herzustellen, zielen darauf ab, liberale Handelsbeziehungen zu befördern. Denn nur wenn der freie Tausch einer Währung in eine andere Währung garantiert ist, kann der den internationalen Handel stützende Zahlungsverkehr reibungslos vonstatten gehen.

Darüber hinaus verpflichteten die ursprünglichen Normen und Regeln des IWF die Staaten auf feste, aber anpassungsfähige Wechselkurse ihrer Währungen (Kahler 1995, 48-64; Spero/Hart 1997, 8-12). Damit wurde versucht, die Vorteile eines Systems fester Wechselkurse mit denen eines Systems flexibler Wechselkurse zu kombinieren, ohne sich die jeweiligen Nachteile der beiden Wechselkurssysteme einzuhandeln. Bei flexiblen wie bei festen Wechselkursen bestimmen aufgrund ihrer freien Konvertibilität Angebot und Nachfrage auf den internationalen Finanzmärkten den Wert einer Währung. Während bei flexiblen Wechselkursen jedoch Angebot und Nachfrage nicht staatlich beeinflusst werden, so dass sich die Wechselkurse relativ frei bewegen können, wird bei festen

Bretton Woods System

freie Konvertibilität

Wechselkursen Angebot und Nachfrage auf den internationalen Finanzmärkten von den staatlichen Zentralbanken so beeinflusst, dass die Wechselkursrelationen den vereinbarten Leitkursen entsprechend stabil bleiben. Dabei können feste Wechselkurse den internationalen Handel insofern besonders fördern, als sie diesen vom Wechselkursrisiko weitgehend befreien. Das heißt, die Wirtschaftssubjekte können anders als bei flexiblen Wechselkursen internationalen Handel treiben, ohne stetig schwankende Bewertungen von Währungen, in denen Waren oder Dienstleistungen abgerechnet werden, befürchten zu müssen. Um den Wert ihrer Währung konstant zu halten, müssen die Staaten bei festen Wechselkursen allerdings ihre gesamte Wirtschafts- und Finanzpolitik auf die Erhaltung des außenwirtschaftlichen Gleichgewichts ausrichten. Dadurch geht ihnen anders als bei flexiblen Wechselkursen der Handlungsspielraum für die Wettbewerbsfähigkeit tangierende innenpolitische Maßnahmen (etwa Sozial- und Umweltpolitik) weitgehend verloren.

Um von den Vorteilen eines Systems fester Wechselkurse profitieren zu können, ohne mit seinen Nachteilen konfrontiert zu sein, wurde durch die ursprünglichen Normen und Regeln des IWF ein System fester, aber anpassungsfähiger Wechselkurse eingeführt. Demnach wurden alle Währungen durch einen festgelegten Leitkurs in eine feste Wechselkursrelation zum US-Dollar gebracht. Der US-Dollar, der somit als Währungsanker fungierte, war seinerseits durch die Golddeckung, dergemäß 35 US-Dollar einer Unze Feingold entsprachen, gesichert. Die verschiedenen Währungen waren allerdings nicht vollständig durch den vereinbarten Leitkurs an den US-Dollar gebunden, sondern durften gegenüber dem US-Dollar um bis zu ein Prozent nach oben oder unten vom vereinbarten Leitkurs abweichen, so dass sie untereinander um bis zu zwei Prozent schwanken konnten. Darüber hinaus war es möglich, bei fundamentalen Zahlungsbilanzungleichgewichten, die den vereinbarten Leitkurs fortwährend gefährden konnten, den Wechselkurs einer nationalen Währung anzupassen, um damit das außenwirtschaftliche Gleichgewicht des betreffenden Staates wieder herzustellen, ohne ihm die Handlungsspielräume etwa für sozialpolitische Maßnahmen zu nehmen (Helleiner 1994, 25-50; Spero/Hart 1997, 8-12).

Um diese binnenpolitischen Handlungsspielräume unabhängig von etwaigen Wechselkurskorrekturen abzusichern, wurden dem IWF von jedem Mitgliedstaat Währungsreserven als so genannte Quoten übertragen, die einzelne Staaten bei Zahlungsbilanzschwierigkeiten als vorübergehende Fremdwährungskredite erhalten (‚ziehen‘) konnten. Damit sollten die Staaten in die Lage versetzt werden, Interventionen auf den internationalen Finanzmärkten zugunsten ihrer Währung zu finanzieren. Der Kreditrahmen, die so genannten Ziehungsrechte, bemaß sich nach den Währungsreserven, die der jeweilige Staat dem IWF zur Verfügung gestellt hatte. Dementsprechend verfügten Staaten mit einer hohen Quote über einen größeren Kreditrahmen als Staaten mit einer geringeren Quote. Bei Zahlungsbilanzschwierigkeiten durfte jeder Staat bis zu 100 Prozent seiner Quote, ohne bestimmte Konditionen erfüllen zu müssen, als Kredit in Anspruch nehmen; bei Krediten bis zu 125 Prozent seiner Quote hatte er hingegen bestimmte Konditionen zu erfüllen. Durch diese Kreditfazilitäten des IWF wurde mithin ein Währungspuffer errichtet, der es den Staaten ermöglichte, trotz des Systems fester Wechselkurse liberale Handelsbeziehungen selbst dann aufrecht zu erhalten, wenn sie in Zahlungsbilanzschwierigkeiten geraten waren (Gilpin 2000, 59-62; Helleiner 1994, 25-50).

Der damit geschaffene Handlungsspielraum für innenpolitische Maßnahmen wurde durch das Bretton Woods System noch dadurch gestärkt, dass es den

Marginalien (rechter Rand):

System fester Wechselkurse

IWF als Währungspuffer

Kontrolle des Kapitalverkehrs

Staaten ursprünglich ausdrücklich erlaubte, den Kapitalverkehr zu kontrollieren (Gilpin 2000, 139-140). Ganz im Sinne einer nur beschränkt liberalen Finanzordnung wurden die Staaten durch die Normen und Regeln des IWF nicht gezwungen, auf so genannte Kapitalverkehrskontrollen, die den Kapitalfluss zwischen Staaten steuern, zu verzichten. Dementsprechend konnten Staaten beispielsweise durch die Beschränkung des Verkaufs inländischer Aktien und Anleihen an Ausländer oder des Kaufs ausländischer Aktien und Anleihen durch Inländer oder das Verbot, dass Inländer Guthaben in ausländischen Währungen halten oder dass Guthaben von Ausländern in inländischer Währung verzinst werden, den Kapitalverkehr zumindest bremsen. Die Staaten sollten Kapitalverkehrskontrollen nutzen können, um ihre innenpolitischen Maßnahmen ohne Furcht vor einer Kapitalflucht durch ihre Steuer-, Abgaben- und Schuldenpolitik zu finanzieren. Darüber hinaus hoffte man, durch einen beschränkten Kapitalverkehr das System fester Wechselkurse insofern stabilisieren zu können, als die Möglichkeiten spekulativer Devisenbewegungen und darauf gestützter Attacken auf die eine oder die andere Währung begrenzt wurden (Helleiner 1994, 25-72; Pauly 1997, 79-97).[31]

Entstehung der Eurodollarmärkte   Das im IWF verankerte System von Bretton Woods konnte in den 1950er und 1960er Jahren zwar verwirklicht werden, war jedoch nur solange funktionsfähig, wie der Kapitalverkehr tatsächlich beschränkt werden konnte. Doch dies war mit dem Entstehen der so genannten Eurodollarmärkte zunehmend weniger gegeben. Die Eurodollarmärkte waren entstanden, als in den späten 1950er und frühen 1960er Jahren in London britische und amerikanische Banken versuchten, für ihre internationalen Finanzgeschäfte die bestehenden Kapitalverkehrskontrollen zu umgehen. Die britischen Banken gingen dazu über, ihre internationalen Finanzgeschäfte in US-Dollar zu tätigen. Die amerikanischen Banken verlegten ihre internationalen Finanzgeschäfte nach London. Da sich die britischen Kapitalverkehrskontrollen nur auf Finanzgeschäfte in Pfund bezogen und die amerikanischen Kapitalverkehrskontrollen sich nur auf Finanzgeschäfte in den USA erstreckten, war dadurch in London ein Finanzplatz entstanden, der einen weitgehend freien Kapitalverkehr zuließ (Eichengreen 1996, 93-152; Helleiner 1994, 81-122).

Bretton Woods System gerät unter Druck   Der rasch wachsende Eurodollarmarkt, der vermehrt internationale Finanzgeschäfte ohne Kapitalverkehrskontrollen ermöglichte, setzte das in Bretton Woods vereinbarte Finanz- und Währungsregime zunehmend unter Druck. Denn der freiere Kapitalverkehr erlaubte nun spekulative Attacken auf einzelne Währungen, so dass es immer schwieriger wurde, die festen Wechselkursparitäten zu halten. Die Kredite des IWF reichten bei weitem nicht mehr aus, um diesen Attacken wirksam zu begegnen. Darüber hinaus richteten sich die spekulativen Attacken nun auch gegen den US-Dollar. Dem von Robert Triffin formulierten Dilemma *'Triffin'-Dilemma*   entsprechend konnten die USA dagegen allerdings nur wenig tun (Spero/Hart 1997, 16-24). Hätten sie ihr seit den 1950er Jahren andauerndes Zahlungsbilanzdefizit reduziert, so wären die internationalen Handelsbeziehungen nach-

---

31   Bei der Devisenspekulation wird auf den steigenden (oder fallenden) Wechselkurs einer Währung spekuliert. Steht eine Währung unter Aufwertungsdruck (oder Abwertungsdruck), werden Devisenspekulanten ihre Finanzmittel in diese Währung tauschen (oder aus dieser Währung flüchten), um so Spekulationsgewinne machen zu können. Da dadurch die Nachfrage nach (oder das Angebot) dieser Währung auf den Devisenmärkten steigt, gerät auch der Wechselkurs unter zusätzlichen Aufwertungsdruck (Abwertungsdruck). Die Devisenspekulation erschwert somit die Verteidigung fester Wechselkurse.

haltig geschädigt worden. Denn dem internationalen Handel wäre die durch das Zahlungsbilanzdefizit der USA bereitgestellten Zahlungsmittel (Liquidität) verloren gegangen. Doch indem die USA ihre Politik einer defizitären Zahlungsbilanz fortsetzten, ging die Glaubwürdigkeit der Golddeckung des US-Dollar verloren. Denn die Golddeckung des US-Dollar war aufgrund der mit den Zahlungsbilanzdefiziten der USA verbundenen Goldabflüsse dauerhaft nicht aufrecht zu erhalten (Helleiner 1994, 81-122). Um dieses Dilemma zu entschärfen, schuf der IWF 1969 zwar mit den so genannten Sonderziehungsrechten (SZR) ein zusätzliches internationales Zahlungsmittel, das die für den Handel notwendige Liquidität zur Verfügung stellen sollte. Doch da dem Dilemma auch damit nicht mehr zu entkommen war, gaben die USA schließlich 1971 die Goldeinlösepflicht des US-Dollar auf, so dass sich die festen Wechselkursparitäten nicht mehr halten ließen. Nach einem erfolglosen Versuch, die festen Wechselkurse im so genannten ‚Smithsonian Agreement' von 1971 mit veränderten Wechselkursparitäten und Wechselkursschwankungen von bis zu 4,5 Prozent nochmals wiederzubeleben, wurden die Wechselkurse 1973 endgültig freigegeben. Das IWF-Statut wurde allerdings erst 1978 so angepasst, dass die freien Wechselkurse, die es seit 1973 de facto gab, auch de jure anerkannt wurden (Gilpin 2000, 124-125; Spero/Hart 1997, 21-24;). **Zusammenbruch des Bretton Woods Systems…**

Durch den Übergang von festen zu flexiblen Wechselkursen änderte sich auch die Funktion der Kreditvergabe durch den IWF grundlegend. Als Währungspuffer in den 1970er Jahren überflüssig geworden, fungiert der IWF seit den 1980er Jahren im Rahmen einer zunehmend von Kapitalverkehrskontrollen befreiten liberalen Finanz- und Währungsordnung gewissermaßen als ‚lender of last resort'. Das heißt, der IWF, dem mittlerweile 183 Mitgliedstaaten angehören (Stand: Ende 2001), soll unter anderem durch seine Kreditvergabe dazu beitragen, dass sich Finanzkrisen wie die in Asien und in Russland 1997 oder Schuldenkrisen wie die in Mexiko 1982 und in Brasilien 1987 nicht ausbreiten können, um möglicherweise das gesamte Weltfinanz- und -währungssystem zu gefährden (Grefe/Greffrath/Schuhmann 2002; Helleiner 1994, 169-191). Bei Schuldenkrisen geht es darum, durch zusätzliche Kredite sicher zu stellen, dass die betreffenden Staaten ihrem Schuldendienst weiter nachkommen können. Bei Finanzkrisen hingegen werden Kredite vergeben, um den Kapital- und Devisenabfluss aus einem Staat auszugleichen. Die Kredite des IWF werden heute eingesetzt, um Staaten zu unterstützen, die in Zahlungsbilanzschwierigkeiten geraten sind, aufgrund derer sie entweder ihre Einfuhren nicht mehr bezahlen oder ihre Schulden nicht mehr bedienen können. Die betreffenden Staaten müssen sich im Gegenzug zu der Inanspruchnahme von Krediten des IWF zur Durchführung so genannter Strukturanpassungsprogramme bereit erklären. Mit diesen Strukturanpassungsprogrammen will der IWF sicher stellen, dass der Kreditnehmer seine Schulden bedienen kann. Die Kredite sind also seitens des IWF an Konditionen gebunden. Das heißt, die betreffenden Staaten müssen sich in den Strukturanpassungsprogrammen auf die vom IWF geforderten Veränderungen ihrer Innen- und Außenwirtschaftspolitik einlassen, um die Kredite beanspruchen zu dürfen. Damit der IWF den dadurch steigenden Kreditanforderungen nachkommen kann, sind die Quoten wiederholt bis auf mittlerweile annähernd 280 Milliarden US-Dollar (Stand: Ende 2001) aufgestockt worden. **… und Übergang zu festen Wechselkursen** **IWF-Kredite und Strukturanpassung**

9.3.2 Operative Tätigkeiten des IWF

Konkretisierung und
Spezifizierung der
Kreditvergaberegeln

Die Vergabe dieser neuartigen Kredite und die Verpflichtung der Staaten auf Strukturanpassungsprogramme erfolgt im Rahmen der operativen Tätigkeiten des IWF. Den für den Wohlfahrtsbereich spezifischen Kooperationsbedingungen entspricht es, dass die Konkretisierung und Spezifizierung der Normen und Regeln der Kreditvergabe durch den IWF von besonderer Bedeutung ist. In einem auf und zwischen mehreren Ebenen verlaufenden interbürokratischen Aushandlungsprozess legt der IWF fest, wieviel Kredit ein in Zahlungsschwierigkeiten geratener Staat zu welchen Konditionen erhalten kann. Jeder Staat kann zwar bei Zahlungsbilanzschwierigkeiten 25 Prozent seiner Quote unverzüglich als vorübergehenden Kredit aufnehmen, doch um weitere Kredite bis zu höchstens 300 Prozent seiner Quote erhalten zu können, muss er dem IWF darlegen, wie er sein Zahlungsbilanzproblem zu lösen gedenkt.

Strukturanpassungs-
programme

Der Staat, der aufgrund von Zahlungsbilanzschwierigkeiten den IWF um weitere Kredite angeht, muss deshalb ein Strukturanpassungsprogramm – einen Reformplan – vorlegen, durch dessen Erfüllung er seine Zahlungsbilanzschwierigkeiten zu überwinden sucht, so dass die Rückzahlung der Kredite an den IWF garantiert ist. Durch die Strukturanpassungsprogramme werden somit zumeist haushalts-, finanz-, handels- und arbeitsmarktpolitische Konditionalitäten festgelegt, die oft weitreichende Eingriffe in die Gesellschaft des kreditnehmenden Staates beinhalten. Dieses Strukturanpassungsprogramm muss vom Exekutivdirektorium des IWF (vgl. Kap. 3.2.2) gebilligt werden, ehe der Kredit bereitgestellt wird; ausbezahlt wird er meist in Raten, wobei spätere Raten nur nach Prüfung von Leistungsindikatoren durch den IWF in Anspruch genommen werden können (Driscoll 1998, 19-24).

Kreditlinien des IWF

Dem IWF stehen für Staaten, die sich in Zahlungsbilanzschwierigkeiten befinden, mehrere Kreditlinien – so genannte Fazilitäten – zur Verfügung, die durch die Konkretisierung und Spezifizierung der Normen und Regeln des IWF entstanden sind. Diese unterscheiden sich entsprechend den spezifischen Zahlungsbilanzschwierigkeiten eines Staates. Die beiden wichtigsten Kreditlinien sind die so genannten Bereitschaftskreditvereinbarungen (SBA) sowie die Erweiterten Kreditvereinbarungen (EFF). Der IWF räumt im Rahmen der Bereitschaftskreditvereinbarungen Kredite ein, um Staaten zu helfen, zumeist nur temporäre Zahlungsbilanzungleichgewichte ausgleichen zu können. Der dafür gewährte Kredit wird – so der betreffende Staat seine Reformversprechen einhält – innerhalb von ein bis zwei Jahren in Raten ausbezahlt. Die 1974 eingeführten Erweiterten Kreditvereinbarungen greifen dagegen eher bei strukturellen Zahlungsbilanzschwierigkeiten. Deshalb werden hier die Raten, in denen die Kredite ausbezahlt werden, auf drei bis vier Jahre gestreckt. Außerdem müssen die Kredite im Rahmen der EFF nicht wie bei den Bereitschaftskreditvereinbarungen bereits nach drei bis fünf Jahren, sondern erst nach vier bis zehn Jahren zurückbezahlt werden.

Schaffung weiterer
Kreditlinien für
Krisenfälle

Darüber hinaus hat der IWF durch die Konkretisierung und Spezifizierung seiner Normen und Regeln verschiedene andere für spezifische Zahlungsbilanzschwierigkeiten eingerichtete Kreditfazilitäten geschaffen. Beispielsweise wurde 1995 während der Mexiko-Krise ein Finanzierungsmechanismus für Krisenfälle (EFM) eingerichtet, aufgrund dessen der IWF besser auf plötzlich auftretende Zahlungsbilanzprobleme von Mitgliedstaaten reagieren können soll. Dieser wurde 1997 während der Asienkrise durch eine Fazilität zur Stärkung von Währungsreserven (SRF) ergänzt, die Staaten bei Zahlungsbilanzschwierigkeiten helfen soll, die sich aufgrund eines plötzlichen Vertrauensverlustes einstellen. Dazu kommen unter anderem die Strukturanpassungsfazilität (SAF) und die Erweiterte Strukturanpassungsfazilität (ESAF), welche mittlerweile in Armutsminderungs- und Wachstumsfazilität (PRGF) umbenannt wurde. Mit der Umbenennung kommt zum Ausdruck, dass der IWF in seinen Strukturanpassungsprogrammen heute der Armutsbekämpfung mehr Bedeutung beimisst. Die Armutsminderungs- und Wachstumsfazilität ist zudem mit der 1996 lancierten Initiative für hochverschuldete arme Länder (HIPC) verbunden, dergemäß für solche Staaten ein rascher Schuldenerlass erfolgen soll.

Die Konkretisierung und Spezifizierung der Normen und Regeln durch den IWF bezieht sich allerdings nicht nur auf die Kreditvergabe, sondern auch auf deren Finanzierung. Die wichtigste Finanzquelle des IWF sind die bereits erwähnten Quoten, die jeder Staat, der dem IWF beitritt, zu entrichten hat. Die Quote eines jeden Staates richtet sich nach seiner Bedeutung in der Weltwirtschaft. Die Quote, die zu 25 Prozent in allgemein akzeptierten Währungen und zu 75 Prozent in eigener Währung entrichtet wird, legt den Höchstbetrag an Finanzmitteln fest, die ein Staat dem IWF zur Verfügung stellen muss. Da jedoch die Weltwirtschaft insgesamt und die Wirtschaftslage einzelner Staaten ständiger Veränderung ausgesetzt sind und sich dies auch in einem wachsenden Kreditbedarf niederschlägt, müssen die Quoten des IWF regelmäßig an die neuen Verhältnisse angepasst werden. Dementsprechend führt das Exekutivdirektorium des IWF mindestens alle fünf Jahre eine Quotenüberprüfung durch, um etwaige Quotenerhöhungen vorzuschlagen, die von den mindestens 85 Prozent der IWF-Quoten vertretenden Mitgliedstaaten genehmigt werden müssen. Beispielsweise wurde aufgrund der letzten Quotenüberprüfung 1999 eine Quotenerhöhung um 45 Prozent beschlossen, so dass die Gesamtquote, die 1946 noch bei 7,6 Milliarden US-Dollar lag, – wie bereits erwähnt – mittlerweile auf annähernd 280 Milliarden US-Dollar angestiegen ist.

Da jedoch nicht ausgeschlossen werden kann, dass bei einer künftigen schweren Finanzkrise die über die Quoten an den IWF entrichteten Finanzmittel nicht ausreichen, hat sich der IWF im Rahmen der Konkretisierung und Spezifizierung seiner Normen und Regeln die Möglichkeit geschaffen, gestützt auf die Allgemeinen Kreditvereinbarungen (AKV) von 1962 sowie die Neuen Kreditvereinbarungen (NKV) von 1997 bei seinen Mitgliedern selbst Kredite aufzunehmen. Beide Kreditvereinbarungen wurden im Rahmen eines auf mehreren Ebenen verlaufenden interbürokratischen Aushandlungsprozesses zwischen dem IWF und einigen seiner Mitgliedstaaten geschlossen. In den Neuen Kreditvereinbarungen haben sich 25 Industrieländer bereit erklärt, Kredite bis zu 46 Milliarden US-Dollar dann an den IWF zu vergeben, wenn hohe Finanzbeträge erforderlich sind, um die Stabilität des internationalen Finanz- und Währungssystems zu sichern. Dadurch soll sicher gestellt werden, dass der IWF bei einer erneuten Krise in einzelnen Schwellen- oder Entwicklungsländern über genügend Finanzmittel verfügt, um durch neue Kredite eine Ausbreitung der Krise auf das internationale Finanzsystem zu verhindern. Diese Kredite können ebenfalls nur im Rahmen eines auf mehreren Ebenen zwischen IWF und den kreditgebenden Staaten verlaufenden interbürokratischen Aushandlungsprozesses abgerufen werden. Der Geschäftsführende Direktor muss den Kredit beantragen. Damit dieser abgerufen werden kann, ist die Zustimmung sowohl der kreditgebenden Staaten als auch des Exekutivdirektoriums des IWF erforderlich.

Konkretisierung und Spezifizierung der Regeln zur Kreditfinanzierung

Der IWF ist allerdings nicht nur mit der Konkretisierung und Spezifizierung seiner Normen und Regeln befasst, sondern auch mit deren direkter Implementation. Dies gilt insbesondere für die durch routinisierte Entscheidungsabläufe geprägte Kreditauszahlung an (und deren Rückzahlung durch) in Zahlungsbilanzschwierigkeiten geratene Staaten. Denn nachdem der IWF einen solchen Kredit genehmigt hat, übernimmt er die Kreditauszahlung selbst, indem er dem betreffenden Staat allgemein akzeptierte Währungen zur Verfügung stellt, die er von anderen Staaten – entweder aufgrund ihrer Quoten oder als Kredit – erhalten hat. Dies erfolgt, indem der den Kredit aufnehmende Staat diese allgemein akzeptierten Währungen mit seiner eigenen Währung ‚kauft'. Dementsprechend bezieht beispielsweise Russland seine Kredite vom IWF, indem es dort Rubel hinterlegt, um dafür US-Dollar, Euro oder Yen zu erhalten. Bei der Rückzahlung des Kredits kauft dieser Staat dann seine eigene Währung mit allgemein akzeptierten Währungen vom IWF zurück. Das heißt, Russland muss nun mit US-Dollar, Euro oder Yen die von ihm einbezahlten Rubel wieder auslösen. Der IWF zahlt die Kredite normalerweise in Raten aus. Ob die jeweils nächste Rate ausbezahlt wird, hängt auch davon ab, ob der kreditnehmende Staat den mit dem IWF vereinbarten Reformplan einhält.

Dementsprechend hat es der IWF auch mit der Überwachung der Norm- und Regeleinhaltung durch die Staaten zu tun. Dazu werden bereits bei der Kreditvergabe so genannte Erfüllungskriterien festgelegt, die genau festlegen, wann der Reformplan als erfolgreich implementiert gilt und wann er als gescheitert angesehen werden muss. Durch diese vorab festgelegten Erfüllungskriterien wird also weniger überwacht, wie der Reformplan umgesetzt wird, sondern eher überprüft, ob er hinsichtlich der Zielvereinbarungen erfolgreich ist. Das heißt, Erfüllungskriterien stellen zumeist makroökonomische Kennziffern wie etwa die Inflationsrate dar, die zumeist im Rahmen eines weitgehend routinisierten Entscheidungsprozesses viertel- oder halbjährlich kontrolliert werden. Sollte sich im Lichte der Erfüllungskriterien ein Reformplan nicht als erfolgreich erweisen, so kann der IWF die weitere Kreditauszahlung anhalten, um deren Fortsetzung gegebenenfalls an neu zu vereinbarende Reformbemühungen zu knüpfen.

Die Überwachung durch den IWF bezieht sich allerdings nicht nur auf die im Rahmen der Kreditvergabe vereinbarten Reformpläne, sondern erstreckt sich darüber hinaus ganz allgemein auf die gesamte Wirtschafts-, Währungs-, Finanz- und Geldpolitik der Mitgliedstaaten des IWF. Die Überwachung durch den IWF vollzieht sich im Wesentlichen durch jährlich mit jedem Mitgliedstaat stattfindende Konsultationen. Dabei reisen vier bis fünf Mitglieder des IWF-Verwaltungsstabes für ca. zwei Wochen in den betreffenden Staat, um dort Daten über das Wachstum, den Außenhandel, die Arbeitslosigkeit, die Inflation, die Zinssätze, die Löhne, die Geldmenge, die Investitionen und die Staatsausgaben zusammen zu tragen und zu sichten. Darüber hinaus werden intensive Gespräche mit Vertretern der Regierung dieses Staates geführt, um zu bemessen, ob die Wirtschaftspolitik bislang erfolgreich war und ob oder wie sie gegebenenfalls verändert werden soll. Danach erarbeiten die Mitarbeiter des IWF einen detaillierten Bericht, der dem Exekutivdirektorium vorgelegt wird. Dieser Bericht wird seit 1997 einschließlich der Beurteilung durch das Exekutivdirektorium veröffentlicht. Mit dieser Neuerung zielt der IWF seit den Krisen in Mexiko, Asien und Russland darauf ab, durch die Überwachung der Wirtschafts-, Währungs-, Finanz- und Geldpolitik der Staaten mögliche Finanzkrisen frühzeitig zu erkennen, um künftig präventiv vorgehen zu können. Krisen wie die in Mexiko, Asien oder

Russland sollen möglichst vermieden werden. Dementsprechend hat er die Staaten aufgefordert, ihn möglichst frühzeitig mit genauen Daten über ihre Wirtschaftsentwicklung zu versorgen (Driscoll 1998, 31).

9.3.3 Informationelle Tätigkeiten des IWF

Damit eng verbunden sind die äußerst wichtigen informationellen Tätigkeiten des IWF. Wie praktisch alle internationalen Organisationen tritt der IWF als Informationssammelstelle in Erscheinung. Er berichtet regelmäßig über die eigenen Aktivitäten, die Aktivitäten seiner Mitgliedstaaten sowie über die allgemeinen Entwicklungen im Währungsfonds selbst. Dies geschieht nicht nur auf den regelmäßig stattfindenden Pressekonferenzen des Exekutivdirektoriums des IWF, sondern insbesondere auch über die Homepage des IWF im Internet[32]. Darüber hinaus gibt der IWF das zweiwöchentlich erscheinende Magazin ‚IMF Survey' heraus, in dem alle bedeutenden organisationsinternen Vorgänge behandelt werden. *(Sammeln von Informationen)*

Für die Kooperation in den internationalen Finanz- und Währungsbeziehungen bedeutsamer ist freilich die Generierung von Informationen durch den IWF selbst. Der IWF stellt alle wesentlichen Informationen über die weltwirtschaftliche Lage, insbesondere die nationalen und internationalen Finanzmärkte zusammen. So gibt er beispielsweise monatlich die ‚International Financial Statistics' heraus, in der alle statistischen Kenngrößen zu den internationalen, aber auch zu nationalen Finanzmärkten zu finden sind. *(Informationserzeugung)*

Der IWF begnügt sich allerdings nicht damit, die Wirtschaftslage in Statistiken zu beschreiben, sondern ist darüber hinaus auch damit befasst, die wirtschaftliche Entwicklung in regelmäßig erscheinenden Berichten zu beurteilen. Im halbjährlich erscheinenden ‚World Economic Outlook' tut der IWF seine Einschätzung der Wirtschaftsentwicklung in einzelnen Staaten oder Staatengruppen sowie der Weltwirtschaftslage insgesamt kund. Darüber hinaus wird dort die weitere Wirtschaftsentwicklung prognostiziert. Der ‚World Economic Outlook' enthält zudem Empfehlungen, durch welche Wirtschaftspolitiken die Staaten zu einer gesunden Entwicklung der Weltwirtschaft beitragen können. Während der ‚World Economic Outlook' somit vor allem die allgemeine Wirtschaftsentwicklung analysiert, werden in dem jährlich erscheinenden Bericht ‚International Capital Markets' Entwicklungen auf den nationalen und internationalen Kapitalmärkten untersucht. Dabei geht es unter anderem darum, die Staaten frühzeitig auf mögliche Gefahren für das internationale Finanz- und Währungssystem aufmerksam zu machen, um innerhalb des IWF etwaigen Finanzkrisen frühzeitig begegnen zu können. Durch diese Berichte trägt der IWF gerade bei Finanzkrisen zu deren einheitlicher Beurteilung durch die mitgliedstaatlichen Regierungen sowie Banken und Investment-Häuser bei. Dies kann vielfach entscheidend dafür sein, dass es den Staaten gelingt, im Rahmen des IWF zu kooperieren, um gemeinsam gegen gefährliche Schulden- und Finanzkrisen vorzugehen.

Die Beurteilung der Wirtschaftsentwicklung im Allgemeinen, aber auch die etwaiger Finanzkrisen durch den IWF stützt sich auch auf seine umfangreichen eigenen Forschungsaktivitäten. Der IWF unterhält eine eigene Forschungsabteilung, organisiert wissenschaftliche Konferenzen und fördert Forschungsprojekte, *(eigene Forschung)*

---

32 http://www.imf.org

um die für eine erfolgreiche Wirtschafts- und Finanzpolitik relevanten Zusammenhänge offen zu legen. Diese Forschungsbefunde, die in verschiedenen vom IWF herausgegebenen Zeitschriften wie z.B. dem ‚IMF Research Bulletin‘ und Schriftenreihen publiziert werden, sollen zu einer möglichst angemessenen Einschätzung der jeweiligen Wirtschaftsentwicklung und insbesondere zu möglichst angemessenen Empfehlungen für eine erfolgreiche Wirtschaftspolitik beitragen. Seine Forschungsaktivitäten verleihen den Einschätzungen und Empfehlungen des IWF zusätzliche Autorität gegenüber ihren Adressaten, seinen Mitgliedstaaten. Darüber hinaus beeinflussen die Forschungsaktivitäten des IWF auch die einschlägigen nationalen Forschungsaktivitäten. Dadurch trägt der IWF wiederum dazu bei, dass in unterschiedlichen Staaten bestimmte Wirtschaftsentwicklungen ähnlich beurteilt werden.

9.3.4 Beurteilung des Organisationsoutput

Die Outputs des IWF sind insgesamt den für den Wohlfahrtsbereich spezifischen Kooperationsproblemen angepasst. Die Konzentration der Tätigkeiten auf die Konkretisierung und Spezifizierung der im Politikprogramm des IWF sehr allgemein gehaltenen Normen und Regeln stellt eine passende Antwort auf die spezifischen Kooperationsbedingungen im Sachbereich ‚Wohlfahrt‘ dar. Dadurch wird insbesondere erreicht, dass sich der IWF den sich permanent verändernden Rahmenbedingungen der Weltwirtschaft anpassen konnte. Die zusätzliche Möglichkeit des IWF, die Norm- und Regelbeachtung durch die Staaten zu überwachen, trägt darüber hinaus dazu bei, die im Sachbereich ‚Wohlfahrt‘ ohnehin vergleichsweise große Transparenz zu steigern, um das Vertrauen der Staaten in die wechselseitige Kooperation zu fördern.

Insgesamt hat der IWF mit seinen Politikprogrammen sowie seinen operativen und informationellen Tätigkeiten dazu beigetragen, dass eine vermehrt offene und gleichzeitig einigermaßen stabile Weltfinanz- und Währungsordnung errichtet und aufrecht erhalten werden konnte. Allerdings hat er weder die Schuldenkrise der Entwicklungsländer des Südens noch die Finanzkrisen in Asien und Russland verhindern können, sondern lediglich bewirkt, dass sich diese nicht zu globalen Finanzkrisen ausweiteten.

Man kann dem IWF vorwerfen, sich vornehmlich um die Stabilitätsinteressen der reichen Industriestaaten zu kümmern und die besonderen Bedürfnisse der Entwicklungs- und Schwellenländer zu vernachlässigen. So hat sich der IWF mit den genannten Krisen insbesondere dann befasst, wenn diese das internationale Finanz- und Währungssystem destabilisierende Kettenreaktionen auszulösen drohten, die nicht nur Entwicklungsländer, sondern auch die großen Industrienationen zu treffen drohten (Grefe/Greffrath/Schumann 2002). Die Schuldenkrise der Entwicklungsländer war für den IWF vor allem insofern eine Herausforderung, als er zu verhindern hatte, dass sich diese nicht in eine Bankenkrise der Industriestaaten übersetzte, die das internationale Finanzsystem gefährdet hätte (Helleiner 1994, 169-191; Kapstein 1996, 94-103). Ebenso kann kritisiert werden, dass die an Konditionen gebundene Kreditvergabe durch den IWF im Rahmen der so genannten Strukturanpassungsprogramme den Entwicklungsländern lange eine Wirtschafts-, Finanz- und Sozialpolitik aufgezwungen hat, die es diesen unmöglich machte, Armut wirksam zu bekämpfen (Grefe/Greffrath/Schumann 2002). Allerdings hat der IWF mittlerweile auf diese Kritik reagiert; seine

Strukturanpassungsprogramme wurden dahingehend verändert, dass sie die Armutsbekämpfung verstärkt in den Blick nehmen. Darüber hinaus versucht er, im Rahmen seiner Strukturanpassungsprogramme den Entwicklungsländern verstärkt aus der Schuldenfalle zu helfen.

9.4 Das Problemfeld ‚internationale Finanzbeziehungen‘ II: Die Europäische Wirtschafts- und Währungsunion

Neben der durch den IWF gestützten internationalen Kooperation auf globaler Ebene haben auch im Finanzbereich verschiedene internationale Organisationen auf regionaler Ebene eigene Programme und darauf bezogene operative und informationelle Tätigkeiten entwickelt. Freilich war gerade die Finanz- und Währungspolitik bis in die 1970er Jahre international fast ausschließlich durch den IWF institutionalisiert. Als sich jedoch auf globaler Ebene ein System flexibler Wechselkurse durchzusetzen begann, versuchten verschiedene internationale Organisationen, zumindest auf regionaler Ebene feste Wechselkurse zu halten. Ähnlich wie im Handelsbereich kann die EU auch in der Währungs- und darüber hinaus gehend in der Finanzpolitik als Vorreiter gelten.

9.4.1 Politikprogramm der EU

Die Politikprogramme der Europäischen Union sahen ursprünglich keine gemeinschaftliche Währungspolitik vor. Der Gründungsvertrag der Europäischen Wirtschaftsgemeinschaft (EWG) von 1957 legte nur fest, dass die „Politik auf dem Gebiet der Wechselkurse als eine Angelegenheit von gemeinsamem Interesse" behandelt werden sollte (Art. 107 EWGV). Er erhob weder eine gemeinsame Währungsordnung zum Ziel, noch enthielt er Vorgaben für eine zukünftige europäische Währungspolitik. Angesichts der auf den IWF gestützten globalen Währungsordnung schien ein europäisches Programm für eine gemeinsame Währungspolitik weitgehend überflüssig zu sein. Als jedoch in der globalen Währungsordnung die bislang festen Wechselkurse zugunsten flexibler Wechselkurse aufgegeben wurden, regten sich rasch Bemühungen mit dem Ziel, die Währungsbeziehungen innerhalb der Europäischen Gemeinschaft einem Regime mit festen Wechselkursen zu unterstellen. Allerdings wurden weder der Werner-Plan von 1970, der bereits die Errichtung einer sehr weitreichenden Wirtschafts- und Währungsunion vorsah, noch die europäische ‚Währungsschlange‘ von 1972, mit der letztlich die alte Währungsordnung des IWF auf Europa übertragen werden sollte, verwirklicht (Wegner 1991, 111-118).

Erst der gemeinsamen Initiative des französischen Präsidenten Valéry Giscard d'Estaing und des deutschen Bundeskanzlers Helmut Schmidt von 1978 zur Errichtung eines Europäischen Währungssystems (EWS) war Erfolg beschieden. Die beiden Politiker hatten dem Europäischen Rat 1978 in Kopenhagen einen Vorschlag für ein Europäisches Währungssystem, das die Wechselkurse der mitgliedstaatlichen Währungen in der Europäischen Gemeinschaft stabilisieren sollte, unterbreitet, der noch im gleichen Jahr vom Europäischen Rat in Bremen gebilligt wurde. Das im Rahmen eines intergouvernementalen Aushand-

EWS

lungsprozesses entstandene regulative Programm des EWS, das bereits 1979 in Kraft treten konnte, definierte ein System weitgehend stabiler Wechselkurse, das sich als Referenzgröße der neu geschaffenen europäischen Währungseinheit ‚ECU‘ (European Currency Unit) bediente. Demnach wurde für jede mitgliedstaatliche Währung eine Wechselkursrelation zur ECU festgelegt, die gleichzeitig alle Währungen in ein Gitter fester Wechselkursbeziehungen untereinander brachte. Leitkursänderungen waren nur dann vorgesehen, wenn die Wechselkursrelationen der Währungen nicht mehr zu halten waren. Die ECU als Bindeglied der Währungen war keine eigenständige Währung, sie war – ähnlich wie die Sonderziehungsrechte beim IWF – lediglich eine ‚Korbwährung‘, die sich aus den Währungen der EU-Mitgliedstaaten entsprechend ihrer wirtschaftlichen Bedeutung zusammensetzte.

Interventionspflicht

Kern des Politikprogramms des EWS war die Verpflichtung der Staaten zur Intervention, um die Wechselkurse innerhalb einer Bandbreite von 2,25 Prozent (ausnahmsweise waren auch 6,0 Prozent zulässig) nach oben und unten im Gitter bilateraler Leitkurse zu halten. Eine unmittelbare Interventionspflicht bestand dann, wenn die Wechselkurse der Währungen von zwei oder mehr Mitgliedstaaten gleichzeitig die obere und die untere Grenze der Bandbreite erreichten.[33] Lagen beispielsweise die D-Mark am oberen und die italienische Lira am unteren Ende der Bandbreite, so waren die Bundesbank und die italienische Notenbank gleichermaßen verpflichtet, in unbegrenzter Höhe auf den internationalen Finanzmärkten Lire aufzukaufen und D-Mark zu verkaufen. Damit schafften sie ein zusätzliches Angebot an D-Mark und eine zusätzliche Nachfrage nach Lire, so dass sich die Wechselkursrelation der beiden Währungen wieder auf den Leitkurs zubewegen konnte. Um derartige Interventionen zu erleichtern, sah das EWS-Programm verschiedene Kreditmechanismen vor, auf die die Zentralbanken der beteiligten Staaten neben ihren eigenen Währungsreserven zurückgreifen konnten, um ihre Interventionen zu finanzieren (Wegner 1991, 118-136).

relativer Erfolg des EWS

Tatsächlich gelang es, in den späten 1980er und frühen 1990er Jahren mit Hilfe des EWS die Wechselkurse zwischen den Währungen der beteiligten Staaten weitgehend stabil zu halten. Deshalb wurde in der EU vor dem Hintergrund des Binnenmarktprojektes (Wegner 1991, 124-125) erneut über die bereits im Werner Bericht von 1970 in Aussicht genommene Wirtschafts- und Währungsunion diskutiert (Moravcsik 1998, 379-471). Schon 1988 beschloss der Europäische Rat in Hannover, einen Ausschuss unter dem Kommissionspräsidenten Jacques Delors einzusetzen, der die Verwirklichung einer Wirtschafts- und Währungsunion ausloten sollte. Dem von diesem Ausschuss 1989 vorgelegten so genannten Delors-Bericht folgend sollte eine Europäische Wirtschafts- und Währungsunion (EWWU) errichtet werden, in der die verschiedenen mitgliedstaatlichen Währungen durch eine europäische Währung ersetzt werden und über deren Stabilität eine zu gründende Europäische Zentralbank wachen sollte. Der Delors-Bericht sah die Verwirklichung dieser Währungsunion in drei Stufen vor (Wolf 1999, 77-105).

Programm zur Errichtung einer EWWU...

...in 3 Stufen

---

33 Obwohl alle Mitgliedstaaten der Europäischen Gemeinschaft auch Mitglieder des Europäischen Währungssystems waren, nahmen nicht alle Staaten am Wechselkursmechanismus teil, das heißt, für die Währungen dieser Länder wurden keine Leitkurse festgelegt, sie unterlagen nicht der Interventionspflicht. Griechenland nahm von Beginn an nicht am Wechselkursmechanismus des EWS teil. 1992 scherten auch Italien (vorübergehend) und Großbritannien (auf unbestimmte Zeit) aus dem Wechselkursmechanismus aus.

In der ersten Stufe sollte im Wesentlichen die Zusammenarbeit der Mitgliedstaaten im EWS vertieft werden. In der zweiten Stufe war vorgesehen, ein Europäisches System der Zentralbanken zu gründen und eine unabhängige Europäische Zentralbank aufzubauen. In der dritten Stufe schließlich sollten die verschiedenen mitgliedstaatlichen Währungen durch eine gemeinsame europäische Währung ersetzt werden.

Der Europäische Rat 1989 in Madrid akzeptierte den Delors-Bericht als Grundlage für weitere intergouvernementale Verhandlungen, obwohl das Treffen von heftigen Auseinandersetzungen zwischen Befürwortern einer Währungsunion, insbesondere Frankreich und Deutschland, und Skeptikern, vor allem Großbritannien, geprägt war (Moravcsik 1998, 379-471). Für diese umfangreichen Verhandlungen beschloss der Europäische Rat 1989 in Straßburg, eine Regierungskonferenz nach Rom einzuberufen, die sich zum einen mit der Stellung der zu errichtenden Europäischen Zentralbank und zum anderen mit der schrittweisen Einführung einer europäischen Währung befassen sollte (Cameron 1995, 54-57; Wolf/Zangl 1996, 370-376). Tatsächlich gelang es in den intergouvernementalen Verhandlungen, bis zum Treffen des Europäischen Rates 1991 in Maastricht eine Einigung zu erzielen, die schließlich im Maastrichter Vertrag verankert wurde (Cameron 1995, 57-73; Wolf 1999, 158-195).

Demnach konnte am 1. Juni 1998 die Europäische Zentralbank (EZB) errichtet werden, die mit ihrer Geldpolitik ausschließlich auf die Stabilität des *Euro,* der dem Maastrichter Vertrag folgend im Jahre 1999 eingeführten gemeinsamen europäischen Währung, verpflichtet ist. Die Europäische Zentralbank ist in ihrer Geldpolitik genauso unabhängig wie vormals die Deutsche Bundesbank, die mit den übrigen mitgliedstaatlichen Zentralbanken im Europäischen System der Zentralbanken (ESZB) zusammengefasst wurde. Die Geldpolitik in Europa kann somit weder von den an der Währungsunion bislang beteiligten 12 Staaten oder ihren Regierungen noch von anderen Organen der Europäischen Union direkt gesteuert werden; dazu ist ausschließlich die Europäische Zentralbank befugt.

Gründung der EZB

Um auszuschließen, dass einzelne Mitgliedstaaten der Europäischen Wirtschafts- und Währungsunion versuchen, die Lasten der Inflationsbekämpfung auf andere Staaten der Euro-Zone abzuwälzen, so dass alle Mitgliedstaaten unter zusätzlichen Inflationsgefahren zu leiden hätten, führten die künftigen Mitgliedstaaten der Wirtschafts- und Währungsunion bereits im Vertrag von Maastricht die so genannten Konvergenzkriterien ein. Mitglied der Wirtschafts- und Währungsunion konnten demnach nur diejenigen Mitgliedstaaten werden, die diese Kriterien erfüllt hatten. Das heißt, ihre jährliche Neuverschuldung durfte höchstens 3,0 Prozent, ihre Gesamtverschuldung höchstens 60 Prozent ihres Bruttosozialprodukts betragen. Darüber hinaus durfte ihre Inflationsrate nicht mehr als 1,5 Prozent über der durchschnittlichen Inflation der drei Staaten mit der geringsten Inflation in der Union liegen; der Zinssatz durfte den durchschnittlichen Zinssatz der drei Staaten mit der geringsten Inflation nicht um mehr als 2,0 Prozentpunkte übersteigen; und von dem betreffenden Staat durften seit mindestens zwei Jahren keine Spannungen im Wechselkursmechanismus des EWS ausgehen (Wolf 1999, 192-195).

Konvergenzkriterien

Um die zusätzlichen Inflationsgefahren, die mit einer Währungsunion verbunden sind, dauerhaft zu verringern, beschloss der Europäische Rat in Dublin im Dezember 1996 darüber hinaus im so genannten Stabilitäts- und Wachstumspakt, dass die Mitgliedstaaten das Stabilitätskriterium in Bezug auf ihre Neuver-

Stabilitäts- und Wachstumspakt

schuldung bei Strafandrohung über ihren Beitritt zur Wirtschafts- und Währungsunion hinaus zu erfüllen haben. Die Mitgliedstaaten legen sich insbesondere darauf fest, ihre jährliche Neuverschuldung unter 3,0 Prozent ihres Bruttoinlandsprodukts zu halten.

9.4.2 Operative Tätigkeiten in der EU

Durch das Programm der Wirtschafts- und Währungsunion haben die daran beteiligten Staaten wichtige operative Tätigkeiten zu seiner Umsetzung insbesondere auf die EZB übertragen. Dazu gehört – den besonderen Kooperationsbedingungen im Sachbereich ‚Wohlfahrt' entsprechend – die Konkretisierung und Spezifizierung der ihr übertragenen Geldpolitik. Die EZB muss festlegen, wie sie angesichts der Veränderungsdynamiken der Binnen- wie der Außenwirtschaft mit ihrer Geldpolitik die Stabilität des Euro nach innen wie nach außen zu sichern versucht. Dementsprechend hat sie nicht nur unabhängig von Kommission und Europäischem Parlament, sondern auch unabhängig von den Regierungen der einzelnen Mitgliedstaaten die Leitzinsen – beispielsweise Lombard- und Diskontsatz – der jeweiligen Wirtschaftslage anzupassen.

Der Entscheidungsprozess der EZB entspricht weitgehend dem Modell rationaler Wahlhandlungen. Gerade um rationale Wahlhandlungen zu ermöglichen, wurde bei der Gründung der Wirtschafts- und Währungsunion auf die politische Unabhängigkeit der EZB geachtet. Die Festlegung der Leitzinsen obliegt dem höchsten Entscheidungsorgan der EZB, dem EZB-Rat. Er setzt sich zusammen aus den 12 Präsidenten der nationalen Zentralbanken des Euro-Währungsgebietes und den sechs Mitgliedern des EZB-Direktoriums. Das Direktorium wiederum besteht aus dem Präsidenten und dem Vizepräsidenten der EZB sowie vier weiteren Mitgliedern, die im gegenseitigen Einvernehmen von den Staats- und Regierungschefs der Teilnehmerstaaten ernannt werden. Sowohl das supranationale Direktorium als auch die 12 Präsidenten der mitgliedstaatlichen Zentralbanken müssen die Geldpolitik im Rahmen des EZB-Rats koordinieren.

Die Leitzinsen sind das zentrale Instrument der EZB, da sie bestimmen, zu welchen Konditionen sich die Geschäftsbanken bei den Zentralbanken Geld leihen können. Die EZB steuert auf diese Weise die Geldwertstabilität, weil sich die Geschäftsbanken bei hohen Leitzinsen weniger Geld bei den Zentralbanken borgen werden als bei niedrigen Leitzinsen. Dementsprechend kann die EZB durch die Leitzinsen die für die Geldwertstabilität entscheidende Geldmenge steuern. Die Währungsstabilität hingegen wird beeinflusst, weil die Geschäftsbanken bei hohen Leitzinsen ihrerseits die Zinssätze anheben und damit die Inflationsgefahr eindämmen.

Um die Stabilität des Euro zu sichern, kann die EZB darüber hinaus beschließen, auf den internationalen Finanzmärkten zu intervenieren. Bei einem schwachen Wechselkurs des Euro kann sie ihre Währungsreserven nutzen, um Euro aufzukaufen und dadurch den Wechselkurs etwa gegenüber dem US-Dollar zu stützen. Bei einem zu hohen Wechselkurs des Euro wird sie hingegen mit Euro andere Währungen wie den US-Dollar oder den Yen kaufen, um somit den Wechselkurs des Euro zu senken.

Die konkrete Praxis der Anpassung der Leitzinsen bedeutet nicht nur die Spezifizierung und Konkretisierung einer durch die vorgegebenen Programme nur allgemein bestimmten Geldpolitik. Vielmehr verfügt die EZB, genauer: das

EZB-Direktorium, über Instrumente der direkten Implementation wie z.B. dem der Intervention auf den Finanzmärkten mit Hilfe ihrer Währungsreserven. Sollte die EZB bei der Umsetzung der im EZB-Rat gefassten Beschlüsse auf die Hilfe der mitgliedstaatlichen Zentralbanken angewiesen sein, so ist das Direktorium gegenüber diesen weisungsbefugt.

Damit ist zwar eine Überwachung oder gar Sanktionierung der mitgliedstaatlichen Geldpolitik überflüssig; anders verhält es sich hingegen im Bereich der Finanzpolitik. Insbesondere die Beachtung der durch den Stabilitäts- und Wachstumspakt beschränkten Verschuldung der Staaten muss kontrolliert werden. Die dafür erforderlichen Überwachungsbefugnisse wurden der Europäischen Kommission übertragen. Sie muss den Rat unterrichten, falls die Neuverschuldung eines der an der Währungsunion beteiligten Staaten sich der drei Prozent-Grenze seines Bruttoinlandsprodukts nähert oder diese gar übersteigt. Ergreift der betreffende Staat keine geeigneten Maßnahmen, um seinen Neuverschuldungsanteil am BIP zu senken, so ist die Kommission verpflichtet, dem Rat nach Stellungnahme des Wirtschafts- und Finanzausschusses des Rates (ECOFIN) einen Bericht über die Neuverschuldung des betreffenden Mitgliedstaates vorzulegen. Stellt ECOFIN mit der erforderlichen qualifizierten Mehrheit ein „übermäßiges Defizit" fest, so muss er Sanktionen beschließen. Diese bestehen zunächst in einer rückzahlbaren Einlage bei der Europäischen Union. Diese Einlage wird jedoch dann in ein Strafgeld umgewandelt, wenn der betreffende Staat nicht innerhalb von zwei Jahren die erforderlichen Maßnahmen ergreift, um seine Neuverschuldung zu senken. Das Strafgeld, das insgesamt 0,5 Prozent des Bruttoinlandsprodukts des betreffenden Mitgliedstaates nicht überschreiten darf, setzt sich zusammen aus einer festen Komponente von 0,2 Prozent des Bruttoinlandsprodukts des betreffenden Mitgliedstaates und einer flexiblen Komponente von zehn Prozent jener Neuverschuldung, die die erlaubte Neuverschuldung in Höhe von drei Prozent des Bruttoinlandsprodukts übersteigt.

Überwachung und Sanktionierung der mitgliedstaatlichen Finanzpolitiken

Um zu verhindern, dass sie gegen einzelne Mitgliedstaaten tatsächlich Strafgelder beantragen muss, hat die Europäische Kommission jedoch mittlerweile ein Verfahren entwickelt, in dem sie die betreffenden Staaten frühzeitig auf eine drohende übermäßige Neuverschuldung aufmerksam macht. Indem sie nach einem qualifizierten Mehrheitsbeschluss des Rates einem Mitgliedstaat mit einer zu hohen Neuverschuldung in einem so genannten ‚Blauen Brief' abmahnt, soll dieser dazu angehalten werden, seine Neuverschuldung zu korrigieren, bevor die Kommission formal gegen diesen Staat vorgehen muss. Damit es zu einer solchen Abmahnung kommen kann, ist allerdings ein qualifizierter Mehrheitsbeschluss des Rates notwendig.

9.4.3 Informationelle Tätigkeiten der EZB

Die EZB führt umfangreiche informationelle Tätigkeiten durch. Denn um ihre Geldpolitik angemessen durchführen zu können, ist sie auf zuverlässige Informationen über die aktuelle Entwicklung der Wirtschaft nicht nur der an der Währungsunion beteiligten Staaten angewiesen. Nur auf der Grundlage solcher Informationen ist sie in ihrer Geldpolitik zu rationalen Wahlhandlungen fähig. Dabei fungiert die EZB sowohl als Informationsproduzent als auch als wichtige Informationssammelstelle. Die EZB muss insbesondere die Entwicklung der Inflation, der Geldmenge, der Zinssätze und des Wirtschaftswachstums in der Euro-

Informationserzeugung und Sammeln von Informationen

Zone genau analysieren, um die Leitzinsen dem Ziel der Geldwertstabilität angemessen festlegen zu können. Diese Analysen werden von der EZB regelmäßig veröffentlicht. Dies geschieht sowohl monatlich im ‚Monthly Bulletin' als auch jährlich in ihrem ‚Annual Report', die beide auch über die Homepage der EZB im Internet[34] zugänglich sind. Darüber hinaus nutzt die EZB neben den regelmäßig stattfindenden Pressekonferenzen sowohl das ‚Monthly Bulletin' als auch den ‚Annual Report', um über ihre Geldpolitik zu berichten und diese zu begründen.

9.4.4 Beurteilung des Organisationsoutput

Die Outputs des politischen Systems der Europäischen Union weisen im Problemfeld ‚internationale Finanzbeziehungen' eine dem Kooperationsbedarf im Wohlfahrtsbereich zwar angemessene, aber doch ungewöhnliche Zusammensetzung auf. Mit der Konzentration auf die Konkretisierung und Spezifizierung sowie die direkte Implementation der bestehenden Politikprogramme geben sie eine passende Antwort auf das sachbereichsspezifische Kooperationshindernis konkurrierender Zielperspektiven. Dieses Kooperationshindernis wird durch die Unabhängigkeit der EZB überwunden. Denn diese garantiert, dass sich die EZB mit ihrer Geldpolitik auf das Ziel der langfristigen Geldwertstabilität konzentrieren und konkurrierende Zielvorstellungen wie kurzfristiges Wirtschaftswachstum demgegenüber zurückstellen kann.

Darüber hinaus werden in Bezug auf die Fiskalpolitik die im Wohlfahrtsbereich ohnehin guten Kooperationsmöglichkeiten durch die Überwachungs- und Sanktionsmöglichkeiten der Kommission weiter gestärkt. Dass gerade in der Fiskalpolitik die Kooperation zwischen den EU-Mitgliedstaaten trotzdem prekär bleibt, zeigen die Schwierigkeiten der Kommission, Staaten, die die Stabilitätskriterien zu verfehlen drohen, mit so genannten ‚Blauen Briefen' abzumahnen. So konnte Deutschland trotz seiner übermäßigen Neuverschuldung verhindern, von der Kommission gerügt zu werden, indem die Bundesregierung darauf hinwirkte, dass ein solcher Blauer Brief keine qualifizierte Mehrheit im Rat erhielt. Allerdings musste die Bundesregierung im Gegenzug versprechen, bereits 2004 einen annähernd ausgeglichenen Haushalt vorzulegen, das heißt ab dann ohne nennenswerte Neuverschuldung auszukommen.

Souveränitätstransfer

Insgesamt hat in Bezug auf die Währungs-, aber auch die Fiskalpolitik in der EU ein außergewöhnlicher Souveränitätstransfer stattgefunden. Die Staaten haben insbesondere in der Währungspolitik klassische Souveränitätsrechte an das politische System der EU abgegeben. Inwieweit dieser außerordentlich weitreichende Souveränitätstransfer der Wirtschaftsentwicklung in den beteiligten Staaten nutzen wird, bleibt allerdings noch abzuwarten. Denn die mit der Währungsunion verbundene Übertragung der Geldpolitik an die EZB mag sich insofern als problematisch erweisen, als die Wirtschaftsentwicklung in den einzelnen Staaten der Euro-Zone nach wie vor nicht einheitlich verläuft. Die EZB kann auf die verbleibenden Unterschiede im Wirtschaftswachstum in einzelnen Staaten nicht eingehen, sondern muss sich mit ihrer Geldpolitik vielmehr am Durchschnitt der Wirtschaftstätigkeit in der gesamten Euro-Zone orientieren. Dementsprechend mögen für das Wachstum einiger Staaten die Leitzinsen zu hoch sein, während sie zugleich für das Wachstum anderer Staaten zu niedrig sind (Enderlein 2002).

---

34   http://www.ecb.int

Diese notwendigerweise wenig differenzierte Geldpolitik kann sich insbesondere auch deshalb auf das Wachstum in der gesamten Euro-Zone negativ auswirken, weil die Staaten auch in ihrer Fiskalpolitik nicht mehr souverän sind. Da sie durch den Stabilitätspakt bei Strafandrohung auf eine moderate Neuverschuldung verpflichtet sind, haben die Staaten sich zumindest teilweise auch der Fiskalpolitik als Instrument der Wirtschaftssteuerung begeben (Zangl/Wolf 1999). Das entstehende Defizit einer gesamtwirtschaftlichen Steuerung mag allerdings auch dazu führen, dass die Staaten künftig ihre Wirtschaftspolitiken in der EU vermehrt aufeinander abstimmen werden.

9.5 Das Problemfeld ‚internationale Entwicklungsdisparitäten'

Die Handels- und Finanzordnungen, die sich auf globaler Ebene auf WTO und IWF sowie auf europäischer Ebene auf das Binnenmarkt- und das EWWU-Programm der Europäischen Union stützen, verhindern kollektiv suboptimale Lösungen des Wohlfahrtsdilemmas in diesen Problemfeldern; sie ermöglichen statt dessen kollektiv vorteilhafte Interaktionsergebnisse durch handels- und währungspolitische Koordination. Gleichzeitig vermehren sie jedoch den Konfliktstoff in einem anderen Problemfeld, dem der ‚internationalen Entwicklungsdisparitäten'. Das Spiel der Marktkräfte in einer liberalen Weltwirtschaftsordnung verteilt den kollektiven Nutzen nur dann an alle beteiligten Akteure gleich, wenn sie alle über annähernd gleiche materielle Voraussetzungen der Marktteilnahme verfügen. Ist diese Prämisse nicht erfüllt – und das ist eher die Regel als die Ausnahme –, wohnt der Verteilungsleistung des Marktes eine Tendenz zur Ausweitung von schon bestehenden Wohlstandsdisparitäten inne.

Ohne politisch organisierte Maßnahmen werden in einer liberalen Weltwirtschaftsordnung bestehende Wohlstandsdisparitäten zwischen den beteiligten Gesellschaften kaum nachhaltig vermindert werden können. Liberale Handels- und Finanzbeziehungen fördern zwar die Erreichung des Wohlstandsziels ‚Wachstum der Nutzenerzeugung', verfehlen aber zumeist das Ziel ‚Gerechtigkeit der Nutzenverteilung'. Gerechtigkeit der Nutzenverteilung wird vor allem von Staaten eingefordert, die durch die laufenden Nutzenverteilungen benachteiligt werden. Für die wirtschaftlich schwachen Staaten des Südens fallen die Ziele der gerechten Nutzenverteilung und der Nutzenmehrung weithin zusammen. Hingegen fallen diese Zielorientierungen für die hochentwickelten Industriestaaten teilweise auseinander, die gerechte Nutzenverteilung und die Nutzenmehrung treten für sie in Konkurrenz zueinander. Diese Konkurrenz der Wohlfahrtsziele gilt jedoch nur kurzfristig; langfristig sind sie auch aus der Perspektive der hochindustrialisierten Staaten deckungsgleich. Dafür sprechen mehrere Gründe:

Erstens birgt die ungleiche Nutzenverteilung langfristig die Gefahr in sich, die Legitimität einer liberalen Weltwirtschaftsordnung zu untergraben, sie erzeugt Akteure, die ein Interesse an der Veränderung der liberalen Austauschbeziehungen haben und statt dessen eine gerechtere internationale Wohlstandsverteilung fordern.[35] Den Entwicklungsländern des Südens kamen bei der Themati-

kurzfristige Divergenz, aber langfristige Konvergenz der Interessen von Industrie- und Entwicklungsländern

---

35 Die Dritte-Welt-Kampagne für eine Neue Weltwirtschaftsordnung in den 1970er Jahren ebenso wie die jüngsten Protestaktionen von Globalisierungskritikern bei Treffen der G-7, des IWF und der WTO haben dies bestätigt.

sierung ihrer Forderungen internationale Organisationen im Allgemeinen und die Vereinten Nationen im Besonderen als Arena, in der sie über 'agenda-setting'-Macht verfügten, sehr zugute. Sie konnten die Legitimität der liberalen Weltwirtschaftsordnung offen in Zweifel ziehen und einen Rechtfertigungsdruck gegenüber den (westlichen) Industriestaaten ausüben. Sie versuchten, ihren Forderungen durch die Drohung, ihre nationalen Märkte vom Weltmarkt abzukoppeln und durch Preisabsprachen ihre Rohstoffe künstlich zu verteuern (wie z.B. im Rahmen der OPEC), zusätzlichen Nachdruck zu verleihen. Eine derartige Politik konnte nicht im Interesse der Industriestaaten sein; ihnen lag an der Erhaltung eines liberalen Weltmarktes (Krasner 1985, 3-127).

Zweitens erzeugt eine sich verschärfende Ungleichverteilung materieller Güter sozialen Sprengstoff, der in verschiedenen Sachbereichen und Problemfeldern der internationalen Politik auch für die hochentwickelten Industriestaaten unerwünschte Ergebnisse zeitigen kann. Hier sind beispielsweise die Migrationsströme zu nennen, die sich auf die 'Wohlstandsinseln' zu bewegen und eine Herausforderung für die innere Stabilität der Industriegesellschaften darstellen. Wie die Migrationsströme fällt auch die durch Armut induzierte Umweltschädigung in den Entwicklungsländern des Südens, die in der Übernutzung der tropischen Regenwälder und in der Ausbreitung von Wüstenzonen zum Ausdruck kommt, mit ihren negativen Auswirkungen auf die Industriestaaten zurück.

Um diesen Gefahren zu begegnen, muss auch den Industriestaaten an einer gerechteren Verteilung des Nutzens liberaler internationaler Wirtschaftsbeziehungen gelegen sein. Sie befinden sich allerdings in einem Widerstreit zwischen langfristigen und kurzfristigen Interessen. Wie ein Zigarettenraucher aus gesundheitlichen Gründen langfristig daran interessiert ist, das Rauchen aufzugeben, kurzfristig hingegen den Genuss einer Zigarette begehrt, so sind die Industriestaaten zwar langfristig an einer gerechteren Wohlstandsverteilung interessiert, wohingegen sie kurzfristig die bestehende Wohlstandsverteilung als attraktiver bewerten. Doch selbst wenn sich die Annahme bestätigte, dass die Vernunft, also das langfristige über das kurzfristige Interesse obsiegt, ist die Kooperation der Industriestaaten und der Entwicklungsländer zum Ausgleich der internationalen Entwicklungsdisparitäten nicht gesichert. Denn selbst wenn alle Industriestaaten eine gerechtere Wohlstandsverteilung befürworten, bleibt für jeden von ihnen der Anreiz bestehen, die Kosten von Transferleistungen auf die anderen Industriestaaten abzuwälzen und selbst als 'Trittbrettfahrer' unbelastet zu bleiben. Geben diesem Anreiz alle Industriestaaten nach, so werden Transferleistungen unterbleiben, welche die Wohlstandsdisparitäten verringern könnten. Dieses Wohlfahrtsdilemma im Problemfeld 'internationale Entwicklungsdisparitäten' ist letztlich nur durch internationale Kooperation zu überwinden. Konkret bedarf es der Kooperation sowohl der Industrieländer untereinander als auch der Industrieländer mit den Entwicklungsländern.

Neben den Trittbrettfahreranreizen werden die Chancen internationaler Kooperation im Problemfeld 'internationale Entwicklungsdisparitäten' häufig auch durch ein Informationsdefizit beeinträchtigt. Wie sich ein Zigarettenraucher nur dann gemäß seinen langfristigen Interessen verhalten und das Rauchen einstellen wird, wenn er über gesicherte Informationen verfügt, dass Rauchen seine Gesundheit schädigt, so werden sich die Industriestaaten erst dann zu kollektivem Handeln mit dem Ziel der Verringerung von Entwicklungsdisparitäten bereit finden, wenn sie die langfristig unerwünschten Resultate einer andauernden, sich gar ausweitenden internationalen Wohlstandslücke nicht mehr ignorieren kön-

Kooperations-hindernis 'Trittbrettfahren'

Informationsdefizit

260

nen. Die Kooperationschancen im Problemfeld ‚internationale Entwicklungsdisparitäten' werden demnach auch durch die Verfügbarkeit von Informationen über die negativen Auswirkungen der Nicht-Kooperation bestimmt.

Unser Erkenntnisinteresse gilt wiederum dem Beitrag, den internationale Organisationen zur kollektiven Bearbeitung internationaler Entwicklungsdisparitäten leisten. Uns interessiert, was sie zur Verringerung der sachbereichsspezifischen sowie der problemfeldspezifischen Kooperationshindernisse, das heißt der Trittbrettfahreranreize und des Informationsdefizits beisteuern.

Zur Beschreibung eines möglichen Beitrags internationaler Organisationen zur Verringerung internationaler Entwicklungsdisparitäten bietet sich zunächst die Europäische Union an. Sie ist an der Umverteilung von Wohlstand in zweifacher Hinsicht beteiligt. Sie begünstigt intern, das heißt in der EU-Region selbst, durch ihre Strukturpolitik (Allen 2000) eine Angleichung der materiellen Lebenschancen zwischen und in den Mitgliedstaaten der Europäischen Union, betreibt somit gewissermaßen eine Politik, wie sie in der Bundesrepublik Deutschland über Finanzausgleichsregelungen und Gemeinschaftsaufgaben zur Herstellung „gleichwertiger Lebensverhältnisse" (Art. 72, Abs. 2 GG) führen soll. Nach außen, das heißt im Verhältnis zu den Entwicklungsländern des Südens, hat die Europäische Union mit heute ca. 80 Staaten Afrikas, der Karibik und des Pazifik (AKP-Staaten) Abkommen (so genannte Lomé-Abkommen) geschlossen, die diesen einen bevorzugten Zugang zu den Märkten in der EU einräumen und Ausgleichszahlungen bei Exporterlösausfällen im Bereich agrarischer Rohstoffe (STABEX) und mineralischer Grundstoffe (SYSMIN) zubilligen (Stevens 2000). Zusätzlich stellt die Europäische Union für den Ressourcentransfer in die AKP-Staaten durch die Europäische Investitionsbank (EIB) und im Rahmen des von der EIB zu weiten Teilen finanzierten Europäischen Entwicklungsfonds (EEF) finanzielle Mittel bereit, um die Entwicklung der AKP-Staaten zu fördern. Im Zentrum der Analyse soll hier jedoch die globale Ebene des Problemfeldes ‚internationale Entwicklungsdisparitäten' stehen. Wir konzentrieren uns im Folgenden deshalb auf die einschlägigen Politikfeldaktivitäten der Weltbankgruppe.

Südpolitik der EU

9.5.1 Politikprogramm der Weltbankgruppe

Das Politikprogramm der Institute der Weltbankgruppe (vgl. Kap. 3.5.1) ist – und dies unterscheidet das Programm der Weltbankinstitute von den bisher besprochenen regulativen Programmen internationaler Organisationen – im Wesentlichen redistributiv. Aufgabe der Weltbankgruppe ist die Unterstützung der Entwicklung von weniger entwickelten Mitgliedstaaten aus dem Süden und, seit dem Ende des Ost-West-Konflikts, von Transformationsländern aus dem Bestand der früheren Sowjetunion mit Darlehen teils zu marktüblichen, teils zu Vorzugsbedingungen sowie mit technischer Hilfe. Die Darlehen und die technische Hilfe stehen in einem klar definierten Zusammenhang mit der Durchführung von Entwicklungsprojekten, die für die wirtschaftliche Entwicklung des betreffenden Staates von vorrangiger Bedeutung sind. Die Weltbankkredite werden den Entwicklungsländern des Südens oder den Transformationsgesellschaften somit nicht zur freien Verfügung, sondern nur projektgebunden eingeräumt. Eine Kreditvergabe durch die Weltbank sowie deren technische Hilfe ist zudem an solche Projekte gebunden, die keine Finanzierung aus privaten Finanzquellen erwarten können oder keine eigenständige Durchführung durch den Kreditneh-

redistributives Programm

projektgebundene Kredite und technische Hilfe

mer ohne technische Hilfe von außen zulassen würden (Gilbert/Vines 2000b; Metzger 2000).

Entwicklung der Weltbankgruppe und :hrer Aufgaben

In nennenswertem Umfang findet dieser Ressourcentransfer erst seit den 1960er Jahren statt. Zuvor konzentrierte sich die Arbeit der Weltbank nahezu ausschließlich auf den Wiederaufbau der im Krieg zerstörten Gebiete in Europa (Gilbert/Vines 2000b, 12-17). Zwar hatte bereits das Abkommen von Bretton Woods (1944) über die Gründung der Internationalen Bank für Wiederaufbau und Entwicklung (IBRD), der Weltbank, die Ausweitung der Produktionsmöglichkeiten in Entwicklungsländern zum Ziel, um eine ausgewogene Ausweitung des internationalen Handels zu erreichen. Aber erst mit der Gründung der Tochterorganisationen, der Internationalen Finanz-Korporation (IFC) im Jahre 1956 sowie der Internationalen Entwicklungsorganisation (IDA) im Jahre 1960, entwickelte sich die Weltbank von einer Bank mit entwicklungspolitischer Orientierung zu einer Entwicklungsbank, einer Entwicklungsgesellschaft und einer Verwaltung von Fonds zum Ressourcentransfer. Dieser Wandel der programmatischen Orientierung der Weltbankgruppe spiegelt zum einen die schwindende Notwendigkeit wider, den vom Krieg zerstörten Staaten in Europa finanziellen Beistand zu leisten, zum anderen kann sie als Reaktion auf die im Zuge der Dekolonisierung wachsende Anzahl und damit sich ausweitende (Thematisierungs-) Macht der Entwicklungsländer des Südens interpretiert werden (Krasner 1985, 141-151).

Herausforderung durch das NWWO-Konzept

Erst die Verschiebung der institutionellen Macht- und vor allem der Stimmrechtsverhältnisse im Verband der VN-Organisationen zugunsten der Entwicklungsländer des Südens machten die internationalen Entwicklungsdisparitäten auch zum Problem der Industriestaaten. Diese mussten reagieren, um die Stabilität und Legitimität der liberalen Weltwirtschaftsordnung vor der Herausforderung einer von der Dritten Welt geforderten ‚Neuen Weltwirtschaftsordnung‘ sowie vor einer für die Entwicklungsproblematik sensibilisierten Öffentlichkeit in den eigenen Gesellschaften zu schützen (Krasner 1985, 3-124 und 127-175). Hier zeigt sich sehr deutlich, dass die Generierung von Programmen in der internationalen Politik im Kern ein Prozess intergouvernementalen Verhandelns auf der Basis je spezifischer mitgliedstaatlicher Interessen ist, bei dem die Regierungen ihre Position auf zwei Ebenen zu behaupten versuchen: zum einen nach außen gegenüber den Verhandlungspartnern, zum anderen nach innen gegenüber der eigenen Gesellschaft. Der Handlungsbedarf für die Regierungen der Industriestaaten war deshalb besonders groß, weil sie auf beiden Ebenen unter Erwartungs- und Handlungsdruck geraten waren. Den asymmetrischen Machtverhältnissen zwischen den Staaten, die sie vertreten, entsprach es jedoch, dass die Zugeständnisse, die die Industriestaaten gegenüber den Entwicklungsländern machen mussten, eher marginaler denn grundlegender Natur waren. Die alte liberale Weltwirtschaftsordnung, gestützt auf GATT und den IWF, wurde erhalten, die von den Entwicklungsländern geforderte ‚Neue Weltwirtschaftsordnung‘ verschwand wieder von der Tagesordnung der internationalen Politik. Es blieb freilich die Ausweitung der multilateralen Entwicklungsfinanzierung, die unter anderem über die drei Institute der Weltbankgruppe abgewickelt wird (Spero/Hart 1997, 215-248).

die drei Institute der Weltbankgruppe

Die drei Institute der Weltbankgruppe sind formal zwar drei eigenständige Organisationen; de facto sind sie jedoch organschaftlich soweit miteinander verzahnt, dass sie auch als eine einheitliche Organisation, eben als Weltbankgruppe, aufgefasst werden können. Unterschiedlich sind jedoch ihre Finanzierungsquellen und Kreditvergabebedingungen (Gilbert/Vines 2000b, 12-21; Tetzlaff 1996, 52-60).

Die finanzielle Grundlage der Weltbank (IBRD) stellt ein von den Mitglied-staaten gezeichnetes Grundkapital dar. Die Anteile der Staaten am Grundkapital bemessen sich nach ihrer jeweiligen relativen Wirtschaftskraft; sie bestimmen auch deren Stimmenanteil im Gouverneursrat sowie im Exekutivdirektorium der Organisation. Allerdings steht der Weltbank nur ein geringer Teil dieses ge-zeichneten Grundkapitals zur Kreditvergabe direkt zur Verfügung. Die Staaten müssen lediglich 20 Prozent ihres Anteils am Grundkapital der Bank in frei kon-vertierbarer Währung einzahlen, die restlichen 80 Prozent stellen eine jederzeit abrufbare Bürgschaft dar. Die Weltbank ist damit auf privaten Kapitalmärkten kreditwürdig und wird so in den Stand versetzt, durch die Begebung von Anlei-hen Kapital zur Weitergabe an ihre Kreditnehmer zu schöpfen (Gilbert/Vines 2000b, 10-21). Durch eine Reihe von Programmentscheidungen im Gouver-neursrat der Weltbank, einem intergouvernementalen Organ, in dem die Mit-gliedstaaten zumeist durch ihre Finanz- und Entwicklungshilfeminister vertreten werden, wurde das Grundkapital der Weltbank bis Ende 2001 schrittweise auf ca. 190 Mrd. US-Dollar erhöht und der Kreditspielraum der Bank – in jüngster Zeit vor allem aufgrund von Mittelaufnahmen auf internationalen Kapitalmärk-ten und Rückflüssen aus früher gewährten Darlehen – erheblich ausgeweitet (23 Mrd. US-Dollar 2001). Die aus den Finanztransaktionen erzielten Nettogewinne werden seit 1964 allerdings nicht mehr zur Vergabe von neuen Krediten durch die IBRD genutzt, sondern zumeist an die Weltbanktochter IDA weitergegeben. Kreditnehmer bei der IBRD sind praktisch ausschließlich Staaten. Kredite an private Investoren sind nur in Ausnahmefällen möglich, setzen dann allerdings eine staatliche Rückzahlungsgarantie voraus. Die Kredite haben zumeist eine Laufzeit von 25 bis 35 Jahren und werden im Vergleich zum marktüblichen Ni-veau zu leicht reduzierten Zinssätzen vergeben (Tetzlaff 1996, 52-75).

Demgegenüber gehören die Kredite, die die Internationale Entwicklungs-organisation (IDA) zu vergeben hat, der Kategorie der ‚weichen Kredite‘ (soft loans) an. Sie haben eine Laufzeit von 35 bis 50 Jahren und sind praktisch zins-frei (Bearbeitungsgebühr 0,75 Prozent). Erste Tilgungszahlungen werden erst nach Ablauf von zehn Jahren fällig. Aufgrund dieser besonders günstigen Bedin-gungen kommen für IDA-Kredite nur die ärmeren und ärmsten Staaten als Kre-ditnehmer in Frage – Ende 2001 hatten 79 Staaten Anspruch auf derartige Kre-dite. Im Gegensatz zur IBRD, die ihre Geschäfte praktisch wie eine herkömmli-che Bank abwickelt, ist die IDA im Grunde eine Fondsverwaltung. Sie benötigt, um derart günstige Kreditbedingungen gewähren zu können, regelmäßige Auf-stockungen ihrer Mittel. Sie ist auf Einzahlungen und andere zinslose Beiträge ihrer Mitglieder sowie auf die Zuweisungen aus den IBRD-Gewinnen angewie-sen. Die bedeutendste Finanzquelle der IDA sind die so genannten Wiederauf-füllungen. In für Programmentscheidungen typischen intergouvernementalen Verhandlungen einigen sich dabei die finanzstarken Weltbankmitglieder im Rhythmus von etwa drei Jahren über den Umfang der Wiederauffüllung, die dann den Anteilen der Mitgliedstaaten entsprechend vorgenommen wird. Die letzte Wiederauffüllung erfolgte 1998. Die ca. 40 Geberländer der IDA stellten 11,6 Mrd. US-Dollar für die Jahre 1999 bis 2002 zur Verfügung. Der von der IBRD zugewiesene Gewinn betrug ca. 1 Mrd. US-Dollar; die IDA selber steuerte weitere 8 Mrd. US-Dollar bei, über die sie aufgrund erfolgter Kreditrückzahlun-gen und Investitionstätigkeiten auf den internationalen Finanzmärkten verfügte.

IBRD

IDA

Diese zwölfte Wiederauffüllung (IDA-12) ließ die Aufrechterhaltung eines jährlichen Kreditrahmens von ca. 7,5 Mrd. US-Dollar zu.

IFC   Die Finanzierungsquellen der Internationalen Finanzkorporation (IFC) sind grundsätzlich mit denen der IBRD identisch, allerdings müssen die Staaten ihre Anteile am gezeichneten Grundkapital dieser Weltbanktochter vollständig einzahlen. Dementsprechend sind die Einzahlungen der Mitgliedstaaten bei der IFC von größerer Bedeutung. Wie bei der IBRD wurde das Grundkapital der IFC durch Programmentscheidungen des Gouverneursrates mehrmals auf zuletzt 2,4 Mrd. US-Dollar aufgestockt (Stand: Ende 2001). Rückzahlbare Fremdmittel nimmt die IFC nur bei der IBRD, nicht aber auf dem privaten Kapitalmarkt auf. Der entscheidende Unterschied zu den Programmen von IBRD und IDA besteht darin, dass die Kredite der IFC auch ohne staatliche Absicherung an private Investoren in Entwicklungsländern vergeben werden können; überdies kann die IFC selbst zeitlich befristet Miteigentümer eines Unternehmens werden.

Das redistributive Programm der Weltbankgruppe kann als Reaktion der Staatengemeinschaft auf die Dilemmata des Problemfeldes ‚internationale Entwicklungsdisparitäten‘ verstanden werden (Gilbert/Powell/Vines 2000, 41-54). Es antwortet auf die legitimatorische Herausforderung der Dritten Welt, wie sie im Konzept einer ‚Neuen Weltwirtschaftsordnung‘ zum Ausdruck kam. Das Programm der Weltbankgruppe sieht die Umverteilung von Ressourcen von den Industriestaaten an Entwicklungsländer im multilateralen Rahmen einer internationalen Organisation vor. Damit verbessert es die Chancen, dass die Industriestaaten entsprechend ihren langfristigen Interessen an der Eindämmung der internationalen Entwicklungsdisparitäten mitwirken und zugleich der Versuchung einer wechselseitigen Abwälzung der Kosten der Entwicklungsfinanzierung (als ‚Trittbrettfahrer‘) weniger leicht erliegen.

9.5.2 Operative Tätigkeiten der Weltbankgruppe

zweistufiger Prozess der Konkretisierung und Spezifizierung   Da redistributive Programme wie das der Weltbankgruppe besonders schwer zu implementieren sind, kommt ihren operativen Tätigkeiten eine hervorragende Bedeutung zu. Diese Programme, die durch projektbezogenen Ressourcentransfer implementiert werden, bedürfen mithin vor allem der Konkretisierung und Spezifizierung. Der Komplexität des Unterfangens entspricht es, dass diese Konkretisierung und Spezifizierung innerhalb der Weltbank als zweistufiger Prozess erfolgt. In einem *ersten Schritt* gibt die Bank eine globale Entwicklungsstrategie vor, die erste Anhaltspunkte bietet für die Art der Projekte oder der Länder, die als förderungswürdig eingeschätzt werden. In einem *zweiten Schritt* der Konkretisierung und Spezifizierung nimmt die Weltbankgruppe die Auswahl bestimmter Entwicklungsprojekte und Länder vor, die dann die finanzielle und technische Unterstützung der Weltbank erhalten sollen.

1. Festlegung einer Entwicklungs-strategie...   Formal liegt es in der Kompetenz des Exekutivdirektoriums der Bank, einem intergouvernementalen Organ, die Grundzüge der Projektfinanzierung der Weltbankgruppe festzulegen, de facto wird die Entwicklungsstrategie jedoch weitgehend durch den Weltbankpräsidenten und den bürokratischen Apparat, dem dieser vorsteht, bestimmt. Die Richtlinien für die Kreditvergabe durch die Weltbankgruppe wird von supranationalen Organen formuliert. Das Exekutivdirektorium beschränkt sich zumeist auf deren allgemeine Billigung oder Zurückweisung. Obwohl auch Nicht-Regierungsorganisationen verstärkt Einfluss zu neh-

men versuchen, kann die Weltbankgruppe somit, vertreten durch ihren Präsidenten und Verwaltungsstab, relativ unabhängig den entwicklungspolitischen Kurs wählen, der nach ihrem Dafürhalten die besten Entwicklungsergebnisse verspricht (Woods 2000, 137-147). Der hohe Spezialisierungsgrad des Fachpersonals sowie die Zusammenarbeit mit staatlichen und nicht-staatlichen Entwicklungshilfeorganisationen können hierbei als bedeutende Machtressourcen der Organisation gegenüber dem Exekutivdirektorium identifiziert werden. Der Entscheidungsprozess ist somit eher im Modell einer rationalen Wahlhandlung denn im Modell eines interbürokratischen Aushandlungsprozesses zu fassen.

Die Konkretisierung und Spezifizierung des Politikprogramms der Weltbankgruppe hat bisher vier Phasen durchlaufen. Dieser mehrfache Wandel in der Entwicklungsstrategie kann zum einen auf neue Erkenntnisse der nicht zuletzt von den Instituten der Weltbank betriebenen Forschung zurückgeführt werden; zum anderen reagierte die Weltbank auf die Dynamik der sich rasch internationalisierenden Weltwirtschaft (Kanbur/Vines 2000). In der ersten Phase der „unbekümmerten Modernisierung" (Tetzlaff 1996, 73) unterstützte die Weltbankgruppe im Wesentlichen Großprojekte im Bereich der Infrastruktur (Verkehr, Energie, Telekommunikation u.ä.). Die Entwicklungsstrategie der 1970er Jahre bedeutete eine deutliche Schwerpunktverlagerung der Projektförderung durch die Weltbankgruppe. Diese war eng mit der Amtsperiode von Robert McNamara als Präsident der Weltbank (1968-1981) verbunden. So wurden in dieser zweiten Phase im Rahmen der sogenannten Strategie der Armutsbekämpfung verstärkt Projekte unterschiedlicher Größenordnung im Bereich der Landwirtschaft und ländlichen Entwicklung unterstützt. Stellte in früherer Zeit die Bedeutung der Projekte für das wirtschaftliche Wachstum eines Entwicklungslandes das vorrangige Auswahlkriterium dar, wurde unter der Ägide von McNamara vermehrt die soziale Komponente – insbesondere die Armutsbekämpfung – berücksichtigt: Grundbedürfnis-Orientierung, ,investment in the poor' oder ,Umverteilung mit Wachstum' waren die neuen Schlüsselbegriffe dieser Jahre. Es wurden vorrangig Projekte gefördert, die eine Anhebung des Lebensstandards besonders der ländlichen Bevölkerung zu bewirken versprachen.

Durch die seit Anfang der 1980er Jahre um sich greifende Schuldenkrise zahlreicher Entwicklungsländer ernüchtert und aufgrund des in den USA und Großbritannien sich vollziehenden Paradigmenwechsels zu einer neoliberal-monetaristischen Wirtschaftspolitik (Higgott 2001), sah sich die Weltbankgruppe genötigt, ihr Programm zur schrittweisen Beseitigung von Entwicklungsdisparitäten neu zu spezifizieren. Zusammen mit dem Internationalen Währungsfonds (IWF) wurde die Strategie der Strukturanpassung (structural adjustment) aus der Taufe gehoben (Mosley/Harrigan/Toye 1991, 32-45). Mit Hilfe von Strukturanpassungsprogrammen (SAP) sollte die internationale Kreditwürdigkeit der Entwicklungsländer so schnell wie möglich wieder hergestellt werden, um sich dann in traditioneller Weise der Armutsbekämpfung widmen zu können. Um dieses Ziel zu erreichen, knüpften Weltbankgruppe und IWF die Kreditvergabe an zunächst makroökonomische, später sogar politische Konditionen. Diese Konditionen waren geprägt von der sich in den 1980er Jahren durchsetzenden Doktrin der neoklassischen Ökonomie (Ferreira/Keely 2000, 159-174). Ihre Übertragung auf den Bereich der Entwicklungspolitik führte zu einem Zehn-Punkte-Maßnahmenkatalog, den IWF und Weltbank zum Maßstab ihrer Politik gegenüber den Empfängerländern machten. John Williamson brachte die Entwicklungsstrategie Ende der 1980er Jahre auf die griffige Formel ,Washington Konsens' (William-

Marginalien:

... in (bislang) 4 Phasen

unbekümmerte Modernisierung

Armutsbekämpfung

Strategie der Strukturanpassung

265

son 1990; Higgott 2001). Das Diktat makroökonomischer Reformen, angelehnt an das neoklassische Wirtschaftsmodell, bewirkte zweierlei: Erstens warfen die Regierungen der betroffenen Entwicklungsländer sowie zahlreiche Nicht-Regierungsorganisationen der Weltbank und dem IWF neokolonialistisches Gebaren vor; zweitens verschwamm in der öffentlichen Wahrnehmung zusehends, worin sich Weltbank und IWF eigentlich unterschieden.

Zu Beginn der 1990er Jahre musste sich die Weltbankführung nicht nur mit externer, sondern gleichzeitig mit interner Kritik auseinandersetzen. Ein von ihr in Auftrag gegebener Bericht, der dem Scheitern der Strukturanpassungsstrategie nachgehen sollte – der 1992 vorgelegte ‚Wapenhans-Bericht‘ – leitete einen mehrjährigen, nicht zuletzt von verschiedenen großen Nicht-Regierungsorganisationen eingeforderten Lernprozess der Organisation ein. Zu Beginn des Jahres 1999 legte der Präsident der Weltbankgruppe, James D. Wolfensohn, einen Entwurf für eine neue, vierte Entwicklungsstrategie vor: die des umfassenden Entwicklungsrahmens (CDF). Zum ersten Mal gibt sich die Weltbankgruppe konkrete Zielvorgaben. So sollen in Abstimmung mit dem IWF, der OECD und den Vereinten Nationen bis zum Jahr 2015 sechs Kernziele erreicht werden, unter anderem die Halbierung der Zahl von in absoluter Armut lebenden Menschen, die Senkung der Kindersterblichkeit um zwei Drittel und die Verwirklichung des allgemeinen Grundschulbesuchs. Neben der Ergebnisorientierung distanziert sich die Weltbankgruppe im CDF von einer ausschließlichen Konzentration auf makroökonomische Reformen und lenkt den Blick auf die ‚zweite Seite der Medaille‘, die strukturellen, sozialen und menschlichen Aspekte der Entwicklung. Die Integration von Wirtschaftspolitik (Zuständigkeit des IWF) und Sozialpolitik (Zuständigkeit der Weltbankgruppe) stellt den Grundpfeiler der neuen Strategie dar, welche inzwischen das Etikett ‚Post-Washington Konsens‘ trägt (Higgott 2001). Des weiteren greift der CDF die Prinzipien ‚ownership‘ und Partizipation auf, welche bereits im ‚Wapenhans-Bericht‘ aufgestellt wurden. Danach sollen die Förderprogramme ihren Diktatcharakter verlieren und den Dialog zwischen Weltbank und staatlichen wie privaten Akteuren in den Empfängerländern sicherstellen. Schließlich zielt die neue Strategie auf eine bessere Koordination der Anstrengungen anderer Geber ab (Goldberg 2000).

Auf der Basis der jeweiligen Entwicklungsstrategie mit ihren spezifischen Auswahlrichtlinien für förderungswürdige Länder und Projekte wählt die Weltbankgruppe in einem zweiten Schritt der Konkretisierung und Spezifizierung konkrete Projekte für ihre Kreditfinanzierung aus. Auch hier versuchen Nicht-Regierungsorganisationen, vermehrt Einfluss zu nehmen. Der Entscheidungsprozess in der Weltbankgruppe ist allerdings hochkomplex und zeitraubend, er erfordert die Beteiligung einer Vielzahl von Abteilungen der Weltbankbürokratie und kann hier nur in groben Zügen nachgezeichnet werden. Denn noch bevor die Weltbankgruppe förderungswürdige Projekte auswählen kann, müssen derartige Projekte identifiziert werden. Dies geschieht, indem die Weltbankgruppe zunächst für die Staaten, die für Weltbankkredite in Frage kommen, *Länderberichte* anfertigt. In diesen Länderberichten wird die allgemeine wirtschaftliche Situation eines Staates analysiert. Sie enthalten die wichtigsten wirtschaftlichen Grunddaten. Durch den Länderbericht lässt sich eine erste Diagnose der Ursachen wirtschaftlicher Fehlentwicklungen in einem Land erstellen und können erste Ansatzpunkte für Entwicklungsaktivitäten identifiziert werden. Auf der Grundlage des Länderberichts führen die Entwicklungsexperten der Weltbankgruppe dann die *Sektorenanalyse* durch. Sie stellt eine vertiefte Analyse der wirt-

Strategie eines umfassenden Entwicklungsrahmens

2. Projektauswahl

schaftlichen, finanziellen, technischen, infrastrukturellen und sozialen Zusammenhänge in verschiedenen Wirtschaftssektoren des als förderungswürdig anerkannten Staates dar. Das Gesamtbild, das sich aus Länderbericht und Sektorenanalyse erschließt, gibt die Basis für den *Entwicklungsplan* ab, den die Weltbankgruppe für das betreffende Land ausarbeitet. Der Entwicklungsplan, zumeist ein Fünf-Jahres-Plan, legt die Schwerpunkte der Entwicklungsförderung durch die Weltbankgruppe in dem einzelnen Land fest. Er nennt Projekte, die von der Weltbank unterstützt werden könnten. Er stellt gewissermaßen einen Katalog dar, aus dem in der Folge Projekte auszuwählen sind. Die endgültige Auswahl wird getroffen, wenn eine Mission der Weltbank die Bedingungen an Ort und Stelle inspiziert und sich in ihrem Gutachten für die Durchführung eines Vorhabens ausgesprochen hat.

Nach einer weiteren Begutachtung des Projekts durch den *Darlehensausschuss* tritt die Weltbankgruppe in Verhandlungen mit dem kreditnehmenden Staat ein. Dabei wird ein *Darlehensabkommen* (‚loan agreement‘) zwischen dem betreffenden Institut der Weltbankgruppe und dem Kreditnehmerland ausgehandelt, in dem das Projekt in seinen Einzelheiten beschrieben und die Bedingungen der Kreditvergabe festgelegt werden (Mosley/Harrigan/Toye 1991, 65-82). Dieses Abkommen wird dann dem Exekutivdirektorium zur Billigung vorgelegt. Insgesamt wird der Prozess der Projektauswahl jedoch von den Spezialisten im bürokratischen Apparat der Weltbankgruppe dominiert. Sie besitzen die Detailkenntnis der wirtschaftlichen Verhältnisse in den einzelnen Entwicklungsländern, so dass sie bei der Auswahl von Projekten über einen relativ großen Ermessensspielraum verfügen.

Selbst nachdem die Durchführung eines genau festgelegten Projekts mit dem kreditnehmenden Staat vereinbart wurde, gibt die Weltbank die von ihr geförderten Projekte nicht vollständig aus der Hand. In Form von technischer Hilfe nimmt die Bank häufig direkt an der Implementation der getroffenen Projektvereinbarungen teil. Sie entsendet oder entlohnt Spezialisten, die den Staaten bei der Abwicklung der Projekte mit ihrem Fachwissen zur Seite stehen. Das Gros ihrer technischen Hilfe leisten die Institute der Weltbankgruppe jedoch bereits im Vorfeld der Projektauswahl. Denn die Länderberichte, Sektoranalysen und die Entwicklungspläne der Weltbank geben den Staaten Hinweise, wie sie ihre nachholende Entwicklung effektiver gestalten können. Einen wichtigen Bestandteil der technischen Hilfe stellen außerdem die *Weltbank-Missionen* zur Begutachtung von Entwicklungsprojekten dar. Durch den direkten Kontakt der Mission mit den örtlichen Stellen, die für die Durchführung von Projekten in Aussicht genommen sind, können hier bereits im Vorfeld wichtige Weichenstellungen für die nachfolgende Implementation des noch zu vereinbarenden Projekts vorgenommen werden. Formal müssen zwar die Staaten Projektvorschläge bei den Instituten der Weltbankgruppe einreichen, um Kredite zu erhalten, de facto werden diese jedoch häufig von Spezialisten der Weltbankgruppe selbst ausgearbeitet und bei den Begutachtungsmissionen mit den lokalen Stellen abgesprochen. Die Weltbankgruppe ist mit den die Projektvereinbarung ausführenden Stellen oft enger verbunden als die Regierung des betreffenden Staates.

Unbeschadet dieser Nähe zur Projektdurchführung führen die Institute der Weltbankgruppe auch *Kontrollen* durch, um sicherzustellen, dass die vereinbarten Bedingungen, unter denen die Kreditvergabe erfolgt ist, eingehalten werden. Grundsätzlich stehen ihr hierfür zwei Möglichkeiten offen. Die Institute können zum einen bei den Staaten Berichte über die Abwicklung des Projekts anfordern,

direkte
Implementation
mittels technischer
Hilfe

Überwachung der
Norm- und
Regeleinhaltung

267

zum anderen machen sie von der Möglichkeit Gebrauch, Missionen zu entsenden, welche die vereinbarungsgemäße Projektdurchführung inspizieren. Die Entsendung von Missionen der Weltbankgruppe hat den Vorteil, dass sie bei auftretenden Schwierigkeiten in der Durchführung technische Hilfe leisten können, die Überwachung somit zugleich zur Problemlösung beitragen kann. Vielfach stellt sich dabei heraus, dass die Darlehensvereinbarung in einigen Punkten nicht eingehalten wurde, nicht weil sie bewusst missachtet wurde, sondern weil sie nicht erfüllbar war.

Sanktionen   Missachtet ein Staat fortgesetzt die Darlehensvereinbarungen, verfügen die Institute der Weltbankgruppe auch über Sanktionsmöglichkeiten. Diese bestehen darin, die Auszahlung von Krediten solange zurückzuhalten oder zu unterbrechen, wie ein Staat die vereinbarten Konditionen nicht erfüllt. Allerdings muss die Weltbankgruppe dabei die Verhältnismäßigkeit der Mittel berücksichtigen. In der Regel wird sie ein Projekt, zum Beispiel den Aufbau regionaler Krankenstationen oder Bildungsstätten, nicht gefährden wollen, wenn ein Staat dieses vereinbarungsgemäß durchführt, jedoch die zusätzlich eingegangene Verpflichtung, seinen Haushalt auszugleichen, nicht erfüllt. Im umgekehrten Falle, wenn ein Staat zwar die makroökonomischen Konditionen erfüllt, sich jedoch über fundamentale Bestimmungen des konkreten Projekts hinwegsetzt, wird die Bank eher zu Sanktionen bereit sein. Mit anderen Worten, im Falle der Missachtung von projektnahen Konditionen besteht Erwartungsverlässlichkeit über die Anwendung von Sanktionen, bei der Missachtung von makroökonomischen Konditionen besteht diese Erwartungsverlässlichkeit nicht in gleichem Maße. Dies mag zumindest miterklären, warum die Regelkonformität der bei der Weltbankgruppe kreditnehmenden Staaten bei projektnahen Bedingungen höher ist als bei projektfernen, makroökonomischen Konditionen. Dies verdeutlicht nochmals sehr eindrücklich, dass die Abschreckungswirkung von Sanktionen die Chancen fortgesetzter Kooperation erhöht. Der Vollständigkeit halber ist zu bemerken, dass die Missachtung von Konditionen nicht immer auf eine Verweigerungshaltung des kreditnehmenden Staates zurückgeht; oftmals lassen beispielsweise die zeitlichen Vorgaben der Weltbankgruppe den Bezug zu den Durchführungsrealitäten vor Ort vermissen. Auch an dieser Stelle setzt das neue CDF sowie die im Jahre 1997 begonnene Dezentralisierung der Organisationsstruktur der Weltbankgruppe an. Durch erweiterte Kommunikationskanäle vor Ort soll die Umsetzung der Vorgaben in Zukunft auf kooperative Weise vorangebracht werden.

9.5.3 Informationelle Tätigkeiten der Weltbankgruppe

In den Problemfeldern, die durch das Auseinanderfallen von langfristigen und kurzfristigen Interessen charakterisiert sind, fungieren die Informationen über die langfristigen Folgen kurzfristiger Handlungsorientierungen als ein wesentlicher Kooperationskatalysator. Wie bereits erwähnt sind auch für einen Zigarettenraucher die Informationen über seine langfristigen gesundheitlichen Schäden ein Anreiz, auf die Befriedigung seiner kurzfristigen Bedürfnisse, das Rauchen, zu verzichten. Deshalb kommt den informationellen Tätigkeiten als Element des Output internationaler Organisationen im Problemfeld ‚internationale Entwicklungsdisparitäten‘ eine hervorragende Bedeutung zu. Die Weltbankgruppe

Informationserzeugung   kommt diesem Informationsbedürfnis durch ihre Aktivitäten bei der Erzeugung von Informationen nach. Sie unterhält einen ausgedehnten Forschungsapparat, der sich auf wissenschaftlich anerkanntem Niveau mit der Entwicklungsproblematik beschäftigt (Kanbur/Vines 2000, 88-95; Squire 2000). Ihre Forschungsabteilung stellt weltweit eine der größten Einrichtungen der Entwicklungsforschung dar. Dementsprechend bedeutsam sind die Entwicklungsstudien der Weltbank für den Diskussionsprozess in der ‚scientific community' der Entwicklungsländerforschung (Stone 2000). Sie üben Einfluss darauf aus, was die Weltöffentlichkeit, aber auch viele Nicht-Regierungsorganisationen über die langfristigen Auswirkungen und Zusammenhänge im Problemfeld weiß und denkt. Weltbank-Forschung sorgt für die Wahrnehmung einer ansonsten verdeckten problematischen Handlungsinterdependenz in den internationalen Beziehungen insbesondere zwischen Nord und Süd, aber auch zwischen Ost und West; sie erzeugt und schärft das Bewusstsein eines Entwicklungsdilemmas und damit eines Kooperationsbedarfs. Die informationellen Tätigkeiten der Weltbank schaffen damit eine der Voraussetzungen für die eigene Programmgenerierung (Squire 2000).

Die Forschung der Weltbankgruppe liefert zudem die wissenschaftlichen Erkenntnisse, die wohl zum Teil erst die operative Durchführung der Programme ermöglichen. Als Ideengeber ist die Forschungsabteilung an der Konkretisierung und Spezifizierung des Programmauftrages der Weltbank an hervorgehobener Stelle beteiligt und stellt so eine der Quellen der Unabhängigkeit der Bank bei ihren operativen Tätigkeiten gegenüber den Mitgliedstaaten dar. Allerdings muss einschränkend betont werden, dass die Forschungsabteilung mit der operativen Projektdurchführung innerhalb der Bank nur unzureichend verzahnt ist, so dass die Ergebnisse der Forschung nur sehr schleppend in die Praxis umgesetzt werden. Dies gilt auch für die Evaluation der von den Instituten der Weltbankgruppe durchgeführten Projekte, mit der die Forschungsabteilung gleichfalls beauftragt ist. Dadurch wird zwar eine schnelle Rückkoppelung ermöglicht, unsicher bleibt jedoch, ob die dabei anfallenden Ergebnisse von der Bürokratie auch umgesetzt werden.

Neben der Forschung kommt der Sammlung und Verbreitung von Informationen durch die Weltbankgruppe eine wichtige Funktion zu. Die fast 500 Veröffentlichungen der Weltbankinstitute pro Jahr sind in erheblichem Maße an der Herstellung einer letztlich auch durch die vielen Nicht-Regierungsorganisationen, die in der Entwicklungshilfe tätig sind, getragenen Weltöffentlichkeit für Entwicklungsfragen beteiligt. Nicht nur der ‚Weltbank-Jahresbericht', der ‚Weltentwicklungsbericht' sowie die Zeitschrift ‚Finanzierung und Entwicklung', sondern auch die öffentlichen Auftritte des Weltbankpräsidenten, seine jährliche Rede vor dem Gouverneursrat, haben gestützt durch zahlreiche zivilgesellschaftliche Hilfsorganisationen das öffentliche Interesse wiederholt auf sich gezogen. Sie haben die Entwicklungsproblematik über deren Behandlung in intergouvernementalen Verhandlungsgremien hinaus getragen und auf die Tagesordnung einer transnational konstituierten Weltöffentlichkeit gesetzt. Erst durch diese Weltöffentlichkeit für Entwicklungsfragen, die natürlich nicht allein, aber eben auch durch die informationelle Tätigkeit der Weltbank hergestellt wird, werden die Regierungen der Industriestaaten unter Rechtfertigungsdruck gegenüber der eigenen öffentlichen Meinung gestellt. Dieser gerade durch Nicht-Regierungsorganisationen – insbesondere Hilfsorganisationen – verstärkte Druck war insofern für die Generierung von Programmen zur Entwicklungsfinanzierung von Bedeutung, als er die intergouvernementalen Verhandlungen zwischen Industriestaaten und Entwicklungsländern zugunsten der Interessen der Entwicklungslän-

Forschungsabteilung als Ideengeber

Sammeln von Informationen

269

der beeinflusste. Gerade was diesen Druck betrifft, hat sich eine enge Verbindung zwischen Weltbank und Nicht-Regierungsorganisationen, die im Bereich der Entwicklungshilfe tätig sind, heraus gebildet (Stone 2000; Tussie/Riggirozzi 2001, 165-167).

Insgesamt haben die informationellen Outputs der Weltbankgruppe sowohl die Politikprogramme als auch die operativen Tätigkeiten dieser internationalen Organisation beeinflusst und waren somit an der Erzeugung kooperativer Verhaltensmuster im Problemfeld ‚internationale Entwicklungsdisparitäten‘ beteiligt. Die informationelle Tätigkeit konnte darüber hinaus der Bank trotz ihrer Abhängigkeit von den finanziellen Zuwendungen der Staaten im Problemfeld eine gewisse Unabhängigkeit von den Interessen der Mitgliedstaaten verschaffen. Der Vorsprung an Wissen der Weltbankinstitute konnte im Problemfeld ‚internationale Entwicklungsdisparitäten‘ besonders zu Buche schlagen, weil die projektgebundene Entwicklungsfinanzierung ein hohes Maß an Expertentum und Professionalität verlangt.

9.5.4 Beurteilung des Organisationsoutput

Die Outputs der Weltbankgruppe weisen eine sachbereichstypische Zusammensetzung auf. Sie sind einerseits im Bereich der Programme, andererseits im Rahmen der operativen Tätigkeit bei der Konkretisierung und Spezifizierung der Programmnormen und -regeln angesiedelt. Die Outputs sind somit den Charakteristika der sachbereichsspezifischen problematischen Handlungsinterdependenz angepasst. Trotz dieser Passfähigkeit von Organisations-Output und Kooperationsbedarf bleibt die Beurteilung der Weltbankgruppe eine zweischneidige Angelegenheit. Einerseits ermöglicht sie internationale Kooperation zwischen den Industriestaaten des Nordens und den Entwicklungsländern des Südens und gibt im Hinblick auf unseren Analyserahmen eine passende Antwort auf den Kooperationsbedarf im Problemfeld ‚internationale Entwicklungsdisparitäten‘; andererseits vermag die Weltbankgruppe die selbst gesteckten Ziele nicht annähernd zu erreichen.

So muss eine differenzierte Bewertung der Outputs der Weltbankgruppe drei Ebenen ins Auge fassen. Zunächst kann festgehalten werden, dass die Outputs der Weltbankgruppe zwar im Sinne ihrer Aufgabenstellung, projektbezogenen Ressourcentransfer zu leisten (erste Ebene), durchaus effektiv sind. Dieser Umstand wird zu großen Teilen auf die Expertise der die Projekte koordinierenden Weltbank-Mitarbeiter zurückgeführt (Einhorn 2001). Alle projektbezogenen Leistungen orientieren sich jedoch auf einer höheren Ebene an der jeweils herrschenden Entwicklungsstrategie. Die 1990er Jahre haben gezeigt, wie sehr Erfolg oder Misserfolg der Bemühungen der Weltbankgruppe, die Entwicklungsdisparitäten zwischen Nord und Süd zu verringern, mit ihrer Entwicklungsstrategie in Verbindung gebracht werden. Der Schock der Finanzkrise in Asien von 1997 hat – wie der Schock der Schuldenkrise in Mexiko 1982 und Brasilien 1987 – abermals ein Umdenken, und zwar die Abkehr vom Entwicklungsmodell der neoklassischen Ökonomie, bewirkt, welches in ein neues Paket von Maßnahmen mündete. Ob die Weltbankgruppe auf der Basis dieses ‚Post-Washington Konsens‘ (Higgott 2001) die Ende der 1990er Jahre gesteckten Ziele wird erreichen können, bleibt – optimistisch ausgedrückt – fraglich, pessimistisch gewendet nach wie vor unwahrscheinlich. Dies erklärt sich dadurch, dass es der Weltbank-

Fortdauer der Entwicklungsdisparitäten

270

gruppe nicht möglich ist, von ihrer Gründungsstrategie: Überwindung der Entwicklungsdisparitäten zwischen Nord und Süd mittels Ressourcentransfer, abzuweichen oder über sie hinauszugehen. Es ist diese Strategie und das damit verknüpfte Mandat, welche – unabhängig von der Expertise der Mitarbeiter und der Formulierung einer konkreten Entwicklungsstrategie – deshalb nicht greifen können, weil sie eine dritte Problemebene nicht zu beeinflussen vermögen. Es sind dies die Verteilungswirkungen der vorherrschenden Strukturen der internationalen Austauschbeziehungen, welche allenfalls von Outputs der WTO beeinflusst werden können.

Um den beobachtbaren Trend der Ausweitung und Verschärfung von Entwicklungsdisparitäten anzuhalten und umzukehren, bedarf es beispielsweise einer weiter gehenden Öffnung der Märkte der Industrieländer für Produkte, bei denen die Entwicklungsländer des Südens Wettbewerbsvorteile haben. Eine derartige Liberalisierung in den ökonomischen Sektoren, in denen die Entwicklungsländer des Südens konkurrenzfähig sind, scheiterte bislang jedoch zumeist an der Verhandlungsmacht der Industriestaaten sowie am Widerstand innenpolitisch gewichtiger Interessengruppen. Während sich die Industriestaaten gegenseitig die Liberalisierung ihrer Handelsbeziehungen abtrotzen können, sehen sich die Entwicklungsländer aufgrund ihrer geringeren Machtressourcen dem Druck zur Öffnung ihrer Märkte gegenüber, ohne wirkliche Reziprozität, geschweige denn effektiv zu Buche schlagende Präferenzbehandlung auf Seiten der Industrieländer erwarten zu dürfen. Um hier zu langfristig kollektiv rationalen Ergebnissen zu kommen, die über die kleine, ungenügende Lösung der Entwicklungsfinanzierung durch die Weltbankgruppe hinausgehen, scheint mehr als kontinuierliche informationelle, bewusstseinsbildende Arbeit von Seiten einer internationalen Organisation wie der Weltbank nötig zu sein. So könnte der Anreiz der Industriestaaten des Nordens, den Entwicklungsländern des Südens bei der Liberalisierung der Handelsbeziehungen entgegen zu kommen, einmal aus größeren weltwirtschaftlichen Schocks erwachsen. Zum anderen, und dies scheint wahrscheinlicher, wird der Anreiz daraus erwachsen können, dass es den Industriestaaten des Nordens bei der Bearbeitung solch transnationaler Probleme wie der Steuerung von Migration oder gar der Bekämpfung des Terrorismus an der dauerhaften Kooperation der Entwicklungsländer des Südens gelegen sein muss. Ob letztere die ihnen daraus erwachsene Stellung in eine besondere Verhandlungsmacht im Rahmen zukünftiger Verhandlungsrunden im Rahmen der WTO werden umsetzen können, bleibt freilich abzuwarten.

Öffnung der Märkte der Industrieländer

9.6 Das Problemfeld ‚grenzüberschreitende Umweltbelastungen' I: Die Ozonproblematik

Das Wohlfahrtsdilemma führt in einem dezentralisierten, anarchischen Selbsthilfesystem die Staaten auch in den internationalen Umweltbeziehungen in soziale Fallen, die wir als problematische Handlungsinterdependenzen charakterisiert haben. Jedem Staat kann unterstellt werden, dass er letztlich am Schutz der Umwelt auf seinem Territorium interessiert ist, dass er die Zerstörung der natürlichen Lebensgrundlagen seiner Bevölkerung zu vermeiden trachtet. Im Zuge und als Folge der fortschreitenden Industrialisierung kann er diesen Schutz jedoch nicht mehr autonom handelnd garantieren. Die grenzüberschreitende, oft sogar globale Gefährdung der natürlichen Lebensgrundlagen macht ihm das zunehmend unmöglich.

Die völkerrechtlich in Staaten und staatsfreie Räume (z.B. Weltraum, Hohe See, Antarktis) gegliederte Welt ist in dieser Sichtweise zu einer Schicksalsgemeinschaft, einer ‚Weltrisikogesellschaft' (U. Beck) geworden, in der jeder Staat sowohl als Exporteur als auch als Importeur von Umweltschäden und Umweltrisiken auftritt und so zu deren Gefährdung beiträgt. Zur Erhaltung der natürlichen Lebensgrundlagen ihrer Bürgerinnen und Bürger und damit auch der Welt insgesamt sind die Staaten zur Kooperation genötigt. In dieser Situation der Interdependenz in Gestalt wechselseitiger Verwundbarkeit sehen sich die betroffenen Staaten mit dem Problem konfrontiert, dass jeder Staat den bestmöglichen Schutz der Umwelt so kostengünstig wie möglich zu bewerkstelligen sucht. Dies gilt in der Innenpolitik, in der das ökologisch Notwendige häufig in Konkurrenz zum ökonomisch Verkraftbaren tritt, dies gilt aber auch in der internationalen Politik. Für jeden Staat gibt es einen Anreiz, die Kosten des Umweltschutzes, beispielsweise den Verzicht auf Emissionen von Schadstoffen, auf andere abzuwälzen, um selbst als ‚Trittbrettfahrer' von deren Anstrengungen zugunsten des Umweltschutzes zu profitieren. Als Trittbrettfahrer ersparen sie zum einen ihren wirtschaftlichen Unternehmen kostspielige Aufwendungen für Umweltschutzmaßnahmen, zum anderen sichern sie diesen durch eine weniger restriktive Umweltpolitik in den internationalen Wirtschaftsbeziehungen einen Wettbewerbsvorteil, sich selbst einen Standortvorteil. Folgten alle Staaten dieser Orientierung

an einer kurzfristigen relativen Nutzenmehrung, so produzierten sie Interaktionsergebnisse, die ihrem eigenen langfristigen Interesse an der Erhaltung der natürlichen Grundlagen menschlichen Lebens zuwiderlaufen. Während somit für jeden einzelnen Staat ein individueller Anreiz zur ökologischen Kostenexternalisierung besteht, führt der Versuch aller, als Trittbrettfahrer zu handeln, zu kollektiv und individuell suboptimalen Interaktionsergebnissen, das heißt zur Zerstörung der natürlichen Lebensgrundlagen. Nur durch gemeinsames Handeln in Form von internationaler umweltpolitischer Kooperation können die Staaten derartige Interaktionsergebnisse vermeiden (Cansier 1997).[36]

Parallel zur Entwicklungsproblematik stellt sich auch bei der Umweltproblematik die Wahrnehmung der langfristigen Schäden, die von unilateralem, am kurzfristigen Eigennutzen orientiertem Handeln ausgehen, vielfach nicht von selbst ein. Zwar ist auch bei vollständiger Information über die grenzüberschreitenden Umweltschäden nicht garantiert, dass sich die Staaten diesen Informationen entsprechend verhalten (keine hinreichende Bedingung), doch verweist die mangelnde Wahrnehmung von Umweltschäden und der daraus folgenden Selbstschädigung auf ein Informationsdefizit, das überwunden werden muss (notwendige Bedingung), damit Staaten das ökologisch Gebotene anstatt des ökonomisch Opportunen tun.

Internationale Organisationen stellen für Staaten eine Chance dar, sich selbst in Abwesenheit eines umweltpolitischen ‚Leviathan' zu gemeinsamem umweltpolitischen Handeln zu befähigen, das heißt sie als ‚souveräne' Umweltschädiger zur dauerhaften, institutionalisierten Umweltschutzkooperation zu bewegen und internationale Umweltregime zu errichten (Breitmeier 1997; Peterson 1997; Wettstad 1999, 26-28). Außerdem können internationale Organisationen dazu

---

36 Die Tendenz zur Übernutzung von Gemeinschaftsgütern hat Hardin (1968) als ‚Tragödie der Allmende' beschrieben.

beitragen, das erwähnte ökologische Informationsdefizit zu beheben. Eine Reihe von Beispielen mag dies belegen. So hat die Wirtschaftskommission der Vereinten Nationen für Europa (UNECE) maßgeblich zur Bekämpfung der ‚weiträumigen grenzüberschreitenden Luftverschmutzung' in Europa beigetragen. Die UNECE führte wichtige informationelle Tätigkeiten aus und war an der Generierung eines Programms beteiligt, durch das sich 21 Staaten auf eine Reduzierung ihrer Schwefeldioxidemissionen um 30 Prozent verpflichteten (Helsinki-Konferenz von 1985). Dieses regulative Politikprogramm konnte mittlerweile teilweise verwirklicht werden (Levy 1993; Wettestad 1999, 85-124; 2002a). Auch andere Probleme wie die Verklappung von Abfällen auf Hoher See, die Entsorgung von Müll im Ausland, der Schutz der Erdatmosphäre, des Klimas sowie der Artenvielfalt werden durch eine auf internationale Organisationen gestützte Regimebildung mit unterschiedlichem Erfolg behandelt (Victor/Raustiala/Skolnikoff 1998). Zur eingehenderen Analyse wollen wir uns beispielhaft auf den Schutz der stratosphärischen Ozonschicht sowie den Umgang mit Klimaveränderungen (Kap. 9.7) beschränken, um die Bedeutung der Outputs der Vereinten Nationen im Umweltbereich (UNEP und WMO) abschätzen zu können.

9.6.1 Politikprogramm von UNEP und WMO

Die ersten Politikprogramme der Vereinten Nationen zum Schutz der Ozonschicht sind in den 1980er Jahren entstanden. Auf die Problematik des Abbaus der stratosphärischen Ozonschicht und ihren Zusammenhang mit der anthropogenen Emission von halogenierten Kohlenwasserstoffen, insbesondere Fluorchlorkohlenwasserstoffen (FCKW) machten 1974 erstmals zwei Wissenschaftler aus den USA, Mario Molina und Sherwood Rowland, aufmerksam. Über die Gültigkeit dieser These entbrannte eine intensive wissenschaftliche Kontroverse, die in der Folge den Prozess der Entwicklung von Programmen zum Schutz der stratosphärischen Ozonschicht nachhaltig prägte (Haas 1992b; Porter/Brown/Chasek 2000, 87-93, Wettestad 2002b, 155).

Schon bald nahm sich das Umweltprogramm der Vereinten Nationen (UNEP) der Problematik an, um, unterstützt von Nicht-Regierungsorganisationen – insbesondere Umweltschutzgruppierungen –, auf eine schnelle Generierung eines Programms zum Schutz der Ozonschicht auf internationaler Ebene zu drängen (Breitmeier 1996, 108-124). UNEP beteiligte sich zunächst durch die Einberufung und Vorbereitung von internationalen Konferenzen an der Programmgenerierung. Es berief bereits 1977 eine internationale Konferenz nach Washington, D.C. ein, auf der Staatenvertreter die Risiken eines damals nur vermuteten Schwundes der Ozonschicht erstmals in einem internationalen Forum diskutieren und erste Handlungsmöglichkeiten besprechen konnten. Die Konferenz verabschiedete ein Dokument, den ‚Welt-Aktionsplan über die Ozonschicht', in dem sie die Ausarbeitung eines internationalen Abkommens zum Schutz der Ozonschicht forderte (Wettestad 1999, 125-126). Es dauerte jedoch bis 1982, ehe die Staatengemeinschaft, von Umweltschutzverbänden weltweit bedrängt, konkrete Schritte in dieser Hinsicht unternahm. Auf Vorschlag der skandinavischen Staaten, die neben den USA und Kanada bereits frühzeitig nationale Schutzmaßnahmen ergriffen hatten, richtete der UNEP-Verwaltungsrat eine ad hoc-Arbeitsgruppe ein, die eine Rahmenkonvention zum Schutz der Ozonschicht ausarbeiten sollte. Diese Arbeitsgruppe, der Regierungsexperten aus

UNEP und der Schutz der Ozonschicht

273

22 Ländern angehörten, traf sich bis 1985 insgesamt sieben Mal, ehe ein Entwurf, der die Ergebnisse des langwierigen intergouvernementalen Verhandelns zwischen den Staaten in akzeptabler Weise reflektierte, vorgelegt werden konnte. Während die USA, Kanada und die skandinavischen Länder, welche die so genannte Toronto-Gruppe bildeten, einen schnellen *Ausstieg aus der Verwendung von FCKW* forderten, traten die Europäische Union, die mit 45 Prozent der Weltproduktion von FCKW noch vor den USA (30 Prozent) über die größten Produktionskapazitäten verfügte, sowie Japan, die UdSSR und die Entwicklungsländer als umweltpolitische Bremser auf. Sie waren nur bereit, einem *Einfrieren der Produktion* auf der Basis der vorhandenen Kapazitäten zuzustimmen[37], da der Zusammenhang zwischen der Verwendung von FCKW und dem Ozonschichtschwund noch nicht einwandfrei belegt sei (Breitmeier 1996, 108-116). Die weitreichenden Positionsdifferenzen zwischen der ‚Toronto-Gruppe‘ auf der einen Seite und der von der EU angeführten Koalition auf der anderen Seite machten trotz des vehementen Drucks zahlreicher Umweltverbände, die den intergouvernementalen Verhandlungsprozess begleiteten, Vereinbarungen über konkrete Maßnahmen zur Eindämmung der FCKW-Produktion und Konsumtion zunächst unmöglich (Gehring 1994, 221-234). So konnte 1985 mit dem Wiener Übereinkommen zum Schutz der Ozonschicht nur eine Rahmenkonvention unterzeichnet werden. In dieser gaben die 22 Unterzeichnerstaaten ein allgemeines Bekenntnis zum Schutz der Ozonschicht ab und vereinbarten, bei der Erforschung des Schwundes der Ozonschicht enger zusammenzuarbeiten und Informationen auszutauschen (Breitmeier 1996, 89-108).

Wiener Konvention von 1985

Aufgrund neuer wissenschaftlicher Erkenntnisse, vor allem der Entdeckung des Ozonlochs über der Antarktis, drängten das UNEP-Sekretariat und die Toronto-Gruppe auf eine Fortsetzung der Verhandlungen über den international koordinierten Ausstieg aus der FCKW-Verwendung (Haas 1992b, 189-213). Auf der Suche nach einem Kompromiss mit der Europäischen Union entspann sich unter dem Eindruck vielfältiger Aktionen verschiedener Umweltschutzgruppierungen ein Verhandlungsmarathon, der von UNEP durch die Ausarbeitung von Vertragsentwürfen sowie die Einberufung von immer neuen Verhandlungsrunden vorangetrieben wurde. Eine Annäherung der Positionen fand jedoch nur sehr schleppend statt. Während die USA, die die Toronto-Gruppe unter dem Eindruck einer sensibilisierten US-Öffentlichkeit anführten, zunächst eine Reduktion der FCKW-Produktion um 95 Prozent forderten, war die Europäische Union nur zu einer Kürzung um 20 Prozent bereit. Schließlich einigten sich die Hauptakteure auf einer von UNEP 1987 nach Montreal einberufenen Konferenz im ‚Montrealer Protokoll über Stoffe, die zum Abbau der Ozonschicht führen‘, auf ein regulatives Programm, das einen etappenweisen Ausstieg vorsah, der bis 1999 den weltweiten Konsum von FCKW gegenüber dem Niveau von 1986 um 50 Prozent reduzieren sollte (Breitmeier 1996, 116-124; Gehring 1994, 221-234). Bis Ende 2001 hatten 172 Staaten das Protokoll ratifiziert.

Montrealer Protokoll von 1987

Der Positionswandel der Europäischen Union war zum einen möglich geworden, weil insbesondere Deutschland seine europäischen Partner vermehrt zu

---

37 Die Auseinandersetzungen zwischen der Toronto-Gruppe und der Europäischen Union bezogen sich nicht nur auf den Umfang der anzustrebenden Produktions- und Konsumtionsbegrenzungen, sondern erstreckten sich auch auf die Frage, ob die Produktion oder die Konsumtion beschränkt werden sollte. Da die Europäische Union Überkapazitäten hatte, trat sie für Produktionsbegrenzungen ein; demgegenüber befürwortete die Toronto-Gruppe Einschnitte bei der Konsumtion.

weiter gehenden Zugeständnissen drängte. Zum anderen hatten die USA gedroht, für Produkte, die FCKW enthielten oder unter Verwendung von FCKW hergestellt wurden, einen Einfuhrstopp zu verhängen. Gerade diese US-Drohung macht deutlich, welche Bedeutung der Macht eines Staates, verstanden als Verfügungsgewalt über problemfeldspezifische Ressourcen, in diesem Falle einen großen Absatzmarkt, bei intergouvernementalen Verhandlungen zukommen kann, denn eine ähnliche Drohung beispielsweise Finnlands hätte wohl wenig bewirken können. Gleichfalls typisch für intergouvernementale Verhandlungen ist, dass die Zustimmung schwächerer Staaten zu dem regulativen Programm durch distributive Programmbestandteile, so genannte Seitenzahlungen, erkauft wurde. Den Entwicklungsländern, deren Anteil am weltweiten Konsum von FCKW bei 14 Prozent lag, wurde zugestanden, unabhängig von ihrem aktuellen Konsum ihren jährlichen FCKW-Verbrauch auf bis zu 300 Gramm pro Kopf ihrer Bevölkerung steigern zu dürfen. Außerdem wurde ihnen technische Hilfe zugesagt, die es ihnen ermöglichen sollte, Zugang zu umweltverträglichen Ersatzstoffen und Technologien zu erlangen.

Doch auch mit dem Montrealer Protokoll war der intergouvernementale Programmgenerierungsprozess keineswegs abgeschlossen (Oberthür 1996, 27-32). Denn kurz nach der Unterzeichnung des Protokolls wurden wissenschaftliche Untersuchungen bekannt, die nicht nur den Zusammenhang der FCKW-Emissionen mit der Zerstörung der Ozonschicht zweifelsfrei nachwiesen, sondern zudem die Unzulänglichkeit der vereinbarten Produktions- und Konsumtionsbeschränkungen offenbarten (Breitmeier 1996, 125-127). Bereits auf dem ersten Folgetreffen der Vertragsstaaten in Helsinki 1989 wurde, wie von zahlreichen Umweltschutzgruppen gefordert, über weitergehende Maßnahmen verhandelt. Die EU, vormals umweltpolitischer Bremser bei den Ozonverhandlungen, trat nun als Befürworter eines beschleunigten Ausstiegs aus der Produktion und Konsumtion von FCKW auf. Sie erklärte sich sogar in einer, wenn auch unverbindlichen Deklaration gemeinsam mit 81 anderen Staaten bereit, einen vollständigen Ausstieg aus der Produktion und Konsumtion von FCKW bereits bis zum Jahr 2000 anzustreben. Außerdem wurde den Entwicklungsländern finanzielle Hilfe bei der Umsetzung der Beschlüsse zugesagt (Breitmeier 1996, 127-129).

Auf der zweiten Vertragsstaatenkonferenz 1990 in London wurde den Beschlüssen von Helsinki durch eine Verschärfung des Montrealer Protokolls Rechnung getragen. Die Reduktionszeiträume wurden verkürzt, so dass der vollständige Produktions- und Konsumtionsstopp bis zur Jahrtausendwende erreicht sein sollte. Außerdem wurde die Einrichtung eines Fonds vereinbart, der für die Mehrkosten, die den Entwicklungsländern durch die Einhaltung der Ozonvereinbarungen entstehen, Zuschüsse bereit stellt. Aus diesem Fonds wurden bis Ende 2001 über 900 Millionen US-Dollar ausgeschüttet. Die Verhandlungen in London waren insgesamt durch einen breiten Konsens der 83 teilnehmenden Staaten gekennzeichnet, allerdings hatte ein weitgehender Austausch der Lager stattgefunden. Die USA, vormals dezidierter Befürworter eines Ausstiegs aus der FCKW-Produktion und -Konsumtion, traten nun als Bremser auf, hingegen reihte sich die EU vor allem auf Betreiben Deutschlands in das Lager der Staaten ein, die einen Ausstieg schon bis 1997 vollendet sehen wollten (Breitmeier 1996, 129-138). Dieses Verhandlungsmuster von Initiative der Europäer und Widerstand auf Seiten der USA und auch Japans setzte sich in den folgenden Jahren bis zur vorerst letzten Vertragsstaatenkonferenz Ende 1999 in Peking fort. Trotzdem konnte auf den Vertragsstaatenkonferenzen – insbesondere auf der dritten in

Londoner Revision von 1990

Kopenhagen 1992 – nochmals eine Verkürzung der Reduktionszeiträume erreicht werden (Wettestad 1999, 138-140).

Die Rolle internationaler Organisationen im Prozess der Programmgenerierung reflektierend, kann festgehalten werden, dass UNEP zum einen ein Forum für intergouvernementale Verhandlungen bot und zum anderen durch die Organisation von Konferenzen sowie die Ausarbeitung von Programmentwürfen den Verhandlungsprozess vorantrieb (Wettestad 1999, 140-141). Es fungierte, ähnlich wie die zahlreichen Umweltverbände, die sich der Ozonproblematik angenommen hatten, gewissermaßen als Katalysator der Programmgenerierung, indem es die Staaten permanent zu aktivieren und unter Zugzwang zu setzen versuchte, bis sie schließlich nicht nur ein Minimum an Normen und Regeln zum Schutz der Ozonschicht vereinbarten, sondern diese in der Folge immer weiter verschärften (Gehring 1994, 221-234).

9.6.2 Operative Tätigkeiten internationaler Organisationen

Die operative Umsetzung der Programme internationaler Organisationen im Problemfeld ‚grenzüberschreitende Umweltbelastungen‘ erfolgt im Allgemeinen durch die Staaten selbst, trotzdem können internationale Organisationen bei der Implementation von Umweltvereinbarungen eine gewisse Rolle spielen (Greene 1998; Victor 1998). Allerdings sind die Kompetenzen von internationalen Organisationen bei der operativen Umsetzung der Wiener Konvention von 1985, des Montrealer Protokolls von 1987 und der Revision des Protokolls durch die Übereinkünfte von London 1990 und Kopenhagen 1992 begrenzt. Allein die Verwaltung der Fonds zur Unterstützung der Umweltschutzbemühungen von Entwicklungsländern und die Gewährung technischer Hilfe für Entwicklungsländer, die ohne Unterstützung eine Umstellung der Produktion und Nutzung von FCKW nicht bewältigen könnten, stellen operative Tätigkeiten internationaler Organisationen zur Umsetzung des Programms zum Schutz der Ozonschicht dar. Diese Unterstützung bei der Implementation der Vereinbarungen zum Schutz der Ozonschicht wird von der Weltbank erbracht, bei der im Rahmen der Globalen Umweltfazilität (GEF) ein ‚Multilateraler Fonds zur Umsetzung des Montrealer Protokolls‘ eingerichtet wurde. Die Weltbank macht damit vielfach die Programmimplementation erst möglich.

Weitere operative Tätigkeiten wie die Konkretisierung und Spezifizierung der vereinbarten Programme, die Überwachung der Norm- und Regelbeachtung sowie Sanktionen im Falle von Norm- oder Regelverletzung durch internationale Organisationen sind insgesamt schwach ausgeprägt. Die Staaten wurden durch das Montrealer Protokoll lediglich verpflichtet, dem Sekretariat jährlich über die Produktion und Konsumtion von FCKW zu berichten. Das Sekretariat prüft dann, ob die Staaten ihren Reduktionspflichten nachgekommen sind (Greene 1998, 92-95). Es wird sich zeigen müssen, ob trotz des weitgehenden Verzichts auf operative Tätigkeiten internationaler Organisationen die Befolgung der vereinbarten Normen und Regeln zum Schutz der Ozonschicht erreicht werden wird. Denn gerade die Übertragung von Kompetenzen bei der Konkretisierung und Spezifizierung der Politikprogramme auf internationale Organisationen wie beispielsweise UNEP könnte die Reaktionszeiten zwischen der Entdeckung von Umweltschäden und dem international koordinierten Handeln verkürzen. Sie würde die Entscheidungsprozesse beschleunigen und ließe so eine schnellere und besser koordinierte Anpassung der Maßnahmen zum Schutz der Ozonschicht an die aktuellen Gefährdungen zu. Eine derartige Kompetenz internationaler Organisationen, weitgehend selbstständig die Politikprogramme anpassen zu dürfen, scheint gerade im Umweltschutzbereich, in dem die Staatenwelt beinahe täglich auf neue Gefährdungen reagieren muss, geboten.[38]

Der Verzicht auf eine weitergehende Überwachung und gegebenenfalls auch auf die Sanktionierung des Verhaltens von Staaten durch internationale Umweltorganisationen scheint angesichts der sachbereichs- oder problemfeldspezifischen Charakteristika der problematischen Handlungsinterdependenz im Bereich ‚grenzüberschreitende Umweltbelastungen‘ hingegen einsichtig. Die dem Sachbereich ‚Wohlfahrt‘ eigene Transparenz lässt die Überwachung der Norm- und Regelbefolgung durch eine internationale Organisation weniger drängend erscheinen, da es für die Staaten kaum möglich ist, sich den eingegangenen Verpflichtungen heimlich zu entziehen. Dies gilt umso mehr, als in nahezu allen Industriestaaten Öko-Gruppen und Öko-Parteien existieren, die der Regierung in Umweltfragen auf die Finger schauen, die Implementation internationaler Umweltvereinbarungen beobachten und Norm- oder Regelverletzungen gegebenenfalls öffentlich machen (Greene 1998, 109-110). Ebenso sind die Reaktionen auf Norm- oder Regelverstöße auf innerstaatlicher Ebene als funktionales Äquivalent zur Sanktionierung durch internationale Organisationen zu sehen (Zangl 1999, 98-99; 248-250): Der öffentliche Druck, den Öko-Gruppen wie Greenpeace oder der Bund für Naturschutz (BUND) sowie ökologisch orientierte Parteien wie ‚Bündnis 90/Die Grünen‘ ausüben können, schreckt die Regierungen vor allzu offenkundigen Norm- und Regelverletzungen ab; ebenso kann der Druck einer für Umweltfragen sensibilisierten Öffentlichkeit im Falle bereits erfolgter Norm- oder Regelverletzungen eine Verhaltenskorrektur bewirken, wie die BSE-Krise belegt.

9.6.3 Informationelle Tätigkeiten von UNEP und NATO

Im Problemfeld ‚grenzüberschreitende Umweltbelastungen‘ spielen die informationellen Tätigkeiten internationaler Organisationen eine weitaus bedeutendere Rolle als die operativen Tätigkeiten. Denn nur in Kenntnis der langfristig unerwünschten ökologischen Folgen ist der Verzicht auf die Orientierung staatlicher Umweltpolitik an den kurzfristigen ökonomischen Interessen möglich (Wettestad 1999, 30-32). Dementsprechend wurde der Prozess der Generierung und Weiterentwicklung von Programmen zum international koordinierten Schutz der Ozonschicht vom Prozess der Anhäufung wissenschaftlicher Erkenntnisse über die Ausdünnung der Ozonschicht sowie ihrer Schädigung durch den Konsum von FCKW dominiert; die Programmentwicklung stellt gewissermaßen nicht nur, aber auf jeden Fall auch eine Reaktion auf den jeweiligen Stand der Ozonforschung dar.

---

38 Bei den Verhandlungen über die Wiener Konvention zum Schutz der Ozonschicht war eine derartige Kompetenzübertragung diskutiert worden, dann allerdings gescheitert. Es war ins Auge gefasst worden, Änderungen der Konvention (Annexe) ohne eine langwierige staatliche Ratifizierungsprozedur zu ermöglichen. Als Vorbild dienten einige Konventionen zum Schutz der Meeresumwelt (List 1991), nach denen Änderungen der Konvention auf Beschluss der Staatenkonferenz für alle Staaten in Kraft treten, die ihre Ablehnung nicht innerhalb einer festgelegten Frist notifizieren (Gehring 1990, 703-704).

Internationale Organisationen können den wissenschaftlichen Erkenntnisstand in erheblichem Maße mitbestimmen und so den Programmgenerierungsprozess beeinflussen. Beispielsweise hatten das Umweltprogramm der Vereinten Nationen (UNEP) sowie die Weltorganisation für Meteorologie (WMO) eine wichtige Funktion bei der Generierung von Informationen über den Schwund der Ozonschicht. Beiden Organisationen ist es insbesondere gelungen, die internationale Ozonforschung zu koordinieren. Ausgangspunkt dieser Form der informationellen Tätigkeit war die 1977 im Anschluss an die Washingtoner Expertentagung erfolgte Gründung des Ausschusses zur Koordination der internationalen Ozonforschung (CCOL). Der UNEP-Verwaltungsrat hatte CCOL ins Leben gerufen, um das wissenschaftliche Verständnis des Ozonproblems zu fördern, wissenschaftliche Erkenntnisse zu sammeln und zu publizieren. Der Ausschuss, der sich hauptsächlich aus Vertretern staatlicher und nicht-staatlicher Organisationen, die sich mit der Ozonproblematik beschäftigten, zusammensetzte, traf sich in den Jahren zwischen 1977 und 1986 insgesamt achtmal. Seine Ergebnisse wurden regelmäßig in der Zeitschrift ‚Ozone Layer Bulletin‘ veröffentlicht.

Die Koordinierung der internationalen Ozonforschung durch UNEP konnte die Erzeugung eines wissenschaftlichen Konsens über die Ursachen und Auswirkungen der Ausdünnung der Ozonschicht in der Stratosphäre erheblich beschleunigen. Sie brachte beispielsweise das Untersuchungsprogramm über die Auswirkungen von Treibhausgasen auf das Weltklima (WCIP) hervor. Im Rahmen dieses Programms konnte UNEP in Zusammenarbeit mit der WMO sowie einer Reihe nationaler Forschungseinrichtungen im Laufe der 1980er Jahre eine größere Anzahl wichtiger Untersuchungen über die Auswirkungen der Treibhausgase auf die Ozonschicht und das Weltklima publizieren. Um das Wissen über den Zustand der Ozonschicht zusammenzufassen, legten UNEP und die WMO gemeinsam mit anderen nationalen und internationalen Organisationen 1986 (mit dem Bericht ‚Atmospheric Ozone‘) eine dreibändige Bestandsaufnahme der Ergebnisse der Ozonforschung vor. Diese konnte als die bis dahin umfangreichste und beste Abhandlung über den Zustand der stratosphärischen Ozonschicht gelten (Breitmeier 1992, 10-13).

Diese und ähnliche informationelle Tätigkeiten von UNEP und der WMO erzeugten im Laufe der 1980er Jahre international einen breiten Konsens von Wissenschaftlern, so dass die FCKW produzierenden und bislang zögerlichen Staaten ein ozonpolitisches Abwarten nurmehr schwerlich mit der Unsicherheit über den Zusammenhang von FCKW-Produktion und Schwund der Ozonschicht begründen konnten. Ein letzter, aber entscheidender Anstoß für einen internationalen regulativen Eingriff in die die Ozonschicht schädigende Wirtschaftsaktivitäten ging 1987 schließlich von einer Expertentagung in Würzburg aus, zu der UNEP eingeladen hatte. Auf der Tagung sollte versucht werden, durch den Vergleich der Arbeitsergebnisse verschiedener Wissenschaftler letzte wissenschaftliche Zweifel an der Dringlichkeit eines weltweiten Ausstiegs aus der FCKW-Produktion und -Konsumtion auszuräumen. Der Vergleich ihrer Annahmen und Modelle ergab, dass selbst eine Reduktion der FCKW-Emissionen um 50 Prozent die Schädigung der Ozonschicht nur verlangsamen, nicht jedoch aufhalten würde. Darüber hinaus konnten die Experten einen Konsens darüber erzielen, welche Stoffe im einzelnen den stratosphärischen Ozonhaushalt in besonderem Maße bedrohen. Als Folge dieser informationellen Tätigkeiten hatte sich mit Hilfe von UNEP und der WMO ein wissenschaftsbasiertes Expertennetzwerk (‚epistemic community‘) gebildet. Das konsensuale Wissen der Forscher setzte

Informations-
erzeugung

Koordinierung der
intl. Ozonforschung

Entstehung eines
wissenschaftlichen
Konsens

278

die Vertreter der Staaten, die sich wenige Monate später in Montreal treffen sollten, unter Zugzwang. Dem Argument, aufgrund wissenschaftlicher Unsicherheiten, eine internationale Vereinbarung zur Reduzierung der FCKW-Konsumtion abzulehnen, war durch diese ‚epistemic community‘ die Basis entzogen worden (Haas 1992b, 211-212). Der wissenschaftliche Konsens stärkte somit zum einen auf internationaler Ebene die Staaten, die den Ausstieg aus der Ozonproduktion forderten, zum anderen unterstützte er auf innerstaatlicher Ebene die Gruppen und Teile der öffentlichen Meinung, die ihre Regierungen zu umweltpolitischem Handeln drängten. So hat die informationelle Tätigkeit von UNEP und der WMO, indem sie den wissenschaftlichen Konsens miterzeugt hat, auf beiden für intergouvernementale Verhandlungen entscheidenden Ebenen die Akteure gestärkt, die auf eine schnelle Programmgenerierung zum Schutz der Ozonschicht drängten.

Dank der informationellen Tätigkeit von UNEP und der WMO sollte sich jedoch schon bald herausstellen, dass die in Montreal getroffenen Vereinbarungen nicht ausreichend waren, um den Schwund der Ozonschicht aufzuhalten. Durch einen Bericht des ‚Ozone Trends Panel‘, einer multinationalen Forschergruppe, die 1986 von UNEP, der WMO sowie der amerikanischen Weltraumbehörde (NASA) zur Überprüfung und Bewertung langjähriger Ozonmessreihen gegründet worden war, wurde der endgültige Nachweis des Zusammenhangs der FCKW-Produktion mit der Ausdünnung der Ozonschicht erbracht. Der Bericht dieses Panel offenbarte zudem, dass neben der Ausdünnung der Ozonschicht über der Antarktis ein globaler Schwund der Ozonschicht zu beobachten ist. Mit den neuen Erkenntnissen schuf sich UNEP die Grundlage, um die Staaten wissenschaftlich begründet und öffentlichkeitswirksam zu weitergehenden Maßnahmen zu bewegen. Diese Anstrengungen mündeten schließlich in eine Verschärfung der Bestimmungen des Montrealer Protokolls, die insbesondere in den Vereinbarungen von London 1990, Kopenhagen 1992 und Wien 1995 festgehalten wurden (Breitmeier 1996, 124-139).

Wie dieser Überblick über die informationellen Aktivitäten von UNEP und der WMO deutlich gemacht hat, haben diese beiden internationalen Organisationen im Verband der Vereinten Nationen entscheidend dazu beigetragen, dass die Staaten mit Informationen versorgt wurden, die es ihnen ermöglichten und sie zugleich dazu bewogen, ihre kurzfristigen ökonomischen Interessen zugunsten ihrer langfristigen ökologischen Interessen zurückzustellen. Die von ihnen generierten und verbreiteten Informationen haben die Staaten aus der paradoxen Situation befreit, in der einerseits präventives Handeln wegen tatsächlich oder vermeintlich unsicherer wissenschaftlicher ‚worst case‘-Prognosen ausbleibt, andererseits das Warten auf den Eintritt der befürchteten Umweltschäden möglicherweise zu nicht mehr reparablen Beeinträchtigungen führt. Außerdem hat die informationelle Tätigkeit von UNEP und der WMO am Umweltschutz interessierte gesellschaftliche Akteure und Gruppen mobilisieren helfen und so die Regierungen unter Druck gesetzt, internationalen Vereinbarungen zum Schutz der Ozonschicht zuzustimmen.

neue Forschungsergebnisse

9.6.4 Beurteilung der Organisationsoutputs

Insgesamt können wir festhalten, dass die Outputs des politischen Systems der Vereinten Nationen im Umweltbereich (UNEP und WMO) einen entscheidenden Anteil am Zustandekommen internationaler Kooperation zum Schutz der Ozonschicht hatten. Die Konzentration der Outputs auf die Programmgenerierung sowie auf die informationelle Tätigkeit ist den sachbereichs- oder problemfeldspezifischen Kooperationsbedingungen großenteils angepasst. Zum einen stellen die Programmtätigkeiten eine adäquate Antwort auf die sachbereichsspezifischen Kooperationshindernisse der Konkurrenz unterschiedlicher Zielperspektiven sowie der Sorge um die angemessene Verteilung von Kooperationsgewinnen dar. Mit seinen Programmtätigkeiten hat das UNEP zweifellos die Chancen erhöht, dass die internationale Staatengemeinschaft konkrete Vereinbarungen zum Schutz der Ozonschicht – insbesondere zur Reduktion und schließlich zum Ausstieg aus der Konsumtion von FCKW – erreichen konnte. Zum anderen sind die informationellen Tätigkeiten eine angemessene Reaktion auf das problemfeldspezifische Informationsdefizit. Nicht zuletzt aufgrund der informationellen Tätigkeiten von UNEP und der WMO konnte sich vergleichsweise rasch eine konsensuale Wahrnehmung des Ozonproblems entwickeln. Die Outputs der Vereinten Nationen haben mithin bewirkt, dass die Ozonproblematik weltweit erkannt und relativ schnell international bearbeitet werden konnte.

Es bleibt allerdings kritisch zu fragen, ob die Reaktionszeit, so kurz sie – politisch betrachtet – im Vergleich zu anderen Problemfeldern erscheinen mag, ökologisch gesehen kurz genug war. Denn mittlerweile ist bekannt, dass sich die Zerstörung der Ozonschicht zeitverzögert zur Freisetzung von FCKW vollzieht. Das heisst, sie wird sich trotz der Reduktion der FCKW-Emissionen zunächst unvermindert fortsetzen (Breitmeier 1996, 80-81). Um die Zeit zwischen der Entdeckung ökologischer Gefährdungen und dem Ergreifen von umweltpolitischen Gegenmaßnahmen auf internationaler Ebene zu verkürzen, müssten internationale Umwelt-Organisationen zusätzliche Kompetenzen für operative Tätigkeiten erhalten. So wäre eine Verkürzung der Reaktionszeiten vor allem dann zu erreichen, wenn die inhaltliche Einigung auf konkrete Umweltschutzmaßnahmen vom Prozess der Programmgenerierung getrennt und die Konkretisierung und Spezifizierung von Politikprogrammen internationalen Organisationen ohne Zwang zur Einstimmigkeit anheim gestellt würde. Internationale Organisationen wie UNEP sollten die Kompetenz erhalten, die Umweltschutzmaßnahmen auf der Grundlage der existierenden Programme an die jeweilige Gefährdungslage anpassen zu können, ohne dafür auf zeitraubende intergouvernementale Aushandlungsprozesse angewiesen zu sein.

9.7 Das Problemfeld ‚grenzüberschreitende Umweltbelastungen' II: Die Klimaproblematik

In den internationalen Umweltbeziehungen führen internationale Organisationen wie UNEP und die WMO freilich nicht nur zum Schutz der Ozonschicht, sondern auch zum Schutz des Klimas wichtige Tätigkeiten durch, um internationale Kooperation zu fördern. Denn wie in der Ozonpolitik befinden sich die Staaten auch in der Klimapolitik in einem Wohlfahrtsdilemma: Sie besitzen zwar das gemeinsame ökologische Interesse, die globalen Treibhausgasemissionen zu reduzieren, um dem Klimawandel, insbesondere der Erderwärmung vorzubeugen oder ihn zu verlangsamen. Doch gleichzeitig besitzt jeder Staat ein ökonomisches Interesse daran, die Treibhausgasemissionen der Haushalte und Unternehmen auf seinem Territorium nicht verringern zu müssen oder jedenfalls den Aufwand dafür möglichst gering zu halten. Versuchen deshalb alle Staaten, ihrem kurzfristigen ökonomischen Interesse folgend, einer Reduzierung der Treibhausgasemissionen von ihrem Territorium aus zu entgehen oder die Kosten dafür zu externalisieren, werden sie ihr langfristiges ökologisches Interesse verfehlen, den Klimawandel aufzuhalten. Durch die Tätigkeiten internationaler Organisationen kann es Staaten jedoch gelingen, auch in der Klimapolitik dieses Wohlfahrtsdilemma kooperativ zu bearbeiten. Zwar waren internationale Organisationen mit ihren Tätigkeiten zur Programmgenerierung und deren operativer Umsetzung in der Klimapolitik nicht annähernd so erfolgreich wie bei der Bearbeitung der Ozonproblematik. Gleichwohl lässt sich auch hier beobachten, dass internationale Organisationen mit ihren Tätigkeiten dazu beitragen können, dass Staaten mit ihrem Wohlfahrtsdilemma kooperativ umgehen.

9.7.1 Politikprogramm von UNEP und WMO

Das Problem eines vom Menschen verursachten Klimawandels wurde von Meteorologen bereits in den 1960er und 1970er Jahren kontrovers diskutiert. Der zuvor herrschende Konsens, demzufolge der Mensch durch Umweltverschmutzung – insbesondere Kohlendioxidemissionen – das globale Klima nicht gefährden könne, war erstmals begründeten Zweifeln ausgesetzt. Freilich galten zunächst beide Szenarien, sowohl das einer Erwärmung als auch das einer Erkaltung der Erde, als gleichermaßen plausibel. In dem Maße, wie sich die These eines globalen Klimawandels durch den so genannten Treibhauseffekt zu erhärten schien, gewannen die politischen Bemühungen an Gewicht, durch internationale Vereinbarungen zu einer nennenswerten Verringerung von Treibhausgasemissionen – insbesondere von Kohlendioxid – zu gelangen. Der darauf abzielende intergouvernementale Verhandlungsprozess wurde durch internationale Organisationen, in erster Linie von UNEP und der WMO, mit geprägt (Breitmeier 1996, 186-217; Chasek 2001, 124-133; Rowlands 1995, 65-98).

Den ersten Vorstoß zu Verhandlungen über die Klimaproblematik unternahmen UNEP und die WMO gemeinsam. Sie luden 1979 zur ersten Weltklimakonferenz nach Genf ein. Da es jedoch als ungewiss galt, dass sich aufgrund von Treibhausgasemissionen das Weltklima tatsächlich verändert, wurde eine konkrete Reduktion insbesondere von Kohlendioxidemissionen nicht in Erwägung gezogen. WMO und UNEP organisierten deshalb verschiedene internationale Konferenzen und Expertentreffen, um die Forschung über den von Menschen verursachten Klimawandel voranzutreiben. Von Anfang an waren an diesen Treffen verschiedene Nicht-Regierungsorganisationen, insbesondere Umweltschutzverbände beteiligt. Auf einer dieser Konferenzen – 1988 in Toronto – wurde erstmals von derartigen Umweltschutzgruppen unterstützt die Forderung erhoben, eine internationale Konvention zum Schutz des Weltklimas auszuarbeiten (Breitmeier 1996, 188). Diese sollte durch Protokolle ergänzt werden, welche die Reduktion der CO_2-Emissionen verbindlich vorschreiben. Darüber

Weltklimakonferenz von 1979

hinaus wurde in Toronto erstmals gefordert, die CO_2-Emissionen bis 2005 bezogen auf das Basisjahr 1988 um 20 Prozent zu verringern.

Nachdem sich 1988 auch die Generalversammlung der Vereinten Nationen in ihrer Resolution 43/53 für einen weltweiten Klimaschutz ausgesprochen hatte, richtete UNEP 1990 in Washington, D.C. erneut eine Konferenz über die ‚Globale Erwärmung' aus. Wie von vielen Umweltverbänden gefordert, wurde der Klimawandel zu einem der zentralen internationalen Umweltthemen. Auf der Konferenz selbst drängten verschiedene EU-Staaten darauf, die CO_2-Emissionen zunächst einzufrieren, um sie dann schrittweise zu verringern: Der Zusammenhang von Klimawandel und Kohlendioxidemissionen sei hinreichend klar erwiesen, so dass nun möglichst rasch konkrete Verpflichtungen zur Reduktion von Kohendioxidemissionen eingegangen werden müssten. Doch insbesondere die USA sperrten sich gegen solche konkreten Verpflichtungen: Der Zusammenhang zwischen dem vermuteten Klimawandel und den Kohlendioxidemissionen sei nach wie vor nicht belegt. Konkrete Verpflichtungen sollten erst dann eingegangen werden, wenn zweifelsfrei erwiesen sei, dass die Kohlendioxidemissionen für den Treibhauseffekt ursächlich sind (Breitmeier 1996, 187-193).

Weltklimakonferenz
von 1990 Dieser Konflikt zwischen den USA einerseits und den meisten EU-Staaten andererseits bestimmte auch die zweite Weltklimakonferenz in Genf im Jahr 1990, so dass zum Leidwesen aller Umweltschutzverbände diese in ihrer Abschlusserklärung lediglich allgemein die Notwendigkeit einer Stabilisierung der Treibhausgasemissionen betonte (Brenton 1994, 183-185). Etwas mehr Schwung in die internationale Klimapolitik kam erst wieder, als die VN-Generalversammlung im Herbst 1990 mit Resolution 45/212 einen zwischenstaatlichen Verhandlungsausschuss (INC) einsetzte, in dem Verhandlungen über eine Rahmenkonvention über den Klimawandel aufgenommen wurden. Diesen intergouvernementalen Verhandlungen im INC, das der Generalversammlung berichtspflichtig war und von UNEP und der WMO unterstützt wurde, war aufgegeben worden, rechtzeitig zur VN-Konferenz über Umwelt und Entwicklung 1992 in Rio de Janeiro einen Konventionsentwurf vorzulegen. Um dies zu ermöglichen, wurde im Rahmen der Vereinten Nationen ein eigenes Klimasekretariat eingerichtet, das die Verhandlungen im INC zu unterstützen bestimmt war (Breitmeier 1996, 186-209).

Doch auch der intergouvernementale Verhandlungsprozess im INC wurde durch den Konflikt zwischen den EU-Staaten, die durch die Allianz kleiner Inselstaaten (AOSIS) unterstützt wurden, und den USA, denen die Mitgliedstaaten der Organisation erdölexportierender Länder (OPEC) sekundierten, behindert (Ott 1997, 205-208). Während die einen möglichst konkrete Verpflichtungen mit der Maßgabe forderten, die CO_2-Emissionen zunächst einzufrieren, um sie dann schrittweise zu verringern, wollten die anderen nur sehr allgemein gehaltene Verpflichtungen eingehen, um ihre CO_2-Emissionen weitgehend unvermindert fortsetzen zu können. Trotzdem konnte unter dem Eindruck einer wachsenden Beteiligung von Umweltschutzgruppierungen bis zur VN-Konferenz über Umwelt und Entwicklung 1992 in Rio de Janeiro ein Kompromiss für eine allseits Rahmenkonvention
von 1992 akzeptable Rahmenkonvention über den Klimawandel gefunden werden. Die Klimarahmenkonvention, die noch in Rio von 150 Staaten unterzeichnet wurde, verpflichtet die Staaten zwar nicht konkret, ihre CO_2-Emissionen einzufrieren oder gar einzuschränken, hält sie aber immerhin dazu an, ihre CO_2-Emissionen ab dem Jahr 2000 auf dem Niveau von 1990 zu stabilisieren. Dazu wurde durch die Rahmenkonvention die regelmäßige Einberufung von Konferenzen der Vertragsstaaten (COP) mit dem Ziel vereinbart, vom Klimasekretariat unterstützt konkrete Vereinbarungen über die Reduktion von Treibhausgasemissionen auszuhandeln (Breitmeier 1996, 175-185; Wettestad 1999, 205-206).

Doch die Vertragsstaatenkonferenzen 1995 in Berlin (COP 1) und 1996 in Genf (COP 2), welche von den Umweltschutzverbänden massiv bedrängt wurden, endlich die notwendigen Klimaschutzmaßnahmen zu ergreifen, waren hinsichtlich des Eingehens konkreter Verpflichtungen nicht erfolgreich (Wettestad 1999, 206-207). In Berlin konnte immerhin erreicht werden, dass Verhandlungen über ein Protokoll zur Rahmenklimakonvention aufgenommen werden, in dem konkrete Reduktionsverpflichtungen festzulegen waren. Diese Verhandlungen, die in einer dafür neu begründeten Ad hoc-Gruppe zum Berliner Mandat (AGBM) stattfanden, führten schließlich in Genf zum Durchbruch. Die USA gaben erstmals ihren Widerstand gegen die von der EU geforderten konkreten Reduktionspflichten für Treibhausgasemissionen auf, so dass – wie in Berlin angestrebt – die Verabschiedung eines Protokolls bis zur dritten Vertragsstaatenkonferenz 1997 in Kyoto (COP 3) möglich wurde. Das dort vereinbarte so genannte Kyoto-Protokoll sieht vor, dass die Industriestaaten bis 2012 die Emissionen der sechs wichtigsten Treibhausgase gegenüber 1990 um durchschnittlich insgesamt 5 Prozent verringern. Die USA und die EU als die beiden größten Treibhausgasemittenten sollen diese demnach um 7 und 8 Prozent reduzieren (Missbach 1999, 223-245; Sprinz 1998; Wettestad 1999, 208-210).

Vertragsstaaten-konferenzen

Kyoto-Protokoll von 1997

Doch die internationale Klimapolitik blieb weiterhin von einem entscheidenden Durchbruch entfernt. Der erreichte Kompromiss zwischen der Bremserkoalition um die USA und den Vorreitern um die EU war nicht nur, wie von den meisten Umweltschutzorganisationen bemängelt, umweltpolitisch defizitär, vielmehr waren durch ihn zwei grundlegende Konflikte nicht gelöst worden, so dass sie einem Inkrafttreten des Kyoto-Protokolls weiter im Wege standen. Zum einen mussten die Modalitäten des vorgesehenen Emissionshandels festgelegt werden. Demnach sollte es möglich sein, dass Staaten sich von ihren Reduktionspflichten dadurch freikaufen, dass sie nicht genutzte Emissionsrechte anderer Staaten erwerben. Doch während die EU nur einen begrenzten Emissionshandel zulassen wollte, drängten die USA, aber beispielsweise auch Russland darauf, einen uneingeschränkter Emissionshandel zuzulassen. Zum anderen waren die Modalitäten für die Anrechnung von Treibhausgasspeichern – so genannten Senken – zu klären. Danach war vorgesehen, dass Staaten sich von ihren Reduktionspflichten teilweise befreien können, indem sie beispielsweise Wälder aufforsten. Doch auch hier wollte die EU nur einer begrenzten Anrechnung zustimmen, während die USA, aber beispielsweise auch Japan auf weitgehenden Anrechnungsmöglichkeiten bestanden (Missbach 1999, 240-244).

weiterhin bestehende Uneinigkeit

Beide Konflikte konnten nicht wie vorgesehen auf den Vertragsstaatenkonferenzen in Buenos Aires (COP 4, 1998), Bonn (COP 5, 1999) und Den Haag (COP 6, 2000) gelöst werden, so dass das Inkrafttreten des Kyoto-Protokolls nicht nur weiter verzögert wurde, sondern insgesamt auf der Kippe stand. Erst die Konferenz in Bonn 2001, die die gescheiterte Vertragsstaatenkonferenz von Den Haag (COP 6) fortsetzte, sowie die Vertragsstaatenkonferenz in Marrakesch (COP 7, 2001) brachten den endgültigen Durchbruch. Doch die USA, die für mehr als 20 Prozent der globalen Kohlendioxidemissionen verantwortlich sind, hatten sich mittlerweile vom Kyoto-Protokoll ganz zurückgezogen. Nach der Unterzeichnung des Kyoto-Protokolls durch die Clinton-Administration signalisierte der US-Senat, es nicht ratifizieren zu wollen. Insbesondere der Umstand, dass die Entwicklungsländer von den Reduktionsvorschriften vorerst ausgenommen werden, ist für den US-Kongress nicht akzeptabel. Dementsprechend legte weder US-Präsident Bill Clinton noch sein Nachfolger George W. Bush das Kyoto-Protokoll dem Senat zur Billigung vor. Somit wird das Kyoto-Protokoll nunmehr ohne die USA in Kraft treten müssen (Holtrup 2001, 31-36; Victor 2001).

Trotz dieses herben Rückschlags macht die internationale Klimapolitik deutlich, wie bedeutsam internationale Organisationen für den Fortgang intergouvernementaler Verhandlungsprozesse sein können. Ohne das Tätigwerden der VN-Generalversammlung sowie von UNEP und der WMO wäre trotz des Drucks einer nicht zuletzt durch die großen Umweltschutzorganisationen wie Greenpeace sensibilisierten Öffentlichkeit mit hoher Wahrscheinlichkeit bis heute keine internationale Klimavereinbarung, die die Treibhausgasemissionen verringert, erzielt worden.

9.7.2 Operative Tätigkeiten internationaler Organisationen

Die Klimarahmenkonvention und das Kyoto-Protokoll weisen internationalen Organisationen wie UNEP, WMO oder dem Klimasekretariat (mit Sitz in Bonn) bei der operativen Umsetzung der vereinbarten Politikprogramme eine nicht unwichtige Bedeutung zu. Wie beim Schutz der Ozonschicht betreffen auch beim Schutz des Klimas wichtige operative Tätigkeiten internationaler Organisationen die direkte Verwaltung der Fonds zur Finanzierung der Klimaschutzbemühungen von Entwicklungsländern. Auch für die Klimapolitik fungiert die Globale Umweltfazilität (GEF), die von der Weltbank, UNEP und UNDP eingerichtet wurde, als Finanzierungsmechanismus. Über die GEF können Entwicklungsländer den zusätzlichen Finanzbedarf decken, der sich ergibt, wenn moderne, klimafreundliche anstatt veraltete, klimaschädigende Technologien eingesetzt werden sollen (Biermann 1998, 206-221).

direkte Implementation – GEF

Im Gegensatz zum Schutz der Ozonschicht sind beim Klimaschutz darüber hinaus mit der Überwachung der Norm- und Regeleinhaltung sowie der Sanktionierung von Regelverstößen durchaus nennenswerte operative Tätigkeiten für internationale Organisationen vorgesehen. Das Klimasekretariat ist an der Überwachung der Einhaltung von Reduktionsverpflichtungen, die sich für die Staaten aus dem Kyoto-Protokoll ergeben, beteiligt (Wettestad 1999, 224-228). Das Klimasekretariat sammelt ähnlich wie das Sekretariat zum Schutz der Ozonschicht die Berichte, die die Staaten über die Fortschritte bei der Reduktion ihrer Treibhausgasemissionen jährlich abzugeben verpflichtet sind. Doch anders als beim Schutz der Ozonschicht werden die Berichte durch einen sogenannten Einhaltungsausschuss überprüft, welcher sich aus zwanzig unabhängigen Experten zusammensetzt, die von der Vertragsstaatenkonferenz benannt werden (Oberthür/Ott 2000, 266-275; Oberthür/Marr 2002). Dadurch soll sicher gestellt werden, dass die Staaten die eingegangenen Reduktionsverpflichtungen zuverlässig beachten. Dies ist insofern besonders bedeutsam, als die Transparenz beim Klimaschutz angesichts der Vielzahl von Emissionsquellen für Treibhausgase erheblich geringer ist, als beim Schutz der Ozonschicht, deren Schädigung auf vergleichsweise weniger Emissionsquellen zurück geführt werden kann. Die vertragstreuen Staaten sollen nicht fürchten müssen, dass andere Staaten sich Vorteile verschaffen, indem sie ihre Reduktionspflichten unbemerkt missachten.

Überwachung der Norm- und Regeleinhaltung

Wird durch diese Überwachungstätigkeiten festgestellt, dass ein Staat seinen Reduktionspflichten nicht nachkommt, so können gegen diesen vom Einhaltungsausschuss – genauer: seiner Durchsetzungsabteilung – Sanktionen verhängt werden. Der Staat, der in einer ersten Reduktionsperiode seinen Reduktionspflichten nicht hinreichend nachkommt, wird dem gemäß verpflichtet, in der zweiten Reduktionsperiode seine Treibhausgasemissionen zusätzlich zu verringern. Dabei wird ein Faktor von 1,3 zugrunde gelegt. Der betreffende Staat muss also aufgrund seiner Vertragsverletzung in der ersten Reduktionsperiode eine 1,3fache Reduktionsleistung in der zweiten Reduktionsperiode erbringen. Dadurch werden die Staaten sowohl davor abgeschreckt, ihre Reduktionspflichten zu verletzen als auch dazu angehalten, ihren Reduktionspflichten nachzukommen Oberthür/Marr 2002).

Sanktionen

9.7.3 Informationelle Tätigkeiten von UNEP und WMO

Wie beim Schutz der Ozonschicht war auch beim Schutz des Weltklimas die Entwicklung von Politikprogrammen von den informationellen Tätigkeiten internationaler Organisationen nachhaltig beeinflusst. Die intergouvernementalen Verhandlungsprozesse, die zur Klimarahmenkonvention und zum Kyoto-Protokoll führten, wurden durch die mit Unterstützung von UNEP und der WMO erzielten Forschungsergebnisse über den von Menschen verursachten Klimawandel bestimmt (Rowlands 1995). Beide Organisationen waren also an der Generierung entscheidungserheblicher Informationen über den Klimawandel beteiligt. So ist es UNEP und der WMO durch ihre seit 1980 mehrfach gemeinsam in Villach organisierten Expertentreffen gelungen, nicht nur die Forschung über den Klimawandel voranzubringen, sondern dazu beizutragen, dass der Klimawandel als globales Umweltproblem politisch ernst genommen wurde (Breitmeier 1996, 163-164). WMO und UNEP haben durch diese sehr frühen informationellen Tätigkeiten erreicht, dass der Klimawandel auf die globale politische Tagesordnung gesetzt wurde (Wettestad 1999, 221). Denn die genannten Expertentreffen stellten zunehmend einmütig fest, dass verschiedene Treibhausgase – insbesondere Kohlendioxid – aufgrund ihrer wachsenden Konzentration in der Atmosphäre zu einem globalen Klimawandel auf der Erde beitragen.

Durch ihre informationellen Tätigkeiten haben UNEP und die WMO jedoch den Klimawandel nicht nur auf die globale politische Tagesordnung gesetzt, so dass internationale Verhandlungen darüber eingeleitet wurden, wie dem Klimaeffekt zu begegnen ist, sondern sie haben auch den Verlauf dieser Verhandlungen durch ihre informationellen Tätigkeiten nachhaltig beeinflusst. Als besonders wichtig für die Verhandlungen erwies sich die Zwischenstaatliche Sachverständigengruppe über Klimaveränderungen (IPCC), die 1988 von UNEP und der WMO gemeinsam gegründet worden war (Ott 1997, 214; Wettestad 1999, 222-224). Die IPCC, das sich aus Forschern und Forscherinnen aus den an den Verhandlungen über eine angemessene Klimaschutzpolitik beteiligten Staaten zusammensetzt, erhielt von UNEP und der WMO den Auftrag, eine Bestandsaufnahme der Forschung über den Klimawandel vorzunehmen und diese periodisch fortzuschreiben. Durch ihren ‚First Assessment Report' von 1990 wurden die Risiken, die sich aufgrund der wachsenden Treibhausgasemissionen für das Weltklima ergeben, detailliert beschrieben. Der Bericht sagte voraus, dass ungebremste Treibhausgasemissionen bis 2025 weltweit zu einem Temperaturanstieg von

Informations-
erzeugung

IPCC

durchschnittlich 1,5 bis 4,5 Grad führen würden. Der Bericht wurde 1990 der zweiten Weltklimakonferenz übergeben, die daraufhin die Staatengemeinschaft dazu aufforderte, unverzüglich Verhandlungen über eine internationale Klimarahmenkonvention aufzunehmen (Breitmeier 1996, 164-166).

Herausbildung einer ‚epistemic community'

Doch auch nachdem die Klimarahmenkonvention 1992 in Rio de Janeiro unterzeichnet worden war, blieb die Arbeit der IPCC für die nachfolgenden Verhandlungen über eine angemessene Klimapolitik entscheidend. Durch die IPCC begünstigt, bildete sich unter den Forscherinnen und Forschern weltweit ein Konsens heraus, dass die Treibhausgasemissionen unverzüglich reduziert werden müssen, um einen nachhaltigen Klimawandel zu verhindern. Der von diesem wissenschaftsbasierten Netzwerk von Klimaforschern und –forscherinnen erzeugte und getragene Konsens wurde 1995 durch den ‚Second Assessment Report' der IPCC nochmals bekräftigt. Darin konstatierten die gut 3000 Forscher und Forscherinnen dieser ‚epistemic community' einhellig, dass der Klimawandel eindeutig auf die angewachsenen Treibhausgasemissionen zurückzuführen sei. Bei Fortdauer der gegenwärtigen Emissionstrends wäre im 21. Jahrhundert mit einem durchschnittlichen Temperaturanstieg von ca. 2 Grad Celsius zu rechnen. Der Bericht ging zudem davon aus, dass der Meeresspiegel um ca. 50 Zentimeter ansteigen werde (Rowlands 1995).

Dieser zweite Bericht der IPCC verfehlte seine Wirkung auf die erste Vertragsstaatenkonferenz der Klimarahmenkonvention 1995 in Berlin (COP 1) nicht. Die Befürworter konkreter Reduktionspflichten für Treibhausgasemissionen konnten sich auf den Bericht berufen, um zu argumentieren, dass gegen den Klimawandel dringend vorgegangen werden müsse. Die Gegner einschneidender Reduktionsvereinbarungen hingegen konnten immer weniger argumentieren, dass die Treibhausgasemissionen möglicherweise für den Klimawandel gar nicht verantwortlich seien. Dementsprechend verschoben sich die Kräfteverhältnisse zwischen Gegnern und Befürwortern, so dass es schließlich gelang, mit dem ‚Berliner Mandat' in konkrete Verhandlungen über ein Klimaprotokoll zur Reduzierung von Treibhausgasemissionen einzutreten. Der ‚Third Assessment Report' bestätigte 2001, dass sich der von Menschen verursachte Klimawandel weiter fortsetzen wird. Dadurch wurde nochmals unterstrichen, wie zentral konkrete Verpflichtungen zur Begrenzung der Treibhausgasemissionen für den globalen Klimaschutz sind.

Insgesamt wird deutlich, dass dank der informationellen Tätigkeiten von UNEP und der WMO die Unsicherheiten über die ursächliche Wirkung von Treibhausgasemissionen auf den Klimawandel entscheidend verringert werden konnten. Dadurch wurde zum einen erreicht, dass der Klimawandel auf die globale politische Tagesordnung gesetzt wurde, die Staaten mithin in Verhandlungen zur Bearbeitung der Klimaproblematik eintraten. Darüber hinaus ist es aber auch gelungen, eine große Mehrzahl von Staaten dazu anzuhalten, ihre kurzfristigen ökonomischen Interessen ihren langfristigen ökologischen Interessen unterzuordnen, um durch eine Reduktion ihrer Treibhausgasemissionen den Klimawandel zumindest zu verlangsamen.

9.7.4 Beurteilung der Organisationsoutputs

Insgesamt kann festgehalten werden, dass die Outputs des politischen Systems der Vereinten Nationen im Umweltbereich (UNEP und WMO) entscheidenden Anteil an der internationalen Kooperation zum Schutz des Weltklimas hatten und haben. Die Konzentration der Outputs auf die informationellen Tätigkeiten sowie auf die Programmgenerierung entspricht den sachbereichs- und problemfeldspezifischen Kooperationsbedingungen. Die Programmtätigkeiten stellen eine wichtige Antwort auf das sachbereichsspezifische Kooperationshindernis dar, dass ökonomische und ökologische Zielperspektiven oft miteinander konfligieren. Wie sehr die Konkurrenz ökonomischer und ökologischer Zielsetzungen die internationale Klimapolitik trotzdem belastet, verdeutlicht das insbesondere wirtschaftspolitisch motivierte Ausscheren der USA aus dem Klimaprotokoll. Darüber hinaus sind die informationellen Tätigkeiten als eine angemessene Antwort auf das problemfeldspezifische Informationsdefizit anzusehen. Diese informationellen Tätigkeiten von UNEP und der WMO haben eine vergleichsweise frühe Wahrnehmung der Klimaproblematik gefördert. Dazu kommt, dass aufgrund dieser informationellen Tätigkeiten in der Forschung relativ rasch ein Konsens entstand, an dem sich die Klimapolitik orientieren konnte.

Gleichwohl dürfen die Erfolge der Vereinten Nationen nicht überbewertet werden. Es ist ihnen zwar gelungen, internationale Kooperation zum Schutz des Weltklimas zu befördern. Doch das bislang erreichte Kooperationsniveau wird nicht ausreichen, um den Klimawandel entscheidend zu verlangsamen oder gar anzuhalten. Mit anderen Worten, was erreicht wurde, ist zwar besser als nichts, aber es ist nicht genug. Für einen wirksamen Klimaschutz wird es darauf ankommen, dass es den Vereinten Nationen gelingt, sowohl die Programmgenerierung weiter voranzutreiben als auch für die operative Umsetzung dieser Programme Sorge zu tragen. Die Rückkehr der USA zur klimaschutzpolitischen Kooperation scheint eine notwendige Bedingung hierfür zu sein (Holtrup 2001; Victor 2001).

10 Der Sachbereich ‚Herrschaft‘

Herrschaft wurde von Max Weber (1972, 28) als „die Chance, für einen Befehl bestimmten Inhalts bei angebbaren Personen Gehorsam zu finden" definiert. Das soziale Verhältnis der Herrschaft ist im Kern durch ein Nebeneinander von Rollen, die das Befehlen und solchen, die das Gehorchen implizieren, charakterisiert. Dabei ist nicht gesagt, dass der Träger einer Herrschaftsrolle in einem Handlungszusammenhang auch in einem anderen Zusammenhang ebenfalls Träger von Herrschaftsbefugnissen ist. Vielmehr ist es gerade ein Kennzeichen moderner Gesellschaften, dass ein und dieselbe Rechtsperson Träger von Rollen der Herrschaftsausübung und der Herrschaftsunterwerfung zugleich sein kann.

Begriff der Herrschaft

Staatliche Herrschaft bezieht sich territorial auf die Gebietshoheit (Staatsgebiet), personal auf die Personenhoheit (Staatsvolk) und strukturell auf die Herrschaftsordnung (Staatsgewalt). Sie kann definiert werden als die kollektiv verbindliche Zuteilung von Befehlsbefugnissen an Träger von Herrschaftsrollen sowie Gehorsamspflichten an Herrschaftsunterworfene innerhalb eines Territoriums. Herrschaft umfasst zudem alle Handlungszusammenhänge, die sich auf die Zuteilung von Freiheits- und Partizipationschancen für die Angehörigen eines Staates (vgl. Czempiel 1981, 198) oder auf die Schranken der Herrschaftsausübung für die Inhaber von Herrschaftsrollen in einem Staat beziehen.

Dimensionen staatlicher Herrschaft

Der Ausschließlichkeitsanspruch des modernen Staates auf legitime Herrschaftsausübung ist das Resultat eines zunächst auf Europa beschränkten Prozesses der zunehmenden Konzentration von Herrschaftsbefugnissen, die in der frühen Neuzeit (im so genannten langen 16. Jahrhundert) zur Vorstellung von der Souveränität des Staates führte. Die Souveränität des modernen Staates zeichnet sich durch dreierlei aus: Erstens durch das Recht des Staates, auf seinem Territorium allein oder zumindest in letzter Instanz allgemein verbindliche Entscheidungen zu treffen; zweitens durch das Recht des Staates, frei von der Einmischung Dritter seine inneren Angelegenheiten zu regeln; drittens durch das Recht des Staates, frei die Mittel seiner Selbstbehauptung gegenüber Dritten zu wählen (Krasner 1999, 20-24).

Souveränitätsprinzip

Die staatliche Souveränität, also die Dritte ausschließende Gebietshoheit sowie die Freiheit, die eigenen inneren wie äußeren Angelegenheiten ohne Einmischung durch Dritte zu regeln, ist in sich nicht widerspruchsfrei. Denn die Freiheit der Staaten in der Wahl ihrer Außenpolitik steht sowohl mit der Nichteinmischung in die inneren Angelegenheiten von Staaten (Personenhoheit und Herrschaftsordnung) als auch mit der Exklusivität der staatlichen Herrschaft über ein Territorium (Gebietshoheit) in einem Spannungsverhältnis. Erst dieses Spannungsverhältnis macht es möglich, dass Fragen der Gebietshoheit, der Personenhoheit oder der Herrschaftsordnung eines Staates auf die Tagesordnung der internationalen Politik kommen, indem sie von einem anderen Staat in Ausübung seiner – ebenfalls aus dem Souveränitätsprinzip resultierenden – außenpolitischen Handlungsfreiheit thematisiert werden (Krasner 1993, 142-144).

Damit ist zwar geklärt, warum Probleme des Sachbereichs ,Herrschaft', obwohl zunächst durch das Souveränitätsprinzip scheinbar vor dem Zugriff von außen geschützt, zu Problemen der internationalen Politik werden können. Unklar bleibt jedoch, worin im Sachbereich ,Herrschaft' problematische Handlungsinterdependenzen bestehen, die das Auftreten von internationalem Kooperationsbedarf im Allgemeinen und die Existenz internationaler Organisationen im Besonderen in diesem Sachbereich erklären könnten. Denn internationale Politik im Sachbereich ,Herrschaft' bezieht sich anders als im Sicherheits- oder Wohlfahrtsbereich meist nicht auf das Verhalten eines Staates gegenüber einem anderen Staat, sondern auf die Herrschaftsausübung eines Staates nach innen (territorial, personal und strukturell) und deren Bewertung durch Dritte. Während im Wohlfahrts- oder Sicherheitsbereich das Handeln des einen Staates die Wohlfahrt oder die Sicherheit eines anderen Staates beeinflusst, also eine unmittelbare Handlungsinterdependenz zwischen den Staaten begründet, sind Handlungsinterdependenzen im Herrschaftsbereich eher indirekt. Die Verwirklichung der Menschenrechte, die Art der Herrschaftsordnung, die Behandlung von nationalen Minderheiten oder die Asylregelung in einem Staat haben keine direkten Rückwirkungen auf die Bedingungen der Möglichkeit eines anderen Staates, in diesen Politikfeldern autonom Politik zu betreiben. Die Missachtung der Menschenrechte in einem Staat behindert die Achtung der Menschenrechte in einem anderen Staat nicht, wohingegen zum Beispiel nichttarifäre Handelsbeschränkungen eines Staates die Chancen eines anderen Staates mindern können, seinen Anteil am Welthandel zu behaupten.

Warum also sollten Staaten im Sachbereich ,Herrschaft' kooperieren und internationale Organisationen zur Stabilisierung der Kooperation errichten? Eine Antwort scheinen die indirekten, aus weit verbreiteten Wertvorstellungen mit einem hohen Kommunalitätsgrad entstandenen moralischen Interdependenzen anzudeuten. Selbst wenn Menschenrechtsverletzungen, als ungerecht eingeschätzte Herrschaftsordnungen, die Diskriminierung von nationalen Minderheiten oder die Einschränkung der Freizügigkeit in bestimmten Staaten die Möglichkeit der Verwirklichung dieser Rechte in anderen Staaten nicht einschränken, lösen sie doch vor allem in den Gesellschaften liberal-demokratischer Staaten eine moralische Betroffenheit sowie den Wunsch nach Überwindung der als illegitim empfundenen Zustände aus. So gesehen besteht eine moralische Interdependenz, die darauf beruht, dass die einer ungerechten Herrschaft in anderen Staaten unterworfenen Menschen ganz im Sinne einer Werteordnung mit hohem Kommunalitätsgrad als Gleiche bewertet werden, denen mithin die gleiche Menschenwürde und die gleichen Rechte zukommen.

Doch die moralische Interdependenz auf der Basis einer Werteordnung mit hohem Kommunalitätsgrad begründet im zwischenstaatlichen Verhältnis keine dem Wohlfahrts- oder dem Sicherheitsdilemma vergleichbaren problematischen Handlungsinterdependenzen (vgl. auch Donnelly 1998, 152f.); sie führt die Staaten nicht in soziale Fallen, in denen unilaterales, am kurzfristigen Eigennutzen orientiertes Handeln langfristig eine Selbstschädigung nach sich zieht. Gesetzt den Fall, dass die Vorstellungen von einer moralisch vertretbaren Herrschaftspraxis in verschiedenen Staaten – wie beispielsweise in den meisten Staaten des Europa von heute – identisch sind, so ist die moralische Interdependenz unproblematisch, denn jeder dieser Staaten verhält sich von selbst so, dass ein individuell wie kollektiv befriedigendes Ergebnis erzielt wird. Weisen hingegen die Vorstellungen über eine moralisch vertretbare Herrschaftsordnung in verschiedenen Staaten – wie beispielsweise zu Zeiten des Ost-West-Gegensatzes in den USA und der ehemaligen UdSSR – erhebliche Unterschiede auf, so besteht im Sinne unserer Definition gleichfalls keine problematische Handlungsinterdependenz. Es ist keine Vereinbarung vorstellbar, die die beteiligten Staaten individuell und kollektiv besser stellte als der jeweils unilaterale Versuch, die eigene Herrschaftsordnung zu bewahren und, wenn möglich, auf andere Staaten auszudehnen. Allenfalls wäre eine Vereinbarung über gegenseitige Toleranz denkbar, was freilich bedeuten könnte, Zustände zu dulden oder gar zu akzeptieren, die im Lichte der eigenen Wertvorstellungen unmoralisch und im Sinne der moralischen Interdependenz somit selbstschädigend sind.[39]

Die Nicht-Existenz eines Herrschaftsdilemmas auf zwischenstaatlicher (oder besser: intergouvernementaler) Ebene schließt jedoch die Existenz eines Herrschaftsdilemmas in den internationalen (oder besser: transnationalen) Beziehungen nicht aus. Die Existenz einer Werteordnung mit hohem Kommunalitätsgrad vorausgesetzt, kann davon ausgegangen werden, dass sich alle Gesellschaften unabhängig von der Zugehörigkeit zu unterschiedlichen Staaten in ihrer Abneigung gegen bestimmte Herrschaftspraktiken einig sind. Beispielsweise spricht vieles dafür, dass alle Gesellschaften, die staatlicher Herrschaftsgewalt unterworfen sind, darin einig gehen, dass die Folter als Herrschaftsinstrument nicht akzeptabel ist. So gesehen kann eine transnational verflochtene Gesellschaftswelt[40] eine Allianz gegen jene Herrschenden bilden, die die Grenzen legitimer Herrschaftsausübung überschreiten. Insbesondere aktive Gruppen in den Gesellschaften verschiedener Staaten versprechen sich gegenseitig, nicht-legitime Herrschaftspraktiken ihrer Herrschenden zu ächten und sich gegenseitig Beistand zu leisten, wenn ihre Herrschaftseliten vereinbarte Schranken der legitimen Herrschaftsausübung überschreiten. Zu diesem Zweck schließen sie sich zu transnational operierenden Netzwerken von Menschenrechtsorganisationen (Keck/Sikkink 1998; Risse/Ropp/Sikkink 1999) oder zu transnationalen sozialen Bewegungen (Smith/Chatfield/Pagnucco 1997) zusammen. Freilich sieht sich ein derartiger Beistand, auch wenn er organisatorisch abgesichert wird, mit einem Dilemma konfrontiert. Es besteht insofern eine soziale Falle, als ein gesellschaftsweltlicher Beistandspakt über Staatsgrenzen hinweg für alle Beteiligten wünschenswert ist, gleichzeitig aber für alle Gruppen oder Einzelgesellschaften der Gesellschaftswelt ein Anreiz besteht, die Kosten des Beistandes möglichst gering zu halten oder ganz auf andere abzuwälzen. Wenn jedoch alle so handeln, kann das kollektiv wie individuell wünschenswerte Interaktionsergebnis einer aktiven Beistandsleistung nicht erzielt werden. Beispielsweise hat die jahrelange Diskus-

Herrschaftsdilemma der Gesellschaftswelt

---

39 Selbst wenn Toleranz in dem Sinne, dass darauf verzichtet wird, die Herrschaftsordnung anderer Staaten zu verurteilen, selbstschädigend ist, kann es doch gute, auch moralische Gründe geben, nur bestimmte Mittel zu wählen, um seiner Missbilligung Ausdruck zu verleihen. Beispielsweise kann Gewaltanwendung als Mittel zur Beseitigung unmoralischer Herrschaftspraktiken in anderen Staaten nur in Ausnahmefällen moralisch gerechtfertigt werden (Jahn 1993).

40 Der Ausdruck 'Gesellschaftswelt' verweist darauf, dass die Welt nach wie vor staatlich geordnet ist, gleichzeitig aber die Bedeutung der Gesellschaften, das heißt nicht-staatlicher Akteure für die internationalen Beziehungen gewachsen ist (vgl. Czempiel 1993, 105-107).

sion über ein Wirtschaftsembargo gegen Südafrika wegen dessen Apartheids-Politik dieses Problem deutlich zu Tage treten lassen (Klotz 1995).[41]

vom
Herrschaftsdilemma
der Gesellschaftswelt
zu dem der
internationalen
Politik

Die besondere Problematik der kooperativen Überwindung des Herrschafts-dilemmas in der Gesellschaftswelt besteht nun darin, dass ein derartiger gesell-schaftsweltlicher Beistandspakt zwar theoretisch denkbar, praktisch hingegen allenfalls in Ansätzen, beispielsweise in Gestalt von Aktivitäten internationaler Nicht-Regierungsorganisationen wie ‚Amnesty International' oder ‚Human Rights Watch' zu verwirklichen ist. Während auf intergouvernementaler Ebene zwar die Möglichkeit zur Kooperation, jedoch kein Bedarf an Kooperation im Sachbe-reich ‚Herrschaft' besteht, ist auf gesellschaftsweltlicher Ebene zwar ein Bedarf gegeben, doch nur in engen Grenzen die Möglichkeit vorhanden, diesem Bedarf durch wirksame Kooperation zu entsprechen. Nun sind allerdings die intergou-vernementale wie die gesellschaftsweltliche Ebene nicht gänzlich unabhängig voneinander, vielmehr sind sie aufeinander bezogen, häufig – wie beispielsweise in Demokratien – sogar eng miteinander verknüpft. Die einzelnen Gesellschaften der Gesellschaftswelt können das außenpolitische Verhalten ihrer Regierungen zumindest langfristig beeinflussen; selbst in Diktaturen ist das Verhalten der Re-gierungen nicht völlig unabhängig von den Interessen der Bevölkerung. So er-klärt sich, dass das zunächst nur auf gesellschaftsweltlicher Ebene identifizierba-re Herrschaftsdilemma auch zu einem Herrschaftsdilemma der internationalen Politik werden kann, das seinerseits einen Bedarf an Herrschaftskooperation er-zeugt. Dieser dem Herrschaftsdilemma entspringende Kooperationsbedarf weist gegenüber dem, der auf das Sicherheits- oder Wohlfahrtsdilemma zurückzufüh-ren ist, grundlegende strukturelle Unterschiede auf.

Herrschaftsdilemma
und Kooperations-
hindernisse

Da das Herrschaftsdilemma in den internationalen Beziehungen nicht vor-rangig in der Gesellschaftswelt selbst, sondern erst bei erfolgreich ausgeübtem Druck gesellschaftsweltlicher Akteure von den Staaten bearbeitet wird, ergibt sich die paradox anmutende Situation, dass Kooperation dort, wo sie möglich wäre, weitgehend überflüssig ist, hingegen dort, wo sie nötig wäre, weitgehend unmöglich ist. Denn zwischen Staaten mit weitgehend vergleichbaren Herrschafts-ordnungen ergibt sich ein Kooperationsbedarf nur unter dem Gesichtspunkt der Rückversicherung; das heißt, künftige Regierungen sollen gebunden werden, die bestehende Herrschaftsordnung beizubehalten. Hingegen ist die Kooperation zwischen Staaten mit unterschiedlichen Herrschaftsordnungen (selbst wenn sie unter dem Druck der Gesellschaftswelt handeln) schwer zu erreichen, da sich hier das Herrschaftsdilemma in Gestalt eines Wertekonfliktes zeigt. Wertekon-

Wertekonflikt

flikte bleiben jedoch einer kooperativen Konfliktbearbeitung zumeist verschlos-sen (Efinger/Rittberger/Zürn 1988, 92-98). Kompromisse scheinen allenfalls dann möglich, wenn sich die Interessen der Gesellschaftswelt mit denen eines mächtigen Staates decken, der seine Machtmittel einsetzt, um andere Staaten zu einer Korrektur der eigenen Herrschaftspraxis anzuhalten (Krasner 1993, 141).

---

41 Erst im Jahre 1976, 16 Jahre nach dem berüchtigten Sharpeville-Massaker, verhängte der VN-Sicherheitsrat ein Waffenembargo gegen die Republik Südafrika. Es dauerte weitere zehn Jahre, ehe der US-Kongress gegen den Willen des Präsidenten ein wirksames Wirt-schaftsembargo beschloss. Erst dann hatte der seit Mitte der 1960er Jahre von zahlreichen afrikanischen Staaten und westlichen Menschenrechtsgruppen getragene Anti-Apartheids-diskurs die politischen und ökonomischen Interessenkalküle westlicher Regierungen und Firmen zu beeinflussen vermocht.

Ein weiteres Hindernis der internationalen Kooperation im Sachbereich ‚Herrschaft‘ folgt aus der Unmöglichkeit oder Sinnlosigkeit einer vergeltenden Reziprozität. Während im Sicherheits- und Wohlfahrtsbereich unerwünschte Handlungen des Interaktionspartners mit denselben Handlungen – z.B. Zollerhöhungen mit Zollerhöhungen, Rüstungsmaßnahmen mit Rüstungsmaßnahmen – beantwortet werden können, macht dies im Sachbereich ‚Herrschaft‘ keinen Sinn. Menschenrechtsverletzungen eines Staates können nicht dadurch ‚vergolten‘ werden, dass andere Staaten ebenfalls Menschenrechtsverletzungen begehen. Vergeltung ist mithin nur durch so genanntes ‚issue-linkage‘ möglich. Dabei werden Zugeständnisse in einem Problemfeld gegenüber einem anderen Staat, wie beispielsweise die Intensivierung der Handelsbeziehungen, von dessen Entgegenkommen bei der Achtung der Menschenrechte abhängig gemacht. Solche wirksamen Problemverknüpfungen herzustellen, gelingt freilich nur Staaten, die im Sinne der Verfügungsgewalt über eigene Handlungsfähigkeit begründende Ressourcen mächtig sind. Daher ist es wenig verwunderlich, dass Kooperation im Sachbereich ‚Herrschaft‘ in besonderem Maße von der Existenz eines mächtigen Staates (oder einer mächtigen Staatenkoalition) abhängig ist.

Ähnlich wie im Sachbereich ‚Sicherheit‘ wird die Kooperation im Herrschaftsbereich durch ein strukturell angelegtes Misstrauen zwischen Staaten, die unterschiedliche Herrschaftsordnungen aufweisen, behindert. Dieses Misstrauen entsteht insbesondere dann, wenn die Herrschaftsordnung des jeweils anderen Staates aus moralischen Gründen abgelehnt wird und in diese Ablehnung auch die Befürchtung einfließt, die andere Herrschaftsordnung sei ihrem Wesen nach auf Expansion angelegt. Daher wird jeder sich insoweit betroffen einschätzende Staat versucht sein, den Wandel der Herrschaftsform des Systemgegners zu fördern, die eigene Herrschaftsform vor der Delegitimierung oder Destabilisierung durch den Systemgegner hingegen zu schützen. Dabei kommen mit Propaganda und Subversion Maßnahmen zur Anwendung, die zum einen häufig wenig transparent sind, zum anderen die Unterscheidung von offensiven und defensiven Mitteln erschweren. Infolgedessen wird internationale Kooperation im Sachbereich ‚Herrschaft‘ wie im Sachbereich ‚Sicherheit‘ durch ein strukturelles Misstrauen zwischen Staaten grundlegend unterschiedlicher Herrschaftsordnungen behindert. Da zudem die Wiederbringlichkeit des in Frage stehenden Gutes, der eigenen Herrschaftsordnung, mehr als zweifelhaft ist, wird dieses Misstrauen zusätzlich geschürt. Es zwingt die Staaten, gegen mögliche Delegitimierungs- oder Destabilisierungsversuche der Gegenseite präventiv vorzugehen.

Schaubild 24: Kooperationsbedingungen im Sachbereich ‚Herrschaft‘

Herrschaftsdilemma
(wechselseitiges Misstrauen)
Wertekonflikte
Moralische Interdependenz
Gesellschaftsweltliche Interdependenz
Sinnlosigkeit vergeltender Reziprozität
Nicht-Unterscheidbarkeit offensiver und defensiver Maßnahmen
geringe Transparenz der Maßnahmen; Geheimhaltung
Unwiederbringlichkeit der Herrschaftsordnung

sehr geringe Kooperationswahrscheinlichkeit

293

Die strukturellen Charakteristika der problematischen Handlungsinterdependenz im Sachbereich ‚Herrschaft' zusammenfassend lässt sich feststellen, dass die Kooperationschancen als relativ gering einzustufen sind. Dies gilt nicht nur im Vergleich zum Sachbreich ‚Wohlfahrt', sondern auch gegenüber dem Sachbereich ‚Sicherheit'. Im Folgenden gilt unser Erkenntnisinteresse dem Beitrag, den internationale Organisationen zur Erzeugung und Stabilisierung kooperativer Interaktionsmuster in einem der zentralen und besonders charakteristischen Problemfelder des Sachbereichs ‚Herrschaft', im Problemfeld ‚Menschenrechtsverletzungen' zu leisten vermögen.

Analog zu den Chancen, das Sicherheitsdilemma zu reduzieren (vgl. Kap. 8), bestehen durchaus Möglichkeiten, die eben genannten Kooperationshindernisse im Sachbereich ‚Herrschaft' zu verringern. Im Folgenden wollen wir vor allem der Frage nachgehen, wie die besonders schwer wiegenden Kooperationshindernisse der nur indirekten Wirksamkeit des Herrschaftsdilemmas auf zwischenstaatlicher Ebene sowie des Auftretens von Konflikten im Sachbereich ‚Herrschaft' in Gestalt von Wertekonflikten abgebaut werden können. Anders als in den Sachbereichen ‚Sicherheit' und ‚Wohlfahrt', sind es im Sachbereich ‚Herrschaft' vor allem nicht-staatliche Akteure, deren Aktivitäten kooperationsfördernd wirken können. Indem sich nicht-staatliche Akteure zu transnational operierenden Netzwerken von Menschenrechtsorganisationen zusammen schließen, sind sie zum einen in der Lage, der moralischen Interdependenz auf gesellschaftsweltlicher Ebene direkte Wirksamkeit auf zwischenstaatlicher Ebene zu verleihen. Dies ist ihrer Funktion als Scharnier zwischen nationaler und internationaler Ebene sowie zwischen Staatenwelt und Gesellschaftswelt zu verdanken (Risse/Sikkink 1999, 17f.). Durch seine Präsenz auf sowohl nationaler als auch internationaler Ebene ist ein solches Netzwerk zunächst in der Lage, verlässliche Informationen über auftretende Menschenrechtsverletzungen in bestimmten Staaten zu generieren. In einem weiteren Schritt nutzen international operierende Mitglieder des Netzwerks mit Hilfe der gewonnenen Informationen internationale Organisationen und die Öffentlichkeiten liberaler Staaten als Plattformen und versuchen letztere – nicht ohne Erfolg -, gegen den normverletzenden Staat zu mobilisieren (Finnemore/Sikkink 1998, 896-901; Risse/Sikkink 1999, 22f.).

Mit Hilfe einer solchen transnationalen Mobilisierungskampagne verleihen Netzwerke von Menschenrechtsorganisationen der moralischen Interdependenz auf gesellschaftsweltlicher Ebene direkte Wirksamkeit auch auf zwischenstaatlicher Ebene; darüber hinaus können derartige Kampagnen langfristig zu einer Beilegung des Wertekonfliktes zwischen Demokratien und Nicht-Demokratien beitragen und somit ein weiteres Kooperationshindernis im Sachbereich ‚Herrschaft' überwinden helfen. Thomas Risse und seine Mitarbeiter (Risse/Ropp/ Sikkink 1999; Risse/Jetschke/Schmitz 2002) haben anhand von elf Länderfallstudien ein so genanntes Spiralmodell innenpolitischen Menschenrechtswandels überprüft. Das Modell versucht zu veranschaulichen, warum und auf welche Weise sich Staaten, in denen systematisch Menschenrechte verletzt werden, so weiter entwickeln, dass ihre Regierungen international anerkannte Menschenrechtsnormen in ihr nationales Rechtssystem aufnehmen und für ihre Implementation sorgen. Das Modell untergliedert diesen Prozess der „Sozialisation internationaler Normen in innenpolitische Praxis" (Gränzer et al. 1998, 7) in fünf Phasen. In jeder Phase werden die Interaktionen zwischen Akteuren der Staaten- und der Gesellschaftswelt auf nationaler wie internationaler Ebene modelliert, die zusammen genommen ein spiralartiges Bild von Aktions- und Reaktionsmustern offenbaren. Dass es zu einem Wandel der Menschenrechtspraxis in repressiven Staaten kommt, wird in erster Linie auf die Aktivitäten eines transnational operierenden Netzwerks von Menschenrechtsorganisationen zurück geführt (zum Folgenden Gränzer et al. 1998, 12-17; Risse/Sikkink 1999, 17-35). Dieses Netzwerk setzt die Spirale in Gang, indem es mit Hilfe von vor Ort gewonnenen Informationen die repressive Herrschaftspraxis im ‚Zielstaat' anprangert und auf internationaler Ebene nach Verbündeten in der Staatenwelt (Regierungen und internationale Organisationen) und in der Gesellschaftswelt (weitere nicht-staatliche Organisationen und die Öffentlichkeiten liberal-demokratischer Staaten) sucht. Verhindert das Ausmaß der Repression im Zielstaat nicht die Informationsweitergabe und –publikation, kommt es zum Übergang in die zweite Phase. Hier bestreitet das repressive Regime die Gültigkeit internationaler Menschenrechtsnormen und verwahrt sich mit Verweis auf das Nichteinmischungsgebot einer externen Kontrolle der eigenen Herrschaftspraxis. Damit wird deutlich, dass die Aktivitäten nicht-staatlicher Akteure nur dann Wirkung entfalten können, wenn international kodifizierte Menschenrechte bereits existieren (vgl. Kap. 10.1). Andernfalls fehlte dem Netzwerk das Mittel, um legitimen moralischen Druck ausüben zu können, und das Leugnen einer rechtlichen Verpflichtung und deren Missachtung fiele dem repressiven Regime weitaus leichter. Ohne die Existenz international anerkannter Menschenrechte ganz unmöglich wäre der kritische Übergang zur dritten Phase, in dem sich die die Menschenrechte verletzende Regierung zu taktischen Konzessionen an ihre (nationalen und internationalen) Kritiker genötigt sieht. Diesen Schritt unternimmt die Regierung des Zielstaats der transnationalen Kampagne nur, wenn sich das Netzwerk als stark genug erweist und wenn die menschenrechtsverletzende Regierung dem durch das Netzwerk und seine Verbündeten ausgeübten (moralischen, politischen und/oder ökonomischen) Druck nicht mehr standhalten kann. Sowohl ein ausreichend starkes Netzwerk als auch wirksamer Druck, der vor allem durch Verbündete in der Staatenwelt erzeugt wird, könnten ohne zum Zeitpunkt der Kampagne bereits vorhandene verhaltensleitende Menschenrechtsnormen nicht geschaffen oder aufrecht erhalten werden. Hat sich die repressive Regierung erst einmal zu taktischen Konzessionen bereit erklärt, sagt das Modell die Aufwertung der innenpolitischen Opposition und die Verankerung der Menschenrechte im gesellschaftlichen Diskurs des Zielstaats voraus. Am Übergang zur vierten Phase steht die normverletzende Regierung einer hoch mobilisierten nationalen und durch das transnationale Netzwerk unterstützten Opposition gegenüber. Nach dem Vollzug eines Macht- oder Regimewechsels erkennen staatliche Akteure im Zielstaat die Gültigkeit internationaler Menschenrechtsstandards an, indem sie diese zur Grundlage des Aufbaus eines rechtsstaatlichen Systems machen. Der Sozialisationsprozess tritt in die fünfte Phase ein, wenn den Menschenrechtsnormen nicht nur präskriptiver Status zukommt, sondern darüber hinaus der Staatsapparat im Zielstaat normengerecht, das heißt im Einklang mit in die binnenstaatliche Rechtsordnung integrierten Menschenrechtsnormen handelt.

Um unter den diskutierten schwierigen Bedingungen internationale Kooperation zu ermöglichen und die kooperationsfördernden Aktivitäten nicht-staatlicher Akteure zu erleichtern, müssen sich die Outputs der politischen Systeme internationaler Organisationen, die im Problemfeld ‚Menschenrechtsverletzungen' tätig sind, besonders auf die Generierung von Politikprogrammen konzentrieren. Angesichts der im Sachbereich ‚Herrschaft' vorfindbaren Wertekonflikte erscheint es besonders wichtig, im Rahmen einer internationalen Organisation

sachbereichs- und problemfeldspezifisch notwendige Outputs von IO nach politikprogrammatischen Gemeinsamkeiten zu suchen und diese vertraglich bindend fest zu schreiben. Im Bereich der operativen Tätigkeiten wäre eine Konzentration auf die Überwachung der Implementation der Politikprogramme durch die Staaten sowie die Möglichkeit, Sanktionen zu verhängen, dienlich. Denn Staaten verspüren vor allem im Sachbereich ‚Herrschaft‘, in dem es um Ausmaß und Grenzen staatlicher Souveränität geht, den Anreiz, eingegangene internationale Vereinbarungen zu missachten; verlässliche Überwachungs- oder gar Sanktionsmechanismen würden indessen die Wirksamkeit derartiger Anreize einschränken. Angesichts der sachbereichsspezifischen Kooperationsbedingungen ist allerdings Skepsis geboten, dass die Staaten derartige Kompetenzen auf internationale Organisationen übertragen. Unser Überblick über die Aktivitäten der Vereinten Nationen auf globaler und des Europarates auf regionaler Ebene verdeutlicht, dass dies dennoch, allerdings unterschiedlich weitreichend, geschehen ist.

10.1 Das Problemfeld ‚Menschenrechtsverletzungen‘ I: Die Vereinten Nationen

‚Menschenrechtsverletzungen‘ als Problemfeld des Sachbereichs ‚Herrschaft‘ werfen die Frage nach den Formen legitimer Herrschaftsausübung auf. Dies gilt zumindest für die Fälle, in denen Menschenrechtsverletzungen in Staaten nicht nur als Einzelfälle, sondern aufgrund der Herrschaftsordnung gehäuft auftreten. Einerseits schränkt die Gewährleistung der Menschenrechte die Mittel der Herrschaftsausübung ein, indem ausgewählte Bereiche des menschlichen und gesellschaftlichen Lebens der Herrschaftsausübung und der legitimen Nutzung des staatlichen Gewaltmonopols entzogen sein sollen. Andererseits kann die Gewährleistung der Menschenrechte von mitunter systematischen Eingriffen des Staates in die Gesellschaftsordnung abhängen. Menschenrechte errichten mithin eine Schranke und zugleich eine Verpflichtung der Herrschaftsausübung, deren Überschreiten oder deren Missachtung jeden Staat dem Risiko von Legitimationseinbußen aussetzt.

Die Notwendigkeit, eine derartige Schranke und zugleich Verpflichtung staatlicher Herrschaftsausübung international verbindlich abzusichern, wurde in der uns heute vertrauten Form erst im Zusammenhang mit der Erfahrung der Verbrechen gegen die Menschlichkeit, wie sie vor allem das nationalsozialistische Deutschland während des Zweiten Weltkrieges begangen hatte, offenbar. Zuvor beschränkten sich erste Ansätze einer internationalen Menschenrechtspolitik auf eng begrenzte Problemfälle wie das Verbot des internationalen Sklavenhandels oder die Festlegung von Mindeststandards des Arbeiterschutzes (Krasner 1999, 106-110). Nach dem Zweiten Weltkrieg hielten die Herrschaftspraktiken eines Generals Pinochet in Chile, von Idi Amin in Uganda und Pol Pot in Kambodscha, die Politik der Apartheid in Südafrika oder das Massaker auf dem Platz des himmlischen Friedens in Peking – um nur einige Beispiele zu nennen – das Thema des Schutzes vor Menschenrechtsverletzungen auf der internationalen politischen Tagesordnung. In allen diesen Fällen zeigte sich, dass zumeist erst der Druck gesellschaftsweltlicher Akteure vor allem auf die Regierungen liberal-demokratischer Staaten eine internationale Handlungsbereitschaft zu erzeugen vermochte. Außerdem zeigte sich, dass erst nachdem die Gesellschaftswelt die

Unterstützung mächtiger Staaten gefunden hatte, eine Politik des internationalen Menschenrechtsschutzes möglich wurde (Donnelly 1998, Kap. 1).

10.1.1 Politikprogramm

Die ersten Schritte zu einem Politikprogramm des internationalen Schutzes der Menschenrechte sind vor allem als Reaktion auf die Erfahrungen der nationalsozialistischen Herrschaftspraxis in Deutschland und den von Deutschland eroberten und besetzten Gebieten zu betrachten. So bestätigt bereits die Präambel der Satzung der Vereinten Nationen den „Glauben an die Grundrechte des Menschen, an Würde und Wert der menschlichen Persönlichkeit, an die Gleichberechtigung von Mann und Frau sowie von allen Nationen, ob groß oder klein". Über die in dem Ziel, „die allgemeine Achtung und Verwirklichung der Menschenrechte und Grundfreiheiten für alle ohne Unterschied der Rasse, des Geschlechts, der Sprache oder der Religion" (Art. 55 SVN) enthaltenen Diskriminierungsverbote hinaus nennt die Charta allerdings keine konkreten Menschenrechte, die die Staaten zu garantieren und zu respektieren haben. Der Menschenrechtsschutz durch die Vereinten Nationen blieb somit zunächst bloßes Bekenntnis.

VN-Satzung

Allerdings wurde dem Wirtschafts- und Sozialrat der Vereinten Nationen (ECOSOC) die Aufgabe übertragen, das allgemeine Bekenntnis zum Menschenrechtsschutz auszugestalten und in anwendbare Normen und Regeln zu übersetzen. Zu diesem Zwecke setzte der ECOSOC schon 1946 die Menschenrechtskommission als nachgeordnetes Organ ein. Die Kommission sollte als Forum der Programmentwicklung im Bereich des internationalen Menschenrechtsschutzes dienen. Sie stellte und stellt noch immer – zusammen mit der sie unterstützenden Unterkommission für die Förderung und den Schutz der Menschenrechte – das zentrale Forum für die intergouvernementale Aushandlung von Politikprogrammen des Menschenrechtsschutzes durch die Vereinten Nationen dar.

VN-Menschenrechtskommission

Entsprechend der besonderen Bedeutung des Faktors ‚Macht' bei intergouvernementalen Verhandlungen im Allgemeinen und bei der Programmgenerierung im Sachbereich ‚Herrschaft' im Besonderen wurde der Entscheidungsprozess zunächst von der westlichen Koalition liberal-demokratischer Staaten unter Führung der USA geprägt. Ohne kulturelle Hegemonie sowie materielle Übermacht des Westens wäre die Programmgenerierung wohl von vornherein zum Scheitern verurteilt gewesen. So aber konnte auf der Grundlage liberaler Vorstellungen ein internationaler Grundkonsens darüber erzielt werden, welche Rechte fortan als international anerkannte und garantierte Menschenrechte gelten sollten. Als Resultat dieses Konsens wurde 1948 von der Generalversammlung der Vereinten Nationen die ‚Allgemeine Erklärung der Menschenrechte' verabschiedet. Der Beschluss der Generalversammlung kam gemäß dem Modell der Mehrheitspolitik zustande, das in dieser Erklärung formulierte menschenrechtspolitische Programm der Vereinten Nationen blieb deklaratorisch, mithin rechtlich unverbindlich. Trotzdem konnten Staaten in der Folge keine Menschenrechtsverletzungen mehr begehen, ohne Gefahr zu laufen, dass ihre Herrschaftspraxis zu einem Thema von Organen der Vereinten Nationen wurde. Die Herrschaftspraxis der Staaten gegenüber ihren Bevölkerungen wurde somit der ausschließlichen Zuständigkeit der Staaten entzogen; das auf das Souveränitätsprinzip gestützte Gebot der Nicht-Einmischung begann, im Problemfeld ‚Menschenrechtsverletzungen' an Geltung zu verlieren.

Allgemeine Erklärung der Menschenrechte von 1948

Der Prozess der Politikprogrammgenerierung, das heißt der von einem breiten Konsens getragenen Entwicklung von Normen und Regeln für den international verbindlichen Schutz der Menschenrechte war mit der Verabschiedung der Allgemeinen Erklärung der Menschenrechte keineswegs abgeschlossen. Die Menschenrechtskommission der Vereinten Nationen hatte in einem ersten Schritt einen normativen Bezugsrahmen geschaffen, um in einem zweiten Schritt die rechtsverbindliche Kodifikation der Menschenrechte zu erreichen. So wurde unmittelbar im Anschluss an die Verabschiedung der Menschenrechtserklärung durch die Generalversammlung in der Kommission der ‚Internationale Pakt über bürgerliche und politische Rechte' sowie der ‚Internationale Pakt über wirtschaftliche, soziale und kulturelle Rechte' Gegenstand langwieriger intergouvernementaler Verhandlungen. Obwohl beide Pakte bereits 1954 weitgehend ausgehandelt waren, wurden sie erst 1966 von der Generalversammlung bestätigt und den Staaten zur Unterzeichnung empfohlen. Es dauerte weitere zehn Jahre, bis eine ausreichend große Zahl von Staaten die Verträge ratifiziert hatte, um sie in Kraft treten zu lassen. Die Zahl der Vertragsstaaten ist während der 1990er Jahre deutlich gestiegen und lag zuletzt (Stand: Ende 2001) bei 147 und 145 (Office of the High Commissioner for Human Rights 2001).

Insgesamt kann somit festgehalten werden, dass im Vergleich zur Zeit vor 1945, als international verbindliche Menschenrechtsnormen noch weithin unbekannt waren, sich bis heute durch die Programmgenerierung der Vereinten Nationen eine breite Palette internationaler Menschenrechtsstandards herausgebildet hat. Jede einzelne Norm hat präskriptiven Status, und zusammen konstituieren die Menschenrechtsstandards eine internationale normative Struktur (Donnelly 1998, 15; Hurrell 1999, 277; Risse/Ropp 1999, 266). Das menschenrechtspolitische Programm der Vereinten Nationen (Dicke 1998) formuliert ausgehend von der Würde (Art. 1) sowie der Gleichheit aller Menschen (Art. 2) in den Artikeln 3 bis 21 der Allgemeinen Menschenrechtserklärung sowie in den Artikeln 6 bis 27 des Internationalen Paktes über bürgerliche und politische Rechte einen Kanon liberaler Abwehrrechte jedes einzelnen Individuums gegenüber staatlicher Herrschaftsausübung. Zu ihnen zählen: das Recht auf Leben, auf Freiheit und Sicherheit der Person; der Schutz vor Diskriminierung; das Verbot der Folter und der Sklaverei; der Anspruch auf Gleichheit vor dem Gesetz, auf ein faires Gerichtsverfahren; das Recht auf rechtlichen Beistand im Rahmen eines Gerichtsverfahrens sowie auf die Vermutung der Unschuld bis zu einer richterlichen Verurteilung; das Recht, nur auf der Grundlage der zum Zeitpunkt der Tat gültigen Gesetze verurteilt zu werden (‚nulla poena sine lege'); der Schutz der Privatsphäre; das Recht auf Gedanken-, Gewissens- und Religionsfreiheit; das Recht auf freie Meinungsäußerung, auf Versammlungs- und Vereinigungsfreiheit sowie auf Freizügigkeit; der Schutz der Familie; das Recht zu heiraten; das Recht auf Zugang zu öffentlichen Ämtern und der Teilhabe an der Gestaltung der öffentlichen Angelegenheiten des eigenen Landes; der Anspruch, an wiederkehrenden, allgemeinen und gleichen Wahlen teilzunehmen.

In den Artikeln 22 bis 27 der Allgemeinen Menschenrechtserklärung werden zudem wirtschaftliche, soziale und kulturelle Grundrechte benannt, die im Internationalen Pakt über wirtschaftliche, soziale und kulturelle Rechte bekräftigt und weiter entfaltet werden. Hier sind vor allem zu erwähnen: das Recht auf ausreichende Nahrung und einen angemessenen Lebensstandard sowie das Recht auf körperliche und geistige Gesundheit; das Recht auf Arbeit sowie auf angemessene und befriedigende Arbeitsbedingungen; das Streikrecht sowie das Recht auf

Freizeit, auf Urlaub und soziale Sicherheit; das Recht auf Bildung sowie die Teilhabe am kulturellen und wissenschaftlichen Leben des eigenen Landes.

Zu diesen in der Allgemeinen Erklärung der Menschenrechte und den Menschenrechtspakten der Vereinten Nationen verankerten Rechten, die freilich unter eine Vielzahl von Vorbehalten gestellt sind, treten andere hinzu, die in einer Reihe von Konventionen dem Menschenrechtsschutz hinzugefügt wurden und neue Standards setzen. Zu nennen sind vor allem die Konvention zur Beseitigung aller Formen von Rassendiskriminierung von 1965, die Konvention zur Beseitigung jeder Form von Diskriminierung der Frau von 1979, die Konvention gegen Folter und andere grausame, unmenschliche oder erniedrigende Behandlung oder Strafe von 1984 sowie die Konvention über die Rechte des Kindes von 1989. weitere Konventionen

Abschließend muss darauf hingewiesen werden, dass die Programmtätigkeiten der Vereinten Nationen im Problemfeld ‚Menschenrechtsverletzungen‘ im Gegensatz zu denen internationaler Organisationen in den Sachbereichen ‚Sicherheit‘ und ‚Wohlfahrt‘ wesentlich durch die Aktivitäten von Nicht-Regierungsorganisationen unterstützt wurden. Dieses Engagement wurde deutlich sichtbar, als sich die Zahl der international operierenden NGO in den 1970er Jahren vervielfachte (vgl. Boli/Thomas 1999, Kap. 2; Liese 1998, 37; Otto 1996). Besonders seit dem Ende des Ost-West-Konflikts nutzen Menschenrechts-NGO die ihnen zur Verfügung stehenden Plattformen im politischen System der Vereinten Nationen, so z.B. die 1993 in Wien abgehaltene zweite Weltkonferenz für Menschenrechte, um neue Politikprogramme anzuregen und auf die verlässliche Implementation bestehender Normen zu dringen. Die Beteiligung von NGO an der Generierung von Politikprogrammen reicht allerdings schon bis zu den Verhandlungen über den Inhalt und die Rechtsform der Allgemeinen Erklärung von 1948 zurück (Korey 1998, Kap. 1). hervorgehobene Rolle nicht-staatlicher Akteure bei der Programmgenerierung

Der besondere Wert der menschenrechtspolitischen Programme der Vereinten Nationen für die internationale Kooperation im Problemfeld ‚Menschenrechtsverletzungen‘ sowie die Rolle nicht-staatlicher Akteure bei der Erzeugung und Stabilisierung dieser Kooperation resultiert vor allem aus ihrer Funktion als Bezugssystem für die Kritik an Menschenrechtsverletzungen. So können Gesellschaften, die von Menschenrechtsverletzungen betroffen sind, die Menschenrechtsprogramme der Vereinten Nationen als Druckmittel gegen ‚ihre‘ Staaten verwenden, indem sie selbst, aber auch internationale Organisationen oder die Regierungen und Öffentlichkeiten liberaler Staaten auf die Missachtung international anerkannter Normen hinweisen (vgl. S. 294). Besonders die Aktivitäten transnational vernetzter Akteure tragen zur Entstehung eines so genannten ‚Bumerang-Effektes‘ bei. Ein solcher Effekt entsteht, wenn zivilgesellschaftliche Akteure eines Staates ihre Forderung, die Einhaltung international anerkannter Menschenrechte zu gewährleisten, nicht direkt an ‚ihre‘ Regierung richten. Statt dessen vermeiden sie diesen oftmals blockierten Weg und suchen in ihrem Bemühen um die Verbesserung der Menschenrechtssituation in ihrem Land internationale Verbündete. In der Regel bauen sie zunächst Verbindungen zu transnational vernetzten NGO auf, die in der Lage sind, internationale Organisationen oder die Öffentlichkeiten liberal-demokratischer Staaten zu mobilisieren. Diese internationalen Akteure sind im Folgenden besser als die zivilgesellschaftlichen Akteure in dem betroffenen Land in der Lage, die Informationen der betroffenen Gesellschaft über Normverletzungen in wirksamen Druck auf die die Menschenrechte verletzende Regierung umzusetzen (vgl. Keck/Sikkink 1998, 12f.; Risse/Sikkink 1999, 18f.). Menschenrechtsstandards als Druckmittel ‚Bumerang‘-Effekt

Ein herausragendes Beispiel stellt die Entwicklung in Osteuropa und der ehemaligen UdSSR nach der 1975 verabschiedeten Helsinki-Schlussakte im Rahmen
der Konferenz über Sicherheit und Zusammenarbeit in Europa (KSZE) dar. So bildeten sich nicht nur in den Staaten des Ostblocks zahlreiche ‚Dissidentengruppen'
wie die ‚Charta 77' in der früheren ČSSR. Auch in den liberal-demokratischen
Staaten des Westens reagierte man mit der Gründung von ‚Human Rights Watch'
(anfangs ‚Helsinki Watch') auf die Aktivitäten der Dissidenten. Der von diesen
Anstrengungen ausgehende und über die KSZE-Folgetreffen verstärkte so genannte Helsinki-Effekt ist inzwischen gründlich belegt (vgl. Thomas 1999; 2001)
und wäre ohne die Existenz eines menschenrechtlichen Politikprogramms als Bezugspunkt nicht auf diese Weise wirksam geworden.

10.1.2 Operative Tätigkeiten

Mangel an
wirksamen operativen
Tätigkeiten

Nachdem sich die Outputs des politischen Systems der Vereinten Nationen im
Problemfeld ‚Menschenrechtsverletzungen' bis Mitte der 1960er Jahre fast ausschließlich auf die Politikprogrammgenerierung konzentriert hatten, zielen sie
seitdem vermehrt auf die operative Implementation dieser Politikprogramme.
Allerdings steht den erheblichen Fortschritten im Bereich der Politikprogrammgenerierung nach wie vor ein vergleichsweise großer Mangel an operativen Tätigkeiten gegenüber (Forsythe 2000, 55f.). Die Möglichkeiten der Vereinten Nationen, die Menschenrechtspraxis von Staaten zu überwachen, haben sich seit
den 1960er Jahren zwar verbessert, sind aber bei weitem noch nicht effektiv genug. Gar nicht vorgesehen waren Möglichkeiten zur direkten Implementation der
vereinbarten Politikprogramme. Obwohl dies auch für die Sanktionierung von
staatlichem Fehlverhalten galt, hat die Staatengemeinschaft in Gestalt des VN-
Sicherheitsrates nach dem Ende des Ost-West-Konflikts begonnen, kollektive
Zwangsmaßnahmen auch gegen solche Staaten zu verhängen, deren Regierungen
anhaltende schwere Menschenrechtsverletzungen begehen oder tolerieren.

Überwachung von
staatlichem Verhalten

Trotz dieses eher negativen Gesamtbefundes für die operativen Tätigkeiten
der Vereinten Nationen im Problemfeld ‚Menschenrechtsverletzungen' sollen
zunächst die Ansätze eines operativen Tätigwerdens der Vereinten Nationen im
Bereich der Überwachung kurz beschrieben werden. Es muss unterschieden
werden zwischen Überwachungsorganen und -verfahren, die kraft Satzung der
Vereinten Nationen existieren oder deren Existenz aus dieser abgeleitet wird,
und solchen Organen, die aufgrund einzelner internationaler Verträge die vom
jeweiligen Vertrag erfasste menschenrechtliche Praxis der Vertragsparteien –
nicht der Gesamtheit der VN-Mitgliedstaaten – überwachen. Zur ersten Kategorie von so genannten chartagestützten Überwachungsorganen zählen der
ECOSOC und die durch ihn in Erfüllung des Art. 68 SVN eingesetzte VN-Menschenrechtskommission. Sie verfügen über die relativ wirkungsvollsten Überwa-
chungsverfahren. Zu nennen sind das 1235-Verfahren einerseits und das 1503-
Verfahren andererseits, benannt nach den ECOSOC-Resolutionen 1235 (1967)
und 1503 (1970).

auf der VN-Satzung
basierende Verfahren:
1503-Verfahren

Das 1503-Verfahren gibt Einzelpersonen und Gruppen von Individuen das
Recht, Berichte über massive und systematische Menschenrechtsverletzungen
der Menschenrechtskommission der Vereinten Nationen zuzuleiten. Die Kommission prüft auf der Grundlage der erhaltenen Berichte, ob eine Menschenrechtsverletzung vorliegt und ob diese den Kriterien einer massiven und syste-

matischen Verletzung genügt. Ist dies der Fall, so besteht für die Kommission die Möglichkeit, entweder eine „gründliche Studie" über die Menschenrechtssituation in dem beschuldigten Staat in Auftrag zu geben oder mit Zustimmung des betroffenen Staates eine Arbeitsgruppe zur Prüfung der Beschuldigungen einzusetzen, um die Beschwerde zu verifizieren oder zu falsifizieren. Bestätigt sich die Beschuldigung, so kann die Menschenrechtskommission in ihrem jährlichen Bericht an den ECOSOC Maßnahmen gegen den die Menschenrechte verletzenden Staat vorschlagen. Der ECOSOC seinerseits ist berechtigt, derartige Erkenntnisse über massive und systematische Menschenrechtsverletzungen an die VN-Generalversammlung weiterzuleiten. Nur durch die Thematisierung der Fälle im ECOSOC oder in der Generalversammlung werden die Menschenrechtspraktiken der beschuldigten Staaten öffentlich, so dass sich die Möglichkeiten einer Sanktionierung auf Reputationsverlust und moralischen Druck beschränken.

Im Gegensatz dazu befasst sich die Menschenrechtskommission beim so genannten 1235-Verfahren auf jeden Fall *öffentlich* mit Informationen über massive und systematische Menschenrechtsverletzungen. Sie tut dies einmal während ihrer jährlich stattfindenden Sitzungsperiode, während der sowohl Regierungsvertreter als auch Repräsentanten von NGO in öffentlichen Sitzungen auf diejenigen länderspezifischen Verhältnisse hinweisen können, die ihrer Ansicht nach eine eingehendere Untersuchung durch die Kommission rechtfertigen. Solche von der Kommission veranlassten Untersuchungen können entweder länderspezifisch (Länderverfahren) erfolgen, oder es kann eine bestimmte Art von Menschenrechtsverletzungen staatenübergreifend ermittelt und gegebenenfalls missbilligt werden (Themenverfahren). Über die Herstellung einer länderspezifischen oder themenspezifischen kritischen Öffentlichkeit für die Befassung mit massiven und systematischen Menschenrechtsverletzungen hinaus können die Vereinten Nationen auch hier nur auf jene Instrumente der Sanktionierung zurück greifen, über die das 1503-Verfahren verfügt. *1235-Verfahren*

Während die Menschenrechtspraxis aller VN-Mitgliedstaaten bei den chartagestützten Verfahren untersucht werden kann, sind die Überwachungsmöglichkeiten der zweiten Kategorie von Überwachungsorganen und –verfahren, der so genannten Vertragsorgane, auf die den einzelnen menschenrechtlichen Konventionen beigetretenen Staaten beschränkt. Alle sechs menschenrechtlichen Vertragssysteme verfügen zum einen über das relativ schwache Überwachungsinstrument der Entgegennahme und Prüfung von Berichten. In diesen Berichten, die alle vier bis fünf Jahre oder auf Wunsch des zuständigen Überwachungsorgans vorgelegt werden müssen, legen die Vertragsstaaten über ihre Implementation der jeweiligen Menschenrechtskonvention Rechenschaft ab. Häufig sind die Berichte der Staaten allerdings wenig aufschlussreich. Sie enthalten oft nur eine allgemeine Versicherung, dass die vertraglich geschützten Menschenrechte eingehalten werden, oder eine Auflistung der binnenstaatlich erlassenen Rechtsvorschriften, die die international vereinbarten Menschenrechte innerstaatlich garantieren sollen. Des weiteren hat sich gezeigt, dass zahlreiche Staaten ihrer Berichtspflicht nicht nachkommen (Steiner/Alston 2000, 774). Die Prüfung der Berichte durch das zuständige Vertragsorgan beschränkt sich auf eine Prüfung im Lichte von Informationen, über die das Organ (beispielsweise aus der Presse) bereits verfügt. Sollten hier Ungereimtheiten auftreten, kann das jeweilige Vertragsorgan den betreffenden Staat durch öffentliche Rückfragen um die Bereitstellung weiterer Informationen bitten. Das Ergebnis der Berichtsprüfung für je- *auf Menschenrechtskonventionen basierende Verfahren*

Berichtspflicht

den einzelnen Staat wird in einem Bericht des zuständigen Vertragsorgans festgehalten. Dieser Bericht kann neben der Darstellung der Ergebnisse der Berichtsprüfung allgemeine Bemerkungen enthalten, durch die die Menschenrechtspraxis des betreffenden Staates oder auch die Art der Abfassung seines Berichtes beurteilt, gegebenenfalls kritisiert wird. Die Prüfberichte eines Vertragsorgans werden allen Vertragsparteien der jeweiligen Konvention sowie dem ECOSOC zugeleitet.

Recht der Individualbeschwerde nach Einwilligung der Vertragsparteien

In einigen Vertragssystemen zum Schutz von Menschenrechten gehen die Überwachungsmöglichkeiten über die bloße Berichtspflicht der Vertragsparteien hinaus. Mit Ausnahme des Verfahrens der Staatenbeschwerde im Rahmen der Konvention gegen Rassendiskriminierung stehen sie freilich den zuständigen Vertragsorganen erst zur Verfügung, nachdem die Vertragsparteien sich durch einseitige Erklärung oder Ratifikation eines Zusatzprotokolls diesen weiter reichenden Verfahren unterworfen haben. Das in diesem Zusammenhang wohl bekannteste Verfahren eröffnet das Erste Zusatzprotokoll zum Internationalen Pakt über bürgerliche und politische Rechte von 1966. Es begründet das Recht der Individualbeschwerde bei Menschenrechtsverletzungen für die Opfer (oder deren Angehörige). Diese können sich in einer Beschwerde an den durch den Pakt geschaffenen Menschenrechtsausschuss wenden, der auch für die Entgegennahme und Prüfung der Berichte der Vertragsstaaten zuständig ist. Der aus 18 Personen bestehende Expertenausschuss, der streng genommen kein VN-Organ ist, nimmt dann eine Bewertung der Beschwerden vor. Im Gegensatz zum Prozedere nach ECOSOC-Resolution 1503 müssen Menschenrechtsverletzungen, die gemäß dem Zusatzprotokoll behandelt werden sollen, weder „massiv" noch „systematisch" auftreten. Auch vereinzelt auftretende Menschenrechtsverletzungen können zum Gegenstand der Bewertung durch den Menschenrechtsausschuss werden. Bis Ende 2001 wurden annähernd 1000 Beschwerden registriert, von denen mehr als sechzig Prozent für zulässig erklärt wurden. Kommt der Menschenrechtsausschuss zu dem Schluss, dass tatsächlich Menschenrechte verletzt wurden, so teilt er seine Sicht sowohl dem beschuldigten Staat als auch dem Beschwerdeführer mit. In seinem jährlichen Tätigkeitsbericht, der unter anderem über den ECOSOC auch der Generalversammlung der Vereinten Nationen zugestellt wird, werden die Staaten, gegen die ermittelt wurde, namentlich aufgeführt, so dass diese Menschenrechtsverletzungen eines Staates öffentlich werden. Die relativ guten Überwachungs- und Prüfmöglichkeiten des Menschenrechtsausschusses werden freilich dadurch beschränkt, dass das Zusatzprotokoll ratifizierungspflichtig ist, bis Ende 2001 erst von 101 Staaten ratifiziert wurde und somit nur für ca. zwei Drittel aller Vertragsstaaten Anwendung findet. In der gleichen Situation befinden sich die drei anderen Menschenrechts-Vertragssysteme, in denen die Möglichkeit der Individualbeschwerde nach Einwilligung der Vertragsparteien besteht. Im Falle der Anti-Folter Konvention haben bislang (Stand: Ende 2001) erst 45 Staaten eine Unterwerfungserklärung abgegeben. Die Arbeit des Ausschusses zur Beseitigung jeder Form von Diskriminierung der Frau (CEDAW) hat sich durch die Möglichkeit der Individualbeschwerde nicht wesentlich verändert, da lediglich 32 Vertragsparteien das dieses Rechtsinstitut begründende Fakultativprotokoll ratifiziert haben. Im Falle der Konvention gegen Rassendiskriminierung haben 36 der 160 Vertragsstaaten eine Zustimmungserklärung abgegeben. In allen Fällen zeigt sich das eingangs beschriebene Phänomen, dass Kooperation im Herrschaftsbereich dort am ehesten gelingt, wo sie am wenigsten notwendig ist; denn die Staaten, die die einschlägigen Protokolle ratifiziert oder Zustimmungserklärungen abgegeben haben, gehören in der Regel nicht zu den ‚schwarzen Schafen' der internationalen Menschenrechtspolitik.

Die Darstellung der mit operativen Tätigkeiten im Problemfeld ‚Menschenrechtsverletzungen' befassten Organe wirft die Frage nach einer Koordinationsstelle auf, bei der die Fäden der Zuarbeit für die einzelnen Kommissionen und Ausschüsse zusammen laufen. Erst mit der Errichtung des Amts des Hohen Kommissars für Menschenrechte durch die Generalversammlung im Jahre 1993 (Res. A/48/141) wurde diese Koordinationsaufgabe explizit auf dieses Amt übertragen. Seit der 1997 abgeschlossenen organisatorischen Umstrukturierung des Amtes in drei Hauptabteilungen[42] ist klar erkennbar, dass der Schwerpunkt des Hohen Kommissars auf den operativen Tätigkeiten liegt. Durch die Unterstützung der durch die oben erwähnten Menschenrechtskonventionen geschaffenen Vertragsorgane sowie der VN-Menschenrechtskommission, aber auch durch technische Hilfsprogramme in zahlreichen Staaten versucht das Amt, die weltweite Einhaltung der kodifizierten Menschenrechte zu fördern. Freilich werden diese Bemühungen durch mangelnde personelle und finanzielle Ressourcen stark beeinträchtigt (de Zayas 2000).

Hoher Kommissar der VN für Menschenrechte

Trotz der verschiedenen Möglichkeiten der Vereinten Nationen, die Menschenrechtspraxis von Staaten zu überwachen und zu prüfen, sind sie nach wie vor von einer wirksamen Überwachung weit entfernt. Die Überwachung durch die Vereinten Nationen sorgt allerdings für ein Mindestmaß an Transparenz, so dass Menschenrechtsverletzungen einem erhöhten Risiko der Entdeckung unterliegen. Freilich darf nicht vergessen werden, dass die VN-Menschenrechtskommission sowie die verschiedenen Vertragsorgane ihre Überwachungskompetenz nur deshalb wahrnehmen können, weil sie sich in erheblichem Ausmaß der Informationen internationaler Nicht-Regierungsorganisationen wie ‚Amnesty International' oder ‚Human Rights Watch' bedienen (Gaer 1996). Darüber hinaus werden die operativen Tätigkeiten sowohl der VN- als auch der Vertragsorgane selbst kritisch von den NGO verfolgt (Liese 1998, 40).

Fazit: keine wirksame Überwachung

Allerdings stellt die Überwachung der Menschenrechtspraxis durch eine internationale Organisation wie die Vereinten Nationen die Voraussetzung für die Sanktionierung von Menschenrechtsverletzungen durch die Staatenwelt dar. Diese steckt trotz unverkennbarer Fortschritte während der 1990er Jahre nach wie vor in den Anfängen. So ist die Veröffentlichung und das Anprangern von Menschenrechtsverletzungen die häufigste, wenn auch nicht die einzige Form der Sanktionierung geblieben. Sie bleibt genauso wie die Verurteilung einzelner Staaten durch die VN-Menschenrechtskommission, den ECOSOC oder die Generalversammlung selbst eine primär moralische Aktion.

Sanktionen

Echte Kollektiv-Sanktionen gegen Staaten sind nur in den Fällen möglich, in denen der Sicherheitsrat der Vereinten Nationen die Menschenrechtsverletzungen eines Staates als Gefährdung des Weltfriedens und der internationalen Sicherheit einstuft. Der Sicherheitsrat hat dann die Möglichkeit, alle Maßnahmen des Kapitels VII SVN zu ergreifen. Wie bei der Beschreibung des Systems kollektiver Sicherheit (Kap. 8.1) bereits dargelegt, hat der Sicherheitsrat nach dem Ende des Ost-West-Konflikts seine Rolle bei der Durchsetzung der im Rahmen der Vereinten Nationen kodifizierten Menschenrechte neu definiert. Kamen Dar-

veränderte Praxis des VN-Sicherheitsrats

---

42 Es wurden eine Hauptabteilung ‚Forschung und Recht auf Entwicklung', eine Hauptabteilung ‚Implementierung' sowie eine Hauptabteilung ‚externe Aktivitäten und technische Hilfsprogramme' geschaffen.

stellungen des VN-Menschenrechtsschutzes vor 1990 noch ohne einen Verweis auf die Aktivitäten des Sicherheitsrates aus – die Wirtschaftssanktionen gegen Rhodesien und das Waffenembargo gegen Südafrika (vgl. Kap. 3.4.1) können als Ausnahmen gelten –, so steht die Diskussion solcher Kollektivmaßnahmen nun an vorderer Stelle (vgl. etwa Forsythe 2000, 57-62). Dies ist zunächst auf den Umstand zurück zu führen, dass der Sicherheitsrat im Zeitraum von 1990 bis 1999 mit 166 Kapitel VII-Resolutionen ungefähr das Siebenfache solcher Resolutionen produzierte als in den 45 Jahren zuvor (Chesterman 2001, Anhang 2). Wenn des weiteren berücksichtigt wird, dass sich nur ein verschwindend geringer Teil dieser 166 Resolutionen mit dem Tatbestand der externen Aggression befasste, dann wird offenkundig, in welchem Ausmaß die Problematik illegitimer, das heißt die Menschenrechte verletzender Herrschaftsausübung die Arbeit des VN-Sicherheitsrates bestimmte (Forsythe 2000, 60).

Vergleicht man die Zahl der Resolutionen, in denen der Sicherheitsrat sich „besorgt" über Menschenrechtsverletzungen oder humanitäre Krisen zeigt und in denen er deshalb eine Bedrohung des Weltfriedens und der internationalen Sicherheit „feststellt" oder „anerkennt", mit der Häufigkeit einer weiter gehenden Reaktion in Gestalt von Sanktionen, entsteht das Bild einer „humanitären Interventionslücke" (Kühne 2000a, 299). Mit anderen Worten, Menschenrechtsverletzungen und daraus entstehende humanitäre Krisen festzustellen ist eine Sache; kollektive Zwangsmaßnahmen zu ergreifen oder zu autorisieren, um die rechtswidrige Praxis der dafür Verantwortlichen abzustellen, ist eine andere Sache. Doch gerade an letzterem müssen die Aktivitäten des Sicherheitsrates im Problemfeld ‚Menschenrechtsverletzungen' gemessen werden. Denn die Feststellung einer Friedensbedrohung und die Aufforderung zur Beendigung einer die Menschenrechte verletzenden Herrschaftspraxis gehen in ihrer unmittelbaren Wirksamkeit nicht über die ‚weichen' Sanktionen der oben besprochenen VN- und Vertragsorgane hinaus.

unterschiedliche Bewertungen der Praxis des Sicherheitsrats

Ob der Sicherheitsrat durch die Ergreifung kollektiver Zwangsmaßnahmen einen wesentlichen Beitrag zur Sanktionierung staatlichen Fehlverhaltens geleistet hat oder leistet, entzieht sich einer eindeutigen Feststellung. Die Versuchung einer pauschal negativen Bewertung ist groß. Denn erstens übersteigt die Zahl akuter humanitärer Krisen, in denen sich die Mitglieder des Sicherheitsrates nicht oder nicht rechtzeitig auf eine gemeinsame Vorgehensweise einigen konnten (z.B. Ruanda, Liberia, Tschetschenien und Kosovo), die Zahl der Fälle, in denen Kollektivmaßnahmen beschlossen wurden. Wenn man zweitens die beschlossenen und durchgeführten Kollektivmaßnahmen analysiert, wird offenbar, dass das Versagen der Engagements in Somalia, im ehemaligen Jugoslawien, mittelfristig auch in Kambodscha lange Zeit das Bild der Weltorganisation insgesamt prägten, während die Erfolge der VN-Missionen in El Salvador, Haiti oder Ost-Timor allenfalls kurz registriert wurden.

zur Reform des Sicherheitsrats

Vorschläge zur Abhilfe existieren, und sie werden zum Teil leidenschaftlich debattiert. Im Gegensatz zu den Vorschlägen für eine Effektivitätssteigerung beschlossener Kollektivmaßnahmen (vgl. Kap. 7.2.5 und 8.1.4) sind die Pläne, die auf die Überwindung der häufigen Beschlussblockade im Sicherheitsrat zielen, zur Zeit zurückgestellt worden. Auf Initiative Indiens hatte sich die VN-Generalversammlung 1993 mit der Reform des Sicherheitsrates befasst und im Herbst des gleichen Jahres eine allen Mitgliedstaaten offen stehende Arbeitsgruppe eingerichtet. Diese legt seither jährlich Berichte vor, die – in der Substanz seit Jahren bekannte – Möglichkeiten einer Veränderung der Zusammensetzung einerseits und Optionen einer Reform der Entscheidungsverfahren des Sicherheitsrates andererseits diskutieren. Zum einen gestaltet sich das Vorhaben einer Erweiterung des Sicherheitsrates um neue ständige und nichtständige Mitglieder schwieriger als erwartet, da sich die regionalen Staatengruppen nicht auf die Nominierung geeigneter Kandidaten für neue ständige Sitze im Sicherheitsrat einigen können. Zum anderen erscheint eine Lösung des Veto-Problems weiter entfernt denn je. Besonders die Entwicklungsländer des Südens sind von ihrer bis vor einigen Jahren bekundeten Kompromisslinie abgekommen, die Beibehaltung des Vetorechts bei Erhöhung der Mitgliederzahl zu akzeptieren und darüber hinaus die ständigen Mitglieder davon zu überzeugen, dieses Blockadeinstrument noch seltener anzuwenden (Gareis/Varwick 2002, 256-260). Freilich kann der Stillstand bei der Überwindung der Beschlussblockade im Sicherheitsrat angesichts der Zahl humanitärer Konfliktlagen, die von der Staatengemeinschaft nicht wirksam bearbeitet werden, nicht befriedigen. Darüber hinaus beweist die NATO-Operation gegen das ehemalige Jugoslawien in der Kosovo-Krise, welcher Schaden der Weltorganisation selbst zugefügt werden kann, wenn die Veto-Drohungen einiger ständiger Mitglieder (in diesem Fall waren es China und Russland) von anderen Mitgliedstaaten zum Anlass genommen werden, gestützt auf regionale Abmachungen ohne vorherige Autorisierung durch den Sicherheitsrat, also unter Missachtung von Kap. VIII SVN, militärisch tätig zu werden.

Wie man die Leistung des Sicherheitsrates im Problemfeld ,Menschenrechtsverletzungen' bewertet, hängt davon ab, ob auf dessen weit reichende Sanktionsmöglichkeiten abgehoben wird, oder ob ihre durch das politische Verfahren bedingte selektive Nutzung betont wird.

Zwischen diesen beiden Polen bewegt sich auch die Diskussion über die Wiederbelebung eines anderen Sanktionsinstrumentes durch den Sicherheitsrat: der ad-hoc-Strafgerichte zur rechtlichen Ahndung von schwer wiegenden Verletzungen des humanitären Völkerrechts. In zwei Fällen beschloss der Sicherheitsrat in Ausübung seines Rechts nach Art. 29 SVN, Nebenorgane einsetzen zu können, die Errichtung internationaler Straftribunale:[43] Durch Resolution 827 (1993) knüpfte der Sicherheitsrat an die Verfahren der Alliierten nach dem Ende des Zweiten Weltkriegs in Nürnberg und Tokio an, indem es das Internationale Straftribunal für das ehemalige Jugoslawien (ICTY) in Den Haag schuf. Seine Aufgabe besteht – ebenso wie die des ein Jahr später geschaffenen ad-hoc-Tribunals für Ruanda (ICTR) (SR-Res. 955 (1994) und 977 (1995)) – darin, einzelne Personen wegen besonders schwer wiegender Verletzungen des humanitären Völkerrechts abzuurteilen. Strafrechtlich verfolgt werden Völkermord, Verbrechen gegen die Menschlichkeit und Kriegsverbrechen. Die symbolische Bedeutung dieser Tribunale sowie ihre Vorläuferfunktion für das 1998 von 120 Staatenvertretern in Rom unterzeichnete Statut für einen Internationalen Strafgerichtshof ist weithin anerkannt (vgl. z.B. Boekle 1998, 14f.). Umstritten ist die tatsächliche Wirksamkeit der Tribunale hinsichtlich der Erfüllung ihrer Mandate. Oft wird auf die Entstehungsgeschichte sowie den Zeitpunkt der einschlägigen Sicherheitsratsresolutionen verwiesen, deren Analyse belegt, dass es sowohl beim ICTY als auch beim ICTR anfänglich weniger um die Durchsetzung von

Strafgerichte als Sanktionsinstrument

---

43   Ein drittes Straftribunal für Sierra Leone befindet sich nach einem Beschluss des Sicherheitsrats (SR-Res. 1315 (2000)) im Aufbau.

Normen des humanitären Völkerrechts ging. Vielmehr war den Mitgliedern des Sicherheitsrates, vor allem den USA, daran gelegen, weitaus kostspieligere militärische Sanktionsmaßnahmen zu verhindern (Forsythe 2000, 94; Rudolph 2001). Trotzdem erscheint es unangemessen, die Tribunale nur als ineffektive, dafür aber preiswerte Alternative zu einer umfassenden humanitären Intervention zu begreifen. Für eine positivere Einschätzung sprechen mindestens zwei Gründe. Hinsichtlich der Arbeit der Tribunale im engeren Sinne, das heißt der Aburteilung mutmaßlicher Kriegsverbrecher ist die wachsende Zahl der an die Tribunale überstellten Personen zu beachten (Gareis/Varwick 2002, 194). Im Falle des ICTY wurde mit Slobodan Milosevic im Juni 2001 der 39. mit internationalem Haftbefehl gesuchte mutmaßliche Kriegsverbrecher und damit das erste ehemalige Staatsoberhaupt an ein internationales Gericht überstellt. Der Prozess gegen ihn wurde im Februar 2002 eröffnet. Für die Arbeit des ICTR ähnlich gewichtig war die im Oktober 2000 durch die Berufungskammer erfolgte Bestätigung der Verurteilung des ehemaligen ruandischen Premierministers Jean Kambanda zu lebenslanger Haft wegen Völkermords. Auch in einem weiteren Sinne ist die Arbeit der Tribunale positiv einzuschätzen. Begreift man sie als Bestandteil eines umfassenden internationalen Strafrechtsregimes, zu dem auch der in der Entstehung begriffene Internationale Strafgerichtshof gezählt wird, werden Anzeichen institutionellen Lernens offenbar. So werden die substanziellen und prozeduralen Veränderungen betont, die das Statut von Rom vom fünf Jahre zuvor verabschiedeten ICTY-Statut unterscheiden und die Arbeit des ICC effektiver gestalten sollen. Zu diesen gehören die Beschränkung auf schwerwiegende Verstöße gegen die Normen des internationalen Strafrechts und der Aufbau ständiger Koordinationsgremien mit nationalen Gerichten (Rudolph 2001, 686).

10.1.3 Informationelle Tätigkeiten

Sammeln und Verbreiten von Informationen

Da das zwischenstaatliche Herrschaftsdilemma aus der moralischen Interdependenz in der Gesellschaftswelt resultiert, spielt die informationelle Tätigkeit internationaler Organisationen im Problemfeld ‚Menschenrechtsverletzungen' eine besondere Rolle. Gesellschaftsweltliche Akteure sind auf internationale Organisationen vor allem in ihrer Funktion als Veröffentlichungs- und Verbreitungsinstanz von Informationen über die Herrschaftspraxis in den verschiedenen Staaten angewiesen, um mit dem Ziel des Schutzes der Menschenrechte auf die Staaten Druck ausüben zu können. So machten die Vereinten Nationen in den 1950er und 1960er Jahren zunächst vermehrt von der Möglichkeit Gebrauch, die Staatenwelt durch gezielte Informationen, die sie in zunehmendem Maße von Nicht-Regierungsorganisationen erhielten, in Zugzwang zu versetzen, um Politikprogramme zum internationalen Menschenrechtsschutz zu billigen. Diese informationellen Tätigkeiten haben sich seit den 1970er Jahren zum einen intensiviert, zum anderen in ihrer Funktion verlagert. Zunehmend stand die operative Umsetzung der inzwischen vereinbarten Politikprogramme im Vordergrund.

Informationserzeugung

Auch wenn sich die Menschenrechtsorgane der Vereinten Nationen sowie die Vertragsorgane bei ihrer Überwachungstätigkeit zum großen Teil auf Informationen von Nicht-Regierungsorganisationen verlassen, sind sie an der Erzeugung von Informationen über Menschenrechtsverletzungen beteiligt. So ernennt die VN-Menschenrechtskommission bei der Einleitung von Länder- oder Themenverfahren einen Sonderberichterstatter, der in der Folgezeit für die Generierung, Übermittlung und Bewertung der relevanten Informationen an die Kommissionsmitglieder zuständig ist. Die Institution des Berichterstatters findet sich auch bei einigen Vertragsorganen, so z.B. beim Ausschuss gegen Rassendiskriminierung. Hier wird jeder vorgelegte Staatenbericht von einem Berichterstatter im Vorfeld der Diskussion im Ausschuss auf seinen Inhalt überprüft. Der Berichterstatter setzt sich gegebenenfalls mit unabhängigen Experten oder Menschenrechtsorganisationen im jeweiligen Land in Verbindung, um sich unabhängig von den im Bericht gelieferten Informationen ein Bild von der Lage der in Frage stehenden Menschenrechte zu machen.

Schließlich haben sich die Vereinten Nationen in Gestalt des Hohen Kommissars für Menschenrechte in den letzten Jahren darum bemüht, als Tauschbörse für Informationen zum internationalen Menschenrechtsschutz zu fungieren. Das Amt des Hohen Kommissars hat begonnen, vor allem über seine Homepage im Internet[44] Informationen über die Arbeit sowohl der VN-Organe als auch der sechs Vertragsorgane zusammen zu führen. Das Amt stellt Statistiken über den Ratifikationsstand aller einschlägigen Menschenrechtskonventionen bereit, und es berichtet detailliert über die Sitzungen der Menschenrechtskommission sowie der Vertragsorgane. Indem es darüber hinaus über eigene Veranstaltungsreihen wie die im Rahmen des ‚Jahrzehnts der Menschenrechtserziehung‘ und Publikationsreihen wie die ‚Human Rights Study Series‘ berichtet, trägt das Amt zur eigenen *Profilbildung* im Problemfeld ‚Menschenrechtsverletzungen‘ bei. Diese informationellen Tätigkeiten könnten mittelfristig hilfreich sein, das Amt des Hohen Kommissars trotz der starken institutionellen Fragmentierung der menschenrechtspolitischen Aktivitäten der Vereinten Nationen als anerkannte Informations- und Koordinationsstelle in Sachen Menschenrechte zu etablieren.

Informationsbörse

10.1.4 Beurteilung des Organisationsoutput

Die Outputs der Vereinten Nationen im Problemfeld ‚Menschenrechtsverletzungen‘ reflektieren die besonderen Schwierigkeiten, die sich internationaler Kooperation im Sachbereich ‚Herrschaft‘ entgegen stellen. Die Konzentration der Outputs im Bereich der Entwicklung von Politikprogrammen zum Schutz der Menschenrechte gibt eine passende Antwort auf das sachbereichsspezifische Kooperationshindernis einer nur moralisch vermittelten problematischen Handlungsinterdependenz, die sich häufig aufgrund ihrer werthaften Komponente gegen eine internationale Vereinbarung von Normen und Regeln sperrt. So darf den Programm-Outputs der Vereinten Nationen gerade angesichts der sachbereichsspezifischen geringen Kooperationswahrscheinlichkeit ein großer Anteil am Grad der erreichten Verregelung des Problemfelds ‚Menschenrechtsverletzungen‘ zugebilligt werden. Freilich gilt es zu ergänzen, dass die Generierung dieser Politikprogramme ohne die Dominanz der westlichen Welt unter der Führung der USA kaum möglich gewesen wäre.

Dem insgesamt positiven Befund auf der Politikprogramm-Seite des internationalen Schutzes der Menschenrechte steht ein eher negativer Befund auf Seiten der operativen Umsetzung gegenüber. Denn es sind nach wie vor die Mitgliedstaaten, die den überwiegenden Teil der Verantwortung für die Implementation der internationalen Menschenrechtsnormen tragen. Die institutionell nur

---

44 http://www.unhchr.ch

schwach ausgeprägten operativen Tätigkeiten der Vereinten Nationen ist den Kooperationsbedingungen im Sachbereich ‚Herrschaft' trotz unverkennbarer Fortschritte nicht angemessen. Darüber können auch die Ansätze zu einer wirksamen Überwachung der Menschenrechtspraxis der Staaten nicht hinwegtäuschen. Auch die verstärkte Nutzung der informationellen Tätigkeiten, um die Missachtung der Menschenrechte durch den Druck der Weltöffentlichkeit zu sanktionieren, bietet keinen ausreichend wirksamen internationalen Schutz der Menschenrechte. Sowohl bei der Überwachung als auch bei der Sanktionierung durch die Verbreitung von Informationen können allerdings internationale nichtstaatliche, also gesellschaftsweltliche Organisationen wie ‚Amnesty International' oder ‚Human Rights Watch' einen wichtigen Beitrag leisten. Auf zwischenstaatlicher Ebene ist die internationale Kooperation im Problemfeld ‚Menschenrechtsverletzungen' jedoch bis heute eher deklaratorischer Art geblieben. Wirklich institutionalisiert ist sie nur dort, wo sie im Grunde überflüssig ist, weil die Staaten sich auch ohne internationale Vereinbarungen an die Menschenrechte halten.

Selbst wenn bezweifelt werden muss, dass die Tätigkeit der Vereinten Nationen die Menschenrechtspraxis der Staaten in entscheidendem Maße verbessert hat, erscheint doch die Annahme berechtigt, dass sie nicht völlig wirkungslos war. Immerhin bieten die Politikprogramme der Vereinten Nationen mit ihren rechtsverbindlichen Menschenrechtsnormen gesellschaftsweltlichen Akteuren, vor allem transnational organisierten Netzwerken von Menschenrechtsorganisationen ein wichtiges normatives Bezugssystem, um auf die Staatenwelt mit dem Ziel Druck ausüben zu können, die Menschenrechte nicht nur deklaratorisch zu akzeptieren, sondern auch zu implementieren. Außerdem können die operativen und informationellen Tätigkeiten der Vereinten Nationen, so ungenügend sie für einen wirksamen Schutz der Menschenrechte im Allgemeinen sein mögen, immerhin im Einzelfall die Intervention eines ‚mächtigen' Dritten gegen repressive Maßnahmen eines Staates legitimatorisch abstützen und erfolgreicher gestalten.

10.2 Das Problemfeld ‚Menschenrechtsverletzungen' II: Der Europarat

dichte, aber kaum problematische Interdependenz

Wie auf globaler Ebene wurde auch auf regionaler, europäischer Ebene in der Zeit unmittelbar nach dem Zweiten Weltkrieg ein Bedarf an Vereinbarungen zum internationalen Schutz der Menschenrechte artikuliert, um solche Bereiche gesellschaftlichen Lebens zu definieren, die sich einer legitimen Herrschaftsausübung durch den Staat entziehen. Die westeuropäische Gesellschaftswelt verband eine besonders dichte moralische Interdependenz, die im Wesentlichen drei Faktoren geschuldet war: zum einen der gemeinsamen Erfahrung mit den Schrecken der nationalsozialistischen Herrschaftspraxis, zum anderen der Furcht vor und der Abwehr der kommunistischen Herrschaftspraxis, wie sie sich im Osten Europas etablierte. Drittens bestand in Westeuropa auf gesellschaftlicher Ebene ein hohes Maß an kultureller Homogenität und damit ein zwischengesellschaftlicher Wertekonsens. Da auch die zwischenstaatlichen Beziehungen im Sachbereich ‚Herrschaft' nicht durch Wertekonflikte belastet wurden, bot die enge moralische Interdependenz der westeuropäischen Gesellschaften Kooperationsmöglichkeiten, die für diesen Sachbereich der internationalen Politik als außergewöhnlich gut zu bezeichnen sind. Andererseits war und ist die moralische Interdependenz aufgrund des normativen Grundkonsens in Westeuropa wenig problematisch. Allein das Interesse der Westeuropäer, einen Rückfall in die faschistische Form der Herrschaftsausübung und eine Expansion der kommunistischen Herrschaftspraxis zu verhindern, erzeugte einen Bedarf an internationalen Menschenrechtsvereinbarungen, die die Staaten an die bestehende demokratisch-verfassungsstaatliche Herrschaftspraxis auf Dauer binden sollten. Da die westeuropäischen Staaten in der Nachkriegszeit entsprechend dem Typ des demokratischen Verfassungsstaates strukturiert waren, konnte das Interesse der westeuropäischen Gesellschaftswelt an einer Rückversicherung gegen den Verlust dieser Herrschaftsordnung sehr einfach auf die staatliche Ebene übertragen werden (Moravcsik 2000, 237-243).

Vergleichbaren Bedingungen sah sich nach dem Ende des Ost-West-Gegensatzes auch die Gesellschaftswelt des ehemaligen Ostblocks ausgesetzt. Auch hier erzeugte das Interesse, einen Rückfall in alte, kommunistische Herrschaftsverhältnisse zu verhindern, einen Kooperationsbedarf. Durch die Demokratisierung der politischen Systeme konnten die gesellschaftlichen Interessen leichter auf der staatlichen Ebene zur Geltung gebracht werden. Auf zwischenstaatlicher Ebene ermöglichte der Wegfall des Wertedissens des Ost-West-Konflikts den Beitritt der Staaten des ehemaligen Ostblocks zu den Menschenrechtsvereinbarungen der westeuropäischen Staaten. Unser Interesse gilt nun dem Beitrag, den der Europarat mit seinen Outputs zur Befriedigung dieser Form des Kooperationsbedarfs im Problemfeld ‚Menschenrechtsverletzungen' in Europa zu leisten imstande war und ist.

10.2.1 Politikprogramm

Die ersten Schritte zur Generierung von Politikprogrammen zum Schutz der Menschenrechte in Europa gingen bezeichnenderweise nicht aus der Staatenwelt, sondern aus der westeuropäischen Gesellschaftswelt hervor. So hatte bereits 1948 der Haager Kongress, auf dem 700 Bürgerinnen und Bürger aus 16 europäischen Ländern zusammentrafen und von dem die ‚Europäische Bewegung' ihren Ausgang nahm, die Ausarbeitung einer europäischen Menschenrechtscharta und deren Kontrolle durch europäische Gerichte gefordert. Die westeuropäische Staatenwelt reagierte schnell. Bereits 1949 wurde der Europarat gegründet, mit dessen Statut jeder Mitgliedstaat anerkennt, „dass jeder der seiner Hoheitsgewalt unterliegt, der Menschenrechte und Grundfreiheiten teilhaftig werden soll" (Art.3). Mit dem Europarat war somit ein institutioneller Rahmen für den westeuropäischen Menschenrechtsschutz geschaffen worden (vgl. Kap. 3.4.2). Noch im selben Jahr legte die ‚Europäische Bewegung' dem Ministerausschuss des Europarates den Entwurf einer europäischen Menschenrechtskonvention vor und forderte deren Annahme. Da die ‚Beratende Versammlung', das parlamentarische Organ des Europarates, den Entwurf der ‚Europäischen Bewegung' nachhaltig unterstützte und den Ministerausschuss, das intergouvernementale Organ des Europarates, in einer Entschließung dazu aufforderte, unverzüglich eine Konvention zum Schutz der Menschenrechte abzuschließen, geriet die Staatenwelt unter Zugzwang. Nach einem Jahr intensiven intergouvernementalen Verhandelns, das wiederholt durch die ‚Europäische Bewegung' als gesellschaftsweltlichem Akteur vorangetrieben wurde, konnte 1950 die Europäische Menschenrechtskonvention (EMRK) unterzeichnet werden (Janis/Kay/Bradley 2000, 16-23). Diese ist seitdem durch zwölf ratifizierungspflichtige Zusatzprotokolle erweitert worden. Eine weitere Verbesserung der menschenrechtspolitischen Programme brachte 1961 die Unterzeichnung der Europäischen Sozialcharta. Auch diese Konvention wurde, wie schon zuvor die Konvention zum Schutze der Menschenrechte und Grundfreiheiten sowie die Zusatzprotokolle, im Rahmen des Europarates ausgehandelt (List 1992, 622-626).

Der so erreichte Schutz der Menschenrechte in Westeuropa wurde schließlich zu einem gesamteuropäischen Unterfangen. Denn mit dem Ende des Ost-West-Gegensatzes und der Transformation der kommunistischen Regime des ehemaligen Ostblocks zu liberal-demokratischen Systemen westlicher Prägung sind jene Staaten Mitglieder des Europarates und damit Anwender der Europäischen Menschenrechtskonvention geworden. Aus diesem Grund erhöhte sich die Zahl der Mitgliedstaaten nach 1990 deutlich von 16 auf 41 (Stand: Ende 2001).

regulatives Programm   Inhaltlich spiegelt das regulative Politikprogramm des Menschenrechtsschutzes den Wertekonsens der demokratischen Verfassungsstaaten wider. Es enthält alle normativen ,essentials' einer liberal-demokratischen Herrschaftsordnung. Allerdings geht es nur in wenigen Teilbereichen über den mit den Menschenrechtsnormen der Vereinten Nationen erreichten Stand hinaus (Donnelly 1986, 620; Steiner/Alston 2000, 787f.). Vielmehr wiederholen die Europäische Konvention zum Schutz der Menschenrechte und Grundfreiheiten und ihre Zusatzprotokolle sowie die Europäische Sozialcharta in weiten Teilen nur die Menschenrechtsstandards, die bereits in der Allgemeinen Erklärung der Menschenrechte der Vereinten Nationen von 1948 und in den VN-Menschenrechtspakten von 1966 über bürgerliche und politische Rechte sowie über wirtschaftliche, soziale und kulturelle Rechte verankert sind (vgl. Kap. 10.1). Freilich sind die Menschenrechtsstandards des Europarates oftmals viel präziser formuliert worden, so dass die Möglichkeiten der Unterzeichnerstaaten, sich auf Ausnahmetatbestände zu berufen, eingeschränkt werden konnten.

10.2.2 Operative Tätigkeiten

Weniger die Programme denn die operativen Tätigkeiten, die die europäische Staatenwelt der internationalen Organisation ,Europarat' übertragen hat, sind es, die den Menschenrechtsschutz in Europa weit über den auf globaler Ebene erreichten Stand hinausragen lassen. Während die Vereinten Nationen lediglich indirekten Einfluss auf die Implementation der vereinbarten Normen zum Schutz der Menschenrechte in den Staaten ausüben können, besitzen die Institutionen des europäischen Menschenrechtsschutzes die notwendigen Kompetenzen, um die Staaten zur effektiven Implementation der Menschenrechtsprogramme anzuhalten.

einzigartige Kompetenz zur Überwachung staatlichen Verhaltens   Besonders die Verfahren zur Überwachung der Menschenrechtspraxis in Europa sind weltweit ohne Beispiel (Donnelly 1998, 68-72; Janis/Kay/Bradley 2000; List 1992). Die Überwachung der Einhaltung der Konventionen basiert auf drei unterschiedlichen Verfahren: der Individualbeschwerde, der Staatenbeschwerde und der Berichtspflicht (vgl. Klein/Brinkmeier 2001). Die schwächste

Berichtspflicht   Form der Kontrolle stellt wie im VN-System die Berichtspflicht dar. Sie gilt sowohl für die Konvention zum Schutze der Menschenrechte und Grundfreiheiten als auch für die Europäische Sozialcharta. Für die Europäische Sozialcharta ist sie zugleich die einzige Möglichkeit der Überwachung der Mitgliedstaaten. Hier müssen die Staaten alle zwei Jahre einen Bericht über die Verwirklichung der mit der Ratifizierung eingegangenen Verpflichtungen dem Generalsekretär des Europarates übersenden. Die Ausfertigung der Berichte ist insofern nicht völlig in das Belieben der Staaten gestellt, als sie den nationalen Arbeitgeber- und Arbeitnehmerorganisationen zur Kommentierung vorgelegt werden müssen (Clements/Mole/Simmons 1999, 246f.). Deren Kommentare werden dem aus neun Mitgliedern bestehenden Sachverständigenausschuss, der die Prüfung und Bewertung der Berichte vornimmt, ebenfalls zugestellt (Harris 2000).

Im Rahmen der Europäischen Konvention zum Schutze der Menschenrechte und Grundfreiheiten kommt der Berichtpflicht nur eine untergeordnete Bedeutung zu. Zwar kann der Generalsekretär des Europarates Mitgliedstaaten auffordern, über die Verwirklichung der Bestimmungen der Konvention zu berichten, in der Praxis ist dies jedoch erst in fünf Fällen geschehen. Die geringe Nutzung der Berichtspflicht erklärt sich vor allem durch die hohe Effektivität der Kontrolle durch Individual- und Staatenbeschwerden, die freilich nicht für die Sozialcharta, sondern nur für die Menschenrechtskonvention und deren Zusatzprotokolle zur Anwendung kommen.

Die Individualbeschwerde gibt jeder natürlichen und juristischen Person die Möglichkeit, gegen die Verletzung von Menschenrechten durch einen Staat, der Mitglied der Konvention ist, beim Europäischen Gerichtshof für Menschenrechte (EGMR) Beschwerde einzulegen. Die Zuständigkeit des EGMR ist seit Inkrafttreten des 11. Zusatzprotokolls 1998, welches das Gerichtssystem grundlegend reformierte, nicht mehr von einer separaten Unterwerfungserklärung der Vertragsparteien abhängig.

Individualbeschwerde – Verfahren vor dem EGMR

Geht beim Gerichtshof, dem so viele Richter angehören wie es Vertragsparteien gibt (Art. 20 EMRK), eine Individualbeschwerde ein, so nimmt er zunächst eine Zulässigkeitsprüfung vor. Dies geschieht in Ausschüssen mit jeweils drei Richtern oder in Kammern mit jeweils sieben Richtern.[45] Die Beschwerde kann nur dann zugelassen werden, wenn die innerstaatlichen Rechtsmittel erschöpft sind. Im Falle der Zulässigkeit der Beschwerde ist der Fortgang für die Individual- und für die Staatenbeschwerde weitgehend identisch. Der Gerichtshof hat dann zunächst eine Tatsachenfeststellung vorzunehmen. In Zusammenarbeit mit der Beschwerde führenden und der beklagten Partei sowie mit Hilfe der Befragung von Zeugen oder der Vor-Ort-Inspektion staatlicher Einrichtungen (beispielsweise von Gefängnissen) nimmt eine Kammer des Gerichtshofs eine Prüfung des Sachverhaltes vor. Diese stellt gewissermaßen eine Vorprüfung dar, durch die offensichtlich unbegründete Klagen ausgefiltert werden.

Staatenbeschwerde

Auch nach der Zulässigkeitsprüfung und der Tatsachenfeststellung wird noch keine Entscheidung über die vom Beschwerdeführer behauptete Verletzung der Konvention gefällt. Die mit dem Fall befasste Kammer des EGMR steht zunächst zur Verfügung, um einen ‚freundschaftlichen Ausgleich‘ der Angelegenheit auf der Grundlage der Achtung der Menschenrechte zu erwirken. Sollte eine gütliche Einigung nicht möglich sein, entscheidet der Gerichtshof, das heißt eine Kammer aus sieben Richtern durch Urteil, ob ein Verstoß gegen die Normen der Europäischen Menschenrechtskonvention vorliegt. Das Urteil ist endgültig, wenn die Große Kammer als drittes Richtergremium,

---

45 Die Richterkammer nimmt nur dann eine Zulässigkeitsprüfung vor, wenn der Ausschuss sich nicht in der Lage sieht, die Zulässigkeit oder Unzulässigkeit eindeutig festzustellen.

bestehend aus 17 Richtern, mit der Rechtssache nicht befasst wird oder eine Befassung zurück gewiesen hat. Falls die Beschwerde als begründet beurteilt wird, wird der beklagte Staat aufgefordert, Maßnahmen zu ergreifen, um die festgestellten Unzulänglichkeiten des Menschenrechtsschutzes zu beseitigen. Er kann im Rahmen dieses Verfahrens außerdem zu Entschädigungsleistungen gegenüber dem von der Menschenrechtsverletzung Betroffenen verurteilt werden. Die Durchführung dieser Maßnahmen wird vom Ministerausschuss überwacht, indem er Berichte des verurteilten Staates über die ihm auferlegten Maßnahmen überprüft.

Fazit: effektive Überwachung und PrüfungDas Recht des Europäischen Gerichtshofs für Menschenrechte, Individual- oder Staatenbeschwerden zu erhalten und zu prüfen, und bei Zulässigkeit eine rechtsverbindliche Entscheidung zu treffen, stellt eine für die Praxis der internationalen Beziehungen ungewöhnlich effektive Form der Überwachung des Verhaltens von Staaten dar (Keohane/Moravcsik/Slaughter 2000, 459-469); sie ist mit höchstrichterlichen Entscheidungen auf nationaler Ebene durchaus vergleichbar (Helfer/Slaughter 1997, 283). Sie übersteigt bei weitem die im Rahmen internationaler Organisationen übliche Form der Überwachung durch Überprüfung von Berichten, in denen die Staaten über die Einhaltung der international vereinbarten Normen und Regeln Rechenschaft ablegen. Sie stellt somit sicher, dass Menschenrechtsverletzungen sowohl in der europäischen Staatenwelt als auch in der europäischen Gesellschaftswelt bekannt werden. Des weiteren gewährleistet sie, dass Menschenrechtsverletzungen zur inter- und transnationalen Angelegenheit werden und versetzt die europäische Staatenwelt wie die europäische Gesellschaft in den Stand, Gegenmaßnahmen zu ergreifen.

Sanktionsinstrumente schwach — Allerdings – und hier treffen sich die Möglichkeiten des Europarates mit denen der Vereinten Nationen – sind die Instrumente der Sanktionierung von Staaten, die sich der Korrektur ihrer durch den EGMR festgestellten menschenrechtswidrigen Herrschaftspraxis widersetzen, nur sehr schwach ausgebildet. Deshalb kann die Überwachung der Menschenrechtspraxis nur so lange funktionieren, wie die Mitgliedstaaten selbst demokratische Verfassungsstaaten sind und sich den Entscheidungen des Gerichtshofes oder des Ministerausschusses freiwillig beugen. Sobald die Herrschaftsordnung eines Staates den Boden des demokratischen Verfassungsstaates verlässt, kann die rechtsverbindliche Entscheidung durch ein internationales Gericht kaum genügen, um diesen Staat zu den fälligen Korrekturen der gerügten Menschenrechtspraxis zu bewegen. Für diesen Fall stehen dem Europarat nur wenige Möglichkeiten der Einwirkung zur Verfügung. Er kann den betreffenden Staat an den Pranger stellen, indem er die Menschenrechtsverletzungen als solche verurteilt. Zumeist ist mit der moralischen Sanktionierung durch internationale Organisationen jedoch kein Einlenken des beklagten Staates, sondern allenfalls eine begrenzte Verhaltensmodifikation, die den Schein wahren soll, zu erreichen. Sie bewirkt beim betreffenden Staat häufig anstatt einer Verhaltenskorrektur das Bemühen, die normwidrige Menschenrechtspraxis besser zu vertuschen.

Außerdem kann der Europarat den ‚abtrünnigen' Staat von der Teilnahme an den Sitzungen der Organe des Europarates oder aus der Organisation insgesamt ausschließen, ohne damit jedoch an der Tatsache der Menschenrechtsverletzung selbst etwas zu ändern.[46]

---

46 Die Vor- und Nachteile dieses Sanktionsinstruments werden eingehend in Kap. 7.2.5 diskutiert.

312

10.2.3 Informationelle Tätigkeiten

Im Gegensatz zu den Vereinten Nationen spielen beim Europarat die informationellen Tätigkeiten für die Generierung von Politikprogrammen zum internationalen Schutz der Menschenrechte nur eine untergeordnete Rolle. Die informationellen Tätigkeiten des Europarates konzentrieren sich neben der Veröffentlichung von Informationen über die eigene Tätigkeit auf den Bereich der operativen Umsetzung bestehender Politikprogramme zum Schutz der Menschenrechte in Europa sowie auf deren Fortentwicklung. Vor allem bei der zur Fortentwicklung bestehender Politikprogramme notwendigen Informationserzeugung wird der Europarat durch mehr als 400 Nicht-Regierungsorganisationen mit Konsultativstatus bei der Organisation unterstützt. Durch die informationellen Aktivitäten des Europarates wird die europäische Staaten- und Gesellschaftswelt ferner in den Stand versetzt, auf Menschenrechtsverletzungen in einzelnen Mitgliedstaaten zu reagieren, diese zumindest moralisch zu sanktionieren. Die hierfür notwendigen Informationen gewinnt der Europarat, das heißt der ihm durch die Europäische Menschenrechtskonvention zugeordnete Gerichtshof im Wesentlichen durch seine Überwachungsaktivitäten. Widersetzt sich ein Staat beispielsweise den vom Gerichtshof angeordneten Maßnahmen, kann der Ministerausschuss einen Bericht mit der Darstellung und Bewertung der Menschenrechtsverletzungen des betreffenden Staates veröffentlichen und den Staat so internationalem, aber auch innergesellschaftlichem Druck aussetzen. Außerdem ist der Ausschuss, der die Prüfung der Staatenberichte zur Implementation der Sozialcharta vornimmt, berechtigt, eigene Berichte zu verfassen und diese zur Kenntnisnahme an den Ministerausschuss des Europarates zu versenden. So bleibt zumindest den Mitgliedstaaten die Möglichkeit, den betreffenden Staat unter Rechtfertigungsdruck zu setzen.

Die informationellen Tätigkeiten des Europarates können auch als Implementationshilfe für die Staaten gesehen werden. Menschenrechtsverletzungen sind nicht nur das Resultat böser Absichten, sondern können auch das unbeabsichtigte Ergebnis staatlicher Herrschaftspraxis sein. So gesehen können die Informationen über Möglichkeiten, Menschenrechte zu verletzen, für die Staaten in ihrem Bemühen, derartige Praktiken zu vermeiden, hilfreich sein. Zumeist genügt es, den beklagten Staat über die Klage und den ermittelten Sachverhalt zu informieren, um eine Verhaltenskorrektur zu erwirken. Noch deutlicher wird die Funktion informationeller Tätigkeiten als Implementationshilfe, wenn man den Blick auf die verbreitete Praxis der Staaten richtet, Menschenrechtsgutachten beim Europäischen Gerichtshof für Menschenrechte einzuholen. Hier informieren sich die Staaten vorab, ob geplante Maßnahmen mit den Normen der europäischen Menschenrechtskonventionen und ihrer Zusatzprotokolle vereinbar sind. Insgesamt stellt die Kompetenz des Europarates, von den Mitgliedstaaten unabhängige, qualitativ hochwertige Informationen zu generieren, einen Organisationsoutput dar, der für das reibungslose Funktionieren des europäischen Menschenrechtsregimes unerlässlich ist.

[Marginalien:] Sammeln und Verbreiten von Informationen

Informationserzeugung

Implementationshilfe

10.2.4 Beurteilung des Organisationsoutput

Während bei den Vereinten Nationen dem positiven Befund über die Programm-Outputs ein eher negatives Urteil über die operativen und informationellen Tätigkeiten gegenübersteht, treffen im Rahmen des internationalen Schutzes der Menschenrechte in Europa die programmatischen Stärken mit operativen und informationellen Outputs zusammen, die den Politikprogrammen eine angemessene Wirksamkeit verleihen. Die Konzentration der Outputs besonders im Bereich der Überwachung, aber auch bei der Informationsverbreitung, stellt eine passende Antwort auf die strukturellen Kooperationsbedingungen im Sachbereich ‚Herrschaft' dar. Indem die operativen Tätigkeiten des Europarates die Transparenz der Herrschaftspraktiken erhöhen, Menschenrechte zu einem Thema der internationalen Politik in Europa machen und den europäischen Gesellschaften zusätzliche Mittel an die Hand geben, sich gegen Menschenrechtsverletzungen in ihren Staaten zur Wehr zu setzen, tragen sie zur Überwindung der sachbereichsspezifischen Kooperationshindernisse bei. Sie bieten der ‚europäischen Gesellschaft' einen wirksamen Schutz gegen einen möglichen Rückfall in staatliche Herrschaftspraktiken, die die Missachtung der Menschenrechte einschließen. Auf eine beachtliche Wirksamkeit der Instrumente verweist besonders die häufige Nutzung der Individualbeschwerde; bis Ende 2001 wurden insgesamt weit mehr als 63.000 Beschwerden beim (alten und neuen) EGMR registriert. Demgegenüber spielt das Verfahren der Staatenbeschwerde eine zahlenmäßig völlig untergeordnete Rolle, was wiederum auf die besondere Bedeutung der gesellschaftsweltlichen Ebene beim internationalen Menschenrechtsschutz hin weist. Die Wirksamkeit der Mechanismen des Menschenrechtsschutzes durch den Europarat wird weiterhin durch die häufig frühzeitige Korrektur der Menschenrechtspraxis der beklagten Staaten sowie die praktisch uneingeschränkte Befolgung aller Urteile des Gerichtshofes eindrucksvoll belegt. Nach Auskunft des Sekretariats des Ministerausschusses liegt die Rate der fristgerechten Befolgung bei 90 Prozent (Klein/Brinkmeier 2001).

Allerdings kann der Menschenrechtsschutz in Europa nur im Sinne einer Rückversicherung auf der Grundlage eines weitgehenden Wertekonsens der europäischen Staaten wirksam sein. Ist dieser Wertekonsens wie beispielsweise zu Zeiten des Ost-West-Gegensatzes gar nicht vorhanden, oder bestehen wie zur Zeit mit Russland, der Türkei oder der Ukraine normative Differenzen über einzelne Aspekte der Herrschaftsausübung, stoßen der Europarat und seine Organe an die Grenzen ihrer Wirksamkeit. Für diesen Fall eines nachhaltigen zwischenstaatlichen Wertekonflikts reichen auch die Outputs des Europarates nicht aus, um Brüchen des europäischen Menschenrechtsregimes zuvor zu kommen oder die dafür Verantwortlichen zu deren rascher Beseitigung zu veranlassen.

11 Zwischen Weltstaat und Anarchie der Staatenwelt: ‚Weltregieren ohne (Welt-) Staat'

Die Analyse der Outputs der politischen Systeme internationaler Organisationen in den Sachbereichen ‚Sicherheit', ‚Wohlfahrt' und ‚Herrschaft' hat gezeigt, dass internationale Organisationen einen Beitrag zur Überwindung sachbereichs- und problemfeldspezifischer, strukturell begründeter Kooperationshindernisse zu leisten imstande sind. Im Sicherheitsbereich müssen angesichts des strukturell angelegten Misstrauens zwischen Staaten die operativen Tätigkeiten der Überwachung und der Sanktionierung durch internationale Organisationen eine ungleich bedeutendere Rolle spielen als im Wohlfahrtsbereich. Dort ist hingegen die Konzentrierung der Outputs internationaler Organisationen im Bereich der Programmgenerierung sowie im Bereich der Konkretisierung und Spezifizierung der Programmnormen unverzichtbare Voraussetzung für die Überwindung der spezifischen Kooperationshindernisse, die sich vor allem aus der Konkurrenz möglicher Zielperspektiven sowie der Verteilung von Kooperationsgewinnen zwischen Staaten ergeben. Außerdem spielen in den Problemfeldern des Sachbereichs ‚Wohlfahrt', in denen der Kooperationsbedarf nicht auf der Hand liegt, sondern erst erkannt werden muss, wie beispielsweise im Problemfeld ‚grenzüberschreitende Umweltbelastungen', die informationellen Tätigkeiten eine besondere Rolle. Ebenso unverzichtbar sind die informationellen Tätigkeiten im Sachbereich ‚Herrschaft'. Denn hier ist das Gelingen zwischenstaatlicher Kooperation zu großen Teilen entweder von der Fähigkeit gesellschaftsweltlicher Akteure abhängig, wirksamen Druck auf die Staatenwelt auszuüben oder von ihrem Vermögen, mit Unterstützung internationaler Organisationen Sozialisationsprozesse in der Staatenwelt anzustoßen. Darüber hinaus setzt dauerhaft gesicherte Kooperation im Sachbereich ‚Herrschaft' die Übertragung weitreichender Kompetenzen der Programmgenerierung und der operativen Implementation von Politikprogrammen an internationale Organisationen voraus. Allerdings machen hier die strukturellen Bedingungen des Sachbereichs die Übertragung derartiger Kompetenzen an internationale Organisationen besonders unwahrscheinlich.[47]

Die Analyse des Output internationaler Organisationen in den drei Sachbereichen der internationalen Politik hat aber auch erkennen lassen, dass internationale Organisationen nicht immer in der Lage sind, die je nach Sachbereich oder Problemfeld spezifischen Kooperationshindernisse auszuräumen, um die Staaten aus den sozialen Fallen problematischer Handlungsinterdependenzen heraus zu

Beitrag von IO zur Überwindung von Kooperations-hindernissen

---

[47] Unsere Diskussion des Menschenrechtsschutzregimes in Europa steht zu dieser Prognose nicht im Widerspruch. Aufgrund besonderer historischer Gegebenheiten wurden die Kooperationshindernisse im Sachbereich ‚Herrschaft' – allen voran die Existenz von Wertekonflikten – in Europa nach dem Ende und als Folge des Zweiten Weltkrieges überwunden (vgl. Kap. 10.2).

führen. Häufig sind die Politikprogramme sowie die operativen und informationellen Tätigkeiten der Überwindung struktureller Kooperationshindernisse nicht angemessen, so dass die Staaten den sozialen Fallen der internationalen Politik nicht entrinnen; in der Absicht ihren Eigennutzen kurzfristig zu mehren oder jedenfalls nicht zu mindern, schädigen sie zum einen langfristig sich selbst, zum anderen die Staatenwelt insgesamt.

Befund: Beitrag von IO zur Erzeugung und Stabilisierung intl. Kooperation

In denjenigen Problemfeldern der internationalen Politik, in denen Kooperationsbedarf und Kooperationsprobleme bearbeitender Output übereinstimmen, helfen internationale Organisationen hingegen den Staaten, den sozialen Fallen problematischer Handlungsinterdependenzen, die sich vor allem im Sicherheitsdilemma und im Wohlfahrtsdilemma, weniger im Herrschaftsdilemma auftun, zu entrinnen. Sie tragen zur Generierung und Stabilisierung institutionalisierter zwischenstaatlicher Kooperation bei.

11.1 Modelle der Steuerung der internationalen Beziehungen

Frage: welches Steuerungsmodell ist mit diesem Befund vereinbar?

Uns soll abschließend die Frage beschäftigen, welches analytische Modell der Steuerung der internationalen Beziehungen (des internationalen Regierens im weiteren Sinne[48]) mit diesem Befund vereinbar ist. Welches Modell lässt erwarten, dass internationale Organisationen dauerhafte kooperative Verhaltensmuster generieren und stabilisieren können? Um sich nicht in der Fülle möglicher Modelle zu verlieren, sollen diese klassifikatorisch geordnet werden.

Schaubild 25: Vier Modelle der internationalen Politik

	Suprastaatliche Autorität	Keine suprastaatliche Autorität
Bindende Normen und Regeln	Weltstaat	Weltregieren ohne (Welt-)Staat (‚Global Governance‘)
Keine selbstbindenden Normen und Regeln	Welthegemonie	Anarchie der Staatenwelt

Handlungswirksamkeit von Normen und Regeln

Wir unterscheiden zum einen Modelle, die die Existenz und Wirksamkeit von für alle geltenden Normen und Regeln in den internationalen Beziehungen unterstreichen und solche, die diese bestreiten (vgl. Schaubild 25). Die Modelle, die die Existenz und Handlungswirksamkeit von für alle geltenden Normen und Regeln betonen, können weiter ausdifferenziert werden. Wir unterscheiden Modelle, die die Wirksamkeit solcher Normen und Regeln von der Existenz einer ‚suprastaatlichen‘ Autorität abhängig machen, und solche, die diese Wirksamkeit

48 Regieren bedeutet im Kern nichts anderes als aussichtsreiche Vorgehensweisen zur Lösung gemeinschaftlicher Probleme in bindende Verhaltensregeln umzuschreiben, die Einhaltung dieser Regeln zu überwachen, ihre Nichteinhaltung mit Sanktionen zu belegen und, falls notwendig, sie neuen Rahmenbedingungen anzupassen.

auch auf der Grundlage der Selbstkoordination souveräner staatlicher Einheiten, das heißt aufgrund der Selbstbindung der beteiligten Einheiten für möglich halten. Ihnen stellen wir Modelle gegenüber, die die Existenz von Normen und Regeln, die für alle Staaten im internationalen System handlungswirksam sind, bestreiten. Während eines dieser Modelle jegliche Form von Regelsetzung und – durchsetzung für unmöglich hält, gesteht das andere Modell zu, dass Regelsetzung und -durchsetzung – wenn auch zeitlich begrenzt – durch den mit Abstand mächtigsten Staat im internationalen System bewerkstelligt werden kann. Freilich wird sich dieser Staat den von ihm gesetzten Normen und Regeln nicht selbst unterwerfen wollen. Diese Klassifizierung lässt die Identifizierung von vier Modellen der Steuerung der internationalen Beziehungen zu: Anarchie der Staatenwelt, Welthegemonie, Weltstaat und Weltregieren ohne (Welt-) Staat.

11.2 Anarchie der Staatenwelt

Das Modell der Anarchie der Staatenwelt (vgl. Mearsheimer 2001; Waltz 1979 und Kap. 2.1) ist mit dem Befund, dass internationale Organisationen auf Dauer gestellte zwischenstaatliche Kooperation befördern können, kaum vereinbar. Denn das Modell postuliert die Unmöglichkeit oder zumindest (langfristige) Wirkungslosigkeit von für alle geltenden Normen und Regeln in der internationalen Politik. Zumeist wird dieses Postulat mit der Nicht-Existenz einer ,suprastaatlichen' Autorität, die das Verhalten der Staaten zueinander verbindlich regulieren könnte, begründet. Somit bleiben im Modell der Anarchie der Staatenwelt die Staaten die grundlegenden, normativ weitgehend ungebundenen Akteure der internationalen Politik. Ihr Verhalten ist in hohem Maße durch die Sicherheits- und Wohlfahrtsdilemmata geprägt. Diese ,zwingen' jeden Staat dazu, seine Existenz und die Wohlfahrt seiner Bürgerinnen und Bürger selbstständig zu sichern (= Selbsthilfe). Dazu müssen die staatlichen Akteure auf Strategien und Instrumente der Machtpolitik zurückgreifen, wodurch sie sich in einen beständigen Wettbewerb um die Sicherung und Steigerung ihrer Sicherheit und Wohlfahrt auch und gerade auf Kosten anderer verstricken.

Die Anarchie der Staatenwelt ist nicht mit Chaos und Unordnung gleich zu setzen, vielmehr besitzt auch sie eine Ordnung. Diese beruht darauf, dass die der Anarchie der Staatenwelt geschuldeten Sicherheits- und Wohlfahrtsdilemmata die Staaten zu Verhaltensregelmäßigkeiten anhalten. Freilich handelt es sich bei dieser Ordnung – und hier liegt der zentrale Unterschied sowohl zum Modell des Weltstaates als auch zum Modell des Weltregierens ohne (Welt-)Staat – nur um eine *faktische, nicht* um eine *normativ verankerte Ordnung*. Denn das Staatenverhalten ist zwar regelhaft, nicht jedoch normgebunden, sondern folgenorientiert und klugheitsgesteuert. Diese Ordnung stützt sich mithin auf klugheitsbedingte empirische Verhaltensregelmäßigkeiten, wie beispielsweise Gleichgewichts- oder Allianzpolitik, nicht jedoch auf verhaltenswirksame soziale Normen, wie z.B. die Norm des Verzichts auf gewaltsame Selbsthilfe beim Austrag internationaler Streitigkeiten und der Ermächtigung zur internationalen Gewaltanwendung durch den Sicherheitsrat der Vereinten Nationen.

Dauerhafte Kooperation auf der Basis der freiwilligen Selbstbindung durch und der Befolgung von Normen und Regeln lässt die für die anarchische Staatenwelt konstitutive Sicherheits- und Wohlfahrtskonkurrenz nicht zu. Sie hält die

Staaten dazu an, ihr Verhalten an der Erzielung relativer Gewinne oder zumindest der Vermeidung relativer Verluste anstatt an gemeinsamen Gewinnen in den Sachbereichen ‚Sicherheit', ‚Wohlfahrt' und ‚Herrschaft' auszurichten (vgl. Kap. 2.1.2). Kooperation ist im Modell der Anarchie deshalb nur möglich, wenn sich die Akteure von der Kooperation mindestens eine ausgewogene Gewinnverteilung versprechen, was aber wegen des strukturell angelegten Misstrauens kaum erreichbar ist. Sie ist folglich in der Regel opportunistisch, also Machtpolitik mit anderen Mitteln, die nur solange bestandsfähig ist, wie sie mittelbar zumindest den Sicherheits-, Wohlfahrts- und Herrschaftsinteressen der beteiligten Staaten entspricht. Ist dies nicht der Fall, sind die Akteure ‚gezwungen', die Kooperation zu beenden und zur Selbsthilfe zurück zu kehren.

empirische Gültigkeit des Modells Angesichts der beschriebenen Aktivitäten internationaler Organisationen scheint das Bild, das das Modell der Anarchie der Staatenwelt zeichnet, zu düster. Staaten können, zumal mit Hilfe der Programmtätigkeiten internationaler Organisationen, Normen und Regeln begründen, wenn sie sich davon absolut (und nicht nur relativ) einen Gewinn versprechen. Mit anderen Worten, auch wenn nicht pauschal zurück gewiesen werden kann, dass Staaten ihre Bereitschaft zu kooperieren von der antizipierten relativen Gewinnverteilung abhängig machen, ist gleichwohl klar, dass diese Art der Gewinnkalkulation nur in eng definierten Kontexten ausgeführt wird (Hasenclever/Mayer/Rittberger 2000, 17f.).[49] Weiterhin wird es den Staaten vor allem mit Hilfe der operativen Tätigkeiten internationaler Organisationen ermöglicht, ihr Verhalten auf Dauer an den vereinbarten Normen und Regeln zu orientieren.

Das Anarchiemodell der internationalen Politik ist somit unserem Befund, dass die politischen Systeme internationaler Organisationen zwischenstaatliche Kooperation auf der Basis handlungswirksamer Normen und Regeln in einer Vielzahl von Problemfeldern der internationalen Politik generieren und stabilisieren, nicht angemessen. Gleichwohl kann dieses Modell nicht pauschal zurück gewiesen werden. Denn die internationale Politik ist keineswegs in allen Problemfeldern durch dauerhaft kooperative Verhaltensmuster gekennzeichnet. So lassen sich Problemfelder ausmachen, denen bis heute – sei es, weil dort keine internationalen Organisationen existieren, sei es, weil vorhandene Organisationen keine die Kooperation fördernde Wirkung entfalten konnten – eine wirksame Verregelung fehlt. Dies galt beispielsweise viele Jahre für das Problemfeld ‚internationale Rüstungsdynamik' in den Ost-West-Beziehungen. Die Sicherheitsbeziehungen zwischen rivalisierenden Staaten, wie zum Beispiel zwischen den arabischen Staaten und Israel, sind gleichfalls als zutiefst anarchisch einzustufen. Obwohl das Modell der Anarchie der Staatenwelt mithin in einigen Problemfeldern der internationalen Politik nach wie vor Gültigkeit beanspruchen darf, kann es die Strukturen und Prozesse der internationalen Politik insgesamt nicht (mehr) gegenstandsadäquat wiedergeben. Es versagt vor allem dort, wo sich unter Mithilfe internationaler Organisationen zwischen Staaten auf Normen und Regeln basierende kooperative Verhaltensmuster auf Dauer herausgebildet haben.

---

49 Vor allem drei Faktoren sind Ausschlag gebend dafür, ob Staaten ihre Bereitschaft zu kooperieren von einer ausgewogenen Gewinnverteilung abhängig machen oder nicht: die Beziehung zu den (dem) potenziellen Kooperationspartner(n) in der Vergangenheit, die Wahrnehmung der eigenen Machtposition im internationalen System sowie die Art und Weise, wie von anderen erzielte Kooperationsgewinne eingesetzt werden können (Hasenclever/Mayer/Rittberger 2000, 17f.).

11.3 Welthegemonie

Auch das Modell der Welthegemonie liefert uns das Bild einer sozialen Ordnung der internationalen Beziehungen, in der internationale Organisationen und ihre kooperationsfördernden und –stabilisierenden Wirkungen keinen zentralen Platz haben. Analog zum Modell der Anarchie der Staatenwelt beschreibt das Modell der Welthegemonie eine *faktische* und *keine normativ verankerte Ordnung.* Mit anderen Worten, eine Welthegemonialordnung wird nicht von für alle Staaten des internationalen Systems in gleichem Maße handlungswirksamen Normen und Regeln getragen. Doch im Gegensatz zur Anarchie der Staatenwelt beruhen die klugheitsbedingten empirischen Verhaltensregelmäßigkeiten, welche diese soziale Ordnung konstituieren, auf quasi-hierarchischer Regelsetzung- und durchsetzung durch einen Welthegemon (Rittberger 2000, 201f.). Dieser sieht sich aufgrund seiner überragenden militärischen, ökonomischen und ideologischen Machtressourcen in der Lage, eine im eigenen Interesse liegende soziale Ordnung zu errichten und mittels des Einsatzes von Zwang oder Anreizen aufrecht zu erhalten. Andere Staaten haben – wenn überhaupt – nur geringen Einfluss auf Form und Inhalt dieser Welthegemonialordnung. Viele von ihnen werden davor zurück schrecken, eine Politik zu betreiben, die auf den Umsturz einer solchen quasi-hierarchischen Weltordnung zielt. Dies ist nicht nur in der stark asymmetrischen Machtverteilung im internationalen System begründet, sondern vor allem auf die durch den Welthegemon bereit gestellten – und von den meisten Staaten begehrten – öffentlichen Güter wie internationale Stabilität oder internationale Liquidität als Voraussetzung allseits vorteilhafter wirtschaftlicher Austauschbeziehungen zurück zu führen.

Dennoch: Selbst Hegemonietheoretiker der Realistischen Schule (vgl. Kap. 2.1.2) räumen ein, dass der Errichtung einer solchen sozialen Ordnung nur selten Erfolg beschieden und, wenn einmal geschaffen, kaum über längere Zeit aufrecht zu erhalten ist. Die durch die Welthegemonialordnung geschaffene internationale Stabilität hat folglich stets ein Verfallsdatum. Durch den Welthegemon initiierte Kooperationsmuster gestalten sich in hohem Maße instabil; sie werden geschwächt oder lösen sich auf, wenn der Welthegemon an Macht einbüßt.

Konfrontieren wir das Modell der Welthegemonie mit der Empirie, so ist zunächst zu konstatieren, dass es zu unserem Befund, dass Staaten mit und durch internationale Organisationen dauerhafte Kooperation auf der Basis der freiwilligen Selbstbindung durch und der Befolgung von Normen und Regeln begründen können, im Widerspruch steht. Während die Entstehung der nach dem Zweiten Weltkrieg durch die Initiative des Welthegemons USA gegründeten internationalen Institutionen wie GATT oder IWF plausibel gemacht werden können, musste die kontinuierliche Funktionsfähigkeit dieser Institutionen ungeachtet der – freilich vorüber gehenden – Erosion der amerikanischen Dominanz im Laufe der 1970er Jahre den Theoretikern der hegemonialen Stabilität rätselhaft erscheinen (Rittberger 2000, 206f.). Mit der neuerlichen Stärkung der US-amerikanischen Machtposition nach dem Ende des Kalten Krieges – die USA sind die einzig verbliebene Weltmacht – hat sich die auf sie gestützte und von ihr instrumentalisierte Welthegemonialordnung restabilisiert. Analog zur Diskussion der empirischen Gültigkeit des Anarchiemodells gilt daher auch hier: Das Modell der Welthegemonie ist in der Lage, wenn nicht die Gesamtheit, so doch zumindest einen Teil der weltpolitischen Praxis zu Beginn des 21. Jahrhunderts abzubilden.

empirische Gültigkeit des Modells

So kann das Modell plausibel machen, warum die USA sich gerade in jüngster Zeit bemüht haben, flexible informelle Kooperationsmuster unabhängig von den formalisierten Politikentwicklungsprozessen in internationalen Organisationen zu initiieren. Denn der Welthegemon USA ist nach dem Ende des Ost-West-Konflikts wieder in der Lage, in einzelnen Problemfeldern der internationalen Politik die Form und das Ausmaß internationaler Kooperation weit gehend selbst zu bestimmen.[50] Dies tut er, indem er so genannte Clubs bildet, welche – wie im Falle der G-7 – themenübergreifend oder – wie im Falle der G-20 – themenspezifisch ausgerichtet sein können. Durch die Bildung dieser Clubs sind die USA in der Lage, den Kreis der Kooperationspartner nach eigenen Kriterien weit gehend selbst zu bestimmen. Zugleich sichern sie sich durch ihren Machtvorsprung ein hohes Maß an Einfluss, welcher durch den informellen Charakter der genannten Institutionen weiter steigt. Denn die Vereinigten Staaten befreien sich dadurch, dass sie die Bearbeitung bestimmter Probleme – vor allem die Spezifika der Gestaltung der wirtschaftlichen Austauschbeziehungen zwischen Staaten – in Clubs verlagern, von den in den Verfassungen internationaler Organisationen verankerten Hürden für eine uneingeschränkte Einflussnahme.[51] Anders als bei internationalen Organisationen hängt die Dauer und Wirksamkeit des so geschaffenen neuen Modus sozialer Steuerung, welcher als Konzertierung bezeichnet werden kann, zu großen Teilen von den Aktivitäten des Welthegemons ab. Das Modell der Welthegemonie sagt demnach voraus, dass die von den USA betriebene Konzertierung nur so lange anhält wie die eigene Hegemonialstellung bestehen bleibt. Umgekehrt kann nicht ausgeschlossen werden, dass bestehende Clubs zur Festigung der US-amerikanischen Vormachtstellung beitragen und diese Form der sozialen Steuerung in Zukunft auf andere Politikbereiche ausgeweitet werden wird – zu Lasten der in diesen Bereichen tätigen internationalen Organisationen.

11.4 Weltstaat

Das Modell des Weltstaates (vgl. Rittberger 2000, 199f.) nimmt an, dass zum einen die Verdichtung der Interdependenzen zwischen sozialen Akteuren als Resultat intensivierter Austauschbeziehungen, zum anderen die Monopolisierung legaler Gewaltanwendung die grundlegenden Elemente eines Prozesses der Zivilisation darstellen. Norbert Elias (1969), der diesen Prozess für die Entwicklung der modernen Gesellschaften der westlichen Welt nachgezeichnet hat, hält diesen *Prozess der Zivilisation* mit der Gründung souveräner Staaten noch nicht für abgeschlossen. Vielmehr wird die Verdichtung des Netzes internationaler und transnationaler Interdependenzen eine (in Ansätzen bereits zu beobachtende) Zentralisierung und Monopolisierung der legalen Gewaltanwendung auch in den

---

50 Die hegemoniale Position der USA wird mit der aktuellen Überlegenheit ihres Militärs, der Stärke ihrer Wirtschaft und ihrer großen technologischen Innovationsfähigkeit belegt (Brooks/Wohlforth 2002, 21-23).

51 Die Analyse der Entscheidungsprozesse in internationalen Organisationen hat ergeben, dass formale Politikentwicklungsprozesse die Einflussmöglichkeiten von weniger mächtigen Staaten auf die Politikentwicklung auf internationaler Ebene in der Regel erhöhen und folglich den mächtigen Mitgliedstaaten zusätzliche Kosten, z.B. in Form von Seitenzahlungen, auferlegen, um das Erreichen der für einen angestrebten Beschluss notwendigen Mehrheit sicher zu stellen (vgl. Kap. 6).

internationalen Beziehungen nach sich ziehen. Am Ende dieser Entwicklung steht gewissermaßen als Höhepunkt des Zivilisationsprozesses der Weltstaat. Dieser zeichnet sich dadurch aus, dass er verbindliche Normen und Regeln setzen und vor allem auch durchsetzen kann. Er steht hierarchisch über den Staaten und setzt somit die unwiderrufbare Delegation der Souveränität der vielen Einzelstaaten voraus. Mit anderen Worten, der Weltstaat kann kraft eigener Autorität Programme generieren und durch operative Tätigkeiten implementieren. Die Wirksamkeit des Weltstaates bei der Programmimplementation ist gemäß dieser Vorstellung von einer hierarchischen Weltordnung mit einem Monopol der legalen Gewaltanwendung garantiert. Aus dieser Sicht sind internationale Organisationen Vorboten eines sich herausbildenden Weltstaates. Insbesondere die Vereinten Nationen gelten aufgrund des Gewaltlegitimierungsmonopols des Sicherheitsrates als Weltstaat ‚in statu nascendi‘, im Geburtsstadium (Höffe 2001, 199-202; Rittberger/Mogler/Zangl 1997, 58-61).

So erstrebenswert dauerhaft gesicherte internationale Kooperation mittels hierarchischer Steuerung durch einen Weltstaat auf den ersten Blick sein mag, so problematisch wie unrealistisch erscheint sie bei näherer Betrachtung (Rittberger 2000, 204f.). Problematisch ist die Vision vom Weltstaat, da kaum erwartet werden kann, dass sich alle Staaten in einem großen Gründungsakt freiwillig in einen Weltstaat einordnen, geschweige denn ihm unterordnen werden. Somit ist anzunehmen, dass die Bändigung ‚widerspenstiger‘ Staaten nur unter Anwendung militärischer Gewalt möglich sein würde. Angesichts der militärischen Gewaltpotenziale, die in der Staatenwelt des 21. Jahrhunderts verbreitet sind, kann selbst das Ziel, die internationalen Beziehungen durch einen Weltstaat zu zivilisieren, die dafür ‚notwendige‘ Gewaltanwendung schwerlich rechtfertigen. Dies gilt umso mehr, als bezweifelt werden muss, dass ein Weltstaat tatsächlich die Pazifizierung der Welt erreichen könnte. Denn es gehört zu den Erfahrungen der Zeit nach dem Zweiten Weltkrieg (und erst recht nach dem Ende des Ost-West-Konflikts), dass die Anzahl der innerstaatlichen Kriege sowie die Anzahl der in derartigen Kriegen getöteten Menschen bereits die Anzahl der zwischenstaatlichen Kriege sowie der dort getöteten Menschen bei weitem übersteigt. Wenn bereits eine Vielzahl der existierenden Staaten weit davon entfernt ist, ihre internen Beziehungen zu befrieden, kann dies von einem Weltstaat noch weit weniger erwartet werden.

Die Zweifel an der Wünschbarkeit werden von der Kritik an der Realitätsferne der Modellvorstellung vom Weltstaat begleitet. Zum einen wird darauf hingewiesen, dass die Weltvergemeinschaftung mit der Weltvergesellschaftung nicht Schritt gehalten habe. So profitieren immer mehr Menschen von ihren intensiven Auslandskontakten, aber diese Nutzenerfahrungen übersetzen sich nicht von selbst in Respekt vor und Solidarität mit den Anderen, Fremden. Der europäische Integrationsprozess verdeutlicht, wie wichtig die Herausbildung einer gemeinsamen übernationalen Identität für das Fortschreiten eines überstaatlichen Einigungsprozesses ist. Gleichzeitig lässt sich an diesem Fall ablesen, wie mühsam ein solcher Prozess selbst in einer vergleichsweise homogenen Weltregion wie dem Europa der EU ist. Vor diesem Hintergrund stellt sich unausweichlich die Frage, wie ein derartiger Vergemeinschaftungsprozess auf Weltebene in absehbarer Zukunft in Gang kommen und sein Ziel erreichen könnte.

Des weiteren sind keine Anzeichen zu erkennen, dass gerade demokratisch verfasste Staaten gewillt wären, ihre Souveränität zugunsten eines Weltstaates aufzugeben, welcher Standards der demokratischen Verfassungsstaatlichkeit

empirische Gültigkeit des Modells

nicht global garantieren kann. Solange sich Demokratien durch Diktaturen und autoritäre Systeme bedroht sehen, werden sie keine substanziellen Hoheitsrechte an einen Weltstaat abtreten oder diesem gar das Legalmonopol physischer Gewaltsamkeit einräumen. Demokratien werden deshalb darauf achten, dass jede Weltstaatsverfassung eine ‚Demokratiegarantieklausel' enthält, wie das in demokratischen Bundesstaaten oder Staatenbünden schon bislang üblich war und ist (vgl. Halperin/Lomasney 1993). Eine solche Klausel wird aber ohne eine durchgreifende Demokratisierung der politischen Systeme in der Welt kaum zustimmungsfähig sein. Freilich wird ein solcher Prozess auf absehbare Zeit trotz der Ausbreitung von Demokratien in der Staatenwelt nicht so rasch zum Abschluss kommen.

Schließlich liefert selbst die unbezweifelbare Verdichtung des Netzes internationaler Organisationen gerade kein unumstößliches Indiz für einen Prozess der Ausbildung eines Weltstaates. Der Umstand, dass in internationalen Organisationen Programmentscheidungen durch intergouvernementales Verhandeln, aber auch durch Mehrheitsentscheidungen getroffen werden, macht mehr als deutlich, dass das Fehlen eines Weltstaats den Aufbau von weltweiten, funktionstüchtigen (normativen) Institutionen offenbar nicht aufhalten kann. Allerdings muss zugestanden werden, dass in einigen wenigen Fällen in den operativen Tätigkeiten internationaler Organisationen, wie beispielsweise beim Sicherheitsrat der Vereinten Nationen und beim Internationalen Strafgerichtshof im Falle seines Tätigkeitsbeginns, ein hierarchisches Moment zum Tragen kommt, das zumindest in Ansätzen weltstaatliche Züge zum Vorschein kommen lässt. Trotzdem gilt es festzuhalten – wie zuvor beim Modell der Anarchie der Staatenwelt –, dass das Modell des Weltstaates bestenfalls einen sehr kleinen Ausschnitt der zeitgenössischen internationalen Beziehungen gegenstandsadäquat beleuchten kann (vgl. Mayer/Rittberger/Zürn 1993, 395-398; Rittberger/Mogler/Zangl 1997, 60f.; Rittberger 2000, 204-206).

11.5 Weltregieren ohne (Welt-)Staat

Auf einen vierten Weg – jenseits von Anarchie der Staatenwelt, Welthegemonie und Weltstaat – deutet das Modell der ‚Global Governance' oder des Weltregierens ohne (Welt-)Staat hin. Es vereint – um zwei bekannte Publikationen zur Theorie der internationalen Politik zu zitieren – „Cooperation under Anarchy" (Oye 1986) und „Governance without Government" (Rosenau/Czempiel 1992). Es fordert das Anarchie- und das Welthegemoniemodell heraus, indem es von der Möglichkeit von auf Dauer gestellten kooperativen Interaktionsmustern auf der Grundlage zwischenstaatlicher Vereinbarungen von Normen und Regeln mit selbst bindendem Charakter ausgeht. Die Herausforderung für das Weltstaatsmodell besteht darin, dass die Wirksamkeit der vereinbarten Normen und Regeln nicht von der Existenz einer zentralen Autorität mit Gewaltmonopol abhängig gemacht wird. Das Modell des Weltregierens ohne (Welt-)Staat beschreibt eine Prozessstruktur, in der auf Selbstbindung gestützte Normen und Regeln die zwischenstaatlichen Handlungszusammenhänge dauerhaft steuern, ohne dass eine hierarchisch übergeordnete Autorität diese generiert, implementiert und notfalls deren Nichtbefolgung auch sanktioniert. Die institutionalisierten Verhaltenserwartungen werden auch in solchen Situationen respektiert, in denen die (unmittelbaren) Verzichtskosten der Norm- und Regelbefolgung für die Staaten beträchtlich sind und in denen ‚free riding' kurzfristig eine gewinnbringende Handlungsalternative darstellt. Die von uns zugrunde gelegte Theorie des neoliberalen Institutionalismus (vgl. Kap. 2.2.2) argumentiert nun, dass Staaten sich im eigenen Interesse durch handlungswirksame Normen und Regeln selbst binden und sich an diese auch halten, selbst wenn dies für sie lästig und unbequem ist. Die Existenz eines ‚Schattens der Zukunft', also der Erwartung, mit dem Interaktionspartner von heute auch in Zukunft wieder und wieder konfrontiert zu sein, schafft Anreize, die eigenen Interessen langfristiger zu kalkulieren und zumindest die Option der *konditionalen* Kooperation zu wählen. Ein Staat, der mit internationalen Normen und Regeln primär opportunistisch verfährt, geht das Risiko ein, dass es für ihn in Zukunft schwieriger wird, Kooperationspartner zu finden. Dieser Reputationsmechanismus wird dadurch in Gang gesetzt, dass internationale Institutionen Überwachungsinstrumente bereitstellen, die die Wahrscheinlichkeit verringern, dass erhebliche und andauernde Normverletzungen oder Regelverstöße unbemerkt bleiben. Somit fügt sich unser Befund, dass internationale Organisationen einen Beitrag leisten können, um den Staaten die Vereinbarung und Beachtung von Normen und Regeln zu ermöglichen, nahtlos in dieses Bild. Mit ihren Politikprogrammen sowie ihren operativen und informationellen Tätigkeiten sind internationale Organisationen den Staaten behilflich, die Anarchie der Staatenwelt zu überwinden, ohne einen Weltstaat begründen oder die Errichtung einer Welthegemonialordnung erdulden zu müssen; sie helfen den Staaten, eine Weltordnung gekennzeichnet durch ein Weltregieren ohne (Welt-)Staat errichten und aufrecht erhalten zu können. Diese Weltordnung kommt freilich realiter eher einem Weltordnungsflickenteppich gleich, in dem das Weltregieren ohne (Welt-)Staat indessen einen stetig größeren Anteil gewinnt.

Auch das Modell des Weltregierens ohne (Welt-)Staat kann, wie das Anarchiemodell, das Welthegemoniemodell und das Weltstaatsmodell, die Strukturen der zeitgenössischen internationalen Beziehungen nicht erschöpfend beschreiben. Nicht in allen Problemfeldern der internationalen Politik, selbst in von starker Interdependenz geprägten Bereichen wie der internationalen Migration (vgl. Straubhaar 2002; Zolberg 1991), existieren Normen und Regeln, die die zwischenstaatlichen Beziehungen wirksam regulieren. Dies ist selbst dort, wo internationale Organisationen bestehen, nicht immer der Fall. In diesen Problemfeldern können das Anarchiemodell, das die Präferenzen der Staaten für Selbsthilfe betont, oder das Welthegemoniemodell, das die Neigung einer Weltmacht zum Unilateralismus oder ‚Multilateralimsus à la carte' unterstreicht, nach wie vor Gültigkeit beanspruchen. Außerdem ist die Umsetzung vereinbarter Normen und Regeln in einigen wenigen Ausnahmefällen der internationalen Politik auch auf hierarchische Strukturelemente gestützt. Diese sind mit dem Modell des Weltregierens ohne (Welt-)Staat nicht mehr vereinbar, verweisen vielmehr auf Bestandteile eines – wenn auch funktional oder regional begrenzten – Supranationalstaats. Trotz dieser Einschränkungen kann konstatiert werden, dass die Strukturen der internationalen Politik im Begriff sind, sich dem Modell des Weltregierens ohne (Welt-)Staat anzunähern.

Diese Entwicklung deutet eine Alternative zum Eliasschen Prozess der Zivilisation (vgl. Elias 1969) an und öffnet den Blick auf einen Prozess der Zivilisierung der internationalen Beziehungen, an dessen Ende keine hierarchische Weltordnung steht. Dieser kann wie der Eliassche Prozess der Zivilisation dazu füh-

empirische Gültigkeit des Modells

Prozess der Zivilisierung

ren, dass die Staaten die Option der Selbsthilfe zugunsten kollektiven Handelns zurück stellen und so zumindest langfristig die Möglichkeit der Gewaltanwendung in ihren Beziehungen reduzieren. Der Eliassche Prozess der Zivilisation macht eine derartige Zivilisierung von der Verdichtung der Interdependenzen zwischen sozialen Akteuren *und* der Monopolisierung der legalen Gewaltanwendung abhängig. Demgegenüber setzt Zivilisierung aus der Sicht des Modells des Weltregierens ohne (Welt-)Staat nur das Auftreten und die Verdichtung zwischenstaatlicher problematischer Handlungsinterdependenzen, nicht jedoch die Monopolisierung der legalen Gewaltanwendung voraus. Denn wie die Diskussion dieses Modells im Allgemeinen und die Analyse der Wirksamkeit internationaler Organisationen im Besonderen gezeigt hat, ist die Verdrängung der Option der Selbsthilfe zugunsten von Formen kollektiven Handelns sowie die Entwertung der Gewaltanwendung nicht von der Existenz einer hierarchisch übergeordneten Autorität abhängig. Elias selbst erkannte diese Alternative in späteren Arbeiten an, arbeitete sie aber nicht systematisch aus. Er ging nun davon aus, dass die Zivilisierung der internationalen Beziehungen auch durch eine zunehmende Selbstbeschränkung der Staaten bei der Bearbeitung von zwischenstaatlichen Konflikten und durch das Eingehen konföderativer Bindungen zu erreichen sei (1985, 135f.). Auch Elias unterstreicht somit den Beitrag, den internationale Organisationen leisten, um Staaten bei der Vermeidung der infolge der Verdichtung der zwischenstaatlichen Interdependenzen vermehrt auftretenden sozialen Fallen der internationalen Politik zu helfen. Folglich begünstigen internationale Organisationen die Ausbreitung des Weltregierens ohne (Welt-) Staat und sind an der Verdrängung der normativ weniger wünschbaren Strukturen beteiligt, wie sie sich in den Modellen der Anarchie der Staatenwelt, der Welthegemonie und des Weltstaates widerspiegeln. Sie zeigen an, dass die Zivilisierung der internationalen Beziehungen möglich ist und öffnen den Blick auf eine Weltordnungs- oder Weltinnenpolitik, für die die Ächtung gewaltsamer Selbsthilfe einerseits und die Einsicht in die Notwendigkeit eines globalen wirtschafts- und umweltpolitischen Solidarpaktes andererseits selbstverständlicher Bestandteil der sozialen Wirklichkeit zu werden begonnen haben.

Abkürzungen

AB	Berufungsinstanz des WTO-Streitschlichtungsmechanismus/Appellate Body of WTO Dispute Settlement Body
Abs.	Absatz
AdR	Ausschuss der Regionen der EU
AGBM	Ad-hoc Gruppe zum Berliner Mandat
AKP-Länder	Länder Afrikas, der Karibik, und des Pazifik, die mit der EU durch das Lomé-Abkommen assoziiert sind
AKV	Allgemeine Kreditvereinbarungen des IWF
ANZUS-Pakt	Pazifischer Sicherheitsvertrag zwischen Australien, Neuseeland und den USA
AOSIS	Allianz kleiner Inselstaaten/Alliance of Small Island States
ARF	ASEAN-Regional Forum
Art.	Artikel
ASEAN	Vereinigung Südostasiatischer Staaten/Association of Southeast Asian Nations
BRD	Bundesrepublik Deutschland
BSE	Bovine Spongiforme Enzephalopathie („Rinderwahnsinn")
BUND	Bund für Umwelt- und Naturschutz Deutschland
CCOL	Ausschuss zur Koordination der internationalen Ozonforschung (UNEP)/Coordinating Committee on the Ozone Layer
CDF	umfassender Entwicklungsrahmen der Weltbank/Comprehensive Development Framework
CEDAW	Ausschuss zur Beseitigung jeder Form von Diskriminierung der Frau/Committee on the Elimination of all Forms of Discrimination against Women
CNN	Cable News Network
COP	Vertragsstaatenkonferenz/Conference of Parties
COPA	Ausschuss der berufsständischen landwirtschaftlichen Organisationen/Comité des Organisation Professionelles Agricoles
COREPER	Ausschuss der Ständigen Vertreter der nationalen Regierungen bei der EU/Comité des Représentants Permanents
CSSR	Tschechoslowakische Sozialistische Republik
CWC	Chemiewaffenübereinkommen/Chemical Weapons Convention
DDR	Deutsche Demokratische Republik
Dok.	Dokument
DSB	Streitschlichtungsorgan der WTO/Dispute Settlement Body
ECOSOC	Wirtschafts- und Sozialrat der VN/Economic and Social Council
EEA	Einheitliche Europäische Akte
ECOFIN	Rat der Wirtschafts- und Finanzminister der EU
ECU	Europäische Währungseinheit/European Currency Unit
EEF	Europäischer Entwicklungsfonds
EFF	Erweiterte Kreditvereinbarungen des IWF/Extended Fund Facility
EFM	Finanzierungsmechanismus für Krisenfälle des IWF/Emergency Financing Mechanism

EFTA	Europäische Freihandelszone/European Free Trade Association
EG	Europäische Gemeinschaft (Erste Säule der EU)
EGB	Europäischer Gewerkschaftsbund
EGKS	Europäische Gemeinschaft für Kohle und Stahl (Montanunion)
EGMR	Europäischer Gerichtshof für Menschenrechte
EGV	Vertrag über die Europäische Gemeinschaft
EIB	Europäische Investitionsbank
EMRK	Europäische Konvention zum Schutz der Menschenrechte und Grundfreiheiten
EP	Europäisches Parlament
EPA	Europäisches Patentamt
ESA	Europäische Raumfahrtagentur/European Space Agency
ESAF	Erweiterte Strukturanpassungsfazilität des IWF
ESZB	Europäisches System der Zentralbanken
EU	Europäische Union
EuGH	Europäischer Gerichtshof
EURATOM	Europäische Atomgemeinschaft
EUV	Vertrag über die Europäische Union
EWG	Europäische Wirtschaftsgemeinschaft
EWGV	Vertrag zur Gründung der Europäischen Wirtschaftsgemeinschaft
EWR	Europäischer Wirtschaftsraum
EWS	Europäisches Währungssystem
EWWU	Europäische Wirtschafts- und Währungsunion
EZB	Europäische Zentralbank
FAO	Ernährungs- und Landwirtschaftsorganisation der VN/Food and Agriculture Organization
FCKW	Fluorchlorkohlenwasserstoff
G-7	Gruppe der sieben führenden Industrieländer
GASP	Gemeinsame Außen- und Sicherheitspolitik (Zweite Säule der EU)
GATS	Allgemeines Abkommen über den Dienstleistungsverkehr/General Agreement on Trade in Services
GATT	Allgemeines Zoll- und Handelsabkommen/General Agreement on Tariffs and Trade
GB	Großbritannien
GEF	Globale Umweltfazilität/Global Environmental Facility
GG	Grundgesetz
GV	Generalversammlung der VN
HIPC	IWF-Initiative für hochverschuldete arme Länder/Debt Initiative for the Heavily Indebted Poor Countries
Hs.	Halbsatz
IAEA	Internationale Atomenergiebehörde/International Atomic Energy Agency
IBRD	Internationale Bank für Wiederaufbau und Entwicklung (Weltbank)/International Bank for Reconstruction and Development
ICANN	International Corporation for Assigned Names and Numbers
ICBL	Internationale Kampagne zum Verbot von Landminen/International Campaign to Ban Landmines
ICAO	Internationale Zivilluftfahrt-Organisation/International Civil Aviation Organization
ICC	Internationaler Strafgerichtshof/International Criminal Court
ICO	Internationale Kaffeeorganisation/International Coffee Organization
ICTR	Internationales Straftribunal für Ruanda/International Criminal Tribunal for Rwanda
ICTY	Internationales Straftribunal für das ehemalige Jugoslawien/International Criminal Tribunal for the Former Yugoslavia

IDA	Internationale Entwicklungsorganisation (Weltbankgruppe)/International Development Association
IFAD	Internationaler Fonds für landwirtschaftliche Entwicklung/International Fund for Agricultural Development
IFC	Internationale Finanzkorporation (Weltbankgruppe)/International Finance Corporation
IGH/ICJ	Internationaler Gerichtshof/International Court of Justice
IGO	Internationale zwischenstaatliche Organisation/International Governmental Organization
ILO	Internationale Arbeitsorganisation/International Labor Organization
IMCO	Zwischenstaatliche Maritime Konsultativorganisation/Intergovernmental Maritime Consultative Organization
IMO	Internationale Schifffahrts-Organisation/International Maritime Organization
INC	Zwischenstaatlicher Verhandlungsausschuss/Intergovernmental Negotiating Committee
INF-Vertrag	Vertrag über nukleare Mittelstreckenraketen/Intermediate Nuclear Forces Treaty
INGO	Internationale nichtstaatliche Organisation/International Non-Governmental Organization
IO	Internationale Organisation
IOC	Internationales Olympisches Komitee/International Olympic Committee
IPCC	Zwischenstaatliche Sachverständigengruppe über Klimaveränderungen/Intergovernmental Panel on Climate Change
ITO	Internationale Handelsorganisation/International Trade Organization
ITU	Internationale Fernmeldeunion/International Telecommunication Union
IWC	Internationale Walfangkommission/International Whaling Commission
IWF/IMF	Internationaler Währungsfonds/International Monetary Fund
Kap.	Kapitel
KOSIMO	Konflikt-Simulations-Modell
KSE-Vertrag	Vertrag über konventionelle Streitkräfte in Europa
KSZE	Konferenz über Sicherheit und Zusammenarbeit in Europa (vgl. OSZE)
MIK	militärisch-industrieller Komplex
MK	Militärisches Komitee (GASP)
MS	Militärstab (GASP)
NAFTA	Nordamerikanisches Freihandelsabkommen/North American Free Trade Agreement
NASA	Nationale Luft- und Raumfahrtbehörde der USA/National Aeronautics and Space Administration
NATO	Nordatlantische Vertragsorganisation/North Atlantic Treaty Organization
NGO	Nicht-Regierungsorganisation/Non-Governmental Organization
NKV	Neue Kreditvereinbarungen des IWF
NS	Nationalsozialismus
NVV/NPT	Vertrag über die Nichtverbreitung von Kernwaffen (Atomwaffensperrvertrag)/Nuclear Non-Proliferation Treaty
NWWO	Neue Weltwirtschaftsordnung
OAS	Organisation Amerikanischer Staaten/Organization of American States
OAU	Organisation der Afrikanischen Einheit/Organization of African Unity
OECD	Organisation für wirtschaftliche Zusammenarbeit und Entwicklung/Organization for Economic Co-operation and Development
ONUC	Operation der VN im Kongo/UN Operation in the Congo
OPEC	Organisation erdölexportierender Länder/Organization of the Petroleum Exporting Countries
ÖRK	Ökumenischer Rat der Kirchen
OSZE	Organisation für Sicherheit und Zusammenarbeit in Europa (vgl. KSZE)

PRGF	Armutsminderungs- und Wachstumsfazilität des IWF/Poverty Reduction and Growth Facility
PSK	Politisches und Sicherheitspolitisches Komitee (GASP)
Res.	Resolution
SAF	Strukturanpassungsfazilität des IWF
SALT	Verhandlungen über die Begrenzung strategischer Waffen/Strategic Arms Limitation Talks
SAP	Strukturanpassungsprogramm des IWF
SBA	Bereitschaftskreditvereinbarungen des IWF/Stand-By Arrangement
SEATO	Südostasiatische Vertragsorganisation/Southeast Asian Treaty Organization
SR	Sicherheitsrat der Vereinten Nationen
SRF	Fazilität zur Stärkung von Währungsreserven des IWF/Supplemental Reserve Facility
STABEX	System der EU zur Stabilisierung der Exporterlöse bei Agrarprodukten
START	Vertrag über die Reduzierung strategischer Waffen/Strategic Arms Reduction Treaty
SVN	Satzung der Vereinten Nationen
SYSMIN	System der EU zur Stabilisierung der Exporterlöse bei Bergbauerzeugnissen
SZR	Sonderziehungsrechte
TNO	Transnationale Organisation
TPRB	Organ zur Überprüfung der Handelspolitik (WTO)/Trade Policy Review Body
TRIPs	Abkommen über handelsbezogene Aspekte der Rechte an geistigem Eigentum/Agreement on Trade-Related Aspects of Intellectual Property Rights
TÜV	Technischer Überwachungsverein
UdSSR	Union der Sozialistischen Sowjetrepubliken
UIC	Internationaler Eisenbahnverband/Union Internationale des Chemins de Fer
UNCED	VN-Konferenz für Umwelt und Entwicklung/UN Conference on Environment and Development
UNCTAD	Handels- und Entwicklungskonferenz der VN/UN Conference on Trade and Development
UNDOF	VN-Beobachtertruppe für die Truppenentflechtung (zwischen Israel und Syrien)/UN Disengagement Observer Force
UNDP	Entwicklungsprogramm der VN/UN Development Program
UNECE	VN-Wirtschaftskommission für Europa/UN Economic Commission for Europe
UNEP	Umweltprogramm der VN/UN Environment Program
UNESCO	Organisation der VN für Erziehung, Wissenschaft und Kultur/UN Educational, Scientific and Cultural Organization
UNFCCC	VN-Rahmenkonvention über Klimaveränderungen/UN Framework Convention on Climate Change
UNFICYP	Friedenstruppe der VN in Zypern/UN Peacekeeping Force in Cyprus
UNHCHR	Hoher Kommissar der VN für Menschenrechte/UN High Commissioner for Human Rights
UNHCR	Hoher Kommissar der VN für Flüchtlinge/UN High Commissioner for Refugees
UNICE	Union der Industrie- und Arbeitgeberverbände in Europa/Union des Industries de la Communauté Européenne
UNICEF	VN-Kinderhilfswerk/UN International Children's Emergency Fund
UNIDO	Organisation der VN für industrielle Entwicklung/UN Industrial Development Organization
UNIIMOG	Militärische Beobachtergruppe der VN für Iran und Irak/UN Iran-Iraq Military Observer Group
UNITA	Nationale Union für die völlige Unabhängigkeit Angolas/União para a Independencia Total de Angola
UNMIBH	Mission der VN in Bosnien und Herzegowina/UN Mission in Bosnia and Herzegovina

UNMIK	VN-Mission der Übergangsverwaltung im Kosovo/UN Interim Administration Mission in Kosovo
UNMOT	VN-Beobachtermission in Tadschikistan/UN Mission of Observers in Tajikistan
UNMOVIC	VN-Kommission zur Überwachung, Überprüfung und Inspektion (Irak)/UN Monitoring, Verification and Inspection Commission
UNOSOM	Operation der VN in Somalia/UN Operation in Somalia
UNPREDEP	Präventiveinsatzgruppe der VN (Mazedonien)/UN Preventive Deployment Force
UNPROFOR	VN-Schutztruppe (im ehemaligen Jugoslawien)/UN Protection Force
UNSCOM	VN-Sonderkommission (Irak)/UN Special Commission
UNTAET	Übergangsverwaltung der VN in Ost-Timor/UN Transitional Administration in East Timor
UNTAG	Unterstützungseinheit der VN für die Übergangszeit in Namibia/UN Transition Assistance Group
UPU	Weltpostverein/Universal Postal Union
US(A)	Vereinigte Staaten von Amerika/United States (of America)
VN/UN(O)	Vereinte Nationen/United Nations (Organization)
VSBM	Vertrauens- und Sicherheitsbildende Maßnahmen
W3C	World Wide Web Consortium
WCIP	Untersuchungsprogramm über die Auswirkungen von Treibhausgasen auf das Weltklima/World Climate Impact Studies Program
WEU	Westeuropäische Union
WHO	Weltgesundheitsorganisation/World Health Organization
WIPO	Weltorganisation für geistiges Eigentum/World Intellectual Property Organization
WMO	Weltorganisation für Meteorologie/World Meteorological Organization
WSA	Wirtschafts- und Sozialausschuss der EU
WTO	Welthandelsorganisation/World Trade Organization
WVO	Warschauer Vertragsorganisation
Ziff.	Ziffer

Literaturverzeichnis

Abiew, Francis Kofi 1999: The Evolution of the Doctrine and Practice of Humanitarian Intervention, Den Haag: Kluwer Law International.

Adler, Emanuel /Haas, Peter M. 1992: Conclusion. Epistemic Communities, World Order, and the Creation of a Reflective Research Program, in: International Organization, 46: 1, 367-390.

Alagappa, Muthiah /Takashi, Inoguchi (Hrsg.) 1999: International Security Management and the United Nations, Tokyo: United Nations University Press.

Allen, David 2000: Cohesion and the Structural Funds, in: Wallace /Wallace (Hrsg.) 2000, 243-266.

Allensbacher Jahrbuch für Demoskopie, hrsg. Institut für Demoskopie, Allensbach.

Allison, Graham T. 1975: Begriffliche Modelle und das Wesen der Entscheidung, in: Haftendorn, Helga (Hrsg.): Theorie der Internationalen Politik – Gegenstand und Methoden der Internationalen Beziehungen, Hamburg: Hoffmann und Campe, 255-274.

Allison, Graham T. /Zelikow, Philip 1999: Essence of Decision. Explaining the Cuban Missile Crisis, New York: Longman, 2. Aufl.

Alston, Philip 1995: The Commission on Human Rights, in: Alston, Philip (Hrsg.): The United Nations and Human Rights. A Critical Appraisal, Oxford: Clarendon Press, 126-210.

Alter, Karen J. 2001: Establishing the Supremacy of European Law. The Making of an International Rule of Law in Europe, Oxford: Oxford University Press.

Angell, Robert C. 1969: Peace on the March. Transnational Participation, New York: Van Nostrand Reinhold.

Archer, Clive 2001: International Organisations, London: Routledge, 3. Aufl.

Armstrong, David/Lloyd, Lorna/Redmond, John 1996: From Versailles to Maastricht. International Organisation in the Twentieth Century, London: Macmillan.

Ayres, Robert L. 1983: Banking on the Poor. The World Bank and World Poverty, Cambridge, MA: MIT Press.

Bailey, Sidney D./Daws, Sam 1998: The Procedure of the UN Security Council, Oxford: Clarendon Press, 3. Aufl.

Barbé, Esther/Sainz, Nora 1997: Die OSZE-Versammlung. Instrument einer neuen Friedensordnung, in: Kuper/Jun (Hrsg.) 1997, 177-200.

Barnett, Michael N./Finnemore, Martha 1999: The Politics, Power, and Pathologies of International Organizations, in: International Organization, 53: 4, 699-732.

Baumgart, Winfried 1987: Vom Europäischen Konzert zum Völkerbund. Friedensschlüsse und Friedenssicherung von Wien bis Versailles, Darmstadt: Wissenschaftliche Buchgesellschaft.

Beckman, Peter R./Crumlish, Paul W./Dobkowski Michael N./Lee, Steven P. 2000: The Nuclear Predicament. Nuclear Weapons in the Twenty-First Century, Upper Saddle River, NJ: Prentice Hall, 3. Aufl.

Bedarff, Hildegard 2000: Die Wirkung internationaler Institutionen auf die Energie- und Umweltpolitik. Weltbank, EU und Europäische Energiecharta in Polen und in der Tschechischen Republik, Münster: Lit Verlag.

Beigbeder, Yves 2000: The United Nations Secretariat. Reform in Progress, in: Taylor, Paul/ Groom, A.J.R. (Hrsg.): The United Nations at the Millennium. The Principal Organs, London: Continuum, 196-223.

Beise, Marc 2002: Kurzer Winter der Vernunft im Welthandel. Ein Erfolg der neuen WTO-Runde ist ungewiss, in: Internationale Politik, 57:6, 11-15.

Bhagwati, Jagdish 1988: Protectionism, Cambridge, MA: MIT Press.

Biermann, Frank 1998: Weltumweltpolitik zwischen Nord und Süd. Die neue Verhandlungsmacht der Entwicklungsländer, Baden-Baden: Nomos.

Boekle, Henning 1998: Die Vereinten Nationen und der internationale Schutz der Menschenrechte. Eine Bestandsaufnahme, in: Aus Politik und Zeitgeschichte, B 46-47/98, 3-17.

Boisson de Chazournes, Laurence/Sands, Philippe (Hrsg.) 1999: International Law, the International Court of Justice and Nuclear Weapons, Cambridge: Cambridge University Press.

Boli, John/Thomas, George M. (Hrsg.) 1999: Constructing World Culture. International Nongovernmental Organizations Since 1875, Stanford, CA: Stanford University Press.

Boll, Friedhelm 1976: Die deutsche Sozialdemokratie zwischen Resignation und Revolution. Zur Friedensstrategie 1890-1919, in: Huber, Wolfgang/Schwerdtfeger, Johannes (Hrsg.): Frieden, Gewalt, Sozialismus. Studien zur Geschichte der sozialistischen Arbeiterbewegung, Stuttgart: Klett, 179-281.

Bornschier, Volker 2000: Western Europe's Move Toward Political Union, in: Bornschier, Volker (Hrsg.): State-Building in Europe. The Revitalization of Western European Integration, Cambridge: Cambridge University Press, 3-37.

Bothe, Michael/Martenczuk, Bernd 1999: Die NATO und die Vereinten Nationen nach dem Kosovo-Konflikt. Eine völkerrechtliche Standortbestimmung, in: Vereinte Nationen, 47: 4, 125-132.

Boughton, James 1997: From Suez to Tequila. The IMF as Crisis Manager (IMF Working Paper, No. 90), Washington, DC.

van Boven, Theo 2000: Menschenrechtsschutz, in: Volger (Hrsg.) 2000a, 376-388.

Braithwaite, John/Drahos, Peter 2000: Global Business Regulation, Cambridge: Cambridge University Press.

Braunthal, Julius 1961, 1963, 1971: Geschichte der Internationale, Bd. 1-3, Hannover: Dietz.

Breitmeier, Helmut 1992: Ozonschicht und Klima auf der globalen Agenda (Tübinger Arbeitspapiere zur Internationalen Politik und Friedensforschung, 17), Tübingen: Universität Tübingen, Institut für Politikwissenschaft, Abteilung Internationale Beziehungen/ Friedens- und Konfliktforschung.

Breitmeier, Helmut 1996: Wie entstehen globale Umweltregime? Der Konfliktaustrag zum Schutz der Ozonschicht und des globalen Klimas, Opladen: Leske + Budrich.

Breitmeier, Helmut 1997: International Organizations and the Creation of Environmental Regimes, in: Young (Hrsg.) 1997a, 87-114.

Breitmeier, Helmut/Rittberger, Volker 2000: Environmental NGOs in an Emerging Global Civil Society, in: Chasek (Hrsg.) 2000, 130-163.

Brenton, Tony 1994: The Greening of Machiavelli. The Evolution of International Environmental Politics, London: Earthscan.

Brock, Lothar 2000: Einmischungsverbot, humanitäre Intervention und wirtschaftliche Interessen, in: Menzel (Hrsg.) 2000, 124-157.

Brooks, Stephen G./Wohlforth, William C. 2002: American Primacy in Perspective, in: Foreign Affairs, 81: 4, 20-33.

Brühl, Tanja/Simonis, Udo E. 1999: Strukturen und Trends der Weltökologie, in: Hauchler, Ingomar/Messner, Dirk/Nuscheler, Franz (Hrsg.): Globale Trends 2000, Frankfurt a.M.: Fischer, 272-293.

Busch, Marc L./Reinhardt, Eric 2002 (i.E.): Testing International Trade Law. Empirical Studies of GATT/WTO Dispute Settlement, in: Kennedy, Daniel L.M./Southwick, James D. (Hrsg.): The Political Economy of International Trade Law. Essays in Honor of Robert E. Hudec, Cambridge: Cambridge University Press.

Cameron, David R. 1995: Transnational Relations and the Development of European Economic and Monetary Union, in: Risse-Kappen, Thomas (Hrsg.): Bringing Transnational Relations Back In. Non-State Actors, Domestic Structures and International Institutions, Cambridge: Cambridge University Press, 37-78.

Cansier, Dieter 1997: Umweltökonomie, Stuttgart: Lucius & Lucius.

Carr, Edward H. 1964: The Twenty Years' Crisis, 1919-1939. An Introduction to the Study of International Relations, New York: St. Martin's Press (Nachdruck der zweiten Auflage von 1946).

Chasek, Pamela (Hrsg.) 2000: Global Environment in the Twenty-First Century. Prospects for International Cooperation, Tokyo: United Nations University Press.

Chasek, Pamela S. 2001: Earth Negotiations. Analyzing Thirty Years of Environmental Diplomacy, Tokyo: United Nations University Press.

Chayes, Abram/Chayes, Antonia 1995: The New Sovereignty. Compliance with International Regulatory Agreements, Cambridge, MA: Harvard University Press.

Chellaney, Brahma 1999: Arms Control. The Role of the IAEA and UNSCOM, in: Alagappa/Inoguchi (Hrsg.) 1999, 375-393.

Chesterman, Simon 2001: Just War or Just Peace? Humanitarian Intervention and International Law, Oxford: Oxford University Press.

Claude, Inis L. 1984: Swords Into Plowshares. The Problems and Progress of International Organization, New York: Random House, 4. Aufl.

Clements, L.J./Mole, Nuala/Simmons, Alan 1999: European Human Rights. Taking a Case under the Convention, London: Sweet & Maxwell.

Codding, George A. 1988: Three Times Forty. The ITU in a Time of Change, in: Finkelstein (Hrsg.) 1988, 324-349.

Cohen, Benjamin C. 1991: A Brief History of International Monetary Relations, in: Frieden, Jeffry A./Lake, David A. (Hrsg.): International Political Economy. Perspectives on Global Power and Wealth, New York: St. Martin's Press, 2. Aufl., 234-254.

Colijn, Ko 1998: Non-proliferation. Reinforcing the IAEA Nuclear Safeguards Regime in the 1990s, in: Reinalda, Bob/Verbeek, Bertjan (Hrsg.): Autonomous Policy Making by International Organizations, London: Routledge, 93-107.

Cortright, David/Lopez, George A. 1997: Financial Sanctions. The Key to a 'Smart' Sanctions Strategy, in: Die Friedens-Warte, 72: 4, 327-336.

Cortright, David/Lopez, George A. 2000: The Sanctions Decade. Assessing UN Strategies in the 1990s, Boulder, CO: Lynne Rienner.

Cutler, A. Claire/Haufler, Virginia/Porter, Tony (Hrsg.) 1999: Private Authority and International Affairs, Albany, NY: State University of New York Press.

Czempiel, Ernst-Otto 1981: Internationale Politik. Ein Konfliktmodell, Paderborn: Schöningh.

Czempiel, Ernst-Otto 1993: Weltpolitik im Umbruch. Das internationale System nach dem Ende des Ost-West-Konflikts, München: C.H. Beck, 2. Aufl.

Czempiel, Ernst-Otto 2000: Intervention, in: Kaiser, Karl/Schwarz, Hans-Peter (Hrsg.): Weltpolitik im neuen Jahrhundert, Bonn: Bundeszentrale für politische Bildung, 509-518.

Czempiel, Ernst-Otto/Rosenau, James N. (Hrsg.) 1992: Governance without Government. Order and Change in World Politics, Cambridge: Cambridge University Press.

Deen, Thalif 2000: Globalisierung 2000 (II). Dritte Welt auf dem Rückzug, in: Vereinte Nationen, 48: 1, 6-11.

den Dekker, Guido 2001: The Law of Arms Control. International Supervision and Enforcement, Den Haag: Martinus Nijhoff.

Deutsch, Karl W. et al. 1957: Political Community and the North Atlantic Area. International Organization in the Light of Historical Experience, Princeton, NJ: Princeton University Press.

Dicke, Klaus 1988 : Zwischen weltpolitischer Analyse, politischem Meinungskampf und Ritual der Staatengleichheit. Die Generaldebatte der 42. Generalversammlung der Vereinten Nationen, in : Vereinte Nationen, 36 : 1, 1-17.

Dicke, Klaus 1998: „...das von allen Völkern und Nationen zu erreichende gemeinsame Ideal..." Zum Politikprogramm der Allgemeinen Erklärung, in: Vereinten Nationen, 46: 6, 191-194.

Diederichs, Udo 2000: Europäische Kommission, in: Weidenfeld/Wessels (Hrsg.) 2000, 144-153.

Donnelly, Jack 1986: International Human Rights. A Regime Analysis, in: International Organization, 40:3, 599-642.

Donnelly, Jack 1998: International Human Rights, Boulder, CO: Westview Press, 2. Aufl.

Downs, Anthony 1957: An Economic Theory of Democracy, New York: Harper & Row.

Downs, George W./Rocke, David M./Barsoom, Peter N. 1996: Is the Good News About Compliance Good News About Cooperation?, in: International Organization, 50:3, 379-406.

Doyle, Michael W. 1999: Conclusion. International Organizations, Peace, and Security, in: Alagappa/Inoguchi (Hrsg.) 1999, 445-457.

Driscoll, David D. 1998: Was ist der Internationale Währungsfonds, Washington DC: Internationaler Währungsfonds, Abteilung Öffentlichkeitsarbeit.

Dülffer, Jost 1981: Regeln gegen den Krieg? Die Haager Friedenskonferenzen 1899 und 1907 in der internationalen Politik, Berlin: Ullstein.

Dülffer, Jost 1999: Die Haager Friedenskonferenzen von 1899 und 1907 im internationalen Staatensystem, in: Die Friedens-Warte, 74: 1-2, 98-111.

Ebock, Kerstin 2000: Der Schutz grundlegender Menschenrechte durch kollektive Zwangsmaßnahmen der Staatengemeinschaft, Frankfurt a.M.: Lang.

Eder, Klaus/Hellmann, Kai-Uwe/Trenz, Hans-Jörg 1998: Regieren in Europa jenseits öffentlicher Legitimation? Eine Untersuchung zur Rolle von politischer Öffentlichkeit in Europa, in: Kohler-Koch, Beate (Hrsg.): Regieren in entgrenzten Räumen (Politische Vierteljahresschrift-Sonderheft 29), Opladen: Westdeutscher Verlag, 321-344.

Eckstein, Harry 1964: Introduction. Toward the Theoretical Study of Internal War, in: Eckstein, Harry (Hrsg.): Internal War. Problems and Approaches, New York: Free Press, 1-32.

Efinger, Manfred 1991: Vertrauen ist gut, Kontrolle ist besser. Enstehungsbedingungen effektiver Verifikationsvereinbarungen im Politikfeld Sicherheit, Baden-Baden: Nomos.

Efinger, Manfred /Rittberger, Volker/Zürn, Michael 1988: Internationale Regime in den Ost-West-Beziehungen. Ein Beitrag zur Erforschung der friedlichen Behandlung internationaler Konflikte, Frankfurt a.M.: Haag + Herchen.

Efinger, Manfred/Zürn, Michael 1990: Explaining Conflict Management in East-West-Relations: A Quantitative Test of Problem-Structural Typologies, in: Rittberger (Hrsg.) 1990a, 64-89.

Eichengreen, Barry 1996: Globalizing Capital. A History of the International Monetary System, Princeton, NJ: Princeton University Press.

Einhorn, Jessica P. 2001: The World Bank's Mission Creep, in: Foreign Affairs, 80: 5, 22-35.

Elias, Norbert 1969: Über den Prozeß der Zivilisation. Soziogenetische und psychogenetische Untersuchungen, Bern: Francke, 2. Aufl.

Elias, Norbert 1985: Humana conditio. Beobachtungen zur Entwicklung der Menschheit am 40. Jahrestag eines Kriegsendes (8. Mai 1985), Frankfurt a.M.: Suhrkamp.

Enderlein, Henrik 2002: Wirtschaftspolitik in der Währungsunion. Die Auswirkungen der Europäischen Wirtschafts- und Währungsunion auf die finanz- und lohnpolitischen Institutionen in den Mitgliedsländern, Dissertation Universität Bremen.

Engel, Christian/Borrmann, Christine 1991: Vom Konsens zur Mehrheitsentscheidung. EG-Entscheidungsverfahren und nationale Interessenpolitik nach der Einheitlichen Europäischen Akte, Bonn: Europa Union Verlag.

Ermacora, Felix 1991: Art. 2 Ziff. 7, in: Simma (Hrsg.) 1991, 100-114.

Euro-Barometer – Die öffentliche Meinung in der Europäischen Union, hrsg. Europäische Kommission, Brüssel.

Evans, Peter B./Jacobson, Harold K./Putnam, Robert D. (Hrsg.) 1993: Double-Edged Diplomacy. International Bargaining and Domestic Politics, Berkeley, CA: University of California Press.

Falke, Josef 1996: Comitology and Other Committees. A Preliminary Empirical Assessment, in: Pedler, Robin H./Schaefer, Guenther F. (Hrsg.): Shaping European Law and Policy. The Role of Committees and Comitology in the Political Process, Maastricht: EIPA, 117-165.

Ferdowsi, Mir A. 2000a: UNCTAD, in: Volger (Hrsg.) 2000a, 537-544.

Ferdowsi, Mir A. 2000b: Gruppe der 77 und die UN, in: Volger (Hrsg.) 2000a, 210-213.

Ferreira, Francisco H.G./Keely, Louise C. 2000: The World Bank and Structural Adjustment. Lessons from the 1980s, in: Gilbert/Vines (Hrsg.) 2000a, 159-195.

Feske, Susanne 1999: Der ASEAN-Staatenbund, in: Dahm, Bernhard/Ptak, Roderich (Hrsg.): Südostasien-Handbuch, München: C. H. Beck, 541-561.

Finkelstein, Lawrence S. (Hrsg.) 1988: Politics in the United Nations System. Durham, NC: Duke University Press.

Finnemore, Martha 1993: International Organizations as Teachers of Norms. The United Nations Educational, Scientific, and Cultural Organization and Science Policy, in: International Organization, 47: 4, 565-598.

Finnemore, Martha/Sikkink, Kathryn 1998: International Norm Dynamics and Political Change, in: International Organization, 52: 4, 887-917.

Forsythe, David P. 2000: Human Rights and International Relations, Cambridge: Cambridge University Press.

Franck, Thomas M. 1990: The Power of Legitimacy Among Nations, Oxford: Oxford University Press.

Franck, Thomas M. 1997: Fairness in International Law and Institutions, Oxford: Clarendon Press.

Franzmeyer, Fritz 1992: Der Binnenmarkt als ordnungs- und wirtschaftspolitische Strategie. Zum Verhältnis von Markt- und Politikintegration, in: Kreile, Michael (Hrsg.): Europa 1992 – Konzeptionen, Strategien, Außenwirkungen, Baden-Baden: Nomos, 21-35.

Friedrich, Carl J. 1964: Nationaler und internationaler Föderalismus in Theorie und Praxis, in: Politische Vierteljahresschrift, 5: 2, 154-187.

Friedrich, Carl J. 1968: Trends of Federalism in Theory and Practice, New York: Praeger.

Frowein, J. A. 2000: Konstitutionalisierung des Völkerrechts, in: Dicke, Klaus et al.: Völkerrecht und Internationales Privatrecht in einem sich globalisierenden internationalen System. Auswirkungen der Entstaatlichung transnationaler Rechtsbeziehungen (Berichte der Deutschen Gesellschaft für Völkerrecht 39), Heidelberg: C.F. Müller, 427-447.

Gaer, Felice D. 1996: Reality Check. Human Rights NGOs Confront Governments at the UN, in: Weiss, Thomas G./Gordenker, Leon (Hrsg.): NGOs, the UN, and Global Governance, Boulder, CO: Lynne Rienner, 51-66.

Gantzel, Klaus Jürgen/Schwinghammer, Torsten 2000: Warfare Since the Second World War, New Brunswick, NJ: Transaction Publishers.

Gareis, Sven Bernhard/Varwick, Johannes 2002: Die Vereinten Nationen, Opladen: Leske + Budrich.

Garrett, Geoffrey/Tsebelis, George 1996: An Institutional Critique of Intergovernmentalism, in: International Organization, 50: 2, 269-299.

Gehring, Thomas 1990: Das internationale Regime zum Schutz der Ozonschicht, in: Europa Archiv 45: 23, 703-712.

Giering, Claus 2000: Agenda 2000, in: Weidenfeld/Wessels (Hrsg.) 2000, 53-57.

Gilbert, Christopher L./Powell, Andrew/Vines, David 2000: Positioning the World Bank, in: Gilbert/Vines (Hrsg.) 2000a, 39-86.

Gilbert, Christopher L./Vines, David (Hrsg.) 2000a: The World Bank. Structure and Policies, Cambridge: Cambridge University Press.

Gilbert, Christopher L./Vines, David 2000b: The World Bank. An Overview of Some Major Issues, in: Gilbert/Vines (Hrsg.) 2000a, 10-38.

Gilpin, Robert 1981: War and Change in World Politics, Cambridge: Cambridge University Press.

Gilpin, Robert 2000: The Challenge of Global Capitalism. The World Economy in the 21st Century, Princeton, NJ: Princeton University Press.

Goldberg, Jörg 2000: Front gegen die Armut? Neue Strategien der Bretton-Woods-Institutionen, in: Blätter für deutsche und internationale Politik, 45: 4, 456-464.

Goldstein, Judith/Keohane, Robert O. 1993: Ideas and Foreign Policy. An Analytical Framework, in: Goldstein, Judith/Keohane, Robert O. (Hrsg.): Ideas and Foreign Policy. Beliefs, Institutions, and Political Change, Ithaca, NY: Cornell University Press, 3-30.

Gramberger, Marc R./Lehmann, Ingrid 1995: UN und EU. Machtlos im Kreuzfeuer der Kritik? Informationspolitik zweier internationaler Organisationen im Vergleich, in: Publizistik, 40: 2, 186-204.

Gränzer, Sieglinde/Jetschke, Anja/Risse, Thomas/Schmitz, Hans-Peter 1998: Internationale Menschenrechtsnormen, transnationale Netzwerke und politischer Wandel in den Ländern des Südens, in: Zeitschrift für Internationale Beziehungen, 5:1, 5-41.

Greene, Owen 1998: The System of Implementation Review in the Ozone Regime, in: Victor/Raustiala/Skolnikoff (Hrsg) 1998, 89-136.

Grefe, Christiane/Greffrath, Matthias/Schuhmann, Harald 2002: Attac. Was wollen die Globalisierungskritiker?, Reinbek: Rowohlt.

Grieco, Joseph M. 1988: Anarchy and the Limits of Cooperation. A Realist Critique of the Newest Liberal Institutionalism, in: International Organization, 42:3, 485-507.

Grieco, Joseph M. 1990: Cooperation among Nations. Europe, America, and Non-Tariff Barriers to Trade, Ithaca, NY: Cornell University Press.

Grieco, Joseph M. 1993: Understanding the Problem of International Cooperation. The Limits of Neoliberal Institutionalism and the Future of Realist Theory, in: Baldwin, David A. (Hrsg.): Neorealism and Neoliberalism. The Contemporary Debate, New York: Columbia University Press, 339-362.

Groom, A.J.R. 1988: The Advent of International Organisation, in: Taylor/Groom (Hrsg.) 1988, 3-20.

Haas, Ernst B. 1964: Beyond the Nation State. Functionalism and International Organization, Stanford, CA: Stanford University Press.

Haas, Ernst B. 1968: The Uniting of Europe. Political, Social, and Economic Forces 1950-1957, Stanford, CA: Stanford University Press.

Haas, Ernst B. 1990: When Knowledge is Power. Three Models of Change in International Organizations, Berkeley, CA: University of California Press.

Haas, Peter M. 1989: Do Regimes Matter? Epistemic Communities and Mediterranean Pollution Control, in: International Organization, 43: 3, 377-403.

Haas, Peter M. 1990: Saving the Mediterranean. The Politics of International Environmental Cooperation, New York: Columbia University Press.

Haas, Peter M. 1992a: Introduction. Epistemic Communities and International Policy Coordination, in: International Organization, 46: 1, 1-35.

Haas, Peter M. 1992b: Banning Chlorofluorocarbons. Epistemic Community Efforts to Protect Stratospheric Ozone, in: International Organization, 46: 1, 187-224.

Haedrich, Martina 2000: Völkerrechtsentwicklung im Rahmen der UN, in: Volger (Hrsg.) 2000a, 615-623.

Haftendorn, Helga (Hrsg.) 1978: Verwaltete Außenpolitik. Sicherheits- und entspannungspolitische Entscheidungsprozesse in Bonn, Köln: Verlag Wissenschaft und Politik.

Haftendorn, Helga/Keck, Otto (Hrsg.) 1997: Kooperation jenseits von Hegemonie und Bedrohung. Sicherheitsinstitutionen in den internationalen Beziehungen, Baden-Baden: Nomos.

Halperin, Morton H./Lomasney, Kristen 1993: Toward a Global „Guarantee Clause", in: Journal of Democracy, 4: 3, 60-69.

Hardin, Garrett 1968: The Tragedy of the Commons. The Population Problem has no Technical Solution, it Requires a Fundamental Extension in Morality, in: Science 162, 1243-1248.

Harris, David 2000: Lessons from the Reporting System of the European Social Charter, in: Alston, Philip/Crawford, James (Hrsg.): The Future of UN Human Rights Treaty Monitoring, Cambridge: Cambridge University Press, 347-360.

Hasenclever, Andreas 2001: Die Macht der Moral in der internationalen Politik. Militärische Interventionen westlicher Staaten in Somalia, Ruanda und Bosnien-Herzegowina, Frankfurt a.M.: Campus.

Hasenclever, Andreas/Mayer, Peter/Rittberger, Volker 1997: Theories of International Regimes, Cambridge: Cambridge University Press.

Hasenclever, Andreas/Mayer, Peter/Rittberger, Volker 2000: Integrating Theories of International Regimes, in: Review of International Studies, 26: 1, 3-33.

Hauser, Heinz/Schanz, Kai-Uwe 1995: Das neue GATT. Die Welthandelsordnung nach Abschluss der Uruguay-Runde, München: Oldenbourg, 2. Aufl.

Helfer, Laurence/Slaughter, Anne-Marie 1997: Toward a Theory of Effective Supranational Adjudication, in: Yale Law Journal, 107: 2, 273-391.

Helleiner, Eric 1994: States and the Reemergence of Global Finance. From Bretton Woods to the 1990s, Ithaca, NY: Cornell University Press.

Héritier, Adrienne (Hrsg.) 1993: Policy-Analyse – Kritik und Neuorientierung (Politische Vierteljahresschrift-Sonderheft 24), Opladen: Westdeutscher Verlag.

Herz, John H. 1950: Idealist Internationalism and the Security Dilemma, in: World Politics, 2: 2, 157-180.

Higgott, Richard 2001: Economic Globalization and Global Governance. Towards a Post-Washington Consensus?, in: Rittberger (Hrsg.) 2001, 127-157.

Hix, Simon 1999: The Political System of the European Union, London: Macmillan.

Höffe, Otfried 2001: A Subsidiary and Federal World Republic. Thoughts on Democracy in the Age of Globalization, in: Rittberger (Hrsg.) 2001, 181-202.

Hoge, James E., Jr. 1994: Media Pervasiveness, in: Foreign Affairs, 73: 4, 136-144.

Holbrooke, Richard 1999: To End a War, New York: Random House.

Holl, Karl 1988: Pazifismus in Deutschland, Frankfurt a.M.: Suhrkamp.

Holtrup, Petra 2001: Das Scheitern der Klimaschutzdiplomatie, in: Internationale Politik, 56: 6, 31-38.

Hudec, Robert E. 1993: Enforcing International Trade Law. The Evolution of the Modern GATT Legal System, Salem, NM: Butterworth Legal Publishers.

Huntington, Samuel P. 1973: Transnational Organizations in World Politics, in: World Politics, 25: 3, 333-368.

Hurrell, Andrew 1999: Power, Principles, and Prudence. Protecting Human Rights in a Deeply Divided World, in: Dunne, Tim/Wheeler, Nicholas J. (Hrsg.): Human Rights in Global Politics, Cambridge: Cambridge University Press, 277-302.

Hurrell, Andrew/Kingsbury, Benedict (Hrsg.) 1992: The International Politics of the Environment. Actors, Interests, and Institutions, Oxford: Clarendon Press.

Inventory of International Nonproliferation Organizations and Regimes, hrsg. v. Center for Nonproliferation Studies, Monterey Institute of International Studies, Monterey, CA.

Jackson, John H. 1997: The World Trading System. Law and Policy of International Economic Relations, Cambridge, MA: MIT Press, 2. Aufl.

Jackson, John H. 1998: The World Trade Organization. Constitution and Jurisprudence, London: Pinter.

Jacobson, Harold K. 1984: Networks of Interdependence. International Organizations and the Global Political System, New York: Knopf, 2. Aufl.

Jahn, Beate 1993: Humanitäre Intervention und das Selbstbestimmungsrecht der Völker, in: Politische Vierteljahresschrift, 34: 4, 567-587.

Jakobsen, Peter Viggo 1996: National Interest, Humanitarianism or CNN. What Triggers UN Peace Enforcement After the Cold War?, in: Journal of Peace Research, 33: 2, 205-215.

Janis, Mark W./Kay, Richard S./Bradley, Anthony W. 2000: European Human Rights Law. Text and Materials, Oxford: Oxford University Press.

Jervis, Robert 1983: Security Regimes, in: Krasner (Hrsg.) 1983a, 357-378.

Jetzlsperger, Christian 2000: ILO – Internationale Arbeitsorganisation, in: Volger (Hrsg.) 2000a, 270-272.

Jönsson, Christer/Tallberg, Jonas 1998: Compliance and Post-Agreement Bargaining, in: European Journal of International Relations, 4: 4, 371-408.

Joerges, Christian/Falke, Josef (Hrsg.) 2000: Das Ausschusswesen der Europäischen Union. Praxis der Risikoregulierung im Binnenmarkt und ihre rechtliche Verfassung, Baden-Baden: Nomos.

Joerges, Christian/Neyer, Jürgen 1997a: Transforming Strategic Interaction Into Deliberative Problem-Solving. European Comitology in the Foodstuffs Sector, in: Journal of European Public Policy, 4: 4, 609-625.

Joerges, Christian/Neyer, Jürgen 1997b: From Intergovernmental Bargaining to Deliberative Political Processes. The Constitutionalisation of Comitology, in: European Law Journal, 3: 3, 273-299.

Jopp, Mathias/Maurer, Andreas/Schmuck, Otto (Hrsg.) 1998: Die Europäische Union nach Amsterdam. Analysen und Stellungnahmen zum neuen EU-Vertrag, Bonn: Europa Union Verlag.

Jordan, Robert S. 1988: „Truly" International Bureaucracies. Real or Imagined?, in: Finkelstein (Hrsg.) 1988, 424-445.

Kahler, Miles 1995: International Institutions and the Political Economy of Integration, Washington, DC: The Brookings Institution.

Kaldor, Mary 2000: 'Civilizing' Globalization? The Implications of the 'Battle of Seattle', in: Millennium, 29: 1, 105-114.

Kanbur, Ravi/Vines, David 2000: The World Bank and Poverty Reduction. Past, Present and Future, in: Gilbert/Vines (Hrsg.) 2000a, 87-107.

Kant, Immanuel 1795: Zum ewigen Frieden. Ein philosophischer Entwurf, in: Kant, Immanuel 1964: Immanuel Kant, Band 6, hg. von Wilhelm Weischedel. Darmstadt: Wissenschaftliche Buchgesellschaft, 195-251.

Kapstein, Ethan Barnaby 1996: Governing the Global Economy. International Finance and the State, Cambridge, MA: Harvard University Press, 2. Aufl.

Katzenstein, Peter J. 1996: Introduction. Alternative Perspectives on National Security, in: Katzenstein, Peter, J. (Hrsg.): The Culture of National Security. Norms and Identity in World Politics, New York: Columbia University Press, 1-32.

Keck, Margaret E./Sikkink, Kathryn 1998: Activists beyond Borders. Advocacy Networks in International Politics, Ithaca, NY: Cornell University Press.

Keck, Otto 1997: Sicherheitsinstitutionen im Wandel des internationalen Systems, in: Haftendorn/Keck (Hrsg.) 1997, 253-270.

Kennedy, Paul 1987: The Rise and Fall of the Great Powers. Economic Change and Military Conflict from 1500 to 2000, New York: Random House.

Keohane, Robert O. 1980: The Theory of Hegemonic Stability and Changes in International Economic Regimes, 1967-1977, in: Holsti, Ole R./Siverson, Randolph/George, Alexander L. (Hrsg.): Change in the International System, Boulder, CO: Westview Press, 131-162.

Keohane, Robert O. 1984: After Hegemony. Cooperation and Discord in the World Political Economy, Princeton, NJ: Princeton University Press.

Keohane, Robert O. 1989a: International Institutions and State Power. Essays in International Relations Theory, Boulder, CO: Westview Press.

Keohane, Robert O. 1989b: Neoliberal Institutionalism. A Perspective on World Politics, in: Keohane 1989a, 1-20.

Keohane, Robert O. 1989c: International Institutions. Two Approaches, in: Keohane 1989a, 158-180.

Keohane, Robert O./Moravcsik, Andrew/Slaughter, Anne-Marie 2000: Legalized Dispute Resolution. Interstate and Transnational, in: International Organization, 54: 3, 457-488.

Keohane, Robert O./Nye, Joseph S., Jr. 2001: Power and Interdependence, New York: Longman, 3. Aufl.

Kindleberger, Charles P. 1976: Systems of International Economic Organization, in: Calleo, David P. (Hrsg.): Money and the Coming World Order, New York: New York University Press, 15-39.

Klein, Eckart/Brinkmeier, Friederike 2001: CCPR und EGMR. Der Menschenrechtsausschuss der Vereinten Nationen und der Europäische Gerichtshof für Menschenrechte im Vergleich, in: Vereinte Nationen, 49: 1, 17-20.

Klingebiel, Ruth 1996: Weltkonferenz über die Menschenrechte in Wien 1993. Universalismus auf dem Prüfstand, in: Messner, Dirk/Nuscheler, Franz (Hrsg.): Weltkonferenzen und Weltberichte. Ein Wegweiser durch die internationale Diskussion, Bonn: Dietz, 186-194.

Klingebiel, Ruth 2000: UNDP, in: Volger (Hrsg.) 2000a, 544-550.

Klotz, Audie 1995: Norms in International Relations. The Struggle Against Apartheid, Ithaca, NY: Cornell University Press.

Kohler-Koch, Beate 1990: Interdependenz, in: Rittberger (Hrsg.) 1990b, 110-129.

Kohler-Koch, Beate 1994: Changing Patterns of Interest Intermediation in the European Union, in: Government and Opposition, 29: 2, 166-180.

Kohler-Koch, Beate 1996: Catching Up With Change. The Transformation of Governance in the European Union, in: Journal of European Public Policy, 3: 3, 359-380.

Korey, William 1998: NGOs and the Universal Declaration of Human Rights. A Curious Grapevine, New York: St. Martin's Press.

Korte, Karl-Rudolf 2000: Deutschland in der EU, in: Weidenfeld/Wessels (Hrsg.) 2000, 100-106.

Krasner, Stephen D. (Hrsg.) 1983a: International Regimes, Ithaca, NY: Cornell University Press.

Krasner, Stephen D. 1983b: Structural Causes and Regime Consequences. Regimes as Intervening Variables, in: Krasner (Hrsg.) 1983a, 1-21.

Krasner, Stephen D. 1985: Structural Conflict. The Third World Against Global Liberalism, Berkeley, CA: University of California Press.

Krasner, Stephen D. 1993: Sovereignty, Regimes and Human Rights, in: Rittberger (Hrsg.) 1993a, 139-167.

Krasner, Stephen D. 1999: Sovereignty. Organized Hypocrisy, Princeton, NJ: Princeton University Press.

Krugman, Paul R./Obstfeld, Maurice 2000: International Economics. Theory and Policy, Reading, MA: Addison-Wesley, 5. Aufl.

Kühne, Winrich 2000a: Humanitäre Konfliktlagen in der globalisierten Welt und die Notwendigkeit zur Fortentwicklung des Völkerrechts, in: Menzel (Hrsg.) 2000, 291-319.

Kühne, Winrich 2000b: Zukunft der UN-Friedenseinsätze. Lehren aus dem Brahimi-Report, in: Blätter für deutsche und internationale Politik, 11/2000, 1355-1364.

Kühne, Winrich 2001: Der Brahimi-Report – ein Jahr später (SWP-aktuell 13/01), Ebenhausen: Stiftung Wissenschaft und Politik.

Kulessa, Manfred 2000: UNIDO, in: Volger (Hrsg.) 2000a, 566-567.

Kuper, Ernst/Jun, Uwe (Hrsg.) 1997: Nationales Interesse und integrative Politik in transnationalen parlamentarischen Versammlungen, Opladen: Leske + Budrich.

338

Lehmann, Ingrid A. 1999: Peacekeeping and Public Information. Caught in the Crossfire, London: Frank Cass.

Lerch, Marika/Caspar, Michael 1997: Parlamentarische Versammlung des Europarates. Transnationale Vermittlungsprozesse im gesamteuropäischen Kontext, in: Kuper/Jun (Hrsg.) 1997, 211-264.

Levy, Marc A. 1993: European Acid Rain. The Power of Tote-Board Diplomacy, in: Haas, Peter M./Keohane, Robert O./Levy, Marc A. (Hrsg.): Institutions for the Earth. Sources of Effective International Environmental Protection, Cambridge, MA: MIT Press, 75-132.

Liese, Andrea 1998: Menschenrechtsschutz durch Nichtregierungsorganisationen, in: Aus Politik und Zeitgeschichte, B 46-47/98, 36-42.

Lindblom, Charles E. 1980: Jenseits von Markt und Staat. Eine Kritik der politischen und ökonomischen Systeme, Stuttgart: Klett-Cotta.

Linsenmann, Ingo 2000: Wirtschafts- und Sozialausschuss, in: Weidenfeld/Wessels (Hrsg.) 2000, 361-363.

Lipson, Charles 1983: The Transformation of Trade. The Sources and Effects of Regime Change, in: Krasner (Hrsg.) 1983a, 233-271.

List, Martin 1991: Umweltschutz in zwei Meeren. Vergleich der internationalen Zusammenarbeit zum Schutz der Meeresumwelt in Nord- und Ostsee, München: tuduv.

List, Martin 1992: Rechtsstaatlichkeit in (West) Europa. Eine regimeanalytische Betrachtung, in: Politische Vierteljahresschrift, 33:4, 622-642.

List, Martin/Rittberger, Volker 1992: Regime Theory and International Environmental Management, in: Hurrell/Kingsbury (Hrsg.) 1992, 85-109.

Lister, Frederick K. 1984: Decision-Making Strategies for International Organisations. The IMF Model, Denver: University of Denver.

Loosch, Reinhard 2000: From „Programme 93+2" to Model Protocol INFCIRC/540. Negotiating for a Multilateral Agreement in the International Atomic Energy Agency, in: Häckel, Erwin/Stein, Gotthard (Hrsg.): Tightening the Reins. Towards a Strengthened International Nuclear Safeguards System, Berlin: Springer, 23-66.

Lowi, Theodore J. 1964: American Business, Public Policy, Case Studies, and Political Theory, in: World Politics, 16: 4, 677-715.

Lowi, Theodore J. 1972: Four Systems of Policy, Politics, and Choice, in: Public Administration Review, 33, 298-310.

Luard, Evan 1977: International Agencies. The Emerging Framework of Interdependence, London: Macmillan.

Luard, Evan 1982: A History of the United Nations. The Years of Western Domination – 1945-1955, New York: St. Martin's Press.

Ludlow, Peter 1991: The European Commission, in: Keohane, Robert O./Hoffmann, Stanley (Hrsg.): The New European Community. Decisionmaking and Institutional Change, Boulder, CO: Westview Press, 85-132.

Maier, Jürgen 2000: Umweltschutz, in: Volger (Hrsg.) 2000a, 517-521.

Mangone, Gerard J. 1975: A Short History of International Organization, Westport, CT: Greenwood.

March, James G./Olsen, Johan P. 1989: Rediscovering Institutions. The Organizational Basis of Politics, New York: Free Press.

March, James G./Olsen, Johan P. 1998: The Institutional Dynamics of International Political Orders, in: International Organization, 52: 4, 943-969.

Marin Bosch, Miguel 1999: The Non-Proliferation Treaty and Its Future, in: Boisson de Chazournes/Sands (Hrsg.) 1999, 375-389.

Marks, Gary 1992: Structural Policy in the European Community, in: Sbragia (Hrsg.) 1992, 191-224.

Marks, Gary 1993: Structural Policy and Multilevel Governance in the EC, in: Cafruny, Alan W./Rosenthal, Glenda G. (Hrsg.): The State of the European Community, Bd. 2, London: Longman, 391-410.

Martin, Lisa L. 1992: Interests, Power, and Multilateralism, in: International Organization, 46: 2, 765-792.

Maurer, Andreas 1998: Die institutionellen Reformen. Entscheidungseffizienz und Demokratie, in: Jopp/Maurer/Schmuck (Hrsg.) 1998, 41-82.

Maurer, Andreas 2000: Europäisches Parlament, in: Weidenfeld/Wessels (Hrsg.) 2000, 188-197.

Mayer, Peter/Rittberger, Volker/Zürn, Michael 1993: Regime Theory. State of the Art and Perspectives, in: Rittberger (Hrsg.) 1993a, 391-430.

Mayntz, Renate 1977: Die Implementation politischer Programme. Theoretische Überlegungen zu einem neuen Forschungsgebiet, in: Die Verwaltung, 10: 1, 51-66.

Mayntz, Renate 1993: Policy-Netzwerke und die Logik von Verhandlungssystemen, in: Héritier (Hrsg.) 1993, 39-56.

McGowan, Francis 2000: Competition Policy, in: Wallace/Wallace (Hrsg.) 2000, 115-147.

Mearsheimer, John J. 2001: The Tragedy of Great Power Politics, New York: W.W. Norton.

Mendrinou, Maria 1996: Non-Compliance and the European Commission's Role in Integration, in: Journal of European Public Policy, 3: 1, 1-22.

Menzel, Ulrich 1988: Auswege aus der Abhängigkeit. Die entwicklungspolitische Aktualität Europas, Frankfurt a.M.: Suhrkamp.

Menzel, Ulrich (Hrsg.) 2000: Vom Ewigen Frieden und vom Wohlstand der Nationen. Dieter Senghaas zum 60. Geburtstag, Frankfurt a.M.: Suhrkamp.

Metzger, Martina 2000: Weltbank-/gruppe, in: Volger (Hrsg.) 2000a, 627-633.

Miles, Edward L./Underdal, Arild/Andresen, Steinar/Wettestad, Jorgen/Skjaerseth, Jon Birger/Carlin, Elaine M. 2002: Environmental Regime Effectiveness. Confronting Theory with Evidence, Cambridge, MA: MIT Press.

Miller, Lynn H. 1999: The Idea and the Reality of Collective Security, in: Global Governance, 5: 3, 303-332.

Mingst, Karen A./Karns, Margaret P. 2000: The United Nations in the Post-Cold War Era, Boulder, CO: Westview Press, 2. Aufl.

Missbach, Andreas 1999: Internationale Klimapolitik. Weltinnenpolitik oder Innenpolitik der USA?, in: Hein, Wolfgang (Hrsg.): Globalisierung und ökologische Krise, Hamburg: Deutsches Übersee-Institut, 195-230.

Mitrany, David 1966: A Working Peace System, Chicago: Quadrangle Books.

Mittag, Jürgen 2000: Ausschuss der Regionen, in: Weidenfeld/Wessels (Hrsg.) 2000, 78-81.

Modelski, George 1987: Long Cycles in World Politics, Seattle, WA: University of Washington Press.

Monar, Jörg 2000: Außenwirtschaftsbeziehungen, in: Weidenfeld/Wessels (Hrsg.) 2000, 82-86.

Moravcsik, Andrew 1991: Negotiating the Single European Act. National Interests and Conventional Statecraft in the European Community, in: International Organization, 45: 1, 19-56.

Moravcsik, Andrew 1998: The Choice for Europe. Social Purpose and State Power from Messina to Maastricht, Ithaca, NY: Cornell University Press.

Moravcsik, Andrew 2000: The Origins of Human Rights Regimes. Democratic Delegation in Postwar Europe, in: International Organization, 54: 2, 217-252.

Morgenthau, Hans J. 1963: Macht und Frieden, Gütersloh: Bertelsmann.

Mosley, Paul/Harrigan, Jane/Toye, John 1991: Aid and Power. The World Bank and Policy-based Lending, London: Routledge.

Müller, Harald 1989: Regimeanalyse und Sicherheitspolitik. Das Beispiel Nonproliferation, in: Kohler-Koch, Beate (Hrsg.): Regime in den internationalen Beziehungen, Baden-Baden: Nomos, 277-313.

Müller, Harald 1992: Das Nichtverbreitungsregime im Wandel. Konsequenzen aus einem stürmischen Jahr, in: Europa Archiv, 47: 2, 51-58.

Müller, Harald 1993: The Internalization of Principles, Norms and Rules by Governments. The Case of Security Regimes, in: Rittberger (Hrsg.) 1993a, 361-388.

Müller, Harald 1996: Das Gutachten des IGH – ein Beitrag zum nuklearen Abrüstungsdiskurs, in: Die Friedens-Warte, 71: 3, 261-272.

Müller, Harald 2000: Regellose Hegemonie? – Hintergründe der US-Senatsabstimmung über den Nuklearen Teststoppvertrag, in: Die Friedens-Warte, 75: 2, 163-178.

Müller, Harald 2002: Security Cooperation, in: Carlsnaes, Walter/Risse, Thomas/Simmons, Beth A. (Hrsg.): Handbook of International Relations, London: Sage, 369-391.

Müller, Thorsten 2000: Rat der EU, in: Weidenfeld/Wessels (Hrsg.) 2000, 316-321.

Münch, Fritz 1962: Einführung, in: Münch, Fritz/von Eynern, Gert: Internationale Organisationen und Regionalpakte ohne Europa-Organisationen, Köln: Westdeutscher Verlag, 1-24.

340

Naumann, Jens 1983: Wertewandel und Weltgesellschaft, unveröffentl. Ms., Berlin.

Neuhold, Hanspeter 1999: The European Union. A Major Actor in the Field of Security Policy, in: Benedek, Wolfgang/Isak, Hubert/Kicker, Renate (Hrsg.): Development and Developing International and European Law. Essays in Honour of Konrad Ginther on the Occasion of his 65th Birthday, Frankfurt a.M.: Lang, 451-472.

Nollkaemper, André 1992: On the Effectiveness of International Rules, in: Acta Politica, 27: 1, 49-70.

Nugent, Neill 1999: The Government and Politics of the European Union, London: Macmillan, 4. Aufl.

Oberthür, Sebastian/Marr, Simon 2002: Das System der Erfüllungskontrolle des Kyoto-Protokolls. Ein Schritt zur wirksamen Durchsetzung im Umweltvölkerrecht, in: Zeitschrift für Umweltrecht, 13: 2, 81-89.

Oberthür, Sebastian/Ott, Hermann E. 2000: Das Kyoto-Protokoll. Internationale Klimapolitik für das 21. Jahrhundert, Opladen: Leske + Budrich.

Office of the United Nations High Commissioner for Human Rights 2001: Status of Ratifications of the Principal International Human Rights Treaties <http://www.unhchr.ch/pdf/report.pdf>.

Ohloff, Stephan 1999: Beteiligung von Verbänden und Unternehmen im WTO Streitbeilegungsverfahren. Das Shrimps-Turtle-Verfahren als Wendepunkt?, in: Europäische Zeitschrift für Wirtschaftsrecht 1999, 139-144.

Oppermann, Thomas 1999: Europarecht. Ein Studienbuch, München: C.H. Beck, 2. Aufl.

Osiander, Andreas 1994: The States System of Europe 1640-1990. Peacemaking and the Conditions of International Stability, Oxford: Clarendon Press.

Ostrom, Elinor 1990: Governing the Commons. The Evolution of Institutions for Collective Action, Cambridge: Cambridge University Press.

Ott, Hermann E. 1997: Das internationale Regime zum Schutz des Klimas, in: Gehring, Thomas/Oberthür, Sebastian (Hrsg.): Internationale Umweltregime. Umweltschutz durch Verhandlungen und Verträge, Opladen: Leske + Budrich, 201-218.

Otto, Diane 1996: Nongovernmental Organizations in the United Nations System. The Emerging Role of International Civil Society, in: Human Rights Quarterly, 18: 1, 107-141.

Oye, Kenneth A. (Hrsg.) 1986: Cooperation under Anarchy, Princeton, NJ: Princeton University Press.

Pape, Matthias 1997: Humanitäre Intervention. Zur Bedeutung der Menschenrechte in den Vereinten Nationen, Baden-Baden: Nomos.

Parker, Robert A.C. 1967: Das Zwanzigste Jahrhundert I. Europa 1918-1945 (Fischer Weltgeschichte, Bd. 34), Frankfurt: Fischer.

Pauly, Louis W. 1997: Who Elected the Bankers? Surveillance and Control in the World Economy, Ithaca, NY: Cornell University Press.

Peters, Guy B. 1992: Bureaucratic Politics and the Institutions of the European Community, in: Sbragia (Hrsg.) 1992, 75-122.

Peters, Ingo 1997: Von der KSZE zur OSZE. Überleben in der Nische kooperativer Sicherheit, in: Haftendorn/Keck (Hrsg.) 1997, 57-100.

Petersmann, Ernst-Ulrich 1997: The GATT/WTO Dispute Settlement System. International Law, International Organizations and Dispute Settlement, Den Haag: Kluwer Law International.

Peterson, John/Bomberg, Elizabeth 1999: Decision-Making in the European Union, Houndmills: Palgrave.

Peterson, M. J. 1997: International Organizations and the Implementation of Environmental Regimes, in: Young (Hrsg.) 1997a, 115-151.

Pfeil, Alfred 1976: Der Völkerbund. Literaturbericht und kritische Darstellung seiner Geschichte, Darmstadt: Wissenschaftliche Buchgesellschaft.

Pollack, Mark A. 1997: Delegation, Agency, and Agenda Setting in the European Community, in: International Organization, 51: 1, 99-134.

Pollack, Mark A. 1999: Delegation, Agency and Agenda Setting in the Treaty of Amsterdam, in: European Integration OnlinePapers, 3: 6 <http://eiop.or.at/eiop/texte/1999-006a.htm>.

Porter, Gareth/Brown, Janet Welsh/Chasek, Pamela S. 2000: Global Environmental Politics, Boulder, CO: Westview Press, 3. Aufl.

Potter, Pitman B. 1945: Origin of the Term International Organization, in: American Journal of International Law, 39: 4, 803-806.

Price, Richard 1998: Reversing the Gun Sights. Transnational Civil Society Targets Land Mines, in: International Organization, 52: 3, 613-644.

Putnam, Robert D. 1988: Diplomacy and Domestic Politics. The Logic of Two Level Games, in: International Organization, 42: 3, 427-460.

Regelsberger, Elfriede 2000: Gemeinsame Außen- und Sicherheitspolitik, in: Weiden-feld/Wessels (Hrsg.) 2000, 221-226.

Reinhardt, Eric 2001: Adjudication without Enforcement in GATT Disputes, in: Journal of Conflict Resolution, 45: 2, 174-195.

Reisman, W. Michael 1999: The Political Consequences of the General Assembly Advisory Opinion, in: Boisson de Chazournes/Sands (Hrsg.) 1999, 473-487.

Riesenberger, Dieter 1985: Geschichte der Friedensbewegung in Deutschland. Von den Anfän-gen bis 1933, Göttingen: Vandenhoeck & Ruprecht.

Risse-Kappen, Thomas 1995: Bringing Transnational Relations Back In. Introduction, in: Risse-Kappen, Thomas (Hrsg.): Bringing Transnational Relations Back In. Non-State Actors, Domestic Structures and International Institutions, Cambridge: Cambridge University Press, 3-33.

Risse, Thomas/Jetschke, Anja/Schmitz, Hans-Peter 2002: Die Macht der Menschenrechte. In-ternationale Normen, kommunikative Prozesse und politischer Wandel in den Ländern des Südens, Baden-Baden: Nomos.

Risse, Thomas/Ropp, Stephen C./Sikkink, Kathryn 1999: The Power of Human Rights. Inter-national Norms and Domestic Change, Cambridge: Cambridge University Press.

Risse, Thomas/Ropp, Stephen C. 1999: International Human Rights Norms and Domestic Change. Conclusions, in: Risse/Ropp/Sikkink (Hrsg.) 1999, 234-278.

Risse, Thomas/Sikkink, Kathryn 1999: The Socialization of International Human Rights Norms into Domestic Practices, in: Risse/Ropp/Sikkink (Hrsg.) 1999, 1-38.

Rittberger, Berthold 2000: Impatient Legislators and New Issue-Dimensions. A Critique of the Garrett-Tsebelis 'Standard Version' of Legislative Politics, in: Journal of European Public Policy, 7: 4, 554-575.

Rittberger, Volker (Hrsg.) 1990a: International Regimes in East-West Politics. London: Pinter.

Rittberger, Volker (Hrsg.) 1990b: Theorien der Internationalen Beziehungen. Bestandsaufnah-me und Forschungsperspektiven (Politische Vierteljahresschrift Sonderheft 21), Opladen: Westdeutscher Verlag.

Rittberger, Volker (Hrsg.) 1993a: Regime Theory and International Relations, Oxford: Claren-don Press.

Rittberger, Volker 1993b: Research on International Regimes in Germany. The Adaptive Inter-nalization of an American Social Science Concept, in: Rittberger (Hrsg.) 1993a, 3-22.

Rittberger, Volker 2000: Globalisierung und der Wandel der Staatenwelt. Die Welt regieren ohne Weltstaat, in: Menzel (Hrsg.) 2000, 188-218.

Rittberger, Volker (Hrsg.) 2001: Global Governance and the United Nations System, Tokyo: United Nations University Press.

Rittberger, Volker/Boekle, Henning 1997: Das Internationale Olympische Komitee – eine Weltregierung des Sports?, in: Grupe, Ommo (Hrsg.): Olympischer Sport. Rückblick und Perspektiven, Schorndorf: Karl Hofmann, 127-155.

Rittberger, Volker/Mogler, Martin/Zangl, Bernhard 1997: Vereinte Nationen und Weltordnung. Zivilisierung der internationalen Politik?, Opladen: Leske + Budrich.

Rittberger, Volker/Zürn, Michael 1990: Towards Regulated Anarchy in East-West Relations – Causes and Consequences of East-West Regimes, in: Rittberger (Hrsg.) 1990a, 9-63.

Rivlin, Benjamin/Gordenker, Leon (Hrsg.) 1993: The Challenging Role of the UN Secretary Gen-eral. Making „The Most Impossible Job in the World" Possible, Westport, CT: Praeger.

Röben, Volker 1999: International Internet Governance, in: German Yearbook of International Law, 42, 400-437.

Roberts, Adam 1996: The United Nations. Variants of Collective Security, in: Woods, Ngaire (Hrsg.): Explaining International Relations Since 1945, Oxford: Oxford University Press, 309-336.

Robinson, Piers 1999: The CNN Effect. Can the News Media Drive Foreign Policy?, in: Re-view of International Studies, 25: 2, 301-309.

Rosecrance, Richard 1986: The Rise of the Trading State. Commerce and Conquest in the Modern World, New York: Basic Books.

Ross, George 1995: Jacques Delors and European Integration, Cambridge: Polity Press.

Rowlands, Ian H. 1995: The Politics of Global Atmospheric Change, Manchester: Manchester University Press.

Rudolph, Christopher 2001: Constructing an Atrocities Regime. The Politics of War Crimes Tribunals, in: International Organization, 55: 3, 655-691.

Ruggie, John Gerard 1983: International Regimes, Transactions, and Change. Embedded Liberalism in the Post-War Economic Order, in: Krasner (Hrsg.) 1983a, 195-231.

Ruggie, John Gerard 1994: Trade, Protectionism and the Future of Welfare Capitalism, in: Journal of International Affairs, 48: 1, 1-11.

Sandholtz, Wayne/Zysman, John 1989: 1992 – Recasting the European Bargain, in: World Politics, 42:1, 95-128.

Sautter, Hermann 1985: Weltwirtschaft. Zu den Vorteilen und Problemen internationaler Wirtschaftsbeziehungen, in: Fetscher, Iring/Münkler, Herfried (Hrsg): Politikwissenschaft. Begriffe, Analysen, Theorien. Ein Grundkurs, Reinbek: Rowohlt, 163-200.

Sbragia, Alberta M. (Hrsg.) 1992: Europolitics. Institutions and Policymaking in the 'New' European Community, Washington, DC: The Brookings Institution.

Scharpf, Fritz W. 1976: Theorie der Politikverflechtung, in: Scharpf, Fritz W./Reissert, Bernd/Schnabel, Fritz: Politikverflechtung. Theorie und Empirie des kooperativen Föderalismus in der Bundesrepublik, Kronberg/Ts.: Scriptor, 13-70.

Scharpf, Fritz W. 1993: Positive und negative Koordination in Verhandlungssystemen, in: Héritier (Hrsg.) 1993, 57-83.

Scharpf, Fritz W. 1999: Regieren in Europa. Effektiv und demokratisch?, Frankfurt a.M.: Campus.

Schlotter, Peter 2000: Die OSZE – Leistungsfähigkeit einer internationalen Organisation, in: Die Friedens-Warte, 75: 1, 11-30.

Schmuck, Otto 1998: Verlauf und Ergebnisse der Regierungskonferenz im Licht integrationspolitischer Langzeittrends, in: Jopp/Maurer/Schmuck (Hrsg.) 1998, 17-40.

Schrogl, Kai-Uwe 1993: Zivile Satellitennutzung in internationaler Zusammenarbeit, Köln: Carl Heymanns.

Schubert, Klaus 1991: Politikfeldanalyse, Opladen: Leske + Budrich.

Schulze, Peter M. 2000: Nichtstaatliche Organisationen (NGOs), in: Volger (Hrsg.) 2000a, 397-405.

Scully, Roger 1997a: The European Parliament and the Co-Decision Procedure. A Reassessment, in: The Journal of Legislative Studies, 3: 1, 58-73.

Scully, Roger 1997b: The European Parliament and Co-Decision. A Rejoinder to Tsebelis and Garrett, in: The Journal of Legislative Studies, 3: 1, 93-103.

Seidl-Hohenveldern, Ignaz/Loibl, Gerhard 2000: Das Recht der internationalen Organisationen einschließlich der supranationalen Gemeinschaften, Köln: Heymann, 7. Aufl.

Senti, Richard 2000: WTO – System und Funktionsweise der Welthandelsordnung, Zürich: Schultheiss.

Simma, Bruno (Hrsg.) 1991: Charta der Vereinten Nationen – Kommentar, München: C.H. Beck.

Simma, Bruno/Brunner, Stefan 1991: Art. 27, in: Simma (Hrsg.) 1991, 396-435.

Skjaerseth, Jon Birger 2002a: Toward the End of Dumping in the North Sea. The Case of the Oslo Commission, in: Miles et al. 2002, 65-86.

Skjaerseth, Jon Birger 2002b: Cleaning Up the North Sea. The Case of Land-Based Pollution Control, in: Miles et al. 2002, 175-196.

Skjaerseth, Jon Birger 2002c: The Effectiveness of the Mediterranean Action Plan, in: Miles et al. 2002, 311-330.

Smith, Jackie/Chatfield, Charles/Pagnucco, Ron (Hrsg.) 1997: Transnational Social Movements and Global Politics. Solidarity Beyond the State, Syracuse, NY: Syracuse University Press.

Snidal, Duncan 1985: Coordination versus Prisoners' Dilemma. Implications for International Co-operation and Regimes, in: American Political Science Review, 79: 4, 923-942.

Spar, Debora L. 1999: Lost in (Cyber)space: The Private Rules of Online Commerce, in: Cutler/Haufler/Porter (Hrsg.) 1999, 31-51.

Squire, Lyn 2000: Why the World Bank Should be Involved in Development Research, in: Gilbert/Vines (Hrsg.) 2000a, 108-131.

343

Spero, Joan Edelman/Hart, Jeffrey A. 1997: The Politics of International Economic Relations, London: Routledge, 5. Aufl.

Sprinz, Detlef F. 1998: Internationale Klimapolitik, in: Die Friedens-Warte, 73:1, 25-44.

Stahl, Karin 1984: Internationale Nuklearpolitik als Nord-Süd Problem, in: Eisenbart, Constanze (Hrsg.): Kernenergie und Dritte Welt, Heidelberg: Forschungsstätte der Evangelischen Studiengemeinschaft, 63-119.

Starr, Harvey 1997: Democracy and Integration. Why Democracies Don't Fight Each Other, in: Journal of Peace Research, 34: 2, 153-162.

Stein, Arthur A. 1983: Coordination and Collaboration. Regimes in an Anarchic World, in: Krasner (Hrsg.) 1983a, 115-140.

Stein, Andreas 1999: Der Sicherheitsrat der Vereinten Nationen und die Rule of Law. Auslegung und Rechtsfortbildung des Begriffs der Friedensbedrohung bei humanitären Interventionen auf der Grundlage des Kapitels VII der Charta der Vereinten Nationen, Baden-Baden: Nomos.

Steiner, Henry J./Alston, Philip 2000: International Human Rights in Context. Law, Politics, Morals. Text and Materials, Oxford: Clarendon Press, 2. Aufl.

Stevens, Christopher 2000: Trade with Developing Countries, in: Wallace/Wallace (Hrsg.) 2000, 401-426.

Stone, Diane (Hrsg.) 2000: Banking on Knowledge. The Genesis of the Global Development Network, London: Routledge.

Stone Sweet, Alec/Brunell, Thomas L. 1998: Constructing a Supranational Constitution. Dispute Resolution and Governance in the European Community, in: American Political Science Review, 92:1, 63-81.

Straubhaar, Thomas 2002: Migration im 21. Jahrhundert, Tübingen: Mohr Siebeck.

Strübel, Michael 1992: Internationale Umweltpolitik. Entwicklungen, Defizite, Aufgaben, Opladen: Leske + Budrich.

Strulak, Tadeusz 1993: The Nuclear Suppliers Group, in: The Nonproliferation Review, 1: 1, 2-10.

Talmon, Stefan 2000a: Seerecht, in: Volger (Hrsg.) 2000a, 455-466.

Talmon, Stefan 2000b: Mitgliedschaft/Repräsentation von Staaten, in: Volger (Hrsg.) 2000a, 393-397.

Taylor, Paul 1993: International Organization in the Modern World. The Regional and the Global Process, London: Pinter.

Taylor, Paul/Groom, A.J.R. (Hrsg.) 1988: International Institutions at Work, London: Pinter.

Tetzlaff, Rainer 1996: Weltbank und Währungsfonds – Gestalter der Bretton-Woods-Ära. Kooperations- und Integrationsregime in einer sich dynamisch entwickelnden Weltgesellschaft, Opladen: Leske + Budrich.

Thacher, Peter S. 1992: The Role of the United Nations, in: Hurrell/Kingsbury (Hrsg.) 1992, 183-211.

Thomas, Daniel C. 1999: The Helsinki Accords and Political Change in Eastern Europe, in: Risse/Ropp/Sikkink (Hrsg.) 1999, 205-233.

Thomas, Daniel C. 2001: The Helsinki Effect. International Norms, Human Rights, and the Demise of Communism, Princeton, NJ: Princeton University Press.

Tomuschat, Christian 1999: Völkerrechtliche Aspekte des Kosovo-Konflikts, in: Die Friedens-Warte, 74: 1-2, 33-37.

Tussie, Diana /Riggirozzi, Maria Pia 2001: Pressing Ahead with New Procedures for Old Machinery. Global Governance and Civil Society, in: Rittberger (Hrsg.) 2001, 158-180.

Underdal, Arild 1998: Explaining Compliance and Defection. Three Models, in: European Journal of International Relations, 4: 1, 5-30.

United Nations Department of Public Information 1989: European Community Public Opinion Poll. Topline Results, New York.

von Urff, Winfried 2000: Agrarpolitik, in: Weidenfeld/Wessels (Hrsg.) 2000, 58-65.

Urquhart, Brian 1995: The United Nations in the Middle East. A 50-Year Retrospective, in: The Middle East Journal, 49:4, 573-581.

Vereinte Nationen, hrsg. Deutsche Gesellschaft für die Vereinten Nationen, Bonn.

Victor, David G. 1998: The Operation and Effectiveness of the Montreal Protocol's Non-Compliance Procedure, in: Victor/Raustiala/Skolnikoff (Hrsg.) 1998, 137-176.

Victor, David G. 2001: The Collapse of the Kyoto Protocol and the Struggle to Slow Global Warming, Princeton, NJ: Princeton University Press.

Victor, David G./Raustiala, Kal/Skolnikoff, Eugene B. (Hrsg.) 1998: The Implemetation and Effectiveness of International Environmental Commitments. Theory and Practice, Cambridge, MA: MIT Press.

Volger, Helmut (Hrsg.) 2000a: Lexikon der Vereinten Nationen, München: Oldenbourg.

Volger, Helmut 2000b: Sekretariat, in: Volger (Hrsg.) 2000a, 466-471.

Wallace, Helen 2000: The Institutional Setting, in: Wallace/Wallace (Hrsg.) 2000, 3-38.

Wallace, Helen/Wallace, William (Hrsg.) 2000: Policy-Making in the European Union, Oxford: Oxford University Press, 4. Aufl.

Wallander, Celeste A./Keohane, Robert O. 1999: Risk, Threat, and Security Institutions, in: Haftendorn, Helga/Keohane, Robert O./Wallander, Celeste A. (Hrsg.): Imperfect Unions. Security Institutions over Space and Time, Oxford: Oxford University Press, 21-47.

Waltz, Kenneth N. 1979: Theory of International Politics, New York: McGraw-Hill.

Waltz, Kenneth N. 1990: Neorealist Thought and Neorealist Theory, in: Journal of International Affairs, 44: 1, 21-38.

Weber, Albrecht 1983: Geschichte der internationalen Wirtschaftsorganisationen, Wiesbaden: Steiner.

Weber, Hermann 1987: Vom Völkerbund zu den Vereinten Nationen, Bonn: Deutsche Gesellschaft für die Vereinten Nationen.

Weber, Max 1972: Wirtschaft und Gesellschaft, Tübingen: Mohr, 5. Aufl., revidiert von Johannes Winckelmann.

Wedel, Carolin 2000: Demokratie, Nationalstaat und Europäische Union, in: Gerlach, Irene/Nitschke, Peter (Hrsg.): Metamorphosen des Leviathan? Staatsaufgaben im Umbruch, Opladen: Leske + Budrich, 31-60.

van der Wee, Hermann 1984: Der gebremste Wohlstand. Wiederaufbau, Wachstum und Strukturwandel der Weltwirtschaft seit 1945 (Geschichte der Weltwirtschaft im 20. Jahrhundert, Bd. 6), München: Deutscher Taschenbuch-Verlag.

Wegner, Manfred 1991: Die Entdeckung Europas. Die Wirtschaftspolitik der Europäischen Gemeinschaft. Ein Grundriss, Baden-Baden: Nomos.

Weidenfeld, Werner/Wessels, Wolfgang (Hrsg.) 2000: Europa von A bis Z, Bonn: Europa Union Verlag, 7. Aufl.

Weiler, J.H.H. 1999: The Transformation of Europe, in: Weiler, J.H.H.: The Constitution of Europe. „Do the New Clothes Have An Emperor?" and Other Essays on European Integration, Cambridge: Cambridge University Press, 10-101.

Weiss, Thomas/Forsythe, David P./Coate, Roger A. 2001: The United Nations and Changing World Politics, Boulder, CO: Westview Press, 3. Aufl.

Weltbank Jahresbericht, hrsg. Internationale Bank für Wiederaufbau und Entwicklung, Washington, DC.

Wessels, Wolfgang 1996: Verwaltung im EG-Mehrebenensystem. Auf dem Weg zur Megabürokratie?, in: Jachtenfuchs, Markus/Kohler-Koch, Beate (Hrsg.): Europäische Integration, Opladen: Leske + Budrich, 165-192.

Wettestad, Jorgen 1999: Designing Effective Environmental Regimes. The Key Conditions, Cheltenham: Edward Elgar.

Wettestad, Jorgen 2002a: The Convention on Long-Range Transboundary Air Pollution (CLRTAP), in: Miles et al. 2002, 197-222.

Wettestad, Jorgen 2002b: The Vienna Convention and Montreal Protocol on Ozone-Layer Depletion, in: Miles et al. 2002, 149-170.

Wilkinson, Rorden 2000: Multilateralism and the World Trade Organisation. The Architecture and Extension of International Trade Regulation, London: Routledge.

Willetts, Peter 1988: The United Nations as a Political System, in: Taylor/Groom (Hrsg.) 1988, 21-38.

Williamson, John 1990: What Washington Means by Policy Reform, in: Williamson, John (Hrsg.): Latin American Adjustment. How Much Has Happened?, Washington, DC: Institute for International Economics.

Wilson, James Q./DiIulio, John J., Jr. 1997: American Government. Institutions and Policies, Boston: Houghton Mifflin, 7. Aufl.

Wilson, Woodrow 1917/18: President Wilson's Great Speeches and Other History Making Documents, Chicago: Stanton and Van Vliet.

Wisotzki, Simone 1998: Eine Erfolgsstory. Der Ottawa-Vertrag gegen die Minenplage, in: Friedensgutachten 1998, Münster: Lit Verlag, 317-329.

Wolf, Dieter 1999: Integrationstheorien im Vergleich. Funktionalistische und intergouverne-mentalistische Erklärung für die Europäische Wirtschafts- und Währungsunion im Vertrag von Maastricht, Baden-Baden: Nomos.

Wolf, Dieter/Zangl, Bernhard 1996: The European Economic and Monetary Union. Two-level Games and the Formation of International Institutions, in: European Journal of International Relations, 2: 3, 355-393.

Wolf, Klaus Dieter 1981: Die dritte Seerechtskonferenz der Vereinten Nationen. Beiträge zur Reform der internationalen Ordnung und Entwicklungstendenzen im Nord-Süd-Verhältnis, Baden-Baden: Nomos.

Wolf, Klaus Dieter 1991: Internationale Regime zur Verteilung globaler Ressourcen. Eine ver-gleichende Analyse der Grundlagen ihrer Entstehung am Beispiel der Regelung des Zu-gangs zur wirtschaftlichen Nutzung des Meeresbodens, des geostationären Orbits, der Antarktis und zu Wissenschaft und Technologie, Baden-Baden: Nomos.

Wolfrum, Rüdiger 1995: Consensus, in: Wolfrum, Rüdiger (Hrsg.): United Nations. Law, Poli-cies and Practice, München: C.H. Beck, 350-355.

Woods, Ngaire 2000: The Challenges of Multilateralism and Governance, in: Gilbert/Vines (Hrsg.) 2000a, 132-156.

Woyke, Wichard 2000: Intervention, in: Woyke, Wichard (Hrsg.): Handwörterbuch Internatio-nale Politik, Opladen: Leske + Budrich, 8. Aufl., 221-227.

WTO 1999a: Trade, Income Disparity and Poverty (Special Studies 5), Genf: WTO.

WTO 1999b: Trade and the Environment (Special Studies 4), Genf: WTO.

WTO 1999c: Trade, Finance and Financial Crises (Special Studies3), Genf: WTO.

WTO Dispute Settlement Reports, hrsg. World Trade Organization, Genf und Cambridge Uni-versity Press, Cambridge.

WZB-Mitteilungen, hrsg. Wissenschaftszentrum Berlin, Berlin.

Yearbook of International Co-operation on Environment and Development 1998/99, hrsg. Helge Ole Bergesen/Georg Parmann/Øystein B. Thommessen, London: Earthscan.

Yearbook of International Organizations, hrsg. Union of International Associations, New York.

Young, Alasdair R. /Wallace, Helen 2000: The Single Market, in: Wallace /Wallace (Hrsg.) 2000, 85-114.

Young, Oran R. 1979: Compliance and Public Authority. A Theory with International Appli-cations, Baltimore: Johns Hopkins University Press.

Young, Oran R. 1989: International Cooperation. Building Regimes for Natural Resources and the Environment, Ithaca, NY: Cornell University Press.

Young, Oran R. (Hrsg.) 1997a: Global Governance. Drawing Insights from the Environmental Experience, Cambridge, MA: MIT Press.

Young, Oran R. 1997b: Rights, Rules and Resources in World Affairs, in: Young (Hrsg.) 1997a, 1-23.

Zanders, Jean Pascal/Hersh, Melissa/Simon, Jacqueline/Wahlberg, Maria 2001: Chemical and Biological Weapon Developments and Arms Control, in: SIPRI Yearbook 2001. Arma-ments, Disarmament and International Security, Oxford: Oxford University Press, 513-548.

Zangl, Bernhard 1999: Interessen auf zwei Ebenen. Internationale Regime in der Agrarhandels-, Währungs- und Walfangpolitik, Baden-Baden: Nomos.

Zangl, Bernhard 2001: Bringing Courts Back In. Normdurchsetzung im GATT, in der WTO und der EG, in: Schweizerische Zeitschrift für Politikwissenschaft, 7: 2, 49-80.

Zangl, Bernhard/Wolf, Dieter 1999: Stabilitätssteuer statt Stabilitätspakt! Alternativen für ei-nen stabilen Euro, in: Wirtschaftsdienst, 79: 3, 174-180.

de Zayas, Alfred 2000: Menschenrechte, Zentrum für Menschenrechte/Hoher Kommissar für Menschenrechte, in: Volger (Hrsg.) 2000a, 337-343.

Zolberg, Aristide R. 1991: Bounded States in a Global Market. The Uses of International Labor Migrations, in: Bourdieu, Pierre/Coleman, James S. (Hrsg.): Social Theory for a Changing Society, Boulder, CO: Westview Press, 301-325.

Zürn, Michael 1992: Interessen und Institutionen in der internationalen Politik. Grundlegung und Anwendung des situationsstrukturellen Ansatzes, Opladen: Leske + Budrich.